Rose · Carl von Clausewitz

# Beiträge zur Militärgeschichte

Herausgegeben vom
Militärgeschichtlichen Forschungsamt

Band 49

R. Oldenbourg Verlag München 1995

# Carl von Clausewitz

Wirkungsgeschichte seines Werkes in
Rußland und der Sowjetunion
1836—1991

von
Olaf Rose

R. Oldenbourg Verlag München 1995

Die Deutsche Bibliothek – CIP-Einheitsaufnahme

**Rose, Olaf:**
Carl von Clausewitz : Wirkungsgeschichte seines Werkes in
Rußland und der Sowjetunion 1836–1991 / von Olaf Rose. –
München : Oldenbourg, 1995
   (Beiträge zur Militärgeschichte ; Bd. 49)
   ISBN 3-486-56062-X
NE: GT

© 1995 R. Oldenbourg Verlag GmbH, München

Satz: Militärgeschichtliches Forschungsamt, Freiburg i. Br.
Druck und Bindung: R. Oldenbourg Graphische Betriebe GmbH, München

ISBN 3-486-56062-X

# Inhalt

# Vorwort des Herausgebers

Carl v. Clausewitz' (1780—1831) erst posthum veröffentlichtes Buch »Vom Kriege« begründete seinen Ruf als Theoretiker des modernen Krieges.

Bis heute gilt sein Werk weltweit als Standard- und Pflichtlektüre der Generalstabsausbildung. In Frankreich beispielsweise erleben die Schriften dieses preußisch-deutschen Militärschriftstellers regelrecht eine Renaissance. Raymond Aron hat mit seinem Werk »Clausewitz. Den Krieg denken« (1980) die Gültigkeit der Gedanken von Clausewitz auch im Zeitalter der Nuklearwaffen betont. Der Krieg könne zwar heute nicht mehr als konsequente Fortsetzung der Politik »geführt«, sondern nur noch »gedacht« werden. Aber angesichts der Kenntnis des Vernichtungspotentials eines Nuklearkrieges wäre die Politik wesentlich konfliktvermeidender als zu Clausewitz' Zeiten. Besonders auch in Rußland wurde dieser »Klassiker« des strategischen und operativen Denkens intensiv rezipiert. Diente doch der preußische Offizier in den Jahren 1812—1814 dem russischen Zaren. Als dessen Unterhändler war er beim Zustandekommen der am 30. Dezember 1812 zwischen Rußland und Preußen abgeschlossenen »Konention von Tauroggen« wesentlich mitbeteiligt. Tolstoj hat in seinem Roman »Krieg und Frieden« dem preußischen Generalstabsoffizier in russischen Diensten ein Denkmal gesetzt und damit zur Auseinandersetzung mit dessen Werk angeregt. Es war aber vor allem Lenin, der sich mit Clausewitz intensiv beschäftigte und dessen Kriegstheorie für die sowjetische Militärdoktrin auswertete, ja instrumentalisierte. So hat nicht zuletzt die sowjetische Clausewitz-Rezeption seine Bedeutung für das 20. Jahrhundert begründet.

Olaf Rose untersucht den Einfluß von Clausewitz auf das militärische Denken im zaristischen Rußland, zeichnet detailliert die Entstehung einer sowjetischen Militärtheorie nach und analysiert die Diskussionen über eine Militärdoktrin in der Sowjetunion.

An die grundlegenden Arbeiten von Werner Mahlweg anknüpfend und die Studie von Ulrich Marwedel fortsetzend, schließt er damit eine seit langem bestehende Forschungslücke.

Diese an der Universität der Bundeswehr in Hamburg entstandene Dissertation bildet somit einen wichtigen Beitrag zur Clausewitzforschung.

Dr. Werner Rahn
Kapitän zur See und Amtschef
des Militärgeschichtlichen Forschungsamtes

# Vorbemerkungen

Bereits im Zusammenhang mit meiner Examensarbeit »Das ›Unternehmen Barbarossa‹. Die deutsche Präventivkriegsthese und die Memoiren sowjetischer Militärs« fiel mir auf, wie viele sowjetische Generalstäbler und Feldherren Carl v. Clausewitz zitierten, sich auf ihn beriefen oder ihn angriffen. Schon damals war mein Interesse an der militärtheoretischen Geistesgeschichte und ihren Auswirkungen geweckt. Den äußeren Anstoß für die vorliegende Arbeit gab die Ausschreibung eines Forschungsstipendiums durch die Clausewitz-Gesellschaft e. V. zu Bonn. Ihr und ihren Mitgliedern habe ich gleich mehrfach zu danken: für ihre großzügige finanzielle Unterstützung, für ihr Vertrauen in einen »Zivilisten«, für die unaufdringliche und stete Hilfsbereitschaft vieler Mitglieder, insbesondere des ehemaligen Präsidenten Generalleutnant a. D. Lothar Domröse und des Generalmajors a. D. Dr. Eberhard Wagemann, und nicht zuletzt für die mehrmalige Möglichkeit, auf ihren Fachtagungen in Koblenz meine Ergebnisse und Schlußfolgerungen einem interessierten und fachkundigen Auditorium vorgetragen haben zu können.

Darüber hinaus habe ich vielen zu danken, die durch ihre Hilfe zum Entstehen dieser Arbeit beitrugen: vor allem meinem Doktorvater Franz Golczewski, der mich vorbildlich betreute und dessen nie erlahmende Bereitschaft auch zu längerem Gespräch mir oft eine Ermutigung war. Dank gebührt dem verstorbenen Nestor der Clausewitz-Forschung, Werner Hahlweg, der mir wertvolle Hinweise und Anregungen zu Beginn meiner Arbeit gab, ebenso wie Eckardt Opitz, der sich ihrer Korrektur unterzog. Dankbar bin ich auch meinen Freunden Gerhard Duda und Erich Noldus, mit denen ich stets klärende Gespräche über osteuropäische bzw. militärtheoretische Problemstellungen führen konnte. Den Mitarbeitern der Universitätsbibliotheken in Bochum und Hamburg (Universität der Bundeswehr) sowie der Lenin-Bibliothek in Moskau danke ich für ihre freundliche Unterstützung. Dem Militärgeschichtlichen Forschungsamt in Freiburg i.Br. bzw. Potsdam habe ich zu danken, daß es meine Arbeit in die Reihe »Beiträge zur Militärgeschichte« aufgenommen hat. Ihm und dem R. Oldenbourg-Verlag danke ich für die verlegerische Betreuung. Verdienste, nicht nur um die Lesbarkeit des Manuskripts, hat sich die Lektorin, Frau Christa Gudzent, Potsdam, erworben. Als Mitarbeiterin des ehemaligen Militärgeschichtlichen Instituts der DDR kam der Arbeit nicht nur ihre Kompetenz zugute, auch ihr »Insiderwissen« ließ mich manche Aussage überdenken. Es ist erfreulich, daß so auch diese Arbeit vom Ende des Ost-West-Konfliktes profitieren konnte.

Unter dem Titel »Carl von Clausewitz. Zur Wirkungsgeschichte seines Werkes in Rußland und der Sowjetunion. 1836—1991« ist die Arbeit vom Fachbereich Pädagogik der Universität der Bundeswehr Hamburg als Dissertation angenommen worden.

Ich danke allen, die durch ihre Kritik zu diesem Text beigetragen haben. Unzulänglichkeiten und Fehler gehen ausschließlich zu meinen Lasten.

Bochum, im Januar 1995                                                     Olaf Rose

# I. Einleitung

## 1. Die Aufgabe. Zeitliche und thematische Eingrenzung des Arbeitsbereichs

Zur Beschäftigung mit dem Werk des preußischen Kriegsphilosophen und -theoretikers Carl Philipp Gottfried v. Clausewitz bedarf es heute keiner Geburtstage oder anderer Jubiläen mehr, denn er gilt unbestritten »als der anerkannte Schöpfer der modernen Theorie des Krieges«[1] und ist mit »seinen grundsätzlichen Gedanken und seiner Methode mehr denn je in aller Welt gefragt«[2].

Die Literatur über das militärtheoretische, -philosophische und -historiographische Œuvre Clausewitz', das zwischen 1832 und 1837 in zehn Bänden von seiner Frau Marie posthum veröffentlicht wurde, umfaßte schon bis zum Ausbruch des Ersten Weltkrieges mehrere hundert Monographien und Aufsätze[3]. Nach Beendigung des Zweiten Weltkrieges, als das wiedererwachende Interesse an den über ihrer Zeit stehenden Lehren des Preußen eine wahre Clausewitz-Renaissance auslöste, wuchs die Zahl der Publikationen über sein Leben und Werk in aller Welt lawinenartig an und ist inzwischen »fast unübersehbar«[4] geworden.

Die Schwierigkeiten, die sein philosophischer Stil den Lesern bereitet, wurden schon in frühen Rezensionen beklagt und führten nicht zuletzt dazu, daß sich in erster Linie im deutschsprachigen Raum mehrere »Generationen von Lesern unterschiedlichster Herkunft mit seinen Lehren auseinandergesetzt und ... Anregungen und Bestätigungen für das eigene Denken geholt«[5] haben. Wenn man vor allem im anglo-amerikanischen Ausland erkannt haben möchte, daß es die Adaption Clausewitzschen Gedankengutes war, die dazu beitrug, »to make Germany for over a century the most efficient military state in the world«[6], so ist diese Einschätzung angesichts der Äußerungen Helmuth v. Moltkes d. Ä., Erich Ludendorffs und auch einer Reihe nationalsozialistischer Politiker und Militärs als fragwürdig anzusehen. Diese scheinbare Überlegenheit des militärischen Deutschland müßte eher durch andere historische, soziologische, geographische und wirtschaftliche Faktoren erklärt werden. Angesichts der inhaltlichen Indolenz, die Moltke d. Ä. und auch später zahlreiche nationalsozialistische Politiker und führende Militärs den Gedanken von Clausewitz gegenüber empfanden, und der expliziten Ablehnung zum Beispiel des Primats der Politik durch Ludendorff[7] ist daher das Urteil naheliegend, daß

---

[1] Hahlweg, Klassiker, S. 251.
[2] Ders., Brief v. 5.3.1987 an den Verfasser.
[3] Vgl. Marwedel, Carl von Clausewitz, S. 257-288.
[4] Hahlweg, Weiterentwicklung, S. 1345.
[5] Marwedel, Carl von Clausewitz, S. 1. Vgl. auch S. 232, 237, 246.
[6] Falls, War, S. 9.
[7] Zu Moltke siehe Marwedel, Carl von Clausewitz, S. 129—136; zur Rezeption von Clausewitz im natio-

Deutschland gerade ohne Clausewitz die politisch ineffizienteste und trotzdem militärisch effizienteste Macht der Welt war[8].

Während man in Deutschland sein Hauptwerk in seinen wichtigsten Aussagen mißachtete oder umdeutete und *Vom Kriege* im europäischen Ausland auf kein außergewöhnliches Interesse zu stoßen schien, wurde in Rußland nach dem Ersten Weltkrieg und der sich behauptenden Oktoberrevolution, von den Zeitgenossen in anderen Staaten kaum wahrgenommen, zum ersten Mal die Militärdoktrin eines Staates nach ausgewählten und modifizierten Leitgedanken Clausewitz' ausgerichtet. Um das Wesen des »imperialistischen« Krieges zu ergründen, hatte V. I. Lenin während seines dritten Exils in der Schweiz schon zu Beginn des Weltkrieges *Vom Kriege* gelesen. Seine Wertschätzung maßgeblicher Theoreme Clausewitz' wurde sowohl von führenden Bol'ševiki der ersten Stunde als auch von vielen aus dem Generalstab der alten zarischen[9] Armee übernommenen russischen Offizieren geteilt und bis zum Ausgang des »Großen Vaterländischen Krieges« nicht in Frage gestellt. Als man sich in der UdSSR aus innenpolitischen Motiven nach 1945 für ein Jahrzehnt von Clausewitz' Person und Werk immer schärfer distanzierte, setzte in der westlichen, insbesondere in der anglo-amerikanischen und französischen Fachliteratur die Erforschung der Ursachen des militärischen Sieges der Sowjetunion über Deutschland und auch des scheinbaren politischen Sieges über die Alliierten der Anti-Hitler-Koalition ein. In deren Verlauf wiesen viele Autoren unabhängig voneinander auf die Umsetzung des Clausewitzschen Politikprimates in der sowjetischen Militärdoktrin hin und betonten dessen praktische Befolgung auf allen Ebenen und zu allen Zeiten.

In der Epoche vom Beginn des Kalten Krieges im Jahre 1947 bis zur Auflösung des Warschauer Paktes 1991 erschienen Dutzende westlicher Analysen der Leninschen Clausewitz-Rezeption, ihrer zentralen Adaptionen, Auslegungen und Umdeutungen und der daraus für die sowjetischen Streitkräfte entstehenden Konsequenzen in Strategie und Doktrin. Diese beleuchteten jedoch in der Regel nur einzelne Fragestellungen, so daß »gründlichere Untersuchungen bisher kaum vorliegen«[10], die ein umfassenderes Bild der politischen, militärischen und publizistischen Clausewitz-Rezeption in der UdSSR nachzuzeichnen vermögen. Diese Lücke versucht die vorliegende Arbeit zu schließen.

Während das ursprüngliche Untersuchungsgebiet auf die Erforschung des sowjetischen Clausewitz-Verständnisses begrenzt sein sollte, erwies sich schon zu Beginn der Literaturrecherchen, daß ungeachtet widersprechender früherer Aussagen[11] das russische Offizierkorps schon lange vor der Revolution dem geistigen Erbe seines preußischen Kollegen ein unerwartet großes Interesse entgegengebracht hatte. Die Verknüpfung der fachlichen Kenntnisnahme der Clausewitzschen Leitideen mit der marxistisch-leninistischen Interpretation zeigte sich deutlich in den 20er und 30er Jahren in der Sowjetunion, u. a.

---

nalsozialistischen Deutschland siehe Hahlweg, Clausewitzbild, S. 106–120, und Krüger, Hitlers, S. 467ff. Ludendorff, Krieg, S. 9, hält Clausewitz für »weitgehend überholt«.

[8] Vgl. Aron, Clausewitz. Krieg, S. 20, 177; Nohn, Jomini, S. 175; Dupuy, Genius, S. 303f.

[9] Der Verfasser wählt diese ungebräuchliche Form, da ›zaristisch‹ in der Gegenwart pejorativen Charakter angenommen hat.

[10] Hahlweg, Brief v. 5.9.1987 an den Verfasser.

[11] Vgl. Marwedel, Carl von Clausewitz, S. 252–255.

in den Werken B. M. Šapošnikovs und A. A. Svečins. Im Gegensatz zu späteren sowjetischen Clausewitz-Analysen beschränkte sich die Generalstabsoffiziere in den 2oer Jahren nicht auf den von Lenin vorgeprägten politisch-philosophischen Ideenkreis Clausewitz'. Um diesen zweiten Wirkungsstrang zurückverfolgen zu können, wurde die Fragestellung auch auf das vorrevolutionäre Rußland ausgeweitet.

## 2. Quellen, Methodik und Aufbau der Arbeit

Wie andere große Werke der Philosophie und Geistesgeschichte hat auch Carl v. Clausewitz' *Vom Kriege* einen langen, unebenen und vielfältigen Deutungen und Bewertungen
ausgesetzten Weg der Rezeption in Rußland und der Sowjetunion zurückgelegt. Neben
Fachleuten aus dem Militär, in erster Linie aus dem Generalstab und den Militärakademien, haben sich nach Lenin weitere zahlreiche Politiker und nach dem Zweiten Weltkrieg
auch verstärkt Vertreter anderer Wissenschaftsgebiete sowie Publizisten der zentralen Aussagen dieses Werkes angenommen. Entsprechend unterschiedlich in ihrem Wert für die
Entwicklung der Diskussion sind die einzelnen Beiträge. Dennoch wurde versucht — soweit auffindbar bzw. erreichbar —, alle russisch-sowjetischen Texte[12], die sich mit der
Persönlichkeit oder dem Werk Clausewitz' auseinandersetzen, in die Untersuchung einzubeziehen, um den Fortschritt der Diskussion, die Schwerpunkte und Schwerpunktwechsel,
die »Brüche« und Wiederanknüpfungen möglichst lückenlos darstellen zu können. Weitaus
schwieriger, als den schriftlich fixierten Gang der Diskussion nachzuzeichnen, ist eine
Einschätzung ihrer praktischen Relevanz in Lehrplänen der Militärakademien, in der
Herausbildung einer russischen Militärdoktrin vor dem Ersten Weltkrieg oder einer Beurteilung der Wirkung, die die oft als zu philosophisch und daher praxisfern empfundene
Gedankenwelt Clausewitz' auf die Berufsoffiziere in der kaiserlich-russischen und später
Roten Armee — ab 1947 Sowjetarmee — ausübte. Hierbei halfen die Memoiren und Tagebücher einiger Generäle, die sich zumeist marginal zu diesen Problemen äußerten.
Zentrale Bedeutung für die Zarenzeit haben die Lehrbücher über Strategie und Kriegsgeschichte, die überaus umfangreiche Historiographie des »Vaterländischen Krieges« von
1812, die sich oft auf Clausewitz als kompetenten und einfühlsam beurteilenden Augenzeugen der Ereignisse beruft, sowie die ersten Teil- und vollständigen Werkübertragungen
ins Russische, deren Anmerkungsapparate vielfach Hinweise auf die Einstellung der Autoren zum zeitgenössischen Stellenwert Clausewitz' geben. Seit 1847 nahmen auch russische Lexika Clausewitz als Stichwort auf, und nicht nur Fachenzyklopädien oder um
russische Personen und Ereignisse erweiterte Übersetzungen der deutschen Verlage Brockhaus und Meyer, die in Petersburg Filialen unterhielten, so daß Person und Werk den
gebildeten Kreisen Rußlands vor der Revolution durchaus nicht fremd bleiben mußten.

---

[12] Sämtliche Übersetzungen aus dem Russischen und teils aus dem Englischen wurden, sofern nicht
anders angegeben, vom Autor vorgenommen. Die Schreibweise der russischen Namen folgt den Regeln
der Transliteration. Auch bei bekannten Namen wurde auf die eingedeutschte Form verzichtet, so daß
— bedingt durch Anmerkungen und Zitate — mehrere Varianten auftreten können, z. B. Trotzki,
Trotsky, Trockij.

Die Wertschätzung, die der Marxismus-Leninismus der Kriegstheorie Clausewitz' entgegenbringt, beruht insbesondere auf dessen philosophischen Erkenntnissen über das
Wesen und die Entstehung von Kriegen, die in dem bekannten Aphorismus über den
»Krieg als Fortsetzung der Politik mit anderen, nämlich gewaltsamen Mitteln«[13] ihre
klassische Definition erhielten. Lenins Studien schufen die Voraussetzungen für ein neues, politisches Verständnis des Krieges, und demzufolge befaßten sich in der Sowjetunion
zahlreiche Spitzenpolitiker von Lenin und L.D. Trockij über I. V. Stalin und N. S. Chruščev
bis hin zu M. S. Gorbačev mit Clausewitz. Die Anerkennung, die sein Werk in der Sowjetunion vor dem Zweiten Weltkrieg erfuhr, basierte nicht zuletzt auch auf der Zustimmung, die seine Theorien bei den Klassikern des Marxismus, Karl Marx und Friedrich
Engels, sowie bei Franz Mehring erfahren hatten. Ein weiteres Kriterium war die philosophische Methode der Dialektik, die durchgehend in *Vom Kriege* anzutreffen ist und
auf geistige Parallelen, wenn nicht Anleihen bei Hegel hinweisen soll.
Entsprechend umfangreich ist die Bandbreite der Themen und Probleme, die in der
UdSSR von der Oktoberrevolution bis zum Ausbruch des »Großen Vaterländischen Krieges« im Lichte der Methoden und Erkenntnisse Clausewitz' behandelt oder erklärt worden sind: vom Ursprung der Kriege über ihren Charakter, das Wechselverhältnis von
Angriff und Verteidigung, der Primat der durch die Partei verkörperten Politik, Partisa-
nenkampf und Bürgerkrieg, die Analyse einzelner Schlachten oder Feldzüge, so etwa
des Verlaufs des Ersten Weltkrieges oder des Feldzugs gegen Polen 1920.
Diesem breiten Interesse an Clausewitz entsprechen auch die fünf Auflagen der neuen
Übersetzung von A.K. Radčinskij, die zwischen 1932 und 1941 erschienen, sowie die Herausgabe fast aller seiner kriegsgeschichtlichen Arbeiten in beachtlicher Auflagenhöhe.
Nach der Verdammung Clausewitz' durch Stalin im Jahre 1946 in seiner folgenreichen
*Antwort auf einen Brief des Genossen Razin* wird das Werk, vor allem aber die Person
Clausewitz' dämonisiert oder als völlig veraltet abgelehnt. Die »Rehabilitierung« 1956
durch eben diesen Razin gab der sowjetischen Clausewitz-Forschung keine wesentlich
neuen Impulse. Erst die Frage nach der Gültigkeit oder Absurdität der Formel vom Krieg
als der Fortsetzung der Politik mit anderen Mitteln im Atomzeitalter läßt bejahende Militärs und ablehnende »Zivilisten«, in erster Linie Publizisten und Wissenschaftler, seit
dem Ende der 60er Jahre kontroverse Debatten über den Krieg als Mittel der Politik
führen. Um alle diese in ihrer Gewichtung und Bedeutung für den Gang der russisch-
sowjetischen Clausewitz-Forschung höchst unterschiedlichen Beiträge besser einordnen
zu können, werden, soweit dies ermittelt werden konnte, jeweils einige Angaben zu Person und Hintergrund des »Rezipienten« angeführt.
Da es sich bei den vorrevolutionären russischen »Clausewitzianern« doch eher um Persönlichkeiten des akademisch-militärischen Lebens handelte, die sich selbst nicht als Politiker einschätzten und ihre Clausewitz-Debatte zumeist theoretisch führten, ist der erste
Teil der Arbeit stärker hermeneutisch orientiert und angelegt, da von Auswirkungen
auf das politische oder militärische Leben nur marginal gesprochen werden kann. Seit

---

[13] Um Wiederholungen zu vermeiden, wird die Clausewitzsche Kriegsdefinition, die in der Forschung
schon lange Zeit als »Formel« bekannt ist, durch diesen Terminus auch im Folgenden abgekürzt.

Lenins Clausewitz-Studien ist dagegen nachweisbar, wie »das rezipierende Subjekt als gesellschaftlich handelndes den Frageansatz bestimmt«[14] und durch seinen »subjektiven Verständnishorizont«[15] in die gesellschaftlichen Verhältnisse eingreift — nicht zuletzt unter Berufung auf und mit Hilfe von Clausewitz' Theorien.

Für die Sowjetzeit wird also neben der werkadäquaten Textauslegung ein sozial- und ideologiegeschichtlich orientierter Maßstab angelegt, der eine politikhistorisch fundierte Rezeptionsgeschichte eines Textes *(Vom Kriege)* in ihrer konkreten Auswirkung ermöglichen soll. Historische Rezeptionsprozesse sind meist nicht anders als über ihre schriftlichen Zeugnisse faßbar; diese jedoch sind hinsichtlich ihrer Qualität und Quantität höchst unterschiedlich. Die Zuhilfenahme methodischer Erkenntnisse und Verfahrensweisen der Literaturwissenschaft ermöglicht nicht nur die »vielbeschworene interdisziplinäre Kooperation«[16] innerhalb der Geisteswissenschaften, sie gibt uns auch ein Instrumentarium an die Hand, um bei den Rezipienten zwischen »passiver« und »produktiver« Rezeption zu unterscheiden[17]. Die als »passiv« eingestufte Rezeption hat vor allem deskriptiven oder reproduktiven Charakter, sie ist reaktiv und zumeist naiv, vermittelt zudem kaum kritisches, weiterführendes Gedankengut. Dieses Rezeptionsverhalten ist im Falle von Clausewitz in Rußland vor allem in der zweiten Hälfte des 19. Jahrhunderts und nach dem Zweiten Weltkrieg anzutreffen. Während die reproduzierende Rezeption als »Bemühung um Vermittlung des primären Rezeptionsgegenstandes«[18] verstanden werden soll, umfaßt die produktive Rezeption nicht nur »explizierte Urteile« der Rezipienten über ihren Forschungsgegenstand, sondern »die ständige Umsetzung von passiver in aktive Rezeption«[19].

Auch die Differenzierung von Einflußforschung und Wirkungsgeschichte[20] ist hilfreich, um den Schritt von der verstehenden Aneignung über die intellektuelle Weiterentwicklung bis zur nachweisbaren Wirkung nachzuvollziehen. Um die »Reproduktion, Adaption, Assimiliation (und) kritische Beurteilung«[21] in weitere Zusammenhänge einbetten zu können, sollen die historischen Umstände, unter denen eine bestimmte Person zu einem bestimmten Zeitpunkt das Werk *Vom Kriege* interpretierte, in kurzen Umrissen dargestellt werden. Angesichts der mehr als 150 Jahre umfassenden Zeitspanne ist es selbstverständlich nicht möglich, ausführlich auf jede Epoche und jede rezipierende Person einzugehen, ohne den Rahmen der Arbeit völlig zu sprengen.

Als Quelle benutzt der Verfasser auch Äußerungen sowjetischer Offiziere zum Stellenwert von Clausewitz im Rahmen ihrer Ausbildung, die er bei Begegnungen während mehrerer Aufenthalte zwischen 1990 und 1992 in der UdSSR festhalten konnte. Entsprechend ihrer Intention, die russisch-sowjetische Clausewitz-Rezeption von der Erstrezeption bis in die Gegenwart zu verfolgen, ist diese Arbeit chronologisch aufgebaut.

---

[14] Grimm, Rezeptionsgeschichte, S. 5.
[15] Ebd.
[16] Ebd., S. 23.
[17] Link, Rezeptionsforschung, S. 86 f.
[18] Ebd., S. 89.
[19] Ebd., S. 87.
[20] Ebd.
[21] Grimm, Rezeptionsgeschichte, S. 22.

Der erste Teil umfaßt den Zeitraum von 1836 bis zum Ausbruch der Oktoberrevolution 1917, der zweite Teil die wirkungsgeschichtlich bedeutsamere Rezeption durch die Marxisten-Leninisten. Er beginnt mit den ideologischen und geistigen Grundlagen des Marxismus und der marginalen Kenntnisnahme Clausewitz' durch Marx und Engels und analysiert dann die Leninsche *Tetradka* und Stalins Verdikt bis zur Rehabilitierung nach dem XX. Parteitag der KPdSU 1956.

Diesen Einschnitt machte auch die Ausweitung der sowjetischen Machtsphäre von der klassischen eurasischen Kontinentalmacht, die zaristische Traditionen fortführte, zur seegestützten Weltmacht, die mit einer Veränderung der Strategie einherging, nötig. Exkursorischen Charakter innerhalb dieses chronologischen Rahmens haben themengebundene Einschübe, etwa die Beurteilung der Ereignisse des Jahres 1812 durch Clausewitz, die russische Einschätzung des Einflusses, den Clausewitz auf den Gang der Ereignisse im »Vaterländischen Krieg« ausübte, L. N. Tolstoj und Clausewitz, der Vergleich der diversen Übersetzungen oder zentrale Fragestellungen nach dem Primat der Politik, dem Wesen und Charakter des Krieges, der Wechselwirkung von Angriff und Verteidigung, über die Bedeutung des moralischen Faktors im Kriege, die Anwendung der dialektischen Methode auf die »Militärwissenschaft« und abschließend eine kurzgefaßte Darstellung der Debatte um »Clausewitz im Atomzeitalter«, die bis an die Gegenwart heranführt.

## 3. Der Forschungsstand

Die sowjetische Clausewitz-Historiographie, die sich u. a. auch mit dem Verlauf der eigenen Rezeption befaßt, wird in dieser Arbeit mehr als Quelle, als »Objekt«, denn als Forschungssubjekt betrachtet, da sich Zeitpunkt, Gegenstand des Interesses und Interpretation stets innen- und tagespolitischen Gesichtspunkten unterordneten.

Das Clausewitz-Verständnis im zarischen Rußland erweckte weder das Forschungsinteresse der Zeitgenossen, noch das der Nachwelt. Erst Ulrich Marwedel räumte dieser Frage einen Exkurs in seiner Dissertation über die Wirkungsgeschichte Clausewitz' vor dem Ersten Weltkrieg ein, kam aber aus verschiedenen Gründen zu unbefriedigenden bzw. unrichtigen Ergebnissen[22]. Die *Tetradka*, das Exzerptheft Lenins mit den Aufzeichnungen aus und zu Clausewitz' Werk *Vom Kriege*, wurde erst 1930 veröffentlicht; doch in seinen Reden und Aufsätzen zitierte Lenin seit 1915 mehrmals den preußischen Kriegsphilosophen, ohne daß die Aufmerksamkeit der internationalen Fachwelt auf diese Tatsache gelenkt worden wäre. Auch die nach dem siegreichen Überstehen des Bürgerkriegs gegen Ende 1920 einsetzende Debatte um die Ausformulierung einer — spezifisch sowjetischen — Militärdoktrin, in deren Verlauf die beiden streitenden Parteien mit M. V. Frunze und L. D. Trockij an der Spitze mehrmals mit Gedanken der »Autorität Clausewitz« argumentierten, fand im Westen keine Beachtung. Erst 1930, kurz nach Herausgabe des XII. Bandes des *Leninskij Sbornik*, in dem u. a. die Leninschen Clausewitz-Exzerpte mit

---

[22] Marwedel, Carl von Clausewitz, S. 252—255. Auf Marwedels Schlußfolgerungen wird in Kap. II.4 eingegangen.

den Marginalien des Revolutionsführers ediert worden waren, veröffentlichte Paul Braun
in der Feuilletonbeilage der kommunistischen *Roten Fahne*[23] anläßlich des 150. Geburtstages von Clausewitz einen programmatischen Artikel, in dem die Anwendungsmöglich-
keiten der Clausewitzschen Methode und Theorie gerade für den revolutionären Klassenkampf herausgestellt werden. Braun geht sehr kenntnisreich nicht nur auf die Geschichte der frühmarxistischen Rezeption ein, er faßt, dem Umfang seines Artikels angemessen, auch die Motive und Ergebnisse der Leninschen Clausewitz-Lektüre zusammen und
weist diese Wirkungsbeziehung als Forschungsdesiderat aus.

Aber weder »bürgerliche« Historiker, Politologen oder Militärs der westlichen Demokratien, noch die enger mit der Entwicklung in »Sowjetrußland« verbundenen Fachleute im
»Dritten Reich« kamen diesem Wunsch nach. In Deutschland bemerkte zwar eine Reihe
von Militärschriftstellern an Hand der sowjetischen Felddienstordnung von 1936, »daß
die bolschewistischen Generalstäbler Clausewitz mit Nutzen studiert haben«[24], befaßten sich aber nicht intensiver mit diesem Zusammenhang, da sie die Weiterentwicklung
der Clausewitzschen Militärtheorie durch Lenin als »Vergewaltigung«[25] betrachteten.

1944 veröffentlichte der amerikanische Rußlandspezialist G. R. Treviranus mit unverhoh-
lener Sympathie für die Sowjetunion ein Buch über *Revolutions in Russia*[26] mit dem
programmatischen Untertitel *Their lessons for the Western World*, in dem er durch Zitie-
rung einiger Artikel der *Militärwissenschaftlichen Rundschau* den Sowjets die Kenntnis
der Lehren Clausewitz' nachweist und eine Parallele zwischen dem Rückzug der russischen Truppen im Jahre 1812 und dem gegenwärtigen Krieg entdeckt, die ihre Entsprechung auch im Ausgang haben werde; während Adolf Hitler die Ignoranz der entsprechenden Clausewitz-Passagen unterstellt wird, geht Treviranus wohl zwei Schritte zu weit,
wenn er den Einfluß Clausewitz' auf die Entscheidung zum Rückzug 1812 überbewer-
tet und andererseits behauptet, M. N. Tuchačevskij habe einen fiktiven Rückzugsplan
auf der Clausewitz-Folie des Jahres 1812 schon in den 30er Jahren ausgearbeitet[27]. Treviranus folgte hier wohl einem von der UdSSR bereits in den ersten Kriegsmonaten verbreiteten Propagandaklischee — Plakate zeigten Napoleon und Hitler schon im Oktober 1941 gemeinsam auf dem Rückmarsch —, welches nach dem Kriege, nun »wissenschaftlich« untermauert, weitergeführt wurde.

Am Ende des Zweiten Weltkrieges analysierte Berthold Friedl[28] die theoretischen Grundlagen des Krieges und des Friedens in der UdSSR. In seinem Buch widmet er gut ein Drit-
tel des Raumes einer ausführlichen Darstellung der Leninschen Clausewitz-Lektüre. Abgesehen davon jedoch, daß er Stalin als direkten Nachfolger Clausewitz' und Lenins vorstellt und die vom Kriegsverlauf diktierten Entscheidungen, etwa den Partisanenkrieg oder
die Gegenoffensiven aus der Verteidigung, dem Feldherrentalent Stalins zubilligen möchte,

---

[23] P. Braun, Clausewitz.
[24] Müller, Sowjetunion, S. 231. Vgl. auch Niedermayer, Sowjetrußland, S. 721; Adamheit, Rote Armee,
S. 22; Just, Sowjetunion, S. 105—109.
[25] Adamheit, ebd.
[26] Treviranus, Revolutions.
[27] Ebd., S. 221—224, 245.
[28] Friedl, Les fondements.

»fehlt (Friedl) das Gefühl für Änderung und Entwicklung des sowjetischen militärischen Denkens«[29]. Eine ähnlich respektvolle Einschätzung der Verdienste Stalins als Feldherr, der aus dem Fundus der Rußlanderfahrungen Clausewitz' seinen Rückzug abgeleitet habe, veröffentlichte vier Jahre später der französische General Augustin Guillaume[30].
Schon ganz im Zeichen des Kalten Krieges, aber auch nüchterner und realistischer, weist Jules Monnerot auf die Umkehrung des Clausewitz-Aphorismus durch die Sowjets hin, deren militarisiertes Denken den Frieden als Fortsetzung des Krieges mit anderen, nämlich diplomatischen Waffen begreife; auch würden sie das Ziel den »Mitteln« unterordnen[31].
Neben den Franzosen wurde die anglo-amerikanische Wissenschaft auf die sowjetische Clausewitz-Forschung aufmerksam. Edward Mead Earle[32] war 1943 im Rahmen seiner Untersuchungen der »Soviet Concepts of War« auf Clausewitz gestoßen; doch dem »research specialist of Soviet affairs« Raymond Leonard Garthoff[33] blieb es vorbehalten, den engen Zusammenhang der sowjetischen Militärdoktrin mit einigen von Lenin modifizierten oder schlicht übernommenen Thesen Clausewitz' nachzuweisen. Garthoff geht in seiner Darstellung bis in die frühe Sowjetzeit zurück und weist als »Väter« der sowjetischen Clausewitz-Rezeption neben Lenin die Generäle B. M. Šapošnikov und A. A. Svečin nach. Damit waren die in die Rote Armee übernommenen zarischen Generalstabsoffiziere als eine wichtige Überlieferungsbasis Clausewitzscher Lehrsätze in der Sowjetunion erkannt. Garthoff rückt auch Stalin und V. M. Molotov in den Kreis der Clausewitz-Rezipienten, da sie an Vorlesungen Šapošnikovs teilgenommen hatten, bzw. letzterer dem Redaktionskomitee der *Tetradka*-Edition angehörte. Auf der Folie Clausewitzscher Gedanken analysiert Garthoff ferner den sowjetischen Friedensbegriff, die spezifisch sowjetische Auslegung des moralischen Faktors und weiterer Ansätze, die in *Vom Kriege* erstmals beschrieben wurden. Das überaus kenntnis- und faktenreiche Werk Garthoffs atmet stilistisch stellenweise den strengen, apodiktischen Geist des Kalten Krieges.
Anders die bahnbrechende Arbeit Werner Hahlwegs: *Lenin und Clausewitz. Ein Beitrag zur politischen Ideengeschichte des 20. Jahrhunderts*[34]. Der spätere Nestor der bundesrepublikanischen wie der internationalen Clausewitz-Forschung untersuchte erstmalig die *Tetradka* Lenins, stellte jedes Exzerpt in den Zusammenhang des Werkes *Vom Kriege*, ordnete die Leninsche Auswahl ein, übersetzte die Randbemerkungen und fügte die Leninsche Rezeption in den größeren Zusammenhang der geistesgeschichtlichen Grundlagen des Marxismus ein. Hahlweg ergänzte die Tradition marxistischer Denker, die Clausewitz gelesen hatten — Marx, Engels und Mehring —, durch Lenin und überprüfte, welche Exzerpte später in Reden und Aufsätzen verwendet wurden, um so zu einer Grundlage sowjetischen militärischen Denkens werden zu können. Auf dieser minutiösen und umfassenden Arbeit bauten zahlreiche westdeutsche und auch anglo-amerikanische Publikationen der 60er, 70er und 80er Jahre auf, die weitere Detailfragen klären halfen, nicht

---

[29] Barghorn, Rußlandbücher, S. 129.
[30] Guillaume, Soviet, S. 132.
[31] Monnerot, Krieg, S. 24, 45f.
[32] Earle, Lenin, S. 323.
[33] Garthoff, Doctrine.
[34] Hahlweg, Lenin; leicht gek. nachgedr. in: Dill, Clausewitz, S. 592—651.

aber eine solche Initialwirkung wie der Aufsatz Hahlwegs aufweisen konnten[35]. Unter
dem Titel *Frunze: Der sowjetische Clausewitz*[36] veröffentlichte der amerikanische Polito-
loge Walter Darnell Jacobs 1969 eine Monographie, welche die Herausbildung der sowjetischen Militärdoktrin zu Beginn der 20er Jahre nachzeichnet. Nicht nur im Titel wird
auf Clausewitz rekurriert. Der französische Philosoph und Soziologe Raymond Aron[37]
und der griechische Privatgelehrte Panajotis Kondylis[38] setzten Mitte der 70er und am
Ende der 80er Jahre die Höhepunkte der Clausewitz-Forschung. Die seit langem bedeutendste Auseinandersetzung mit vielen Aspekten der Gedankenwelt Clausewitz' legte
Aron 1976 vor. Zahlreiche Berührungspunkte der Theorie der Kriegführung mit dem
Marxismus und seiner konkreten Ausgestaltung durch die Politik der UdSSR werden
daher angeschnitten, aber im ersten Teil des Buches, dem »europäischen Zeitalter«, wer-
den mit L. N. Tolstoj, Jan Bloch und Kutuzov auch frühe russische Rezipienten bzw.
»Objekte« der Philosophie Clausewitz' souverän in eigene Überlegungen integriert. »Im
Kontext einer Diskussion über die Quellen der sowjetischen Militärdoktrin, nämlich
Marx, Engels und Lenin ... legt Kondylis eine bemerkenswerte Deutung der Kriegstheorie Clausewitz' vor«[39]. Als Beitrag zur modernen Konfliktforschung, die die Gewalt
— auf zwischenstaatlicher Ebene in Form von Kriegen — für eine anthropologische Kon-
stante hält, vergleicht Kondylis die amerikanische mit der sowjetischen Militärdoktrin
und kommt zu dem Schluß, daß letztere überlegen sei, da sie weder die konventionellen
noch nuklearen Waffenpotentiale vernachlässige, was ihr die Möglichkeit gebe, permanent mit psychopolitisch motivierten Friedenskampagnen für atomwaffenfreie Zonen
sensible Bereiche in der westlichen Öffentlichkeit anzusprechen, da sie sich auf konven-
tionellem Gebiet überlegen weiß. Die durch das »neue politische Denken« in der Sowjetunion ausgelöste Doktrinendiskussion des Warschauer Paktes und die damit verbundenen Abrüstungsverhandlungen fokussierten den Blick westlicher Fachkreise, aber auch
sowjetischer Militärexperten, erneut auf den Zusammenhang von Politik und Krieg und
auf das Clausewitz-Verständnis Lenins. In einem einzigen deutschen Verlag erschienen
im Herbstprogramm 1989 und im Frühjahrsprogramm 1990 fünf Titel, die auf diesen
Zusammenhang eingingen[40].

[35] Eine Auswahl der wichtigsten Arbeiten in chronologischer Folge: Nohn, Kriegstheorie; Freistetter,
Lenins; Blasius, Clausewitz; Hahlweg, Clausewitz, Lenin; ders., Clausewitzbild; Kessel, Clausewitz;
Vad, Lenin; ders., stellenweise in: Clausewitz; Kipp, Lenin.
[36] Jacobs, Frunze.
[37] Aron, Clausewitz. Krieg.
[38] Kondylis, Theorie.
[39] Tibi, Kriegstheorie. Eine pazifistische Radikalkritik an Clausewitz und Kondylis verfaßte Münkler,
Clausewitz.
[40] Frenkin, Feinde, S. 208; Kießling, Neutralität, S. 23 ff., 27, 34, 161, 204; ders., NATO, S. 41, 65;
Voslensky, Götter, S. 432; ebenfalls im Straube-Verlag erschien der Ausstellungskatalog »Sie waren
nicht nur Gegner«, S. 7, dessen russische Übersetzung, »Oni byli ne tol'ko protivnikami«, S. 7, im
Verlag Meždunarodnye Otnošenija herauskam. In der sowjetischen Nachrichtensendung Vremja wurde
am 27.9.1990 über Clausewitz in russischen Diensten berichtet, und im gleichen Jahr erschien wieder eine Auswahlübersetzung unter dem Titel Klauzevic, O vojne, 1990.

Erst gegen Ende der 80er Jahre wurde offenbar, daß die gelehrigen Schüler Clausewitz'
in der Sowjetunion eine Erkenntnis, die von dem preußischen General bereits erahnt
und von Engels expliziert wurde, außer acht ließen bzw. lassen mußten: die Abhängigkeit des Krieges von den sozio-ökonomischen und technischen Veränderungen und damit
die existentielle Bedeutung einer leistungsfähigen Wirtschaft und einer weitestgehend
spannungsfreien Sozialstruktur im Staat. Das Fehlen dieser beiden Voraussetzungen ließ
1989/90 offenkundig werden, daß sich die UdSSR mit ihrer doppelten Anstrengung
— konventioneller und nuklearer Rüstung — ökonomisch verhoben hatte. Die weltgeschichtlichen Ereignisse, die die Arbeit an dieser Studie begleiteten, machten manche
kleinere Korrektur während der Niederschrift erforderlich. Der Verzicht der KPdSU auf
ihr Machtmonopol, die Loslösung der ost(mittel)europäischen Satellitenstaaten und die
Auflösung des Warschauer Paktes, das Auseinanderbrechen der imperialen, multi-ethni-
schen UdSSR nach dem mißlungenen Putsch im August 1991 und die daraufhin erfolgende verbale Entideologisierung der Sowjetarmee sowie schließlich die formale Auflösung der UdSSR eröffneten dabei die Möglichkeit, nicht nur die russische, sondern auch
die sowjetische Clausewitz-Rezeption abschließend zu beurteilen.

# II. Clausewitz im Zarenreich

Zwei Staaten waren für den Verlauf des Lebens und auch für die Herausbildung und Entwicklung der militärtheoretischen und -historiographischen Werke des Preußen Carl v. Clausewitz von herausragender Bedeutung: Frankreich und Rußland.

Frankreich, das revolutionäre wie das napoleonische und später wieder das monarchische, war während seiner gesamten Vita activa sein realer oder potentieller Gegner. Schon mit 13 Jahren nahm Clausewitz als Fähnrich 1793/94 in den Reihen des preußischen Infanterieregiments »Prinz Ferdinand« an den Rheinfeldzügen gegen die französischen Revolutionsheere teil. Als Stabskapitän und Adjutant des Prinzen August geriet er im Oktober 1806 nach dem Zusammenbruch der preußischen Armee in französische Kriegsgefangenschaft. Seit 1809 im Kreise Scharnhorsts und Gneisenaus mit der Reorganisation des preußischen Heeres beschäftigt, beteiligte er sich an der Erarbeitung der Reformen stets unter dem Blickwinkel einer erneuten Auseinandersetzung mit dem kaiserlichen Frankreich. Sein größtes Kriegserlebnis war die Katastrophe Napoleons in Rußland und der darauf folgende Befreiungskampf, der ihn bis nach Paris führte. Zwischen 1816 und 1830, als Clausewitz sein monumentales Œuvre schuf, analysierte er insbesondere die Feldzüge Napoleons, den er als Verkörperung des militärisch-politischen Genies der Neuzeit ebenso schätzte wie Friedrich den Großen.

Als sich mit dem Ausbruch der Pariser Julirevolution 1830, die mit ihren Ausläufern bis nach Brüssel und Warschau wirkte, seitens der Heiligen Allianz eine Epoche von Kriegen gegen das revolutionäre Frankreich anzukündigen schien, fertigte Clausewitz kurz vor seinem Tode noch eine Studie *Über einen Krieg mit Frankreich* an.

Es fällt daher leicht zu behaupten, daß Frankreich stets der Ausgangspunkt seiner Betrachtungen blieb. Hingegen wurden die in Rußland gewonnenen Erfahrungen in ihrer Bedeutung lange Zeit unterschätzt. Nicht zu Unrecht kritisierte der sowjetrussische Clausewitz-Biograph A. A. Svečin 1935, daß für Clausewitz die Jahre in russischen Diensten in ihren Auswirkungen auf Leben und Theoriebildung durch deutsche oder französische Historiker stark vernachlässigt worden seien[1]. Dabei erlebte der Preuße im Rußland des Jahres 1812 zum ersten Mal den »Großen Krieg« in seiner militärischen, politischen und auch menschlichen Dimension; manche seiner Prognosen erhielten ihre Verifikation, und »seine Theorie der Strategie erfuhr ihre endgültige Ausprägung«[2].

Nicht zu unterschätzen ist der persönliche Aspekt dieses Erlebnisses. Mit seinem Entschluß vom März 1812, die preußische Armee zu verlassen und in russische Dienste überzutreten, hatte Clausewitz die wohl folgenschwerste Entscheidung seines Lebens getroffen[3]. Indem er einer prinzipiellen politisch-moralischen Verpflichtung folgte, setzte er zudem sein Vermögen der Konfiskation und seine zurückbleibende Frau gesellschaftlicher Ächtung aus.

---

[1] Svečin, Klauzevic, S. 160.

[2] Ebd., S. 161.

[3] Vgl. Hahlweg, Soldat, S. 34.

## 1. Clausewitz in russischen Diensten
### (1812—1815)

Als preußischem Patrioten fiel es Clausewitz schwer, sich nach der Niederlage von 1806 und dem Frieden von Tilsit im Juli 1807 mit der Zweitrangigkeit Preußens im Konzert der europäischen Mächte und der direkten Abhängigkeit von Napoleon abzufinden. Gemeinsam mit den anderen Reformern des Militärwesens — Gerhard v. Scharnhorst, Neidhardt v. Gneisenau, Hermann v. Boyen — arbeitete er an der Reorganisation des preußischen Heeres, dessen neu zu errichtende Strukturen als eine der wesentlichen Voraussetzungen zur Wiedergewinnung der Selbstbestimmung des Staates betrachtet wurden. Dies erschien jedoch ohne ein Bündnis mit anderen europäischen Mächten, die in einer natürlichen Opposition zu Frankreich standen, als illusionär. Solange Preußen durch einschneidende Verträge und die Besetzung der wichtigsten Festungen des Landes an den Willen Napoleons gebunden und daher handlungsunfähig war, reifte in dem politisch gebildeten und denkenden Offizier Carl v. Clausewitz mehrmals der Entschluß heran, die preußischen Fahnen zu verlassen und in einer Armee seinen Dienst aufzunehmen, deren Machtpotential eine erfolgreiche Konfrontation mit Napoleon möglich erscheinen ließ. Als Österreich im April 1809 versuchte, das französische Joch abzuschütteln und Preußen einen neutralen Standpunkt in diesem Konflikt einnehmen mußte, dachte Clausewitz an einen Übertritt in die österreichische Armee. Am 23. April schreibt er an seine Braut Marie:

»Über meine persönliche Lage und Zukunft kann ich noch wenig sagen; nur zweier Dinge bin ich mir als gewiß bewußt: einmal, daß es mir unmöglich ist, gegen mein Vaterland zu fechten, und daß ich folglich, wenn der König seine Truppen für Frankreich marschieren läßt, augenblicklich den Dienst verlasse, und zweitens, daß es mir ebenso unmöglich ist, ganz müßiger Zuschauer zu bleiben[4].«

Obwohl Clausewitz wußte, welch ungünstigen Eindruck die Abschiedsgesuche mehrerer Offiziere beim preußischen Hof hinterlassen hatten, knüpfte er über Prinzessin Luise und Scharnhorst Kontakte zur österreichischen Armee[5]. Die kurz darauf erfolgende Niederlage der Österreicher verhinderte den Übertritt. Clausewitz erwog auch eine Verwendung unter englischen Fahnen, doch die von ihm erwartete große Landung englischer Truppen auf dem Kontinent blieb aus[6]. Die Jahre bis zum russisch-französischen Krieg empfand Clausewitz, der im preußischen Generalstab unter Scharnhorst arbeitete und Friedrich Wilhelm, dem preußischen Kronprinzen, militärischen Unterricht erteilte, als »intermediären Zustand«, der auf eine »endliche Entscheidung« warte[7].
Die 1807 in Tilsit begründete und 1808 in Erfurt beschworene russisch-französische Freundschaft stand von Anfang an, bedingt durch kaum zu überbrückende Interessengegensätze, auf brüchigem Fundament. Die Einverleibung Hollands, ganz Norddeutschlands und Oldenburgs, dessen Herzog, Peter von Oldenburg-Holstein, mit dem Zaren eng verwandt war, im Jahre 1810 durch Napoleon erhöhte die Spannung zwischen den

---

[4] Zit. nach Heuschele, Clausewitz, S. 155.
[5] Marwedel, Carl von Clausewitz, S. 20.
[6] Vgl. Schramm, Clausewitz. Leben, S. 265.
[7] Hahlweg, Soldat-Politiker-Philosoph, S. 33.

beiden »Bündnispartnern« erheblich. Als Zar Alexander I. per Ukaz den Import französischer Luxuswaren verbot und kurz darauf seine Häfen wieder für englische Waren öff-
nete, unterlief er nicht nur das napoleonische System der Kontinentalsperre, sondern
provozierte den französischen Kaiser in herausfordernder Weise. Napoleon mußte erkennen, daß ohne die Niederwerfung Rußlands die französische Hegemonie in Europa gefähr-
det bleiben würde, da England sich weiterhin bei passender Gelegenheit seines »russischen Festlandsdegens« bedienen könnte — ein Trauma, das auch Hitler 1940 zu ähnlichen Schlußfolgerungen kommen ließ.
Diese Spannungen zwischen den Großmächten entfachten vor allem in Preußen, dessen
besondere Lage einen bedrohlichen Charakter angenommen hatte, hektische diplomatische Aktivitäten. Unter falschem Namen sandte Friedrich Wilhelm III. Scharnhorst nach
Petersburg. Alexander I. konnte Preußen für den Fall, daß es auf seiten Rußlands in den
zu erwartenden Konflikt eintrete, nur marginale Hilfe als Schutz für das rechte Ufer der
Oder zusagen. Der Eindruck, den Scharnhorst vom Zustand der russischen Truppen
gewann, war noch deprimierender.

>»Die Truppen waren noch nicht vollzählig. Man mußte die Mängel der russischen Technik in Rech-
nung stellen: den Vorzug, den man der engen Gefechtsaufstellung einräumte, unzureichende Kenntnisse bei der Wahl eines Geländes, schlechtes Ausnutzen der Örtlichkeiten, die Neigung der Teilverbände
zu isolierten Handlungen innerhalb eines Gefechts und die Passivität nach einem errungenen Sieg[8].«

Als die Nachrichten aus Wien, wo Scharnhorst ebenfalls verhandelte, noch ernüchtern-
der klangen, schloß der zögernde preußische Monarch im Februar 1812 widerstrebend
und unter dem Druck Napoleons ein Allianz-Traktat mit Frankreich.
Der Krieg mit Rußland schien unausweichlich — und Preußen kämpfte mit 20000 Mann
an der Seite Napoleons! Clausewitz war nicht der einzige Generalstäbler im preußischen
Offizierkorps, der angesichts der besonderen Umstände — Preußen handelte nach ihrer
Meinung seinen eigenen Interessen zuwider — in dieser Lage prinzipielle und für die persönlichen Verhältnisse weitreichende Konsequenzen zog. In Erkenntnis einer höheren
Verantwortung gegenüber seinem Vaterland sprengte Clausewitz mit etwa 20 weiteren
Kameraden[9] den bis dahin konventionellen Rahmen des Herrscher-Untertanen-Verhält-
nisses und bat beim König um seinen Abschied aus einer durchaus privilegierten Stellung
bei Hofe, an der Allgemeinen Kriegsschule und aus dem Generalstab. Diese Entscheidung
fand damals in der öffentlichen Meinung mehr Gegner als Befürworter. Um so größer
ist der Wagemut Clausewitz' zu werten, der eine sichere Stellung mit blendenden Perspektiven für die Zukunft aufgab, um in russischem Dienst für die Befreiung Preußens
zu kämpfen, und der damit Gefahr lief, gegen seine unter preußischen Fahnen stehenden
Kameraden und seine beiden Brüder, die in den preußischen Reihen verblieben waren,
in Frontstellung gehen zu müssen[10]. In gewisser Hinsicht war Clausewitz dadurch einer

---

[8] Svečin, Klauzevic, S. 151.
[9] Die Zahl der Übergetretenen schwankt in der Literatur zwischen 12 und ca. 100 Personen. Neuere
Forschungen lassen eine Zahl von wenigen Dutzend wahrscheinlich sein; siehe Aron, Clausewitz.
Krieg, S. 59.
[10] Zu Clausewitz' Motiven beim Eintritt in russische Dienste ausführlich in: Hahlweg, Soldat, S. 32 ff.,
und Schramm, Clausewitz. Leben, S. 332.

der ersten »Bürger in Uniform«, lange bevor dieser Begriff geprägt wurde. Noch ganz unter dem Eindruck der Konsequenzen blinden und damit pervertierten Gehorsams im Zweiten Weltkrieg stehend, beurteilt Hahlweg 1957 Clausewitz' Entscheidung so:

»Wenn Clausewitz sich hier gegen die Auffassung seines Königs und der preußischen Regierung entschied, so entsprang dies gewiß nicht der Neigung zu bloßem Politisieren. Er bewies vielmehr vorbildhaft durch sein Verhalten, daß die Gehorsamspflicht des Soldaten gegenüber Regierung und König dort ihre Grenzen finden kann, wo ihr Sinn aufgrund besonderer Notstände von Staat und Volk in Frage gestellt erscheint — erst recht, wenn dies im Rahmen einer ebenso sorgfältigen wie kritischen Prüfung erhärtet wird[11].«

Fraglich war, welchen Wirkungsgrad er als ein der Landessprache nicht mächtiger Offizier und Ausländer in Rußland erzielen konnte, nicht nur infolge der tatsächlichen Schwierigkeiten, die ein unerfahrener Neuankömmling zu bewältigen hatte, sondern auch durch die Probleme, die eine xenophobe Einstellung vieler Russen den Ausländern zusätzlich aufbürdete[12].

In einer bereits Wochen zuvor verfaßten, dreiteiligen und zur Veröffentlichung bestimmten *Bekenntnisschrift* hatte Clausewitz, in erregter Gefühlsbetontheit für die politische Ehre eintretend, die Motive seiner ins Auge gefaßten Entscheidung dargelegt. Die unverhohlenen Angriffe auf die »französische Partei« am Hofe des Königs ließen jedoch eine Veröffentlichung nicht ratsam erscheinen, und so zirkulierten die emotionsgeladenen »Bekenntnisse« nur unter Freunden und Eingeweihten[13].

Den Weg für den Übertritt in die Armee des Zaren hatte der russische Botschafter in Berlin, Graf (später Fürst) Christof Andreevič Lieven, geebnet. Er empfahl dem Zaren herausragende[14] preußische Offiziere und sorgte für Pässe, Reisegeld, Offizierspatente und die Einstufung in einen gleichwertigen Rang der russischen Armee; im Fall Clausewitz war mit dem Übertritt sogar die Beförderung vom Major zum Oberstleutnant und eine Gehaltserhöhung von 1300 auf 1900 Taler verbunden. Dazu mögen auch die Empfehlungsschreiben von Gneisenau[15] und Scharnhorst an den Zaren beigetragen haben. Am 31. März 1812 reiste er aus Berlin über Frankfurt/Oder nach Breslau ab. Unterwegs vollendete er *Die wichtigsten Grundsätze des Kriegführens zur Ergänzung meines Unterrichts bei Sr. Königlichen Hoheit dem Kronprinzen* und schloß diese an seinen Schüler gerichtete erste umfangreiche Zusammenfassung seiner praktischen und theoretischen Erkenntnisse mit einem flammenden Appell an dessen patriotische Verantwortung. Man

---

[11] Hahlweg, ebd., S. 34 f.

[12] Diesen Fremdenhaß, insbesondere gegen die »deutsche Partei« am Hofe, räumt auch Svečin, Klauzevic, S. 183, ein. Als Motiv führt er die liberale Haltung eines Teils des russischen Offizierkorps, der späteren »Dekabristen«, an, welche die »reaktionären« und zarentreuen deutschen Offiziere als »Opričnina«, als zaristische Polizeitruppe, einstuften. Eine Ausnahme bildete laut Svečin, ebd., S. 182, nur Clausewitz, was jedoch von den Russen damals nicht erkannt worden sei.

[13] Im »Dritten Reich« fand diese »Bekenntnisschrift«, die 1869 zum ersten Mal publiziert wurde, bemerkenswerterweise größere Verbreitung als das Hauptwerk »Vom Kriege«; siehe auch Schramm, Clausewitz. Leben, S. 335 ff.

[14] Svečin, Klauzevic, S. 153, nennt sie »naibolee principial'nye, vydajuščie pruskie oficeri«, auf S. 154 aber auch »naibolee gorjačie«.

[15] Siehe Gneisenaus Brief an Alexander I. v. 2. 6. 1812 aus Riga, in: Gneisenau, Schriften, S. 214—233.

solle lieber »entschlossen« sein, »einen glorreichen Untergang zu finden«[16] und damit seinen Platz in der Geschichte einnehmen, denn als Sklave der Franzosen »das Schwert gegen sich selbst zu führen«, wie an anderer Stelle formuliert wurde. Aus Breslau teilte er seiner Frau unter dem 28. April 1812 mit: »So ist denn der entscheidende Schritt getan; ich bin den äußeren Zeichen nach nicht mehr der Eurige[17].«

Neben der Beschreibung des *Feldzuges von 1812 in Rußland* im siebten Band seiner gesammelten Werke, in dem Clausewitz sowohl eine historisch-militärische Studie des später »Vaterländischer Krieg« genannten Feldzuges als auch die Einflechtung von persönlich Erlebtem und die Beurteilung zahlreicher Akteure auf russischer Seite leistet, ist die erhaltene Korrespondenz zwischen ihm und seiner Frau die einzig zuverlässige Quelle über seine Stellung, Tätigkeit und Empfindungen in diesem für ihn »wildfremden Land«[18].

Nach einer beschwerlichen und nicht ungefährlichen Reise über Graudenz, Gumbinnen, Tilsit in einer eigens zu diesem Zweck erworbenen Reisekutsche überschritt Clausewitz am 9. Mai 1812 bei Tauroggen die preußisch-russische Grenze und hatte als Ziel St. Petersburg vor Augen, wo er den Zaren treffen und um eine angemessene Verwendung vorsprechen wollte. Als er unterwegs erfuhr, daß Alexander I., besorgt durch den drohenden Kriegsausbruch, sich nach Wilna, dem Hauptquartier der russischen Truppen, begeben hatte, fuhr auch Clausewitz dorthin, wo er von Gneisenau und Ernst Moritz Arndt herzlich empfangen wurde. Mehrere Wochen blieb er ohne Verwendung; erst am 6. Juni erhielt er die russische Uniform. Am Tage darauf wurde er Alexander I. vorgestellt. Noch vor Beginn des Krieges zeichnete sich ab, was fast während des gesamten Feldzuges Clausewitz bedrücken sollte: Seine mangelnden Russischkenntnisse schränkten die Verwendbarkeit in der Zarenarmee stark ein, zumal einige russische Obristen und Generäle weder des Deutschen noch des Französischen mächtig waren. Seine erste

---

[16] Clausewitz, Vom Kriege. 1980, S. 1086. Clausewitz war das emotionale Bekenntnis am Schluß seiner nüchternen Erkenntnisschrift so wichtig, daß er diese Passage auch seiner Frau in einem Brief vom 12. 4. 1812 mit einer Erläuterung vorträgt, siehe Heuschele, Clausewitz, S. 192. Diese 1888 durch Dragomirov zum ersten Mal ins Russische übersetzten »Prinzipien des Kriegführens« brachten Clausewitz — bei allen Mängeln der Übertragung — einem breiteren russischen Publikum in der Landessprache nahe: Klauzevic, Osnovyja položenija. Wohl eher der Bekanntheitsgrad des Generals Dragomirov als die Qualität der Übersetzung ließ eine französische Übersetzung ein Jahr später, 1889, folgen. In Ermangelung einer weiteren Übertragung wurde ein Neudruck des Werkes 1923, Klauzevic, Osnovy, verlegt. In allen Ausgaben wurde der Schluß mitübersetzt. Das gilt auch für die eng an das deutsche Original angelegte Neuübersetzung von A. K. Radčinskij, die als Anhang zum Hauptwerk 1932 veröffentlicht wurde. In der 2. Aufl. von Klauzevic, O vojne, 1934, S. 618, wird diese Passage von der Redaktion mit der Anmerkung versehen, »der Kritiker Berenhorst nähme von diesem pathetischen Schluß mißbilligend Abstand und bezeichne ihn als ›kalten Schwulst‹«. In der 3. Ausg., 1936, Bd 2, S. 461, fehlt dann diese Passage völlig. Textkritischer Abdruck der Bekenntnisschrift in: Clausewitz, Schriften, Bd 1, S. 682 ff.

[17] Zit. nach Heuschele, Clausewitz, S. 193.

[18] Der Briefwechsel zwischen Carl und Marie v. Clausewitz wurde mehrfach veröffentlicht, siehe Schwartz, Leben des Generals; Linnebach, Clausewitz; Heuschele, Clausewitz. Svečin, Klauzevic, S. 161, stuft Clausewitz' Briefe als »für einen Offizier in russischen Diensten stehend in tadellosem Ton abgefaßt« ein, der im Falle des Abfangens durch Franzosen die »Möglichkeit einer Aufdeckung von militärischen Geheimnissen unmöglich machte«.

Verwendung hatte er immerhin als Adjutant des Generals Phull[19], des strategischen Beraters des Zaren. Am 23. Juni wurde er aus Wilna abgesandt, um das befestigte Lager von Drissa zu inspizieren, dem in dem anfänglichen russischen Feldzugsplan eine zentrale Bedeutung zukam[20]. Clausewitz erkannte die geographische Unzulänglichkeit dieses zudem falsch angelegten Platzes und konnte den Zaren, der »das Bedürfniß (hatte), sich durch ein unbedingtes, aus klarer Ueberzeugung hervorgehendes Lob der ganzen Maßregel von Neuem darin befestigt zu sehen«[21], in einer klug und zurückhaltend vorgetragenen Kritik davon überzeugen, die Aufhebung des Lagers anzuordnen. Clausewitz gelang es dabei, seinen Vorgesetzten, General Phull, nach dessen Plan der französische Vormarsch bei Drissa aufgehalten werden sollte, nicht zu brüskieren, obwohl er bereits zuvor in Briefen an seine Frau die Vermutung geäußert hatte, daß Phull nicht mehr lange in der Gunst des Zaren stehen werde, was sich kurz darauf bestätigen sollte. Nachdem Phull die Armee verlassen hatte, bemühte sich Clausewitz um eine Truppenverwendung, um der Muße der Etappe zu entkommen und den Krieg kennenzulernen. Resignierend schrieb er am 6./18. Juli[22] an seine Frau:

»Übrigens ist denn doch am Ende wahr, was ich mir tausendmal gesagt habe, und was alle Menschen bestritten, daß man, ohne Russisch zu können, gar keine Brauchbarkeit hat. Hier nützlich zu sein, darf ich also wohl kaum hoffen, und mein ganzes Streben ist nur darauf gerichtet, wenigstens den Krieg selbst zu sehen und dadurch für meine Person zu gewinnen[23].«

Als Quartiermeister des Kavalleriegenerals Graf Pahlen nahm er bei der russischen Arrieregarde an den schweren Rückzugsgefechten von Vitebsk (25.—27. Juli) und dem Gefecht vor Smolensk (17. August) teil. Nach der Erkrankung Pahlens wurde dessen Korps aufgelöst und Clausewitz dem Stab des Generals Uvarov zugeteilt. Seine Stimmung wird, bedingt durch seine Situation als »Taubstummer«, die Beschwerlichkeiten des Rückzuges und das Erwarten einer ersten großen Entscheidungsschlacht, immer depressiver. In den Briefen an seine Frau, die durch den russischen Botschafter in Berlin, Graf Lieven, übermittelt wurden, schreibt Clausewitz immer wieder über die Verschlechterung seines körperlichen Zustandes durch diverse Krankheiten und Erschöpfungszustände. Während man auf russischer Seite das Zurückweichen der eigenen Armee hart kritisierte, führte Clausewitz in diesen Briefen die Vorteile des Raumes für den Verteidiger an, der aus der Weite des Landes Reserven schöpfen kann, während der Angreifer gezwungen ist, seine Kräfte zu überdehnen, Nachschubschwierigkeiten hat, eine für Westeuropäer bisher unbekannte, erbarmungslose »Politik der verbrannten Erde« durch die Rus-

---

[19] Zur Charakteristik dieser schillernden Persönlichkeit siehe Clausewitz, Hinterlassene Werke, Bd 7, S. 6f., 10f., 24. Tolstoj zeichnet in »Krieg und Frieden« von Phull ein karikierendes Porträt, das der Clausewitzschen Beschreibung sehr ähnlich ist und eine Kenntnis der Hinterlassenen Werke nahelegt, vgl. Kap. II. 7 der vorliegenden Arbeit.

[20] Marwedel, 1812, S. 277.

[21] Clausewitz, Hinterlassene Werke, Bd 7, S. 23.

[22] Im 19. Jh. verlief der in Rußland bis 1918 gültige Julianische Kalender 12 Tage hinter dem in Westeuropa gültigen Gregorianischen Kalender, im 20. Jh. 13 Tage. Das erste Datum bezeichnet also das russische, das zweite das westeuropäische Kalendarium.

[23] Vgl. Heuschele, Clausewitz, S. 197; Schwartz, Leben des Generals, Bd 1, S. 525; zit. auch bei Marwedel, Carl von Clausewitz, S. 30f., und, mit falschem Datum, bei Schramm, Clausewitz. Leben, S. 346, 349.

sen selbst in Rechnung stellen muß und auch ohne Kampfhandlung jeden Tag berechen-
bare Prozentteile seiner Armee einbüßt. Am 12./24. August schreibt er, daß trotz der
nicht unerheblichen Verluste der Russen bei den Rückzugsgefechten »in der nächsten
Schlacht ... die Kräfte so ziemlich gleich sein (werden), nämlich etwas über 100 000 von
jeder Seite«[24].

Angesichts des Ungleichgewichts der Kräfte zu Beginn der Kämpfe und der zu erwartenden taktischen Überlegenheit der Franzosen empfahl Gneisenau dem Zaren schon
vor Kriegsbeginn einen geordneten Rückzug der Truppen und gleichzeitig die »Politik der
verbrannten Erde« im eigenen Land, um den Franzosen die Logistik zu erschweren[25].
Trotz der Akzeptanz dieser Empfehlungen, die im teilweise unfreiwilligen Zurückweichen der russischen Truppen in der Realität einen nicht immer planvollen Charakter
angenommen hatte, mehrten sich unter den »patriotischen« Mitgliedern im Generalstab
die Stimmen, die eine Entscheidungsschlacht forderten. Sie wollten dem Feind das Land
und die Stadt Moskau nicht kampflos preisgeben. Der Oberkommandierende, Barclay
de Tolly, zudem ein ungeliebter Ausländer, fiel dieser nationalen Kampagne zum Opfer.
Der neue Feldmarschall, der greise Fürst M. I. Kutuzov, war im September gezwungen,
vor der Preisgabe Moskaus eine offene Feldschlacht bei Borodino anzunehmen. Er brach
diese allerdings nach wechselvollen Kämpfen ab und mußte Moskau den Franzosen überlassen. Clausewitz nahm am 7. September an der Schlacht von Borodino teil, und trotz
seiner eingeschränkten Verwendungsmöglichkeiten gelang es ihm, sich im Gefecht aus-
zuzeichnen. Am 19. Dezember verlieh Alexander I. ihm einen goldenen Ehrensäbel mit
der Inschrift »Für Tapferkeit«. Die Bestätigung erfolgte erst sieben Jahre später, am
10. August 1819[26].

---

[24] Vgl. Schwartz, ebd., S. 527; Heuschele, ebd., S. 199.
[25] Gneisenau, Schriften, S. 214 ff. Das Zitat so nicht bei Gneisenau.
[26] »Von Gottes Gnaden
   Wir Alexander der Erste u. u.
   Unserem Major außer Dienste Klausewitz
   Zur Belohnung des Diensteifers und ausgezeichneten Betragens, welches Sie in der Schlacht wider
   die französischen Armeen bei dem Dorfe Borodino am 26. August 1812 bewiesen, wo Sie während
   Ihres Dienstes beim Quartiermeister-Stabe von dem General der Cavalerie Uwarow gebraucht wurden und sowohl in dieser als auch in anderen Schlachten eine ausgezeichnete Fähigkeit und Tapferkeit erscheinen ließen, haben Wir Allergnädigst unter dem 19. December des Jahres 1812 Ihnen einen
   goldenen Ehrensäbel mit der Inschrift »Für Tapferkeit« verliehen. Durch Unseren Ukas vom
   8. December 1817 befahlen Wir dem Kapitel der Kaiserlich Russischen Orden dies Patent in Zeug-
   niß dessen zu unterzeichnen und mit dem Ordenssiegel zu bekräftigen.
   Gegeben zu St. Petersburg, den 10. August 1819.
   In Abwesenheit des Kanzlers:
   (L. S.)
   Nr. 3056
   der General der Cavalerie Fürst N. Wolkonsky.
   Ordens-Cassier Generalmajor v. Kryschanowsky.«
   Zit. nach Schwartz, Leben des Generals, Bd 2, S. 64. Weder Ausfertigende noch Unterzeichner des
   Ukaz waren darüber im Bilde, daß Clausewitz nur als Oberstleutnant und Oberst in der russischen
   Armee gedient hatte, zu keinem Zeitpunkt aber als Major. Sowohl dieses wie auch die beiden im
   Folgenden zitierten Ukaze konnten nicht im Original in sowjetischen Archiven aufgefunden werden.

Für seinen Einsatz in der Schlacht vor Vitebsk wurde er bereits am 4. Oktober 1812 zum »Ritter des Ordens des heiligen Wladimir 4. Klasse mit der Schleife« ernannt[27].

In seiner Erzählung »Der Holzschlag« macht L. N. Tolstoj den Stellenwert der Auszeichnungen deutlich. Die Beschreibung des Alters, des Offiziers und seiner Orden scheint auf Clausewitz zugeschnitten zu sein:

»Man bestaunte meinen goldenen Degen wie eine Rarität, fragte mich, wofür ich ihn erhalten hätte, wofür den Annenorden, wofür den Wladimir ... Ein Mann in jungen Jahren, wissen Sie, der Stabsoffizier ist und den Annen- und den Wladimirorden hat — das hat in Rußland viel zu besagen[28].«

Clausewitz selbst stand diesen Auszeichnungen erheblich kritischer gegenüber. Am 22. September wurde er zum Oberst befördert[29].

Bevor er erneut durch einen Kommandowechsel und die Umgruppierung der Nachhut ins Hauptquartier nach Petersburg versetzt wurde, sah Clausewitz auf dem weiteren Rückzug nach der Schlacht von Borodino den in der Nacht vom 15. auf den 16. September ausbrechenden Brand von Moskau, der vier Tage wütete. In seiner Feldzugsbeschreibung läßt er offen, ob dieser Brand, der die Nachwelt lange Zeit beschäftigte[30], von den Russen gelegt worden ist oder durch Selbstentzündung die Vertreibung Napoleons einleitete. In Petersburg erfuhr er, daß er auf Veranlassung des Zaren als Nachfolger Carl Ludwig v. Tiedemanns, eines der Offiziere, die mit Clausewitz den preußischen Dienst quittiert hatten und der kurz zuvor durch eine preußische Kugel gefallen war, zum Chef des Stabes der Besatzung von Riga ernannt worden war.

---

[27] »Von Gottes Gnaden
   Wir Alexander der Erste, Kaiser und Selbstherrscher aller Reußen
   Dem aus Unserem Dienste entlassenen Oberstlieutenant von Klausewitz
   Zur Belohnung des eifrigen und ausgezeichneten Dienstes in dem Kriege gegen die Franzosen im Jahre 1812 und besonders in der Schlacht vom 15. Juli bei der Stadt Witepsk, wo Sie sich bei dem Quartiermeister-Wesen befanden, und im Feuer standen und mit Erfolg Ihre Pflicht erfüllten, haben Wir Sie Allergnädigst am 4. October 1812 zum Ritter des Ordens des heil. Wladimir 4. Classe mit der Schleife ernannt. Dieses Patent als ein Zeugniß hierüber zu unterzeichnen, mit dem Ordenssiegel zu bekräftigen und die Ordenszeichen Ihnen zu übersenden, haben Wir durch Unseren Ukas vom 3. Mai 1817 dem Kapitel der Kaiserlich Russischen Orden anbefohlen.
   So geschehen den 28. Februar 1818 zu St. Petersburg.
   In Abwesenheit des Kanzlers:
   (L. S.)
   Nr. 695.
   der General der Cavalerie Fürst N. Wolkonsky.
   Ordens-Cassier Generalmajor v. Kryschanowsky.«
   Zit. nach Schwartz, Leben des Generals, Bd 2, S. 63 f. Hier wird Clausewitz der Rang gegeben, den er zum Zeitpunkt der Ordensverleihung bekleidete.
[28] Zit. nach Tolstoi, Erzählungen, S. 87. Clausewitz selbst dachte jedoch relativ gering über diese Auszeichnung, sprach sogar in einem Brief an seine Frau von dem russischen »Ordensunfuge«, Brief v. 18./30. 9. 1812, in: Schwartz, ebd., Bd 1, S. 531.
[29] Hahlweg, Soldat, S. 37.
[30] Schon während der noch andauernden Kriegshandlungen erschien der »Versuch einer Darstellung der Verbrennung und Plünderung Moskwas durch die Franzosen im September 1812 von einem Augenzeugen«, St. Petersburg 1813. Der anonyme Autor war Johann Horn. Bis heute halten sich zahlreiche Theorien über die Urheber des Brandes von Moskau, von denen letztlich keine bewiesen werden konnte.

Clausewitz bat jedoch darum, ihm eine Stellung im Generalstab der im Aufbau befindlichen Russisch-Deutschen Legion zu verleihen, und wurde bis zum Antritt dieses Kommandos der Armee des Grafen Wittgenstein zugeteilt, in der ein größtenteils deutscher Generalstab wirkte. Im Gefolge der Wittgensteinschen Armee wurde Clausewitz Zeuge des Untergangs eines großen Teiles der »Grande Armée« bei dem Versuch, die Beresina zu überqueren. Tags darauf schrieb er seiner Frau, daß »die Katastrophe ... vorüber« sei, aber der Sieg bei kräftigem Nachsetzen der Truppen hätte entschiedener sein können. Erneut äußerte er seinen drängenden Wunsch, in der in Finnland stehenden »Deutschen Legion« zu dienen, und berichtete über die Opfer dieser Schlacht:

»Aber welche Szenen habe ich hier gesehen! Wenn mein Gefühl nicht schon abgehärtet oder vielmehr abgestumpft wäre, ich würde vor Schauder und Entsetzen nicht zu mir selbst kommen ... Ich schreibe Dir zwischen Leichen und Sterbenden unter rauchenden Trümmern ... in diesem Augenblicke ist mein Herz so voll des menschlichen Elends, daß ich keinen Unterschied des Ranges kenne[31].«

Im Oktober erfuhr Clausewitz durch den Grafen v. Dohna und durch v. Boyen, den späteren preußischen Kriegsminister, daß ihm in Berlin der Prozeß gemacht werden sollte und die Vermögenskonfiskation drohte. In einem Brief an seine Frau zeigte er zwar Verständnis für eine nach außen sichtbare Aktivität des Königs gegen die Emigranten, seine gefühlsmäßige Erbitterung hielt er aber nicht zurück. In einem am 2. Juli 1812 erlassenen »Edikt wegen der Auswanderung Preußischer Unterthanen«[32] und ihren »Eintritt in die Militairdienste fremder Staaten«[32] wurde verfügt, daß im Falle eines Kriegsausbruches mit einem solchen Staat ehemalige preußische Offiziere eine Bleibeerlaubnis binnen sechs Monaten einzuholen oder sich zurückzubegeben hätten, widrigenfalls drohte man mit Vermögensentzug und Aberkennung aller Ordens- und Ehrenzeichen. Sollte eine betreffende Person mit den Waffen gegen Preußen kämpfend angetroffen werden, drohte gar die Todesstrafe.

Obwohl dies alles auf ihn zutraf und das Berliner Kammergericht Clausewitz am 20. August vorlud, blieb er optimistisch und schrieb in Kenntnis der menschlichen Psychologie geradezu prophetisch:

»Jetzt tut man, als wären wir Verräter am Vaterlande. Tritt ein gänzlicher Umschwung der Begebenheiten ein, wie er in Jahr und Tag möglich ist, so wird man wohl von dieser unnatürlichen Ansicht loslassen[33].«

Trotz dieser düsteren Perspektiven unternahm Clausewitz alles, um wieder in »deutsche«, später in preußische Dienste aufgenommen zu werden. Er hatte zwar an allen großen militärischen Ereignissen dieses außergewöhnlichen Jahres teilgenommen — Smolensk, Borodino, Beresina[34] —, hatte den Zaren[35] und fast alle führenden russischen oder in rus-

---

[31] Vgl. Heuschele, Clausewitz, S. 204 f.

[32] Gesetz-Sammlung, S. 117 f.

[33] Vgl. Heuschele, Clausewitz, S. 202.

[34] Siehe Lehmann, Clausewitz, S. 110 ff. Zum Verständnis der Empfindungen und Eindrücke von Clausewitz siehe dessen Briefe an die Ehefrau und an Gneisenau, in: Heuschele, ebd., S. 196 ff., und Clausewitz, Schriften, Bd 2.1, S. 131 ff.

[35] Weis, Durchbruch, S. 324, bewertet den Einfluß Clausewitz' viel zu hoch, wenn er behauptet, Alexander sei von diesem »zum Krieg bis zum Äußersten getrieben« worden. Er verwechselte den Einfluß v. Steins auf den Zaren mit dem von Clausewitz.

sischen Diensten stehenden Generäle kennengelernt; trotzdem erfuhr der ehrgeizige Offizier mehr »Enttäuschung als Erfüllung, mehr Mühen und Entbehrungen als Anerkennungen«[36]. Dennoch darf sein Wirken auf russischem Boden nicht unterschätzt werden; die Gesamtheit seiner Leistungen wurde am 31. Juli 1813 mit dem St. Annen-Orden zweiter Klasse gewürdigt:

»Von Gottes Gnaden
Wir Alexander der Erste u. u.
an Unseren Obrist-Lieutenant außer Diensten Klausewitz
Zur Belohnung Ihres eifrigen Dienstes, durch den Sie sich in dem Feldzuge von 1812 gegen die französischen Kriegsheere ausgezeichnet haben, als in welchem Feldzuge Sie, bei dem Quartierwesen angestellt, während der ganzen Dauer der Verfolgung des Feindes von dem Flecken Tschaschecki an, alle Ihnen ertheilten Aufträge mit besonderer Geschicklichkeit und Eifer vollführten und gleichermaßen in dem Treffen vom 15. November auch im Avantgardendienste mit ausgezeichnetem Muthe und Tapferkeit handelten: haben Wir Sie den 31. Juli 1813 Allergnädigst zum Ritter des St. Annen-Ordens 2. Classe ernannt, und Urkund dessen gegenwärtiges Patent zu unterschreiben, es mit dem Ordenssiegel zu versehen und Ihnen die Ordenszeichen zuzustellen, dem Kapitel der Kaiserlich Russischen Orden durch Unseren Ukas vom 12. October 1821 befohlen.
Gegeben zu St. Petersburg, den 30. Juni 1822.
(L. S.)
Nr. 947.
Der Kaiserlich Russische Ordenskanzler: Naryschkin.
Der Kaiserlich Russische Ober-Ceremonien-Meister: Kologriwoff.
Der Kaiserlich Russische Schatzmeister: Krischanoffsky[37].«

Seine bedeutendste militärpolitische Tat vollbrachte Clausewitz unmittelbar, bevor er preußischen Boden betrat, dort, wo er sieben Monate zuvor Rußland betreten hatte: in Tauroggen. Auch wenn er offiziell erst wieder am 30. März 1815 in preußische Dienste aufgenommen werden sollte, spielte sich sein weiteres Leben wieder in deutscher Umgebung ab. Der preußische König lehnte sein Gesuch auf Wiederverwendung in der preußischen Armee vorerst ab, doch arbeitete Clausewitz seit dem Frühjahr 1813 im Stabe Blüchers erneut mit seinen Vertrauten Gneisenau und Scharnhorst zusammen.

## 2. Die Konvention von Tauroggen

Das eigenmächtige Handeln General Yorcks und die daraus resultierende Konvention von Tauroggen[38] ist von der Geschichtsschreibung als »Wendepunkt in der europäischen Geschichte«[39], ja sogar als »das säkulare Ereignis des jeweiligen Jahrzehnts im 19. Jahrhundert«[40] bezeichnet worden. Clausewitz selbst deutete dieses Abkommen aus histo-

---

[36] Marwedel, 1812, S. 280.
[37] Schwartz, Leben des Generals, Bd 2, S. 65.
[38] Nicht ohne Grund bezeichnet Clausewitz diesen Vertrag nicht nach dem Ort der Unterzeichnung »Konvention von Tauroggen«, sondern nach dem Hauptverantwortlichen »Yorcksche Konvention«, Clausewitz, Hinterlassene Werke, Bd 7, S. 206.
[39] Schäfer, Tauroggen, S. 1187.
[40] Schramm, Clausewitz. Leben, S. 389f.

rischer Perspektive[41] und philosophischer Einsicht bescheidener, verliert aber seine Bedeutung keineswegs aus dem Blick:

»Ob wir gleich nicht geneigt sind die Erscheinungen in dieser Welt als Folgen einzelner Ursachen zu
betrachten, sondern sie immer nur als die Gesammtwirkung vieler Kräfte ansehen, so daß das Ausfallen eines einzelnen Gliedes niemals eine totale Veränderung hervorbringen kann, so müssen wir doch
einräumen, daß oft Großes aus scheinbar Kleinem entsprungen ist und daß eine einzelne, also dem
Zufall stärker bloßgestellte Ursache oft sehr allgemeine Wirkungen hervorbringt. So ist es auch mit
der Yorkschen Konvention. Es ist nicht vernünftig, zu glauben, daß ohne diesen Entschluß, welchen
General York den 29. Abends in Tauroggen faßte, Bonaparte noch auf dem französischen Thron und
die Franzosen noch die Gebieter Europas wären, denn diese großen Wirkungen sind die Folgen einer
unendlichen Menge von Ursachen oder vielmehr Kräften, die größtentheils auch ohne den General
York wirksam geblieben wären; aber zu läugnen ist es nicht, daß der Entschluß dieses Generals ungeheure Folgen gehabt und wahrscheinlich das allgemeine Resultat sehr beschleunigt hat[42].«

Clausewitz' Darstellung des Zustandekommens der Konvention im Rahmen seiner Schilderung des *Feldzuges von 1812 in Rußland* ist die ausführlichste authentische Quelle eines
Augenzeugen, sowohl in bezug auf die Motive der Handelnden als auch auf den Verlauf
der Ereignisse.
Nach der Katastrophe beim Übergang über die Beresina befand sich die französische
Armee im Zustand völliger Auflösung. Das im Baltikum stehende preußische Hilfskon-
tingent unter General v. Yorck hatte bis zu diesem Datum kaum an Kampfhandlungen
teilgenommen; unter dem Oberbefehl des französischen Marschalls MacDonald sollte
es beim weiteren Rückzug die nördliche Flanke sichern. Formal gab es das im Frühjahr
1812 durch Druck herbeigeführte Militärbündnis zwischen Frankreich und Preußen noch,
doch selbst Napoleon machte sich über die Zuverlässigkeit seines gepreßten Bundesge-
nossen keine großen Illusionen[43]. Auch im preußischen Lager entstanden Zweifel am
Sinn des Weiterbestehens dieser Koalition, zumal durch das Herannahen russischer Verbände — der russische Kommandeur General Wittgenstein hatte den Befehl, das Korps
MacDonald von der Hauptarmee abzuschneiden[44] — ein militärischer Zusammenprall
immer näher rückte.
Die diplomatischen Kontakte zwischen Preußen und Russen waren auch nach Beginn
der Kampfhandlungen am 24. Juni 1812 nicht abgerissen. Ein Beispiel dafür ist die Korrespondenz von Carl und Marie v. Clausewitz, die über die jeweiligen Vorposten und
die Regierungspräsidenten in Ostpreußen bzw. die Gouverneure im Baltikum weiterge-
leitet wurde. Auch die Truppen standen in Verbindung, nicht zuletzt durch preußische
Soldaten auf beiden Seiten; so befanden sich beide Brüder Clausewitz' unter dem Kommando Yorcks.
Bereits im November, noch vor Riga, wurden die preußischen Hilfstruppen von russischer Seite das erste Mal zum Übertritt aufgefordert. Da zu diesem Zeitpunkt das Aus-

---

[41] Vgl. Clausewitz, Schriften, Bd 2.2, S. 726f. Hahlweg hält für die Entstehung des Berichts über den
»Feldzug von 1812 in Rußland« das Jahr »1823 oder bald danach« für wahrscheinlich.
[42] Vgl. Clausewitz, Hinterlassene Werke, Bd 7, S. 238f. Leichte Texterweiterung vgl. Clausewitz, Schriften,
Bd 2.2, S. 914.
[43] Schramm, Clausewitz. Leben, S. 389f.
[44] Svečin, Klauzevic, S. 187.

maß der französischen Verluste nicht zu übersehen war und aus Berlin keine das Bündnis in Frage stellenden Direktiven auszumachen waren, retirierte das preußische Korps gemeinsam mit den französischen Truppen MacDonalds auf Ostpreußen. Dabei stellten die Preußen die Nachhut. Während die Franzosen schon kurz vor der Grenze standen, hatte Yorck erst am Abend des 20. Dezember den Befehl erhalten, aufzubrechen und den Marsch des Korps in Richtung Tilsit zu decken. Die Landesnatur, die schlechten Straßen und die ungünstigen Witterungsverhältnisse erschwerten den Abmarsch der umfangreichen Wagenparks der preußischen Einheiten. Bereits am 25. Dezember, auf halbem Weg zwischen Mitau und Tilsit, hatten Kosaken ihnen den Weg nach Tilsit verlegt. Neben den Kosaken näherten sich auch reguläre russische Einheiten, deren Stärke nicht überschaut wurde. Yorcks Lage war unklar. In dieser Situation schlug der russische General Diebitsch durch Parlamentäre Yorck eine Konvention vor, die das preußische Kontingent neutralisieren und so vor drohenden Kampfhandlungen mit den Russen bewahren sollte. Yorck, der von seiten des preußischen Königs über keinerlei Vollmachten zu solchen Verhandlungen verfügte, ließ sich unter dem Druck der Umstände, den er durch dilatorisches Taktieren noch verstärkte, zu einer Entscheidung überzeugen, die in der militärpolitischen Geschichte ohne Beispiel war und ihn leicht den Kopf hätte kosten können.

Am Abend des 25. Dezember kam es zu einer ersten Zusammenkunft zwischen Yorck und Diebitsch. Clausewitz, der mit Rücksicht auf eine politisch-psychologisch motivierte ablehnende Haltung der preußischen Seite als ehemaliger Preuße und nun als »siegreicher russischer Oberst« nicht bei der ersten Fühlungnahme als Parlamentär fungieren wollte, nahm auf ausdrücklichen Wunsch Yorcks an allen weiteren Gesprächen teil. Der letzte Teil des *Feldzuges von 1812 in Rußland*, der sich »mehr mit der Schilderung *der* Begebenheiten beschäftig[t], in welche der Verfasser persönlich verwickelt war«[45], enthält die umfangreichste zeitgenössische Darstellung der Ereignisse eines bei allen Treffen zugegenen Verhandlungsteilnehmers. Seine psychologische Deutung der Hauptakteure und die historisch-politische Beleuchtung der Vorgänge gewährleisten eine kritische Authentizität[46], die bis heute kaum ergänzt zu werden vermochte. Bei der ersten Unterredung erklärte sich Diebitsch als vom Zaren ermächtigt, Verhandlungen zu führen, die die Einstellung der drohenden militärischen Auseinandersetzungen hinsichtlich einer zu erwartenden Neuauflage der guten Beziehungen zwischen Preußen und Rußland zum

---

[45] So Marie v. Clausewitz als Herausgeberin der Werke ihres verstorbenen Gatten in der Vorrede zu Clausewitz, Hinterlassene Werke, Bd 7, S. V.

[46] Ebd., S. 206—239. Eine auf dem Originalmanuskript basierende Ausgabe enthüllt, daß es sich bei Teilen des »Feldzuges von 1812 in Rußland« um Memoiren handelt; siehe Clausewitz, Schriften, Bd 2.2, S. 729—935. Die textkritische Ausgabe weist zahlreiche Streichungen, Ungenauigkeiten, Druckfehler und auch Auslassungen der Erstausgabe sowie den auf ihr basierenden Nachdrucken und Übersetzungen nach. Die Herausgeber schwächten insbesondere Clausewitz' Urteile über noch lebende bzw. kurz zuvor verstorbene Personen deutlich ab. Ohne einzuräumen, daß der »Feldzug von 1812 in Rußland« einer solchen Glättung unterzogen wurde, geht Marie v. Clausewitz in ihrer Vorrede auf die teilweise in scharfem Ton verfaßten Erwiderungen und Kritiken zu den ersten sechs Bänden der Hinterlassenen Werke in militärischen Zeitschriften ein. Die behutsam ausgeführte »Zensur« sollte sicher verhindern, daß sich die Kritiker mehr mit den Tadeln an lebenden Personen auseinandersetzten als mit den historiographischen, militärischen und politischen Aussagen Clausewitz'.

Ziel haben sollten. Er verhehlte nicht, daß er zum Zeitpunkt der Gespräche einer militärischen Auseinandersetzung mit seinen schwachen Kräften nicht gewachsen sei und den Zusammenschluß der Preußen mit MacDonald nicht verhindern, wohl aber deren Artillerie samt Fuhrpark in seine Gewalt bringen könne. Yorck, den auch persönliche Differenzen von MacDonald trennten, war unentschlossen und erbat sich Zeit, um die Lage zu sondieren und das Terrain zu erkunden. Die Tage zwischen dem 26. und dem 30. Dezember waren durch kurze Märsche MacDonalds, der Yorck Gelegenheit zum Anschluß geben wollte, ein zögerliches Taktieren Yorcks mit unschlüssigen Bewegungen in Richtung preußische Grenze und den Versuch Diebitschs, seine Truppen zu verstärken, gekennzeichnet[47].

Clausewitz schilderte die Hartnäckigkeit, mit der er am 29. Dezember Yorck, der inzwischen durch sein Zögern kompromittiert war, die Aufrichtigkeit des russischen Angebots, die Richtigkeit der angegebenen Kräfteverhältnisse sowie die Notwendigkeit des Neutralisierungsabkommens auseinandersetzte. Am 30. Dezember trafen sich in der Mühle von Poscherun bei Tauroggen General Diebitsch in Begleitung von Clausewitz und Karl Friedrich Graf zu Dohna-Schlobitten — alle drei früher in preußischen Diensten — mit Yorck und unterzeichneten die in deutscher Sprache abgefaßte Konvention[48].

Die Auswirkungen der Konvention von Tauroggen, des »weltgeschichtlichen Erdrutsches«[49], sind bekannt und müssen daher nicht im Detail nachgezeichnet werden[50]. Für Clausewitz bedeutete die aktive Teilnahme »den Höhepunkt seiner bisherigen militärischen Laufbahn: Er hatte an entscheidender Stelle durch Klugheit, Fertigkeit ... wesentlich dazu beigetragen, daß sich die Weltgeschichte veränderte ... Nun fand sein Dienst die militärpolitische Krönung[51].« Clausewitz selbst war sich am Tage der Konvention wohl dieses tiefen Einschnitts bewußt, nicht aber der politischen Dimension des Ereignisses, wie ein Brief an seine Frau vom 30. Dezember 1812 beweist[52].

Hier zeigt sich zugleich die unterschiedliche Bedeutung der Konvention von Tauroggen für beide Seiten. Rußland brachte Tauroggen den unblutigen Abschluß eines verlustreichen Krieges und zugleich die vollständige Befreiung. Für Preußen und Deutschland

---

[47] Svečin, Klauzevic, S. 189, behauptet, Yorck und Diebitsch wollten sich gegenseitig betrügen und übervorteilen; der eine, indem er ohne Gefechte Ostpreußen zu erreichen trachtete, der andere, indem er durch falsche Angaben über die Stärke der eigenen Armee den Gegner zur Aufgabe zwingen wollte. Der letzteren Behauptung widerspricht allerdings Clausewitz, Hinterlassene Werke, Bd 7, S. 189, 193 f., ganz entschieden.

[48] Abdruck des Textes der Konvention von Tauroggen, die Clausewitz nicht zitiert, da sie »sich bereits überall gedruckt« findet, u. a. bei Boutourlin, Histoire, Bd 2, S. 431—434, und in: Seydlitz, Tagebuch, Bd 2, S. 247—249. Ein Faksimile der Konvention neuerdings in Kappe-Hardenberg, Freiheit, S. 15 f., 21 f. Clausewitz' Tätigkeit als Unterhändler in Tauroggen wird bereits erwähnt im Artikel »Clausewitz« im Encyclopädischen Wörterbuch der Wissenschaften, Künste und Gewerbe, S. 393 f. Diese frühe Aufnahme in ein Lexikon noch zu Lebzeiten zeigt den Bekanntheitsgrad, den seine Gelehrsamkeit in Deutschland bereits erreicht hatte.

[49] Schramm, Clausewitz. Leben, S. 411.

[50] Vgl. Marwedel, 1812, S. 281 ff.

[51] Schramm, Clausewitz. Leben, S. 411.

[52] Vgl. Linnebach, Clausewitz, S. 305 f.

hingegen lag die Bedeutung dieser Konvention in der Auslösung des nicht zuletzt dank russischer Hilfe erfolgreichen Befreiungskrieges, der zum ersten Male in der deutschen Geschichte einem von allen dynastischen Bindungen losgelösten Gefühl nationaler Zusammengehörigkeit zum Durchbruch verhalf.

## 3. Der Einfluß des Rußlandfeldzuges auf die Entwicklung des Werkes von Clausewitz

»Ich habe den Feldzug als Offizier des Generalstabes mitgemacht; er ist für mich nicht ohne Belehrung gewesen, da ich manchen Gefechten beigewohnt habe[53].« »Ich habe manchem Gefecht, unter anderen auch der Schlacht vom 7. September [Borodino] beigewohnt, was für mich reich an Belehrung gewesen ist[54].«

Noch während des Krieges weist Clausewitz mit diesen Briefen auf die Bedeutung hin, die die persönliche Teilnahme am unmittelbaren Kampfgeschehen für die Ausbildung seiner taktischen und strategischen Überlegungen hatte. Nicht nur, daß er mehrfach seine taktischen Kenntnisse durch »Anschauungsunterricht« in vorderster Linie erweitern konnte; zum ersten Mal war er »in der besonders günstigen Lage, aus nächster Nähe Führungsentscheidungen mitzuerleben, zu denen er früher wegen seiner niederen Dienststellung nur bedingt oder meist gar nicht Zutritt hatte«[55]. Diese strategischen Beobachtungen verarbeitete nun ein Soldat, der durch die vorausgegangenen Kampfhandlungen von 1793 und 1806 sowie die Ausbildung an der Kriegsschule in Berlin bereits ein »weit vorgeschrittenes Verständnis der praktischen und theoretischen Seite«[56] des Krieges aufweisen konnte. Sowohl in seiner eigentlichen Feldzugsbeschreibung als auch in seinem Hauptwerk basieren zentrale theoretische Beobachtungen auf einer genauen Analyse der 1812 gewonnenen praktischen Erfahrungen.

Lange Zeit ist die Bedeutung der Teilnahme Clausewitz' am Rußlandfeldzug unterschätzt worden. Aus russischer und marxistischer Sicht wies A. A. Svečin 1935 in seiner Clausewitz-Biographie[57] darauf hin, daß weder die westeuropäische noch die sowjetische Clausewitz-Literatur diesem Zusammenhang die angemessene Aufmerksamkeit zuteil werden ließ. Doch auch er selbst reißt das aufgeworfene Forschungsdesiderat nur an. Seine Bemerkungen sind dabei den 1941 in der UdSSR aus Propagandamotiven hervorgehobenen Parallelen zwischen Napoleon und Hitler nicht gleichzustellen[58]; erste Ansätze aus dem Jahre 1943, wo das Autorenkollektiv L. I. German und F. V. Potemkin[59] mit Clausewitzscher Methodik bereits das Überschreiten des Kulminationspunktes für die deutsche Wehr-

---

[53] Brief Clausewitz' an seine Frau v. 18./30. 9. 1812, zit. nach Schwartz, Leben des Generals, Bd 1, S. 530.
[54] Brief desselb. an dieselb. v. 23. 10./4. 11. 1812, zit. nach ebd., S. 534.
[55] Marwedel, 1812, S. 283.
[56] Ebd.
[57] Svečin, Klauzevic, S. 160 f.
[58] Bereits einige Wochen nach Kriegsausbruch wurden Propagandaplakate gedruckt, die Napoleon und Hitler zeigten, die durch den Widerstand des russischen bzw. des sowjetischen Volkes aus dem Land vertrieben wurden bzw. werden; ein Exemplar ist im Heimatmuseum Alma Ata (Almaty) ausgestellt.
[59] German/Potemkin, Učenie, S. 30, 90, 105, 107, 113–116.

macht analysierte und die Terminologie des Preußen auf die zeitgenössischen Verhältnisse übertrug, wurden nach der »Verdammung« Clausewitz' durch Stalin 1946 in der
UdSSR nicht weiter verfolgt.

In Westeuropa hingegen »entdeckten« nach dem Rußlandfeldzug der Wehrmacht insbesondere deutsche und französische Forscher nicht nur die Parallelen zwischen 1812 und 1941 bis
1945, sondern sie riefen sich auch einige Prognosen und Folgerungen Clausewitz' bezüglich
der militärischen Niederwerfung und Besetzung des russischen Raumes in Erinnerung.

Während des Dritten Reiches wurden in Deutschland nicht nur in Clausewitz-Brevieren
Axiome seines Denkens verkürzt oder sogar negiert — etwa die These, daß die Defensive die stärkere Form der Kriegführung sei —, verdrängt wurden insbesondere direkte
Schlußfolgerungen im Ergebnis seiner Teilnahme am »Rückzug in das Innere des Landes«[60] im Jahre 1812, an dessen Beispiel Clausewitz die räumlichen Dimensionen Rußlands und die damit verbundenen Probleme für einen Eroberer analysierte. Seine Warnungen vor einer militärischen Besetzung des Vielvölkerstaates mit unzulänglichen Mitteln kulminierten in *Vom Kriege* in Schlußfolgerungen, die sich geradezu wie eine Warnung
an eine Führung wie die des Dritten Reiches lasen, welche trotz beispielloser militärischer Effizienz in ihrer konsequenten Nichtbeachtung realistischer politischer Zielvorgaben mit ebensolcher Beispiellosigkeit scheitern sollte.

»Das russische Reich ist kein Land, was man förmlich erobern, d.h. besetzt halten kann, wenigstens nicht
mit den Kräften jetziger europäischer Staaten ... Ein solches Land kann nur bezwungen werden durch
eigene Schwäche und durch die Wirkungen des inneren Zwiespaltes. Um auf diese schwachen Stellen
des politischen Daseins zu stoßen, ist eine bis ins Herz des Staates gehende Erschütterung notwendig[61].«

In Deutschland und Westeuropa wurde nach dem Kriegsende 1945 darüber spekuliert,
ob Hitler diese Passagen aus *Vom Kriege* gelesen hatte oder nicht[62].

Angesichts der politischen Schlußfolgerungen und zahlreicher Parallelitäten im Verlauf
des »Vaterländischen Krieges« und des »Großen Vaterländischen Krieges« erforschte man
seit den 50er Jahren in Westeuropa, wie sich Clausewitz' in Rußland gewonnenen Erkenntnisse in *Vom Kriege* niederschlugen. Man war sich einig in der Auffassung, daß für ihn
1812 »zum reichsten Jahr der kriegsphilosophischen Belehrung«[63] geworden war.

Die von Clausewitz gewonnenen Erkenntnisse lassen sich in drei Kategorien unterteilen:
1. die Bestätigung bereits vor 1812 von ihm niedergelegter Prognosen bezüglich eines erwarteten Rußlandfeldzuges Napoleons, 2. die praktische Verifikation taktischer, aber auch
strategischer Überlegungen und 3. die Erweiterung und Vertiefung seiner strategischen
Theoreme hinsichtlich der Faktoren Zeit und Raum sowie der Defensive als Kampfform.
Durch den Vergleich seiner vor dem Feldzug von 1812 entstandenen Arbeiten mit den
späteren kriegsgeschichtlichen Werken ist ersichtlich, daß die bereits 1805 von ihm ver-

---

[60] Clausewitz, Vom Kriege. 1980, S. 738—798.

[61] Ebd., S. 1024. Weder die russische Übersetzung aus dem Jahre 1902 noch die späteren sowjetischen
Übersetzungen gehen auf diese Textpassage mit Anmerkungen ein.

[62] Vgl. Miksche, Les erreurs, S. 140 ff., sowie Schramm, Clausewitz. Leben, S. 354. Siehe auch Krüger,
Hitlers, S. 467 ff.

[63] Schramm, ebd., S. 393. Vgl. auch Marwedel, 1812, S. 283; Aron, Erkenntnis, S. 416; Clausewitz, Schriften, Bd 2.2, S. 718 ff.; Aron, Clausewitz. Krieg, S. 60.

tretene Hypothese, Rußland sei allein mit militärischen Mitteln nicht zu besiegen, im Verlauf des Jahres 1812 ihre Bestätigung erfuhr. In der *Strategie aus dem Jahre 1804 mit Zusätzen von 1808 und 1809* muten folgende Sätze weit vorausschauend an:

»Wenn Bonaparte einst nach Polen sollte, so wird er leichter zu besiegen sein als in Italien, und in Rußland würde ich seinen Untergang für ausgemacht halten[64].«

Bereits 1804 kommt er zu der Schlußfolgerung, daß man zur Vermeidung einer Schlacht Terrain aufgeben muß; um die Schlagkraft der Armee zu retten, sei der Preis des Terrainverlustes nicht zu hoch und manchmal gerechtfertigt. Als Beispiel diente ihm ein hypothetischer Krieg der Franzosen an der russischen Grenze[65]. 1812 prägte der »Rückzug ins Innere des Landes« den Charakter des Krieges. Kurz vor seinem Übertritt in russische Dienste verfaßte Clausewitz für seinen Schüler, den Kronprinzen, eine *Übersicht des Seiner Königlichen Hoheit dem Kronprinzen in den Jahren 1810, 1811 und 1812 vom Verfasser ertheilten militärischen Unterrichts*[66], eine Arbeit, die viele Gedanken des Hauptwerkes anreißt. Raymond Aron, der in jahrelangem Studium den geistigen Weg von Clausewitz durch die verschiedenen Stadien seines Denkens verfolgte, charakterisiert diese *Übersicht*, die unter starkem Zeitdruck entstand, als Bindeglied zwischen der *Strategie von 1804* und dem Hauptwerk *Vom Kriege*. Clausewitz, so Aron, »strebte weniger nach Erfindung als mehr nach Vervollkommnung des Ausdrucks, nach Strenge der Analyse ... und ... schließlich und vor allem nach Erfassen des Ganzen oder der inneren Beziehungen des Ganzen«[67]. Dies zeigt sich auch am Beispiel Rußlands. In der *Übersicht* beschreibt er die strategische Defensive als Kriegsform, die gewählt werden muß, »wenn der Feind mir im Kriegführen überlegen ist« und wenn »die mein Kriegstheater umgebenden Provinzen die Operationen der Verpflegung wegen außerordentlich erschweren.« Dies sei, so Clausewitz, »jetzt (1812) der Fall der russischen Armee«[68]. Die Betrachtungen über die Verteidigung schließen mit dem Hinweis, daß die Defensive die stärkere Form der Kriegführung sei, weitere Erfolge aber nur durch offensives Vorgehen erreicht werden können; »denn wer immer defensiv bleiben will, setzt sich dem großen Nachteil aus, immer auf eigene Kosten den Krieg zu führen«[69]. Im wenige Tage später beginnenden Feldzug konnte Clausewitz auf seiten des Angegriffenen beobachten, wie seine Prognosen und Vorschläge — wenn auch in vielen Fällen unfreiwillig — wirkliche Gestalt annahmen und wie ein Verteidiger unter dem Druck der Ereignisse lernte, alle Vorteile der defensiven Kriegführung auszunutzen. »Die höchste Weisheit hätte also keinen besseren Kriegsplan angeben können, als derjenige war, welchen die Russen unabsichtlich befolgten[70].« Der Verlauf des Feldzuges entsprach trotz mancher Abweichungen im Detail im ganzen den Vorstellungen, die Clausewitz vor und während des Krieges für die zweckmäßigsten hielt[71].

---

[64] Vgl. Clausewitz, Strategie, S. 42.
[65] Ebd., S. 47. Siehe auch Aron, Clausewitz. Krieg, S. 88.
[66] Der Text ist als Anhang in: Clausewitz, Vom Kriege. 1980, S. 1041—1180, abgedruckt.
[67] Aron, Clausewitz. Krieg, S. 89f.
[68] Clausewitz, Vom Kriege. 1980, S. 1075.
[69] Ebd., S. 1078.
[70] Ebd., S. 1007.
[71] Vgl. Marwedel, 1812, S. 283.

Zu den Früchten des Rußlanderlebnisses zählten weitere strategische Einblicke, die ihren Niederschlag im Hauptwerk fanden: die Weite des Landes, Verkehrs- und Verbindungsprobleme, die Berücksichtigung der klimatischen Gegebenheiten »und vieles mehr von dem ..., was den wirklichen Krieg vom theoretisch konstruierten unterscheidet«[72]. Dabei waren seine unterschiedlichen Kommandierungen für ihn von außerordentlichem Nutzen: das Hauptquartier, der Generalstabsdienst, die Gefechte, alle diese Verwendungen schulten seinen Blick für »das Ganze« nicht unwesentlich.

Während Clausewitz als junger Soldat ein Anhänger des Offensivgedankens war, so sah er insbesondere im Rußlandfeldzug die Chancen der Defensive und gelangte angesichts seiner mannigfaltigen Erfahrungen darüber hinaus zu der Einsicht in die Verschiedenheit der Kriege, abhängig von ihrem historischen Charakter und ihrer jeweiligen Epoche[73].

Den militärischen Kern seiner Rußlanderkenntnisse bildet die Wechselwirkung von Angriff und Verteidigung, niedergelegt vor allem im sechsten und siebten Buch des Hauptwerkes. Über zwei Dutzend mal verweist Clausewitz bei der Beschreibung der zahlreichen Aspekte der beiden Kampfformen auf Beispiele aus dem Jahre 1812. Schlachten wie die bei Borodino, an der Beresina oder bei Smolensk werden über 20 mal angeführt, und auch das Verhalten russischer Heerführer, etwa Barclay de Tollys, des Fürsten Bagration oder L. L. Bennigsens findet häufige Erwähnung[74].

In seiner Darstellung des *Feldzuges von 1812* schließlich gibt Clausewitz ein glänzendes Beispiel für eine militärgeschichtliche Arbeit, die nicht bei der chronologischen Aufzählung von Schlachten und Marschleistungen, taktischen und strategischen Überlegungen sowie der Beschreibung der äußeren Umstände stehenbleibt, sondern den Krieg in seinen politischen Zusammenhang einbettet, die Ursachen möglichst objektiv einordnet, diplomatische »Nebenkriegsschauplätze« erläutert und dabei stets seine eigene Maxime vor Augen hat, nach der der Krieg nichts anderes ist als die Fortsetzung der Politik mit anderen, nämlich gewaltsamen Mitteln.

Auch wenn die Einschätzung Wilhelm v. Schramms, daß »das Werk *Vom Kriege* ... sein Entstehen nicht zuletzt dem Kriegsdienst von Clausewitz im russischen Feldzug von 1812« verdanke[75], mir in dieser Form überzogen zu sein scheint[76], gingen von der Teilnahme Clausewitz' an diesem Feldzug, der »gewiß zu den orginalsten in der Kriegsgeschichte« gehörte und »vielleicht (der) folgenreichste in der (bis dahin bekannten, d. Verf.)

---

[72] Ebd.
[73] Aron, Erkenntnis, S. 416. Vgl. auch Schramm, Clausewitz. Leben, S. 393, der die Wechselwirkung von Angriff und Verteidigung, die Clausewitz im 6. und 7. Buch von »Vom Kriege« darstellt, für den militärischen Kern seiner Erkenntnisse hält.
[74] Während die Beurteilung der russischen Generäle durch Clausewitz während der Zarenzeit entweder auf Zustimmung oder aber auf Desinteresse stieß, keinesfalls aber eine patriotisch gesinnte Zurückweisung Clausewitzscher Einschätzungen durch russische Militärtheoretiker zwischen 1837 und 1917 festgestellt werden konnte, änderte sich dies nach der Machtergreifung der Bol'ševiki schlagartig. Gerade die »Internationalisten« beschuldigten Clausewitz einer borniert- überheblichen Fehlbeurteilung und bewußten Herabsetzung russischer Erfolge und Verdienste. Vgl. auch Kap. III. 9 und III. 9. a dieser Arbeit.
[75] Schramm, Clausewitz. Leben, S. 382.
[76] Aron, Clausewitz, S. 35, führt frühe Arbeiten von Clausewitz an, die belegen, daß dieser schon vor 1805 »an ein großes Werk dachte«.

Staatengeschichte«[77] sein werde, tiefgreifende Impulse und Klärungen für sein theoretisches Werk aus. Clausewitz hatte aus der Weite des osteuropäischen Raumes, der Besonderheit seiner klimatischen Verhältnisse, den Widerstandsformen und der vitalen Widerstandskraft seiner Bevölkerung Lehren gezogen, die vor ihm weder Karl XII. von Schweden im Nordischen Krieg (1700—1721) erkannt hatte, noch Piłsudski beim Überfall auf Rußland 1920 oder Hitler nach ihm zu akzeptieren bereit waren[78].

## 4. Die frühe russische Rezeption
## (1836—1847)

Während die sowjetische Clausewitz-Interpretation bei westlichen Militärhistorikern und Verfassern geistesgeschichtlicher Arbeiten seit 1945 auf lebhaftes Interesse stieß, ist ihnen die Aufnahme der Werke in Rußland vor 1917 weitgehend unbekannt geblieben. Im Rahmen umfassenderer Themenstellungen wurde diese Frage lediglich marginal[79] oder in unbefriedigenden Exkursen angeschnitten. Die eher zufällige Auswahl einiger weniger russischer Autoren, zumeist Generäle, die in militärdidaktisch angelegten Werken auch der Autorität Clausewitz durch Zitate oder einigen Kapiteln vorangestellte Mottos kritische Würdigung zollten, wurde zudem auf den Kreis der ins Deutsche übertragenen Werke begrenzt. Die Sprachbarriere, aber auch das Auffinden russischer Clausewitz-Forscher aus dem 19. Jahrhundert bildeten die wohl größten Schwierigkeiten. So ist es nicht verwunderlich, daß die Bedeutung von Clausewitz für die russischen Generalstäbler unterschätzt, wenn nicht sogar geleugnet wurde. Beispielhaft dafür ist Ulrich Marwedel, der sich in seiner Dissertation mit der Persönlichkeit und Wirkungsgeschichte des Werkes von Clausewitz bis 1918 befaßte. Er räumte der russischen Rezeption nur einen vierseitigen Exkurs ein. Während er für den deutschsprachigen Raum, Frankreich und England eine immense Fülle an zeitgenössischen Aussagen zusammentragen konnte, war er durch seine Unkenntnis der russischen Sprache auf nationalistische Einschätzungen deutscher Militärs des 19. Jahrhunderts angewiesen, die den Russen ein tieferes Verständnis der Gedankenwelt des preußischen Kriegsphilosophen nicht zutrauen wollten; dies führte zwangsläufig zu einer Reihe von Fehleinschätzungen. Feststellungen, daß »auch in Rußland die Auseinandersetzung mit den Werken Clausewitz' erst spät ein(setzte)«[80] oder daß »vor (Lenin, d. Verf.) dem Werk *Vom Kriege* dort kein nennenswerter Einfluß zukam«[81], sollen in den folgenden Kapiteln widerlegt bzw. relativiert werden.

---

[77] Clausewitz an Gneisenau v. 26.10.1812, in: Clausewitz, Schriften, Bd 2.1, S. 131.

[78] Vgl. Hahlwegs Einführung in: ebd., Bd 2.2, S. 721.

[79] Vgl. Hahlweg, Clausewitzbild, S. 54. Hahlweg wies auch in dem Artikel »Krieg und Frieden als dialektische Einheit« auf frühe russische Rezipienten hin, so z. B. die Generäle »von Medem und Dragomirov aus der ersten und zweiten Hälfte des 19. Jahrhunderts«.

[80] Marwedel, Carl von Clausewitz, S. 252, unterschätzt auch die Wirkung, die Clausewitz' Werk in England hervorrief. Bereits 1838 und 1844 wurde Clausewitz positiv aufgenommen und Jomini vorgezogen, siehe Strachan, Soldiers, S. 309 f.

[81] Marwedel, ebd., S. 255.

a) Jomini

Um zu erwartenden Einwänden gleich zu Beginn entgegenzutreten: Mehrere Gründe sprechen dafür, den geborenen Schweizer und Wahlfranzosen Antoine Henry Jomini als Begründer der russischen Clausewitz-Rezeption zu betrachten. Seine militärische Karriere ist eng mit Napoleon verknüpft, der schon früh auf den scharfsinnigen Militärschriftsteller aufmerksam wurde und ihn in den engeren Kreis seiner Berater aufnahm. Dieser wiederum war »wie kaum ein anderer Zeitgenosse imstande, in das politische und militärische Denken Napoleons einzudringen«[82]. Sein Ruhm als Autor vielbeachteter Analysen der Kriegszüge der damals jüngeren Vergangenheit, darunter das fünfbändige Werk *Traité des grandes opérations militaires ou histoire des guerres de Frédéric II, comparées à celles de la révolution*, drang schnell über die Landesgrenzen hinaus in viele europäische Staaten, darunter Rußland. Besonders seine anwendungsbezogenen und an der Praxis orientierten Leitfäden militärischen Denkens kamen den Vorstellungen der russischen — und nicht nur der russischen — Offiziere sehr entgegen. Auch Clausewitz kannte Arbeiten Jominis schon vor 1812.

Bereits 1810 erging an Jomini eine Einladung des Zaren zum Übertritt in die russische Armee, deren höhere Kommandoposten zu einem großen Prozentsatz von Ausländern, zumeist Deutschbalten, besetzt waren. Jomini verblieb aber noch drei Jahre in französischen Diensten, doch schon während des Rußlandfeldzuges zeichneten sich starke Spannungen zwischen ihm und seinem Generalstabschef Berthier ab. Am 14. August 1813 quittierte der Brigadegeneral Jomini den Dienst unter Napoleon und wurde in die russische Armee — die des Kriegsgegners — als Generalleutnant aufgenommen.

Der Zeitpunkt war sicherlich ungewöhnlich, der Umstand selber keineswegs. Die europäische Aristokratie der ersten Hälfte des 19. Jahrhunderts war stärker ihren Monarchen verpflichtet als nationalstaatlichem Denken, welches erst in der zweiten Hälfte Platz greifen sollte. Es war daher keine Seltenheit, wenn Offiziere oder Beamte, in der Regel Adlige oder Geadelte, die Armee oder den Staatsdienst wechselten[83]. Bis zu seinem Tode blieb Jomini in russischen Diensten, auch wenn er seinen ständigen Wohnsitz wieder in Westeuropa nahm.

Ebensowenig wie Clausewitz war Jomini das »Kommando des Tages«[84] vergönnt. Sein Einfluß auf das russische militärische Denken und damit auf die russische Armee war jedoch so gewaltig, daß er vielleicht stärker noch als Clausewitz »durch seine Gedanken bestimmend auf die Entwicklung der Kriegslehren des 19. Jahrhunderts in Europa«[85] einwirkte. In den 30er Jahren leitete er die militärische Ausbildung des Carevič, des rus-

---

[82] Nohn, Jomini, S. 176.
[83] Gerade die preußische Geschichte des 19. Jh. bietet hierfür die besten Beispiele; Hardenberg, Stein, Moltke und viele andere waren keine gebürtigen Preußen. Auch die ca. 20 preußischen Offiziere, die 1812 in russische Dienste traten, taten der Sache nach nichts Ungewöhnliches, lediglich der Zeitpunkt und die Umstände führten zu harter Kritik.
[84] Nohn, Jomini, S. 177.
[85] Ebd.

sischen Thronfolgers, auch hier eine Gemeinsamkeit mit Clausewitz, der den preußischen Kronprinzen unterwiesen hatte.

Von großer Bedeutung für die »Ausbildung der zarischen Generalstabsoffiziere und die Verbreitung militärischer Kenntnisse in der Armee«[86] war die Einrichtung der Kaiserlichen Militärakademie in St. Petersburg am 26. November 1832. Seinem Ruf als praxisorientierter Militärtheoretiker und -didaktiker, der im Besitz »des Geheimnisses von Napoleon« war, verdankte es Jomini, daß er am 4. Oktober 1830 vom Zaren mit der Gründung einer Kriegsschule nach preußischem — der 1810 ins Leben gerufenen Allgemeinen Kriegsschule — und französischem Muster — der 1818 entstandenen École Militaire — beauftragt wurde. Rußland verfügte zwar nach Aussage des Herausgebers des ersten, auf 14 Bände angelegten und zwischen 1837 und 1851 erschienenen *Militärenzyklopädischen Wörterbuches*, L. I. Zeddeler, über ein Pantheon bedeutender Heerführer, beispielsweise Peter den Großen, Rumjancev, Orlov, A. V. Suvorov, G. A. Potemkin, Čičagov, M. I. Kutuzov und andere[87], doch ertönte angesichts der stetig komplexeren Probleme im Bereich von Strategie und Taktik im Verein mit den ständigen Weiterentwicklungen in der Militärtechnik immer lauter der Ruf nach dem umfassend gebildeten und ausgebildeten Offizier; eine Forderung, die auch eine entsprechende Änderung der Ausbildungsinhalte mit sich brachte.

Daher arbeitete man in der Akademie intensiv an der Erstellung eigener Lehr- und Nachschlagewerke. Besonders hilfreich erwiesen sich zu diesem Zweck die in Preußen und Österreich erscheinenden militärhistorischen und -theoretischen Periodika, die als führend in Europa galten. In diesen Zeitschriften wurden neben Aufsätzen und Fragen zur jüngeren Militärgeschichte die Wirkung technischer Innovationen auf dem Gefechtsfeld und in der Kriegführung diskutiert, Rezensionen über und Vorabdrucke aus Neuerscheinungen publiziert, aber auch kontroverse Debatten, etwa über die Theoriediskussion, ausgetragen.

Jominis »wichtige Verdienste, welche (ihn) einen Ehrenplatz in der Reihe der Militärschriftsteller einnehmen lassen«[88], so M. I. Bogdanovič im *Militärenzyklopädischen Wörterbuch*, machten ihn zum meistgelesenen und am wenigsten umstrittenen Mann an der Akademie. Aus dieser gesicherten Position heraus eröffnete er 1836 in der in Berlin, Posen und Bromberg herausgegebenen *Zeitschrift für Kunst, Wissenschaft und Geschichte des Krieges* als »Kaiserlich Russischer kommandierender General und Generaladjutant Seiner Majestät des Kaisers« unter dem Titel *Notiz über die jetzige Theorie des Krieges und ihre Nützlichkeit* eine Polemik gegen andere zeitgenössische Militärschriftsteller, darunter auch Clausewitz. Diese Polemik war der übersetzte Nachdruck des Vorwortes zur vierten Auflage seines *Tableau analytique des principales combinaisons de la guerre, et de leurs rapports avec la politique des états*[89], die zu Beginn des Jahres 1836 in St. Petersburg erschienen war.

---

[86] Bogdanovič, Akademija, S. 212.
[87] VEL, 1837, Bd 1, S. VII.
[88] Bogdanovič, Žomini.
[89] Jomini, Tableau analytique, 1836, S. 1—22; 1838 erschien in Brüssel ein unveränderter Nachdruck, und erst 1855 wurde eine russische Übersetzung herausgegeben.

Damit begann — vor der englischen und französischen[90] — die russische Auseinandersetzung mit dem Hauptwerk Clausewitz'.

Jomini äußerte sich in diesem Vorabdruck kritisch bis ablehnend über Clausewitz' »nachgebliebenen Werken«, deren unvollendeten, fragmentarisch-skizzenhaften Charakter er zu Beginn seiner Einwände in Rechnung stellte. Persönliche Motive, aber auch inhaltliche Einwände trugen zu dieser Auffassung bei. Es wird Jomini bekannt gewesen sein, daß er von Clausewitz in einer 1820 verfaßten, aber erst 1832 posthum veröffentlichten Arbeit über Scharnhorst[91] in die Reihe der »Systemmacher« eingeordnet worden war, eine nicht gerade vorteilhafte Charakterisierung, auch wenn diese in *Vom Kriege* nicht wieder aufgegriffen wurde. Dort wird zwar einer der »Hauptgrundsätze« der Jominischen Theorie der Kriegführung, die Stellung auf der inneren Linie, als durch die Erfahrung sich als wirkungslos erwiesen habend abgelehnt[92], ihrem Verfasser selbst aber wird an anderer Stelle der Vorzug vor Dietrich v. Bülow, einem anderen von Clausewitz kritisierten »Systemmacher«, eingeräumt[93]. Das Moment verletzten Stolzes und gekränkter Eitelkeit spielte bei Jomini also eine Rolle, zumal seine bislang unangefochtene Autorität durch das 1832 beginnende Erscheinen der *Hinterlassenen Werke des Generals von Clausewitz über Krieg und Kriegführung* — immerhin im Umfang von zehn Bänden —, die laut Jomini in Deutschland großes Aufsehen erregt hatten[94], einen theoretischen Gegenspieler mit großer Publizität zu erhalten schien. Daher galt die Neuauflage seines Standardwerkes auch der Festigung seiner Position an der russischen Militärakademie. General Jomini hatte jedoch die Wirkung, die das Werk von Clausewitz vermeintlich auf seine Zeitgenossen ausüben sollte, überschätzt. In seiner Kritik bedauert Jomini zuerst, daß Clausewitz verstarb, ehe dieser von seinem Hauptwerk *Précis de l'art de la guerre (Paris 1830)* Kenntnis erhalten hatte; er war »überzeugt, daß (Clausewitz, d. Verf.) ihm einige Gerechtigkeit hätte widerfahren lassen«[95]. Sodann attestierte er ihm »viel Kenntnisse« und »eine geschickte Feder«, um schließlich eine schroffe und polemisch gehaltene Generalabrechnung vorzulegen. Hier zeigt sich der fundamentale Unterschied und ein nicht aufzulösender Gegensatz zwischen Clausewitz, dem Kriegsphilosophen und -theoretiker, und dem Kriegsdidaktiker Jomini, dessen Trachten stets auf umsetzbare Nutzanwendung gerichtet war. Jomini kritisiert die schon früh empfundene schwere Lesbarkeit von *Vom Kriege* als »zu ausschweifende Feder«, als »zu maniriert« für eben die ihm vorschwebende

---

[90] Jomini war es auch, der die französische Clausewitz-Rezeption einleitete und gleichzeitig durch sein negatives Urteil beeinträchtigte, vgl. Marwedel, Carl von Clausewitz, S. 232.

[91] Clausewitz, Scharnhorst.

[92] Clausewitz, Vom Kriege. 1980, S. 857.

[93] Ebd., S. 1072. Diese Einschätzung stammt jedoch aus den bereits 1812 verfaßten »Grundsätzen des Kriegführens«; somit wird die Einstellung zu Jomini bei Clausewitz mit zunehmender Erfahrung immer kritischer. Ohne Jomini als Urheber beim Namen zu nennen, tadelt er dessen Prinzip der »Inneren Linie« hart; vgl. ebd., S. 283.

[94] Jomini, Notiz, S. 234. Dieser Aufsatz war auch die Einleitung zur 2., erw. Aufl. Jominis »Précis de l'art de la guerre«, die 1837 in Paris erschien. Als »Abriss der Kriegskunst von Jomini« gab der preußische Oberstleutnant von Boguslawski dieses Werk 1881 in Berlin heraus; unter dem Titel Žomini, Očerki voennogo iskusstva« erschien es 1939 in Moskau in russischer Übertragung.

[95] Jomini, Notiz, S. 234.

»didaktische Diskussion, deren erstes Verdienst Klarheit und Einfachheit sind«. Er vermochte in »diesem gelehrten Labyrinth nur eine kleine Zahl leuchtender Ideen und bemerkenswerter Artikel herauszufinden« und war zudem verärgert, daß Clausewitz »gar zu sehr Skeptiker über Militair-Wissenschaft« sei. Der Widerspruch liege darin, daß Clausewitz im ersten Buch des Werkes *Vom Kriege* jeder Kriegstheorie das Fundament entziehe, um danach in großer Zahl theoretische Grundsätze zu entwickeln. Jomini stieß auf, daß Clausewitz damit sehr wohl an den Nutzen seiner Theorien, nicht aber an die Brauchbarkeit anderer zu glauben schien[96].

Diese Polemik Jominis, die in weiten Zügen den Charakter einer Abrechnung mit Clausewitz trägt, wurde sicherlich auf der neugegründeten Kaiserlichen Militärakademie in Petersburg verbreitet. Das hätte die russische Rezeption schon zu diesem Zeitpunkt beenden können, hätte sich nicht der wirkungsvollste Professor an dieser Akademie, General v. Medem, ein unabhängiges Urteil erlaubt.

## b) Medem

Baron Nikolaj Vasil'evič Medem war als Taktik-, Strategie- und Militärgeschichtsprofessor die Ausnahmeerscheinung der russischen Generalstabsakademie. Seine hervorragende Ausbildung, die umfassende Kenntnis der zeitgenössischen Militärliteratur und die exzellente Beherrschung mehrerer Sprachen, darunter des Deutschen und des Französischen, ließen Medem eine frühe und steile Karriere in Armee und Staatsdienst machen[97]. Seine preisgekrönten Lehrbücher über Strategie und Taktik prägten für gut 50 Jahre das russische Clausewitz-Bild.

Durch Vermittlung und Protektion des Fürsten Michail Pavlovič wurde Medem an die Michajlovskij-Artillerieschule abkommandiert, wo er »durch das Ergreifen nützlicher Maßnahmen zur Förderung des Unterrichts« auffiel; 1832 wurde er Professor an der neugegründeten Militärakademie und hatte von 1833 bis 1838 den Lehrstuhl für Strategie, Militärgeschichte und Militärliteratur inne. Medem arbeitete bei der Erstellung seiner Unterrichtsprogramme eng zusammen mit Baron L. I. Zeddeler, dem Herausgeber und leitenden Redakteur des ersten russischen Militärwörterbuches[98], ebenfalls ein ausgezeichneter Kenner der Werke Clausewitz'.

Der russische Kriegsminister und Militärreformer der 1860er und 1870er Jahre, D. A. Miljutin, selbst ein Schüler Medems, beschreibt diesen in seinen Memoiren sehr ausführlich:

»Baron Medem war schon zu dieser Zeit (1835/36, d. Verf.) ein betagt aussehender Mann, fast taub und ständig leicht hüstelnd. Neben diesen physischen Unzulänglichkeiten verfügte er nicht einmal über ein besonderes rhetorisches Talent. Doch ungeachtet all dessen waren seine Unterrichtsstunden

---

[96] Ebd., S. 238 f., formuliert Jomini die Quintessenz seiner 30 Dienstjahre, in denen er 12 Feldzüge erlebte. Er vergleicht den Fortschritt seiner Wissenschaft mit dem »Unglauben des Generals von Clausewitz« und führt an einer Stelle, die eindeutig auf diesen gemünzt ist, auch wenn er nicht namentlich genannt wird, ein pejorisierendes Adjektiv ein, das die russische und besonders stark die marxistische Clausewitz-Kritik begierig aufgreifen sollte: »metaphysisch«.

[97] Ausführlich zur Biographie Medems, in: Orlov, Medem, S. 116 f.

[98] Ebd., S. 116.

von außerordentlichem Interesse, denn er sprach mit Inspiration, mit Liebe zum Gegenstand ... Noch
spannender waren die Lektionen über Strategie ..., denn unter dieser Bezeichnung legte Medem nicht
nur die Theorie, sondern auch die Geschichte und Literatur der Strategie dar. Sein Ausgangspunkt
war, daß letztlich keine Theorie die Kunst der Kriegführung lehren könne; daß alle Versuche, eine
solche Theorie zu verfassen, nur verstanden werden können als eine Anleitung in bezug auf die Bedeutung oder den Einfluß einzelner der vielen ›Elemente‹ auf den Verlauf eines Krieges ... Unter diesem
Gesichtspunkt wählte er auch die berühmten Werke über Strategie aus, beginnend bei Lloyd und Bülow
... und allmählich übergehend zu den Werken des Erzherzogs Karl, des General Rogniat, des Baron
Jomini, Napoleons I., Karl Deckers, Wagners und abschließend mit dem erst kürzlich erschienenen
Werk Clausewitz' (Vom Kriege)[99], welches gründlicher als alle anderen betrachtet wurde ... Das Wesent-
liche dieser Lektionen wurde von Medem in einem besonderen Werk dargelegt, das gegen Ende des
Jahres 1836 unter dem Titel *Übersicht der berühmtesten Regeln und Systeme der Strategie* herauskam[100].«

Miljutin, einer der hervorragendsten Staatsmänner des russischen Reiches, erkannte die
Bedeutung dieses Strategiekompendiums schon kurz nach seiner Abschlußprüfung an
der Militärakademie und gewann einen befreundeten Franzosen im Sommer 1837 dafür,
dieses Buch für ein bescheidenes Honorar ins Französische zu übertragen. Medem, dem
die Übersetzung respektvoll vorgelegt wurde, autorisierte diese jedoch sehr zum Bedauern Miljutins nicht, und daher blieb die Wirkung des vielleicht bedeutendsten russischen
Werkes über Strategie während des 19. Jahrhunderts auf den russischsprachigen Raum
begrenzt.

Genau wie in seinen Vorlesungen widmete Medem in seinem Hauptwerk zur Strategie,
*Übersicht der berühmtesten Regeln und Systeme der Strategie*[101], Clausewitz den meisten
Raum. Er ging bei der Darstellung der bekanntesten Strategieversionen von Henry Lloyd
bis Clausewitz chronologisch vor, da auf diese Weise nicht nur die historische Entwicklung des Strategiebegriffes am besten erfaßt werden konnte, sondern damit zugleich deutlich wurde, daß die Qualität der Arbeiten von Autor zu Autor zunehme. Die *Übersicht*
war als »Ariadnefaden im Labyrinth der strategischen Literatur«[102] vorgesehen. Medem
weist jeweils zu Beginn der Rezeption eines neuen Autors auf die Warte hin, von wo
aus dieser seinen Gegenstand, die Strategie, betrachtet, beleuchtet dann die Schlußfolgerungen und ihre jeweiligen Begründungen und geht schließlich auf die Widersprüche
zwischen den einzelnen Systemen ein.

Mit besonderer Spannung wurde an der Militärakademie sicherlich die Beurteilung der
strategischen Überlegungen Jominis, des Mentors der Akademie, durch Medem, ihren
profiliertesten Lehrer, erwartet. Es bedurfte einer lückenlosen Kenntnis der Sekundärliteratur, eines hohen Maßes an Zivilcourage und innerlicher Unabhängigkeit, daß Medem,
Sohn eines baltendeutschen Geschlechts, das im 16. Jahrhundert aus Hessen nach Liv-
land ausgewandert war[103], gegen Jomini, einen Protegé des Zaren und eine militärtheo-

---

[99] Im Original deutsch.
[100] Miljutin, Vospominanija, S. 116 f. Zur Bedeutung von dessen schriftlichen Hinterlassenschaften vgl.
Zajončkovskij, Archiv. Allgemein zum Genre der militärischen Memoirenliteratur in Rußland siehe Keep, From the Pistol. Ähnlich beeindruckt wie Miljutin soll sich der »talentierte Generalstabsoffizier P. K. Men'kov« zu Clausewitz geäußert haben, vgl. Svečin, Klauzevic, S. 276.
[101] Medem, Obozrenie.
[102] Ebd., S. III.
[103] Siehe Artikel »Medem«, in: Novyj Ènciklopedičeskij Slovar'.

retische Autorität, »die sich zudem wegen ihrer in unmittelbarer Nähe Napoleons gesam-
melten Kriegserfahrungen eines nahezu unantastbaren Rufs erfreute«[104], Partei ergriff.
Dennoch, »besonders scharf trat Medem gegen die ›unwandelbaren Prinzipien‹ Jominis
auf«[105]. Medem sprach sich gegen die Existenz von ewigen, unbezweifelbaren Regeln der
Kriegskunst aus. Im Gegenteil, die Kriegskunst werde durch Ort und Zeit, politische
Voraussetzungen und andere Faktoren definiert. Damit hatte er sich den Standpunkten
Clausewitz' angenähert[106].

Da Medems Clausewitz-Interpretation die erste und zugleich bis zu Lenin die bedeutendste war, soll dieses längere Zitat den Standpunkt und die Herangehensweise Medems
an Clausewitz verdeutlichen:

»Es bleibt uns noch das neueste, äußerst bemerkenswerte Werk auf dem Gebiet der Strategie, nämlich
die Arbeit des Generals Clausewitz mit dem Titel *Vom Kriege*[107] zu betrachten. Das Werk beginnt mit
der Erläuterung des Begriffs vom Wesen des Krieges, über seine Ziele, die Verbindung von Politik und
Krieg etc. Der Autor wird, indem er seinen Gegenstand darlegt, zu einer solch spekulativen philosophischen Forschung hingerissen, daß der Leser, der noch nicht bis zum Ende des ersten Buches vorgedrungen ist, daraus unbedingt den Schluß ziehen muß, daß es sich bei diesem Werk um eine äußerst
abstrakte, für die Praxis äußerst unnütze Theorie handele; aber plötzlich wechselt der Gang der Darstellung, und am Ende des ersten Buches nimmt er schon geraden Kurs auf praktische Ziele, und der
Leser kann sich überzeugen, daß die gesamte vorhergegangene abstrakte Philosophie in der Schlußfolgerung dieses Satzes mündet: ›daß eine positive Theorie der Strategie nicht existieren kann, die in allen
Fällen der (militärischen, d. Verf.) Führung Handlungshilfen unterbreitet‹[108].«

Dieses Resümee steht in krassem Gegensatz zu Jomini und schreckte sicherlich viele Offiziere ab, die von einer Theorie positive, auf jeden Individualfall übertragbare und damit
praxisorientierte Handlungsanweisungen erwarteten.

Medem geht diese Grundproblematik an, indem er die rhetorische Frage, ob denn die Lektüre der Werke von Clausewitz dann nicht überflüssig sei, folgendermaßen beantwortet:

»Diese Bücher (Vom Kriege, d. Verf.) können sogar äußerst nützlich sein, wenn man nicht als Ziel eine
positivistische Belehrung hat; wenn man Überlegungen über Eigenschaften und Einflüsse aller strategischen Mittel und Elemente auf die Kriegshandlungen definieren möchte; wenn man beispielhaft zeigen möchte, auf welche Weise man diese für eine geschickte Handlungsweise in den hauptsächlichen
Situationen, welche im Kriege auftreten, ausnutzen kann[109].«

Der Leser, so Medem weiter, gewinne zwar Anwendungsfertigkeiten, aber kein Handbuch, hingegen eine Anleitung zum Gebrauch seines eigenen Verstandes. Das wiederum
helfe, unter gegebenen Umständen in der Realität in fast allen Fällen nützliche Entscheidungen zu treffen.

---

[104] Marwedel, Carl von Clausewitz, S. 232.
[105] Mil'štejn/Slobodenko, O buržuaznoj, S. 63.
[106] Die Spannungen innerhalb der Akademie werden sich verschärft haben, als Jomini 1837, kurz nach der
Herausgabe der Medemschen »Übersicht« gegen Ende des Jahres 1836, als Strategielehrer zum militärischen Berater des russischen Thronfolgers berufen wurde. Vielleicht war die 2., im gleichen Jahr in St.
Petersburg erschienene Aufl. von »Précis de l'art de la guerre« mit den scharfen Angriffen gegen Clausewitz im Vorwort die Antwort Jominis auf die Herausforderung durch den Akademieprofessor Medem.
[107] Im Original ist der deutsche Titel in Klammern hinzugesetzt.
[108] Medem, Obozrenie, S. 149 f.
[109] Ebd., S. 150 f.

Medem weist des weiteren darauf hin, daß Clausewitz im dritten Buch die Elemente der Strategie aufzählt und dem Leser dabei stets das Wesen jedes einzelnen Elements und ihren Zusammenhang aufzeigt, und dies, wo es geht, an historischen Beispielen. Die Hauptunterscheidung bestehe aus moralischen und physischen (Medem übersetzt dies mit »material'nyj« und »veščestvennyj«) Elementen.

Der Krieg müsse seiner politischen Bestimmung folgend in zwei Arten eingeteilt werden: in den Krieg mit »wichtigen Zielen« und dementsprechenden »entscheidenden Aktionen« und in den Krieg, in dem man weniger wichtige Ziele mit folgerichtig geringerem Aufwand verfolge. Zwischen diesen beiden Extremen (Polen) existiere eine Unzahl anderer Fälle, die ihren eigenen Charakter haben und jeweils spezifische Maßnahmen erfordern.

Zum sechsten und siebten Buch — Verteidigung und Angriff — weist Medem darauf hin, daß Clausewitz sämtliche Formen der Verteidigung, die dabei jeweils erforderlichen Maßnahmen und ihre Vor- und Nachteile auflistet und beschreibt. Für den Leser werde daraus ersichtlich, unter welchen Umständen er welchem System der Defensive anderen Systemen gegenüber den Vorzug einräumen sollte. Medem führt weiter aus, daß Clausewitz ähnlich ausführliche Absichten in bezug auf die Darstellung der Angriffsoperationen gehabt habe, aber gerade dieser Teil — das siebte Buch — sei durch den Tod des Autors unvollendet geblieben[110]. Dennoch sei aus den vorhandenen Fragmenten die Größe des Clausewitzschen Planes erkennbar.

»Es scheint, daß Clausewitz alle früheren Strategiesysteme als Pars pro toto in sein Werk aufnehmen wollte, nicht, um daraus ein neues System zu entwerfen, sondern um sich völlig unabhängig zu machen von allen Systemen und Regeln, um praktischere Beispiele vorweisen zu können und den Einfluß aller Mittel und Elemente dazu in Beziehung zu setzen[111].«

Nach dieser Zusammenfassung der strategischen Überlegungen Clausewitz' beurteilt Medem das Werk *Vom Kriege* folgendermaßen:

»Obwohl der Plan, auf den sich Clausewitz eingelassen hat, und auch die Entwicklung seiner Darlegungen das Beste darstellen, das zur Erforschung des Wesens der Strategie geschrieben wurde — auch in bezug auf die praktische Nutzanwendung —, so ist aber gleichfalls anzumerken, daß die Ausführung eben dieses Vorhabens im Vergleich mit den Zielvorgaben des Autors sehr unvollkommen ist. Daher sind seine Werke, ungeachtet der Güte und Qualität, nicht mehr als ein erster Schritt auf einem weiten Arbeitsfeld. Sie legen jedenfalls das Talent des Schriftstellers offen[112].«

Bei einem nun eingeschobenen Vergleich mit Jomini stellt Medem fest, daß beide »das Gefecht als einziges Mittel zur Erreichung des Kriegszieles«[113] betrachten. Diese Beschränkung auf den Kampf, also auf ein »materielles« Element, steht aber nach Medem im Widerspruch zu anderen Gedanken Clausewitz'. Im Folgenden[114] geht der russische Kritiker dann auf die Widersprüche ein, die nach seiner Auffassung im Hauptwerk des preußischen Generals zu finden sind.

---

[110] Vgl. die Subskriptionsanzeige des Verlegers Ferdinand Dümmler, in: Clausewitz, Vom Kriege. 1980, S. 1249; siehe auch die Vorrede von Marie von Clausewitz, ebd., S. 177.
[111] Medem, Obozrenie, S. 155.
[112] Ebd.
[113] Ebd., S. 156.
[114] Ebd., S. 157—160.

Medem wirft Clausewitz beispielsweise vor, daß er die Bedeutung des Gefechts übertrei-
be und dabei andere Elemente als zweitrangig abwerte; so beziehe er die Überlegungen
Erzherzogs Karl hinsichtlich der Bedeutung des Geländes für die Strategie nicht mit ein.
Auch räume Clausewitz den militärischen Operationen gegen die feindlichen Verbindungslinien zu wenig Gewicht ein, ja er halte sie nur für ein Hilfsmittel. Im Widerspruch
zu der Forderung nach einer aktiven Verteidigung stehe auch die Überlegung, daß manchmal ein passiver Rückzug ins Innere des Landes[115] die feindlichen Truppen erschöpfe
und der Gegner dadurch von seinem Ziel ablassen müsse.

Medem gesteht aber ein, daß dem Autor, hätte er dazu Gelegenheit gehabt, einige dieser
Widersprüche aufgefallen wären. So zum Beispiel die Definition des Wortes »Kampf«,
unter dem Clausewitz sowohl die reale bewaffnete Auseinandersetzung verstehe als auch
den möglichen Kampf und sogar den Kampf, dem einer der Gegner ausweicht, da er
die Hoffnung auf den Erfolg aufgegeben habe. Diesen scheinbaren Widerspruch löse
man am besten durch eine umfassendere Definition des Begriffs »Kampf«, der in einem
Axiom Clausewitz' niedergelegt worden sei:

»Alle Überlegungen müssen das Ziel haben, den Gegner zu schwächen oder zu vernichten, was auch
immer für Maßnahmen man ergreift, um die Kräfte des Gegner zu vermindern und ihm die Mittel
zur Verteidigung zu entziehen[116].«

Zusammenfassend schließt Medem:

»Was die allgemeine Anlage des Werkes (Vom Kriege, d. Verf.) betrifft, so verdient es den Vorzug vor
allen anderen[117].«

Diese Wertschätzung kommt noch einmal in den vergleichenden Schlußbemerkungen
zum Ausdruck, in denen Medem die 13 von ihm untersuchten Autoren — Jomini wird
in den »frühen« und in den »späten« Jomini unterteilt — drei Kategorien zuordnet. Autoren der ersten Kategorie hätten zwar die Strategie aus ihrem vorwissenschaftlichen Stadium befreit, sich aber nur auf einen oder zumindest nur auf einen dominierenden Gedanken, d. h. ein Element, versteift. Vertreter dieser Generation seien Henry Lloyd, Dietrich v. Bülow und Rogniat, aber auch der »frühe« Jomini[118]. Die zweite Gruppe, darunter der »späte« Jomini, hätten durch Addition mehrerer Elemente neue Systeme schaffen
wollen. Erst die dritte Generation, die nach der Einteilung Medems von Napoleon bis
Clausewitz reicht, habe von dem Versuch, ewige Prinzipien aufzustellen, abgelassen. Für
Medem münden die Erfahrungen dieser Gruppe in dem Axiom, daß der Feldherr über
genaue Kenntnis der Elemente verfügen müsse, zum Beispiel der Kräfteverhältnisse, Stel-
lungen, Basis und Operationslinien, sich aber auch stets bewußt sein müsse, daß diese
Faktoren permanenten Änderungen unterworfen seien. Feldherrn stützten sich nicht auf
wissenschaftliche Systeme, sie vervollkommneten ihr persönliches Urteilsvermögen. Daher

---

[115] Medem, ebd., S. 158, nennt als Beispiele den russischen Feldzug von 1812 und den Rückzug Wel-
lingtons vor dem französischen Marschall Masséna in Portugal in den Jahren 1810/11.

[116] Obwohl Medem die Zitate aus »Vom Kriege« durch Anführungszeichen kennzeichnet, übersetzt
er nicht immer wörtlich; hier können mehrere Passagen in Frage kommen, so S. 422, 423, 427 oder
436, aber auch 233.

[117] Medem, Obozrenie, S. 161.

[118] Ebd., S. 162 f.

sei die Lektüre von Clausewitz besonders wichtig, denn allein seinem Werk lägen alle strategischen Elemente und Mittel zugrunde[119].

In den beiden darauffolgenden Jahren, 1837/38, erschien dann ein weiteres Werk Medems, diesmal zur Taktik. Sein *Lehrbuch für Taktik (-unterricht) an militärwissenschaftlichen Einrichtungen* war in einen Band der *Reinen Taktik* und einen weiteren der *Angewandten Taktik* aufgeteilt[120].

Auch wenn Medem Clausewitz nicht zitiert, wird bereits aus der Einleitung des ersten Teilbandes deutlich, daß er seine Hörer und Leser systematisch mit den grundlegenden Gedanken des Preußen vertraut machen möchte.

»Der Krieg setzt immer irgendein politisches Ziel voraus. Die Kunst, die vorteilhafteste Ausbildung aller militärischen Mittel zur Erreichung dieses Zieles zu erlangen, ist das Feld der Strategie ... Die Kunst, die Truppen so zu führen, daß diese die Anforderungen der Strategie erfüllen können, wird als Fach ›Taktik‹ genannt[121].«

Ebenso wie Clausewitz ist Medem bestrebt, klare Definitionen eines jeden Begriffs allen Handlungsanweisungen voranzustellen. Der sehr stark unterteilte und systematisierte Aufbau seines Taktiklehrbuches hat wenig Anleihen aus *Vom Kriege*, die Definitionen dagegen weisen große Ähnlichkeit auf[122]. Bereits in seinem Strategiekompendium wies Medem häufig auf die Bedeutung der Militärgeschichte hin. Im zweiten Teil seiner *Taktik*, der der angewandten oder höheren Taktik gewidmet ist, verweist er mehrmals in Anmerkungen auf die kriegsgeschichtlichen Arbeiten Clausewitz'. Um die Feldzüge von A. V. Suvorov in Italien und in der Schweiz zu analysieren, zitiert er je dreimal aus dem vierten, fünften und sechsten Band der *Hinterlassenen Werke des Generals von Clausewitz über Krieg und Kriegführung*, aus den *Feldzügen von 1796 in Italien*[123] und aus den *Feldzügen von 1799 in Italien und in der Schweiz*[124]. Auch wenn als zweite Quelle mit einer Ausnahme stets Jominis Werk *Guerres de la révolution* mit angeführt wurde, ist deutlich, welchen Stellenwert Medem Clausewitz auch als sachkundigem Historiker oder nüchternem Gewährsmann beimißt.

General Medem, der nach seiner Tätigkeit als Professor an der Militärakademie und als Mitglied mehrerer militärischer und ziviler Zensurbehörden 1864 zum Vorsitzenden der militärischen Ausbildungskommission ernannt wurde, war auch über das Wirken von Clausewitz an der Allgemeinen Kriegsschule in Berlin informiert. Die kleine, aber sehr kenntnisreich und detailliert verfaßte Schrift *Beschreibung der militärischen Lehreinrichtungen Preußens*[25] zeigt sein Interesse und sein Wissen über diesen Teil der preußischen Bildungsinstitutionen, die damals in Rußland als führend eingestuft wurden.

---

[119] Ebd., S. 190.

[120] Medem, Taktika čistaja; ders., Taktika prikladnaja.

[121] Medem, Taktika čistaja, S. 1. Vgl. Clausewitz, Vom Kriege. 1980, S. 271, 345.

[122] Vgl. Medem, ebd., S. 3, »das Gefecht allgemein«, und Clausewitz, ebd., S. 422, 423, 427.

[123] Vgl., Medem, Taktika prikladnaja, S. 343, 368, 370.

[124] Vgl. ebd., S. 22, 37, 452.

[125] Medem, Opisanie. Kurz vor seinem Tode gab er noch ein vergleichbares Werk über die militärischen Ausbildungsstätten Frankreichs heraus, Medem, Očerk.

Medems Verdienste um die Verbreitung kriegswissenschaftlicher Anschauungen und Theorien ausländischer Militärs und um die Entwicklung eines selbständigen russischen Standpunktes wurden im Verlauf der Geschichte höchst unterschiedlich beurteilt. Bis zum Aufkommen neuer Autoritäten — G. A. Leer und M. I. Dragomirov — in den 1870er Jahren galt Medem als der führende Kopf der russischen Strategiediskussion. Unter dem Stichwort *Strategie* führt L. I. Zeddeler im 12. Band des Militärwörterbuches von 1849[126] Medem und Clausewitz als die letzten großen Theoretiker gemeinsam ins Feld, nicht ohne Clausewitz originären und originalen Vorzug zuzusprechen; lediglich bei den von Medem geleugneten »ewigen Prinzipien« sei er anderer Meinung. Auch weitere Kollegen und Schüler, P. A. Jazykov und M. I. Bogdanovič[127], schuldeten Medem gerade in bezug auf ihr Interesse an Clausewitz Dank. Die Mitwelt akzeptierte die Tatsache, daß Medem Clausewitz für Rußland »entdeckt« und daß durch seine Veröffentlichungen das Zarenreich den Anschluß an die militärtheoretischen Diskussionen in West- und Mitteleuropa gefunden hatte. In der zweiten Hälfte des 19. Jahrhunderts, als das Interesse an strategischen und taktischen »Patentrezepten«, auch gefördert durch die Generäle Leer und Dragomirov, zugenommen hatte, ließ dann das Interesse an Medems langsam veraltenden Handbüchern stark nach.

Erst der sowjetische Militärschriftsteller A. A. Svečin wies 1935 in seiner Clausewitz-Biographie wieder auf die Bedeutung Medems für die russische Clausewitz-Forschung hin. Medem habe ihn in »talentvoller« Weise popularisiert und in seiner *Übersicht* von 1836 einen »frischen Eindruck der lebendigen Deutungen der Lehren Clausewitz«[128] hinterlassen.

Ganz andere Töne schlug die sowjetische Militärliteratur nach dem »Großen Vaterländischen Krieg« an. Ihr ging es im wesentlichen um den Nachweis, daß Medem der erste strenge Kritiker Clausewitz' war, der die Widersprüche dieses »erzreaktionären preußischen Junkers« aufgedeckt habe. Gleichzeitig war man in Dutzenden kleinerer Publikationen und in Aufsätzen bemüht, aufzuzeigen, daß Erkenntnisse wie die Interdependenz von Krieg und Politik sowie viele andere strategische Theoreme schon lange vor Clausewitz von russischen Autoren entdeckt worden seien[129].

Moderatere, sachlichere Einschätzungen, die in den 70er Jahren wieder die sowjetische Fachliteratur bestimmten, wiesen auf die »progressive militärtheoretische Schule« Medems hin, kritisierten aber immer noch stereotyp seine Vernachlässigung russischer Autoren und sein grundlegendes Unverständnis der »Gesetzmäßigkeiten der Kriegführung«[130].

---

126 Z[eddeler], Strategija, S. 386f.
127 Vgl. Bogdanovič, »Klauzevic«, VEL, Beilage, in der Bogdanovič die Darstellung Clausewitzschen Gedankengutes durch Medem »als vielfach gekürzte«, aber grundlegende Auswahl des Buches »Vom Kriege« kennzeichnet.
128 Vgl. Svečin, Klauzevic, S. 276.
129 Vgl. hierzu vor allem Meščerjakov, Klauzevic, S. 93—110; Russkaja voenno-teoretičeskaja mysl'; Savkin, Osnovnye principy; eine englische Übersetzung erschien im Auftrag der US Air Force unter dem Titel »The Basic Principles of Operational Art and Tactics«, eine deutsche unter »Grundprinzipien der operativen Kunst und Taktik«; vgl. auch die Kapitel der vorliegenden Arbeit über die sowjetische Clausewitz-Aufnahme nach 1945.
130 Siehe Artikel »Medem«, in: SVĖ, Bd 5, S. 210.

## c) Jazykov

Abgesehen von einigen Artikeln des seit 1837 jährlich um einen Band erweiterten *Militärenzyklopädischen Wörterbuches* waren die Werke des Obersten P. A. Jazykov, *Versuch einer Theorie der Militärgeographie*[131] und *Versuch einer Theorie der Strategie*[132], die nächsten Monographien, die sich mit Clausewitz auseinandersetzten. Auch Jazykov war als Professor mit dem Spezialgebiet der militärischen Geographie und Topographie an der Militärakademie beschäftigt. Das Urteil D. A. Miljutins, des späteren »Reformministers«, über ihn fiel allerdings wesentlich ungünstiger aus als das über Medem. Seine Vorlesungen seien »unbefriedigend, langweilig und ohne Zusammenhang« gewesen. Es hätte genügt, nur einmal mit Jazykov zu sprechen, um sich »eine Vorstellung über die Unterrichtstätigkeit dieses Professors zu machen«[133].

Gerade dieser nicht unbedingt dafür prädestiniert gewesen zu sein scheinende Dozent brachte die ersten nationalen Töne in die vorher stets von sachlichen Erwägungen geleitete Strategiediskussion.

»Ich sehe keinen Grund dafür, daß wir Russen immer nur das wiederholen müssen, was durch ausländische Schriftsteller bereits formuliert worden ist. Es gibt kein Naturgesetz, daß die neuen und offenen Ideen der Wissenschaften unablässig von West nach Ost zirkulieren. Sie können auch den umgekehrten Weg nehmen[134].«

Jazykov betrachtete sein Spezialgebiet, die Militärgeographie, als einen Bestandteil der Strategie, deren Aufgabe darin bestehe, »die Beschaffenheit des Geländes in bezug auf die Strategie zu untersuchen«[135]. Clausewitz galt zwar nicht unbedingt als Experte der Militärgeographie, aber sein historiographisches Œuvre, die Feldzugsbeschreibungen von 1799 bis 1815, wurden als Beweis dafür zitiert, daß » jede historische Epoche ihre eigene Militärgeographie« habe[136], denn ein Vergleich der Kriege in Italien zeige, daß die Beschaffenheit des Landes für Hannibal ganz andere Erwägungen zur Folge gehabt habe als für Suvorov oder Napoleon. Diese Schlußfolgerung klingt sehr nach einer modifizierten Anleihe bei Clausewitz, für den »jede Zeit ihre eigenen Kriege«[137] hat.

Jazykov verstand sich als Vertreter der »grundlegenden Prinzipien« Jominis, den er als praktikablen Mittler zwischen Anhängern der »ewigen Prinzipien« und solchen Militärtheoretikern wie Clausewitz und Medem verstand, die grundsätzlich die Existenz einer Theorie der Strategie bestritten[138]. In seinem *Versuch einer Theorie der Strategie* widmet

---

[131] Jazykov, Opyt teorii geografii.

[132] Ders., Opyt teorii strategii.

[133] Miljutin, Vospominanija, S. 118.

[134] Jazykov, Opyt teorii geografii, S. X. Dieser Gedanke wurde nach 1945 mit Emphase von den Sowjets aufgegriffen.

[135] Ebd., S. 42; vgl. auch das Vorwort Jazykovs, in: Opyt teorii strategii, S. I.

[136] Ebd., S. X; vgl. Artikel »Voennaja geografija«, in: VEL, Bd 3, 1839, S. 451—454.

[137] Clausewitz, Vom Kriege. 1980, S. 973.

[138] Vgl. Savkin, Basic Principles, S. 29. Die amerikanische Ausgabe weist leider neben Druckfehlern auch einige Ungenauigkeiten auf. Geburtsdaten werden falsch wiedergegeben, z. B. Medems, oder Namen aus dem Russischen zurücktransliteriert, etwa Ronia statt Rogniat.

Jazykov Clausewitz' *Vom Kriege* ein eigenes Kapitel: »Das Werk von Clausewitz ließ das Verständnis über die strategischen Elemente festen Fuß fassen[139].«

Obwohl die Überlegungen Clausewitz' zur Einteilung der strategischen Elemente nicht ganz neu seien, so Jazykov, brächten sie doch »helles Licht in die Zusammensetzung der Theorie der Strategie«. Auch wenn Clausewitz mehr als andere Schriftsteller seine Aufmerksamkeit auf die strategische Bedeutung der Schlachten lenkte, »so beinhalteten die von ihm dargelegten Gedanken ... keine zufriedenstellenden Schlußfolgerungen«[140]. Die praktische Anwendbarkeit, um die es auch Jazykov letztlich ging, erschien begrenzt. So folgerte er, daß trotz Medems Versuch, die Unklarheiten und Widersprüche der Gedankenwelt Clausewitz' zu erforschen[141], letztendlich gilt, daß keiner von beiden — im Gegensatz zu Jomini — »neue Wahrheiten eröffnet hatte, welche die unmittelbare Anwendung in der Praxis ermöglichten«[142].

Jazykov stemmte sich zwar einerseits gegen die Verfechter der »ewigen Prinzipien«, auf der anderen Seite sah er die Theorie aber auch nicht als eine »Sammlung unzusammenhängender allgemeiner Regeln«, wie er Clausewitz und Medem verstanden hatte. Der praktikable Ausweg schien ihm die Lektüre Jominis zu sein, denn Jazykov »believed, that Jomini's basic principle is shown by many historic facts, but it is not unconditional, but limited by certain conditions«[143]. Clausewitz wird im zweiten und dritten Teil seines *Versuches einer Theorie der Strategie* bei Problemstellungen herangezogen, die eher für Zeitgenossen praktische Bedeutung besaßen: die Verteidigung in bergigem Gelände, die Nutzbarmachung von Festungen für den aktiven und passiven Widerstand oder die Bedeutung des Gefechts im Kriege.

## d) Bogdanovič

Sehr kontrovers beurteilt die Nachwelt das akademische und militärtheoretische Wirken von Michail Ivanovič Bogdanovič. Unbestritten ist jedoch, daß er, nicht zuletzt durch sein immenses schriftstellerisches Œuvre, den wirkungsvollsten Lehrpersonen an der Militärakademie zuzurechnen ist. Rußland verdankt ihm die erste auszugsweise Übersetzung des Werkes *Vom Kriege* ins Russische. Auch wenn es ihm nicht gelang, die äußerlich brillante Karriere eines General Medem zu kopieren, war er häufig Adressat monarchischen Wohlwollens und ehrender Auszeichnungen. Seine umfangreichen historiographischen Arbeiten[144] über die Napoleonischen Feldzüge wurden sämtlich kurz nach Erscheinen ins Deutsche übertragen[145], wodurch sie auch einem breiteren europäischen Fachpubli-

---

[139] Jazykov, Opyt teorii strategii, S. 10 ff.; erneuter Abdr. eines Teiles daraus in: Russkaja voenno-teoretičeskaja mysl', S. 126—160.

[140] Jazykov, ebd., S. 71.

[141] Ebd., S. 15.

[142] Ebd., S. 13.

[143] Savkin, Basic Principles, S. 29.

[144] Die umfangreichste Zusammenstellung der Arbeiten — Monographien und Aufsätze — siehe Beskrovnyj, Očerki, S. 189 f.

[145] Vgl. das Gesamtverzeichnis des deutschsprachigen Schrifttums, Bd 18, S. 70 f.

kum bekannt wurden. Seine Popularität überdauerte mehrere Generationen; selbst der spätere Marschall der Sowjetunion B. M. Šapošnikov — auch er ein intimer Kenner der Arbeiten von Clausewitz — studierte noch die Werke Bogdanovičs[146], der in jahrzehntelanger Arbeit die Biographie und viele Facetten des Werkes des preußischen Generals erforscht hatte.

Als einer der aktivsten Mitarbeiter an der ersten russischen Ausgabe der *Militärischen Enzyklopädie* und Chefredakteur der zweiten, erweiterten und zwischen 1852—1858[147] erschienenen Ausgabe war Bogdanovič verantwortlich für mehrere Dutzend Artikel. Ihm, der dort auch die biographischen Beiträge über die bedeutenden Militärtheoretiker seit Lloyd verfaßt hatte, fiel auf, daß der siebte Band der Erstauflage dieses Lexikons keinen Artikel über Clausewitz vorsah. Auf seine Veranlassung wurde in der Beilage des 1844 erschienenen achten Bandes ein zehnspaltiger Beitrag über dessen Leben und Werk aufgenommen[148].

Nach einer kurzen Aufzählung von Clausewitz' Werken, wobei Bogdanovič darauf hinweist, daß die kriegsgeschichtlichen Arbeiten, die Bände vier bis zehn seiner *Hinterlassenen Werke*, keineswegs nur historiographische Absichten verfolgten, sondern stets die historischen Umstände in ihrem Bezug zur Strategie verdeutlichen, widmet er der Lebensbeschreibung eine Spalte. Er schildert den Verlauf der militärischen Karriere Clausewitz' und geht ausführlicher als die vergleichbaren deutschen Lexika der Zeit auf dessen verdienstvolles Wirken in russischer Uniform ein, so bei Borodino und während der Verhandlungen von Tauroggen, wo »sich Diebitsch seiner bediente«. Bogdanovič erwähnt die Orden und Auszeichnungen, die Clausewitz in Rußland erhielt und für die ein russisches Lesepublikum natürlich ein größeres Interesse aufbrachte als ein ausländisches. Einige Ungenauigkeiten aus der Vita Clausewitz' werden hier aber ebenfalls gelegt, die in Dutzenden von Publikationen über 100 Jahre kolportiert werden sollten, so etwa falsche Rangangaben oder das Übergehen seiner letzten Aktivitäten 1830/31 als Generalstabschef des preußischen Observationskorps an der polnischen Grenze[149].

Bogdanovič, der »die Strategie eng mit der Kriegsgeschichte verband«[150] und dessen Werk diese Verbindung widerspiegelt, entnahm diesen politischen Auftrag der Geschichtsschreibung den Werken Clausewitz'. Auch dessen »Geist der Kritik, nicht selten scharf, aber in weitesten Teilen unvoreingenommen und gerecht«[151], wurde als Maxime eigenen Schaffens von ihm verinnerlicht. Ihn beeindruckte, daß Clausewitz stets alle Umstände aufzudecken bemüht war, unter denen eine Handlung stattfand, und erst dann diese Hand-

---

[146] Vgl. Gorelik, Maršal, S. 11.

[147] Voenno-Ėnciklopedičeskij Leksikon.

[148] VĖL, Bd 8, 1844, Beilage, S. 14—19. Im 7. Bd, 1843, wird auf Seite IX der Beilage auf das Erscheinen des nachgelieferten Artikels »Klauzevic« hingewiesen, der Name allerdings falsch geschrieben. Da alle Artikel zahlreiche Druckfehler aufweisen, ist eher auf Nachlässigkeit des Setzers als auf Unkenntnis der Orthographie zu schließen.

[149] Bogdanovič, Klauzevic, ebd., S. 15, verlegt Clausewitz' Bestallung als Oberst vor, gibt an, dieser sei 1815 im Rang eines Generalmajors in preußische Dienste aufgenommen und dort 1818 zum Generalleutnant befördert worden.

[150] Beskrovnyj, Očerki, S. 190.

[151] Bogdanovič, Klauzevic, in: VĖL, Bd 8, 1844, S. 15.

lung selbst analysierte. Bogdanovič begründet sein erneutes Aufgreifen historischer Themen, die bereits vor ihm russische Autoren behandelten, im Vorwort zu seiner *Geschichte des Feldzuges im Jahre 1812* mit Forderungen an die Historiographie, die ihn unschwer
als Schüler Clausewitz' ausweisen. Ohne das Verdienst beispielsweise D. P. Buturlins oder
A. I. Michajlovskij-Danilevskijs schmälern zu wollen, die in ihren Darstellungen einen
monokausalen und patriotischen Stil pflegten, haben andere Autoren, darunter D. A. Miljutin, »bewiesen, daß eine kritische Bearbeitung der Kriegsgeschichte dem Soldaten wie
dem Laien mehr Nutzen bringt und größeres Interesse erregt als die einfache Erzählung
der Ereignisse, woraus man weder den Charakter der darin auftretenden Persönlichkeiten, noch die Motive ihres Handelns ersehen kann«[152]. Er kritisiert daher u. a. Michajlovskij-Danilevskij wegen seiner betont stolzen Ignoranz gegenüber ausländischen Werken, darunter auch den Clausewitzschen[153]. In Bogdanovičs Darstellung ist daher Clausewitz ein häufig anzutreffender, aber kritisch zitierter Gewährsmann, etwa wenn es um
die Charakteristik handelnder Personen[154], die Zahlenverhältnisse der beiden Kontrahenten[155] oder die Konvention von Tauroggen[156] geht, bei deren Schilderung er sich fast vollständig auf Clausewitz stützt. Immer wieder wird er als Augenzeuge[157] herangezogen,
und über seine Feldzugsdarstellung heißt es in der Literaturkritik:

»Das Werk des berühmten Clausewitz zeigt eine gründliche Kenntnis der Sache, ist unparteiisch gehalten und gibt eine genaue Kritik der beschriebenen Ereignisse[158].«

Auch andere Werke von Bogdanovič, so die Beschreibungen der Feldzüge aus den Jahren
1796, 1813 und 1814[159], zitieren mehrmals aus den *Hinterlassenen Werken* von Clausewitz und dies, obwohl er wußte, daß dem Autor oftmals nur eine begrenzte Auswahl
an Quellen zur Verfügung gestanden hatte[160].
Für Bogdanovič hat die Militärgeschichte den Charakter einer angewandten Grundlagenwissenschaft, sie dient der Illustrierung eines dargestellten strategischen Systems:

---

[152] Ders., Geschichte, 1812, S. VI.
[153] Als wende er sich direkt gegen Jomini und Clausewitz, gesteht Michajlovskij-Danilevskij in der Vorrede
seines »Opisanie Otečestvennoj vojny« (Geschichte des Vaterländischen Krieges), was er nicht bezweckt: »Es war nicht meine Absicht, eine kritisch bearbeitete Kriegsgeschichte herauszugeben; ich
überlasse dies den Militär-Scholastikern, den Freunden der Strategie und Taktik.« Beskrovnyj führt
in: ders., 1812, S. 33 f., aus, daß Bogdanovič dann im Gegenzug angeblich unkritisch westliche, insbesondere von Clausewitz vertretene Positionen übernommen habe.
[154] Bogdanovič, Istorija 1813, Bd 1, S. 89; Bd 3, S. 377.
[155] Ebd., Bd 1, S. 180, 182, 201; Bd 2, S. 102, 149.
[156] Ebd., Bd 3, S. 366—393.
[157] Ebd., Bd 1, S. 182; Bd 2, S. 106, 189, 194, 223, 259, 264, 305; Bd 3, S. 381f.
[158] Ebd., Bd 3, S. 418. Es ist daher unverständlich, wo Häusser, Deutsche Geschichte, Bd 3, S. 554,
bei Bogdanovič eine Polemik gegen Clausewitz erkannt haben will. Das schlechte Bild, das die
Russen von den deutschen Offizieren hatten, führte allerdings in der deutschen Geschichtsschreibung häufig zu verständnislosem Staunen; vgl. diesbezüglich Schlosser, Weltgeschichte, Bd 18, S. 287,
301.
[159] Bogdanovič, Pochod 1796; ders., Pochody Suvorova; ders.: Istorija 1813; ders.; Istorija 1814.
[160] So beklagt Bogdanovič, Pochod 1796, S. I, daß das gleichlautende Werk Clausewitz', »Feldzug Napoleons in Italien 1796«, nur auf der Kenntnis der bis 1829 veröffentlichten österreichischen Quellen
beruhe.

»Die Strategie als Kunst wie auch als Wissenschaft muß gleichzeitig mit der Militärgeschichte betrachtet werden, deren Ereignisse als Beispiele und zur Bestätigung der Theorie dienlich sein können[161].«

Gerade Clausewitz ist ein Beispiel für die Verwirklichung dieses Forschungsdesiderats. So nimmt es nicht wunder, daß Bogdanovič dessen strategischem Denken in seinem Lexikonartikel 1844 wie auch insbesondere in seiner einzigen großen Monographie, *Schriften zur Strategie. Die Regeln der Kriegführung*[162], breiten Raum widmet.

Im *Militärischen Wörterbuch*[163] hält sich Bogdanovič bei der Vorstellung der Leitgedanken Clausewitz' streng an die Gliederung der acht Bücher des Werkes *Vom Kriege*. Er beginnt mit der zentralen Aussage, daß die politischen Umstände Ziele und Art des Krieges definieren und daß die Politik den Krieg als ein Mittel zur Erreichung dieser Ziele einsetzen kann. Der Siebenjährige Krieg habe gezeigt, daß die physische Vernichtung des Gegners und das Besetzen ganzer Provinzen oftmals nicht ausreichen. Daher bestünde das Hauptanliegen darin, dem Gegner seinen Willen aufzuzwingen. Je wichtiger das politische Ziel, desto entschiedener entwickele sich der Krieg. Die Strategie sei hierbei »die Kunst des Gebrauches des Gefechts zur Erlangung der wichtigsten Ziele des Krieges«. Da sie aus mannigfaltigen Elementen bestehe, könne kein Handbuch für alle Eventualitäten geschaffen werden, sondern lediglich eine Beschreibung der Elemente erfolgen, deren wechselnde Zusammensetzung den konkreten Fall eines Krieges ausmachen. Bogdanovič zählt im Anschluß daran die moralischen und materiellen Elemente der Strategie auf, wie er sie bei Clausewitz im dritten Buch vorfindet. Nach einer zwei Seiten umfassenden Betrachtung über die Formen des Gefechts geht Bogdanovič auf die Wechselwirkung von Verteidigung und Angriff ein. Er zitiert: »Der Verteidigungskrieg ist die stärkere Form der militärischen Operation mit negativem Ziel, der Angriffskrieg die schwächere Form mit positivem Ziel.« Clausewitz zähle die Vor- und Nachteile aller Formen des Angriffs und der Verteidigung auf; von besonderem Interesse sei aber die »Form des Rückzugs ins Innere des Landes«, die am historischen Beispiel der Russen im Jahre 1812 verdeutlicht werde. Endlich unterstreicht Bogdanovič noch einmal den »Geist und Charakter des ausgezeichneten Werkes des Generals Clausewitz«.

Mit seinen *Schriften zur Strategie. Die Regeln der Kriegführung*[164] betrat Bogdanovič 1847 den von N. V. Medem und P. A. Jazykov vorbereiteten Boden. Er ging jedoch weiter. Während Medem und Jazykov die Strategieentwicklung von Lloyd bis Clausewitz — also nach ihrem Eintritt in den Rang einer Wissenschaft in der zweiten Hälfte des 18. Jahrhunderts[165] — auf wenigen Seiten in eigenen Worten zusammenfaßten und einem kritischen Vergleich unterzogen, läßt Bogdanovič die Autoren in Übersetzungen erstmals direkt in Rußland zu Wort kommen. Sein Werk war konzipiert als »Handbuch für Offi-

---

[161] Ders., Zapiski, Bd 1, S. IX.

[162] Ebd., Bd 2, S. 130—285.

[163] Vgl. VĖL, Bd 9, 1844, Beilage, S. 15—19; der Clausewitz-Artikel der 2. Aufl., die zwischen 1852 und 1858 erschien, ist vollinhaltlich identisch mit dem der Erstausgabe. Lediglich einige Druckfehler wurden korrigiert.

[164] Bogdanovič, Zapiski, siehe Anm. 161.

[165] Ebd., S. IX.

ziere, die ihre Militärausbildung an der Kaiserlichen Militärakademie abgeschlossen haben«[166], also auf Breitenwirkung unter den Stabsoffizieren angelegt.

Nach einer kürzeren Beschreibung der kriegstheoretischen Arbeiten von Henry Lloyd, Dietrich v. Bülow, dem »frühen« Jomini im ersten Band, Napoleon, Karl Decker und Reinhold Wagner im ersten Teil des zweiten Bandes, breitet Bogdanovič in der zweiten Abteilung des zweiten Bandes auf 160 Seiten die aus seiner Sicht maßgeblichen Schlußfolgerungen aus dem dreibändigen Werk *Vom Kriege* vor seinen Lesern aus[167].

Unter der Überschrift »Gedanken Clausewitz' über den Krieg im allgemeinen« betont er durch Kursivdruck den politischen Charakter des Krieges und legt die bereits oben erwähnten Methoden zum Erreichen des Zieles ausführlicher dar[168]. Es folgt eine Definition der Aufgaben und Eigenschaften eines Feldherrn, darauf eine »Theorie des Krieges«, die sich gegen jede Form des Methodismus wendet, die Nichtmeßbarkeit der moralischen Kräfte festhält und darüber hinaus betont, daß alle Regeln keinen Anspruch auf ewige Gültigkeit besitzen; sie dienten überhaupt nur dem Mittelmäßigen; die natürliche Begabung des Genies hingegen erfasse intuitiv die strategische Lage; für die Taktik allerdings seien Regeln zugrundezulegen[169].

Intensiv bespricht Bogdanovič dann die moralischen Elemente im Unterschied zu den physischen, deren wichtigstes die numerische Überlegenheit der eigenen Kräfte über die des Gegners sei[170].

Im Kapitel über das Gefecht unterstreicht er die Bedeutung des Ausnutzens einer siegreichen Schlacht durch Verfolgung und Vernichtung ihrer gegnerischen Streitkräfte. Die Schlacht von Borodino dient ihm als Beispiel für das Zögern Napoleons, dem taktischen Sieg zu vertrauen und mit den französischen Reserven die Russen zu verfolgen, um durch die Vernichtung ihrer Armee einen Friedensschluß in Moskau zu erzwingen[171]. Auf die zeitliche Nähe zur Genese des Werkes von Clausewitz und die zwischen 1830 und 1845 nicht gerade revolutionäre Entwicklung der Militärtechnik ist es zurückzuführen, wenn Bogdanovič auf fast 30 Seiten die eher taktischen Erörterungen über »die Aufstellung der Streitkräfte in Beziehung auf die gezeigten Hauptelemente (der Strategie, d. Verf.) und ihren Einfluß auf die militärischen Operationen« ausführlich behandelt. Im Sinne Clausewitz' geht er auf die Bewegung der Streitkräfte, Operationslinien, Quartiere usw. ein[172].

---

[166] Ebd., S. VIII.

[167] Die den Textauszügen und -erläuterungen vorangestellte Biographie von Clausewitz deckt sich in weiten Zügen mit der in der VÉL, 1844, abgedruckten Lebensbeschreibung. Bogdanovič schreibt, daß Clausewitz als Oberleutnant 1812 in russische Dienste wechselte und erst 1819 zum General befördert und zum Direktor der Allgemeinen Kriegsschule ernannt wurde. 1812 war dieser hingegen schon Oberstleutnant, und den Generalsrang erhielt er bereits ein Jahr zuvor, vgl. Marwedel, Carl von Clausewitz, S. 41, 48 f.

[168] Bogdanovič, Zapiski, Bd 2, S. 130—133.

[169] Ebd., S. 133—138; vgl. das Kapitel »Methodismus«, in: Clausewitz, Vom Kriege. 1980, S. 305 ff.

[170] Bogdanovič, ebd., S. 140—151. In einer Anmerkung auf S. 150 f. führt er das geometrische oder mathematische Element in bezug auf das Festungswesen aus, das er bei Clausewitz als vernachlässigt ansieht.

[171] Ebd., S. 157 f.

[172] Ebd., S. 162—188.

Den größten Raum nehmen die verschiedenen Formen der Verteidigung ein, denen Bogdanovič 60 Seiten widmet. Die Kernaussagen, das zeitlos Gültige, stehen dabei am Anfang: »Das Merkmal der Verteidigung ist das Abwarten mit dem Ziel der Gegenwehr[173].« Danach führt er die eher als philosophisch empfundene Definition ein, daß die Verteidigung die stärkere Form der Kriegführung mit negativem Ziel sei. Er greift alle taktischen Varianten der Defensive auf und verweilt längere Zeit bei zwei Phänomenen, die Rußlands Kriegführung 1812 entscheidend geprägt hatten: dem Rückzug ins Innere des Landes[174] und den Partisanen. Nur unter folgender Konstellation könne ein Rückzug ins Landesinnere erfolgreich sein: wenn das Land dünn besiedelt und großflächig und die Jahreszeit für den Gegner ungünstig ist oder wird, kurz: bei russischen Verhältnissen. Ein weiterer Faktor erhält für die Defensive Rußlands ein größeres Gewicht als in anderen Staaten: die bis zum 19. Jahrhundert nicht verstandene Bedeutung der Volksbewaffnung, des Volksaufstandes der Parteigänger oder Partisanen. Zu den Zielen eines begrenzten Volksaufstandes gehöre die Absicht, den Gegner ins Landesinnere zu locken und so den Raum des Kriegsschauplatzes auszudehnen und ihn in unwegsames Gelände zu locken. Durch diese Aktionen solle ihm die Möglichkeit für eine »Generalschlacht« beschnitten oder genommen werden. Nicht jede Nation könne allerdings einen Volkskrieg führen. Wichtig sei der Geist oder Charakter eines Volkes. Bogdanovič führt aus, daß diese Freischärler nicht an regelrechten Gefechten teilnehmen sollen, sondern lediglich zur Schwächung des Gegners beizutragen haben. Sie dürfen auch keine größeren Kräfte regulärer Truppen des eigenen Landes binden, die den Kontakt aufrechterhalten müßten, nach Möglichkeit die Bewaffnung vorzunehmen und ihre Aktionen mit denen der »Insurgenten« zu koordinieren hätten.

Hier wurde von Bogdanovič ein Partisanenkonzept auf der Grundlage von Clausewitz' Theorie sowie von landeseigenen Erfahrungen gewonnen, das unter veränderten historischen Rahmenbedingungen ab 1942 die Planungen und den Verlauf des »Unternehmens Barbarossa«, des deutsch-sowjetischen Krieges von 1941—1945, nicht unerheblich beeinflussen sollte[175]. Während nach Clausewitz die Volksbewaffnung als Entwicklung und Konsequenz »des Durchbruches anzusehen ist, den das kriegerische Element in unserer Zeit durch seine alte künstliche Umwallung gemacht hat«[176], historisch verstanden und auf seine möglichen politischen Implikationen — Revolution, Anarchie, Gefährdung der gesellschaftlichen Ordnung — hingewiesen wird, betrachten die Theoretiker des zarischen Rußland dieses Phänomen des 19. Jahrhunderts, den Volkskrieg, lediglich als militärisches Problem[177]. Nach Gneisenau und Scharnhorst erkannten — und nutzten — erst

---

[173] Ebd., S. 188—247.
[174] Ebd., S. 228 ff.
[175] Ebd., S. 231 ff. Vgl. auch Bonwetsch, Partisanen, passim.
[176] Clausewitz, Vom Kriege. 1980, S. 799 ff.
[177] Vgl. auch Gine, dessen Beiträge über Partisanen und Partisanenkrieg im Jahr zuvor, 1846, im VÈL erschienen; ders., Partizan, und ders., Partizanskaja Vojna. Gine betrachtet den Volkskrieg als »Hilfsmittel der Kriegführung« und spricht zum Beispiel den Franzosen die Fähigkeit zu dieser Form der Kriegführung unter Napoleon ab. Die von Gine empfohlene Literatur zum Partisanenkampf nennen u. a. Decker und Rühle v. Lilienstern. Bogdanovič weist im Artikel »Der kleine Krieg« auch auf den Bezug zum Partisanenkampf hin; vgl. ders., VÈL, Malaja Vojna.

die marxistischen Militärexperten und Revolutionäre die politische Dimension des Partisanenkrieges und der Volksbewaffnung.

Dem Angriff schenkt Bogdanovič nur wenig Beachtung[178]. Neben dem Hinweis auf die Notwendigkeit des zahlenmäßigen Übergewichts betont er vor allem die moralischen Elemente der Kühnheit und des Selbstvertrauens der angreifenden Truppen, die die zahlreichen Vorteile der verteidigenden Seite ausgleichen müssen. Weitaus größere Bedeutung mißt er dem achten Buch Clausewitz', dem Kriegsplan, zu.

»Der Krieg — in seiner allgemeinsten Bedeutung — ist ein Kampf zwischen Staaten mit dem Ziel der Vernichtung der gegnerischen Seite. Aber wie der Krieg nichts anderes ist als ein Mittel der Politik, so büßt er unter bestimmten Umständen den allgemeinen Charakter ein und nimmt einen anderen an, der den Gegebenheiten und dem Zustand der kämpfenden Staaten entspricht[179].«

Auch wenn Bogdanovič den bestimmenden Einfluß der Politik auf den Krieg mehrmals aufgreift, die Formel wird von ihm weder paraphrasiert, noch erläutert und damit ihr zentraler Stellenwert übergangen. Es wäre sicherlich falsch, davon auszugehen, daß er den Zusammenhang von Politik und Krieg nicht erkannt hat; wahrscheinlich hielt er diese Schlüsselerkenntnis ihrer inneren Logik nach für selbstverständlich und glaubte, auf die Verbindung von Politik und Krieg durch mehrfache Erwähnung ähnlicher Aussagen bereits in ausreichendem Maße eingegangen zu sein. Besonderer Aufmerksamkeit erfreuten sich ferner das Kapitel über die Vernichtung des Gegners, wobei er ausführlicher auf die »völlige Vernichtung des Gegners« eingeht, sowie das über den Kulminationspunkt des Angriffs. Unter dem Vernichtungsgedanken, der später in seiner pervertierten Form als physische Auslöschung des Feindes verstanden werden sollte, begreift Bogdanovič — wie auch Clausewitz — die völlige Wehrlosmachung des Gegners und seine bedingungslose Unterwerfung unter den eigenen Willen.

Als Russe verweilt Bogdanovič nicht ohne Stolz bei den Beispielen aus dem Feldzug von 1812, die Clausewitz in längeren Passagen als historisch-praktische Illustration seiner Ansichten im achten Buch anführt[180]. Neben der unbeugsamen Haltung des Zaren Alexander erwähnt er auch den besonderen »Geist des russischen Volkes« gleich mehrmals[181].

In einem resümierenden Kapitel über »allgemeine Schlußfolgerungen aus den Werken des Generals Clausewitz *Vom Kriege*«[182] gibt Bogdanovič eine kurzgeraffte Zusammenfassung und Wertung. So kritisiert er mutmaßliche Widersprüche; etwa, daß Clausewitz die Strategie als Kunst der Anwendung des Gefechts zur Erreichung der Kriegsziele bezeichnet, andererseits aber angibt, daß beim Rückzug ins Innere des Landes das Kriegsziel auch ohne Gefecht erreicht werden kann[183], und damit also die absolute Bedeutung des Gefechts relativiere.

---

[178] Vgl. Bogdanovič, Zapiski, Bd 2, S. 255—259.
[179] Ebd., S. 259.
[180] Vgl. Clausewitz, Vom Kriege. 1980, S. 1007, 1024—1027.
[181] Vgl. Bogdanovič, Zapiski, Bd 2, S. 272.
[182] Ebd., S. 278—285.
[183] Ebd., S. 283 f.

Angesichts der Bedeutung, die Bogdanovičs Arbeit für die russische Clausewitz-Rezeption bis etwa 1870 hatte, soll eine längere Wertungspassage aus seinem Werk *Strategie* am Schluß dieses Kapitels folgen:

»Allgemein betrachtet sind wir der Ansicht, daß dieses Werk (Vom Kriege, d. Verf.) den Vorzug vor allen anderen verdient, sowohl aufgrund der vielseitigen Schlußfolgerungen als auch wegen der logischen Folgerichtigkeit der Gedanken des Autors; die pragmatischen Bemerkungen decken die im Verlauf eines langjährigen Dienstes, den er während der Kriegszeit auf den wichtigsten Dienststellen versah, erworbenen Erfahrungen auf[184] ... Ungeachtet (einiger) Mängel gehört das Werk des Generals Clausewitz, begründet auf der tiefschürfenden Erforschung militärhistorischer Tatsachen und den Schlußfolgerungen eben dieses Autors, die seine Erfahrung in militärischen Angelegenheiten zeigen, in die Reihe der besten und kraftvollsten Bücher, die zur propädeutischen Ausbildung aufgeklärter Militärs dienen. Das Werk hatte auch großen Einfluß auf die Denkweise von Zeitgenossen..., darunter (den Autor, d. Verf.) des höchst bemerkenswerten Buches *Briefe eines Verstorbenen*[185], in dem eine Analyse vieler bemerkenswerter Feldzüge auf der Grundlage der Anschauungen über den Krieg des Generals Clausewitz erfolgt[186].«

Der Einfluß dieser Wertung, die sich fast vollständig mit der des Generals Medem deckt, d. h. also die gemeinsame Wertschätzung von Clausewitz durch Werk und Wort der anerkanntesten Strategieprofessoren ihrer Zeit[187] in Rußland, wird nachhaltig auf die Interessen derjenigen gebildeten russischen Offiziere, die über Deutschkenntnisse verfügten, gewirkt haben. Obwohl auf der Militärakademie die deutsche Sprache Unterrichtsgegenstand mit relativ hoher Wochenstundenzahl war, wird die Zahl der Offiziere, die einen sprachlich so anspruchsvollen und philosophische Vorbildung erfordernden Text im Original mit Gewinn gelesen haben, gering gewesen sein. Die Werke von Medem und Bogdanovič hingegen waren Pflichtlektüre. Die maßgeblichen Gedanken von Clausewitz haben beide in leicht faßlichen Versionen herausgearbeitet, einige Anmerkungen erklären vermeintliche Unverständlichkeiten, andere decken aber nur scheinbare Widersprüche auf oder verleiten gar zur falschen Interpretation. Daß Bogdanovič den Zugang zu Clausewitz erleichtern helfen wollte, zeigt zudem der Literaturhinweis auf Karl Eduard v. Pönitz' *Briefe eines Verstorbenen an seine noch lebenden Freunde*, da er wohl wußte, daß der Zugang zum Original für das Gros seiner Leser mit erheblichen Schwierigkeiten verbunden sein würde.

---

[184] Ebd.

[185] Gemeint ist hier das Werk des sächsischen Hauptmanns Pönitz, Militärische Briefe. Außer Pönitz, der in diesem Buch Clausewitz sich selbst in fiktiven Briefen an die Nachwelt wenden ließ, hat kein deutschschreibender Autor vor 1871 eine Erläuterung und wohlmeinende Popularisierung des Buches »Vom Kriege« verfaßt, vgl. Marwedel, Carl von Clausewitz, S. 200. Interessant ist, wie schnell die russische Fachwelt mit der neuesten deutschen Literatur bekannt wurde und daß Bogdanovič seinen Schülern diese Simplifizierung der Gedankenwelt Clausewitz' als Einstieg in die Lektüre des Opus magnum empfahl.

[186] Bogdanovič, Zapiski, Bd 2, S. 285.

[187] Zum Einfluß Bogdanovičs in der Militärakademie vgl. Mil'štejn/Slobodenko, O buržuaznoj, S. 78.

### e) Clausewitz in frühen Ausgaben militärwissenschaftlicher Lexika

1833 erschien der erste Band des auf acht Teile konzipierten *Militair-Conversations-Lexikons* unter der Redaktion Willibald v. d. Lühes in Leipzig[188]. Ebenso wie andere militärhistoriographische oder -theoretische Monographien und Zeitschriften aus deutscher Feder erfreute sich auch dieses 1841 abgeschlossene Lexikon durch die Konzeption und die Qualität der Beiträge des Autorenkollegiums großer Aufmerksamkeit in russischen Fachkreisen. Inspiriert durch dieses Vorbild, wurde Mitte der 1830er Jahre an der Militärakademie die Herausgabe einer eigenen militärischen Enzyklopädie ins Auge gefaßt, und bereits 1837 erschien in Petersburg der erste der insgesamt 14 Bände des *Voennyj Ėnciklopedičeskij Leksikon*. Obwohl der Chefredakteur des gut zwei Dutzend Autoren umfassenden Redaktionsteams, Baron L. I. Zeddeler, in seinem Vorwort sich der deutschen Ausgabe nicht verpflichtet fühlt, ist unverkennbar, daß sich das russische Pendant in Aufbau, Artikel- und Literaturauswahl stark an den deutschen Vorläufer anlehnte. Da schon das *Militair-Conversations-Lexikon* »die Erkenntnisse Clausewitz' ... in reichem Maße ... (verwandte) und dessen Schriften als am besten zur Einführung in die Kriegswissenschaften geeignet (empfahl)«[189], ist es nicht verwunderlich, daß auch im *Voennyj Ėnciklopedičeskij Leksikon* das Gedankengut von Clausewitz in mehreren Artikeln seine Spuren hinterließ.

L. L. Štjurmer stellt am Anfang des Artikels *Krieg* fest, daß »die Quelle des Krieges in der Natur des Menschen ebenso wie in den politischen Einrichtungen der Völker liegt«[190]. Er ergänzt diesen anthropologischen Ansatz mit einer gedanklichen Entlehnung bei Clausewitz, die jedoch bei ihm zu einem diametral entgegengesetzten Ergebnis führt:

»Jeder dieser Kriege hat seinen eigenen Charakter, abhängig von der Bedeutung des politischen Ziels und von den gegenseitigen politischen und sittlichen Beziehungen der kämpfenden Seiten ... Zur Erreichung eines unwichtigen Zieles herrschen gewöhnlich politische Mittel vor. Je wichtiger aber das Ziel ist, je enger es mit dem Wohlstand der Kämpfenden verbunden ist, desto deutlicher verliert der Krieg seinen politischen Charakter, und die militärischen Mittel gewinnen die Oberhand[191].«

Zeddeler war 1839 der erste, der ohne Nennung des Urhebers das wohl bekannteste Clausewitz-Zitat im Artikel *Militärgeschichte* aufgriff:

»Krieg ist die Fortsetzung der Politik mit anderen, gewaltsamen Mitteln; folglich besteht auch die Militärgeschichte aus einem militärischen und einem politischen Teil.«

Die Kriegsgeschichtsschreibung unterteilt er hierarchisch in eine chronologische Erzählung als ersten Schritt, auf den der der historischen Erforschung mit einer nach heutigen

---

[188] Militair-Conversations-Lexikon.
[189] Marwedel, Carl von Clausewitz, S. 111, zitiert dafür zahlreiche Belegstellen aus dem 4. Bd des Lexikons.
[190] Štjurmer, Vojna.
[191] Ebd. Auch die Beschreibung der »nötigen und nützlichen moralischen Eigenschaften«, des Talents und des Genies, des kaltblütigen Verstandes und des Vertrauens auf Glück und seine eigene Stärke, des Krieges als »Spiel der Wahrscheinlichkeiten, des Zufalls und des Glücks« sind verkürzte Zusammenfassungen von Gedanken, die zeigen, daß Štjurmer Clausewitz kannte, vgl. ebd., S. 527 f. Den Primat der Politik erkennt Štjurmer an, indem er schreibt, »daß der Feldherr ohne Zweifel in Abhängigkeit von der Regierung steht«, ebd., S. 528. Zeddeler, Voennaja istorija.

Begriffen quellenkritischen Analyse und Überprüfung zweifelhafter Ereignisse folgen muß. Die höchste Stufe stellt dann die kritische Militärgeschichte dar, die nach sorgfältiger Abwägung aller Umstände und Maßnahmen zu eigenen, begründeten Urteilen gelangt. Aus seinen umfangreichen Literaturangaben wird deutlich, daß Zeddeler die meisten Jahrgänge der *Österreichischen Militairischen Zeitschrift*, der *Zeitschrift für Kunst, Wissenschaft und Geschichte des Krieges*, des *Militair-Wochenblattes* sowie der *Minerva* und weiterer Periodika ausgewertet hatte. Die nach Epochen und Kriegen geordneten Literaturangaben enthalten zu gleichen Teilen deutsche, französische und russische Titel, darunter die bedeutendsten Autoren der Zeit, Jomini, Michajlovskij-Danilevskij, Scharnhorst und auch drei Bände der *Hinterlassenen Werke* von Clausewitz[192]. Ohne ihn zu zitieren, folgt Zeddeler in seinem Artikel *Der Vaterländische Krieg 1812*[193] bei der Darstellung der Ereignisse um die Konvention von Tauroggen eng den Ausführungen des preußischen Generals. Neben Bogdanovič verfaßte auch Zeddeler einen Artikel über *Strategie*[194] aus »historischer und anderer Sicht« für sein Lexikon. Im Rahmen seiner etymologisch-historischen Begriffsbeschreibung stellt er fest, daß die zeitgenössische deutsche Literatur die französische überflügelt habe, indem »die schöpferische systematische deutsche Literatur im Zuge der Ausbreitung der militärischen Kenntnisse ... und des Aufblühens der Philosophie aufzeigte, daß die (französische, d. Verf.) Systematik den Erfordernissen der Wissenschaft nicht genügt«. Leider seien die meisten Offiziere eher Mathematiker als Philosophen, so Zeddeler; daher teilten sie auch die Strategie in eine »reine« und eine »angewandte« ein, ohne dabei klar zwischen Strategie und Taktik zu unterscheiden. Wichtig sei die Zurückführung auf das Wesentliche:

»Krieg ist nichts anderes als ein großer Kampf mit mehr oder weniger beträchtlichen und wohlgeordneten Kräften und mit mehr oder weniger Beharrlichkeit auf dem Gefechtsfeld; er hat mal dieses und mal jenes politische Ziel, welches bei (der Wahl der) Mittel und der Art der Kriegführung berücksichtigt werden muß.«

Der umfassend gebildete Zeddeler, der in diesem Artikel auch Friedrich Schelling und Georg Wilhelm Hegel erwähnt, nennt nach Jomini, Decker und Wagner schließlich Clausewitz,

»der mit seltenem Scharfsinn und erfolgreicher als andere versuchte, alle neu erschienenen strategischen Systeme zu untersuchen, sie mit der Geschichte zu vergleichen und durch eigene Erfahrungen einige Regeln der Kriegführung abzuleiten. Aber auch ihm gelang diese Arbeit nicht völlig (siehe *Clausewitz*), und wir stimmen vollständig mit der Meinung unserer strategischen Autoren Baron Medem und Oberst Bogdanovič überein, daß es solche allgemeinen und ständigen Regeln nicht gibt und nicht geben kann[195].«

Weitere Artikel, etwa *Kriegerischer Geist*[196] oder *Militärgeographie und Militärstatistik*[197], markieren die unterschwellige Bedeutung von Clausewitz angesichts der ungeteilt posi-

---

[192] Ebd., S. 483, führt Zeddeler den »Feldzug in Italien 1796« mit dem falschen Erscheinungsjahr 1832 (recte 1833) an und auf S. 484 den 5. und 6. Bd der Hinterlassenen Werke.

[193] Zeddeler, Otečestvennaja Vojna, S. 228 f.

[194] Ders., Strategija.

[195] Ebd., S. 387.

[196] Vgl. Goremykin, »Vojnskij duch«. Weitere Artikel über »sittliche Elemente«, Moral etc. deuten auf den Einfluß von Clausewitz hin.

[197] N. N., Voennaja geografija.

tiven Meinung, die die führenden Autoritäten dieses Lexikons, Zeddeler und Bogdanovič, von ihm hatten. Die oben erwähnten Artikel erfuhren auch in der zweiten Auflage
unter dem gleichen Stichwort keine oder nur unwesentliche Veränderungen.

Über den Rahmen der Fachwelt hinaus konnte sich die gebildete russische Öffentlichkeit über Clausewitz durch einen bereits 1847 publizierten Lexikon-Beitrag informie-
ren. Während in Deutschland die führenden Herausgeber der großen Konversationslexi-
ka, Brockhaus und Meyer, auf Clausewitz gar nicht oder nur »farblos« eingingen[198],
wird ihm im siebten Band des zwischen 1847 und 1855 von dem Redakteur A. Starčevskij
und dem Verleger K. Kraj herausgegebenen zwölfbändigen *Enzyklopädischen Nachschlage-
Wörterbuches*[199] ein nicht namentlich gezeichneter Beitrag gewidmet, der ihn als »preußischen General und ausgezeichneten Militärschriftsteller« kennzeichnet und neben seinem als Hauptwerk deklarierten Buch *Vom Kriege* auch die Feldzugsbeschreibungen von
1796, 1799, 1812—1815 und verstreute Arbeiten über verschiedene Feldzüge des 17. und
18. Jahrhunderts sowie »andere historische Materialien zur Strategie« erwähnt.

Man darf aus all diesen Zitaten nicht schließen wollen, daß die Theorien und der me-
thodische Ansatz von Clausewitz im Zarenreich nun überwältigenden Zuspruch erfahren hätten und daß dieser zum geistigen Ziehvater des russischen Offizierkorps avanciert wäre. Aber war er dies denn in den deutschen Staaten oder gar in Preußen bis zur
Mitte des 19. Jahrhunderts? Trotz der überwiegend zustimmenden Kritiken, die sein Werk
dort erhalten hatte, blieb sein Einfluß auf die Ausbildung und die geistig-methodische
Formung der Stabsoffiziere eher gering[200].

Gemessen an seiner Wirkungsmächtigkeit — auch im internationalen Interpretations-
und Wertungsvergleich mit England und Frankreich[201] — war Clausewitz in Rußland
die führende Autorität, zumal sich die militärische Ausbildungselite von Medem bis Zeddeler demonstrativ in zahlreichen Schriften für sein Werk als den zeitgenössischen Gipfel der Militärtheorie und -historiographie ausgesprochen hatte. Clausewitz' Gedanken
— auch wenn sie zumeist nur in gerafften Zusammenfassungen dargeboten wurden, die
vielen Offizieren eine Auseinandersetzung mit dem komplexen Original ersparten,
obgleich es ihre Absicht war, den Zugang zu bereiten und nicht, ihn zu ersetzen — behiel-

---

[198] Vgl. Marwedel, Carl von Clausewitz, S. 113. Diese Feststellung bedarf einer Korrektur, da Marwedel erst die 7. Aufl. des Brockhaus aus dem Jahre 1830 einsah, wohl in der Annahme, daß zuvor
über Clausewitz noch nicht in einer Enzyklopädie berichtet worden sein würde. Gerade der Verleger Brockhaus widmete in der 1. Abt. des 1. Bd seiner Neuen Folge des Conversations-Lexicons,
Leipzig 1822 (!), seinem Autor Carl v. Clausewitz, der bei Brockhaus »auf Gneisenaus Veranlassung
die ›Übersicht des Feldzuges vom Jahre 1813‹ (Leipzig 1814), welche mit großem Beifall aufgenommen ... wurde«, ebd., S. 665, publiziert hatte, einen umfangreichen Artikel. Dort wird der Lebenslauf umfassend beschrieben, seine Dienststellung zum damaligen Zeitpunkt angegeben und darauf
hingewiesen, daß Clausewitz »die falschen Theorien der Modesysteme ... mit vielem Scharfsinn«
bekämpfe. Dieser Artikel hat vielleicht auch Bogdanovič als Quelle gedient. Aber auch ein anderer
sächsischer Lexikonverleger, H. A. Pierer, nahm Clausewitz in sein Encyclopädisches Wörterbuch
der Wissenschaften, Künste und Gewerbe auf; vgl. ebd., Bd 5, S. 393 f.
[199] Klauzevic, in: Spravočnyj Ènciklopedičeskij Slovar', Bd 6, S. 715 f.
[200] Vgl. Marwedel, Carl von Clausewitz, S. 213 f., 230.
[201] Vgl. ebd., S. 231 ff., 248 ff.

ten ihre Wirkung. Parallel zu Clausewitz wirkte sein Zeitgenosse Jomini, und dieser wird, das zeigt schon sein polemisches Vorwort zur zweiten, der Petersburger Ausgabe des Buches *Précis de l'art de la guerre* (1837), seinen Einfluß auf den Kreis der Höflinge am Zarenhof und auf den Mitarbeiterstab an der Militärakademie geltend gemacht haben, um die Dominanz seiner Ideen an diesem Lehrinstitut und unter den Offizieren des Generalstabs zurückzuerlangen. Jomini mußte allerdings die Fachpresse für seine polemischen Attacken suchen, denn an den im Universitätsrang stehenden militärischen Akademien wirkte die geistige Elite der Zarenzeit als Lehrer, die den ihnen neben dem militärischen Dienstgrad zustehenden Professorentitel auch ausfüllte, und »diesem Privileg entsprach das für militärische Einrichtungen höchst ungewöhnliche Recht auf Lehrfreiheit«[202]. Diese Professoren kamen zum überwiegenden Teil aus den technischen Waffengattungen der Pioniere und der Artillerie — aus letzterer Medem und Bogdanovič —, die eine Zwischenstufe zwischen Linie und Garde darstellten und in bezug auf die Ausbildung der betreffenden Offiziere erhöhte Anforderungen an Intellekt und Vorbildung stellten[203]. Diese Offiziere waren, insbesondere in der Ära vor den Reformen D. A. Miljutins, nicht nur an den mathematisch-technischen Fortschritten interessiert, sondern hatten durchaus auch eine solide Allgemeinbildung, so zum Beispiel Kenntnisse der deutschen und französischen Sprache, manche[204] auch der zeitgenössischen Literatur. Auf der Kriegsakademie befand sich zu einem Teil die Bildungselite, nicht nur des Heeres, sondern auch des Landes überhaupt, denn »the military profession ... in the first half of the nineteenth century attracted many men with broad intellectual interests«[205]. Das Ansehen dieser Akademie war dementsprechend hoch, doch sorgten die hohen Anforderungen zusammen mit den ungünstigen Beförderungsaussichten für ein Absinken der Anmeldungen. Ihre Zahl betrug von 1832 bis 1855 etwa 10 pro Jahr[206], so daß 350 bis 400 Offiziere dieser Periode intensiver mit Clausewitz' Werk in Berührung gekommen sein werden.

## 5. Vom Ende des Krimkriegs bis zur Revolution (1856—1917): Popularisierung und Vulgarisierung

Ein Grund für die positive Aufnahme Clausewitz' durch die geistige Elite des russischen Heeres zwischen 1835 und 1855 lag darin, daß das militärtheoretische Denken bis zum Krimkrieg (1853—1856) relativ frei war von nationaler Voreingenommenheit und Beschränktheit. Publikationen und gedankliche Inhalte wurden nach ihrem intellektuellen Wert und weniger nach der nationalen Herkunft des Autors beurteilt, ja im Gegenteil, gerade in Rußland wurde sogar deutsche und französische Gelehrsamkeit bisweilen eigenen Werken vorgezogen.

---

[202] Stein, Offizier, S. 402.
[203] Ebd., S. 380.
[204] Vgl. Beyrau, Militär, S. 365. Vgl. dazu auch »Das Russische Reich in Europa«, S. 372.
[205] Kenez, Russian Officer Corps, S. 226.
[206] Stein, Offizier, S. 381.

Die Niederlagen des russischen Heeres gegen englische und französische Truppen im Krimkrieg offenbarten gravierende Mängel der zarischen Armee in bezug auf Führung, Organisation und Logistik. Die Notwendigkeit grundlegender Reformen trat offen zutage; die Armee wurde nach dem Vorbild der westlichen Militärmächte modernisiert und reorganisiert, von denen man soeben geschlagen worden war, bzw., die als potentielle Gegner eine Bedrohung waren: die westeuropäischen Großmächte. Noch während des Krimkrieges wurde 1855 die Kaiserliche Kriegsakademie nach preußischem Muster in eine reine Generalstabsakademie umgewandelt, und es entstanden separate Institutionen zur Ausbildung von Artillerie- und Pionieroffizieren[207].

1861, als unter Alexander II. durch Reformen begonnen wurde, das russische Gesellschaftsgefüge zu verändern, übernahm D. A. Miljutin, »one of the greatest statesmen of Imperial Russia«[208], als Kriegsminister (1861—1881) diese Aufgabe für die Armee, die er aus einer Linienarmee in eine moderne Streitmacht verwandelte. Während Großbritannien aufgrund seiner seegestützten Militärpolitik für eine Kontinentalmacht wie Rußland kein Beispiel sein konnte und Frankreich schon vor, aber auch gerade nach dem Krimkrieg durch den erwachenden russischen Nationalismus »a preponderantly negative impression«[209] hervorrief, blickten reformfreudige Militärs nach Deutschland, oder genauer gesagt, nach Preußen. Auch wenn die preußisch-deutsche Gloriole nicht mehr die Leuchtkraft besaß wie unmittelbar nach 1815, als »Germany produced a complex and contradictory impact on the minds of the more sensitive Russian officers. What they saw there elicited respect, even admiration, and yet their prevailing emotions were shame and envy«[210]. Als Vorbild diente der preußische Staat allemal, zumal mit der Heeresreorganisation von 1859/60 weitreichende und sehr erfolgreiche militärische Reformen auf den Weg gebracht wurden. Und gerade nach 1870 kam Clausewitz in Preußen wie auch in Deutschland zu späten Ehren.

## a) Die Diskussion um den »theoretischen« Clausewitz

Kurz nach Beendigung des Krimkrieges 1856 erschien der erste Band eines neuen Werkes zur Strategie aus der Feder des damaligen Obersten im Generalstab, A. I. Astaf'ev: *Über die zeitgenössische Kriegskunst*[211]. Das Buch war der russischen Armee gewidmet und erinnerte beschwörend an den alten Geist ruhmreicher vaterländischer Feldherren. Seine Auseinandersetzung mit allen führenden Theoretikern des In- und Auslandes, darunter auch Clausewitz, war der Beginn einer ständigen Debatte um eine eigenständige russische Strategie und später Militärdoktrin ab der zweiten Hälfte des 19. Jahrhunderts, die in erster Linie von den Direktoren der Generalstabsakademie, M. I. Dragomirov, G. A. Leer und zuletzt N. P. Michnevič, fortgeführt wurde. Clausewitz spielte in dieser Diskussion immer eine große Rolle.

---

[207] Leer, Akademii voennye.
[208] Kenez, Profile, S. 123.
[209] Keep, Soldiers, S. 255.
[210] Ebd., S. 254.
[211] Astaf'ev, iskusstve.

Astaf'ev sparte nicht mit Kritik an den »Systemmachern« Henry Lloyd, Dietrich v. Bülow und dem damals noch lebenden Jomini, tadelte aber auch Clausewitz wegen dessen »Reduzierung der Kriegskunst auf die Tätigkeit des Feldherrn«[212]. Diese Kritik und die zu dieser Zeit übliche recht freie Form des Zitierens hinderten ihn jedoch nicht, zahlreiche, nicht als solche gekennzeichnete Anleihen bei Clausewitz zu nehmen. Astaf'ev war bemüht, die Verehrung militärischer Autoritäten der Vergangenheit, insbesondere Napoleons, auf die historische Betrachtung zu beschränken und stärkeres Augenmerk auf die Entwicklung der Militärtechnik und die Organisation der Armee als massiv einwirkende Faktoren auf die moderne Kriegskunst zu legen. Er betonte — durchaus im Geiste Clausewitz' —, daß Armee und Bewaffnung vom Stand der gesellschaftlichen Entwicklung und der Organisation des Gemeinwesens abhingen, die wiederum große Rückwirkung auf den moralischen Faktor im Kriege ausübten.

»Die Armee ist keine Maschine, welche einen Angriffs- oder Verteidigungskrieg führt. Die Streitkräfte sind kein gesonderter Teil des Volkes. Sie sind genauso lebendig wie das Volk, und jeder Krieger ist zusammen mit anderen Bürgern Teil einer allgemeinen Familie, für deren Verteidigung vor äußeren Feinden er auf Befehl der Regierung sein Leben opfern muß[213].«

Diese Gedanken sind klassische Schlußfolgerungen aus den Versäumnissen der Zeit vor dem Krimkrieg und ein erster Versuch, die teilweise entwürdigende Behandlung der Soldaten durch ein neues Bild vom »Staatsbürger« zu mildern und so mit der Motivation zugleich den Kampfwert der Truppe zu erhöhen. Ausführlich geht Astaf'ev daher in seinem Werk auch auf die moralischen Größen ein[214]. Unbestritten war ebenfalls, daß »der Krieg irgendein politisches Ziel voraussetzt«[215] und »daß dem Gegner durch Einsatz der Armee eigene Forderungen aufgezwungen werden«. Astaf'ev übernahm in bezug auf Clausewitz die Einschätzungen Medems und führte am Ende seiner Strategiedarlegung aus, daß »sich Clausewitz mehr als andere der Wahrheit genähert«[216] habe. Astaf'ev stand auf der Höhe der internationalen Diskussion über das Militärwesen. Auch er kannte Pönitz' Arbeit über Clausewitz[217]. Darüber hinaus veröffentlichte er im Anhang des zweiten Bandes seiner *Kriegskunst*, der 1861 erschien, eine Zusammenstellung der Rezensionen des ersten Teiles, die von ihm kritisch kommentiert wurden. In einer Rezension, welche die Vorzüge des neuen Werkes von Astaf'ev wegen seiner Genauigkeit, seiner praktischen Sichtweise, seiner sinnvollen Einteilung und anderer Vorzüge lobte, stellte der anonyme Rezensent dieser Publikation das gewissermaßen abschreckende Bei-

---

[212] Russkaja voenno-teoretičeskaja mysl', S. 20.

[213] Astaf'ev, iskusstve, Bd 2, S. 4.

[214] Vgl. ebd., S. 315—331; vgl. auch Bd 1, S. 44—48; dies betont auch das Stichwort »Astaf'ev«, BSÈ, Bd 3, 1950, S. 275.

[215] Astaf'ev, iskusstve, Bd 1, S. 40, ähnlich S. 57; vgl. auch ders., ebd., Bd 2, S. 11, 18; hier ist allerdings anzumerken, daß Astaf'ev Jomini als den Urheber der Entdeckung der Abhängigkeit des Krieges von der Politik betrachtet, zumal dieser seit 1837 an der Kriegsakademie einen Lehrstuhl für Militärpolitik und Politik des Krieges innehatte und sehr verständlich die diversen Motive politischer Auseinandersetzung mit militärischen Mitteln — ideologischen, religiösen, wirtschaftlichen, nationalen etc. — beschrieb.

[216] Ebd., Bd 1, S. 115.

[217] Ebd., S. 184.

spiel Clausewitz entgegen, indem er hier wiederum einen Vorwurf aufgriff, der dessen Stigmatisierung in der nachrevolutionären, marxistischen Sowjetunion jahrzehntelang begleiten sollte: den des Metaphysikers. In Astaf'evs Buch befinde sich, so der Rezensent, »kein unnützes Wort, nicht die Metaphysik Clausewitz' oder ihm ähnlicher mystischer Betrachter, die mit ihren Phrasen danach trachteten, die Kabinettskrieger jener Zeit zu überraschen«[218]. Diese anonyme Kritik machte den Anfang einer langsamen Demontage, Korrektur und Umdeutung Clausewitz', die, von Ausnahmen abgesehen, die militärtheoretischen Auseinandersetzungen der zweiten Hälfte des 19. Jahrhunderts prägen sollten.

Genrich Antonovič Leer, General und seit 1858 auch Professor an der Generalstabsakademie, die er von 1889 bis 1899 leitete, war einer der populärsten, wenn nicht der bedeutendste Vertreter eines neuen akademischen und eher wirklichkeitsfremden strategischen Denkens in Rußland. In seinen zahlreichen Funktionen und durch eine Vielzahl von Veröffentlichungen dominierte, ja monopolisierte Leer die innerrussische strategische Diskussion[219]. Svečin urteilt über ihn in bezug auf Clausewitz:

»Noch schlimmer als diese Nachtwächter in Professorentalaren (gemeint ist hier Jomini, d. Verf.) war G. A. Leer, ein ausgezeichnetes Beispiel für die Verbindung von ausgesuchter Schönheit und inhaltlicher Leere (der Sprache, d. Verf.). Seine auf der Überzeugung von ewigen Wahrheiten gegründete Lehre spiegelt den allgemeinen Zustand des materiellen und ideenmäßigen Stillstandes wider, den Rußland in dieser reaktionären Epoche durchmachte. Eine oberflächliche Bekanntschaft mit dem kapitalen Werk von Clausewitz machte Leer erst gegen Ende seines Lebens vermittels einer französischen Übersetzung[220]. Jede von Clausewitz verfaßte Zeile wurde durch die talentlose Strategie Leers bekämpft. Natürlich blickte er sich mit Neid nach seinem bedeutenden Vorgänger um und führte sich daher wie ein Intimfeind von Clausewitz auf. Die philosophische Grundlage Leers und seines Nachfolgers Michnevič bildete der Positivismus Auguste Comtes mit seinen abgeschmackten Auslegungen. Von der Dialektik hatte Leer keine Vorstellungen und sah in ihr nur die Hauptwaffe seiner potentiellen Gegner, welche sich möglicherweise auf Clausewitz stützten. Daher das hysterische Geschrei Leers gegen die Dialektik. Unter Dialektik verstand Leer rhetorisches Geschwätz, Sophisterei, ein Spiel der Antithesen, Prinzipienlosigkeit, Käuflichkeit des Wortes und mangelnde Ehrenhaftigkeit des Schriftstellers, der sich an den herrschenden Geschmack und die Begeisterung der Mode anpaßt. Leer verkörperte so Phull[221], dessen Gestalt uns Clausewitz so treffend vorgestellt hat, aber in einer neuen, verschlechterten Ausgabe[222].«

---

[218] Ebd., Bd 2, Anhang, S. 13.

[219] Vgl. dazu Mil'štejn/Slobodenko, O buržuaznoj, S. 78 f., und Savkin, S. 30 ff.; Russkaja voenno-teoretičeskaja mysl', S. 21 f.; Beskrovnyj, Očerki, S. 157 f. Diese sowjetischen Autoren führen zahlreiche Allgemeinplätze aus den Arbeiten Leers an, um nachzuweisen, welch verheerende Wirkung die Dogmatisierung von »14 Basis-Prinzipien«, die Leer aufgestellt hatte, auf die Ausbildung der Offiziere an der Akademie und ihre späteren Niederlagen im Russisch-Japanischen Krieg 1904/05 hatte. Leer, »ein Gefangener der Sichtweisen Jominis«, so Beskrovnyj, in: 1812, S. 32, verfocht in seinen Werken napoleonische Ideen mit dem Hinweis, daß sich eigentlich seit Caesar die Kriegskunst nicht wesentlich verändert habe und »Neues nur das völlig vergessene Alte« sei.

[220] Svečin bezieht sich hier wohl auf ein Zitat aus Leer, Korennye Voprosy, S. 133, wo dieser Clausewitz aus einer nicht genau erschließbaren französischen Ausgabe, vermutlich aus der Übersetzung des Major Neuens, Clausewitz, De la guerre par le général Charles de Clausewitz, zitiert oder aus der späteren Übersetzung des Oberstleutnants de Vatry, Clausewitz, Général de Clausewitz. Leer zitiert aber im Widerspruch dazu auch aus den bis dahin weder ins Französische noch ins Englische übertragenen Bänden der Hinterlassenen Werke.

[221] Clausewitz beschreibt Phull als hochgebildeten, aber den Realitäten eines Krieges in keiner Weise gewachsenen General, vgl. Hinterlassene Werke, Bd 7, S. 6—10, 28 f.

[222] Svečin, Klauzevic, S. 276 f.

Diesem durch extreme Ablehnung gekennzeichneten Duktus ist im großen und ganzen zuzustimmen, freilich mit leichten Einschränkungen und Korrekturen. Leer kannte Clausewitz, zumindest in Auszügen, schon früher und auch in deutscher Sprache. Davon geben seine 1869 in Breslau herausgegebenen *Strategischen Aufsätze* Zeugnis. Im Rahmen einer kurzen Übersicht über die strategische Literatur stellt er den Werken Lloyds und Jominis das des Generals v. Clausewitz an die Seite; er wünscht jedoch: »Wenn nur der vom Verfasser vorgezeichnete Plan schließlich ausgeführt worden, und wenn das Werk selbst weniger nebelhaft geschrieben wäre[223].« So bilde *Vom Kriege* »an und für sich eine synthetische Abhandlung über Strategie«, die nur erkennen läßt, »daß der Verfasser ein entschiedener Feind jeglicher Operationssysteme und fertiger Regeln für Operationen« sei. »Clausewitz' Meinung nach besteht die Hauptaufgabe der Theorie nur darin, die Tatsachen klar zu machen[224].« Es ist diese höchst oberflächliche Analyse des Werkes von Clausewitz, die entweder durch flüchtiges Lesen oder durch bloßes Kolportieren bekannter, stereotyper Negativurteile früherer Autoren herrührt.

Daß Leer auch die geschichtlichen Arbeiten Clausewitz' kannte, zeigt eine Anmerkung, in der er aus dem weniger bekannten und geschätzten neunten Band der *Hinterlassenen Werke* auf die Clausewitzsche Analyse eines Feldzuges von Gustav Adolf hinweist. Leer begeht allerdings den kapitalen Fehler, aus der rückbesinnenden Beschäftigung Clausewitz' mit Feldzügen des 17. und 18. Jahrhunderts, deren Analysen er zur Untermauerung des historischen Wandels der Strategie und Taktik — »Jede Zeit (hatte) ihre eigenen Kriege«[225] — heranzieht, zu schließen, daß »eben weder Taktik noch die Strategie sich eigentlich geändert haben«[226].

Leer zitierte Clausewitz auch in seinen vielbeachteten pädagogischen Schriften *Die Methode der Militärwissenschaften*[227] und *Grundsätzliche Fragen. Militärische Studien*[228]. Da er Clausewitz sowohl von der Methode her als auch in seinen zentralen Aussagen ablehnte, taucht in Leers Büchern eine rudimentäre und selektive Auswahl auf. Hier wurde eine Gesamtschau des Werkes durch wahllose, oftmals unbedeutende Textstellen ersetzt und eine Tendenz gefördert, die in der Zeit bis zum Ersten Weltkrieg sich noch weiter ausbreiten sollte. Das klassische Werk *Vom Kriege* erfuhr das Schicksal vieler Klassiker; es verkümmerte zum Zitatensteinbruch und Mottospender vieler kleiner und aller großen Nachfolgewerke. Clausewitz wurde immer weniger gelesen, aber immer öfter zitiert; eine Tendenz, die nicht nur für den russischen Raum zu konstatieren ist.

Leer macht methodisch einen »Dreisprung«: von der beschreibenden über die vergleichende oder kritische zur eigenen wissenschaftlichen Methode, die die »größtmögliche Förderung der Geistestätigkeit begünstigt«[229]. Zu der kurz darauf erfolgenden Polemik gegen die Dialektik als Methode paßt ein Hinweis, den Leer an anderer Stelle dem achten Buch aus *Vom Kriege* entnommen hat:

---

[223] Leer, Strategische Aufsätze, S. 7.
[224] Ebd.; vgl. auch ders., Metod voennych nauk, S. 9.
[225] Clausewitz, Vom Kriege. 1980, S. 973.
[226] Leer, Strategische Aufsätze, S. 18.
[227] Ders., Metod voennych nauk.
[228] Ders., Korennye voprosy.

»Es ist überhaupt nichts so wichtig im Leben, als genau den Standpunkt auszumitteln, aus welchem
die Dinge aufgefaßt und beurteilt werden müssen, und an diesem festzuhalten; denn nur von *einem*
Standpunkte aus können wir die Masse der Erscheinungen mit Einheit auffassen, und nur die Einheit
des Standpunktes kann uns vor Widersprüchen sichern[230].«

Bei Clausewitz dient diese Textstelle als Synthese zur Erklärung des Krieges als eines
Teiles der Politik, denn ohne diese Verbindung muß der Krieg dem Betrachter als »Halb-
ding, als Widerspruch in sich« erscheinen. Mehrmals zitiert Leer Clausewitz im Zusammenhang mit der Konzentration der Kräfte auf den entscheidenden Punkt der Schlacht:
»Die beste Strategie ist: immer *recht stark zu sein*, zuerst überhaupt und demnächst auf
dem entscheidenden Punkt[231].«

Angesichts dieses oberflächlichen Clausewitz-Verständnisses ist es kein Zeichen sonst so
oft beobachteter deutscher Überheblichkeit, wenn Theodor v. Bernhardi 1859 in seinem
Tagebuch vermerkt:

»Mir war es immer merkwürdig als Wahrzeichen des intellektuellen Standpunktes, auf dem selbst die
intelligentesten russischen Offiziere stehen, daß sie mit Clausewitz gar nichts anzufangen wissen. Der
ist ihnen zu verwickelt und holt zu weit aus. Sie stehen auf dem Standpunkte, wo man nach militärischen Rezepten verlangt, einfach wissen will, was man in jedem einzelnen Falle zu thun hat. Jomini,
höher wissen sie sich nicht zu erheben[232].«

Daran änderte auch der wohlmeinende Versuch General M.I. Dragomirovs nichts, die
substantiellen Gedanken Clausewitz' in einer Übersetzung der leichter faßlichen *Wichtigsten Grundsätze des Kriegführens, zur Ergänzung meines Unterrichts bei Sr. Königlichen
Hoheit dem Kronprinzen* einem russischen Offizierspublikum nahezubringen. Dragomirov war neben Leer der herausragende Vertreter russischer Taktiklehre und Militärpäda-
gogik. Als Direktor der Generalstabsakademie von 1878—1889 und Kommandeur des
Kiever Militärbezirks hatte er außerordentlichen Einfluß auf die Gestalt der Armee um
die Jahrhundertwende. Dragomirov galt als ausgeprägteste Verkörperung zeitgenössischer
Klischeevorstellungen des Auslands vom russischen Offizier: »Ein wilder Zecher, Feind
aller Theorie, polternd, rücksichtslos und grob, dabei klug und belesen und bedingungs-
los seinem Kaiser ergeben[233].« Svečin geht auch mit Dragomirov ins Gericht:

»Dragomirov war der wichtigste Nebenbuhler Leers und Verteidiger einiger Ideen von Clausewitz. Ihn
interessierten allerdings hauptsächlich Fragen der Taktik, je mehr diese mit der Gefechtsausbildung
der Truppen zusammenhingen, und Fragen der Strategie hatten einen geringeren Stellenwert. Zudem
verstand Dragomirov Clausewitz sehr einseitig und popularisierte in Rußland nur das Frühwerk Clausewitz', *Die wichtigsten Grundsätze des Kriegführens*. Die im zentralen Werk von Clausewitz entfaltete
Dialektik des Krieges zog bei Dragomirov so gut wie keine Aufmerksamkeit auf sich. Ihm gefiel bei

---

229  Ders., Metod voennych nauk, S. II; vgl. hier den ähnlichen Ansatz Zeddelers in Kap. II.4.e.

230  Clausewitz, Vom Kriege. 1980, S. 992, bei Leer in russischer Übersetzung in: ders., Korennye voprosy,
      S. 129.

231  Clausewitz, ebd., S. 388; bei Leer, Metod voennych nauk, S. 23, 53, und in: ders., Korennye voprosy,
      S. 27.

232  Th. v. Bernhardi, Aus dem Leben von Bernhardi, S. 215. Bernhardi beschäftigte sich schon in frühe-
      ren Veröffentlichungen mit dem Wirken Clausewitz' in Rußland, vgl. ders., Denkwürdigkeiten, S. 484,
      und ders., Leben des Generals, S. 449ff.

233  Stein, Offizier, S. 371; zur Negation jeglicher Theorie durch Dragomirov vgl. auch Savkin, The
      Basic Principles, S. 33, und Russkaja voenno-teoretičeskaja mysl', S. 25f.

Clausewitz die Hochachtung vor den moralischen Größen[234], und wenn Clausewitz innerhalb seiner Theorie der materiellen Basis nur geringe Aufmerksamkeit widmete, dann trat Dragomirov in der Rolle Don Quijotes auf und forderte alle ›Feueranbeter‹[235] zum Kampf heraus, die sich von der neuen Technik zu Beginn des 20. Jahrhunderts begeistern ließen. Dragomirov war in hohem Maße Anhänger der reaktionären französischen Schule der Militärtheorie, und daher begegnete man den Arbeiten Dragomirovs in Frankreich mit der gleichen Achtung wie in Rußland[236].«

In seiner Einleitung zur Übertragung der *Wichtigsten Prinzipien der Kriegführung* weist Dragomirov darauf hin, daß er aus der französischen Ausgabe des Major Neuens übersetzt habe — also der ältesten französischen Ausgabe, obwohl bereits eine neuere Übersetzung erschienen war — und auch da nicht immer der Vorlage entsprechend[237]. Das klassische Werk des Generals Clausewitz sei jedem bekannt, daher lege er, so Dragomirov, dem russischen Publikum den Teil in ihrer Landessprache vor, der den Geist des preußischen Generals am besten wiedergebe und außerdem beweise, daß bereits 1812 darin alle Systeme schon enthalten gewesen seien.

Dragomirovs Reputation in Frankreich führte dann zu einer kommentierten Übersetzung ins Französische, die schon 1889 in der *Revue militaire de l'Étranger* erschien. Der Herausgeber war begeistert, die Interpretation eines solch wichtigen Werkes durch einen so hochrangigen Experten wie Dragomirov anbieten zu können, der für diese Materie geradezu prädestiniert sei[238]. Diese Ausgabe erfuhr weiteste Verbreitung in der russischen und in der französischen Armee[239], und noch im gleichen Jahr erfolgte in Paris ein Separatdruck dieses Büchleins[240]. Das Vorwort Dragomirovs ist in weiten Teilen mit dem der russischen Ausgabe identisch; er ergänzt die französische Edition allerdings um zahlreiche Aphorismen und Zitate des französischen Politikers und Kardinals Jean de Retz, die sicherlich als eine Konzession an das französische Publikum gewertet werden können. Dragomirov räumt in bezug auf die werkgetreue Wiedergabe ein, veraltete Passagen, deren Brauchbarkeit im Gefecht nicht mehr gegeben sei — auch hier argumentiert der Takti-

---

[234] Die moralischen Größen, die Clausewitz analysierte, forderte und vorlebte, faszinierten Dragomirov so sehr, daß er die Herausgabe einer russischen Übersetzung des Kronprinzen-Unterrichts aus dem Jahre 1812 damit begründete, daß ein Autor, der am Ende eines Kapitels vom Soldaten »die Bereitschaft fordert, ehrenvoll zu sterben, unter den Theoretikern einen ganz besonderen Platz einnimmt«, vgl. Klauzevic, Važnejšie principy, S. 245.

[235] Dragomirov lehnte Maschinengewehre ab und war ein Verfechter des Bajonettangriffs, was im Russisch-Japanischen Krieg zu enormen Verlusten führte. Sein Motto: »Die Kugel ist närrisch, das Bajonett ist weise« wurde Suvorov zugeschrieben; es rechtfertigte den Masseneinsatz von Soldaten anstelle von Feuerkraft und Mobilität, da man die Auffassung vertrat, daß die Infanterie als Hauptwaffe den Kampf um die Feuerüberlegenheit auf dem Schlachtfeld trage. Die Unterschätzung der Maschinengewehre und einer ausreichenden Artillerievorbereitung von Angriffen war noch zu Beginn des Ersten Weltkrieges auf allen Seiten zu beobachten.

[236] Svečin, Klauzevic, S. 277 f.

[237] Klauzevic, Važnejšie principy, S. 246. Auf diesen Tatbestand weist auch die Redaktion der neuen sowjetischen Übertragung unter der Leitung von Radčinskij hin, vgl. Klauzevic, O vojne, 1934, S. 599. Man begründet ihre eng ans deutsche Original angelehnte Neuübertragung mit den zahlreichen Entstellungen und Abweichungen vom Original.

[238] Dragomiroff, Clausewitz commenté, S. 92 ff.

[239] Siehe Klauzevic, O vojne, 1934, S. 599.

[240] Dragomiroff, Principes essentiels.

ker —, gestrichen zu haben[241], aber »en revanche, tout ce qui concerne l'esprit de la guerre reste à jamais définitif«[242].

Bis zum Russisch-Japanischen Krieg dominierte das eigenwillige Clausewitz-Bild Dragomirovs die russischen Militärs auch deswegen, weil er 1866 als russischer Beobachter auf preußischer Seite am Preußisch-Österreichischen Kriege teilgenommen und Moltke, das praktische Pendant zum theoretischen Genie Clausewitz', bereits 1867 aufgrund eigener Beobachtungen treffend charakterisiert hatte[243].

In den letzten beiden Jahrzehnten des 19. Jahrhunderts wurde in den Fachzeitschriften ein wissenschaftlicher Streit zwischen der »Akademieschule« um Leer und der »Russischen Schule«, deren wichtigster theoretischer Vertreter der erklärte Gegner Leers A.N. Petrov war, um die Frage einer eigenständigen russischen Kriegskunst ausgefochten. Während die »Akademisten« eine ständige Abhängigkeit der Russen, ein dauerndes Reagieren auf asiatische und europäische Vorbilder — Waräger, Byzantiner, Mongolen, Deutsche und Franzosen — unterstellten, inkl. deren Adaptieren, versuchten die Protagonisten der »Russischen Schule« den Gegenbeweis der Eigenständigkeit russischen militärischen Denkens und russischer Militärgeschichte zu erbringen. Die Kontroverse bewegte sich um einen kleinen Kreis grundsätzlicher theoretischer Fragen und Probleme, die seit der Gründung der Kriegsakademie 1832 in Rußland nicht zufriedenstellend beantwortet worden waren. Umstritten war das Vorhandensein ewiger und unveränderbarer Prinzipien der Kriegführung. Weitere offene Fragen betrafen Art und Weise einer anerkannten allgemeinen Strategiedefinition oder die Entscheidung, ob die Kriegstheorie dem Bereich der Kunst oder der Wissenschaft zuzuordnen sei[244].

Generalmajor Petrov argumentierte in diesem Streit wie schon die Gegenseite häufig mit Zitaten von Clausewitz. Er verurteilte die Diskussionen über die Frage, ob das Kriegführen eine Kunst oder eine Wissenschaft sei, da sie als untergeordnetes Problem den Blick auf die Definition und Aufgaben der Strategie verstelle, und zitierte Clausewitz, nach dem »der Krieg ... nicht in das Gebiet der Künste und Wissenschaften, sondern in das Gebiet des gesellschaftlichen Lebens (gehört)«[245]. Petrov negierte unter Betonung der Zeitgebundenheit das Vorhandensein von »ewigen Gesetzen« in der Kriegführung, wies aber auf drei Grundelemente hin, die im Verlauf der Geschichte ein kriegerisches Geschehen in seinem Ablauf determiniert haben: Kraft, Zeit und Raum. Nur diese »stellen jene ewigen und unveränderbaren, ständig existierenden Grundlagen dar, die jeden Kampf

---

[241] Hier begann in Rußland das fragwürdige Bestreben, Clausewitz durch die Streichung als überholt betrachteter Passagen seines Gesamtwerkes in oftmals willkürlichen Zusammenfassungen den jeweiligen Zeitgenossen in »aktualisierter« Form nahezubringen. Diese verkürzten Ausgaben hatten auch in Frankreich und insbesondere in Deutschland im und nach dem Ersten Weltkrieg Konjunktur, vgl. Marwedel, Carl von Clausewitz, S. 232ff., 258f.

[242] Dragomiroff, Principes essentiels, S. 8.

[243] Vgl. zur Stellung Dragomirovs als »Preußenexperte« Šapošnikov, Hirn, S. 390f.; siehe auch Svečin, Strategija, S. 238, und Taktika v trudach voennych klassikov, Bd 2, S. 112.

[244] Vgl. Russkaja voenno-teoretičeskaja mysl', S. 22f.; Savkin, The Basic Principles, S. 34, und Beskrovnyj, Očerki, S. 185.

[245] Clausewitz, Vom Kriege. 1980. S. 303; Petrov, K voprosam strategii, S. 3, 101, zitiert aus einer französischen Ausgabe.

betreffen«[246]. Die daraus abgeleiteten Prinzipien seien jedoch nur zeitgebunden; zeitlos hingegen sei das Prinzip der Ableitung, nämlich, »daß alle Voraussetzungen einer bestimmten Lage analysiert werden, diese dann richtig bewertet und unter für sich selbst günstigen Bedingungen in bezug auf Kraft, Raum und Zeit umgesetzt werden«. Alle anderen Prinzipien und Gesetze seien zeitgebunden, und das einzig Unveränderbare an ihnen sei, daß sie sich ständig veränderten, wie ja auch die Kampfpraxis sich permanent weiterentwickele.

»Das Wesen der Strategie besteht in der richtigen Verbindung der tatsächlichen Grundlagen eines jeden Kampfes, d.h. der Kombination der Voraussetzungen Kraft (physische, moralische und verstandesmäßige), Raum und Zeit (Situation)[247].«

Petrov, der nicht als ausgewiesener Clausewitz-Anhänger verstanden werden kann, bezieht sich in seinem Hauptwerk mehrmals kurz auf *Vom Kriege*, führt aber Clausewitz-Zitate meistens neben anderen Autoritäten und ohne besondere Wertung an[248].
Im gleichen Jahr wie Petrovs Arbeit erschien 1898 in Rußland das monumentale sechsbändige Werk des Warschauer Industriellen Johann v. Bloch, der den *Zukünftigen Krieg aus technischer, wirtschaftlicher und politischer Bedeutung*[249] prognostizieren wollte. Angesichts der Fortschritte der Waffentechnik und der immer komplexeren ökonomischen Zusammenhänge hielt Bloch einen Kriegsausbruch zwischen den hochzivilisierten und -technisierten europäischen Großmächten für wenig wahrscheinlich, ja sogar unmöglich. Als Wirtschaftsfachmann und Bankier, der Eisenbahnen im damals russischen Polen und in Zentralrußland gebaut hatte und während des Russisch-Türkischen Krieges 1877/78 den Eisenbahntransport und die Versorgung der russischen Armee organisierte, schlug Bloch vor, namhafte Wirtschaftsfachleute und Soziologen in den Generalstab zur Vorbereitung auf einen künftigen Krieg mit einzubeziehen[250]. Bloch warnte in der unter seinem Namen veröffentlichten Kollektivarbeit davor, die sozialen Aspekte zu übersehen, die ein notwendiges Millionenheer erfordert, das aus allen Schichten des Volkes bestehen wird, sofern diese nicht unbedingt zur Sicherstellung der Versorgung und Produktion notwendig sind. Er sah in einem solchen Volksheer eine revolutionäre Bedrohung der Monarchie, denn ein Millionenheer bestehe nicht nur aus Bauern, sondern auch aus technisch geschulten Arbeitern, die in ihrer Mehrheit den sozialistischen Ideen nahestünden. Blochs Ruf als »Friedensapostel« und der militärische Kastengeist des General-

---

[246] Petrov, ebd., S. 4.

[247] Ebd., S. 108f.

[248] Durchaus zustimmend zitiert Petrov die Clausewitz-Erkenntnis, daß die Verteidigung die stärkere Kriegsform sei, ebd., S. 52; er wendet sich aber gegen eine passive Defensive und tritt, Jomini (!) zitierend, für einen aus günstiger Position vorgetragenen Gegenangriff ein. Das Prinzip der äußersten Anspannung der Kräfte zu Beginn eines Krieges wird Clausewitz entlehnt, ebd., S. 55, ebenso die energische Verfolgung eines geschlagenen Gegners, ebd., S. 56, die Erkenntnis, daß die geistigen Potenzen der Militärs oftmals nicht proportional mit ihrem Rang in der Hierarchie korrelieren bzw. wachsen, ebd., S. 116, sowie die Überlegung, daß der entscheidende Stoß auf die empfindlichste Stelle des Gegners zu richten ist, ebd., S. 123.

[249] Blioch, Buduščaja Vojna, das schon im darauffolgenden Jahr in deutscher Übersetzung erschien, Bloch, Krieg.

[250] Vgl. Schaposchnikow, Hirn, S. 436f.

stabs verhinderten aber ein Einbeziehen von Zivilisten in militärische Planungen, und so blieb die russische Armee trotz der verheerenden Erfahrungen des Russisch-Japanischen Krieges unfähig, dem kolossalen Einfluß von Wirtschaft und Innenpolitik auf die Kriegführung Rechnung zu tragen.

Schon Marwedel stellte fest, daß Bloch nur gelegentlich Anleihen bei Clausewitz herausgriff, dabei stets »nur solche Gesichtspunkte ..., die ihm bei seiner eigenen Beweisführung nützlich erschienen«[251]. Daß Blochs Arbeit nicht für eine gründlichere Kenntnis Clausewitz' in Rußland sorgen konnte, lag allerdings nicht allein an den wenigen Passagen, die er zitierte, wie Marwedel vermutet[252], sondern an der eindeutig negativen Haltung, die Bloch gegenüber Clausewitz zum Ausdruck brachte. Unter Hinweis auf die immer komplizierter zu handhabende Militärtechnik und die wachsende Differenzierung innerhalb der Armee und ihrer Führung, des Generalstabes, urteilt Bloch: Deshalb seien

»die Worte von Klausewitz[253] auch noch heute schwerlich richtig, welcher meint, daß die Prinzipien der Kriegskunst an und für sich außerordentlich einfach und dem einfachen gesunden Sinn völlig zugänglich seien. Wenn diese Prinzipien auch in der Taktik auf einem etwas größeren Spezialwissen beruhten als in der Strategie, so sei doch auch dieses Wissen nicht so ausgedehnt, daß es vom Standpunkt der Vielseitigkeit und des tiefen inneren Zusammenhanges den Vergleich mit irgendeiner anderen Wissenschaft aushalten könne. Folglich würden hier, der Gründlichkeit und Tiefe des Wissens schon ganz zu geschweigen, nicht einmal hohe Eigenschaften des Verstandes gefordert. Wenn außer dem Urteilsvermögen noch irgendeine andere besondere Verstandsschärfe wünschenswert wäre, so wäre dies allenfalls noch List oder Schlauheit. Lange Zeit habe man wohl das Entgegengesetzte behauptet, aber nur aus einer falschen Ehrfurcht vor diesem Gegenstande und infolge der Eitelkeit der Schriftsteller, die hierüber geschrieben. Wenn man ohne vorgefaßte Meinung hierüber nachdenke, so müsse man zu dieser Überzeugung kommen, welche die Erfahrung in uns noch mehr befestige. Noch während der Revolutionskriege hätten sich Männer ohne militärische Vorbildung als tüchtige, häufig sogar als Heerführer ersten Ranges gezeigt. Was Leute wie Condé, Wallenstein, Ssuworow und viele andere betreffe, so sei deren militärische Bildung zum mindesten zweifelhaft[254].

Der Verfasser vieler hochgeschätzter Arbeiten, General Dragomirow, welcher das Werk von Klausewitz ins Russische übersetzt hat, bemerkt hierzu, daß die Ansicht von Klausewitz im ganzen schon veraltet sei, obwohl sich sonst in dem Klausewitz'schen Werk viele richtige Anschauungen fänden. Bei dem Gewirre von Ansichten und Verhältnissen, von Bedürfnissen und Gefahren, welche sich auf fast jedem Punkte des Kampfes zeigen würden, werde nur eine kräftig entwickelte Intelligenz imstande sein, sich zurecht zu finden. Aber auch diese werde sich ohnmächtig erweisen, wenn ihr nicht das Wissen zu Hilfe käme[255].«

Abgesehen davon, daß Bloch die Beurteilung Clausewitz', wie oben dargelegt, zu negativ wiedergibt, liegt seiner Auffassung, die fortschreitende Technik habe Clausewitz über-

---

[251] Marwedel, Carl von Clausewitz, S. 253. Zu Bloch siehe auch Mollin, Materialschlacht, S. 319 f.

[252] Marwedel, Carl von Clausewitz, S. 253, nennt Belegstellen aus dem 3. Bd des Werkes von Bloch, S. 79, 107. Die Geringschätzung des Blochschen Werkes, für die er britische Autoren der Zwischenkriegszeit anführt, wurde übrigens von sowjetischer Seite nicht unbedingt geteilt, vgl. etwa Schaposchnikow, Hirn, S. 428, 436.

[253] Die deutsche Ausgabe schrieb den Anfang des Eigennamens wie eine russische Transliteration.

[254] Bloch gibt Clausewitz in indirekter Rede fast wörtlich wieder, vgl. Clausewitz, Vom Kriege.1980, S. 1079 f. Dem deutschen Übersetzer scheint »Klausewitz« nicht bekannt gewesen zu sein, denn neben der falschen Schreibweise des Eigennamens ist diese Passage eine wörtliche Rückübersetzung aus dem Russischen, die allerdings dem Original sehr nahe kommt.

[255] Bloch, Krieg, Bd 2, S. 79 f.

holt, eine Fehlinterpretation zugrunde, die beweist, daß er zu den grundlegenden Erkenntnissen des Werkes *Vom Kriege* kaum vorgedrungen sein dürfte. Er hätte nur einen Satz weiterlesen müssen. Dort betont Clausewitz, daß die Grundsätze der Kriegführung deswegen einfach zu verstehen sind, weil sich ihre zwingend-banale Logik auch schlichteren Geistern nicht verschließt, daß das Kriegführen selbst jedoch in der Praxis sehr schwer sei, denn die Schwierigkeit bestehe darin, »den Grundsätzen, welche man sich gemacht hat, in der Ausführung treu zu bleiben«[256]. Warum dies so ist, legt Bloch wenig später selbst dar: Die Kriegskunst steht »auch jetzt noch, so zu sagen, einer unbekannten Größe gegenüber ..., (und) dass trotz unablässiger Arbeit und eingehendster Vorsorge und Thatkraft doch Zufälligkeiten eintreten können«[257]. Clausewitz faßt die Vielfalt dieser Zufälligkeiten unter der Bezeichnung »Friktion« zusammen.

An zahlreichen weiteren Stellen kolportiert Bloch Clausewitz, so zum Beispiel in der Beschreibung der Eigenschaften eines Heerführers, die er fast wörtlich bei Clausewitz entlehnt, ohne ihn jedoch zu nennen[258]. Von einigem Interesse ist, daß auch Lenin die Schriften Blochs, aber auch die *Strategie* von Leer studiert hat[259].

Die russischen Generalstabsoffiziere schwankten zwischen 1890 und 1914 in Ermangelung einer eigenen Militärdoktrin zwischen französischen und deutschen Strategiesystemen. Wenn auch der Verlauf und die Ergebnisse des Krieges von 1870/71 in Rußland durchaus differenziert betrachtet wurden, so zollte man einer reichsdeutschen und vormals preußischen Institution ungeteilte Bewunderung: dem »glänzende[n] deutsche[n] Generalstab, (dem) Vorbild für alle Stäbe seiner Art, (dem) militärische[n] Abgott der Friedenszeit«[260]. Diesem Generalstab Moltkescher Prägung wurde das maßgebliche Gewicht am Sieg im Deutsch-Französischen Krieg zugeschrieben — das war allgemeiner Konsens, denn selbst in französischen Militärkreisen sollte »eine möglichst umfassende Beschäftigung mit Clausewitz ... behilflich sein, Mentalität, Methode und Konzeption des preußisch-deutschen Großen Generalstabes ... zu begreifen«[261]. Der russische Generalleutnant K. M. Vojde übertrug hingegen die Anerkennung auf Clausewitz. In seiner Studie *Die Ursachen der Siege und Niederlagen im Kriege von 1870*, die an russischen Militärakademien »als wichtigste Quelle zum Studium dieses Krieges galt ..., sehr schwer« und nur »von Zeit zu Zeit ... bei Antiquaren« (für) ein »Heidengeld« ... zu bekommen war[262], kommt Vojde am Ende des zweiten Bandes zu dem Fazit, Deutschland habe »aus der glücklichen Hand des genialen Clausewitz eine ganz neue Kriegswissenschaft erhalten und in den Grenzen des Friedensdienstes zur Anwendung gebracht«[263]. Bei dieser Wertschätzung war es nicht verwunderlich, daß das Mitglied des »Komitees für Militärausbildung«, Generalleutnant Vojde[264],

---

[256] Clausewitz, Vom Kriege. 1980, S. 1080.
[257] Bloch, Krieg, Bd 2, S. 82.
[258] Ebd., S. 83 ff. Manchmal führt er sogar andere, jüngere Quellen an.
[259] Vgl. Kortkow, Lenin, S. 198.
[260] Schaposchnikow, Hirn, S. 370.
[261] Hahlweg, Clausewitzbild, S. 135.
[262] Schaposchnikow, Hirn, S. 122 f.
[263] Woide, Ursachen, Bd 2, S. 431; die 2. deutsche Aufl. erschien bereits 1899.
[264] Pamjatnaja knižka, S. 141.

das Fehlen einer russischen Übersetzung des kompletten Buches *Vom Kriege* als unbedingt zu behebenden Mangel empfand und diese Aufgabe selbst übernahm. Doch auch diese äußerst schwierige und von ihrer Absicht her verdienstvolle Arbeit rief mehr Kritiker auf den Plan als Zustimmung. Dazu erneut Svečin:

»Das Mißgeschick Clausewitz' im zarischen Rußland wurde noch einmal durch die mangelhafte Übertragung seines Hauptwerkes in die russische Sprache verstärkt. Erst zu Beginn des 20. Jahrhunderts erschien das Hauptwerk in Russisch, in einer Übersetzung des Generals Vojde, die mehrere Jahre lang im *Voennyj Sbornik* veröffentlicht wurde. Der Übersetzer war in keiner Weise auf diese verantwortungsvolle Aufgabe vorbereitet und erfüllte sie unbefriedigend. An vielen Stellen dieser Übersetzung wurden die Gedanken Clausewitz' verfälscht, an anderen Stellen war die Übersetzung gar nicht zu verstehen. Dieser Ausgabe verdankte Clausewitz in der zarischen Armee den Ruf eines dunklen Schriftstellers, der hinaufsteigt in solche Wirrnisse der Metaphysik, wo nicht einmal mehr die Tatsachen vom Gesagten unterschieden werden können[265].«

1902 erschien schließlich die Übersetzung Vojdes in zwei Bänden[266], deren Mängel aber selbst hochrangige sowjetische Militärs nicht davon abhielten, bis zum Erscheinen einer neuen Übersetzung im Jahre 1932 aus dieser Ausgabe zu zitieren, darunter B. M. Šapošnikov und M. N. Tuchačevskij.

Vojde begründete die Herausgabe des Werkes *Vom Kriege* in einer Vorbemerkung und bat gleichzeitig angesichts der Schwierigkeit der Aufgabe um Nachsicht.

»Das Erscheinen einer Übersetzung des besten Werkes von Clausewitz erfordert, so scheint es, keine Rechtfertigung. Verwunderlich ist lediglich, daß sie erst so spät erscheint. Die Ursache liegt hauptsächlich darin, daß Clausewitz' Wert bei uns vergleichsweise spät erkannt wurde; ein anderer Grund liegt in der Schwierigkeit der Übersetzung selbst ... Diese Schwierigkeiten verstärken sich noch durch das Fehlen zahlreicher Wörter und Ausdrücke der russischen Sprache, die den deutschen entsprechen, insbesondere für das Verständnis der abstrakten Begriffe[267].«

In einer kurzen Einführung über die Bedeutung Clausewitz' in der zeitgenössischen Militärwissenschaft führt Vojde dessen Einfluß auf das internationale, speziell das deutsche militärische Denken aus. Längere Passagen einer Einführung des Generals Wilhelm v. Scherff[268] werden zustimmend als Stellungnahme einer Autorität zitiert, die nachweise, daß die preußischen Kriege von 1866 und 1870/71 im Geiste Clausewitz' gewonnen wurden; ein Beleg dafür sei »der größte Stratege der vergangenen Epoche, Moltke, ebenfalls ein Nachfolger Clausewitz'«. Tatsächlich, so Vojde, »sind die genialen Werke Clausewitz', dieses bedeutenden Kriegsphilosophen, heute (1902, d. Verf.) genauso aktuell wie zur Zeit ihres Erscheinens«, da sie Wesen und Natur des Krieges ergründeten, »und daher bleibt dieses im allgemeinen so lange gültig, wie der Mensch Mensch bleibt, solange er gezwungen ist, unter den konkreten Bedingungen von Zeit und Raum zu leben und zu handeln«[269].

---

[265] Svečin, Klauzevic, S. 278.

[266] Klauzevic, Vojna, 1902; das bei Hahlweg, Clausewitzbild, S. 129, angegebene Erscheinungsjahr 1905 ist nicht korrekt.

[267] Klauzevic, Vojna, Bd 1, S. III.

[268] Clausewitz, Vom Kriege, 1880.

[269] Klauzevic, Vojna, Bd 1, S. V. Dieses Menschen- und Kriegsbild wurde später von den Sowjets im Glauben, einen neuen, gewaltfreien Menschen bilden zu können, als »biologistisch« verurteilt und wird heute wieder unter dem Sammelbegriff der »anthropologischen Konstanten« diskutiert.

Interessant ist, daß Vojde, wohl auch im Hinblick auf sein Publikum, sich in der Lebensbeschreibung Clausewitz' auf dessen slawische Abstammung bezieht und — leider ohne
Quellenangaben — behauptet, dessen Familie sei im 17. Jahrhundert aus Polen nach Preußen eingewandert[270]. Nach Hinweisen auf seine Ausbildung, bei der für Vojde neben
seinem militärischen Förderer Scharnhorst auch der philosophische Lehrer Kiesewetter
Erwähnung findet, auf Clausewitz' Dienstzeit in der russischen Armee und auf seine
sonstige Vita activa werden die zehn Bände der *Hinterlassenen Werke* kurz gewürdigt.
Vojde legt seinen Lesern das Werk *Vom Kriege* nahe, obwohl er einschränkend anmerkt,
es sei von Clausewitz auf weiten Strecken als Kampfschrift gegen heutzutage längst vergessene Militärtheoretiker verfaßt worden und dennoch kein Kampf gegen Windmüh-
lenflügel, sondern ein Erschließen bis dahin unerforschter Kräfte des Geistes und der
Moral. Ja, es sei ein so breites Fundament, daß auf diesem jede heutige Militärtheorie
fuße. Clausewitz habe für den Bereich des Krieges ebenso die möglichen grundlegenden
Gesetze erkannt und beschrieben wie Kepler die Gesetze der Himmelsmechanik[271].
Vojde warnt aber davor, den Charakter des Werkes zu verkennen:

»Das Werk von Clausewitz ist keinesfalls ein Lehrbuch; der Autor ist nicht bestrebt, den Lernenden
fertige Formeln an die Hand zu geben, noch weniger durch Rezepte vorgefertigte Entscheidungen ...
Er gibt die Mittel zur selbständigen Bildung des Geistes und der Seele[272].«

Clausewitz selbst, so Vojde weiter, habe davor gewarnt, daß unzureichend klares Verstehen
des Wesens einer Sache dazu verleite, die Bedeutung allgemeiner Aphorismen, sogenannter
»Regeln«, zu überschätzen. Dennoch bedürfe es einer Theorie, um die vielfältigen Erscheinungsformen einordnen zu können und eine Lage in angemessener Weise zu beurteilen.

»Eine solche gescheite Theorie ist die Wissenschaft von Clausewitz. Clausewitz ..., das mag kühn gesagt
sein, räumte als erster den moralischen Größen in der Theorie des Krieges einen gebührenden Platz
ein. In dieser Beziehung steht er unvergleichlich höher, nicht nur als seine Vorgänger und Zeitgenossen, sondern auch als viele nachfolgende Theoretiker, welche außerstande waren, sich höher als bis
zur Geometrie und Arithmetik aufzuschwingen und nur die äußere materielle Hülle einer Sache sahen,
nicht aber die wahren Kräfte des Geistes, der die Materie belebt und erst ihre Bewegung hervorruft.
Clausewitz steht natürlich auf dem entgegengesetzten Pol[273].«
»Unabhängig davon zeigte Clausewitz als erster die dauerhafte und naturgemäße Verbindung zwischen
Krieg und Politik auf, welche unter keinen Umständen von der Theorie losgelöst werden kann. Er
betrachtet den Krieg als Fortsetzung der Politik, nur mit anderen, gewaltsamen Mitteln[274].«

Vojde legt dann daraus folgernd die Skala der möglichen Kriegsformen dar von der absoluten, auf Entscheidung drängenden bis zur hinhaltenden Form der Kriegführung, betont
aber, daß Clausewitz ein Befürworter der ersteren sei. Er hat sich damit zeitgenössischen
Positionen angenähert, welche anläßlich der Auseinandersetzung mit den Strategiebe-
griffen Hans Delbrücks in Clausewitz vor allem den Verfechter des Vernichtungsgedan-
kens sahen.

---

[270] Ebd., S. VI.
[271] Ebd., S. IX.
[272] Ebd., S. X. Hier deckt sich Vojdes Urteil über den Charakter des Werkes« Vom Kriege« mit dem
Medems.
[273] Ebd.
[274] Ebd., S. X f.

Vojde schließt seine Einführung mit dem erneuten Hinweis auf die Aktualität und Relevanz des Stoffes:

»Dieser bescheidene Arbeiter (Clausewitz, d. Verf.) war nicht nur ein tiefer Denker und allseitiger Kenner des Militärwesens, er legte die Grundlagen einer ganzen Wissenschaft, aus welcher mehrere Generationen aufgeklärter Militärexperten ihr Wissen und ihr Verständnis erhielten[275].«

Diese Auszüge aus der sieben Seiten umfassenden Einführung zeigen, daß das Clausewitz-Bild, das sich Vojde gemacht hatte, in seinen Ausführungen zur Person, zum Gehalt und zur Bedeutung des Werkes *Vom Kriege* durchaus auf der Höhe seiner Zeit stand, die maßgebliche Diskussion berücksichtigte und der Formel sowie dem Gewicht der »moralischen Größen« gerecht geworden ist. Um so tragischer für die russische Rezeption war, daß die Qualität der Übersetzung nicht ganz den vorangestellten Ausführungen und Ansprüchen des Autors entsprach.
Es würde den Rahmen dieser Untersuchung sprengen, Vojdes Übertragung mit dem deutschen Original einem exakten Vergleich zu unterziehen. Ganz abgesehen davon, daß mit der Arbeit Svečins eine kompetente Gesamtbeurteilung vorliegt, lassen sich ohne weiteres Unsicherheiten und auch Fehler in der Übersetzung feststellen. So werden an schwierigen Stellen oft mehrere Übersetzungsvarianten in Klammern angegeben — insbesondere bei abstrakten Begriffen ergänzt durch das deutsche Original[276] —, oder es folgen in Fußnoten erläuternde Anmerkungen des Übersetzers[277]. Manchmal ist die Wiedergabe des Deutschen fehlerhaft[278], aber nicht unbedingt sinnentstellend. Während etwa ein Dutzend Anmerkungen grammatikalischen oder textinterpretatorischen Inhalts waren, handelt es sich bei weiteren 25 bis 30 Fußnoten um reine Informationen über historische Hintergründe oder Personen. Die Masse entfällt mit etwa 60 Anmerkungen auf die Erläuterung militärspezifischer Themen. Verschiedentlich weist Vojde auf seiner Meinung nach (in taktischer oder technischer Hinsicht) überholte Passagen hin; andererseits hebt er aber auch die erfolgreiche Umsetzung Clausewitzscher Lehrsätze durch die preußische Armee in den Einigungskriegen hervor[279]. So steht 1866[280] für das Gelingen des Kriegsplanes, 1870 für einen der Situation jeweils angemessenen Oberbefehl, der aber auch den Korps die Freiheit selbständiger Gefechtsführung ließ, und auf der anderen Seite das Scheitern Napoleons III., der »durch seine Träume vom Einfall nach Deutschland« die Möglichkeiten der strategischen Defensive sträflich vernachlässigte[281].
Weder das periodische Erscheinen der Vojde-Übersetzung von *Vom Kriege* im *Voennyj Sbornik*, noch die zweibändige Ausgabe von 1902 gaben der russischen Clausewitz-Rezep-

---

[275] Ebd., S. XI.

[276] Beispielsweise Gefühl, Gemütsbewegung, eigentümlich, Prinzip, Genius, Zweck, etc.

[277] So Klauzevic, Vojna, Bd 1, S. 36 (Der kriegerische Genius), wo Vojde durchaus korrekt übersetzt, aber glaubt, die Übersetzung noch vertiefend erläutern zu müssen. Auf S. 65 geht Vojde in einem Exkurs auf die graduellen Unterschiede zwischen Lehre, Wissenschaft, Lehrer, Lehrling, lehrreich ein und bietet für den Text mehrere Übersetzungsmöglichkeiten an.

[278] Beispielsweise ebd., Bd 1, S. 36; Bd 2, S. 306 etc.

[279] Ebd., Bd 1, S. 264, 268; Bd 2, S. 17, 80.

[280] Ebd., Bd 2, S. 356, 359.

[281] Ebd., S. 19; ähnlich negative Äußerungen vgl. Bd 1, S. 178, 237.

tion nennenswerte Anstöße. Hier liegt eine eigentümliche Ambiguität vor; die Übersetzung des Hauptwerkes war sicherlich die Reaktion auf einen als Mangel empfundenen Zustand. Dennoch verfehlte sie ihre Absicht fast vollständig, da sie auf den Leser abschreckend wirkte und die Rezeption eher einschränkte als intensivierte.
Im ersten Jahrzehnt des 20. Jahrhunderts begannen sich in Rußland die Stimmen innerhalb der beiden rivalisierenden Lager, der »Akademisten« und der »Russischen Schule«, zu mehren, die die Notwendigkeit der Definition einer einheitlichen Militärdoktrin, einer einheitlichen Sichtweise der Führung eines Krieges oder eines Gefechts erkannten. Die Exponenten der sich annähernden Richtungen waren N. P. Michnevič und A. A. Neznamov; während Michnevičs Wirkung als Militärschriftsteller auf die zarische Armee begrenzt blieb — auch er stand von 1904 bis 1907, wie vordem Leer und Dragomirov, der Generalstabsakademie vor und war danach Generalstabschef —, stellte Neznamov seine Kenntnisse schon ab Juni 1918 in den Dienst der neugegründeten Roten Arbeiter- und Bauernarmee und wirkte seit 1922 als Dozent der Generalstabsakademie.
Zahlreiche Clausewitz-Zitate lassen sich bei Michnevič[282] nachweisen, ohne daß jedoch das Werk des preußischen Generals nachhaltigen Eindruck auf Michnevič gehabt hätte. Und dies, obwohl sein theoretisches Hauptwerk, *Grundlagen der Strategie*[283], schon in der Gliederung nicht unwesentliche Anleihen von Clausewitz aufweist. In dem einführenden Kapitel »Strategie als Wissenschaft« bildet eine Untersuchung über den »Krieg als Erscheinung des gesellschaftlichen Lebens« den Ausgangspunkt seiner Forschungen[284]. Leicht modifiziert erscheinen auch die Gedanken Clausewitz' zum Verhältnis von Politik und Krieg, wenn Michnevič den »Krieg als Fortsetzung der Politik mit der Waffe in der Hand«[285] definiert, der Ausführung dieses paraphrasierten Aphorismus aber immerhin fünf Seiten einräumt, in deren Verlauf auch »Kljauzevic« genannt wird. Dieser habe am Beispiel neuer Formen der Kriegführung den »gewaltigen Einfluß der Französischen Revolution«, d. h. der Politik auf den Krieg und die Kriegführung, nachgewiesen[286]. Am Beispiel der Schlacht von Königgrätz 1866 zeigt Michnevič, daß die Politik die Rahmenbedingungen für einen Krieg festsetzt, daß sie das Kräfteverhältnis und die Grenzen des Kriegsschauplatzes definiert, sie sich daher aber auch in völliger Entsprechung zu den Möglichkeiten der Kriegführung verhalten muß. Michnevič übernimmt von Clausewitz dessen Aussagen über die Vor- und Nachteile der Koalitionskriegführung sowie über die Aufgaben der Diplomatie im Vorfeld des Krieges oder bei dessen Beendigung[287].
Während Michnevič in seinen frühen Werken zu den Anhängern unveränderbarer Prinzipien und Gesetze der Kriegführung zu rechnen war, modifizierte er um die Jahrhundertwende seine Ansichten im Sinne von Clausewitz dahingehend, »daß jede Epo-

---

[282] Ein umfangreiches Werkverzeichnis von Michnevič siehe in: Beskrovnyj, Očerki, S. 252.
[283] Michnevič, Strategija.
[284] Ebd., Bd 1, S. III; siehe auch Clausewitz, Vom Kriege. 1980, S. 303.
[285] Michnevič, Strategija, S. 43.
[286] Ebd., Michnevič zitiert aus Clausewitz, Vom Kriege. 1980, S. 997, dessen Erkenntnisse über Wesen und Charakter der Französischen Revolution.
[287] Michnevič, ebd., S. 43—48.

che ihre eigenen Kriege hat« und daher die Kriegführung dem Gesetz der Evolution unterliege[288].

Nach Meinung marxistischer Militärschriftsteller geht Michnevič, der im Prinzip erst nach der Revolution von 1917 eine inhaltliche Annäherung an marxistische, d.h. von Engels abgeleitete militärische Anschauungen vollzogen hatte[289], bei der Definition von Politik im Kontext des Krieges einen Schritt weiter als Clausewitz:

»Mikhnevich examines the question of the tie between war and politics even more broadly than Clausewitz. He clearly stressed that not only foreign, but ›also domestic politics also have a great influence on warmaking‹[290].«

In weiteren Kapiteln wird Clausewitz als Autorität, wenn auch oftmals mit kritischer Distanz, bemüht. So unterstreicht Michnevič, daß die Warnung Clausewitz' vor der Aufteilung der Armee auf dem Marsch durch Moltke d.Ä. 1870 eindrucksvoll entkräftet worden sei. Weiterhin unterstellt er, daß Clausewitz trotz seiner umfangreichen Untersuchung über das Verhalten des Herzogs Ferdinand von Braunschweig-Lüneburg im Feldzug von 1806 an dessen Stelle in der Praxis auch nicht gewußt hätte, was er hätte unternehmen sollen, denn, so Michnevič, »die Unentschiedenheit ist zwangsläufig das Schicksal derjenigen Geister, die an allem zweifeln«[291]. Der auf diese Weise gescholtene »Zweifler« Clausewitz wird wenig später allerdings schon wieder bei der Beschreibung des Gefechts[292] und der Beschaffenheit des Hinterlandes im Kriege[293] in vorangestellten Mottos zitiert.

Noch einmal fällt Michnevič in bezug auf Clausewitz eine wertende Beurteilung. Dieser sei ein talentierter Erläuterer der Ideen Napoleons, der bei Kriegsbeginn für eine rasche Konzentration der Kräfte in dieser entscheidenden Phase eintrete[294] und für ein entscheidungssuchendes Handeln mit diesen Kräften.

Bereits in früheren Werken, etwa über den *Einfluß der neuesten technischen Erfindungen auf die Taktik der Streitkräfte*, sprach Michnevič mit Hochachtung von Clausewitz' unsterblichem Werk *Vom Kriege*, in dem die steigende Komplexität der Kriegführung durch die sich verändernde Technik vorausgesagt worden sei[295].

In seiner letzten größeren Arbeit vor Ausbruch des Ersten Weltkrieges, *Die Grundlagen der Strategie*, spielt neben zeitgenössischen Militärs nur Clausewitz als Autor aus vergangenen napoleonischen Tagen noch eine, wenn auch nur wenig akzentuierte Rolle. Michnevič vertritt, vielleicht von Clausewitz, mit Gewißheit aber durch die europäischen Kriege zwischen 1859 und 1912 inspiriert, die Auffassung, daß zukünftige Kriege neben wirt-

---

[288] Vgl. Russkaja voenno-teoretičeskaja mysl', S. 37.

[289] Vgl. Beskrovnyj, Očerki, S. 258 f., der sich hierbei auf die unveröffentlichten postrevolutionären Manuskripte Michnevičs aus der Saltykov-Ščedrin-Bibliothek stützt. Eine Überprüfung dieser nicht durch Quellenangaben belegten Behauptungen war nicht möglich.

[290] Savkin, The Basic Principles, S. 35. Vgl. auch Michnevič, Strategija, Bd 1, S. 48.

[291] Michnevič, ebd., Bd 2, S. 118 f.

[292] Ebd., S. 257; Michnevič zitiert aus Clausewitz, Vom Kriege. 1980, S. 271.

[293] Michnevič, Strategija, Bd 2, S. 315, zitiert aus ebd., S. 597, über die Verbindungslinien einer Armee. Die Schreibweise des Namens wechselt bei Michnevič stets zwischen »Klauzevic« und »Kljauzevic«.

[294] Ebd., S. 243.

[295] Ders., Vlijanie, zit. nach Russkaja voenno-teoretičeskaja mysl', S. 439. Vgl. auch Michnevič, Taktika, zit. nach ebd., S. 451.

schaftlichen Gründen vor allem im Nationalismus ihre Ursachen haben würden[296]. Weitere prägnante Aussagen über die charakterlichen Anlagen eines idealen Feldherrn[297], den Krieg als Zustand, in dem Entscheidungen »wie im Nebel« getroffen werden müssen[298], die Aktionen einer Armee im Umfeld von Festungen[299], die Bedeutung der Aufklärung über Stärke und Absichten des Gegners[300] oder die eigenständige Initiative von Teilen der Streitkräfte im Gefecht[301] werden an herausgehobener Stelle zitiert. Sie können aber nicht darüber hinwegtäuschen, daß Clausewitz' Werk nicht mehr in seiner Geschlossenheit gesehen und verstanden, sondern nur noch spärlich und selektiv herangezogen wurde.

Nicht viel anders verhält es sich mit den Arbeiten von A. A. Neznamov, der stark von deutschen zeitgenössischen Einflüssen, etwa Moltke d. Ä. und Sigismund v. Schlichting, geprägt und der eher zufällig an den wichtigen Lehrstuhl für Strategie an der Generalstabsakademie gekommen war[302]. Šapošnikov in seinen Erinnerungen über Neznamov:

»Die Offiziere beurteilten Nesnamows Vorlesungen unterschiedlich: Die Mehrheit äußerte sich abfällig, eine Minderheit lobend. Als die Abhandlungen Schlichtings in russischer Übersetzung erschienen, begriffen viele, daß Nesnamow uns deutsche Ansichten über die operative Kunst offerierte ... Als der erste Weltkrieg ausbrach, zogen alle jungen Generalstabsoffiziere Nutzen aus der deutschen Lehre vom Krieg, die uns Neznamow vermittelt hatte[303].«

Durch diese deutschen Lehrbücher war Nesnamov vermutlich auch auf Clausewitz gestoßen, der nicht nur als Zitatensammlung fast sein gesamtes vorrevolutionäres Werk begleitet.

In einer frühen Arbeit, *Der Verteidigungskrieg*, sind sowohl Inhalt wie auch Gliederung stark von Clausewitz' sechstem Buch »Verteidigung« geprägt. Schlüsselfeststellungen fungieren ein halbes Dutzend Mal als Kapitelüberschriften; so etwa, wenn es um das Wesen der Verteidigung und ihre Einteilung in die heterogenen Teile, das Abwarten und das Handeln, geht[304]. Auch das Problem der aktiven Verteidigung, welche in einem offensiven Gegenschlag mündet, wird angesprochen[305]. Ganz im Sinne Clausewitz' differenziert Neznamov zwischen politischer und strategischer Verteidigung[306]. Als klassisches historisches Beispiel für einen Verteidigungskrieg gibt er neben anderen den »Vaterländi-

[296] Ders., Osnovy strategii, S. 1. Einen erneuten, sehr umfangreichen Abdruck dieses Buches in: Russkaja voenno-teoretičeskaja mysl', S. 452—550.
[297] Ders., Osnovy strategii, S. 29.
[298] Ebd., S. 132.
[299] Ebd., S. 102.
[300] Ebd., S. 135.
[301] Ebd., S. 182.
[302] Nach Schaposchnikow, Hirn, S. 119 f., wurde Neznamov, der die deutsche Sprache beherrschte, vom Generalstabschef Palicyn beauftragt, zur Vorbereitung auf die Lehrstuhlübernahme von Prof. Michnevič »deutsche Bücher über Strategie zu lesen und sich kühn ans Werk zu machen«. Daher war der von Neznamov gelehrte Strategiebegriff stark von deutschen Vorstellungen geprägt.
[303] Schaposchnikow, Hirn, S. 119 f.
[304] Neznamov, Oboronitel'naja vojna, S. 1; vgl. Clausewitz, Vom Kriege. 1980, S. 648.
[305] Neznamov, ebd., S. 7, 15; vgl. Clausewitz, ebd., S. 615.
[306] Neznamov, ebd., S. 8 f.

schen Krieg von 1812«[307] an, an dem wiederum eine von drei strategischen Verteidigungsoperationen, nämlich »die Schwächung des Gegners durch fortgesetzten Rückzug ins Innere des Landes«[308], demonstriert werden könne.

Zum gleichen Thema zieht er auch in seinem nächsten Werk, *Der moderne Krieg. Operationen des Feldheeres*, Clausewitz heran[309]. Manche Clausewitz-Zitate werden von Neznamov genauestens angemerkt[310], andere hält er für Allgemeingut, so daß er sie gar nicht oder nur mit dem Namen des Urhebers kennzeichnet[311]. Unter Heranziehung der bereits vorliegenden Übertragung von Vojde setzt sich Neznamov in seiner populärwissenschaftlichen Studie *Der Kriegsplan* hauptsächlich mit dem achten Buch aus *Vom Kriege* auseinander. Er beginnt damit, daß »nach der Definition von Clausewitz ›der Krieg nichts anderes ist, als die Fortsetzung des politischen Verkehrs mit anderen Mitteln‹, d. h., der Verkehr zwischen den Regierungen der Staaten wird nicht eingestellt, sondern die gewöhnlichen Noten der Diplomaten werden für eine gewisse Zeit durch ›überzeugendere‹ Argumente ersetzt«[312]. Daraus folgert Neznamov, daß man die bewaffneten Streitkräfte als ein Mittel der Außenpolitik eines Staatswesens betrachten kann, wenn andere Argumente nicht mehr gehört werden. Hochinteressant ist, daß Neznamov, kurz bevor Lenin auf den innenpolitischen Zusammenhang von Krieg und Politik bei der Lektüre von Clausewitz stieß, als Militär auf den gleichen Gedanken verfiel. Nur sah er den Krieg nicht als Katalysator für eine Revolution an, sondern postulierte, daß die Streitkräfte »im Ausnahmefall, sofern nötig, auch nach innen«[313] eingesetzt werden können, zur Bekämpfung sozialer Unruhen oder ihrer politischen Manifestation, der Revolution. Daß hierbei mit Entschiedenheit vorzugehen sei, entnimmt der Leser einem von drei vorangestellten Clausewitz-Zitaten, nach dem »der Krieg ein gefährliches Ding ist und daß die Irrtümer, welche aus Gutmütigkeit entstehen, gerade die schlimmsten«[314] seien. Bemerkenswert ist, daß Neznamov sofort nach der Machtergreifung der Bol'ševiki mühelos den Weg in die Stabsstellen und später in die militärischen Kaderinstitute der Roten Arbeiter- und Bauernarmee fand, obwohl diese Stelle seines Buches aus marxistischer Sicht nicht nur reaktionären, sondern geradezu provokativen Charakter haben mußte. Šapošnikov erwähnt in seinen Memoiren, daß Neznamov die deutsche Sprache gut beherrschte; anscheinend war sie ihm so geläufig, daß ihn die mangelnde Qualität der Übersetzung des Generals Vojde davon abhielt, die erste russische Ausgabe von *Vom Kriege*

---

[307] Ebd., S. 62—64.

[308] Ebd., S. 98—113.

[309] Ders., Sovremennaja vojna, zit. nach Russkaja voenno-teoretičeskaja mysl', S. 573.

[310] Russkaja voenno-teoretičeskaja mysl', S. 589f. Hier zitiert Neznamov im Kapitel über die »allgemeinen Grundlagen von Marschmanövern« aus Clausewitz' »Charakter der heutigen Schlacht«, vgl. Clausewitz, Vom Kriege. 1980, S. 420f.

[311] So über die Bedeutung der Hauptschlacht, »auf die im Kriege alles zustrebe«, Russkaja voenno-teoretičeskaja mysl', S. 613. Vgl. auch ebd., S. 617, über »die Schwierigkeiten bei der Ausfüllung eines Planes« und ebd., S. 624.

[312] Neznamov, Plan vojny, S. 5.

[313] Ebd., S. 6.

[314] Ebd., S. 5, erstes Motto aus Clausewitz, Vom Kriege. 1980, S. 192. Zwei weitere entnahm Neznamov dem 8. Buch aus ebd., S. 952.

seinen Zitaten zugrunde zu legen. Er übersetzte diese selbst und zitierte dabei aus einer nicht genannten deutschen Ausgabe[315]. Obwohl Neznamov durch weitere Arbeiten auch nach der Revolution von 1917 an die Öffentlichkeit getreten ist, sind aus dieser Zeit keine Clausewitz-Passagen aufgefallen und dies, obwohl Neznamov als ein ausgezeichneter Kenner des Werkes *Vom Kriege* zu gelten hat und durch die Rezeption Clausewitz' durch Lenin das Zitieren von Clausewitz eigentlich zum guten Ton gehört haben sollte.

Inhaltlich unbedeutend, aber an optisch auffälliger Stelle präsentierte General V. A. Čeremisov ein Clausewitz-Zitat. Auf dem Titelblatt seines 1910 in Kiev verlegten Buches *Die Grundlagen der modernen Kriegskunst*[316] prangt der Merksatz des Kriegsphilosophen, nach dem sich die Zeiten ändern und mit diesen zwangsläufig auch die Formen der Kriegführung. Der sowjetische Militärtheoretiker V. E. Savkin hält gerade die Auswahl dieses Leitsatzes für besonders treffend[317].

Kaum ein russischer Militärtheoretiker der zweiten Hälfte des 19. Jahrhunderts bis zum Ersten Weltkrieg konnte sich der Lektüre und der Auseinandersetzung mit dem Hauptwerk von Clausewitz entziehen. Dieses Kapitel zeigt aber auch, daß trotz einiger Bemühungen, die Tiefe der Vorlage auszuloten und das Werk durch Übersetzungen dem russischen Offizier näherzubringen, im Gegensatz zu den 1830er und 1840er Jahren eine sichtbare Verflachung der Rezeption einsetzte, die ihre Argumente zudem zumeist aus deutschen Publikationen bezog[318]. Das Resultat dieser unvollkommenen Annäherung war eine Entfremdung der jungen Generalstabsoffiziere von der Clausewitzschen Kriegsphilosophie. Zwar hing die Mehrheit der deutschen Lehre vom Krieg an und kannte Moltke, Schlichting und Schlieffen, für Clausewitz jedoch galt: Er »wurde an der Akademie nicht als Theoretiker der Lehre vom Kriege anerkannt«[319]. Die mangelnde Akzeptanz durch die militärische Elite des Zarenreiches legt den Schluß nahe, daß Clausewitz auch außerhalb der Akademie kaum bekannt gewesen sein wird.

Da Rußland und seine Armee vor dem Ersten Weltkrieg über keine Doktrin verfügten, konnte auch Clausewitzsches Denken dort keinen Niederschlag finden[320]. Lediglich eine Felddienstordnung erschien — stark zusammengestrichen — 1912, die, ähnlich wie in allen anderen europäischen Großmächten, der »Offensive als bester Methode zur Erreichung des gesetzten Zieles« Priorität einräumte und die Überraschung betonte, nachdem General Michnevič in einer Studie nachgewiesen hatte, daß in der überwiegenden Zahl der Kriege des 19. Jahrhunderts die Kriegshandlungen vor der Übergabe der Kriegserklärung aufgenommen worden waren.

Auch in der Endphase des Ersten Weltkrieges an der Ostfront war nach Meinung russischer Beobachter nicht Clausewitz der gedankliche Vater deutscher Überlegenheit, sondern die eiserne Disziplin des deutschen Soldaten, die teilweise nur auf Angst vor Strafe

---

[315] Das ergab ein Vergleich der Passagen bei Neznamov und Klauzevic, Vojna, 1902. Lediglich ein einziges Mal benutzte Neznamov die russische Ausgabe, vgl. Neznamov, Plan Vojny, S. 14.
[316] Čeremisov, Osnovy, Titelblatt.
[317] Savkin, The Basis Principles, S. 36.
[318] Siehe Kap. II. 5. b der vorliegenden Arbeit.
[319] Schaposchnikow, Hirn, S. 119.
[320] Ebd., S. 122.

begründet sei und auf den perfekt erlernten Umgang mit den zur Verfügung stehenden technischen Mitteln[321].

Während die Zarenarmee mit letzten Großoffensiven das Kriegsglück zu wenden und den drohenden Kollaps der Monarchie zu verhindern suchte, erschienen beim Kriegsgegner Deutschland schon erste Schriften russischer Sozialisten, die anscheinend zur gleichen Zeit wie Lenin auf Clausewitz gestoßen waren. So trennte N. Suchanov in einem 1917 erschienenen Buch, das gegen die maximalistischen Kriegsziele Rußlands gerichtet war, zwischen politischer und strategischer Defensive[322] und betrachtete Konstantinopel nicht als das russische Ziel des damaligen Krieges, sondern lediglich als politisches Mittel zum Zweck[323].

b) Der Einfluß deutscher Militärschriftsteller auf die russische Clausewitz-Rezeption

Wie schon erwähnt, war der Einfluß zahlreicher deutscher Militärschriftsteller, die Clausewitz' Arbeiten in ihren Werken auslegten und anscheinend den technischen Fortschritten folgend weiterentwickelten, auf die russische Clausewitz-Rezeption vor der Oktoberrevolution sehr nachhaltig.

In Deutschland war man sich im zweiten Viertel des 19. Jahrhunderts, als Clausewitz gerade in seiner Heimat nicht den stärksten Einfluß auf die militärische Welt ausübte[324], dennoch bewußt, daß das gelehrte Werk *Vom Kriege* im Ausland zum Respekt vor den preußischen militärtheoretischen, aber auch vor den militärischen Leistungen selbst beitragen konnte. In diesem Sinne versuchte der preußische General und Clausewitz-Förderer Johann Rühle v. Lilienstern den Diplomaten Karl August Varnhagen van Ense zu bewegen, seine Kritik an Clausewitz zurückzuhalten, denn, so letzterer in seinen Memoiren, »das Buch (Vom Kriege, d. Verf.) mache uns doch Ehre, und man müsse ihm und dem Namen des Verfassers nicht schaden, schon um des Auslandes willen, das Achtung vor dem Werk haben solle«[325]. Rühle v. Lilienstern hatte gewiß eher Frankreich und England bei diesen Äußerungen im Sinn, doch gerade in Rußland brachte man Clausewitz die gewünschte Aufmerksamkeit entgegen.

Professoren und Generäle wie Medem und Bogdanovič akzeptierten jedoch Clausewitz nur im Original; sie bedurften keiner fremden Vermittler und Interpreten, um den Inhalt für ihre Leser und Schüler aufzubereiten. Lediglich K. E. Pönitz wurde als Popularisator des komplizierten Originals empfohlen. Völlig verändert stellte sich die Situation nach dem Deutsch-Französischen Krieg von 1870/71 dar. Deutschland war zur unbestrittenen

[321] Siehe Zambržizkij, Taktičeskie priemy, S. 110.

[322] Suchanoff, Die russische Linke, S. 19.

[323] Ebd., S. 101.

[324] Vgl. Marwedel, Carl von Clausewitz, S. 107—119. Ohne über konkrete Forschungsergebnisse zur frühen preußisch-deutschen Clausewitz-Rezeption zu verfügen, kommt der sowjetische Oberst Cvetkov zu einem ähnlichen Ergebnis, das er aus den politischen Rahmenbedingungen ableitet. Dabei spricht er für die 1860er Jahre von einer »deutschen Armee«, die in dieser Form erst seit 1871 existierte; vgl. Zwetkow, Einführungsartikel, S. 604.

[325] (Varnhagen van Ense), Tagebücher, Bd 1, S. 259; vgl. auch Marwedel, ebd., S. 112f.

militärischen Hegemonialmacht Kontinentaleuropas aufgestiegen, und insbesondere der preußische Generalstab sollte für Generationen zum Vorbild für effizientes Funktionieren des »Hirns der Armee« werden. In Deutschland betrachteten sich manche Heerführer als Schüler und Nachfolger von Clausewitz[326], und in gebildeten Kreisen des Generalstabs setzte äußerlich eine Aufwertung seiner Werke und ein steigendes Interesse an ihnen ein. Während allerdings in russischen Offizierskreisen seit 1850 das Interesse an Clausewitz stark nachgelassen hatte und der Kenntnisstand weitestgehend stagnierte, erschienen in Deutschland neben neuen Ausgaben des Hauptwerkes in den 1870er Jahren auch weiterführende Studien zu seiner Biographie und seinem Werk[327].
Schon die Märzausgabe des *Voennyj Sbornik* veröffentlichte die Übersetzung des 1875 in Berlin erschienenen Vortrags von F. v. Meerheimb ungekürzt, in dem dieser »ein Lebensbild« von Clausewitz aus bislang unbekannten Quellen des Nachlasses zeichnete. Die Redaktion der Petersburger Zeitschrift führte den aus den *Jahrbüchern für die deutsche Armee und Marine* übernommenen Meerheimb-Aufsatz in ihrer Rubrik »Aus ausländischen Militärzeitschriften« folgendermaßen ein: »Wir möchten den Leser mit einem Artikel des Oberst Meerheimb bekanntmachen, der interessante Einzelheiten über das Leben und die Tätigkeiten des bemerkenswerten deutschen Militärschriftstellers Clausewitz enthält. Sein Leben ist wenig bekannt, und seine Werke sind für das Verständnis oft widersprüchlich. Hier nun die wenig bekannten Seiten dieser Persönlichkeit[328].« Vor allem die Schlußbehauptung Meerheimbs, daß »die Feldzüge von 1866 und 1870–71 ... in seinem (Clausewitz', d. Verf.) Geiste geführt worden ... sind«[329], die von General Vojde in seinem Buch über den Krieg 1870/71 übernommen wurde, ließ das Interesse an Clausewitz in Rußland wachsen. Es kam jedoch nicht zu eigenständigen Forschungen über ihn, interessanterweise auch nicht über dessen Dienst in der russischen Armee in den Jahren von 1812 bis 1815. Statt dessen bemühte man sich um die Einführung der in Deutschland etwa ab 1880 anwachsenden Literatur über Clausewitz selbst bzw. der zumeist von Generalstabsoffizieren »im Geiste« oder »im Lichte« von Clausewitz verfaßten Studien. Die Bibliothek der russischen Generalstabsakademie verfügte »in mehreren riesigen Sälen (über) ... Bücher der Militärliteratur aller Sprachen. Seit der Gründung der Akademie, seit den 30er Jahren des 19. Jahrhunderts, wurde viel Geld für den Ankauf von Büchern ausgegeben, außerdem aber vermachten viele namhafte Militärs der Akademie ihre Bibliotheken. Daher konnte man in ihr jedes beliebige Buch finden ... Militärliteratur aus dem Ausland erhielt die Akademie ohne Zollkontrolle«[330] und damit unzensiert.
Die russischen Clausewitz-Interpreten und -Übersetzer übernahmen bis zum Ersten Weltkrieg weitgehend die Argumente und Auffassungen deutscher Generalstäbler. M. I. Drago-

---

[326] In der russischen Literatur hatte Vojde auf die theoretische Vorbereitung der preußischen Erfolge durch Clausewitz hingewiesen; vgl. Woide, Ursachen, S. 431.
[327] Vgl. Meerheimb, Clausewitz, Vortrag. Ein Jahr später erschien aus gleicher Feder eine Lebensbeschreibung Clausewitz' in der ADB, Bd 4, S. 285 ff. Vgl. auch Schwartz, Leben des Generals.
[328] Meergeimb, Klauzevic, S. 10.
[329] Ebd., S. 19.
[330] Schaposchnikow, Hirn, S. 133; daß bisweilen auch die Bataillonsbüchereien über eine breite Auswahl an Fachliteratur verfügten, insbesondere aus der Zeit nach 1870, vgl. ebd., S. 81, 91 f.

mirov, dessen Übersetzung des Kronprinzenunterrichts in einer Auflage von 6000 Exemplaren erschien, kannte den Meerheimb-Aufsatz ebenso wie General Vojde, der sich in seinem Vorwort zur russischen Ausgabe von *Vom Kriege* passagenweise der Erläuterungen Wilhelm v. Scherffs bediente, die dieser für die parallel zur vierten deutschen Ausgabe erscheinende Sonderauflage verfaßt hatte[331]. Fast alle namhaften deutschen Generäle, deren Bücher neben den zeitgenössischen Strategiediskussionen auch das Clausewitz-Bild der Zeit widerspiegelten, wurden ins Russische übertragen. Die folgende Auflistung der Werke beansprucht keineswegs Anspruch auf Vollständigkeit.

In einer auf hohem Niveau geführten Diskussion über die Rolle der Politik im Verlauf des kriegerischen Geschehens sprachen sich Wilhelm v. Blume in *Strategie. Eine Studie* (Berlin 1882, russisch 1899) und Rudolf v. Caemmerer in *Die Entwicklung der strategischen Wissenschaft im 19. Jahrhundert (Berlin 1904)* gegen Moltke »für einen Einfluß der Politik auch während des Verlaufs der Operationen«[332] aus. Die Gegenposition vertrat Colmar v. d. Goltz in seinem Hauptwerk *Das Volk in Waffen. Eine Studie über Heerwesen und Kriegführung unserer Zeit (Berlin 1883, russisch 1886)*, der mit Moltke darin übereinstimmte, »daß der Krieg der Politik unter allen Umständen am besten mit der völligen Niederlage des Feindes dient«[333].

Den Primat des Offensivgedankens, der damals »in ganz Europa — und in Frankreich ... vielleicht noch emphatischer als in Deutschland«[334] im Rahmen der Vernichtungsstrategie vertreten wurde, postulierten Sigismund v. Schlichting in *Taktische und strategische Grundsätze der Gegenwart (3 Bde, Berlin 3. Aufl. 1898—1899)* und Friedrich v. Bernhardi in *Vom heutigen Kriege (2 Bde, Berlin 1912, russisch 1912)*. Beide Bücher wurden in der zarischen Armee intensiv diskutiert[335].

Vom Chef des deutschen Generalstabes, Alfred v. Schlieffen, war in Rußland nicht nur dessen Einführung zur fünften deutschen Auflage des Buches *Vom Kriege* bekannt, sondern auch sein klassisches Werk *Cannae ( Berlin 1909—1913, russisch 2. Aufl. 1938)*, welches in geradezu dogmatischer Weise den Vernichtungsgedanken propagierte und einseitig Clausewitz' Autorität als theoretische Untermauerung heranzog[336].

Der General Hugo Freiherr v. Freytag-Loringhoven, der zwischen 1905 und 1925 mehr als zehn Bücher verfaßt hatte, die sich mit der Weiterentwicklung und Deutung von Clausewitz befaßten, wurde sowohl vor als auch nach der Revolution in Rußland übersetzt. Man schätzte ihn dort auch, weil er bis 1878 in russischen Diensten gestanden hatte. K. Adaridi, der Freytag-Loringhovens Arbeit *Die Macht der Persönlichkeit im Kriege (Berlin 1905)* bereits ein Jahr nach ihrem Erscheinen ins Russische übertragen hatte, begründete

---

[331] Vgl. das Vorwort von Vojde, in: Klauzevic, Vojna, Bd 1, S. I—XI, und Clausewitz, Vom Kriege. 1380.

[332] Vgl. auch Kondylis, Theorie, S. 108 f., der diese Debatte zwischen »Zivilisten« und »Militärs«, zwischen den Exponenten Bismarck und Moltke, unter neuen Aspekten nachzeichnet. Siehe auch Schaposchnikow, Hirn, S. 119.

[333] Goltz, Volk in Waffen, S. 124; unter dem Titel Kratkij očerk wurde dieses Werk 1887 in Warschau in russischer Sprache verlegt. Vgl. auch Kondylis, Theorie, S. 107.

[334] Kondylis, ebd., S. 123.

[335] Vgl. Schaposchnikow, Hirn, S. 120.

[336] Vgl. Marwedel, Carl von Clausewitz, S. 191; vgl. auch Schaposchnikow, ebd.

dies mit der Bedeutung der klassischen Werke von Clausewitz, die auch durch den Untertitel *Studien nach Clausewitz* unterstrichen wurde[337]. Die zahlreichen Clausewitz-Zitate, die Freytag-Loringhoven anführte, hatte Adaridi nicht, wie den restlichen Text, selbst
übersetzt, sondern der russischen Übertragung von Vojde entnommen.

Viele russische Offiziere übernahmen ihre Clausewitz-Kenntnisse aus den übersetzten
Arbeiten deutscher Generäle, und dieser Tatbestand der mittelbaren Rezeption sollte sich
auch unter der Sowjetmacht fortsetzen, die verstärkt gerade auf dem militärischen Sektor die Übertragungen der neuesten ausländischen Literatur bis zum Ausbruch der Kriegshandlungen im Jahre 1941 förderte. Nicht nur durch die spezifischen Kampferfahrun-
gen des Bürgerkrieges hatte man sich in der jungen Sowjetunion von der militärtheoretischen Diskussion der anderen Weltkriegsteilnehmer abgekoppelt. Auch die Entwicklung
einer eigenständigen proletarischen Militärdoktrin förderte nicht gerade die geistige Auseinandersetzung mit den ehemaligen und den potentiellen Gegnern auf dieser Ebene.
In den 20er Jahren wurden daher für die Militärs verstärkt die Werke von Friedrich
Engels[338] und Franz Mehring[339], beides Clausewitz-Kenner, herausgegeben. Anfang der
30er empfand man die Abkoppelung vom internationalen militärtheoretischen Denken
— trotz der Zusammenarbeit von Reichswehr und Roter Armee zwischen 1920 und
1933[340] — als zunehmend gefährlicher und versuchte durch eine Reihe von Übersetzungen, die im Moskauer Militärverlag erschienen, diesen Vorsprung zu egalisieren. Dabei
griff man auch auf Werke zurück, deren Erstausgaben lange Zeit vor dem Ersten Weltkrieg erschienen waren. Gemeinsames Merkmal der hier nur auszugsweise angeführten
Literatur ist ihre Auseinandersetzung mit dem Werk von Clausewitz.

So wurde die epochale Arbeit von Hans Delbrück, *Geschichte der Kriegskunst im Rahmen der politischen Geschichte*, deren vier zu Lebzeiten des Autors erschienenen Bände
zwischen 1900 und 1920 in Berlin verlegt wurden, zwischen 1930 und 1936 von L. Grin-
krug und A. K. Radčinskij, dem sowjetischen Clausewitz-Übersetzer, ins Russische übertragen[341]. Man begann die Herausgabe dieser vieldiskutierten Arbeit allerdings mit dem
»aktuellen« vierten Band. Caemmerers *Entwicklung der strategischen Wissenschaft* wurde
1938 erneut im Militärverlag aufgelegt[342]. Die Studie des Reichswehrministers Wilhelm
Groener, *Das Testament des Grafen Schlieffen. Operative Studien über den Weltkrieg (Berlin 1929)*, wurde 1937 verlegt[343] und war eine Fortsetzung der russischen Diskussionen
um die deutsche Perspektive des Weltkriegsverlaufs. Schon 1922 war die Arbeit *Der deutsche Generalstab in Vorbereitung und Durchführung des Weltkrieges (Berlin 1920)* des Gene-

---

[337] Frejtag Loringgofan, Gospodstvo ličnosti, S. I.
[338] Engel's, Stat'i.
[339] Mering, Očerki.
[340] Siehe Zeidler, Reichswehr.
[341] Del'brjuk, Istorija. Als 1930 der 4. Bd in russischer Übersetzung herauskam, wurde er von Tuchačevskij in einem Vorwort ausführlich besprochen.
[342] Kemmerer, Razvitie.
[343] Grener, Zaveščanie. Das Buch von Šliffen, Kanny, war bereits ein Jahr zuvor herausgegeben worden
und wurde 1938 erneut aufgelegt; ein Indiz, daß auch für die Sowjets vom Vernichtungsgedanken
eine beachtliche Faszination ausging.

rals H. v. Kuhl übersetzt worden[344]; ihr folgten ein Jahr später die *Kriegserinnerungen* Ludendorffs[345]. Aus dem Französischen wurde eine Weltkriegsanalyse des Generals Loizeau übersetzt, die anhand deutscher Zeugnisse unter häufiger Verwendung Clausewitzscher Zitate *Die deutsche Strategie des Jahres 1918*[346] nachzeichnete. Selbst Moltkes Werke wurden erneut herausgegeben, um das militärische Denken Deutschlands in seiner Entwicklung von 1860 bis 1935 möglichst bruchlos nachvollziehen zu können[347]. Die Clausewitz-Zitate, die in den hier genannten Werken aufgeführt wurden, waren in den russischen Ausgaben zumeist kommentiert, auch wenn dies im Original nicht der Fall war. Ursache dafür war wohl das eigenständige Clausewitz-Bild, das sich in der UdSSR nach 1930 herausbildete.

## 6. Das Clausewitz-Bild in russischen Lexika
## (1880—1915)

Während sich die russischen Militärenzyklopädien der dritten und vierten Generation immer mehr nationalrussischen Problemen, Stichworten und Sichtweisen zuneigten, garantierte der sich verstärkende Einfluß deutscher Verleger auf dem Feld »ziviler« allgemeiner Realenzyklopädien eine Stichwortredaktion, die Clausewitz stets einen eigenen Artikel, seinen Ideen fast immer Raum auch in anderen Beiträgen gewährte.

Ein solches deutsch-russisches »joint venture« war das *Enzyklopädische Wörterbuch* der Verleger Brockhaus (Leipzig) und Efron (St. Petersburg). Dieses Gemeinschaftsunternehmen spiegelte das Wissen der Zeit auf internationalem Niveau wider und konnte zahlreiche Fachgelehrte und renommierte Vertreter des öffentlichen Lebens in Rußland als Autoren gewinnen. Für die wichtigen militärischen Artikel zeichnete der Clausewitz-Kenner General N. P. Michnevič verantwortlich, der bedeutendste Vertreter russischen militärischen Denkens zwischen 1890 und dem Ersten Weltkrieg. In dem Artikel *Gefecht* leitet er seine Ausführungen mit einem Zitat unter namentlicher Nennung von Clausewitz über die definitorischen Unterscheidungen von Taktik und Strategie ein[348], betont allerdings, daß »heute (1900, d. Verf.) beide Wissenschaften in einem breiteren Sinn verstanden werden«. Wie Clausewitz versteht Michnevič das Gefecht als äußerstes und entscheidendes Mittel im Kriege und differenziert zwischen vernichtend-entscheidendem und nebensächlichem oder unterstützendem Gefecht. Ganz unter dem Eindruck des in Europa dominierenden Offensivgedankens trägt Michnevič die möglichen Kampfziele von »der energischen Verfolgung des geschlagenen Gegners bis zu dessen vollständiger materiellen und physischen Vernichtung«[349] vor. Am Ende betont Michnevič noch einmal die Bedeutung der Vernichtungsschlacht.

---

[344] Kul', Germanskij general'nyj štab.
[345] Ljudendorf, Vospominanija.
[346] Luazo, Germanskaja strategija.
[347] Mol'tke, Voennye poučenija.
[348] Vgl. M(ichnevič), Sraženie, S. 329; er zitiert aus Clausewitz, Vom Kriege. 1980, S. 271.
[349] Ebd.

Auch der ebenfalls von Michnevič verfaßte Beitrag *Strategie* hat zahlreiche, allerdings weniger zentrale Anleihen bei Clausewitz. Nach einem Exkurs über strategische Ansätze im Altertum und im Mittelalter geht Michnevič auf die »Reihe von analytischen Schriftstellern von Lloyd bis Jomini« ein, deren »einseitige Forschungen das Erscheinen des Traktats *Vom Kriege*³⁵⁰ von Clausewitz herausgefordert haben«, ein Werk, »welches den größten Ehrenplatz in der Literatur über Strategie einnimmt«³⁵¹. Michnevič betont, daß Clausewitz gegen Schablonen, Systeme und Handlungsanweisungen gekämpft habe. Statt dessen habe er es als die Aufgabe der Theorie betrachtet, das Wesen oder die Eigenheiten der kriegerischen Gegenstände (Elemente) und ihre Erscheinung zu verdeutlichen. Nach Clausewitz habe unter den deutschen Strategen nur Karl Decker eine vergleichbare Position bezogen, während in neuester Zeit Blume und v. d. Goltz als Popularisatoren der Ideen von Clausewitz aufgefallen seien³⁵².

Bei der Darstellung der russischen strategischen Schule nach der Gründung der Militärakademie im Jahre 1832 gesteht Michnevič, daß die russischen Schriftsteller zuerst der deutschen Schule, dann aber den Gedanken Jominis gefolgt seien, bis durch die Arbeiten Leers das eigenständige russische Strategieverständnis »einen großen Schritt nach vorne gemacht habe und in der ganzen Welt bekannt« geworden sei³⁵³. In den Literaturangaben nimmt Clausewitz' Werk den ersten Platz ein, gefolgt von Blume, v. d. Goltz und den Arbeiten von Bogdanovič und Leer.

In demselben Lexikon beurteilt ein anonymer Autor Clausewitz im gleichnamigen Artikel als den Schriftsteller, »der mit seinen Werken eine vollständige Revolution in der Theorie des Krieges herbeigeführt hat«³⁵⁴. Interessant ist, daß der Autor ein Augenmerk auf die philosophische Ausbildung Clausewitz' bei dem Kantianer Professor Kiesewetter legt und meint, als Folgen daraus die dialektischen Beispiele ableiten zu können, die in den theoretischen Werken ständig zu finden seien. Die weiteren, sehr präzisen biographischen Angaben und auch Einschätzungen entnahm der Autor dem Aufsatz von Meerheimb, der neben dem zweibändigen Werk von Karl Schwartz in den Literaturempfehlungen vertreten ist. Die Bedeutung der Formel wird herausgestellt, und auch auf die erst kurz zuvor erschienene Schrift *Nachrichten von Preußen in seiner großen Katastrophe* wird hingewiesen, die 1888 vom großen Generalstab in Berlin herausgegeben worden war³⁵⁵.

Ähnliche, nicht ganz so ausführliche Bemerkungen veröffentlichte der russische *Mejer* im Jahre 1903. Im Mittelpunkt steht hier deutlicher der aktive Dienst von Clausewitz in der Armee des Zaren³⁵⁶. Ein identischer Abdruck dieses Artikels erfolgte dann in der vierten Stereotypauflage dieses Lexikons, das sich inzwischen einer gewissen Reputation unter den Militärs erfreuen konnte. Auf dem Titel warb man damit, daß die Enzyklopä-

---

³⁵⁰ Im Original deutsch.
³⁵¹ M(ichnevič), Strategija, in: Ėnciklopedičeskij Slovar', S. 731.
³⁵² Ebd.
³⁵³ Ebd.
³⁵⁴ Artikel »Klauzevic«, in: ebd., S. 326.
³⁵⁵ Clausewitz, Nachrichten. Die Literaturangaben, die alle Werke Clausewitz' umfassen und im deutschen Original angegeben waren, wurden jeweils in der letzten Ausgabe aufgeführt.
³⁵⁶ Artikel »Klauzevic«, in: Bol'šaja Ėnciklopedija, Bd 11, S. 39f.

die von der »Hauptverwaltung der militärischen Unterrichtseinrichtungen, von den grundlegenden Bibliotheken der Kadettenschulen und von militärischen Fachschulen« empfohlen worden sei[357].

In einer neuen Auflage des Brokgaus/Efron erschien bereits während des Ersten Weltkriegs in Petrograd, vormals St. Petersburg, ein Artikel über den fälschlicherweise als Generalleutnant vorgestellten Clausewitz, »dessen Werke zur Theorie des Krieges ihre Bedeutung bis auf den heutigen Tag bewahrt haben«[358]. Der Autor behauptet, Clausewitz habe tiefe Spuren in der taktischen Vorbereitung der preußischen Armee hinterlassen. Zu den Vorzügen seiner Werke zähle die »Klarheit seiner Darlegungen, die treffende kritische Beurteilung der militärischen Ereignisse ... und der breite Raum, den ... in Übereinstimmung mit seinem leitenden Blick auf den Krieg ... das politische Element einnimmt«[359].

Auch die neuen militärischen Wörterbücher profitierten bei der Beschreibung der Werke und des Lebens Clausewitz' von den jüngsten Forschungen. Fehler, wie sie noch in den Ausgaben bei Zeddeler und Bogdanovič vorgekommen waren, konnten korrigiert und der Artikel über Clausewitz übersichtlicher gestaltet werden, indem Biographie und Werk- bzw. Gedankenschau getrennt wurden[360]. Auch in der *Enzyklopädie der militärischen und Marinewissenschaften* war der Clausewitz-Artikel eine vom leitenden Redakteur G. A. Leer verfaßte »Chefsache«. Als Zielgruppe den durchschnittlichen russischen Offizier vor Augen, beschrieb Leer für diesen zum ersten Mal die Intrigen, denen Clausewitz an der Allgemeinen Kriegsschule in Berlin ausgesetzt war und die eine Reformierung der Ausbildung verhinderten. Leer erkannte die Formel als zentrale Aussage Clausewitz'[361], strich aber gerade die politische Geschichte weitgehend aus den von ihm redigierten Lexikon, um durch eine Verkürzung von 14 auf acht Bände das Werk für alle Offiziere erschwinglich zu machen[362]. Typisch dann wieder die Wertung Leers, Clausewitz sei gegen den falschen Gebrauch einer Theorie des Krieges eingetreten und daher nicht als analytischer, sondern als »synthetischer Autor, der die Frage über die Führung militärischer Operationen in ihrer ganzen Breite betrachtet hat«, einzuordnen. Clausewitz, so Leer, sah *Vom Kriege* nur »als Material für ein synthetisches Traktat über Strategie; es wurde von ihm nicht beendet und in ein Ganzes überführt, was aber in keiner Weise dem hohen inneren Wert dieses Werkes schadet«[363]. An dessen kriegsgeschichtlichen Arbeiten lobt Leer die Klarheit und Einfachheit der Ausführungen. Andere Beurteilungen decken sich mit denen seiner Vorgänger. Am Ende verknüpft Leer dann noch einmal den Charakter des Feldherrn mit den moralischen Elementen und deren Einfluß auf den Verlauf des Krieges.

Die anderen Artikel der Enzyklopädie, darunter der über den Krieg[364] oder die Strategie[365], sind nur wenig durch Clausewitz beeinflußt, obgleich auch sie teilweise von Leer

---

[357] Ebd.

[358] Al., Klauzevic, Bd 21, S. 818.

[359] Ebd., S. 819.

[360] Leer, Klauzevic, S. 268—270.

[361] Ebd., S. 269.

[362] Vgl. ders., Ot redakcii, S. III.

[363] Ėnciklopedija Voennych i Morskich Nauk, Bd 4, S. 270.

[364] Leer, Vojna, S. 270.

[365] Artikel »Strategija«, in: Ėnciklopedija Voennych i Morskich Nauk, Bd 7, S. 313—322.

verfaßt wurden. Sie bringen allenfalls Wiederholungen bereits bekannter Thesen und stellen sie in den Kontext mit anderen Autoren, von denen sich Clausewitz dann nicht sonderlich abhebt. Man kommt dort allerdings zur Auffassung, daß sich die Strategie-diskussion seit Clausewitz nicht mehr wesentlich entwickelt habe und zeitgenössische Autoren wie Blume und v. d. Goltz »eine Verkürzung oder Interpretation dessen geben, was in Clausewitz enthalten ist«[366].

Unter Mitwirkung zahlreicher baltendeutscher Militärs wurde 1911 erneut eine Enzy-klopädie herausgegeben, die sich, was Umfang und Beiträge anbetraf, stark an Vorläu-fern aus Deutschland, Österreich-Ungarn, Frankreich und Italien orientierte. Betonter als zuvor stellte man, sofern möglich, den Bezug zu Rußland her. So wird im Artikel über Clausewitz nicht ohne Stolz vermerkt, daß alle drei großen Kriegstheoretiker — Lloyd, Jomini und Clausewitz — in russischen Diensten standen[367]. Der ungenannte Verfasser löst sich weitgehend von den Artikeln seiner Vorläufer und argumentiert auf der Kennt-nis der neuesten Clausewitz-Literatur des In- und Auslandes. So zitiert er zum Aufent-halt von Clausewitz in Rußland 1812 aus dessen Briefwechsel mit Gneisenau, der teil-weise bei Pertz 1869 publiziert worden war[368]. Der Autor führt an, daß Clausewitz als Militärgeschichtsschreiber zwar oft scharf, aber »fast immer unvoreingenommen« kriti-siert habe. Daher sei »die Geschichte des Feldzuges von 1799 auch deswegen wichtig, da im besten Werk über diesen Krieg[369] gerade die Kritik fehlt, die der Verfasser bewußt umgangen hat«.

Zum Hauptwerk wird ausgesagt, daß es eine solche, trotz ihrer Unvollendung gänzlich durchdachte, monumentale Arbeit bis heute (1914, d. Verf.) nirgends gibt und sich der Wunsch Clausewitz', nicht nur ein Werk für zwei oder drei Jahre geschrieben zu haben, erfüllt habe.

---

[366] Ebd., S. 320.

[367] Artikel »Klauzevic«, in: Voennaja Ènciklopedija, S. 583. Die Lenin-Bibliothek teilte bei der Fern-leihe die Bandangabe nicht mit.

[368] Ebd. Vgl. Pertz, Gneisenau, Bd 3.

[369] Der Verfasser meint wohl das Werk des späteren Ministers und Feldmarschalls Miljutin, Istorija. Ins Deutsche übertragen von Chr. Schmitt: Miljutin, Geschichte. Auch wenn Miljutin die Aktivi-täten der (russischen) Feldherren keiner Kritik unterzog, so beurteilte er die ihm vorliegenden Quellen mit differenzierter Wertung. Zu Clausewitz, der im 4. Bd mehrmals Erwähnung findet (vgl. S. 192, 198), heißt es: »Der durch seine militärisch-didaktischen Werke bekannte General Clausewitz hat den Feldzug vom J. 1799 ausschließlich nur vom militärischem Standpunkte aus beschrieben. In seinem Buche darf man nicht nach neuen Fakten suchen, denn es dienten ihm nur die damals vor-handenen gedruckten Werke zur Quelle. Obgleich er in vielen Fällen die Glaubwürdigkeit der ver-schiedenen Angaben kritisch untersucht, so hält sich derselbe doch nur bei denjenigen Thatsachen auf, welche in unmittelbarer Beziehung zu strategischen Kombinationen stehen. Die eigentliche Darstellung der kriegerischen Ereignisse ist sehr gedrängt gehalten. Die Hauptstelle in seinem Wer-ke nimmt die kritische Untersuchung der Operationen nach den Erfordernissen der Wissenschaft und Kunst ein, weßhalb man das Buch nicht als historische Quelle für den Krieg von 1799, sondern mehr als ein wissenschaftliches strategisches Werk betrachten muß.« Auch im 2. Bd wird Clause-witz zurückhaltend zitiert, da er sich nach Meinung Miljutins zu kritisch zu Suvorov stellt, vgl. S. 345, 352.

»Es (das Buch *Vom Kriege*, der Verf.) diente als zuverlässige Basis nicht allein jeder nachfolgenden deutschen, sondern der europäischen Wissenschaften. Nicht ohne Einfluß blieb es auch beim ›Begründer
der Strategie‹ als Wissenschaft in Rußland, G. A. Leer[370].«

Mit dem Blick für die Bedeutung, die die richtige praktische Anwendung einer scheinbar nebulösen Theorie auf das Kriegsgeschehen hat, weist der Autor auf die Kriege von
1866 und 1870/71 hin, die mit »blutiger Energie« im Sinne Clausewitz' von Moltke ausgefochten worden seien.

Auf zwei Spalten faßt der Autor den Inhalt des Hauptwerkes in weiten Zügen zusammen, an mehreren Stellen die Bedeutung der Vernichtung des Gegners — physisch, moralisch und politisch — betonend. An Literaturangaben werden neben der russischen Übersetzung von Vojde überraschenderweise Arbeiten von Leer und neben Meerheimb und
Schwartz auch das neueste Buch des französischen Obersten Camon, *Clausewitz*, empfohlen, von dem später Svečin sagte, daß »an diesem Werk nur die Kritik an den militärhistorischen Arbeiten von Clausewitz ein Interesse beanspruchen kann«[371].

## 7. Krieg und Frieden: Clausewitz und Tolstoj

Im Bewußtsein eines Teiles des gebildeten russischen Bürgertums und der Aristokratie
muß der Name Clausewitz bereits in den 1860er Jahren als Synonym für jenen Teil deutscher Offiziere in Zarendiensten bekannt gewesen sein, der im Vaterländischen Krieg
von 1812 für »einen Rückzug in unbestimmte Ferne« eintrat, um die als unzureichend
eingeschätzten russischen Truppen nicht schon einer grenznahen Vernichtung auszusetzen. Möglicherweise hatten aber auch die oben zitierten Lexikaartikel zur Popularisierung in der russischen Öffentlichkeit beigetragen.

Ohne eine breitere Bekanntheit wäre es indessen kaum vorstellbar, daß Lev Tolstoj in
seinem monumentalen Kriegsepos *Krieg und Frieden* Clausewitz in einem Dialog mit
Wolzogen, einem deutschstämmigen Oberst im russischen Generalstab, am Vorabend
der Schlacht von Borodino auftreten läßt. In meisterhafter Verkürzung faßt Tolstoj im
Umfeld des Dialoges den von Deutschen maßgeblich inspirierten Feldzugsplan, die natio-
nalrussische Antipathie gegenüber deutschen Offizieren und deutscher »abstrakter Theorie« sowie die klassisch stereotypen nationalen Klischees und Vorurteile zusammen:

»Als die Offiziere fort waren, trat Pierre auf den Fürsten Andrej zu und wollte soeben das Gespräch
wieder anfangen, als auf dem Weg unweit des Schuppens der Hufschlag dreier Pferde hörbar wurde.
Als Fürst Andrej nach dieser Richtung hinaussah, erkannte er Wolzogen und Clausewitz, die von einem
Kosaken begleitet waren. Sie ritten im Gespräch ganz dicht vorbei, und Pierre und Fürst Andrej hör-
ten unwillkürlich folgende Worte:
›Der Krieg muß räumlich ausgedehnt werden. Der Ansicht kann ich nicht genug Wert beimessen‹,
sagte der eine auf deutsch.
›Ja‹, erwiderte die andere Stimme, ›da der Zweck nur der ist, den Feind zu schwächen, kann auf Verlu-
ste, die einzelne dabei erleiden, nicht Rücksicht genommen werden.‹ ›Ganz recht‹, bestätigte die erste
Stimme.

---

[370] Artikel »Klauzevic«, in: Voennaja Ėnciklopedija, S. 584.
[371] Svečin, Klauzevic, S. 286; vgl. auch Marwedel, Carl von Clausewitz, S. 246.

›Ja, räumlich ausgedehnt‹, wiederholte Fürst Andrej grimmig schnaubend, als sie vorbeigeritten waren. ›Das haben mein Vater, mein Sohn und meine Schwester in Lysyja-Gory am eignen Leib erfahren müssen. Denen aber ist das einerlei. Das ist es, was ich dir soeben gesagt habe. Diese Herren Deutschen werden morgen die Schlacht nicht gewinnen, sondern der Sache nur schaden, soviel in ihren Kräften steht, denn in ihren deutschen Köpfen spuken nur immer Theorien, die kein ausgepicktes Ei wert sind, und in ihren Herzen fehlt das, was allein uns morgen von Nutzen sein kann: das, was in Timochin lebt. Ganz Europa haben sie Napoleon hingegeben und kommen nun zu uns, um uns zu lehren. Schöne Lehre das[372]!‹«

Obwohl Tolstoj in seinem Roman die handelnden Personen, sofern sie Landsleute sind, unablässig ihren Deutschenhaß zum Ausdruck bringen läßt und dabei sicherlich die Stimmung der Zeit des Vaterländischen Krieges recht getreu widerspiegelt, ist er den Ausführungen der militärischen Fachwelt gegenüber aufgeschlossen. Dies zeigt er, indem er nicht nur den bedeutendsten Militärtheoretiker des Jahrhunderts auftreten läßt, sondern auch andere Werke, so die erst 1851 veröffentlichten *Memoiren des königlich preußischen Generals der Infanterie Ludwig Freiherrn von Wolzogen*[373] offensichtlich mit Gewinn gelesen hat. Interessanterweise vertritt in dem oben zitierten Gespräch Wolzogen die These von der Kriegführung, die in die Tiefe des Raumes zu verlegen sei. In diesen Memoiren wird eine Denkschrift zitiert, in der Wolzogen dem Zaren am 22. August 1810(!) unterbreitet, wie ein künftiger Krieg gegen Napoleon im eigenen Lande zu führen und zu gewinnen sei. Auch Wolzogen, den Clausewitz in seiner Feldzugsbeschreibung als »geistreichen und kenntnißvollen Offizier« bezeichnet, wird in Gesprächen mit Clausewitz dessen Ansicht über die militärische Notwendigkeit eines Rückzuges ins Landesinnere bestärkt haben[374]. M.I. Dragomirov, der Clausewitz-Kenner und Vorsitzende der russischen Generalstabsakademie, der Tolstojs Roman aus militärischer Sicht in den 1860er Jahren einer ausgedehnten Kritik unterzog, war auf den literarischen Auftritt Clausewitz' gar nicht gestoßen. Es war der zivilen Literaturkritik vorbehalten, auf diesen Dialog hinzuweisen. Noch bevor der Roman *Krieg und Frieden* in ganzer Länge erschienen war, hatten zahlreiche Literaturkritiker die bereits veröffentlichten Teile einer — zumeist positiven — Beurteilung unterzogen[375]. Der Rezensent S. Navalichin gab 1868 in der Zeitschrift *Delo* unter dem Titel *Der elegante Romancier und seine eleganten Kritiker* den Dialog der »beiden deutschen Offiziere« wörtlich wieder. Er analysierte diese Textstelle aber weniger als Militär, sondern als Nationalrusse und Literaturkritiker. Er ging daher nicht auf die Frage ein, ob ein solcher Plan sachlich geboten war, sondern erfreute sich

---

[372] Zit. nach Tolstoi, Krieg, S. 1061 f. Die Übersetzerin Marianne Kegel entschied sich bei der Wiedergabe der im Original deutschen Textpassagen, in diesem Fall des Dialogs Clausewitz-Wolzogen, um eine scheinbare Glättung des Ausdrucks, die jedoch genau das verdeckt, was im russischen Original zu erkennen ist: die Kenntnis Tolstojs vom Clausewitzschen Hauptwerk. Die meisten Übersetzer entstellen in sog. »zeitgemäßen Bearbeitungen« in Unkenntnis der zeitgenössischen Umstände diese zentrale Passage und tragen dann auch zu Fehldeutungen bei Clausewitz-Forschern bei, denen das Original nicht zugänglich ist, vgl. Schramm, Clausewitz. Leben, S. 367 ff. Eine ausgezeichnete Studie dieses Problems findet sich bei Doepner, Krieg, S. 26 f., 29, der auch auf die Probleme der Übersetzung eingeht.

[373] [Wolzogen], Memoiren; vgl. auch hier Doepner, ebd., S. 27 f.

[374] Vgl. ebd., S. 28 f. Zitat aus Clausewitz, Hinterlassene Werke, Bd 7, S. 18.

[375] Siehe Zelinskij, Russkaja, Bd 3, S. 42—210.

an der patriotischen Anwandlung, die den Helden des Romans, Fürst Bolkonskij, befiel, als dieser Russe, dessen Güter durch den erzwungenen Rückzug ins Landesinnere schwer in Mitleidenschaft gezogen worden waren, das Gespräch der scheinbar am Schicksal Rußlands teilnahmslosen deutschen Offiziere mit anhören mußte[376].

Doch Tolstoj kannte Clausewitz nicht nur hinsichtlich dieser einen Stelle. Friedrich Doepner weist nach, daß Tolstoj eine für das Russische höchst eigentümliche Redewendung bei Clausewitz entlehnt haben muß.

»Tolstoj spricht in Verbindung mit der Leitung der Schlacht von Borodino durch Napoleon von ›seinem sicheren Takt und seiner Kriegserfahrung‹; das ist eine eindeutige Anleihe bei Clausewitz, der in dem Kapitel ›Verteidigung eines Kriegstheaters, wenn keine Entscheidung gesucht wird‹ von dem ›Takt einer langen Erfahrung‹ spricht[377].«

Auch Raymond Aron hat die Charakterstudien der Hauptakteure des Jahres 1812 bei Clausewitz und Tolstoj untersucht und weitere, verblüffende Parallelen ans Licht gebracht. Beide, Tolstoj und Clausewitz, ziehen den General Phull als Karikatur eines erfolglosen Theoretikers, der im Kriege stets versagt, ins Lächerliche[378], und auch in der Einschätzung Kutuzovs, des russischen Oberbefehlshabers nach der Absetzung des »deutschen« Barclay de Tolly, gibt es große Ähnlichkeiten, wenn seine Passivität in der Schlacht von Borodino zur Sprache kommt[379]. Die Beschreibung des Schlachtverlaufs selbst weist ebenfalls eine große Übereinstimmung mit der Darstellung Clausewitz' auf[380].

In der sowjetischen Literatur bemerkte als erster A. A. Svečin, daß Clausewitz von Tolstoj gelesen worden sein muß. Sowohl in seinem Standardwerk *Die Entwicklung der Kriegskunst*[381] wie auch in seiner Clausewitz-Biographie[382] gibt er dafür Belege.

Seit Mitte der 60er Jahre erweckte ein anderer Schwerpunkt, die unterschiedliche, ja gegensätzliche geschichtsphilosophische und konflikttheoretische Einstellung Tolstojs und Clausewitz', das Interesse der fachinternen Diskussion[383]. Anatol Rapoport verwies auf die zahlreichen geschichtstheoretischen und -philosophischen Passagen in Tolstojs Roman *Krieg und Frieden*. Den Krieg hielt Tolstoj für eine periodisch auftretende Seuche, die weder durch menschliche Willensakte noch durch die Anwendung strategischer Wissenschaft in ihrem Verlauf beeinflußt werden könne. Tolstoj, so Rapoport, »akzeptiert also die dynamische (oder kataklysmische) Theorie der großen menschlichen Konflikte und lehnt jede Bedeutung strategischer Theorien ab«[384]. Folgerichtig stehe Napoleon für die Inkarnation des sich selbst Überschätzenden, und Phull werde als Verkörperung eines folgenlos agierenden, pedantischen Dogmatikers gezeigt.

---

[376] Navalichin, Izjaščnyj romanist', S. 202f.
[377] Doepner, Krieg, S. 28.
[378] Aron, Clausewitz. Krieg, S. 599.
[379] Ebd., S. 58.
[380] Ebd., S. 599. Siehe diesbezüglich auch Gembruch, Gedanken, S. 339ff.
[381] Svečin, Évoljucija voennogo iskusstva, Bd 2, S. 188.
[382] Ders., Klauzevic, S. 174.
[383] Vgl. Rapoport, Tolstoi. Bei Aron, Clausewitz. Krieg, S. 598, wird der Untertitel »Zwei Konfliktmodelle und ihre Anwendung« sinnentstellend zitiert. Siehe auch die Studie des französischen Sozialphilosophen Philonenko, Deux théories. Weitere Anstöße siehe bei Aron, ebd., S. 598ff.
[384] Rapoport, ebd., S. 90.

Dieser fatalistischen Geschichtsbetrachtung wird das Denken Clausewitz' gegenüberge-
stellt. Er sah im Volkskrieg nicht, wie Tolstojs Held Fürst Andrej, einen kollektiven
Rauschzustand und die einzig zu rechtfertigende Kriegsform. Für Clausewitz war dies
die Ausnahme, das Extrem, und er bemühte sich, der Mitwelt den Krieg wieder als ratio-
nales und rational handhabbares Mittel nahezubringen. Für ihn war Krieg kein Natur-
ereignis, sondern Instrument der Politik[385]. In der amerikanischen Atomkriegsdebatte
der 60er Jahre machte Rapoport beide Typen der Konfliktbewältigung unter Stichworten wie »Erpressungsdiplomatie«, »Krieg als Epidemie«, »Konflikt und Konkurrenz« oder
»Theorien des Terrors« aus.

Alexis Philonenko zieht in bezug auf die Kriegstheorien des russischen Romanciers und
des preußischen Generals ähnliche Schlüsse. Tolstoj, der in der Welt keinen Sinn und kein
Gesetz erkennen kann, ist daher von Clausewitz und dessen »esprit précis, froid, calcula-
teur«[386] abgestoßen. Drei Gründe führt Tolstoj für die Dominanz des Zufalls, der
Imponderabilie, an: 1. Der Mensch gehorcht im Krieg der Unterordnung in das Unaus-
weichliche, 2. Gott definiert den Weltengang, nicht der Mensch, und 3. Worte wie »Zufall«
und »Genie« sind undefinierbar. Daher akzeptiert der Tolstojsche Sympathieträger General
Kutuzov das Unvermeidliche und möchte als Fatalist vor der großen Schlacht keinen
Plan entwerfen, sondern ausschlafen[387]. Auch Clausewitz operiert mit dem Begriff des
Zufalls, so Philonenko, er führt sogar den Begriff »Friktion« in die Diskussion ein, jedoch
gibt es für ihn Möglichkeiten, die Kraft des Zufalls zu vermindern, und eben das sei
»la fonction du génie militaire«[388]. Im Grunde genommen richte sich dieser geschichtsphilosophische Angriff Tolstojs aber gegen Hegel: »Mais à travers Hegel, Tolstoi s'atta-
quait à un penseur redoutable et profond: Clausewitz[389].«

Raymond Aron führt diese Debatte weiter. Er sieht Clausewitz als unbewußten Mittler zwischen den extremen Positionen Tolstojs und Hegels, der den »Helden« als »unbewußten Vollzieher der Vernunft in der Geschichte« betrachtet, während jener »ihm
jede Wirkung abspricht« und nur die Moral als einzige Größe akzeptieren will. Nach
Aron ist bei Clausewitz »der kriegerische Genius ... ein Künstler insofern, als er schöpferisch ist und nicht nur ein Werkzeug des Schicksals«[390]. Er folgt weder dem blinden
Determinismus Tolstojs, noch erkennt er in jeder Handlung eine teleologische Ausrichtung.

Doch nicht nur Tolstoj reihte Clausewitz in das Komparsenensemble seines großen
Romans ein. Neben dem englischen Schriftsteller Cecil Scott Forester, der dem nüch-
tern-intelligenten Clausewitz in seinem elf Bände umfassenden Romanzyklus um die
Gestalt des britischen Seeoffiziers Horatio Hornblower einen längeren und mehrmali-
gen Auftritt zuteilt[391], ist Clausewitz auch bei Valentin Pikul' in dessen »historischer

---

385 Ebd., S. 90f.
386 Philonenko, Deux théories, S. 11.
387 Ebd., S. 16.
388 Ebd., S. 15.
389 Ebd., S. 9; vgl. auch Aron, Clausewitz. Krieg, S. 599f.
390 Aron, ebd., S. 601.
391 Forester, Kommodore.

Miniatur *Blut, Tränen und Lorbeeren* eine bekannte Persönlichkeit[392]. Wie viele der meisterhaften historischen Erzählungen Pikul's ist auch diese den Ereignissen des Schicksalsjahres 1812 gewidmet. Pikul' würdigt hier die Rolle der Deutschen in russischen Diensten und geht wohl davon aus, daß den russischen Lesern die Gestalten der preußischen Reformer um Stein, Scharnhorst, Gneisenau und Clausewitz keine Unbekannten sind. Er beschreibt Clausewitz als Lieblingsschüler Scharnhorsts und würdigt seine Rolle im Rußlandfeldzug sowie in den Befreiungskriegen, besonders jedoch seinen Beitrag zur Konvention von Tauroggen. Pikul' zitiert hier sogar mitten in der Erzählung aus einer Einschätzung Mehrings über die besagte Konvention, um dem Leser deren Stellenwert zu verdeutlichen[393]. Am Ende zieht er Schlüsse aus dem gemeinsamen Todesjahr vieler preußischer Reformer, 1831, als Stein, Gneisenau und Clausewitz starben, und dem fatalen Weg Preußens, den aufzuhalten nun niemand mehr in der Lage war.

## 8. Ergebnisse

Schon der Umfang des Teils der vorliegenden Arbeit, die sich mit der vorrevolutionären Zeit befaßt, zeigt, daß die Wirkungsgeschichte Clausewitz' im zarischen Rußland weit ausgeprägter war, als die Forschung bislang annahm. Nicht nur, daß in Rußland die frühesten außerdeutschen Kritiken am und Einführungen in das Werk von Clausewitz vorgefunden wurden, auch die Menge und Qualität besonders der frühen Arbeiten zeigt die Bedeutung, die Clausewitz im Kreis der gebildeten russischen Generalstabsoffiziere zukam. Besonderen Anteil an der Popularisierung Clausewitz' an der Kriegsakademie in St. Petersburg hatte unfreiwillig Jomini, der »prinzipielle Gegner Clausewitz'«[394], der sich zu dessen Herabsetzung im Kontext eines vorab veröffentlichten Vorwortes einer zweiten Ausgabe seines bis dato militärtheoretischen Hauptwerkes *Précis de l'art de la guerre* veranlaßt sah. Der intellektuell arrogant und eitel wirkende »Newton der Militärwissenschaft«[395] versuchte damit, einem Wirkungsverlust in seiner Wahlheimat Rußland vorzubeugen.

Der rangniedrigere, aber fachlich überaus kompetente General der Artillerie Baron Medem besaß so viel Zivilcourage[396], im Rahmen seiner Vorlesungstätigkeit und in einer Aufsehen erregenden Publikation Jominis positivistische Theorien abzulehnen und Clausewitz gegen dessen Anwürfe zu verteidigen. Die insgesamt positive Wertung ist auch durch Bogdanovič weitergetragen worden, so daß für die Frühphase der russischen Rezeption von einer kontinuierlichen Akzeptanz des Werkes *Vom Kriege* gesprochen werden kann. Das Beispiel P. A. Jazykovs zeigt, daß daneben eine »Schule« existierte, die aus verschiedenen Gründen Clausewitz ablehnte und der es gelang, unter dem Anschein eines vorgeblichen Bemühens um eine originär russische Militärwissenschaft ihren Einfluß zuneh-

---

[392] Vgl. die Titelgeschichte in: Pikul', Krov', S. 177—188.

[393] Ebd., S. 185.

[394] Vgl. Howard, Studies, S. 28.

[395] Ebd., S. 29.

[396] Vgl. Strategija v trudach voennych klassikov, Bd 1, S. 86.

mend auszuweiten. Immerhin galt Clausewitz als eine feste Größe, mit der man sich in
jedem Fall auseinanderzusetzen hatte. Dennoch kann nicht geleugnet werden, daß Jomini,
der »personally shaped the syllabus of the new Military Academy«, stets gleichrangig
neben Clausewitz im Lehrplan vertreten war und sein Werk in der zweiten Hälfte des
19. Jahrhunderts in größerem Ansehen stand als das seines theoretischen Kontrahenten
Clausewitz. Dies verwundert um so weniger, als zahlreiche Untersuchungen festgestellt
haben, daß der intellektuelle Typus des gebildeten aristokratischen Generalstabsoffiziers,
wie er zwischen 1812 und 1850 insbesondere in den technischen Truppengattungen nicht
selten anzutreffen war, in der Folgezeit immer stärker durch den verarmten bürgerlichen
und nur rudimentär gebildeten Kadettenanstaltsabsolventen abgelöst wurde. Die Mehrheit
der Offiziere hatte geringe Bildung[397], und diese sank noch in den Zeiten Alexanders III.
und Nikolaus' II. Neben dem niedrigeren Sozialprestige des russischen Offiziers — im Vergleich etwa zu seinen deutschen[398], englischen und französischen Kollegen — mußten
vereinzelt prominente Militärtheoretiker auch gegen eine in Militär und Gesellschaft verbreitete antiintellektuelle Stimmung ankämpfen. Obgleich der Generalstab als »Oase der
Intelligenz«[399] verstanden wurde, so konnte auch hier nicht an das Niveau der an den
liberalen westlichen Ideen und Werten orientierten vor- und nachdekabristischen Periode
angeknüpft werden[400]. Der Generalstab degenerierte zur »Elite der Mittelmäßigkeit«[401].
Vor allem durch die Enzyklopädie-Beiträge, die den zeitgenössischen deutschen Forschungs-
stand zumeist nur mit geringer zeitlicher Verzögerung widerspiegelten, ist besonders nach
1870 eine zunehmende Orientierung an der deutschen Militärwissenschaft feststellbar.
Dadurch blieb Clausewitz in den fachlichen Auseinandersetzungen stets präsent, auch
wenn Jomini weiterhin starke Aufmerksamkeit gezollt wurde. Die Untersuchung hat aber
auch gezeigt, daß die Tiefe der frühen russischen Rezeption zunehmend verlorenging. Dieses Resultat ist um so beachtenswerter, als es insbesondere in den Vorworten zu Übersetzungen einzelner Werke weiterhin zu positiven Wertungen kam[402], die veränderte Wahrnehmung mithin nicht als Verfälschung, sondern als Entwicklung verstanden wurde.
Die Aufmerksamkeit, die man Clausewitz entgegenbrachte, drückte sich auch aus im
periodischen Abdruck seiner Hauptwerke[403] im wichtigsten konservativen, halbamtli-
chen und in hoher Auflage erscheinenden *Voennyj Sbornik*, mit dessen Gründung 1861
der neue Kriegsminister und Clausewitz-Kenner Miljutin »glasnost«, die öffentliche Diskussion von Problemen, einleiten wollte[404].
Es ist ein in der Kriegsgeschichte verschiedentlich zu beobachtendes Phänomen, daß der
Unterlegene einer militärischen Auseinandersetzung eher geneigt ist, Innovationen und

---

[397] Kenez, Russian Officer Corps, S. 226. Vgl. auch ders., Profile, S. 124. Kenez weist explizit auf den
    Gegensatz zu den Männern mit großem Intellekt hin.
[398] Vgl. Stein, Offizier, S. 373, 426, 487—492.
[399] Kenez, Russian Officer Corps, S. 227.
[400] Keep, Soldiers, S. 232.
[401] Bushnell, Tsarist Officer Corps, S. 772.
[402] Vgl. auch Marwedel, Interesse, S. 270, und Hahlweg, Soldat, S. 90.
[403] Der Abdruck erfolgte 1888 und 1901/02.
[404] Keep, Soldiers, S. 351, 357.

Reformen zu fördern und durchzuführen. Bezeichnend für die zunehmende geistige Ver-
krustung des Zarenreiches ist die Tatsache, daß weder die Niederlage im Krimkrieg 1856
noch die im Russisch-Japanischen Krieg 1905 zu erfolgreichen Veränderungen im Militärwesen führten. Zahlreiche spätere Aussagen höherer Offiziere sowohl der »weißen«[405]
als auch der »roten« Bürgerkriegspartei zeugen von einer allgemein verbreiteten Kenntnis der Werke Clausewitz'. Ein Indiz für die Oberflächlichkeit dieser Kenntnisse liefert
jedoch B.M. Šapošnikov, wenn er in seinen Memoiren anmerkt: »Clausewitz wurde an
der Akademie nicht als Theoretiker der Lehre vom Kriege anerkannt[406].« Gerade diese
Feststellung ist ein Beleg für die häufig anzutreffende Erfahrung, daß nicht nur bei militärischen Klassikern selten eine meßbare Korrelation zwischen Zitierhäufigkeit und Tiefenwirkung eines Werkes besteht.

Bis zum Ersten Weltkrieg kam es nicht mehr zu originären russischen Diskussionsbei-
trägen. Erst danach erfolgte der Durchbruch der Clausewitzschen Ideen, wenn auch in
einem völlig anderen gesellschaftlichen Kontext. Medem hatte dafür Sorge getragen, daß
Clausewitz in Rußland vorübergehend mehr Beachtung fand als in seiner Heimat. Lenins
neuer Rezeptionsansatz wiederholte in einem gewissen Sinne diese Entwicklung, doch
waren die Auswirkungen seiner Interpretation ungleich größer, weiterreichender und
dauerhafter.

---

405 Vgl. Luckett, White Generals, S. 369.
406 Schaposchnikow, Hirn, S. 119.

# III. Clausewitz in der Sowjetunion

Den posthum erschienenen Memoiren des Marschalls der Sowjetunion und langjährigen Generalstabschefs der Roten Armee, B. M. Šapošnikov, verdanken wir eine wichtige Beobachtung, an die sich der spätere Marschall aus seiner Jugendzeit während der Ausbildung im Generalstab der zarischen Armee erinnerte. Vereinfacht zusammengefaßt lautet sie: Alle Absolventen der Generalstabsakademie kannten Clausewitz — zumindest vage —, doch kaum jemand akzeptierte ihn als Theoretiker des Krieges. So war Clausewitz vor dem Ersten Weltkrieg in Rußland — wie auch in Frankreich oder Deutschland — zwar als angeblicher Verfechter des Dogmas von der Vernichtungsschlacht bekannt, seine wahren Erkenntnisse aber waren größtenteils verschüttet[1].

Dies sollte sich nach der Machtübernahme durch die Bol'ševiki grundlegend ändern. Die Politik legte nun die Befangenheit gegenüber Clausewitz ab und ermunterte die Militärs, ja forderte von ihnen geradezu eine Beschäftigung mit den Theorien des nach den Erfahrungen des Ersten Weltkrieges in weiten Teilen Europas wieder populären preußischen Generals.

Der Erkenntnisdurchbruch, den die Überlegungen Clausewitz' für die Bereiche der Militärwissenschaft, der Kriegsphilosophie, der Militärgeschichte und -theorie bedeuteten, wurde schon im 19. Jahrhundert gern mit den revolutionären Entdeckungen eines Kepler oder Newton verglichen. General Vojde sprach von einer kopernikanischen Wende auf dem Feld der Militärwissenschaft. Wenn man einen solchen Vergleich aufgreift, kann man die Entdeckung und Auslegung von Clausewitz durch V. I. Lenin sicherlich als kopernikanische Wende der Clausewitz-Rezeption nicht nur in Rußland betrachten. Lenin leitete das »Neue Denken« gegenüber dem »alten Clausewitz« ein, machte ihn unter sowjetischen Politikern und Militärs populär und rief so eine Clausewitz-Renaissance hervor, die auf andere Staaten Europas rückwirkte. Er reaktivierte auch die Clausewitz-Kenntnisse gebildeter, ehemals zarischer Generalstabsoffiziere, die als »Militärspezialisten« nolens volens von den Bol'ševiki in die neugegründete Rote Arbeiter- und Bauernarmee aufgenommen wurden.

Die selektive Rezeption und die ideologische Interpretation des Gegenstandes durch den Begründer des Sowjetstaates, Lenin, legten schon sehr früh die Richtung der weiteren »russischen« Clausewitz-Forschung fest und schränkten deren inhaltliche Bandbreite bisweilen erheblich ein. Den schwankenden und wechselhaften ideologischen Einschätzungen von Personen und Ereignissen in der Geschichte der UdSSR fiel auch der preußische General anheim. Von der Kanonisierung bestimmter Passagen seines Werkes durch die Nachfolger Lenins über eine breite militärspezifische Diskussion mit umfangreichen Publikationen und Übersetzungen in den 30er Jahren, über die Verdammung von Person und Werk durch Stalin nach dem für die Sowjetunion militärisch siegreichen »Großen Vater-

---

[1] Siehe dazu Wallach, Dogma.

ländischen Krieg« bis zur Rehabilitierung ab 1956 haben Clausewitz' Arbeiten alle Höhen
und Tiefen der politischen Einschätzung durchschritten. Den Schlußpunkt setzte die
für sowjetische Verhältnisse äußerst kontrovers geführte Debatte über die fortdauernde
Geltung der Formel im Atomzeitalter. Die Wirkungsgeschichte dieses Militärphilosophen war, ebenso wie die vieler anderer »feudaler«, »bürgerlicher« oder auch marxistischer Denker, sehr stark der innenpolitischen Konjunktur unterworfen.
Die vorliegende Arbeit stand vor dem Problem, beim Übergang von der vorrevolutionären zur leninistischen russischen Clausewitz-Forschung entweder an die Tradition der
innermilitärischen Auseinandersetzung anzuknüpfen oder aber die Dynamik der revolutionären Entdeckung und Neuinterpretation von Clausewitz durch Lenin und die Bol'ševiki in den Vordergrund zu stellen. Die fundiertesten sowjetischen Arbeiten über Clausewitz stammen sicherlich aus der Feder ehemaliger Zarenoffiziere. Obwohl man diesen
Strang der Kontinuität nicht unterschätzen darf, ist doch die Tatsache, daß sich mit Lenin
zum ersten Mal ein Politiker mit den zentralen politischen Aussagen Clausewitz' einge-
hend auseinandersetzte, für die neue Forschungsintensität wesentlich bedeutsamer. Dies
gilt auch für die nun eingreifende und alles dominierende marxistisch-leninistische Ideologie, deren sich ab 1920 auch die ehemaligen Zarenoffiziere bedienten oder bedienen
mußten. Im Folgenden wird zu überprüfen sein, ob Hahlwegs Feststellung zutrifft, nach
der die sowjetische Militärtheorie und Strategie ohne Clausewitz nicht verstanden werden könne[2].

## 1. Marxistische Vorläufer der Sowjetrezeption:
## Marx, Engels und Mehring

In der Forschung wird häufig die These vertreten, erst durch die politisch überaus folgen-
schwere Rezeption Clausewitz' durch Lenin sei das Werk *Vom Kriege*, zuvor fast vergessen, wieder in den Rang eines Klassikers der Weltliteratur erhoben worden. Erst die Wirkung, die einige seiner Thesen in der sozialistischen Welt fortan ausüben sollten, führte
auch in der westlichen Hemisphäre erneut zur Beschäftigung mit seinen Arbeiten. Dabei
ist anzumerken, daß Lenin nicht der erste Revolutionär war, der auf Clausewitz stieß.
Hahlweg schrieb in seiner Studie *Lenin und Clausewitz*, daß Werk und Methode des preußischen Generals den revolutionären Marxisten schon frühzeitig aufgefallen seien.

»Diese Kreise versprachen sich von einem Studium des Werkes *Vom Kriege* praktischen Nutzen für
die Vorbereitung und Durchführung der kommenden Sozialrevolution. Clausewitz sollte ihnen helfen, die erkenntnistheoretischen Grundlagen für das Wesen des Krieges, seine Beurteilung und seine
Beziehungen zur Politik zu finden. Man erkannte, daß das Schicksal der Revolution mit der Gewalt,
mit dem Kriege schlechthin verbunden war, sei es ein Krieg gegen den äußeren Feind oder ein Bürgerkrieg. Für die revolutionären Marxisten ergab sich damit die Folgerung, den Krieg als solchen und
seine Elemente zu studieren und die daraus zu gewinnenden Einsichten dem marxistischen Lehrgebäu-
de organisch einzufügen[3].«

---

[2] Hahlweg, Klassiker, S. 223.
[3] Ders., Lenin, S. 31.

Besonders Marx und Engels waren militärischen Fragestellungen und Problemen gegenüber sehr aufgeschlossen, debattierten darüber und veröffentlichten zahlreiche Beiträge in Zeitungen und Lexika über die militärischen Auseinandersetzungen und politischen Folgen der Kriege in der zweiten Hälfte des 19. Jahrhunderts. Als eigentlicher Militärexperte der beiden galt allerdings Friedrich Engels, dessen umfangreiches und langjähriges Studium »in Militaria« ihn nach eigener Aussage befähigen sollte, als »Zivilist« in Diskussionen den Offizieren »theoretisch die Stange zu halten«[4]. Schon bald ausgewiesener Fachmann, unterzeichnete er seine Briefe an Marx oft spöttisch-selbstironisch mit »General«. Engels studierte insbesondere die preußische Militärliteratur, der er »ein sehr hohes Niveau«[5] attestierte. Vor allem Clausewitz gehöre zu den Klassikern auf seinem Gebiet[6]. Clemente Ancona vermutet, daß Engels im zeitlichen Umfeld der Revolutionen von 1848/49 zum ersten Mal mit *Vom Kriege* in Berührung kam[7]. Nachweislich spätestens 1851 aber berichtet er seinem Freund Joseph Weydemeyer über die Absicht, sich an Hand der Werke von Willisen und Clausewitz in den Bereich des Militärischen einzuarbeiten, und fragt: »Was ist an den zweien, und was ist der Mühe wert und was nicht? sowohl theoretisch wie historisch[8].« Erste Hinweise auf die persönliche Einschätzung erhalten wir sieben Jahre später, als Engels 1858 aus Manchester Karl Marx von seinen fortgeschrittenen Studien briefliche Mitteilung macht: »Ich lese u. a. Clausewitz, *Vom Kriege*. Sonderbare Art zu philosophieren, der Sache nach aber sehr gut[9].« Bereits diese erste Begegnung mit dem Clausewitzschen Werk macht deutlich, daß *Vom Kriege* seitens Engels nicht nur ein vordergründig praxisorientierter Wert beigemessen wurde, sondern daß er darin einen philosophisch-phänomenologischen Sinn entdeckt hatte. »Clausewitz' Wesensbestimmung des Krieges als Erscheinungsform des gesellschaftlichen Verkehrs, d. h. als eines integrierenden Bestandteils des ›politischen Verkehrs‹ fand die Aufmerksamkeit und zustimmende Anerkennung Engels[10].« Gerade die Vergleiche, die Clausewitz zwischen militärischen Handlungen und der Sphäre der Wirtschaft herstellte, stoßen bei ihm auf beifälliges Interesse, etwa:

»Das Gefecht ist im Kriege, was die bare Zahlung im Handel ist, so selten sie in der Wirklichkeit vorzukommen braucht, so zielt doch alles darauf hin, und am Ende muß sie doch erfolgen und entscheidet[11].«

Zahlreich sind die Verweise auf Clausewitz in Engels' Kriegskommentaren. Schließlich erschien 1888 in einer Einleitung zu Sigismund Borkheims Broschüre *Zur Erinnerung*

---

[4] Brief Engels' an Marx v. 3. 4. 1851, MEW, Bd 27, S. 231.
[5] Engels, Die Armeen Europas, MEW, Bd 11, S. 443.
[6] Ebd.
[7] Vgl. Ancona, Einfluß, S. 563. Der Hinweis der deutschen Übersetzung in Anm. 12, daß Hahlweg eine ähnlich frühe Datierung in seiner oben zitierten Arbeit vertritt, ist bei kritischer Prüfung nicht zu halten.
[8] Brief Engels' an Weydemeyer v. 19. 6. 1851, MEW, Bd 27, S. 555.
[9] Brief Engels' an Marx v. 7. 1. 1858, MEW, Bd 29, S. 252.
[10] Blasius, Clausewitz, S. 279.
[11] Brief Engels' an Marx v. 7. 1. 1858, MEW, Bd 29, S. 252; vgl. Clausewitz, Vom Kriege. 1980, S. 226, 303. Engels ließ sich auch von anderen Bildern und Vergleichen der Clausewitzschen Sprache inspirieren, vgl. MEW, Bd 30, S. 231.

*für die deutschen Mordspatrioten 1806—1807* gewissermaßen die Summe Engelsscher Clausewitz-Beurteilung, die zum Standardzitat vieler sowjetischer Bücher über Militärwissenschaft geworden ist; er schrieb über die militärische Literatur Preußens, daß sie »in Clausewitz einen Stern erster Größe hervorgebracht«[12] habe.

Weniger befriedigt äußerte sich Engels über die militärhistorischen Teile der *Hinterlassenen Werke*:

»Jomini ist au bout du compte doch der beste Darsteller davon (d. h. der Feldzüge Napoleons, d. Verf.), das Naturgenie Clausewitz will mir trotz mancher hübscher Sachen nicht recht zusagen[13].«

Setzt man dieses Zitat in Zusammenhang mit einem früheren Brief, in dem Engels, nach militärtheoretischen Literaturratschlägen suchend, seinem Freund Weydemeyer erläutert, daß es ihm »auf die Kenntnis des Praktischen, wirklich Existierenden« ankomme, »nicht auf die Systeme oder Schrullen verkannter Genies«[14], wird deutlich, daß er erst nach Jahren ein überwiegend positives Verhältnis zu Clausewitz gewonnen zu haben scheint. Durch Engels' Anregung kam auch Marx mit Clausewitz' Werk in Berührung. Dies weist der Briefwechsel der beiden in den Jahren 1857 und 1858 aus. Hahlweg merkt an, daß wir über den Gang der Studien — im Gegensatz zu denen Lenins — nicht unterrichtet sind, »da nur gelegentliche Bemerkungen beider über den Autor und einzelne Gedanken des Werkes *Vom Kriege* vorliegen«[15]. Auch Marx' Urteil war zunächst zwiespältig. Im Oktober 1857 schreibt er an Engels: » Da ich die Zeit damit verlieren mußte, Clausewitz, Müffling etc. zu lesen, mußte doch einiger Schadensersatz da sein[16].« Dies war wohl weniger eine Kritik an Clausewitz als vielmehr Ausdruck seiner Abneigung gegen die Beschäftigung mit militärtheoretischen Ansätzen überhaupt. Kein Vierteljahr später heißt es dann auch bei Marx:

»Den Clausewitz habe ich bei Gelegenheit des Blücher etwas im allgemeinen durchstöbert. Der Kerl hat einen common sense, der an Witz grenzt[17].«

Zwei Zeitungsartikel aus dem Sommer 1859 weisen, wenn auch eher beiläufig, die Kenntnis auch der kriegsgeschichtlichen Arbeiten Clausewitz' nach. Marx kommentiert mit Zitaten aus den *Hinterlassenen Werken* über die Feldzüge von 1796 und 1799 die Situation im italienischen Unabhängigkeitskrieg 1859[18]. Im gleichen Jahr und auch in den folgenden Jahrzehnten spiegeln zahlreiche Artikel in der Tagespresse und in Broschüren von Engels dessen profunde Clausewitz-Kenntnisse wider[19].

---

[12] Siehe Engels' Einleitung zu Borkheims Broschüre »Zur Erinnerung für die deutschen Mordspatrioten 1806—1807«, MEW, Bd 21, S. 350.
[13] Brief Engels' an Weydemeyer v. 12.4.1853, MEW, Bd 28, S. 577.
[14] Brief Engels' an Weydemeyer v. 19.6.1851, MEW, Bd 27, S. 554. Berger, Engels, S. 56, vertritt daher die These, daß Engels »discovered Clausewitz's theoretical work only in 1858«.
[15] Hahlweg, Lenin, S. 31.
[16] Brief Marx' an Engels v. 31.10.1857, MEW, Bd 29, S. 205. Marx arbeitete für »The New American Cyclopedia« u.a. an dem Artikel über Blücher.
[17] Brief Marx' an Engels v. 11.1.1858, ebd., S. 256.
[18] Marx' Artikel »Bestätigte Wahrheit« in der New York Daily Tribune v. 4.8.1859, MEW, Bd 13, S. 440, und der Artikel »Quid pro quo« in: Das Volk v. 30.7.1859, ebd., S. 450.
[19] Vgl. in diesem Zusammenhang die Studie von Kondylis, Theorie, S. 146—234, die zahlreiche Belege für die Bereiche Krieg, Wirtschaft und Gesellschaft, Krieg und Revolution, Strategie und Taktik,

Abhängig vom politischen Standpunkt des jeweiligen Verfassers wird die Frage nach dem Einfluß Clausewitz' auf das militärische Denken von Marx und Engels überaus kontrovers diskutiert. Hahlweg nimmt an, daß der preußische General die Hauptquelle der militärischen Kenntnisse Engels' war[20], und Walther E. Schmitt[21] behauptet, »daß alle von Marx und Engels ausgearbeiteten Kriterien der politischen und revolutionären Aktion von den genannten Werken inspiriert worden seien«[22]. Der Marxismus-Forscher Karl Korsch sieht ebenfalls eine starke Affinität der Väter des Marxismus zu Clausewitz:

»Die Ähnlichkeit dieses Clausewitz'schen Theorie-Begriffs mit dem Wissenschafts-Begriff des wissenschaftlichen Sozialismus von Marx-Engels ist so außerordentlich groß, daß darüber nichts weiter gesagt zu werden braucht. Sie ist zugleich durchaus nicht auffallend, weil beide aus der gleichen Quelle, dem dialektischen Philosophie- und Wissenschaftsbegriff Hegels, entstanden sind[23].«

Neben den unmittelbaren Bezugnahmen von Marx und Engels auf Clausewitz stellt sich die wesentlich wichtigere Frage nach dem Niederschlag seiner Kriegsphilosophie im ideologischen Denken der »Urmarxisten«. Dieser Fragestellung ging Dirk Blasius in einer eigenständigen Arbeit nach[24]. Er entwickelte das unterschiedliche Staats- und damit Politikverständnis des Generals und der beiden Revolutionäre aus der ihre Feststellungen formenden historischen Wirklichkeit und Umgebung. Die Erfahrungen, die Clausewitz' Leben und Denken bestimmten, die Französische Revolution und die Napoleonischen Kriege, ließen ihn den Staat »als Großpersönlichkeit, als bewußte, handelnde und in steter Reibung mit anderen Staaten begriffene Individualität«[25] begreifen. Clausewitz' Kriegsbegriff setzt also einen ständigen — erlebten — Antagonismus staatlicher Potenzen voraus, aus dem er den Primat der Außenpolitik folgerte[26]. »Seiner rein formalen Bestimmung des Krieges als ›einer bloßen Fortsetzung der Politik mit anderen Mitteln‹[27] liegt die Vorstellung zugrunde, daß der Staat Träger politischen Handelns sei[28].« Clausewitz stellte die Legitimität einer bestehenden Staatlichkeit nicht in Frage, im Gegenteil, der Clausewitzsche Kriegsbegriff setzte, so Carl Schmitt, »die Regularität«[29] einer solchen Staatlichkeit voraus.

Anders Marx und Engels. Sie stellten den Staat als alleinigen Träger des politischen und des daraus abgeleiteten militärischen Handelns in ihrem ideologisch-philosophischen System und Weltbild in Frage.

---

Guerillakrieg und Milizarmee, den Engelsschen Primat der Offensive, die aktive Verteidigung, das Verhältnis von stehendem Heer und Partisanen usw. zusammengestellt hat, die zu würdigen den Rahmen dieser Arbeit sprengen würde.

[20] Für diese Behauptung führt Ancona erneut Hahlwegs Einführungsartikel, Clausewitzbild, S. 35 ff., an, doch wird dies in dieser Deutlichkeit von Hahlweg nicht unterstellt. Vgl. Ancona, Einfluß, S. 565, Anm. 25.

[21] W. E. Schmitt, Lenin.

[22] So Ancona, Einfluß, S. 565, der Schmitt als »Kommunistenfresser« nur widerwillig zitiert.

[23] Korsch, Theorie-Begriff, S. 559.

[24] Vgl. Blasius, Clausewitz, S. 278, 291.

[25] Rothfels, Clausewitz, S. 103.

[26] Blasius, Clausewitz, S. 281.

[27] Clausewitz, Vom Kriege. 1980, S. 210.

[28] Blasius, Clausewitz, S. 281.

[29] Vgl. C. Schmitt, Theorie, S. 94.

»Während der Clausewitz'sche Kriegsbegriff von einem Geschichtsbild geprägt wurde, in dem ... der
Staat als die gestaltende Kraft des geschichtlichen Lebens erkannt wurde, sehen Marx und Engels die
Klassen als die einzig bewegenden Einheiten der geschichtlich-gesellschaftlichen Wirklichkeit an. Der
Marxismus nimmt von seinen ideologischen Grundpositionen her den Krieg aus dem zwischenstaatli-
chen Bereich in den innerstaatlichen zurück, der durch einen Antagonismus gesellschaftlicher Poten-
zen, der Klassen, gekennzeichnet ist. Dadurch wird nicht nur das Fundament des Clausewitz'schen
Kriegsbegriffes aufgegeben, sondern der Begriff des Krieges überhaupt einer Wandlung unterzogen[30].«

Der Klassenbegriff erfährt im Marxismus eine Erweiterung von einer rein ökonomischen
zu einer politischen Größe.

»Der von Clausewitz aus der geschichtlichen Wirklichkeit gewonnene Kriegsbegriff ist durch Begriffe
›Bürgerkrieg‹, ›Klassenkampf‹ und ›Revolution‹ zu ergänzen, eben weil sich die geschichtliche Wirklichkeit geändert hat[31].«

Lediglich die Definition des Krieges als eines »Aktes der Gewalt«, um, so Clausewitz,
den Gegner zur Erfüllung unseres Willens zu zwingen, »korrespondiert (mit) dem gewalt-
sam-aktivistischen Element der marxistischen Revolutionstheorie«[32]. Aus sozialistischer
Position hebt Ancona stärker die Unterschiede beider Auffassungen hervor. Er führt
ein weiteres ökonomisches Argument als Hinweis auf die divergierenden Denkansätze
an. Engels, unterstreicht er,

»hingegen, der den gemeinsamen Nenner des Krieges und der Ökonomie betont, hat mit Ökonomie
nicht bloß wirtschaftspolitisches oder schlicht ökonomisches Handeln im Sinne, sondern die Entwicklung der Produktion und der Produktionstechnik; somit achtet er mehr auf den Zusammenhang von
Wirtschafts- und Militärpotenz als zwischen ökonomischen und militärischen Handlungen«[33].

In weitaus größerem Maße betrachtete Engels die ökonomische Potenz eines Staates als
wesentliche Voraussetzung für effektives militärisches Handeln.
Dennoch: Die zentrale Erkenntnis, die Engels und Marx bei Clausewitz entlehnten, war
der Zusammenhang zwischen Krieg und Politik in seinen vielfältigen Erscheinungsformen. Selbst scheinbar nebensächliche kriegsgeschichtliche Artikel, beispielsweise der
Marxsche über den Krieg von 1859, verdeutlichten die Beziehung, die Marx dem Militär
und der Diplomatie als Teil der Politik unterstellt:

»General Clausewitz, in einer Schrift über den österreichisch-französischen Feldzug von 1799 bemerkt,
daß Österreich so oft unterlag, weil die Anlage seiner Schlachten, strategisch wie taktisch, nicht auf
wirkliches Erringen des Sieges berechnet war, sondern vielmehr auf Ausbeutung des antizipierten Sieges. Umgehen des Feindes auf beiden Flügeln, Umzingelung, Zersplitterung der eigenen Armee nach
den entlegensten Punkten, um dem in der Idee geschlagenen Feind alle Schlupfwinkel zu versperren
— diese und ähnliche Maßregeln zur Ausbeutung des phantastischen Sieges waren jedesmal die prak-
tischsten Mittel zur Sicherung der Niederlage. Was von Österreichs Kriegsführung, gilt von Preußens
Diplomatie[34].«

Nicht nur der direkt auf Clausewitz basierende Vergleich der Dislozierung des österreichischen Feldheeres 1799 und 1859, auch der strategische Zusammenhang von Militär und

---

[30] Blasius, Clausewitz, S. 281.
[31] Ebd.
[32] Ebd.
[33] Ancona, Einfluß, S. 566.
[34] Marx, Quid pro Quo, in: Das Volk Nr. 13 v. 30.7.1859, in: MEW, Bd 13, S. 450.

Politik fällt hier unbedingt ins Auge. Weitere direkte Anleihen sind bei der Beurteilung der Interdependenz von Angriff und Verteidigung festzustellen, die bei Engels und Marx wie schon von Clausewitz in ihrer dialektischen Verbindung gesehen werden. Es ist nur konsequent, daß die Begründer der marxistischen Weltanschauung besonderes Augenmerk auf den Angriff legten und dabei den »positiven Zweck, das Erobern«[35], unterstrichen. Die zu erstrebenden Veränderungen, welche in ihrer, eine neue Gesellschaft antizipierenden Weltsicht beschrieben worden sind, konnten nur mit den »positiv erkämpften Vorteil[en]«[36] einer Offensive des Proletariats errungen werden.

Der nationalstaatliche Krieg wurde als Revolutionskatalysator erkannt und damit in bezug auf seine zu erwartenden Auswirkungen begrüßt. Der Übergang von den Kabinettskriegen des 18. Jahrhunderts zu den Volkskriegen der Epoche der französischen Revolutionskriege und zu den nationalstaatlichen Einigungskriegen des 19. Jahrhunderts bestärkte Marx und Engels dabei in ihrer Analyse. Gerade der schon von Clausewitz beschriebene Volkskrieg der Partisanen und Parteigänger, d.h. die Bewaffnung weiter Teile der Bauern und Arbeiter und deren gemeinsame Aktionen mit dem aktiven Heer, schuf für die Revolutionäre ein völlig neues Reservoir an potentiellen Kämpfern. Clausewitz beschreibt den Volkskrieg »im kultivierten Europa [als] eine Erscheinung des 19. Jahrhunderts«[37]. Er ist »eine Erweiterung und Verstärkung des ganzen Gärungsprozesses, den wir Krieg nennen«[38]. Sichtbar liegt bei Clausewitz der Schwerpunkt des Phänomens »Volkskrieg« auf der außenpolitischen Ebene, geht er von einem in Krisenzeiten relativ homogenen Volkskörper mit gemeinsamen Interessen aus. Die Marxisten hingegen rekurrieren auf

»die heterogenen Elemente und Strömungen, die ein Volk durchziehen. Gerade diese sollten sich während des großen Gärungsprozesses ... zu gewaltsamen revolutionären Aktionen entladen. Somit wird deutlich, warum die marxistischen Denker an den Clausewitz'schen Begriff des Volkskrieges als der Form des Krieges, die dem absoluten am nächsten steht, anknüpfen[39].«

Daher auch die Feststellung S. Neumanns: »Marx and Engels can rightly be called the fathers of modern total war«[40], denn kein Krieg erfaßt eine Nation in vollständigerer und unausweichlicherer Weise als ein auf ökonomischen Motiven basierender Bürgerkrieg.

Eine umfassende Analyse der marxistischen Kriegstheorie vor der russischen Oktoberrevolution kann und soll an dieser Stelle nicht geleistet werden. Trotz des umfangreichen militärtheoretischen und tagespolitischen Œuvres von Marx und Engels kann Martin Berger zu Recht resümieren, daß Engels

»attained considerable public and professional success with his writings on military affairs, but he did not shape the course of nineteenth-century military thought; during Engels' lifetime, military science had more impact on Marxism than Marxism had on military science«[41].

---

[35] Clausewitz, Vom Kriege. 1980, S. 615.

[36] Brief Engels' an Marx v. 5.5.1862, MEW, Bd 30, S. 231.

[37] Clausewitz, Vom Kriege. 1980, S. 799.

[38] Ebd.

[39] Blasius, Clausewitz, S. 289. Vgl. auch Strokov, Engel's, S. 17, und Babin, Engel's, S. 3—9.

[40] Neumann, Engels, S. 156. Auch Miksche, Unconditional, S. 336, vertritt die Auffassung, daß Engels 1870, also lange vor Ludendorff, als Erfinder des totalen Krieges betrachtet werden könne, denn er »had pointed out the close connection between policy, economy and strategy«.

[41] Berger, Engels, S. 13.

Diese frühmarxistischen, auf antizipierte Verhältnisse hin konzipierten militärischen Gedanken und Entwürfe, denen unter anderem Clausewitz' Werk als »Laboratorium für sozialrevolutionäre Strategie«[42] diente, erlebten ihre »Generalprobe« unter modifizierten historischen Bedingungen, die ihre Schöpfer nicht mehr erlebten.

Franz Mehring, seit 1891 überzeugter Marxist, der um 1880 mit Marx' und Engels' Werken in Kontakt gekommen war, wird Clausewitz bereits früher kennengelernt haben. Schon 1875 veröffentlichte er eine Reihe von kleineren Büchern über die preußische Geschichte, und »es ist unwahrscheinlich, daß er bei dieser Gelegenheit nicht die Clausewitzschen Arbeiten konsultiert haben sollte, zumal ihre Bedeutung im Hinblick auf die Napoleonischen Kriege ... von den deutschen Historikern beständig hervorgehoben wurde, besonders nach 1870/71«[43]. Der Verfasser folgt im weiteren der Mehringschen Clausewitz-Rezeption nach Ancona[44], da dieser nicht nur den Gang der Wirkungsgeschichte nachzeichnet, sondern Mehring als ideologisches Bindeglied zwischen der Engelsschen und der Leninschen Clausewitz-Aufnahme betrachtet[45].

Eine ausdrückliche Bezugnahme auf das Werk des preußischen Generals findet man

»erstmals in Mehrings berühmter *Lessing-Legende*, die 1892 in Form von Artikeln in der *Neuen Zeit*, der theoretischen Zeitschrift der SPD, erschien[46]. In einem dieser Artikel äußert sich Mehring wie folgt: ›... Will man die Überlegenheit des historischen Materialismus auch auf diesem Gebiet erkennen, so vergleiche man die Darstellung (sc. im *Anti-Dühring*) mit dem kriegsgeschichtlichen Abriß von Clausewitz' *Vom Kriege* ... Es versteht sich, daß damit kein Schatten auf Clausewitz geworfen werden soll, dessen Schriften für das Erkenntnisvermögen seiner Zeit epochemachend waren und heute noch die vorzüglichste Quelle für die Theorie vom Kriege bilden‹[47] ... Hier scheint Mehring Clausewitz' Werk als das beste ›bürgerliche‹ Produkt angesehen zu haben, gerade auch auf militärischem Gebiet; von daher verweist er auch auf die unbezweifelbare qualitative Überlegenheit des historischen Materialismus. Sein Urteil, sowohl hinsichtlich des historischen Materialismus wie auch über den Wert der historischen und theoretischen Arbeit Clausewitz', blieb nicht nur in der Substanz unverändert, sondern wurde auch Grundlage seiner militärfachlichen Studien. Die Ergebnisse dieser Studien fanden ihren Niederschlag in einer beträchtlichen Anzahl von Schriften sowohl zur Geschichte und Theorie des Krieges, wie auch zur allgemeinen politischen Geschichte und zur Theorie revolutionären Handelns[48]. Hier wird eine Grundauffassung der militärischen Probleme erkennbar, die man zu Anfang als — sozusagen — ›bürgerlich-clausewitzisch‹ bezeichnen könnte. Diese Auffassung (vielleicht gerade ausgehend von den Forschungen zur *Lessing-Legende*) wurde später revidiert und in marxistischem Sinne weiterentwickelt und schließlich der neuen historischen Lage, die den Ersten Weltkrieg verursachte, angepaßt. Diese Anpassungsleistung, wenigsten 3—4mal erneuert, kann auf dem Gebiet der marxistischen Theorie militärischen Geschehens und seiner Geschichte als Meisterstück dieses bedeutenden deutschen sozialistischen Schriftstellers betrachtet werden. Mit anderen Worten: An Mehrings Werk ist deutlich das Kontinuitätsverhältnis, die Bezugnahme auf Clausewitz' Werk ablesbar, was man bei Marx und Engels nicht erkennen kann, obschon ihr Denken

[42] Beyerhaus, Clausewitz, S. 108.
[43] Ancona, Einfluß, S. 571.
[44] Der Verfasser folgt hier einer Argumentation, die er für den Werdegang der Leninschen Clausewitz-Rezeption für unerläßlich hält. Da er diesen Zusammenhang nicht trefflicher oder kürzer darzustellen vermag, sei hier ein längeres Zitat gestattet.
[45] Diese Bindegliedfunktion hält auch Schössler, Clausewitz, S. 123f., für wahrscheinlich.
[46] Mehring, Lessing-Legende.
[47] Ebd., S. 180.
[48] Ders., Krieg.

— ausgenommen in unwesentlicheren Fragen wie z. B. zum Problem des militärischen ›Genies‹ — nicht im Gegensatz zu Clausewitz' Theorien stand, sondern seine Kriegstheorie sogar ergänzte und vertiefte. In der *Lessing-Legende*[49] betonte Mehring den historischen und theoretischen Beitrag Clausewitz' (seine Unterscheidung zwischen Söldner- und nationalen Heeren, zwischen Kabinetts- und Revolutionskriegen; die ›objektive‹ Überlegenheit eines die Politik beherrschenden Feldherrn im Vergleich zu einem der politischen Macht unterworfenen Feldherrn, usw.), um so den ›reaktionären Friedrich-Mythos‹ zu zerstören ...; in seiner militärgeschichtlichen und militärtheoretischen Arbeit über Gustav Adolf unterstreicht Mehring vom Standpunkt des historischen Materialismus aus die Bedeutung der Thesen Clausewitz' über den Zusammenhang von Krieg und Politik[50]. In dem Artikel *Eine Schraube ohne Ende*, der einige Jahre vorher erschien, entwickelte Mehring die folgende These: ›Der Krieg ist nach dem bekannten Worte von Clausewitz die Fortsetzung der Politik mit gewaltsamen Mitteln; er ist die ultima ratio, der letzte Vernunftgrad, die unzertrennliche Begleiterscheinung der kapitalistischen wie jeder Klassengesellschaft; er ist die Entladung historischer Gegensätze, die sich dermaßen zugespitzt haben, daß es kein anderes Mittel mehr gibt, sie auszugleichen. Damit ist im Grunde schon gesagt, daß der Krieg mit Moral und Recht überhaupt nichts zu schaffen hat[51].‹ Dieses Clausewitzsche Prinzip, analog korrigiert und im marxistischen Sinne fortentwickelt, wurde von Mehring in zwei Artikeln aus dem Jahre 1914[52] bekräftigt, als innerhalb der II. Internationale größte Verwirrung und schärfste Polemik in bezug auf die Kriegs- und Friedensfragen vorherrschten. In einem dieser Artikel zeigt Mehring eindeutig, daß er die bekannte Auffassung Engels über den Zusammenhang von Krieg und Ökonomie als logische Folge der Bestätigung des Verhältnisses von Krieg und Politik begreift[53] ...

Schon eine oberflächliche Lektüre seiner militärischen und militärgeschichtlichen Schriften genügt, um seiner großen Achtung für Clausewitz' Werk, Leben und Denken gewahr zu werden. Aus diesen Schriften ist es auch leicht zu erschließen, wie geduldig Mehring vorging, um in Marx' und Engels' Werken Bezüge und Hinweise auf das Denken des preußischen Theoretikers aufzudecken als Wegweiser für eine richtige Interpretation der Clausewitzschen Kriegstheorie[54]. Mehrings Meinung über diese Theorie und ihren Urheber war insgesamt sehr positiv. Zahlreiche seiner Beurteilungen finden sich zusammengefaßt auf einigen Seiten eines Aufsatzes zur Militärgeschichte und -theorie, erschienen 1914 als Artikelserie in der *Neuen Zeit* unter dem Titel *Kriegsgeschichtliche Streifzüge*[55] ...

---

[49] Ders., Lessing-Legende, S. 179 ff.

[50] Ders., Krieg, Bd 1, S. 337—402.

[51] Ebd., S. 130. Ancona, Einfluß, geht hier nicht auf die Frage nach der Moral im Kriege ein; kurz zuvor, S. 566, führt er im Zusammenhang mit Engels aus, daß Clausewitz und der »wissenschaftliche Materialismus« auch schon deswegen nur schwer in einem gemeinsamen System zur Deckung zu bringen seien, da der »wissenschaftliche Materialismus ... eine gewisse ethische Auffassung der Welt voraussetzt; die Lehre Clausewitz' (hingegen, d. Verf.) meidet jegliche ethische Auffassung«. Ancona zieht zwar in Betracht, daß Clausewitz nicht a priori anti-ethisch ist, sondern seine Absicht in der nüchtern-sachlichen, phänomenologischen Beschreibung des Wesens des Krieges und seiner Erscheinungsformen bestanden habe. Den Marxisten unterstellt er bei ihren militärtheoretischen Studien mit den bekannten praktischen Ableitungen philanthropisch-moralische Intentionen und übersieht, daß die Marxisten den Krieg als Mittel genauso nüchtern wie Clausewitz betrachten und sie mit der klassenlosen Gesellschaft lediglich eine scheinbar humane sozialutopische Zielvorstellung vor Augen hatten. Gerade in der sowjetischen Literatur wird betont, daß Engels die Diskussion um den Krieg von den moralischen Einwänden bürgerlicher Pazifisten befreit habe.

[52] Die Aufsätze »Vom Wesen des Krieges« und »Kriegsgeschichtliche Streifzüge« erschienen erstmals in der Zeitschrift »Die Neue Zeit«, 33 (1914/1915), Wiederabdruck in: Mehring, Krieg, Bd 1, S. 147—158, 403—472.

[53] Ebd., S. 460.

[54] Ebd., S. 479 ff.

[55] Ebd., passim.

Zu Clausewitz' Forschungsmethode sagt Mehring: ›In seinem Hauptwerk weist Clausewitz, ganz im Geiste, wenn auch nicht in der Sprache Hegels, den Krieg als einen dialektischen Prozeß nach, der sich in Widersprüchen vollzieht, die sich beständig in einer höheren Einheit auflösen. Die harte und rauhe Natur des Krieges schützte ihn dabei vor jeder ideologischen Entgleisung. Und noch mehr schützte ihn davor sein echt historischer Sinn, obgleich seine historischen Kenntnisse weder sehr tief gingen noch sehr weit reichten‹[56] ...

Mehring mißt Clausewitz auch das Verdienst zu, die Bedeutung des objektiven historischen Augenblicks gespürt zu haben: ›Clausewitz‹, schrieb er, ›ließ sich ... nicht zu einem geringschätzigen Mißurteil über die Strategie eines Gustav Adolf oder Friedrich verleiten, sondern suchte in jedem einzelnen Falle die sachlichen Gründe zu erkennen, weshalb sie so und nicht anders gehandelt hatten.‹[57] ... Er bezog sich weiter auf die Tatsache, daß Clausewitz die große Bedeutung der Wirtschaft im Ablauf von Kriegen nicht berücksichtigt hatte und meinte dazu: ›... Daß die Strategie der Gustav Adolf und Friedrich nicht durch die herrschenden Ideen sozusagen abgelenkt, sondern in letzter Instanz durch die ökonomischen Zustände ihrer Zeit bestimmt wurde, konnte Clausewitz bei dem damaligen Stand der historischen Forschung nicht erkennen‹[58] ...

Mehring äußerte sich ebenfalls über Clausewitz' Unterscheidung zwischen Niederwerfungskrieg und Ermattungskrieg und hielt diese Unterscheidung für nicht genügend klar: ›... ob er bei der von ihm beabsichtigten nochmaligen Durcharbeitung seines Werkes wenigstens zu einer ganz klaren Unterscheidung zwischen Ermattungs- und Niederwerfungsstrategie gelangt wäre, muß dahingestellt bleiben‹[59] ... Mehring führte den erfolgreichen Verlauf der preußischen Kriege der Jahre 1866 und 1870 auf die Tatsache zurück, daß die Führer des Hohenzollern-Heeres — auch im Bewußtsein, einen ›gerechten Krieg‹ zu führen — die Lehren Clausewitz' beherzigten; doch kritisierte er den Dogmatismus, der nach 1870 in den deutschen Militärkreisen herrschte, die *Vom Kriege* ansahen wie Orthodoxe die Bibel[60] ...

Franz Mehring anerkannte und betonte den dialektischen Charakter von Clausewitz' methodischem Vorgehen. Er war wahrscheinlich der erste Marxist, der die Thesen Clausewitz' zum Verhältnis Krieg und Politik und zur Natur des Krieges klar herausgearbeitet und weiterentwickelt hat; und er ist der erste, der Engels' These zum Zusammenhang von wirtschaftlicher Produktionsentwicklung und Entwicklung der daraus folgenden militärischen Potenz erkannte. Mehring war es auch, der nach Engels und vor Lenin — besser als jeder andere — das Phänomen Krieg als ›sekundären Widerspruch‹ von in Klassen gespalteten Gesellschaften und somit auch der kapitalistischen Gesellschaft zu definieren verstand. Dann entwickelte er in marxistischem Sinne Clausewitz' Verständnis der Begriffspaare Krieg — Politik und Angriff — Verteidigung weiter unter Betonung der dialektischen Beziehung, womit er bei weitem die Schlußfolgerungen seines Zeitgenossen Jaurès übertraf. Obschon Mehring den politischen Wert der Werke Clausewitz' anerkannt hatte, behauptete er doch nicht — oder konnte es auch nicht entwickeln —, daß die Arbeiten *direkt* (kursiv durch Ancona, d. Verf.) eine gültige Theorie abgeben könnten sowohl für bewaffnetes Handeln im engeren Sinne, als auch für politisches Handeln (ganz allgemein als Klassenkampf verstanden)[61].«

---

[56] Ebd., S. 459. Gegen die letzte Behauptung, die bei Ancona unwidersprochen bleibt, trat schon 1930 der deutsche Marxist P. Braun anläßlich der Würdigung des 150. Geburtstages von Clausewitz auf. Auf diese Aussage bezogen schreibt er: »Das letztere mag dahingestellt bleiben. Hier irrt sich Mehring ohne Zweifel.« Vgl. P. Braun, Clausewitz. Im gleichen Aufsatz weist er auch darauf hin, daß Mehring 1899 Clausewitz »in der Auseinandersetzung mit den Revisionisten um Bernstein ins Feld geführt habe«.

[57] Mehring, Krieg, Bd 1, S. 460.

[58] Ebd.

[59] Ebd.

[60] Ebd., S. 460 f.

[61] Ancona, Einfluß, S. 570—575.

Zu diesem Ergebnis, so Ancona, kam erst Lenin, dessen ausgeprägte Gabe, die Praxis mit der Theorie zu versöhnen, ihm den praktischen, d.h. militärischen Zugang zum Kern der Clausewitzschen Lehren verschaffte.

Die Forschung beschäftigte in der Folgezeit die Frage, ob Lenin durch die Lektüre von Dragomirov, Leer oder die Herausgabe des Briefwechsels zwischen Marx und Engels, vielleicht aber auch durch die Arbeiten des Historiographen der deutschen Sozialdemokratie, Franz Mehring, auf Clausewitz gestoßen ist. Für die letzte Annahme sprechen die meisten Argumente.

## 2. Lenins »Tetradka«: Grundlage, Impuls und Begrenzung der sowjetischen Auseinandersetzung mit Clausewitz

V. I. Uljanov (Lenin) befaßte sich schon lange vor Ausbruch des Ersten Weltkrieges mit militärischen Problemen und Sachverhalten. Daß er in diesem Zusammenhang eine umfangreiche Anzahl relevanter Werke zu Rate gezogen hat, bezeugen sowohl seine Lebensgefährtin N. K. Krupskaja als auch die Sammlung an Militärliteratur, die in seiner persönlichen Bibliothek im Kreml nach seinem Tode katalogisiert wurde[62]. Leider geht daraus nicht hervor, zu welchem Zeitpunkt er das jeweilige Buch erwarb oder las, zumal das Gros der dort aufgeführten Werke keine oder keine zeitlich datierbaren Marginalien von seiner Hand enthielt. Es ist dennoch möglich, daß er in älteren russischen Arbeiten schon vor 1914 flüchtig auf den Namen Clausewitz gestoßen ist, ohne daß ihm in dieser Phase eine eingehende Beschäftigung mit dessen Hauptwerk notwendig erschien[63]. Die meisten Militärschriftsteller hat Lenin jedoch auf Anraten von Offizieren, die der Sache der Bol'ševiki ergeben waren, nach dem Ersten Weltkrieg gelesen. So wurde er während des Bürgerkrieges von M. D. Bonč-Bruevič auf die *Strategie* von G. A. Leer hingewiesen, worauf Lenin einen Mitarbeiter beauftragte, ihm dieses Lehrbuch zu besorgen[64]. Aber:

»Schon lange vor dem Oktober 1917 führte Lenin eine kolossale Arbeit über die Verallgemeinerung der Erfahrungen aus Kriegen, Revolutionen und Aufständen durch und studierte alles, was Marx und Engels über das Militärwesen geschrieben hatten, insbesondere ihre Aufsätze über den Krimkrieg 1853—56. Er studierte die Napoleon.schen Kriege, die Erfahrungen der bewaffneten Aufstände des französischen Proletariats in den Tagen der Pariser Kommune und der ersten russischen Revolution ... Neben anderen Werken zur Militärgeschichte las Lenin die *Allgemeinen Prinzipien des Krieges* von Friedrich II., Moltkes *Geschichte des Französisch-Preußischen Krieges*, Blumes *Strategie* sowie eine zweibändige Arbeit ... über den Russisch-Japanischen Krieg der Jahre 1904—1905[65].«

Nadežda Krupskaja wird ebenfalls gern von den sowjetischen Militärtheoretikern als »Gewährsmann« für die umfassende militärische Bildung zitiert, die sich Lenin im Laufe seines Lebens aneignete.

---

[62] Siehe auch W. I. Lenin, S. 10.
[63] Vgl. Possony, Jahrhundert, S. 60.
[64] Vgl. Bonč-Bruevič, Vsja vlast', S. 252f., und Žilin, Lenin, S. 4.
[65] Ebd., S. 3f.

»Iljitsch hatte nicht nur alles gelesen und aufs sorgfältigste durchdacht, was Marx und Engels über die Revolution und den Aufstand geschrieben haben. Er hatte gar manches Werk über die Kriegskunst gelesen und die Technik und Organisation des bewaffneten Aufstands nach allen Seiten hin erwogen. Er beschäftigte sich mit dieser Sache viel mehr, als man weiß[66].«

Im Folgenden seien nur einige Titel aus Lenins Kremlbibliothek genannt, die ihn zumindest flüchtig mit Clausewitz bekannt gemacht haben können. Unter den mehr als 80[67] Büchern militärischen Inhalts befanden sich die oben erwähnte *Strategie* von G. A. Leer sowie die auch von diesem herausgegebene *Enzyklopädie der militärischen und Marinewissenschaften*. N. P. Michnevičs *Grundlagen der russischen Militärkunst* und die gesammelten Werke von M. I. Dragomirov standen ebenso in den Leninschen Regalen wie spätere sowjetische Arbeiten über die *Einheitliche Militärdoktrin und die Rote Armee* von M. V. Frunze, S. I. Gusevs *Lehren aus dem Bürgerkrieg* sowie mehrere Jahrgänge militärischer Fachzeitschriften[68]. Aus einem Aufsatz J. Kortkows geht hervor, daß Lenin auch Johann v. Blochs *Der zukünftige Krieg in technischer, politischer und ökonomischer Hinsicht* studierte[69]; dieser Autor geht ebenfalls mehrmals auf Clausewitz ein. V. Zakharov katalogisierte die Leninsche Bibliothek und schlüsselte die militärische Literatur folgendermaßen auf: »Sa bibliothèque personnelle au Kremlin comportait 20 livres sur l'histoire de la première guerre mondiale, 72 sur l'histoire de la guerre civile et 84 sur diverses questions de stratégie et de tactique[70].«

a) Lenin stößt auf das Werk »Vom Kriege«

In bezug auf die Bücher der Kremlbibliothek ist — wie bereits ausgeführt — nicht eruierbar, ob Lenin sie genau kannte, wann er sie erwarb und ob er sie gelesen hat. Exzerpte aus Leers oder Michnevičs Arbeiten liegen nicht vor, und Marginalien zu diesen Werken sind aus seiner Hand auch nicht überliefert. Am wahrscheinlichsten ist, wie schon bemerkt, die Annahme, Lenin sei mit Clausewitz durch die Lektüre von Mehrings Schriften oder die Herausgabe des Briefwechsels zwischen Marx und Engels bekannt geworden. Erst das kritische Lob dieser marxistischen Autoritäten habe — so die Vermutung — sein Interesse am Werk des preußischen Generals geweckt. Die sowjetische Partei- und Militärgeschichtsschreibung weist darauf hin, daß Lenin Passagen militärischen Inhalts der Werke von Marx und Engels schon lange vor dem Ersten Weltkrieg gekannt habe und sich diese Kenntnisse in seinen ersten Arbeiten, die sich mit militärischen Problemen befaßten, niederschlugen. Aus seiner Feder stammten die »ersten marxistischen Bewertungen des Russisch-Japanischen Krieges«[71], denn in seiner Schrift über den *Fall von Port Arthur*[72]

---

[66] Krupskaja, Vospominanija, S. 99, deutsch zit. nach W. I. Lenin, S. 10; siehe auch Pilster, Rußland-Sowjetunion, S. 95.

[67] Žilin, Lenin, S. 3 f., nennt ca. 80 Titel, während Zakharov, Lénine, S. 15, gut 180 Titel addiert.

[68] Vgl. Žilin, ebd., S. 4. Siehe auch Azovcev, Lenin, S. 5.

[69] Kortkow, Lenin, S. 198.

[70] Zakharov, Lénine, S. 15.

[71] Vgl. Žilin, Lenin, S. 5.

[72] Vgl. Azovcev, Lenin , S. 5.

habe Lenin erkannt, daß der Krieg von den Völkern geführt werde und daß daher gerade in der heutigen Zeit, d. h. 1905, sehr enge Verbindungen zwischen der militärischen Organisation und dem gesamten wirtschaftlichen und kulturellen Aufbau eines Staatswesens bestünden[73]. In anderen Artikeln äußerte er sich zur Definition des Begriffs »Militärwissenschaft«, und seine Forderung, nach der die Streitmacht eines sozialistischen Staates »eine nach dem neuesten Stand der Militärwissenschaft ausgebildete, bewaffnete und organisierte Armee« sein müsse, fand später ihren Niederschlag in einer Resolution des VIII. Parteitags der KPR (B) 1919[74]. Tagespolitische Arbeiten Lenins zur ersten russischen Revolution von 1905 bis 1907 offenbaren weitere Anhaltspunkte für sein wachsendes Interesse an militärischen Angelegenheiten. Sie führten zu der Erkenntnis, daß ohne militärische Organisation und Organisiertheit sich eine Revolution nur schwerlich durchsetzen oder gar behaupten läßt. Bezüglich Lenins frühen Schriften zu militärischen Fragen kommt Jacob W. Kipp zu dem Schluß:

»One must be conscious of the extent to which these views have been accepted without deep reflection or consideration. Lenin's observations on the colonial wars of the late nineteenth and early twentieth centuries, especially the Russo-Japanese war, reflect the preeminent concerns found in the works of Marx and Engels: the politics of war and the impact of new technology upon war in capitalist society[75].«

Der Beginn des Ersten Weltkrieges zwang Lenin dann dazu, sich noch stärker mit der Problematik des Krieges auseinanderzusetzen. Er reagierte damit auch auf eine Krise im Lager der Sozialisten, die der Ausbruch des Krieges ausgelöst hatte und die zu folgenschweren Differenzen und »Auseinandersetzungen in den führenden Kreisen der Arbeiterbewegung um den richtigen, den neuen Verhältnissen Rechnung tragenden Kurs der Internationale«[76] führte. Die Extreme schwankten zwischen radikalem Internationalismus und politischer wie auch moralisch-pazifistischer Ablehnung des Krieges über die widerstrebend eingestandene nationale Besinnung und damit aktive Unterstützung der »herrschenden Klassen« des jeweiligen Vaterlandes bis hin zu der von Lenin vorgelebten, emotional gelassenen Beobachtung des Kriegsverlaufs. Mit dieser Einstellung wollte man den geeigneten Zeitpunkt abwarten, an dem durch revolutionäre Agitation der nationale Krieg in Klassenkampf und Bürgerkrieg umgewandelt werden konnte. Der Ausbruch des Krieges wurde trotz der schrecklichen Folgen für die beteiligte Arbeiterklasse begrüßt, da ein Krieg nach marxistischer Auffassung einer der größten Katalysatoren der erstrebten Revolution sein konnte.

Am 5. September 1914 siedelte Lenin von Galizien nach Bern in die neutrale Schweiz über, wo er sich bis Mitte Februar 1916 aufhielt. In dieser Zeit wandte er sich neben aktiver politischer Tätigkeit in kleineren Zirkeln und auf der Konferenz von Zimmerwald vor allem wissenschaftlicher Arbeit zu. Es ist kennzeichnend für den Charakter dieses Revolutionärs, daß er in dieser extremen europäischen Krisenstimmung die Ruhe fand, in der Schweizer Landesbibliothek und in der Stadt- und Hochschulbibliothek Wer-

---

[73] Vgl. Žilin, Lenin, S. 5.
[74] Vgl. Azovcev, Lenin, S. 5.
[75] Kipp, Lenin, S. 185.
[76] Hahlweg, Lenin, S. 34.

ke über Philosophie, Geschichte, Naturwissenschaften, Militärwesen, Ökonomie, Politik, Arbeiterbewegung und koloniale Fragen auszuleihen oder an Ort und Stelle zu exzerpieren[77]. Den gesamten Herbst bis zum 17. Dezember 1914 versah er über 300 exzerpierte Seiten aus Hegels *Wissenschaft der Logik* mit Randnotizen.

»Lenin devoured Hegel and engaged in his first systematic treatment of the dialectic. His notes ... reflect his changing interpretation of Hegel... This most revealing act of criticism and self-criticism marked a fundamental shift in Lenin's and subsequently Communist ideology. This shift, denied in Soviet works for the purpose of maintaining an uninterrupted ideological continuity between Marxism and Leninism, had radical implications for Lenin's developing paradigm of modern war. Maintaining his revolutionary, international position on the war, Lenin turned from Hegel and philosophy to polemical writings on the war and the political struggle to transform the war into an international civil war ... In the process, Lenin turned to the study of the conduct of war[78].«

Dabei stieß er auf Clausewitz.

»Clausewitz, so empfand es Lenin, konnte hier weiterhelfen, indem er mit seinem Werk klare Anschauungen über das Wesen des Krieges und sein Verhältnis zur Politik auf der grundsätzlichen Ebene philosophischer Betrachtungsweise vermittelte[79].«

Unsicher blieb, durch wessen Vermittlung Lenin nun auf Clausewitz stieß. Der sonst höchst akribisch kommentierende sowjetische Herausgeber des Leninschen Exzerptheftes, A. S. Bubnov, entzieht sich im *Leninskij Sbornik XII* einer Festlegung, indem er lediglich darauf verweist, daß sich Lenin »wahrscheinlich im Jahre 1915« mit Clausewitz beschäftigte[80]. Eine interessante, leider nicht durch Quellen belegte Behauptung wagt Jacob Kipp. Lenin

»received a copy of Karl von Clausewitz' *On War* from G. I. Gusev, a fellow Bolshevik and former editor of the *Military Encyclopedia*. As an editor of the encyclopedia Gusev had contact with many reform-minded general staff officers who after the Russo-Japanese War had embarked upon the process of modernizing Russian military thought and doctrine under the banner of creating a ›unified military school‹[81].«

Clemente Ancona, der die Etappen der Leninschen Beschäftigung mit dem Phänomen Krieg zwischen 1904 und 1914 genau nachzeichnet, kommt zu dem Ergebnis, daß zwar die

---

[77] Ebd., S. 35. Vgl. auch Leninskij Sbornik XII, S. 23—25.

[78] Kipp, Lenin, S. 186.

[79] Hahlweg, Lenin, S. 34. Sowjetische Biographen verweisen gern darauf, daß Lenin auch bei der Lektüre von Clausewitz seine philosophischen Studien nach Hegel nur fortgeführt habe, indem er gewissermaßen die reine Dialektik um eine fachspezifisch angewandte Dialektik ergänzte. Auch Lenin selbst empfand nach der Lektüre von »Vom Kriege«, daß Clausewitz von Hegel »befruchtet worden« sei, vgl. auch Leninskij Sbornik XII, S. 389.

[80] Leninskij Sbornik XII, ebd. In der 8bändigen bibliographischen Chronik V. I. Lenins, die das Institut des Marxismus-Leninismus beim ZK der KPdSU in den frühen 70er Jahren herausgab, wird das Datum der Clausewitz-Lektüre im 3. Bd »nicht später als Mai 1915« angegeben, der Zeitpunkt erneuter vertiefter Beschäftigung mit Clausewitz und Mehrings »Neuen Beiträgen zur Biographie von Marx und Engels« auf S. 430 mit der Jahreswende 1915/16.

[81] Kipp, Lenin, S. 186. Dafür spricht, daß Lenin oftmals auf mündliche Empfehlung von Experten Literatur zur Hand nahm, dagegen aber, daß Gusev wohl kaum ein Exemplar von »Vom Kriege« besorgt haben wird, denn Lenin hat nachweislich das Exemplar der Berner Stadt- und Hochschulbibliothek benutzt; vgl. Hahlweg, Lenin, S. 37, Anm. 29.

»unmittelbaren Gründe, weshalb Lenin die *Hinterlassenen Werke* studierte, ... nicht genau bekannt (sind) ... Wir könnten ... vermuten, daß Lenin zum Studium des Buches *Vom Kriege* gebracht wurde aus dem Wunsch heraus, Clausewitz' Dialektik, von der damals soviel die Rede war, unmittelbar auf ihre Qualität zu überprüfen. Ohne Zweifel haben auch der herrschende Krieg sowie das Gerede über Strategie und Taktik, über die Generäle und Klassiker der Kriegskunst mitgeholfen, Lenin dazu zu bringen, das bekannteste Werk des ›klassischsten‹ Autors auf diesem Gebiet zu lesen. Auch die zahlreichen Bezugnahmen auf Clausewitz in den ... Artikeln Mehrings sowie selbstverständlich die Andeutung in Marx' und Engels' Werken haben das ihre dazu beigetragen, Lenin zu überzeugen, Clausewitz studieren zu müssen[82].«

Während all das Mutmaßungen bleiben, gibt es eine Reihe von Gründen, warum es auch der Briefwechsel zwischen Marx und Engels gewesen sein kann, durch den Lenin auf Clausewitz stieß. Hahlweg vertritt ebenfalls die Auffassung, es sei als sicher anzunehmen, daß Lenin Clausewitz schon vor dem Jahre 1915 bekannt war.

»Er dürfte auf das Werk *Vom Kriege* durch Äußerungen des von ihm verehrten Friedrich Engels aufmerksam geworden sein, mit dessen Schriften er sehr vertraut war und dessen erstmalig 1913 erschienenen Briefwechsel mit Marx er im Oktober gleichen Jahres besprochen hatte. Auf Engels' Vermittlung scheint auch die Tatsache hinzudeuten, daß Lenins Clausewitz-Auszüge die gleiche Stelle über das Verhältnis Krieg-Handel-Politik enthalten, die Engels in seinem ... Brief an Marx vom 7. Januar 1858 bespricht[83].«

Lenin benutzte für seine Studien über Clausewitz die 1832 bis 1834 beim Dümmler-Verlag in Berlin[84] erschienene Erstausgabe[85] des Werkes *Vom Kriege*. Das beweist sowohl der Beginn des Exzerptheftes, wo Lenin die genauen bibliographischen Angaben seinen Auszügen voranstellt, als auch der vom Herausgeber vorgenommene Textvergleich[86].

Ein Grund für die umfangreichen Auszüge, die Lenin handschriftlich in ein eigens zu diesem Zweck angelegtes Exzerptheft, die *Tetradka*, anfertigte, war die finanzielle Not, in der er sich in jenen Jahren befand; er »mußte daher manche Stunden damit zubringen, ganze Seiten und Kapitel aus den für seine Studien wichtigen Werken abzuschreiben. Aus diesem Grunde sind auch seine Clausewitz-Auszüge sehr ausführlich gehalten[87].«

---

[82] Ancona, Einfluß, S. 579.

[83] Hahlweg, Lenin, S. 36 f. Diesen Argumenten schloß sich fast die gesamte westliche Forschung an, vgl. u. a. Guillaume, Soviet, S. 132; Schramm, Staatskunst, S. 88; Hahlweg, Soldat, S. 98; ders., Klassiker, S. 221; Blasius, Clausewitz, S. 292; Wallach, Kriegslehre, S. 60; Gautschi, Lenin, S. 239; Berger, Engels, S. 14, Luckett, White Generals, S. 233; Anweiler, Lenin, S. 460.

[84] Hahlweg, Lenin, S. 37, irrt, wenn er »die bei Dümmler in Bonn erschienene Erstausgabe« schreibt, da der Verlag bis zum Ende des Zweiten Weltkrieges seinen Sitz in Berlin hatte.

[85] Garthoff, Sowjetarmee, S. 81, spricht verwirrenderweise nicht von der Erstausgabe, die Lenin zugänglich war. Er schreibt: »Als Lenin ›Vom Kriege‹ las (in deutsch, 1915), war es das unvollendete Manuskript vom Juli 1832. Es ist nicht sicher, wieviel ihm davon zugänglich war.« Unter »unvollendet« verstand Garthoff sicherlich »nicht überarbeitet«, unter »Manuskript« wahrscheinlich »Erstausgabe«; Lenins Auszüge aus allen drei Büchern beweisen, daß diesem das komplette Werk »Vom Kriege« vorlag. Das genannte Datum »Juli 1832« kann sich nur auf das Vorwort von Marie v. Clausewitz beziehen, da Clausewitz zu diesem Zeitpunkt schon 19 Monate tot war. Die gleichen fehlerhaften Angaben kolportierte Freistetter, Lenins, S. 409; auch weitere Fehler, etwa Dienstzeit, Dienstrang und Funktion Clausewitz' innerhalb der russischen Armee, übernimmt Freistetter, ebd., S. 409, von Garthoff, Sowjetarmee, S. 80 f.

[86] Vgl. Leninskij Sbornik XII, S. 453, und Hahlweg, Lenin, S. 37.

[87] Ebd.

## b) Die Textüberlieferung der »Tetradka«

Lenin wird die *Tetradka* während seiner Rückkehr nach Rußland gemeinsam mit anderen, zumeist philosophischen Konspektheften bei sich geführt haben. Dieses Original lag dem Lenin-Institut beim ZK der KPR (B) unter der Archiv-Nr. 18674 vor; im Rahmen der ersten Gesamtausgabe der Leninschen Werke wurden von diesem Institut auch die Konspekthefte und erhaltenen Exzerptmappen herausgegeben, zumeist von prominenten bolschewistischen Politikern. Die *Auszüge und Bemerkungen zu dem Buch von Clausewitz, ›Über Krieg und Kriegführung‹*[88], so der ursprüngliche Titel des Herausgebers, wurden unter der Gesamtredaktion von A. S. Bubnov zum Druck vorbereitet, während als Herausgeber für den XII. Band des *Leninskij Sbornik* N. I. Bucharin, V. M. Molotov und M. A. Savel'ev verantwortlich zeichneten.

Als einer der Revolutionäre der ersten Stunde, der bereits 1912 zum Kandidaten des Zentralkomitees gewählt worden war, hatte Bubnov nach der Oktoberrevolution zahlreiche militärische und parteipolitische Funktionen inne, von denen vor allem die erstgenannten ihn zur Herausgabe der *Tetradka* qualifiziert haben dürften. Neben regulären Tätigkeiten an der Südfront leitete er 1918 in der Ukraine als Mitglied des Militärischen Revolutionskomitees die Formierung von Partisaneneinheiten. Nachdem er 1919 auf dem VIII. Parteitag erneut zum Kandidaten des ZK der KPR (B) gewählt worden war, führte er mehrere Aktionen des Bürgerkrieges; unter anderem wurde er für die Niederschlagung der »Meuterei von Kronstadt« mit dem Rotbannerorden ausgezeichnet. Nach seiner Bestellung ins Organisationsbüro des ZK der KPR (B) wurde er 1929 Volkskommissar für Aufklärung der RSFSR[89]. Schon vor 1930 muß sich Bubnov mit Lenins Aufzeichnungen befaßt haben, denn bereits 1928 veröffentlichte er in der von ihm mitherausgegebenen, offiziösen dreibändigen Geschichte des Bürgerkriegs von 1918 bis 1921 im zweiten Band, *Die Kriegskunst der Roten Armee*, eine Seite der *Tetradka* als Faksimile[90]. Einer Anmerkung ist zu entnehmen, daß das Original im Archiv des Lenin-Instituts aufbewahrt wurde und bereits im Jahre 1928 veröffentlicht werden sollte[91]. Gründe für die Verzögerung werden 1930 im *Leninskij Sbornik* nicht genannt.

Bubnov zur Seite standen S. Ioffe und Rosenberg, die die vorläufige Übersetzung besorgten, sowie V. Sidorenko als Organisator und A. Toporkov, der für die abschließende Übersetzung und den umfangreichen Kommentar verantwortlich zeichnete[92]. Toporkov war

---

[88] Leninskij Sbornik XII. Garthoffs Behauptungen, die Tetradka sei bereits 1923 und 1930 in der Pravda gedruckt worden, stimmen ebensowenig wie die These, die Randbemerkungen seien 1931 »in ›Lenins Werken‹« letztmalig abgedruckt worden, Garthoff, Sowjetarmee, S. 81. Schramm, Staatskunst, S. 89, wiederholt diese Fehler auch. In dem Sammelband V. I. Lenin, Filosofskie Tetradi, wurde die Tetradka noch einmal aufgelegt. Außerdem erschienen zahlreiche Separatdrucke. Nach Vigor wurde das Leninskij Sbornik XII 1928 zum ersten Mal herausgegeben, vgl. ders., Soviet, S. 240.

[89] Weitere biographische Angaben zu Bubnov siehe bei Morozow, Falken, S. 71 f., 80.

[90] Vgl. Graždanskaja Vojna, Bd 2, S. 47. Es handelt sich um eine Seite der »eigenhändigen Auszüge des Gen. Lenin« aus dem 2. Bd des Werkes Vom Kriege, Berlin 1833, S. 428 f., über den Generalstab.

[91] Vgl. ebd., S. 47.

[92] Leninskij Sbornik XII, S. 26.

bereits 1920 mit einem Aufsatz über die dialektische Methode in den Werken von Clausewitz an die sowjetische Fachwelt herangetreten[93].

In der ausländischen Presse nahm der deutsche Kommunist Paul Braun als erster noch im gleichen Jahr — 1930 — die Erstveröffentlichung wahr und merkte an:

»Es ist an der Zeit, im einzelnen nachzuforschen, wie Lenin die Clausewitzschen Lehren durch die Anwendung auch auf den Klassenkampf erweitert und vertieft hat. Ferner wäre es eine dringende Aufgabe, die ganze Clausewitzsche Kriegstheorie auf Grund der Erfahrungen des Weltkrieges und der Oktoberrevolution, vor allem auf Grund der Tatsache der Existenz der Roten Armee ›umzustülpen‹, mit der Methode der materialistischen Dialektik ›umzuarbeiten‹ — eine Aufgabe, wie sie den Marxisten von Lenin in bezug auf Hegel gestellt wurde[94].«

Dies waren Forderungen, die von den Staaten westlich der Sowjetunion ignoriert wurden; gerade sie erhielten dann nach dem Zweiten Weltkrieg dort eine ungeahnte Aktualität. Anders in der Sowjetunion: Die Herausgabe der *Tetradka*, für die die von Lenin in deutscher Sprache exzerpierten Stellen neu ins Russische übertragen werden mußten, da sich die vorliegende Übersetzung von Vojde als mangelhaft erwiesen hatte, forcierte die nun dringend von der Fachwelt erwartete und geforderte neue russische Übersetzung von *Vom Kriege*, die 1932 erschien. Gerade die Militärs wollten nun über das komplette Werk von Clausewitz, diesen »Gipfel bürgerlicher Militärtheorie«, so die Herausgeber der überarbeiteten russischen Übersetzung[95], verfügen. Die Mehrheit der sowjetischen Politiker wird hingegen wohl eher der Meinung gewesen sein, die Hahlweg 1954 so formulierte: »Sie (die Clausewitz-Auszüge, d. Verf.) besitzen einen derartigen Umfang und sind so angelegt, daß man sich die Lektüre des Originalwerkes fast ersparen kann, soweit es nur auf das Studium der Lenin beschäftigenden Probleme ankommt[96].«

In allen fünf sowjetrussischen und auch der ukrainischen und weißrussischen Übersetzung von *Vom Kriege* sind die von Lenin herausgeschriebenen Passagen im Vorwort und im Text durch Anmerkungen erläutert, so daß ein auseinandergezerrtes Leninsches Clausewitz-Brevier in allen sowjetischen Ausgaben zu finden ist. Doch dies war nicht genug. Obgleich die fünf zwischen 1932 und 1941 erschienenen Clausewitz-Ausgaben eine Auflagenhöhe von zusammengenommen reichlich 50 000, mit den anderen ostslawischen Ausgaben gute 57 000 Exemplare umfaßten, hielt man aus politischen Gründen erneute Separatabdrucke der *Tetradka* für erforderlich.

Der erste Separatabdruck erfolgte — soweit der Verfasser dies übersehen kann — im Jahre 1933[97]. Die 35 Seiten starke und mit dem Vorwort von Bubnov ergänzte Ausgabe erschien in über 50 000 Exemplaren zum volkstümlichen Preis von 30 Kopeken. Zum Vergleich: Die Clausewitz-Ausgabe des Jahres 1934 kostete immerhin neun Rubel.

Mit dem Herannahen des Zweiten Weltkrieges »boomte« auch die sowjetische Clausewitz-Konjunktur. 1939 kam in Moskau eine Neuauflage der *Tetradka* in einer auch für

---

[93] Toporkov, Dialektičeskij metod, Sp. 293—300.

[94] P. Braun, Clausewitz, S. 2.

[95] Klauzevic, O vojne, 1934, S. VIII.

[96] Hahlweg, Lenin, S. 37.

[97] Lenin, Zamečanija, 1933. Diese Ausgabe ist textidentisch mit dem Leninskij Sbornik XII, was die russische Übersetzung betrifft. Der hier gekürzte Titel wurde in den folgenden Auflagen weiter verändert.

sowjetische Verhältnisse respektablen Auflage von 175 000 Exemplaren heraus, deren Übersetzung noch einmal überprüft und verbessert worden war[98]. Im gleichen Jahr erschien im armenischen Erevan ein Nachdruck von 5000 Exemplaren[99], und 1940 wurden in Kiev erneut 10 000 Exemplare[100] aufgelegt. Weitere sowjetische Auflagen sind dem Verfasser nicht bekannt.

In Westeuropa setzte die *Tetradka*-Überlieferung am Ende des Zweiten Weltkrieges ein. Unter dem Eindruck der siegreichen verbündeten Roten Armee stieß der in amerikanischen Diensten stehende französische Professor Berthold C. Friedl auf der Suche nach den Gründen für die »triumphierende Sowjetunion« durch Vermittlung sowjetischer Freunde auch auf die Clausewitz-Lektüre Lenins. Friedl, Professor für russische Sprache und Zivilisation, schien Lucien Zacharov, seinem Freund, der geeignete Mann zur Popularisierung der *Tetradka* zu sein. Im Vorwort seines Buches *Les fondements théorétiques de la guerre et de la paix en U.R.S.S. Suivi du Cahier de Lénine sur Clausewitz* heißt es: »Zakharoff partageait mon enthousiasme pour ce qu'il nommait une, ›trouvaille‹, qualifiant de ›petit bijou‹ la *Léninskaya Tetradka*, cahier de Lénine sur Clausewitz[101].« Friedl zitiert unkritisch die ideologischen Passagen der Einführung aus dem *Leninskij Sbornik XII*. Er kommt zu dem Ergebnis, mit dem er auch die Übersetzung der *Tetradka* für den französischen Leser rechtfertigt:

»Nous pensons donc qu'avec la Tetradka nous possédons l'oeuvre du plus grand écrivain d'histoire militaire, commentée par un lecteur de génie animé du scrupule scientifique le plus exceptionnel. Le lecteur averti se rendra compte que les extraits que Lénine fait des oeuvres de Clausewitz tirent désormais leur valeur unique d'une intervention incomparable[102].«

Friedl übersetzte die *Tetradka* aus dem Russischen ins Französische unter Zuhilfenahme der von ihm selbst als unzureichend bezeichneten französischen Übertragung des Oberstleutnants de Vatry aus den Jahren 1886—1889. Die Kritik empfand jedoch auch seinen Versuch als unzureichend[103] und wenig tauglich als Ausgangspunkt für weitere Forschungen.

Werner Hahlweg gab 1954 im *Archiv für Kulturgeschichte*[104] zwar nicht den kompletten Text der Leninschen Auszüge heraus, analysierte jedoch jede von ihm aus Clausewitz' *Vom Kriege* herausgeschriebene Stelle in der vom russischen Berufsrevolutionär vorgegebenen Reihenfolge. Hahlwegs präzise textkritische Überprüfungen und die umfang-

---

[98] Lenin, ebd., 1939.
[99] Ebd., Erevan, 1939. Der Preis hierfür betrug allerdings das Sechsfache der Moskauer Ausgabe.
[100] Ders., Zamečanija, 1940.
[101] Friedl, Les fondements, Vorwort.
[102] Ebd., S. 43.
[103] Vgl. Barghorn, Rußlandbücher, S. 129, bemängelt in erster Linie die langen, unkritischen Auszüge aus der sowjetoffiziellen »Geschichte der kommunistischen Partei« aus dem Jahre 1938 sowie Friedls fehlendes »Gefühl für Veränderung und Entwicklung des sowjetischen militärischen Denkens«, das diesen sehr schlicht in der Reihenfolge Clausewitz, Engels, Lenin und Stalin die Quellen sowjetischer militärischer Überlieferung sehen läßt. Stalin selbst gab in seinem vernichtenden Urteil über Clausewitz in seinem Brief an Oberst Razin aus dem Jahre 1946 ein Beispiel für die von Barghorn erwähnte »Veränderung des sowjetischen militärischen Denkens«. Vgl. bezüglich weiterer Mängel, u. a. der Textwiedergabe, auch Hahlweg, Lenin, S. 33, Anm. 15.
[104] Hahlweg, ebd.

reichen Kommentare und Einordnungen lassen die *Tetradka* aber vollständig nachvollziehen. Dennoch bestand weiterhin der Wunsch nach einer deutschen Separatausgabe dieser geistes- und politikgeschichtlich bedeutsamen und immer noch als höchst aktuell empfundenen Schrift Lenins.

Diese erschien 1957 im zweiten deutschen Staat, der Deutschen Demokratischen Republik. Obwohl die DDR einen ideologisch eng angepaßten Kurs an die Sowjetunion betreiben mußte, beteiligte man sich bemerkenswerterweise nicht an der sowjetpublizistischen Hetzkampagne gegen den »feudalen preußischen Junker Clausewitz«. Für die DDR verkörperte dieser eher reformerische Traditionen und war als Beispiel für eine frühe, »gerechte« und erfolgreiche Waffenbrüderschaft mit dem russischen Volk (1813–1815) von positiver volkspädagogischer Bedeutung. Er stand für eine Parallele zum zeitgenössischen Bündnis zwischen DDR und Sowjetunion.

So bedurfte es auch nicht erst der Rehabilitierungsversuche durch E. A. Razin nach dem XX. Parteitag der KPdSU 1956, um in der DDR 1954 eine Biographie von Clausewitz[105] und 1953 dessen Briefwechsel mit seiner Frau[106] herauszugeben. 1957 veröffentlichte der Verlag des Ministeriums für Nationale Verteidigung sowohl die einzige DDR-Ausgabe von *Vom Kriege* als auch zum ersten Mal in deutscher Sprache, mit einem Vorwort und Anmerkungen von Otto Braun versehen, die *Tetradka*[107]. Diese editorisch eng an die russische Vorlage angelehnte deutsche Ausgabe ist bis heute der einzige vollständige Druck, der in Deutschland erschien. Aus dieser Ausgabe wurden auch in der Folgezeit mehr oder weniger kurze Zitate in anderen Publikationen[108] übernommen.

c) Lenins Auszüge aus Clausewitz' *Vom Kriege*[109]

Lenins Clausewitz-Studien beginnen mit dem ersten Band von *Vom Kriege* und enden mit dem dritten, sie verlaufen also in der von Clausewitz vorgegebenen Reihenfolge. Die Notizen aus dem dritten Band nehmen den größten Raum ein. Die Auszüge bestehen aus wörtlich übernommenen Abschriften einzelner kürzerer oder längerer Passagen, denen Lenin Anmerkungen und Zusätze an die Seite stellte. Beides, die Auswahl der Textstellen und auch die Randbemerkungen sind »gleich aufschlußreich. Die sachlich gehaltenen Randbemerkungen fassen den jeweils wesentlichen Teil der Auszüge in wenigen prägnanten Worten zusammen oder drücken die eigene Meinung Lenins zu den Gedanken

---

[105] Fabian, Feder; eine zweite Veröffentlichung Fabians erfolgte im »DDR-Clausewitz-Jahr« 1957, als sowohl die Tetradka als auch das Hauptwerk Vom Kriege vom Verlag des Ministeriums für Nationale Verteidigung herausgegeben wurden, unter dem Titel »Clausewitz. Sein Leben und Werk«. Zudem erschien mit Hennicke, Clausewitz, noch eine weitere Arbeit über Clausewitz. Bereits ein Jahr zuvor wurde in Moskau vom Militärverlag eine russische Übersetzung der Ausgabe von 1954 veranstaltet, vgl. Fabian, Pero.

[106] Clausewitz, Ausgewählte Briefe.

[107] Lenin, Clausewitz' Werk.

[108] Vgl. u. a. Pilster, Rußland-Sowjetunion, S. 97 ff.

[109] Dieses Kapitel folgt im wesentlichen der minutiösen, alle Einzelheiten behandelnden Analyse Hahlwegs, die, um Längen und Wiederholungen zu vermeiden, einige Kürzungen und Zusammenfassung erfuhr; vgl. daher ausführlich Hahlweg, Lenin.

Clausewitz' aus. Stellen, die ihm besonders wichtig erschienen, hat er außerdem mit starken Strichen am Rande hervorgehoben[110].«

Lenin schrieb die Textpassagen in deutscher Sprache nieder, die Bemerkungen jedoch verfaßte er in Russisch[111]. Er notierte penibel die Seitenzahlen des Originals hinter jeder Aufzeichnung und gab selbst bei kursiven Stellen an, ob die Sperrung von ihm oder von Clausewitz stammt.

Vom ersten bis zum letzten Auszug wird deutlich, daß es Lenin bei der Beschäftigung mit Clausewitz kaum auf spezifisch militärische Probleme als vielmehr auf den politisch-philosophischen Extrakt, den Kern des Werkes, ankommt. Indem er besonderes Augenmerk auf die dialektische Methode bei Clausewitz legt, schließt sich diese Lektüre nahtlos an seine vorher betriebenen philosophischen Studien an. Sie ist nur angesichts des Ersten Weltkrieges konkreter und aktueller ausgerichtet. Lenin interessiert bei Clausewitz die dialektische Methode, die ihn mutmaßen läßt, Clausewitz sei durch Hegel »befruchtet« worden[112]. Genausowenig wie Clausewitz' »Art zu philosophieren« ja »nicht Selbstzweck, sondern Mittel (war), um den konkreten Begriff des Krieges und die objektiven Gesetze der Kriegführung zu klären«[113], war Lenins Clausewitz-Rezeption alles andere als eine kontemplative Übung. Er suchte Aufklärung über das Wesen des Krieges und dessen Verhältnis zur Politik, die moralischen Größen und die Wechselwirkung von Angriff und Verteidigung.

»Mit einem Wort: Lenin beschäftigten die zeitlosen Elemente in Clausewitz' Werk ... [Er] »gehört jedenfalls zu den ersten Persönlichkeiten, die Clausewitz im Wesen begriffen haben und gleich auf jene Gedanken des Werkes *Vom Kriege* eingegangen sind, die seinen eigentlichen, bis dahin so wenig beachteten Inhalt ausmachten[114].«

Schon die dem 1876 erschienenen vierten Band der *Allgemeinen Deutschen Biographie* entnommene Notiz, die Lenin den Auszügen voranstellte, zeigt, daß ihm nicht so sehr an Clausewitz' persönlichen Lebensumständen gelegen war als vielmehr an dessen philosophischer Ausbildung und Ausrichtung. Neben den Lebensdaten notiert er nur die Tatsache, daß Clausewitz nach 1806 bei Professor Kiesewetter, einem »Kantianer«, wie Lenin hinzugefügt, philosophische Vorträge gehört hat[115].

Sechs Themengebiete waren es, die Lenin im Anschluß an diese biographischen Vorbemerkungen interessierten: das Wesen des Krieges und seine verschiedenen Formen in Theorie und Praxis, die wechselhaften Beziehungen zwischen Krieg und Politik, die moralischen Elemente, die Hauptformen der Kriegführung, Angriff und Verteidigung, Volk und Krieg und zuletzt die Funktion des Generalstabs[116].

---

[110] Ebd., S. 38.

[111] Vgl. das Faksimile in Graždanskaja vojna, Bd 2, S. 47, und den Leninskij Sbornik XII, passim. Die meisten Marginalien wurden von Lenin abgekürzt und vom Herausgeber aufgeschlüsselt.

[112] Vgl. Lenin, Werke, Bd 21, S. 213.

[113] O. Braun, Lenin, S. 5.

[114] Hahlweg, Soldat, S. 39 f.

[115] Vgl. Leninskij Sbornik XII, S. 392, und Hahlweg, Lenin, S. 40 f. Kritisch dazu Aron, Clausewitz. Krieg, S. 658, der die Kenntnis Kants bei Clausewitz nicht abstreitet, ihr aber lange nicht die Bedeutung und schon gar nicht die »dialektische Methode« einräumt, die Lenin der ADB entnehmen zu können glaubte.

[116] Vgl. Hahlweg, Klassiker, S. 222.

Aus folgenden Kapiteln fertigte Lenin Abschriften an: »Aus dem ersten Band stammen die Auszüge aus den beiden ersten Kapiteln des ersten Buches, aus den Kapiteln 2, 3 und 6 des zweiten Buches und den Kapiteln 5 und 6 des dritten Buches; dem zweiten Band sind Auszüge aus den Kapiteln 3 und 4 des fünften Buches und den Kapiteln 2, 3, 6 und 9 des sechsten Buches entnommen; dem dritten Band entstammt außer einigen Auszügen aus dem siebten Buch und den *Grundsätzen des Unterrichts* das Wesentliche aus dem achten Buch, Kapitel 2, 3, 5, 6 und 9[117].« Für den Leser, der sich an das Werk *Vom Kriege* erinnert, schreibt Aron,

»erklärt sich die Wahl der Auszüge von selbst: Lenin hat sich für ... alle Gedanken interessiert, die er entweder auf die politische Strategie anwenden oder dazu benutzen konnte, seine eigene politisch-militärische Strategie zu rechtfertigen«[118].

Lenin zitierte gleich zu Beginn jene Version der Formel, die schon in der *Allgemeinen Deutschen Biographie* als »unendlich fruchtbare Definition« bezeichnet wurde, wonach »der Krieg nichts ist als die fortgesetzte Staatspolitik mit anderen Mitteln«[119]. Diese Definition, die einem Schreiben Clausewitz' vom 10. Juli 1827 entstammte und von Marie v. Clausewitz dem Vorwort beigefügt wurde, wird von Lenin danach um die klassische Formulierung der Formel ergänzt, die er dem 24. Kapitel des ersten Buches entnimmt. Obwohl Lenin den Satz nicht am Rande kommentiert — vielleicht weil er keiner Anmerkung bedarf —, prägt diese Grundwahrheit in den kommenden Jahren seine praktische Politik[120].
Es schließen sich weitere Paragraphen aus dem ersten Kapitel an, die Hahlweg zu den aufschlußreichsten des Werkes *Vom Kriege* zählt[121]. Lenin exzerpiert:

»Wir müssen aber hier, damit der Leser nicht falschen Vorstellungen unterliege, bemerken, daß mit dieser *natürlichen Tendenz* des Krieges, nur die philosophische, die eigentlich *logische*, gemeint ist, und keineswegs die Tendenz der wirklich im Konflikt begriffenen Kräfte, so dass man sich z.B. darunter alle Gemüthskräfte und Leidenschaften der Kämpfenden denken sollte[122].«

Lenins Randbemerkungen lauten dazu: »Prinzip einer Gliederung, der Sonderung des Objektiven vom Subjektiven«[123]. Die folgende Zusammenfassung, die Lenin halb deutsch, halb russisch formulierte, wertet Aron als Dialektik der Steigerung und des Herabgehens in Abhängigkeit von der Politik, die die Intensität des Kampfes bestimmt[124]. Lenin schrieb:

»... je stärker die Motive des Krieges sind, um so mehr umfassen sie das ganze Dasein ... der Völker — um so mehr fallen das kriegerische Ziel ... und das politische Objekt, Zweck des Krieges zusammen,

---

[117] Aron, Clausewitz. Krieg, S. 387.
[118] Ebd., S. 387.
[119] Vgl. Leninskij Sbornik XII, S. 394 f., und Clausewitz, Vom Kriege. 1980, S. 179. Die Orthographie der Clausewitz-Zitate in: Tetradka, in: Hahlweg, Lenin, und in: Clausewitz, Vom Kriege. 1980, weist eine Reihe kleinerer Abweichungen auf. Trotz oftmals veralteter Orthographie, die nicht korrigiert wurde, etwa »Wage« statt »Waage«, zitiert der Verfasser stets nach der Tetradka.
[120] Hahlweg, Lenin, S. 42.
[121] Ebd.
[122] Leninskij Sbornik XII, S. 396.
[123] Ebd.
[124] Vgl. Aron, Clausewitz. Krieg, S. 387.

um so reiner kriegerisch, weniger politisch scheint der Krieg zu sein ... Je schwächer aber die Motive und Spannungen sind, um so weniger wird die natürliche Richtung des kriegerischen Elementes, nämlich der *Gewalt*, in die Linie fallen, welche die Politik giebt, um so mehr muß also der Krieg von seiner natürlichen Richtung abgelenkt werden, um so verschiedener ist der politische Zweck von dem Ziel eines *idealen* Krieges, um so mehr scheint der Krieg *politisch* zu werden[125].«

Im Gegensatz zum Original sperrte Lenin die Worte »Gewalt« und »ideal« und setzte sie damit zueinander in Beziehung. Auch die Marginalie zeigt, daß Lenin die Dialektik dieser Stelle im Auge hatte.

Sinnvoll schließen sich die weiteren Auszüge Lenins mit den beiden Hauptthesen Clausewitz' an, daß der Krieg nicht selbständig, sondern ein politisches Werkzeug sei, und daß die Kriege je nach der Art ihrer Antriebskräfte und Verhältnisse, aus denen sie hervorgingen, sehr verschieden seien[126]. Weitere Textstellen aus dem 28. Kapitel des ersten Buches erläutern das oben Gesagte. Zustimmend kommentiert Lenin auch die folgende Passage, in der Clausewitz die »wunderliche Dreifaltigkeit« des Krieges präzisiert, »zusammengesetzt aus der ursprünglichen Gewaltsamkeit seines Elements, dem Haß und der Feindschaft, die wie ein *blinder Naturtrieb* anzusehen sind, aus dem Spiel der Wahrscheinlichkeiten und des Zufalls, die ihn zu einer *freien Seelenthätigkeit* machen, und aus der untergeordneten Natur eines politischen Werkzeugs, wodurch er dem *blossen Verstande* anheim fällt ... Die erste dieser drei Seiten ist mehr dem Volke, die zweite mehr dem Feldherrn und seinem Heer, die dritte mehr der Regierung zugewendet[127].« Auch den zusammenfassenden Nachsatz, der die drei Elemente ihren Trägern zuordnet, kennzeichnet Lenin mit einem NB [nota bene] und dem Hinweis: »sehr treffend über die politische *Seele*, das Wesen, den Inhalt des Krieges und das ›volkliche‹ Äußere![128]«

Nach einer in Stichworten zusammengefaßten Funktion der Vernichtung der feindlichen Streitkräfte im Kriege — »damit der Wille des Feindes gebrochen und er sich dazu bereit erklären würde, den Frieden zu unterzeichnen«[129] — wendet sich Lenin dem zweiten Buch und damit dem Abschnitt über die »geistigen Kräfte und Wirkungen (Das feindliche Gefühl)« zu. Die Bedeutung, die Clausewitz in diesem Zusammenhang dem Nationalhaß einräumt, erscheint Lenin zu schwach. Er vermerkt dazu bekräftigend: »Nationaler Haß ist in jedem Kriege[130].«

Lenin exzerpiert dann eine längere Stelle aus dem dritten Kapitel des zweiten Buches, die vor ihm schon Engels aufgefallen war. Hier betont Clausewitz, daß der Krieg »nicht in das Gebiet der Künste und Wissenschaften (gehört), sondern in das Gebiet des gesellschaftlichen Lebens«, daß er sich als Konflikt großer Interessen am ehesten mit dem Handel vergleichen lasse[131].

---

[125] Leninskij Sbornik XII, S. 396.

[126] Hahlweg, Lenin, S. 43.

[127] Leninskij Sbornik XII, S. 398; Clausewitz, Vom Kriege. 1980, S. 213.

[128] Hahlweg, Lenin, S. 44; vgl. im Original in: Leninskij Sbornik XII, ebd.

[129] Leninskij Sbornik XII, S. 400, und Hahlweg, ebd., S. 44f.

[130] Leninskij Sbornik XII, ebd., und Hahlweg, ebd., S. 45. Eine Feststellung, die in der Sowjetunion schon in den 30er Jahren als biologistisch und unwissenschaftlich abgelehnt worden ist. Interessanterweise wird diese Feststellung Lenins von der sowjetischen Literatur nicht mehr aufgegriffen.

[131] Leninskij Sbornik XII, S. 402, und Hahlweg, ebd., S. 45f.

Aus dem dritten Buch, »Von der Strategie überhaupt«, notiert sich Lenin Abschnitte über den Korpsgeist, über Vorsicht und Feigheit und über die Kühnheit[132]. Hahlweg mutmaßt, daß Lenin im Hinblick auf die herausgehobene Stellung leitender Parteifunktionäre von der Clausewitzschen Definition des Esprit de corps angetan gewesen sein könnte, im übrigen aber sein entschlossener, auf aktives, praktisches Handeln ausgerichteter Sinn die Kühnheit, die er oft beschwor, für ein unentbehrliches Agens revolutionären Erfolges gehalten habe[133].

Das Militärwesen und die Grundlagen der Verteidigung sind die zwei Gebiete im zweiten Band, die Lenins Interesse hauptsächlich erregten.

»Der Bedrängte wird ... sein ganzes und letztes Vertrauen in die moralische Ueberlegenheit setzen, welche die Verzweiflung jedem Muthigen giebt, er wird die höchste Kühnheit als die höchste Weisheit betrachten, allenfalls ... in einem ehrenvollen Untergang das Recht zu künftiger Auferstehung finden[134].«

Der letzte Teil des Satzes wurde von Lenin mit drei Strichen und der merkwürdig neutralen Randglosse »Recht auf Auferstehung (des Besiegten)« versehen, ohne daß daraus deutlich wird, ob Lenin ein vergangenes oder zukünftiges Ereignis im Auge hatte. Die Abschriften aus dem Buch über Verteidigung beginnen mit dem fünften Kapitel und der scheinbar paradoxen Feststellung Clausewitz', daß »der Krieg mehr für den Vertheidiger als für den Eroberer da (ist), denn der Einbruch hat erst die Verteidigung herbeigeführt, und mit ihr erst den Krieg. Der Eroberer ist immer friedliebend, er zöge ganz gern ruhig in unseren Staat ein; damit er dies aber nicht könne, darum müssen wir den Krieg wollen, und also auch vorbereiten.« Lenin versieht diesen Gedanken am Rande mit einem schmunzelnden »Ha-Ha! geistreich«[135].

Im Zusammenhang mit der Defensive stößt Lenin dann auf die Mitwirkung von Partisanen und deren mögliche Effizienz in einer regulären kriegerischen Auseinandersetzung[136], exzerpiert im Anschluß daran aber sofort wieder eine Passage eher abstrakter, philosophischer Gedanken, die Clausewitz über »Wesen, Grundlagen und Tendenzen des politischen Gleichgewichts in Europa äußert«[137].

Die nächsten Stellen beziehen sich auf spezifische Formen der Verteidigung im Gebirge, von Strömen und Flüssen und auf das 23. Kapitel, »Schlüssel des Landes«. Auch hier erweitert Lenin durch Randglossen den Blick vom Krieg auf die Politik und kann sich

---

[132] Leninskij Sbornik XII, S. 402—407.

[133] Hahlweg, Lenin, S. 47f.

[134] Leninskij Sbornik XII, S. 408f.; der Leninsche Auszug wurde von mir leicht gekürzt, vgl. Clausewitz, Vom Kriege. 1980, S. 505f. Ein Gedanke, auf den in leicht variierter Form schon der Zarengeneral Dragomirov aufmerksam machte.

[135] Leninskij Sbornik XII, ebd. Clausewitz, Vom Kriege. 1980, S. 634, Hahlweg, Lenin, S. 50f., legt nahe, daß die Hochrüstung der Roten Armee und die mit ihr verbundene gigantische Rüstungsindustrie sowie auch die auf einer zunächst defensiven Grundhaltung basierende Strategie der Roten Armee im polnisch-russischen Kriege 1919/20 sowie im Zweiten Weltkrieg vielleicht mehr mit diesen Gedanken Clausewitz' zu tun hat, als der Westen bislang (1954) gemeinhin annahm. Mir erscheint diese These jedoch etwas konstruiert.

[136] Leninskij Sbornik XII, S. 410f.

[137] Hahlweg, ebd., S. 51.

gleich an mehreren Stellen eines kommentierenden »geistreich!«[138] nicht enthalten. Seine Auszüge aus den Kapiteln »Verteidigung eines Kriegstheaters« und dessen Fortsetzung zeigen, daß er auch den

»spezifisch militärischen Fragen, dem Wesen und den Aufgaben des Generalstabes sowie der Heerführung Aufmerksamkeit entgegenbringt. Die Tatsache ist kaum verwunderlich: sie beweist vielmehr die vollkommene Konsequenz im Denken des revolutionären Politikers. Für ihn sind Krieg und Politik, ›ziviler‹ und militärischer Bereich, nur *Funktionen*, die auf das gleiche zentrale Anliegen der durchzuführenden proletarischen Weltrevolution bezogen werden[139].«

Bei einem Auszug über die charakterlichen Eigenschaften eines Heerführers stößt man am Rand auf Zeugnisse von Lenins vorsichtigem und mißtrauischem Charakter. Er vermerkt: »Ein guter Führer — und Mißtrauen gegen die Leute[140].«

Ein Axiom, welches nach der Konsolidierung der Roten Armee ihre Doktrin in hohem Maße bestimmte, wird von Lenin am Rande hervorgehoben: die Feststellung Clausewitz', daß es oft vorkommt, daß eine Armee auf fremdem Boden das eigene Territorium verteidige. Bereits in den frühen 20ern, als die Frage der neuen sowjetischen Militärdoktrin heftig und kontrovers diskutiert wurde, erhoben viele Diskutanden die Forderung, die Rote Armee müsse so beschaffen sein, daß sie sofort nach einem fremden Angriff den Krieg auf das Gebiet des Gegners tragen könne, um dort eine Entscheidung zu suchen. Folgerichtig bemerkt eine sowjetische Lenin-Biographie, daß »diese Hinweise ... von allergrößter Bedeutung (sind)«[141].

Ausführlich greift Lenin im Anschluß hieran eine These Clausewitz' auf, nach der »von den neuern Erscheinungen im Gebiet der Kriegskunst ... das Allerwenigste neuen Erfindungen oder neuen Ideenrichtungen zuzuschreiben (ist), und das meiste den neuen gesellschaftlichen Zuständen und Verhältnissen«[142]. Clausewitz zieht dieses Fazit angesichts der Erfolge und Umwälzungen der Kriegführung durch die Französische Revolution und Napoleon, der die »etwas roh und naturalistisch« wirkende Frühphase der Revolution in »einer großartigen Methode zusammengefaßt« hatte, der ungeheure Erfolge beschieden waren[143]. Lenin schließt sich den Ausführungen Clausewitz' an, deren längere Passage »den grundsätzlichen Wandel der alten Anschauungen über das Wesen der Kriegführung (betont), ... falsche Interpretationen der neuen Elemente (widerlegt) und ... insbesondere auf den überwiegenden Einfluß der Revolution in sozialer Beziehung hin(weist)«[144]. Er hebt die Bedeutung dieser Aussage durch zwei Striche am Rande hervor, schreibt hinzu: »Umwälzung, Französische Revolution« und unterstreicht den Gedankengang Clausewitz'

---

[138] Leninskij Sbornik XII, S. 412 f.

[139] Hahlweg, Lenin, S. 54 f.

[140] Leninskij Sbornik XII, S. 416 f. Auch für einen sowjetischen Feldherrn gilt also die Parole »Vertrauen ist gut — Kontrolle ist besser«!

[141] Wladimir Iljitsch Lenin, S. 201; vgl. auch Hahlweg, Lenin, S. 57.

[142] Leninskij Sbornik XII, S. 420 f.

[143] Ebd., S. 418 f.

[144] Hahlweg, Lenin, S. 58. Hier besteht eine Verbindung zu Lenins Notiz, daß der Krieg »in das Gebiet des menschlichen Lebens (gehört)«, vgl. Leninskij Sbornik XII, S. 402 f., und Clausewitz, Vom Kriege. 1980, S. 303.

ferner durch ein »Nota bene« sowie die Wertung »richtig«. Hahlweg spürt: »Hier berühren sich die Ansichten von Clausewitz sehr nahe mit seinen (Lenins) eigenen[145].«
Der umfangreichste Teil der Exzerpte Lenins stammt aus dem dritten Band des Werkes *Vom Kriege*, namentlich aus dem achten Buch. Aus dem siebten Buch (Der Angriff) notiert Lenin nur wenige und kurze Textstellen, die sich auf das Wechselverhältnis von Angriff und Verteidigung und die Problematik des Verteidigungskrieges beziehen[146]. Aus dem achten Buch, »Der Kriegsplan«, in dem Clausewitz die im ersten Buch entwickelten Gedanken über das Wesen des Krieges in Vorstellung und Wirklichkeit und dessen Beziehung zur Politik ergänzt, wählt Lenin Auszüge zu zwei Themenkomplexen: 1. zum Verhältnis von Angriff und Verteidigung und 2. zum Verhältnis von Krieg und Politik. Darunter fallen Wesen und Wandlung des Krieges, Volk und Krieg, Bündniskrieg, Wesen und Bereich der Politik, Revolution, Politik und Krieg[147].
Nach einem Kurzzitat über den Krieg, der in der Gestalt Napoleons seine absolute Form angenommen habe, greift Lenin eine Stelle aus dem dritten Kapitel heraus, welche die sich wandelnde Rolle des Volkes in den verschiedenen Epochen von den Tataren bis in die napoleonische Zeit charakterisiert. Lenins Randbemerkungen zeigen, daß er von dem Gedanken der wachsenden Rolle des Volkes seit der Französischen Revolution angetan ist. Er sperrte im Unterschied zu Clausewitz die Stellen, die den Enthusiasmus und die Energie des Volkes heraushoben und korrigiert eine von ihm als »Ungenauigkeit« empfundene Aussage Clausewitz', der lediglich »Bourgeoisie« meine, wenn er »Volk« schreibt. Lenin selbst war sich angesichts der Massenhysterie bei Ausbruch des Ersten Weltkrieges bewußt, welche Steigerungsmöglichkeiten ein Einsatz der für »ihre eigene proletarische Revolution« kämpfenden Volksmassen in der Hand der Revolutionäre bedeuten konnte. Nicht umsonst zitiert er aus der nächsten Seite aus *Vom Kriege*: »So war also das kriegerische Element, von allen konventionellen Schranken befreit, mit seiner ganzen natürlichen Kraft losgebrochen[148].«
Auch die These, daß jede Zeit ihre eigenen Kriege habe, »ihre eigenen beschränkenden Bedingungen, ihre eigene Befangenheit«[149], wird von ihm verständnisvoll kommentiert und mit dem Zusatz versehen: »Die Eigentümlichkeiten jeder Epoche müssen zum Verständnis des Feldherrn gebührend studiert sein.«
Dem fünften Kapitel entnimmt Lenin auch eine von Clausewitz beschriebene Pattsituation, die entstehen kann, wenn die Voraussetzungen für das eigentliche Kriegsziel, die Niederwerfung des Gegners, von keiner der beiden Parteien mehr erfüllt werden können. In diesem Fall, wenn beide Teile von der Zukunft nichts Bestimmtes erwarten, muß der Logik zufolge der politisch Angreifende mit dem positivem Ziel (der Eroberung) aktiv werden. Lenin schreibt am Rande »den Begriff ›politischer Angreifer‹« heraus und gibt mit einem Nota bene zu erkennen, daß er die Unterscheidung Clausewitz' zwischen politischer und strategischer Offensive auch im Bereich der Defensive akzep-

---

[145] Hahlweg, ebd., S. 59.
[146] Leninskij Sbornik XII, S. 422 f.
[147] Hahlweg, Lenin, S. 357.
[148] Ebd., S. 359; vgl. auch Leninskij Sbornik XII, S. 424 ff.
[149] Ebd., S. 426 f.

tiert[150]. Starke Anstreichungen und eine gedankliche Marginalie ganz im Sinne von
Clausewitz gibt eine weitere Textstelle aus dem gleichen Kapitel an:

»Wir haben ... bereits eingeräumt, dass die Natur des politischen Zweckes, die Grösse unserer oder
der feindlichen Forderungen und unser politisches Verhältnis faktisch den entscheidendsten Einfluss
auf die Kriegführung behauptet[151].«

Nach einer kurzen Notiz über die Koalitionskriege der napoleonischen Zeit wendet sich
Lenin dem Teil B des sechsten Kapitels (Der Krieg ist ein Instrument der Politik) zu,
welches von ihm als »das wichtigste Kapitel«[152] empfunden wird.

»Lenin gibt damit die Begründung für seine nachstehenden umfangreichen Exzerpte, die alle wesentlichen Gedanken dieses Teiles enthalten und ein in sich geschlossenes Ganzes bilden: man darf in diesen
Auszügen den Schwerpunkt von Lenins Clausewitz-Studien erblicken. Clausewitz lehrt hier eindring-
lich die unbedingte Vorherrschaft der Politik gegenüber dem Krieg und weist dabei auf die Einheit
hin, zu der sich die einander widersprechenden Elemente (Natur des Krieges, Interessen des Einzelmenschen wie der Gesellschaft) praktisch verbinden[153].«

Besondere Aufmerksamkeit widmete Lenin dem erneuten und modifizierten Aufgreifen
der Formel durch Clausewitz, der feststellte, daß »der Krieg ... nichts anderes (ist) als
eine Fortsetzung des politischen Verkehrs mit Einmischung anderer Mittel« und daß diese
Politik durch den Krieg nicht aufhört, sondern in ihrem Wesen fortbestehen bleibt. Denn:
Der Krieg hat zwar eine eigene Grammatik, nicht aber eine eigene Logik[154], und so
merkt Lenin wenig später an, daß »der Krieg ein Teil des Ganzen ist — und dieses Ganze
ist die Politik«[155].

Die folgenden Auszüge leiten zum Wesen der Politik über. Lenin notiert:

»Dass die Politik alle Interessen der inneren Verwaltung, auch die der Menschlichkeit und was sonst
der philosophische Verstand zur Sprache bringen könnte, in sich vereinigt und ausgleicht, wird vorausgesetzt; denn die Politik ist ja Nichts an sich, sondern ein blosser Sachwalter aller dieser Interessen
gegen andere Staaten. Dass sie eine falsche Richtung haben, dem Ehrgeiz, dem Privatinteresse, der Eitelkeit
der Regierenden vorzugsweise dienen kann, gehört nicht hierher; denn in keinem Fall ist es die Kriegskunst welche als ihr Präceptor betrachtet werden kann, und wir können hier die Politik nur als Repräsentanten aller Interessen der ganzen Gesellschaft betrachten[156].«

Lenin fragt am Rand »Was ist Politik« und bezeichnet weiter unten diesen Absatz als
»Annäherung zum Marxismus«; den letzten Satz notiert er noch einmal als Marginalie,
ohne jedoch eine kritische Bemerkung hinzuzufügen, die den spezifischen Problemen und
Interessen der Klassengesellschaft Rechnung getragen hätte. Weiter bemerkt er, daß »Kriege
nicht aus bloßer Feindschaft entstehen«, sondern »die Politik den Krieg erzeugt«[157].

»Die letzten Auszüge aus dem Kapitel führen auf die Probleme Revolution, Krieg und Politik hin.
Clausewitz' Betrachtungen über die grundsätzlich neuen Elemente der französischen Revolution im

---

[150] Ebd.
[151] Ebd., S. 428 f.
[152] Ebd., S. 430 f.
[153] Hahlweg, Lenin, S. 362 f.
[154] Leninskij Sbornik XII, S. 430 f.; vgl. Clausewitz, Vom Kriege. 1980, S. 990 f.
[155] Leninskij Sbornik XII, S. 432 f.
[156] Ebd., S. 436 f.; Clausewitz, Vom Kriege. 1980, S. 993.
[157] Ebd.

Zusammenhang mit der Kriegführung konnten auch für den Bolschewismus aufschlußreiche Hinweise im Sinne analoger Vorgänge enthalten. Von jeher hatte der revolutionäre Marxismus die Verbindungslinie zu den die Epoche des neuzeitlichen Sozialismus einleitenden Ereignissen von 1789 gezogen[158].«

Die von Lenin vorangestellte Frage »Beispiel: große Veränderungen im Kriegswesen gegen Ende des 18. Jahrhunderts. Was ist ihre Ursache?« beantwortet dann der ausgewählte Auszug aus *Vom Kriege*:

»Die ungeheuren Wirkungen der französischen Revolution nach Aussen sind aber offenbar viel weniger neuen Mitteln und Ansichten ihrer Kriegführung, als in der ganz veränderten Staats- und Verwaltungskunst, in dem Charakter der Regierung, in dem Zustande des Volks u. s. w. zu suchen. Dass die anderen Regierungen alle diese Dinge als unwichtig ansehen, dass sie mit gewöhnlichen Mitteln Kräfte die Wage halten wollten, die neu und überwältigend waren: das alles sind Fehler der Politik[159].«

Lenin ergänzt diese Sätze um drei Auszüge am Ende des Kapitels über die zentrale Bedeutung der Politik und die gesteigerten Möglichkeiten, die diese neue französische Revolutionspolitik der Kriegführung durch Zuführung anderer Mittel, anderer Kräfte und einer gewaltigen Energie an die Hand geben konnte.

Lenin schließt seine Clausewitz-Studien mit einem Auszug aus der *Übersicht des Sr. Königl. Hoheit dem Kronprinzen in den Jahren 1810, 1811 und 1812 vom Verfasser erteilten militärischen Unterrichts*, der als Anhang dem dritten Band des Werkes *Vom Kriege* beigefügt worden war.

»Politisch heisst ein Vertheidigungskrieg ein solcher den man für seine Unabhängigkeit führt; strategisch heisst Vertheidigungskrieg derjenige Feldzug in welchem ich mich beschränke den Feind in dem Kriegstheater zu bekämpfen, das ich mir für diesen Zweck zubereitet habe. Ob in diesem Kriegstheater ich die Schlachten offensiv oder defensiv liefere, ändert darin Nichts[160].«

Ein »richtig« von Seiten Lenins unterstreicht diese Feststellung.

Wenn schon die Auszüge aus den beiden ersten Bänden zeigten, daß Lenin sich nicht mit belanglosen, namentlich durch die Zeit überholten militärischen Einzelheiten aufhielt, sondern die philosophisch untermauerten Kerngedanken sorgfältig erfaßte, so verdeutlichen die Exzerpte des dritten Bandes, worauf es ihm hauptsächlich ankommt:

»...auf die Wesenserkenntnis der Politik, des Krieges und der Kriegführung in ihren Beziehungen zueinander ... Lenins Auszüge ... sind so angelegt, daß diese Gesichtspunkte aus der Fülle des Stoffes wohlgeordnet, klar und folgerichtig geradezu im Sinne eines Clausewitz-Breviers einleuchtend hervortreten ... Daraus geht hervor, daß die Grundthesen des Werkes *Vom Kriege* über das Verhältnis von Politik und Krieg keinesfalls im Widerspruch zu den Lehren des revolutionären Marxismus stehen, ja sehr wohl mit ihnen in Einklang gebracht werden können[161].«

So wird in Ost und West die geistesgeschichtliche Bedeutung der Leninschen Clausewitz-Studien gleichermaßen anerkannt[162]. Während die sowjetischen Militärtheoretiker

---

[158] Hahlweg, Lenin, S. 367.

[159] Leninskij Sbornik XII, S. 438 f.; Clausewitz, Vom Kriege. 1980, S. 997.

[160] Leninskij Sbornik XII, S. 442 f.; vgl. auch Clausewitz, ebd., S. 1075.

[161] Hahlweg, Lenin, S. 369.

[162] Aron schreibt in: Clausewitz et la guerre populaire, S. 4: »ce cahier témoigne d'un rare perspective: il assure à Clausewitz, en Union Soviétique, une place au Panthéon, parmi les penseurs bourgeois dont le marxisme-léninisme recueille et enrichit l'héritage.«

aber viel stärker die Unterschiede der beiden so grundverschiedenen Männer sowie die »Weiterentwicklung« Clausewitzscher Thesen durch Lenin hervorheben, richten westliche Autoren ihr Augenmerk in stärkerem Maße auf die Bedeutung der Richtigkeit und Aktualität von *Vom Kriege* auch nach seiner Entstehungszeit. Gerade Lenin bewies den zeitlosen Wert des Buches *Vom Kriege* und belebte durch sein Exzerptheft die Diskussion um Clausewitz in einer bis dahin unbekannten Intensität. Der Verlauf und die Ergebnisse des Ersten Weltkrieges bildeten den Rahmen, in dem Lenin, zuerst im parteipolitischen Dissens mit den verschiedenen Strömungen des Sozialismus, ab Oktober 1917 als Kopf eines revolutionären Rußland, seine Clausewitz-Kenntnisse in die Praxis umsetzen konnte.

### 3. Lenins politische Nutzbarmachung eines militärischen Klassikers (1915—1923)

Bereits Lenins Randbemerkungen zu seinen Clausewitz-Exzerpten deuteten an, in welcher Weise das Gedankengut des preußischen Generals durch seine angestrebte Integration in den Rahmen der marxistischen Ideologie verändert[163] und seiner unparteiischen wissenschaftlichen Basis beraubt wurde. Lenin schuf, von seiner ideologischen Grundposition ausgehend, mit den Mitteln der Clausewitzschen Kriegsphilosophie einen neuen, stark veränderten und erweiterten Kriegsbegriff.

Er hatte nicht die Zeit, Clausewitz' Werk auf sich wirken zu lassen. Sein einmaliges Talent, selbst höchst abstrakten und philosophischen Werken eine praktische, im parteiinternen oder allgemeinpolitisch-revolutionären Kampf verwertbare Essenz abzugewinnen, ließ ihn auch das Werk *Vom Kriege* kurz nach, ja vielleicht schon während der Lektüre seinen tagespolitischen Zielen nutzbar machen. Die Schlußfolgerungen aus seinen Exzerpten ermöglichten es ihm, in der Krisensituation des Ersten Weltkrieges eine »Standortbestimmung des Internationalen Sozialismus« vorzunehmen. Der Ausbruch des Weltkrieges stellte die Sozialisten aller europäischen Mächte »vor Entscheidungen von grundsätzlicher Tragweite. Entweder bejahten sie in diesem Augenblick die Kriegspolitik der Regierungen unter Verzicht auf revolutionäre Zielsetzungen oder sie bekannten sich konsequent zu den Lehren von Marx und Engels, insbesondere den Losungen des Stuttgarter und Basler Internationalen Sozialistenkongresses, in denen die Bekämpfung des imperialistischen Krieges, seine rasche Beendigung sowie das verschärfte Vorgehen gegen die kapitalistische Klassenherrschaft gefordert wurden«[164].

Während die Mehrheit der II. Internationale letztendlich vor der Stimmung in ihren Ländern kapitulierte und eine innenpolitische »Burgfriedenspolitik« betrieb, indem benötigte Kriegskredite bewilligt und sogar Minister für die kriegführenden Regierungen gestellt wurden, verfocht Lenin schon in den ersten Tagen der Krise eine prinzipientreue Politik

---

[163] Blasius, Clausewitz, S. 336, spricht von einer Perversion Clausewitzschen Gedankengutes.

[164] Hahlweg, Lenin, S. 370 f. Siehe dort auch weiterführende Literaturhinweise zum Verhalten der Sozialisten in der Phase des Kriegsausbruches.

gegenüber den ideologischen Leitlinien der zerbrechenden II. Internationale. Er verzichtete keineswegs auf die Forderungen nach internationaler Solidarität der Arbeiterklasse, nach Forcierung der Revolution und wandte sich schon im Oktober 1914 von Begriffen wie »Vaterlandsverteidigung« oder »Angriffs- und Verteidigungskrieg« ab. In einer Rede vom 14. Oktober desselben Jahres begründete er dies: »Nur wenn wir diesen Krieg in seinen spezifischen geschichtlichen Gesamtverhältnissen betrachten, wie das für den Marxisten unbedingt erforderlich ist, können wir unsere Stellung zum Krieg klar bestimmen[165].«
Bereits hier — vor seiner Kenntnisnahme des Werkes *Vom Kriege* — zeigt sich die gedankliche Affinität Lenins zu Clausewitz, denn auch dieser verlangt eine genaue Analyse des Krieges in seinem historischen Zusammenhang. Die Beschäftigung mit Clausewitz half ihm, diese Analyse treffsicher und pointiert zu formulieren, die Politik als Urheber des Krieges zu erkennen und ein spezifisches Verhältnis zu Macht und Gewalt zu finden.
Ganz im Geiste von Marx und Engels betrachtete Lenin den Krieg als die unvermeidliche und erhoffte ökonomische Großkrise, deren Folgen in den kriegführenden Staaten als Revolutionskatalysator wirken mußten. Dabei räumte er — so Possony — durchaus ein, daß Krieg ein großes Unglück sei.

»In den Augen des Revolutionärs jedoch gehört die Frage nach Unglück oder Wohlfahrt gewöhnlich nicht zu den brennenden Tagesfragen. Der Revolutionär muß jedes historische Phänomen — auch den Krieg — vom Standpunkt der proletarischen, das heißt der Parteiinteressen beurteilen[166].«

Dazu Lenin:

»(Der Revolutionär) darf den Krieg nicht nach der Zahl der Verluste, sondern nach seinen politischen Folgen einschätzen. Über den Interessen der durch den Krieg untergehenden und leidenden Einzelmenschen stehen die Klasseninteressen. Und wenn der Krieg den Interessen der Befreiung vom Joche dient, ... dann ist ein solcher Krieg ein Fortschritt, ohne Rücksicht auf die Opfer und die Leiden, die er mit sich bringt[167].«

Man könnte diesen Standpunkt mit gutem Grund als zynischen Utilitarismus bezeichnen.
In zahlreichen Reden und Broschüren argumentierte Lenin in der Folgezeit mit einem bei Clausewitz entlehnten Begriffsinstrumentarium, wenn er im Kreise der auseinanderbrechenden II. Internationale seinen Standpunkt zum Krieg verdeutlichen wollte.

»Hauptsächlich zwei Themen des Werkes *Vom Kriege* (wurden dabei) praktisch bedeutsam, d. h. mit ihren Gedanken von ihm im Kampf um die Vorbereitung, Durchführung und Behauptung der bolschewistischen Revolution ausgewertet: 1. Der Krieg als Fortsetzung der Politik, 2. Das Wechselverhältnis von Angriff und Verteidigung[168].«
»Der bekannte, in sämtlichen Versionen in Lenins *Tetradka* stehende Satz über den Krieg als Fortsetzung der Politik ist für den bolschewistischen Führer Ausgangspunkt und Urteilsmaßstab für alle seine Betrachtungen und Deutungen des Krieges; er sieht diese Formulierung ... als äußerst wichtig für das Verständnis eines jeden Krieges an ... Dieser Satz wird gleichsam sein ›Credo‹ bis in die Zeit des Oktoberumsturzes hinein und darüber hinaus ... Praktisch klärt der bolschewistische Führer mit Hilfe der Formel ... nahezu die gesamten Kernfragen der Revolution in ihrem Kampf: Wesenserkenntnis (Klassenanalyse) des

[165] W. I. Lenin, Proletariat und Krieg.
[166] Possony, Jahrhundert, S. 125.
[167] Lenin, zit. nach ebd.
[168] Hahlweg, Lenin, S. 373.

Weltkrieges und damit zusammenhängend Probleme wie ›Opportunismus‹, ›Vaterlandsverteidigung‹, nationaler Befreiungskampf, Unterschied zwischen ›gerechten‹ und ›ungerechten‹ Kriegen, Verhältnis von Krieg und Frieden, Revolution und Krieg, Beendigung des imperialistischen Krieges durch Umsturz im Innern seitens der Arbeiterklasse, Revision des bolschewistischen Parteiprogramms[169].«

Gleich in zwei Schriften, dem im Mai/Juni 1915 verfaßten Artikel *Der Zusammenbruch der II. Internationale*[170] und der Broschüre vom August desselben Jahres, *Sozialismus und Krieg*[171], beruft sich Lenin explizit auf Clausewitz und entwickelt seine Ansichten über den Krieg und die zwingende Notwendigkeit, sich von den Positionen der II. Internationale abzuwenden. Seine Angriffe erfolgen gegen G. V. Plechanov[172] und Karl Kautsky[173], »deren undialektische und unhistorische Betrachtungsweise«[174] er mit Hinweis auf Clausewitz attackiert, da diese unter Losungen wie »Verteidigung des Vaterlandes« oder »Weder Sieg noch Niederlage« ihre nationalen Regierungen unterstützten. So schreibt Lenin im *Zusammenbruch der II. Internationale*:

»In Anwendung auf die Kriege besteht der grundlegende Leitsatz der von Plechanow zugunsten der Bourgeoisie so schamlos entstellten Dialektik darin, daß ›der Krieg eine bloße Fortsetzung der Politik mit andern (nämlich gewaltsamen) Mitteln‹ ist. So lautet die Formulierung von Clausewitz, einem der großen Schriftsteller über Fragen der Kriegsgeschichte, dessen Ideen von Hegel befruchtet waren. Und gerade das war stets der Standpunkt von Marx und Engels, die jeden Krieg als eine Fortsetzung der Politik der betreffenden interessierten Mächte — und der verschiedenen Klassen in ihnen — in dem betreffenden Zeitabschnitt auffaßten.«

Nach einem polemischen Angriff auf »den groben Chauvinismus Plechanows« und den »raffinierteren, versöhnlich-süßlichen Chauvinismus Kautskys«, bei denen das Recht auf Vaterlandsverteidigung unterstrichen worden war, fährt Lenin fort:

»Sehen wir uns aber die theoretischen Voraussetzungen der Erwägungen Kautskys an, so entdecken wir eben jene Auffassung, die von Clausewitz vor rund 80 Jahren verspottet worden ist, nämlich daß angeblich mit Kriegsausbruch die geschichtlich vorbereiteten politischen Beziehungen zwischen den Völkern und Klassen aufhören, daß ein ganz anderer Zustand eintrete!, daß es ›bloße‹ Angreifer und Verteidiger, eine ›bloße‹ Abwehr der ›Feinde des Vaterlands‹ gebe[175]!«

Lenin verweist weiter auf die Unterdrückung einer ganzen Reihe von Nationen, die den halben Erdball umfassen, durch alle kriegführenden Parteien und legt dar, daß das Konkurrenzverhältnis der Bourgeoisie dieser europäischen Großmächte um die Aufteilung der Beute des Krieges und ihr Bemühen, die jeweilige Arbeiterbewegung zu spalten, eine platte Aufteilung in Angreifer und Angegriffene nicht zulasse. Zentrale Erkenntnisgrundlage bildet für Lenin die Formel, wobei er es nicht versäumt, seiner gegen Plechanov

---

[169] Ebd., S. 374.

[170] Lenin, Werke, Bd 21, S. 197—256.

[171] Ebd., S. 295—341.

[172] G. V. Plechanov, marxistischer Theoretiker der SDAPR, der nach der Spaltung der russischen Sozialdemokraten den Flügel der Menševiki unterstützte. 1917 Rückkehr aus der Emigration (seit 1880) und Kritik an Lenins Kurs der Machtergreifung.

[173] Karl Kautsky, führender Theoretiker der deutschen Sozialdemokratie; Chefredakteur der Neuen Zeit. 1917 Mitbegründer der USPD und Gegner der Oktoberrevolution.

[174] O. Braun, Lenin, S. 6.

[175] Lenin, Werke, Bd 21, S. 213f. In einer Anmerkung zu Clausewitz wird die entsprechende Textstelle aus dem ersten und achten Buch der Erstausgabe und der DDR-Ausgabe von 1957 zitiert.

und Kautsky gerichteten Interpretation durch die Anführung der Autoritäten Marx und Engels die nötige theoretische Untermauerung zu verleihen.

Eine weitere gedankliche Clausewitz-Anleihe ist in der gleichen Arbeit unschwer auszumachen. Lenin weist nach, daß die von Plechanov und Kautsky im Zusammenhang mit der Frage der Vaterlandsverteidigung angeführten Kriegsbeispiele des 19. Jahrhunderts von 1813 bis 1897 nicht in jedem Fall als Parallele zur Vaterlandsverteidigung im ausgebrochenen Weltkrieg verstanden werden könnten. Er kommt zu dem Schluß, daß die ideologischen Opponenten es verabsäumt hätten, jeden einzelnen Fall in seiner besonderen, konkreten Bedingtheit zu sehen, und dadurch zu unzulässigen Parallelen und Verallgemeinerungen gekommen seien[176]. Eben diese Auffassung Clausewitz', nach der jede Epoche ihre eigenen Kriege hat, bringt Lenin 1915 in *Sozialismus und Krieg* noch deutlicher zum Ausdruck:

»Von den Pazifisten wie von den Anarchisten unterscheiden wir Marxisten uns weiter dadurch, daß wir es für notwendig halten, einen jeden Krieg in seiner Besonderheit historisch (vom Standpunkt des Marxschen dialektischen Materialismus) zu analysieren. Es hat in der Geschichte manche Kriege gegeben, die trotz aller Greuel ... fortschrittlich waren, d. h. der Entwicklung der Menschheit Nutzen brachten ... Wir müssen daher die historischen Besonderheiten eben des jetzigen Krieges untersuchen[177].«

In dieser Arbeit, welche die Haltung der SDAPR — ab 1918 KPR(B) — zum Krieg thematisierte, zitiert Lenin dann auch wieder den bekannten Aphorismus als Zwischentitel im ersten Kapitel. Er erläutert ihn in ähnlicher Weise wie schon drei Monate vorher:

»Dieser berühmte Ausspruch stammt von Clausewitz, einem der geistvollsten Militärschriftsteller. Die Marxisten haben diesen Satz mit Recht stets als theoretische Grundlage ihrer Auffassungen von der Bedeutung eines jeden konkreten Krieges betrachtet. Marx und Engels haben die verschiedenen Kriege stets von diesem und keinem anderen Standpunkt aus beurteilt[178].«

Auch hier definiert Lenin im Anschluß an die zitierte Formel die Politik als Klassenpolitik und demnach den Krieg als Fortsetzung der Politik der herrschenden Klassen der europäischen Großmächte. Es fällt auf, daß er bei seiner Berufung auf die »Klassiker« Marx und Engels nicht lediglich deren Interpretation Clausewitz' referiert, sondern eine eigene Interpretation liefert, die durch den von ihm rezensierten Briefwechsel so nicht gestützt wird: daß nämlich Marx und Engels alle Kriege durch die Brille der Formel betrachtet hätten. Eine Manipulation der zentralen These Clausewitz' wirft ihm daher Dirk Blasius vor:

»Lenin hält in der geistigen Auseinandersetzung mit der ›chauvinistischen‹ Sozialdemokratie ihren Vertretern nicht etwa die Clausewitzsche Definition des Krieges entgegen, sondern ihre ideologische Abbreviatur, in der nur das Grundgerüst der Clausewitzschen Begriffssprache erhalten geblieben ist[179].«

Nach der ideologisch motivierten Verkürzung gibt Lenin immer wieder Zeugnisse für die praktische Inanspruchnahme Clausewitzschen Begriffsinstrumentariums zur Erklärung des gegenwärtigen Krieges. Er untersucht die politisch-wirtschaftlichen Motive aller in den Krieg involvierten Staaten und stellt fest, daß die durch die Formel postulierte

[176] Vgl. Hahlweg, Lenin, S. 376ff.
[177] Lenin, Werke, Bd 21, S.299.
[178] Ebd., S. 304f.
[179] Blasius, Clausewitz, S. 339.

Kausalität für sie alle nachweisbar ist. Er erweitert das abstrakte Instrumentarium dann aber um wertende Kategorien, die zudem den betont einseitigen Standpunkt der von ihm definierten Interessen des Weltproletariats ausmachen. Dies führt dann zu der polit-propagandistisch sehr wirksamen, die Erkenntnis jedoch zurückwerfenden Unterscheidung zwischen »gerechten« und »ungerechten« Kriegen. Diese psychopolitischen Kriterien gehören seitdem zum unverzichtbaren Vokabular marxistischer militärgeschichtlicher oder militärwissenschaftlicher Arbeiten. Die sowjetamtliche Literatur wurde in der Folgezeit nicht müde, den qualitativen Sprung dieser Dichotomie, als deren Erfinder Lenin hingestellt wird, als wesentliches Kriterium der Beurteilung von Kriegen herauszustellen und zu behaupten, daß deren Bedeutung kaum hinter der der Formel zurückstehe.

Gegen Ende des Jahres 1916, auf dem Höhepunkt des Krieges, kommt Lenin dann in zwei Artikeln wieder auf Clausewitz zurück. Die Positionen der internationalen Sozialisten und Sozialdemokraten hatten sich zwar weiter ausdifferenziert, kreisten jedoch immer noch um die Bewertung des Krieges. Hinter den Schlagworten »nationaler Befreiungskrieg«, »national fortschrittlich«, »nationaler Emanzipationskrieg« und »imperialistischer Eroberungskrieg« verbargen sich grundsätzliche Anschauungen, welche von der unbedingten Bejahung der Landesverteidigung bis zu deren rigoroser Ablehnung reichten.

Im Oktober 1916 richtet sich Lenin in dem Aufsatz *Über die Junius-Broschüre* gegen die Ablehnung aller nationalen Kriege seitens der deutschen Spartakisten. Nationale Kriege, betont er, könnten durchaus entstehen, etwa in den Kolonien und Halbkolonien (China, Türkei, Persien), wo bis zu 1000 Millionen Menschen lebten. Nationale Befreiungsbewegungen seien hier entweder schon sehr stark oder im Wachsen begriffen. Lenin begründet dann mit Clausewitz, daß aus diesem Potential mit dem Streben nach Unabhängigkeit sehr wohl nationale Kriege entstehen können:

»Jeder Krieg ist eine Fortsetzung der Politik mit andern Mitteln. Die Fortsetzung der Politik der nationalen Befreiung in den Kolonien werden zwangsläufig nationale Kriege der Kolonien gegen den Imperialismus sein[180].«

Diesen Gedanken greift Lenin im Oktober 1916 ein zweites Mal auf. In dem Artikel *Über eine Karikatur auf den Marxismus und über den ›imperialistischen Ökonomismus‹*, mit dem er den Bol'ševik G. L. Pjatakov angreift, zeichnet Lenin nach, wie man das »wirkliche Wesen« eines Krieges erfassen und bestimmen kann.

»Der Krieg ist die Fortsetzung der Politik. Man muß die Politik vor dem Kriege, die Politik, die zum Kriege geführt und ihn herbeigeführt hat, studieren. War die Politik imperialistisch, d. h. verteidigte sie die Interessen des Finanzkapitals, war sie eine Politik der Ausplünderung und Unterdrückung von Kolonien und fremden Ländern, dann ist auch der Krieg, der sich aus dieser Politik ergibt, ein imperialistischer Krieg. War die Politik eine Politik der nationalen Befreiung, d. h., war sie Ausdruck der Massenbewegungen gegen die nationale Unterdrückung, dann ist der Krieg, der sich aus dieser Politik ergibt, ein nationaler Befreiungskrieg.
Der Spießbürger begreift nicht, daß der Krieg die ›Fortsetzung der Politik‹ ist, er begnügt sich deshalb mit der Erklärung: ›der Feind greift an‹, ›der Feind ist in mein Land eingefallen‹, ohne sich Gedanken darüber zu machen, worum der Krieg geführt wird, von welchen Klassen, um welchen politischen Zieles willen[181].«

---

[180] Lenin, Werke, Bd 22, S. 315.
[181] Ebd., Bd 23, S. 23 f.

Mit konsequenter Folgerichtigkeit wendet er sich im November 1916 gegen Teile der russischen Sozialdemokratie, die in Deutschland den allein Schuldigen am Krieg sehen wollten und aus dieser Haltung heraus von einem russischen Verteidigungskrieg, der »Rettung des Landes« und von einem »demokratischen Frieden« sprachen, indem sie die imperialen Ziele der zaristischen Kriegspolitik ignorierten. In dem Aufsatz *Über den Separatfrieden* beginnt Lenin seine Beweisführung wiederum mit der Formel: »Der Krieg ist die Fortsetzung der Politik. Und die Politik wird auch während des Krieges ›fortgesetzt‹[182]«. Indem er auf Geheimverträge zwischen den Mittelmächten, aber auch zwischen Rußland und seinen Verbündeten England und Frankreich bezüglich der Kriegsziele und der zu erwartenden Beute hinweist, zeigt Lenin, daß die Diplomatie nach Ausbruch der Kampfhandlungen keineswegs ihre Arbeit eingestellt hat. Sie bestimmt mit ihren Vorschlägen und Planungen nicht unmaßgeblich den Kriegsverlauf. Durch die imperialistischen Intrigen aller beteiligten Staaten könne ein Sozialist »unter diesen Umständen (niemals, d. Verf.) den Völkern und Regierungen Reden über einen ›honetten Frieden‹« halten[183]. Der Artikel *Das Militärprogramm der proletarischen Revolution*[184], ebenfalls vom Oktober/November 1916, befaßt sich erstmals grundlegend mit der aus dem Klassenkampf resultierenden Bewaffnung der Arbeiterklasse, dem Bürgerkrieg und der proletarischen Landesverteidigung in einem Krieg gegen ein bürgerliches Land. Erneut tritt Lenin für einen »gerechten«, also den Interessen des Proletariats dienenden Krieg ein. Er begründet dies mit der modifizierten Formel, nach der auf die Phase der Fortsetzung der imperialistischen Politik die Phase des Kampfes gegen nationale Unterdrückung und die des Kampfes des Proletariats gegen die Bourgeoisie folgen müsse. Lenin folgert daraus die Unvermeidlichkeit revolutionärer Aufstände und Kriege des Proletariats gegen das Bürgertum und damit das Entstehen von nationalen und innerstaatlichen Befreiungskriegen[185].
Diesen, der Klärung der eigenen Position und der Auseinandersetzung mit parteiinternen Gegnern dienenden Schriften, die Lenin ohne reale politische Mitwirkungsmöglichkeit aus dem Exil verfaßte, folgte nach seiner Rückkehr am 3. April 1917 in Petrograd eine zielstrebige, den Umsturz anstrebende Teilnahme am politischen Geschehen der Hauptstadt und des Landes. Wieder waren es Behauptungen Plechanovs, Lenin bezichtige nur Rußland, nicht aber Deutschland eines räuberischen, imperialistischen Krieges, gegen die er sich nicht zuletzt unter Zuhilfenahme Clausewitzscher Begrifflichkeit schärfstens verwahrte[186].

»Herr Plechanov ist — genau so wie die deutschen Plechanows, die Scheidemann und Co. — auf das Niveau des vulgärsten, gewöhnlichsten bürgerlichen Chauvinisten hinabgesunken, der nicht wissen will (oder nie gewußt hat), daß der Krieg die Fortsetzung der Politik ist, daß Krieg und Politik mit den Interessen bestimmter Klassen verknüpft sind, daß man untersuchen muß, welche Klassen den Krieg führen, um welcher Ziele willen sie ihn führen[187].«

---

182 Ebd., S. 126.
183 Ebd.
184 Ebd., S. 72—83.
185 Ebd., S. 75.
186 Vgl. Hahlweg, Lenin, S. 381 f.
187 Lenin, Werke, Bd 24, S. 103.

Deutlicher vertritt Lenin auf den im April und Mai 1917 gehaltenen Petrograder Stadt-
konferenzen der Bol'ševiki die Auffassung, der Krieg könne nur durch den gewaltsamen
inneren Umsturz beendet werden:

»Der Krieg ist die Fortsetzung der Politik einer Klasse; den Charakter des Krieges ändern heißt, an
die Stelle der Klasse, die an der Macht steht, eine andere setzen ... Unsere Partei wird ... dem Volke
die Wahrheit erklären, daß ... der Krieg ... nur dann durch einen wirklich demokratischen und keinen
Gewaltfrieden beendet werden kann, wenn die gesamte Staatsgewalt in die Hände der Klasse übergeht,
... die wirklich imstande ist, dem kapitalistischen Joch ein Ende zu setzen[188].«

Während eines Vortrages über *Krieg und Revolution* kam Lenin im Mai erneut auf Clausewitz zurück. »Um den Unterschied zwischen ungerechten reaktionären und gerechten
fortschrittlichen Kriegen auseinanderzusetzen«, so Otto Braun in seinem Vorwort zur
deutschen Ausgabe der *Tetradka* 1957[189], zitiert Lenin erneut den bekannten Aphorismus, nennt diesmal wieder seinen Urheber beim Namen und bringt gleichzeitig eine
eindeutige, tiefe Wertschätzung für Clausewitz zum Ausdruck. Das folgende, längere Zitat
beweist, welche vielschichtigen Möglichkeiten der Aphorismus als grundlegendes Theo-
rem, als Ordnungskategorie für die Einordnung historischer Zusammenhänge und als Ausgangspunkt zur konkreten Veränderung der Machtverhältnisse für den russischen Revolutionär enthielt:

»Darum eben werde ich mir erlauben, da Sie ja als Thema die Frage nach dem Verhältnis von Krieg
und Revolution gewählt haben, ausführlich auf diese Seite der Sache einzugehen.
Bekannt ist der Ausspruch von Clausewitz, einem der berühmtesten Schriftsteller über die Philosophie des Krieges und die Geschichte des Krieges, der lautet: ›Der Krieg ist eine bloße Fortsetzung der
Politik mit andern Mitteln.‹ Dieser Ausspruch stammt von einem Schriftsteller, der kurz nach der
Epoche der Napoleonischen Kriege die Geschichte der Kriege erforscht und die philosophischen Lehren aus dieser Geschichte gezogen hat. Dieser Schriftsteller, dessen Grundgedanken heute von jedem
denkenden Menschen unbedingt geteilt werden, hat schon vor rund 80 Jahren das bei Philistern und
bei Ignoranten gängige Vorurteil bekämpft, daß man den Krieg von der Politik der entsprechenden
Regierungen, der entsprechenden Klassen loslösen könne, daß man den Krieg irgendwann als einen
einfachen Überfall, der den Frieden stört, mit darauffolgender Wiederherstellung dieses gestörten Friedens
betrachten könne. Sich schlagen und sich vertragen! Das ist eine primitive, von Ignorantentum zeugen-
de Auffassung, die schon vor Jahrzehnten widerlegt worden ist und durch jede halbwegs sorgfältige
Analyse einer beliebigen geschichtlichen Epoche von Kriegen widerlegt wird.
Der Krieg ist die Fortsetzung der Politik mit andern Mitteln. Jeder Krieg ist unlösbar mit der politischen
Ordnung verbunden, der er entspringt. Dieselbe Politik, die eine bestimmte Großmacht, eine bestimmte
Klasse innerhalb dieser Großmacht lange Zeit hindurch vor dem Krieg verfolgte, setzt diese selbe Klasse
unvermeidlich und unausbleiblich während des Krieges fort, wobei sie nur die Form des Handelns ändert.
Der Krieg ist die Fortsetzung der Politik mit andern Mitteln. Wenn die französischen revolutionären
Städter und die revolutionären Bauern Ende des 18. Jahrhunderts, nachdem sie in ihrem Lande die
Monarchie auf revolutionärem Wege gestürzt hatten, die demokratische Republik errichteten, wenn
sie, nachdem sie mit ihrem Monarchen abgerechnet hatten, auf revolutionäre Weise auch mit ihren
Gutsbesitzern abrechneten, dann mußte diese Politik der revolutionären Klasse das ganze übrige auto-
kratische, zaristische, königliche, halbfeudale Europa bis in die Grundfesten erschüttern. Und die unvermeidliche Fortsetzung dieser Politik der revolutionären Klasse, die in Frankreich gesiegt hatte, waren
die Kriege, in denen sich gegen das revolutionäre Frankreich alle monarchistischen Nationen Europas
stellten, die ihre berühmte Koalition bildeten und Frankreich mit einem konterrevolutionären Krieg

---

[188] Ebd., S. 137, 151.
[189] O. Braun, Lenin, S. 7.

überzogen. So wie damals innerhalb des Landes das französische revolutionäre Volk erstmalig ein in Jahrhunderten ungekanntes Höchstmaß an revolutionärer Energie an den Tag legte, so offenbarte es auch im Krieg am Ende des 18. Jahrhunderts eine gigantische revolutionäre Schöpferkraft, als es das ganze System der Strategie umgestaltete, mit allen alten Kriegsgesetzen und -bräuchen brach und an Stelle der alten Truppen ein neues, revolutionäres Volksheer und eine neue Kriegführung schuf. Dieses Beispiel verdient, wie mir scheint, besondere Beachtung, da es uns anschaulich eben das zeigt, was die Publizisten der bürgerlichen Zeitungen augenblicklich auf Schritt und Tritt vergessen, wobei sie auf die Vorurteile und die spießerische Unwissenheit der völlig unentwickelten Volksmassen spekulieren, die nicht begreifen, daß ein unlösbarer ökonomischer und historischer Zusammenhang zwischen einem jeden Krieg und der ihm vorangegangenen Politik eines jeden Landes, einer jeden Klasse besteht, die vor dem Krieg die Herrschaft innehatte und die Erreichung ihrer Ziele mit sogenannten ›friedlichen‹ Mitteln sicherzustellen suchte ...

Wir sehen ständig Versuche, besonders seitens der kapitalistischen Zeitungen — ganz gleich, ob monarchistische oder republikanische —, dem jetzigen Krieg einen geschichtlichen Inhalt beizumessen, den er nicht hat. Beispielsweise ist in der französischen Republik nichts so verbreitet wie die Versuche, diesen Krieg von seiten Frankreichs als Fortsetzung und Ebenbild der Großen Französischen Revolution von 1792 darzustellen ...

Man vergißt jenen ›kleinen‹ Umstand, daß damals, im Jahre 1792, der Krieg in Frankreich von einer revolutionären Klasse geführt wurde, die eine Revolution sondergleichen vollzogen, die mit unerhörtem Heroismus der Massen die französische Monarchie bis auf den Grund zerstört hatte und sich gegen das vereinigte monarchistische Europa einzig und allein deshalb erhob, um ihren revolutionären Kampf fortzusetzen.

Der Krieg in Frankreich war die Fortsetzung der Politik jener revolutionären Klasse, die die Revolution gemacht, die Republik erkämpft, mit einer bis dahin ungekannten Energie mit den französischen Kapitalisten und Gutsbesitzern abgerechnet hatte und nunmehr um dieser Politik, um ihrer Fortsetzung willen einen revolutionären Krieg gegen das vereinigte monarchistische Europa führte.

Heute aber haben wir es vor allem mit dem Bündnissystem zweier kapitalistischer Mächtegruppen zu tun ...

Die wirkliche Politik der beiden Gruppen der größten kapitalistischen Giganten — Englands und Deutschlands, die mit ihren Verbündeten gegeneinander ins Feld gezogen sind —, diese Politik während langer Jahrzehnte vor dem Krieg muß in ihrer Gesamtheit studiert und verstanden werden. Täten wir das nicht, würden wir nicht nur die Grundforderung des wissenschaftlichen Sozialismus und jeder Gesellschaftswissenschaft überhaupt vergessen — wir würden uns auch der Möglichkeit berauben, überhaupt irgend etwas vom gegenwärtigen Krieg zu verstehen. Wir würden uns Miljukow[190] ausliefern, einem Betrüger, der den Chauvinismus und den Haß des einen Volkes gegen ein anderes mit Methoden schürt, die ausnahmslos überall angewendet werden, mit Methoden, von denen der zu Beginn von mir genannte Clausewitz vor achtzig Jahren schrieb, Clausewitz, der schon damals die Ansicht verspottete, als lebten die Völker in Frieden und schlügen dann plötzlich aufeinander los! Als ob das die Wahrheit wäre! Kann man denn den Krieg erklären, ohne ihn in Zusammenhang zu bringen mit der vorausgegangenen Politik des betreffenden Staates, des betreffenden Staatssystems, der betreffenden Klassen? Ich wiederhole noch einmal: das ist die Grundfrage, die man ständig vergißt, aus deren Nichtverstehen heraus neun Zehntel der Gespräche über den Krieg zu leerem Gezänk bzw. zu einem Austausch von Redensarten werden. Wir sagen: Wenn man nicht die Politik beider Gruppen der kriegführenden Mächte im Laufe der Jahrzehnte studiert hat — um Zufälligkeiten zu vermeiden und nicht Einzelbeispiele herauszugreifen —, wenn man nicht den Zusammenhang dieses Krieges mit der vorausgegangenen Politik aufgezeigt hat, dann hat man nichts von diesem Krieg begriffen[191]!«

---

190  P. N. Miljukov, Historiker und Führer der konstitutionell-demokratischen Partei (Kadetten). Im Ersten Weltkrieg verfocht Miljukov, der der Provisorischen Regierung Kerenskijs vom 2.3. bis zum 2.5.1917 als Außenminister angehörte, großrussische Kriegsziele.
191  Lenin, Werke, Bd 24, S. 396—400; ähnliche Gedanken drückte er am 9.6.1917 in einer Rede über den Krieg aus, vgl. ebd., Bd 25, S. 16—30.

Anfang Juli 1917 verbot die Provisorische Regierung bolschewistische Zeitungen, und am 6. Juli erließ sie einen Haftbefehl gegen Lenin, der sich dem Zugriff der Polizei durch seine Flucht nach Finnland entziehen konnte und dort in den Untergrund ging. Auf dieser Flucht soll er zwei Bücher mitgenommen haben, die für ihn in dieser Situation von herausragender Bedeutung waren: Karl Marx' *Der Bürgerkrieg in Frankreich* und Clausewitz' *Vom Kriege*[192]. »Das erste Buch lehrte Lenin, wie die Macht anzuwenden, Clausewitz zeigte ihm, wie die Macht zu erringen sei[193].«

Es überrascht daher nicht, daß Lenin auch in der entscheidenden Phase der Oktoberrevolution und in den Jahren des Bürgerkrieges, in dem sich die Bol'ševiki mehrere Male am Rande einer Niederlage bewegten, an Clausewitz erinnerte. Für die Revolutionäre kam es darauf an, die errungene Regierungsgewalt zu stabilisieren. Dabei mußten sie sich gegen monarchische und republikanisch-parlamentarische Gruppierungen im Innern ebenso behaupten wie gegen die äußere Bedrohung. In einer seltsam anmutenden Verkehrung der Fronten schritten die ehemaligen Verbündeten der Entente, England und Frankreich, zur Intervention, während der eigentliche Kriegsgegner, die Mittelmächte, in eigennütziger Absicht den bolschewistischen Umsturz unterstützte.

Bereits in der *Tetradka* hatte Lenin Auszüge über das Verhältnis von Angriff und Verteidigung aufgenommen. »Clausewitz' Gedanke, daß man sich der ›Verteidigung‹, deren ›Zweck das Erhalten‹ sei, ›solange bedienen muß, als man sie der Schwäche wegen bedarf‹, bestimmte in den Tagen der Oktoberrevolution Lenins politisches Handeln[194].« Während er noch in dem damals in einer Sonderbroschüre veröffentlichten Aufsatz, *Die drohende Katastrophe und wie man sie bekämpfen soll*, wieder vom Krieg als »Fortsetzung der Klassenpolitik« spricht und damit einen innenpolitischen Debattenbeitrag leistet, weiß er um die Notwendigkeit einer Atempause für die junge Revolution, die durch den andauernden deutsch-österreichischen Vormarsch in ein innen- und außenpolitisches, ja selbst parteiinternes Dilemma geriet. Bekämpfte man den Weltkriegsgegner, setzte man sich dem Verdacht der Fortsetzung der Zarenpolitik mit den gleichen Mitteln aus; man mußte zudem eingestehen, daß das erste Dekret der neuen Machthaber, das »Dekret über den Frieden«, von den Realitäten der Kriegführung überholt worden war, und hätte zugleich die innenpolitische Kampfkraft gegen die Konterrevolution in empfindlicher Weise geschwächt. Tat man dies nicht, setzte man sich dem nicht minder gefährlichen Verdacht aus, als deutsche Spione mit dem »Kaiser gemeinsame Sache zu treiben«; ein Argwohn, der durch den Umstand, daß die deutsche Regierung Lenins Rückkehr maßgeblich unterstützt hatte, nicht gerade vermindert wurde. Gleichzeitig stieß man auch die »Linken« innerhalb der Partei vor den Kopf, deren Sinn ungeachtet der realen Mög-

---

[192] Einen Hinweis für diese Behauptung habe ich in der sowjetischen Fachliteratur nicht finden können. In westlichen Publikationen erscheint dieser Hinweis auf Lenins Fluchtlektüre erstmals bei Jellinek, Commune, S. 390, und wird dann nach dem Zweiten Weltkrieg kolportiert, u. a. in: Possony, Jahrhundert, S. 60, und in: Schramm, Staatskunst, S. 89. Sie alle geben keine Quellen für diese Behauptung an. Es geht daraus auch nicht hervor, ob es sich um das Werk Vom Kriege im Original oder um die Exzerpte Lenins daraus handelt.

[193] Possony, ebd.

[194] Blasius, Clausewitz, S. 339.

lichkeiten revolutionärer Politik der ersten Wochen nach einer »entschiedenen internationalen Klassenpolitik« und einem »Angriffskrieg zum Sturz des internationalen Imperialismus« stand. Lenin hält seinen »linken« Kritikern in einem Artikel *Über ›linke‹ Kinderei und über Kleinbürgerlichkeit* entgegen:

»Wenn wir offenkundig schwach sind, so ist das wichtigste Mittel der Verteidigung der Rückzug in das Innere des Landes (wer darin eine nur für diesen Fall zurechtgebogene Formel sieht, kann bei dem alten Clausewitz, einem der großen Militärschriftsteller, über die Ergebnisse der Lehren der Geschichte in dieser Beziehung nachlesen). Bei den ›linken Kommunisten‹ aber finden wir auch nicht andeutungsweise, daß sie die Bedeutung der Frage des Kräfteverhältnisses verstanden hätten[195].«

Lenin dagegen empfiehlt als Taktik, abzuwarten, den Kampf hinauszuschieben, ihm aus dem Wege zu gehen und sich zurückzuziehen[196].

Während die »linken« Maximalisten weiterhin einen militärischen oder militärunterstützten Revolutionsexport propagierten, Trockij mit der paradoxen Parole »Weder Krieg noch Frieden« einer Entscheidung ausweichen wollte und die Armeen der Mittelmächte im später als »Eisenbahnkrieg« bezeichneten Vorrücken täglich bis zu 60 km zurücklegten, faßt Lenin kurz vor dem Friedensschluß von Brest-Litovsk am 23. Februar 1918 die ausweglose Lage des Rätestaates so zusammen: »... Wer gegen einen sofortigen, wenn auch noch so schweren Frieden ist, richtet die Sowjetmacht zugrunde[197].« Um diese zumindest auf einem Rumpfterritorium zu retten, trat er für die Anerkennung des deutschen Diktatfriedens ein. Selbstverständlich verstand er einen solchen Friedensschluß nicht als letztes Wort, sondern als »Atempause« zur Festigung seiner Regierung, und dies bekundete er auch sogleich in einem Referat vom 7. März 1918, unmittelbar nach der Unterzeichnung des Friedens, auf dem VII. Parteitag der KPR(B). Andererseits stellt er eine Wiederaufnahme des Krieges zu einem späteren Zeitpunkt unter günstigeren Bedingungen und mit sowjetischer Initiative in Aussicht. Aus Lenins Sentenz aus dieser Rede: »Ich bin gezwungen, auch den drückendsten Frieden anzunehmen, weil ich jetzt noch nicht sagen kann, daß diese Zeit (der Entfachung eines Krieges gegen die kapitalistischen Staaten, d. Verf.) gekommen ist«[198], folgert Blasius »den Gelenkpunkt marxistischen Denkens über Krieg und Frieden gerade in unserer heutigen (1966, d. Verf.) Weltwirklichkeit«[199]; er sieht ferner »in diesen Gedankengängen die Clausewitzsche Konzeption des Verhältnisses von Angriff und Verteidigung wider(ge)spiegel(t)«, die Lenin von der rein militärischen Ebene auf die einer politisch-militärischen Strategie stellte[200]. Auch Clausewitz betonte in *Vom Kriege*, daß die Verteidigung als Kampfform nur durch das »Abwarten bis zu besseren Augenblicken«[201] motiviert sei, daß man sich ihrer nur solange bedienen dürfe, als man sie wegen einer Schwäche benötige, und man sie verlassen müsse, »sobald man stark genug ist, sich den positiven Zweck vorzusetzen«[202]. Dieser nahelie-

[195] Lenin, Werke, Bd 27, S. 324 f.
[196] Ebd., S. 325 f.
[197] Ebd., S. 24.
[198] Ebd., S. 95.
[199] Blasius, Clausewitz, S. 340.
[200] Ebd., S. 340 f.
[201] Clausewitz, Vom Kriege. 1980, S. 984.
[202] Ebd., S. 615.

gende Interpretationszusammenhang zeigt zudem, daß Lenin wahrscheinlich auch andere
Textstellen aus Clausewitz' Werk als die in der *Tetradka* exzerpierten geläufig waren oder
daß er sich in diesen Tagen ebenfalls einer vollständigen Clausewitz-Ausgabe bedient
haben könnte. Andere Autoren, darunter Ancona, vertreten eher die Auffassung, daß
kein direkter Zusammenhang zwischen Lenins Clausewitz-Lektüre und seinen konkreten tagespolitischen Entscheidungen bestanden haben muß. Manchmal genügt — wie
am Beispiel Brest-Litovsk zu sehen — der »gesunde Menschenverstand« und ein ausge-
prägtes politisches Gespür, um sich in dieser Situation ähnlich zu verhalten[203].

Die letzte Mitteilung zu Lenins Lebzeiten über dessen Wertschätzung der Gedankenwelt
des preußischen Generals können wir einem Neujahrsartikel der *Pravda* aus dem Jahre
1923 entnehmen. Unter dem Titel *Marxismus, Taktik, Lenin* doziert V. Sorin über die
Gesetze und Regeln der Kriegswissenschaft und teilt einem Millionenpublikum — die
*Pravda* hatte die weltweit höchste Auflage — mit, daß das Studium des Werkes von Clausewitz, dieses »gewaltigen deutschen Militärtheoretikers«, auch für die Parteiarbeiter von
großem Nutzen sein könnte, da »politische Taktik und militärische Taktik etwas darstellen, das auf deutsch als ›Grenzgebiet‹ bezeichnet wird«[204]. Dies zeigt, daß die Beschäftigung mit Clausewitz zwar von höchster Stelle in der Sowjetunion auch nach Weltkrieg,
Revolution und Bügerkrieg noch als sinnvoll erachtet wurde, Lenins direktes Interesse
an Clausewitz und den Militärwissenschaften nach dem Ende der Kampfhandlungen im
Jahre 1920 jedoch anderen Schwerpunktthemen weichen mußte, darunter dem wirtschaftlichen Wiederaufbau.

Auch auf den Kongressen der Komintern und in ausländischen Presseorganen, die den
Bol'ševiki und ihrer Politik nahestanden, wurde die Nützlichkeit von militärischen Kenntnissen betont und dabei immer wieder auf Clausewitz hingewiesen. So forderte der Depu-
tierte Levi auf dem III. Kongreß der Kommunistischen Internationale 1921 die Tagungs-
teilnehmer auf, militärwissenschaftliche Literatur zu studieren, aber »nicht die von Reser-
veleutnants« (dies sollte sicherlich keine Anspielung auf Engels sein, d. Verf.), sondern
die eines »wirklich guten militärischen Kopfes: Clausewitz«[205].

---

[203] Zu Lenins Clausewitz-Anleihen in bezug auf den Frieden von Brest-Litovsk siehe auch Hahlweg,
Klassiker, S. 223; Kipp, Lenin, S. 187, und Kitchen, Clausewitz, S. 42. Skeptisch beurteilt Ancona,
Einfluß, S. 584, den Einfluß Clausewitz' auf manche Situation, in der Lenin Entscheidungen fällen
mußte, darunter auch die von Brest-Litovsk. Ancona hielt Lenins »Clausewitzismus« nicht für so
bestimmend, wie dies Hahlweg in seinem Aufsatz aus dem Jahre 1954 darstellt. Und in der Tat gewinnt man bei dessen Lektüre bisweilen den Eindruck, daß manche Interpretationen, zwar nicht in
bezug auf die Tetradka, auch kaum hinsichtlich des Zitierens von Clausewitz durch Lenin, wohl
aber bezüglich der Deutung des Einflusses, den die Umsetzung Clausewitz' bei der Bewältigung
konkreter politischer Situationen in der Frühphase der Revolution ausgeübt haben soll, getragen
sind von dem Wunsch, einen möglichst starken Nachhall Clausewitz' aufzuspüren, und dies nicht
nur in schriftlichen Zeugnissen. Hahlweg scheint dem Revolutionär Lenin geradezu Sympathien
entgegenzubringen, die aus der beiderseitigen Wertschätzung von Clausewitz zu resultieren scheinen.

[204] Sorin, Marksizm, S. 5. Der Hinweis auf Sorin als verläßliche Quelle findet sich bereits in der ersten
Ausgabe der Tetradka, Leninskij Sbornik XII, S. 390, und wurde später vor allem von westlichen
Forschern wieder aufgegriffen, darunter Wallach, Kriegslehre, S. 62; Kipp, Lenin, S. 189, und Kitchen,
Clausewitz, S. 42.

[205] Vgl. Protokoll des III. Kongresses der Kommunistischen Internationale, S. 468; auch der »Genosse

Werner Hahlweg faßte die Adaption von Clausewitz durch Lenin in fünf Punkten zusammen. Nach seiner Auffassung hatte Lenin das Werk des preußischen Theoretikers »richtig verstanden« und war »seiner Zeit um Jahrzehnte voraus ... im tieferen Verständnis des Werkes ... und seiner Wesenselemente«[206], wobei Hahlweg als Negativfolie das Verhalten der deutschen Obersten Heeresleitung zwischen 1914 und 1918 der Aufgeschlossenheit Lenins unterlegt. Lenin habe sich, so Hahlweg, dem Werk *Vom Kriege* ausschließlich vom Standpunkt der Politik aus genähert; das Buch war in keiner Weise Gegenstand spezifischen philosophischen oder historischen Interesses. Lenins originäre Leistung bestehe in der Herausfilterung der »allgemeinen Wahrheitsmomente« und seiner Fähigkeit, diese »sinngemäß zu interpretieren«. Er verstehe es,

»in zweckvoller Verbindung mit der von ihm beherrschten philosophischen Systematik gleichsam Formeln aus den Thesen des Generals zu gewinnen, die er dann als ›Ingenieur großen Stils‹ auf die revolutionäre Kampfpraxis anwendet«.

Lenin sei der erste Staatsmann gewesen, welcher den Gedanken von Clausewitz »im Bereich der politischen Praxis Geltung verschafft« und dessen Werk »konsequent im Sinne marxistischer Grundanschauungen und Zielsetzungen ... verarbeitet« habe. Und schließlich, so Hahlweg, verbinde Clausewitz und Lenin das Element der modernen Revolution, auch wenn der eine die politisch abgeschlossene in ihren Auswirkungen auf den militärischen Wirkungsbereich ausdeutete, während letzterer sich erfolgreich bemühte, die Revolution voranzutreiben[207].

In seiner ebenfalls bemerkenswerten Studie legte Clemente Ancona gegen Ende einige Argumente dar, die gegen westliche Autoren gerichtet waren, die behaupteten, »Lenin sei in vielen zentralen Momenten seines politischen Handelns (so beim Entschluß zum Aufstand, zum Frieden von Brest-Litovsk, beim Kampf um die neue ökonomische Politik etc.) ein perfekter Interpret der Ideen oder bloß ausführendes Organ der Clausewitzschen ›Entwürfe‹ gewesen«[208]. Ancona hält dem entgegen:

»Als sich Lenin entschloß, Clausewitz zu studieren, war er in philosophischer und politischer Hinsicht gereift; er besaß schon eine ausgeprägte Methodik in bezug auf die Probleme betr. politische, wirtschaftliche, soziale und kulturelle Zusammenhänge, und das auf nationaler wie auf internationaler Ebene. So kann man sich kaum vorstellen, daß der Einfluß Clausewitz' auf sein Denken mehr als komplementär gewesen ist. Clausewitz' Beitrag war, wenn auch sehr wichtig, so doch nicht entscheidend für die Ausarbeitung der ›Theorie der proletarischen Revolution‹[209].«

Anconas »treffende Einwände« gegen eine zu starke Betonung des Clausewitzschen Einflusses auf Lenin durch westliche Forscher greift Panajotis Kondylis nicht nur auf, er verstärkt diese Argumente um eine tiefgehende Analyse der Gemeinsamkeiten und Gegensätze der beiden Kriegstheoretiker. Kondylis begreift Lenin zwar als Theoretiker des Krieges im Zeitalter des Imperialismus, stimmt aber der von Stalin nach dem Ende des Zwei-

---

Losowski« vertrat die These, daß die »Bekanntschaft« von Lenin und Clausewitz kein Zufall gewesen sei; siehe das Referat des Gen. Losowski, Internationale, S. 2022.

[206] Hahlweg, Lenin, S. 385f.
[207] Ebd., S. 386f.
[208] Ancona, Einfluß, S. 584.
[209] Ebd., S. 585.

ten Weltkrieges verbreiteten Meinung zu, Lenin sei im engeren Sinn des Wortes kein Militärfachmann gewesen. Er betreibt dies allerdings aus sachlichen Motiven und nicht wie Stalin von dem Wunsch getrieben, Lenins Ansehen in der kommunistischen Welt zu relativieren, um seine eigenen theoretischen Arbeiten und praktischen Verdienste im vergangenen Krieg aus innen- und außenpolitischen Gründen stärker hervorzuheben.

Schon frühe Artikel Lenins zeigen, so Kondylis, daß er das,

»was Lenin an plausibler Kriegstheorie bei Clausewitz fand, ... als Marxist schon längst (wußte)«, denn »als Marxist war er überzeugt, daß Krieg und Frieden bzw. Politik und Krieg und Politik und Frieden keine antithetischen Größen, sondern gleichermaßen den Gesetzen des (Klassen-)Kampfes unterworfen sind; und als Marxist betrachtete er ebenfalls von Anfang an den Krieg als gewaltsame Fortsetzung der Politik bestimmter geschichtlicher Subjekte«[210].

Lenin beschäftigte sich im Jahre 1915 mit Clausewitz, weil es

»in psychologischer Hinsicht ... einer charakteristischen und bekannten Eigenschaft des Berufsrevolutionärs Lenin (entspricht), nämlich der Gründlichkeit und der Abneigung gegen den Dilettantismus, wenigstens insofern es um die Bewältigung von konkreten und praktisch relevanten Fragen ging«[211].

Folgt man Kondylis, so sind die Anknüpfungspunkte zwischen Lenin und Clausewitz gänzlich anderer Natur, als bislang angenommen. Lenin betrat, als er sich der Beschäftigung mit den Ursachen und dem Wesen von Kriegen widmete, kein völliges Neuland, da seinem

»unproblematischem Übergang vom Politischen bzw. Zivilen zum Militärischen ... eine Auffassung vom Politischen zugrunde (lag), die auf dem Kampfbegriff beruhte und daher Politisches bzw. Ziviles und Militärisches mühelos auf einen gemeinsamen Nenner zu bringen vermochte. Das Militärische war für ihn ein Anwendungsfall des Politischen, nicht eine Abweichung von ihm, und deshalb konnte es an Hand derselben Denkmittel und -methoden bewältigt werden[212].«

Dieser Gleichsetzung des Kampfbegriffes für die Sphären der Politik und des Krieges entsprach auch, daß das Denken Lenins auf höchste Konkretheit, d. h. nur auf praktische Anwendung ausgerichtet war. Jede abstrakte Wahrheit werde zur Phrase, wenn man sie auf jede beliebige Situation anwende, so der Revolutionär, der bloßes, auf Erkenntnis ausgerichtetes Philosophieren für eine »irrelevante Professorenangelegenheit« hielt; für Lenin sei die Wahrheit, so Kondylis, »Funktion der politischen Grundsituation, nämlich des Kampfes. ... Daher handelt es sich hier um eine Theorie über die äußerste Zuspitzung des politischen Kampfes,« der ausschließlich der Eroberung und der Erhaltung der Macht durch ein klar definiertes politisches Subjekt, das ›Proletariat‹, diene, das durch Lenin wiederum eine Konkretisierung durch den Begriff der »Avantgarde des Proletariats«, die Partei, erfuhr. Das Proletariat verwende zur Erreichung seiner Machtziele eine eigene Kriegstheorie, und damit schließt sich nach Kondylis der Kreis zwischen »Theorie und Praxis«, die »eins und dasselbe« seien[213].

Im Rahmen einer differenzierten Betrachtung von Politik und Krieg bei Lenin und Clausewitz ist festzustellen, daß die Gemeinsamkeit zwischen beiden in erster Linie darin

---

[210] Kondylis, Theorie, S. 254.
[211] Ebd., S. 243.
[212] Ebd., S. 244.
[213] Ebd., S. 244 f.

besteht, daß sie Politik und Krieg beide unter den Oberbegriff des Konfliktes subsumieren und daher »auch Politik nicht eo ipso mit ›Mäßigung‹ gleichsetzen, sondern das Unterscheidungsmerkmal zwischen Politik im Frieden und Politik im Krieg ausschließlich im Nicht-Gebrauch oder im Gebrauch von militärischer bzw. organisierter Gewalt zu suchen ist«[214]. Darüber hinaus gehen beide von einem objektiven bzw. möglichst weit objektivierbaren Politikbegriff aus, dem Primat der allgemeinen gesellschaftlichen und geschichtlichen Verhältnisse auf die Politik unter weitgehendem Ausschluß subjektiver Momente. Kondylis verkennt nicht, daß Clausewitz unter subjektiven Einflüssen, etwa Tapferkeit, Eitelkeit der Regierenden, Ehrgeiz der Feldherren, andere Einflüsse versteht als Lenin, der durch die teleologische Geschichtsbetrachtung des historischen Materialismus sämtliche subjektiven Faktoren, also psychologische und persönliche, letztendlich für einflußlos hält. Auch die objektiven Verhältnisse erfahren selbstverständlich eine andere Definition, sobald sich die Frage stellt, welche Aspekte oder Elemente des politischen Verkehrs sich im Krieg fortsetzen oder den Krieg hervorrufen.

»Bei Clausewitz bedingt der politische Verkehr, wenn wir darunter die sozialökonomischen Größen verstehen, die allgemeine Form der Kriegführung ..., die eher einem anthropologisch verwurzelten Selbstbehauptungs- bzw. Machtstreben entspringt. Bei Lenin bedingen aber die sozialökonomischen Größen nicht nur die Art der Kriegführung, sondern auch die tieferen Ursachen der Kriege, so daß die Außenpolitik in Gestalt des Krieges eine notwendige Verlängerung der kriegserzeugenden inneren Struktur eines Landes darstellt[215].«

Die Exzerpte Lenins aus Clausewitz beinhalten nur Textstellen, denen Lenin weitgehend zustimmen kann, bzw. die er als für die Praxis verwertbare Gedankengänge empfindet. Clausewitz' Erläuterung der Formel, nach der der Krieg »Teil eines ... Ganzen«, nämlich der »Politik« sei und diese »der Schoß, in welchem sich der Krieg entwickelt; in ihr lagen die Lineamente derselben schon angedeutet«[216], versieht Lenin am Rande mit zwei dicken Strichen. Beide akzeptieren die enge Wesensverwandtschaft von Politik und Krieg, denn nur so ist der diese Bereiche umfassende Konfliktbegriff abzuleiten. Im Unterschied zu Clausewitz, dessen anthropologischer Ansatz auf ewig bestehenden Konfliktmotiven zwischen Menschen, Völkern, Nationen und Staaten fußt, geht Lenin von der Vision einer krisen- und konfliktfreien Epoche in einer klassenlosen Gesellschaft aus. Kondylis weist darauf hin, daß schon diese Perspektive einer eschatologischen Friedensvorstellung die Negation moralischer Triebkräfte Clausewitzscher Prägung zur Voraussetzung hat, da ohne Ausschaltung des Irrationalen auch im Kommunismus Kriege ausbrechen könnten. Eine solche »fehlerhafte Politik« sei aber nach den Gesetzen der marxistischen Geschichtsphilosophie im Endstadium des Sozialismus unmöglich, da die objektiven Konfliktvoraussetzungen fehlen würden[217].

Auf einen weiteren Unterschied haben seit Erscheinen der ersten Clausewitz-Publikation in der UdSSR in stereotyper Form alle sowjetischen Autoren hingewiesen: den unterschiedlichen Politikbegriff. Clausewitz wurde dabei sein Staatsverständnis und sein Pri-

---

[214] Ebd., S. 245.
[215] Ebd., S. 255 f.
[216] Clausewitz, Vom Kriege. 1980, S. 991; Leninskij Sbornik XII, S. 402.
[217] Kondylis, Theorie, S. 254 f.

mat der Außenpolitik als monarchistisch und damit antiquiert vorgehalten. Lenins Leistung besteht nach den Aussagen seiner sowjetischen Apologeten in der Verlagerung des Primats auf die Innenpolitik und die damit zusammenhängende Betonung des Klassencharakters der Politik. Lenin selbst hat sich dergestalt »kritisch« gegenüber Clausewitz nicht geäußert und dies, obwohl er Stellen aus *Vom Kriege* in seine *Tetradka* aufnahm, die genau diesen Politikbegriff beinhalteten. Der Vorwurf gegenüber Clausewitz, er sei kein Marxist gewesen, wäre ihm nicht nur wegen dessen Lebensdaten unsinnig erschienen. Auch kann Clausewitz kein explizit monarchistisches Weltbild unterstellt werden, viel eher ein »etatistisches«[218], denn Clausewitz ging von der Legitimität staatlicher Macht und vom staatlichen Machtmonopol aus. Der später erhobene Vorwurf an die Clausewitzsche Definition von Politik als »Repräsentanten aller Interessen der ganzen Gesellschaft« wird von Lenin herausgeschrieben und nicht kritisiert! Dies unterblieb sicherlich nicht, weil er mit dem Inhalt übereinstimmte. Aber er hatte weitergelesen und den Hinweis von Clausewitz akzeptiert, nachdem dieser die Problematik der Definition eingestand. Diesem war klar, daß sich in der gesellschaftspolitischen Realität die Interessen aller Bewohner eines Staates nicht decken konnten. Er verzichtete in *Vom Kriege* nur auf eine weitergehende Erörterung dieser Problematik, da er den Krieg als ein außenpolitisches Phänomen betrachten wollte und weitere soziologische Vertiefungen zu einer Verdeutlichung seiner Theorie keineswegs beigetragen hätten. Im Gegenteil, hier bestand die Gefahr einer Zerfaserung der Gedankenführung[219]. Dazu Kondylis:

»Diese Unterschiede haben nun ihrerseits zwei theoretische und praktische tiefgreifende Implikationen: wenn Kriege zwischen Staaten letztlich auf die innenpolitische Struktur bzw. die Klassenstruktur dieser selben Staaten zurückzuführen sind, wenn also Krieg und Innenpolitik ursprünglich und kausal miteinander verbunden sind, dann besteht kein Grund, bewaffnete Konflikte, die sich nur im Inneren eines Landes abspielen, also Bürgerkriege, nicht als Kriege im vollen Sinne des Wortes einzustufen; und wenn wiederum Kriege die Fortsetzung einer Klassenpolitik sind, die sowohl als Außen- wie auch als Innenpolitik auf den Plan treten kann, dann gibt es keine Grenzen zwischen den Kriegen im Außen und den Kriegen im Inneren, der Krieg zwischen Staaten kann sich in einen Krieg zwischen Klassen desselben Staates verwandeln und umgekehrt. Beide Implikationen sind von Lenin mit aller wünschenswerten Klarheit begriffen und erläutert worden[220].«

Dabei ist diesem klar, daß der Bürgerkrieg andere Formen der Kriegführung notwendig macht, deren besondere Eigenart auch in der Tatsache begründet liegt, daß man dieselbe erst während der Kampfhandlungen erlernen kann. Der Revolutionär kann also bei Clausewitz — und dies schwebte wohl auch Werner Hahlweg vor — zwar keine Patentrezepte revolutionärer Bürgerkriegführung entlehnen, er kann aber den »Takt des Urteils« schärfen und, so wußte auch Lenin, er kann durch die Volksbewaffnung im Zeitalter der Massenheere mit der Kampferfahrung der vielen ausgebildeten Arbeiter rechnen.

Kondylis wendet sich mit diesen Ausführungen gegen die von vielen Autoren »konstruierten Gemeinsamkeiten zwischen Lenin und Clausewitz« und bestätigt in gewissem Grade Vorbehalte, die sowjetische Publikationen seit Mitte der 20er Jahre gegenüber westlichen

---

218 Vgl. Rehm, Clausewitz, S. 371f.
219 Siehe Clausewitz, Vom Kriege. 1980, S. 993.
220 Kondylis, Theorie, S. 257.

Forschungsergebnissen hegten. Es ist dennoch erstaunlich, daß diese sowjetamtlichen Veröffentlichungen über uniforme Wiederholungen bestimmter Theoriedivergenzen aus der Frühphase des ideologischen Kampfes mit dem »kapitalistischen Lager« nie hinausgekommen sind. Nicht weniger verwunderlich ist indessen, daß es keine sowjetrussische Arbeit gibt, die sich ausführlich mit der Wirkung Clausewitz' auf Lenin befaßt und dabei nicht nur die *Tetradka*, sondern auch die zahlreichen Textstellen in Lenins Werken auf Anleihen bei Clausewitz oder kritische Weiterentwicklungen seiner Gedanken durch den Führer der Bol'ševiki untersucht. Man begnügte sich hier von Zeit zu Zeit mit polemischen Schriften gegen westliche Forschungsergebnisse, doch der oftmals aggressive Ton konnte nicht verdecken, daß die inhaltliche Forschung im Westen betrieben wurde, auch wenn dort manche Überinterpretation vom Geist des Kalten Krieges beeinflußt war. Die Sowjets überließen dieses Forschungsfeld, das für sie von überragender Bedeutung hätte sein müssen, dem »Klassenfeind«. Während sonst Heerscharen oftmals bedeutender Forscher, ja ganze Institute mit der minutiösen Rekonstruktion des Lebensweges Lenins und der Darstellung seiner Lektüre und anderer Formen geistiger Beschäftigung und Beeinflussung beauftragt waren und man dem Militärischen in der Gesellschaft einen hypertrophen Stellenwert einräumte, wurde dem Einfluß Clausewitz' auf Lenins Werk — obgleich deutlich sichtbar — keine größere Untersuchung gewidmet[221], die westlichen Forschungsanstrengungen an die Seite zu stellen wäre.

## 4. Die Herausbildung der sowjetischen Militärdoktrin: Clausewitz im Spannungsfeld zwischen Trockij und Frunze

Angesichts der Bedeutung, die das Militärische nach der Machtergreifung für die Bol'ševiki erlangen sollte, liegt es nahe, daß Lenin, der selbst täglich mit militärstrategischen und militärpolitischen Problemen konfrontiert wurde, Soldaten und Parteimitgliedern das Studium des von ihm hochgeschätzten Clausewitz empfahl. Diesem Rat schlossen sich noch während des Bürgerkrieges weitere einflußreiche Politiker der Bol'ševiki an.
Man erkannte sehr schnell, daß ohne militärische Machtmittel die Bürgerkriegsgegner und die Interventionsmächte das sozialistische Experiment bereits im Keim ersticken konnten. Partisaneneinheiten, Volksbewaffnung und revolutionärer Enthusiasmus allein hielten ausgebildete Truppen nicht auf. Man faßte den »Krieg als eine Angelegenheit des öffentlichen Lebens«[222] auf, ordnete alle Belange desselben folgerichtig den Bedürfnissen der Kriegführung unter und gründete zur militärischen Ausbildung der neuen Kader der Roten Arbeiter- und Bauernarmee (RKKA), die am 23. Februar 1918 als stehendes

---

[221] So verfügen die sowjetischen Vorkriegsausgaben der Tetradka zwar über einen ausgezeichneten und relativ ausführlich gehaltenen Anmerkungsapparat, aber die Einführungen kommen über die erste Ausgabe des Jahres 1930 nicht hinaus, in der auch nur jene Stellen aus Lenins Werken Berücksichtigung fanden, in denen Clausewitz explizit genannt wurde. Eine akribische Nachzeichnung »verborgener« Textstellen fand nicht statt, und geistesgeschichtliche Bezüge wurden zudem recht oberflächlich abgehandelt.

[222] So beschrieb es Šapošnikov, zit. nach Azovcev, Lenin, S. 34.

Heer ins Leben gerufen worden war, eine Militärakademie. Bereits am 10. März 1918 hatte Lenin die Reorganisierung der zarischen Nikolaev-Militärakademie verfügt[223], doch erst im November konnte sie als »highest military training institution of the Workers' and Peasants' Red Army«[224] eröffnet werden. Als Kriegskommissar hielt L.D. Trockij, ein umfassend gebildeter, polyglotter und fesselnder Redner und gemeinsam mit Lenin Motor der Revolution, die Festrede.

Da Trockij seine Position im innerparteilichen Meinungsstreit um den Frieden von Brest-Litovsk nicht durchsetzen konnte, trat er als Kommissar für außenpolitische Angelegenheiten zurück, um wenige Tage später im März 1918 die Position des Kriegskommissars und Vorsitzenden des Obersten Kriegsrates zu bekleiden. Obwohl zu diesem Zeitpunkt ohne jede Kenntnis des Militärwesens, reorganisierte der Autodidakt Trockij die Armee und ihr Ausbildungszentrum, die Akademie, in bemerkenswert kurzer Zeit.

Es mag sein, daß Trockij Lenin über Clausewitz sprechen hörte. Die häufigen Zitate, die sich nicht nur in einer Interpretation der Formel erschöpfen, deuten aber darauf hin, daß er eigene Studien über Clausewitz und dessen Werk betrieb. Sein Biograph Isaak Deutscher bemüht sich in der mit großer Sympathie für das Studienobjekt verfaßten Lebensbeschreibung des vielschichtigen Revolutionärs nachzuweisen, daß dessen militärisches Denken von Clausewitz und dessen klassischen strategischen Konzeptionen stark beeinflußt worden war und er im Verlauf des Ersten Weltkrieges gegenüber Clausewitzianern wie Anti-Clausewitzianern aller Staaten den Vorteil einer überlegenen marxistischen Sichtweise des Konfliktes hatte. Den Beweis dafür sieht Deutscher nicht nur in den häufigen Zitaten, sondern insbesondere in der Tatsache, daß Trockij »in dessen (Clausewitz', d. Verf.) Geist oft an seine eigenen Probleme heranging«[225]. So beginnt auch Trockijs »Ersterwähnung« Clausewitz' vor den Hörern der neuen Militärakademie am 8. November 1918 mit der Richtigstellung eines unter Soldaten häufig anzutreffenden Irrtums:

»There is a prejustice ... that the army, the science of war, the art of war and the instructions of war can stand outside of politics. That is not true. It never was true ... one of the greatest theoreticians of military matters, the German Clausewitz, wrote that ›war is the continuation of politics by other means‹. In other words, war, too, is politics, realised through the harsh means of blood and iron. And that is true. War is politics, and the army is the instrument of this politics. The Academy is an institution which is needed by the Army and therefore by politics[226].«

Erstaunlich offen sprach Trockij von der Erfordernis, sich zwar bei den Studien vom Klassencharakter der Institution gedanklich leiten zu lassen, bei der Vermittlung und dem Erwerb von Kenntnissen jedoch auf jede Form von »Akademismus«, von Pedanterie, Schulmäßigkeit, Routine und »Mandarinismus« zu verzichten und sich vorbehaltlos dem inhaltlichen Kern der Militärwissenschaft in utilitaristischer Absicht zu widmen. Es gelte, die Rückständigkeit in bezug auf Ausbildung und Militärtechnik aufzu-

[223] Vgl. Voennaja akademija, S. 7.
[224] Trotsky, Military Writings, Bd 1, S. 211.
[225] Vgl. Deutscher, Trotzki, S. 222, 382, 446, 453f. Auch Luckett, White Generals, S. 369, ist sich sicher, daß Trockij »seinen« Clausewitz kannte, ja daß auch dessen Gegner auf der Krim 1920 den Krieg im Geiste Clausewitz' geführt hätten.
[226] Trotsky, Military Writings, Bd 1, S. 211f.

holen und sie nicht wie in der Frühphase des Weltkrieges durch das Gewicht der Masse zu kompensieren[227].

Eine Wiederholung des bereits von Lenin entwickelten Begriffs der Politik als unbedingter Interessenvertretung des Proletariats griff Trockij schon in einem Bericht vom 10. Juli 1918 über den Aufbau einer Arbeiter- und Bauernarmee auf. Auch er betont als Oberhaupt der Armee mit Clausewitz die Notwendigkeit strengster Subordination des Militärs unter die Politik eines Landes[228]. Aus den weiteren Ausführungen ist zu entnehmen, daß Trockij unter Politik in Sowjetrußland selbstverständlich die Politik der Partei verstand, in derem innersten Führungszirkel er sich befand. Wenig später stand der Politiker Trockij durch seine Erfolge auch als unbestrittener Militärfachmann im Zenit seines Ansehens. Unbewußt erfüllte der junge Sowjetstaat in seiner Person eine alte Forderung Clausewitz'. Im sechsten Kapitel des achten Buches — nach Meinung Lenins das wichtigste des Werkes *Vom Kriege* — schreibt Clausewitz:

»Soll ein Krieg ganz den Absichten der Politik entsprechen, und soll die Politik den Mitteln zum Kriege ganz angemessen sein, so bleibt, wo der Staatsmann und der Soldat nicht in einer Person vereinigt sind, nur ein gutes Mittel übrig, nämlich den obersten Feldherrn zum Mitglied des Kabinetts zu machen, damit dasselbe teil an den Hauptmomenten seines Handelns nehme[229].«

Trockij verkörperte wie kaum ein Zweiter den Typus des politischen Militärs wie auch den des militärisch denkenden Politikers[230]. In einem Gespräch mit dem Vertreter einer amerikanischen Zeitung versuchte er, das Geheimnis seines Erfolges auf dem militärischen Sektor zu erklären. Obwohl er bis 1917 nicht erwartete, jemals mit militärischen Fragen konfrontiert zu werden, habe sein Interesse an Militärproblemen während des Weltkrieges zugenommen. Dennoch sei er kein Fachmann:

»I possessed no military knowledge. In my opinion there are certain general methods which are applicable in all spheres of life and creative activity ... In the sphere of administration, a good administrator of a factory will also be a good military administrator. The methods of administration are, by and large, just the same. Human logic finds the same application in the military sphere as in others: precision, perseverance, all these qualities[231].«

Nicht zuletzt deswegen schien es ihm möglich, ohne größere Schwierigkeiten militärische Strukturen auf den Sektor ziviler Produktion zu übertragen. Dieser Idee hingen auch andere führende Bol'ševiki an, darunter Lenin, der die moderne Armee als treffliches Beispiel einer Großorganisation empfand, »weil sie elastisch ist und zugleich Millionen Menschen nach einem einheitlichen Willen zu lenken vermag«[232].

Nach dem siegreichen und mit immensen Verlusten verbundenen Bürgerkrieg begann in der Führungsspitze der Roten Armee eine intensive Debatte über die Notwendigkeit

---

[227] Ebd., S. 213.
[228] Ebd., S. 412.
[229] Clausewitz, Vom Kriege. 1980, S. 995f.
[230] Wie eng verzahnt bei Trockij militärisches, politisches und selbst ökonomisches Denken war, zeigt sein Programm der »Militarisierung der Arbeit« und seine Forderung, »Arbeitsarmeen« aufzustellen, um die daniederliegende Produktion zu steigern; vgl. Heller/Nekrich, Sowjetunion, Bd 1, S. 110.
[231] Trotsky, Military Writings, Bd 5, S. 357.
[232] Lenin, Werke, Bd 21, S. 249.

der Ausarbeitung einer eigenen, auf den Erfahrungen des Weltkrieges, des Bürgerkrieges und des polnisch-sowjetischen Krieges basierenden Militärdoktrin. Die Diskussion, die sich in mehreren Etappen über Jahre hinzog, um in einer für die sowjetische Politik kennzeichnenden »dynamischen Verbindung von ideologischen und sachlichen Begründungen«[233] definierten »einheitlichen Militärdoktrin« zu münden, war mit zwei Namen untrennbar verbunden: Trockij, der sich drei Jahre vehement gegen den Versuch wehrte, den Klasseninhalt der sowjetischen »Militärwissenschaft« zu bestimmen, und Frunze, der die Entwicklung einer neuen proletarischen Kriegslehre marxistischer Prägung in Vorschlag brachte. Uns interessiert diese umfangreiche und höchst kontrovers und polemisch verlaufene Debatte vor allem im Hinblick auf zwei Fragen: Inwieweit wurde *Vom Kriege* als Argumentationshilfe instrumentalisiert, und welchen Ausgang nahm die Debatte, die den Grundstein der eigenständigen sowjetischen Militärdoktrin legte, deren ideologische Seite sich von allen anderen Doktrinen der 20er Jahre unterschied[234]. Im März 1921, auf dem X. Parteitag der KPR(B), stellte M. V. Frunze die 22 Punkte eines Programms vor, das als Grundlage der Reorganisation der Roten Armee nach dem Bürgerkrieg gedacht war. Diese Thesen hatte er gemeinsam mit S. I. Gusev entwickelt, einem Militärexperten, der schon zur Zarenzeit Redakteur des letzten militärenzyklopädischen Wörterbuches war und Lenin auf dessen Wunsch unter anderem die Werke von Clausewitz zugeschickt haben soll[235].

Die ersten 16 Thesen stammten aus Gusevs Feder und waren die Basis, auf der Frunze sein System der »einheitlichen Militärdoktrin« errichten sollte. Gusev konstatierte, daß sich die Rote Armee in einer gänzlich veränderten Situation als zur Zeit des Bürgerkrieges vorfinde, und daher

---

[233] Garthoff, Sowjetarmee, S. 49.

[234] Zur Entwicklung der »einheitlichen Militärdoktrin« und zu den Richtungskämpfen zwischen Trockij und Frunze ausführlich Garthoff, Sowjetarmee, S. 49 ff., und Jacobs, Frunze, passim. Auf sowjetischer Seite werden Konflikt und Entstehung der Doktrin bereits in der ersten Ausgabe der Großen Sowjetenzyklopädie von Ziffer, Doktrina, Sp. 163 ff., beschrieben. Spätere Arbeiten, etwa Korotkov, Istorija, sind eher polemische Kampfschriften gegen den Trotzkismus als Nachzeichnungen des Diskussionsverlaufs. So behauptet Korotkov, Trockij und die Trotzkisten hätten 1921 die Clausewitzsche Formel in einem Sinn verwandt, der der Leninschen Formelauslegung diametral entgegengesetzt gewesen sei; gegen diese These sprachen alle von Trockij verwendeten Zitate Clausewitz'. Aufsehen erregte die 1985 erschienene Frunze-Biographie des damals stellvertretenden Generalstabschefs Generaloberst Gareev, Frunze, teoretik. Das westliche Interesse an diesem 1988 ins Englische übertragenen Buch — Frunze, theorist — resultierte weniger aus den biographischen Details der Studie als aus der Person des Autors und »because of his insights it provides on current Soviet military thinking«. Gareev, der mehrere Dutzend Male Clausewitz zitiert, verwahrt sich dennoch gegen die Intention des Titels von Jacobs' Dissertation »Frunze. The Soviet Clausewitz«, da zwar die Tätigkeit Frunzes als Feldherr und Militärtheoretiker gewürdigt, aber durch den »bürgerlichen Blickwinkel« die Rolle Frunzes als Denker geschmälert werde und eine tendenziöse Verfälschung erfahre. Konkrete Beweise für diese Behauptung gibt Gareev indes nicht. Vgl. neuerdings auch Novoseletsky, Frunze.

[235] Zur Person Gusevs siehe Kramarov, Soldat, S. 57, und Korablev, Lenin. Beide machen leider keine Angaben über den Zeitpunkt der Übersendung, der Kontext deutet jedoch auf die Zeit vor der Revolution hin.

»a new approach to the solution of military problems was indicated. He had been less than enthusiastic about the militia system but had come out strongly for an army of quality, a reinforced system of political commissars in the army, and the uniting of military training with the economy of the country. He also suggested the establishment of a ›unified military doctrine‹ based on a study of Marx and Engels[236].«

Frunze griff diesen Gedanken auf und definierte die Armee als einheitlichen Körper, der durch die Gemeinschaft der politischen Ideologie zusammengeschweißt werde. Diese Einheit solle in Felddienstordnungen, Handbüchern und Befehlen zum Ausdruck kommen. Auf dem Fundament des Marxismus, so führte er aus, sei »die einheitliche Militärdoktrin die wissenschaftliche Theorie vom Kriege«[237]. Zum ersten Mal glaubte mit Frunze ein Militär an die Möglichkeit, eine Militärdoktrin auf marxistischer Basis erarbeiten zu können. Ganz im Sinne Clausewitzschen Politikverständnisses konnte sich Frunze kaum vorstellen, daß fundamentale und weitreichende »weltanschauliche« militärpolitische Entwürfe allein von eng begrenzten Militärspezialisten verfaßt werden könnten. Im Gegenteil, an der Schnittstelle von Politik und Strategie, an der Doktrin, mußten Soldaten und Politiker gemeinsam arbeiten. Der Generalstab , den Frunze »das Hirn der Armee« nannte, eine Bezeichnung, die Šapošnikov als Titel seines Hauptwerkes über die Generalstabstätigkeit aufgriff, sollte in einen militärtheoretischen Stab des proletarischen Staates umgewandelt werden. Herausragende Militärpolitiker sollten in ihn integriert werden, um eine breite politikwissenschaftliche Erziehung mit reinem Kriegshandwerk zu verbinden[238]. Zuletzt forderte Frunze, die Staatsverlage zu verpflichten, schnellstens die ausländischen marxistischen Werke über militärische Probleme zu edieren[239]. Nicht zuletzt weil Trockij auf dem Parteitag den Thesen mit dem Hinweis entgegentrat, sie seien theoretisch inkorrekt und in der Praxis zu steril, konnte sich das Gespann Frunze-Gusev 1921 noch nicht durchsetzen. Später räumte sogar Frunze ein, daß den Thesen »a certain vagueness, inexactness, and lack of understanding in formulation«[240] anhafteten.

Um so dringlicher erschien ihm daher eine ausführliche Beschreibung seiner neuen Doktrin. Mit dem programmatischen Artikel *Die einheitliche Militärdoktrin und die Rote Armee*[241] nahm er im Juli 1921 die Debatte wieder auf und zwang die Autorität Trockij, en detail zu seinen Vorschlägen Stellung zu nehmen. Frunze gab eine Definition der neuen Sowjetdoktrin: Die einheitliche Militärdoktrin

»ist die Lehre von der Armee in einem gegebenen Staat, durch die der Charakter des Aufbaues der Streitkräfte des Landes, durch die die Ausbildungsmethoden der Truppen, durch die ihre Führung auf der Basis der im Staat herrschenden Ansichten über den Charakter der vor ihr liegenden militärischen Aufgaben und Lösungsmöglichkeiten, die aus dem Klassencharakter des Staates entspringen — begründet werden und welche durch den Entwicklungsstand der Produktionskräfte des Landes bestimmt wird«[242].

[236] Jacobs, Frunze, S. 31.
[237] Frunze, Izbrannye proizvedenija, Bd 2, S. 3f.; vgl. auch Jacobs, ebd., S. 31f., und Gareev, Frunze, teoretik, S. 105ff.
[238] Jacobs, ebd., S. 32f.
[239] Frunze, Izbrannye proizvedenija, Bd 2, S. 4.
[240] Frunze, zit. nach Jacobs, Frunze, S. 33.
[241] Frunze veröffentlichte diesen Aufsatz gleich in zwei Zeitschriften; im Juli 1921 in Armija i Revoljucija und in der Augustnummer des Periodikums Krasnaja Nov'. Wiederabdruck in: Frunze, Izbrannye proizvedenija, Bd 2, S. 4—22.
[242] Ebd., S. 8; deutsch in Garthoff, Sowjetarmee, S. 51.

Frunze betonte ferner, daß ein bewaffneter Konflikt zwischen beiden Lagern, der Räterepublik Rußland und den sie umgebenden kapitalistischen Staaten, auf die Dauer unvermeidlich sei. Daher müsse die Doktrin einen aktiven, offensiven Charakter haben, um sich die Option zu erhalten, im geeigneten Augenblick unter günstigen Voraussetzungen den Krieg zu beginnen. Er verstieg sich zu der aggressiven These, daß der kommunistische Staat selbst der Angreifende sein muß, um den Zeitpunkt des Konfliktes bestimmen zu können[243]. Mit diesem Primat der Offensive trat Frunze in Gegensatz zu den Anschauungen von Clausewitz, den er in seinem Werk nur einmal namentlich erwähnt[244] und dessen Zitate sich bei ihm in der Leninschen Variante der Formel erschöpfen. Daß dennoch manche Berührungspunkte zwischen beiden — wenn auch zumeist in negierender Absicht — bestanden, weist Gareev in seiner Arbeit nach.

Doch zurück zur Doktrinendiskussion; Trockij nahm den Fehdehandschuh des Bürgerkriegshelden Frunze auf und antwortete im schwerpunktmäßig theoretisch ausgelegten Periodikum *Militärwissenschaft und Revolution*. Sein Artikel *Militärdoktrin oder pseudomilitärischer Doktrinarismus?*[245] gibt schon im Titel einen Vorgeschmack auf die sarkastische und polemische Ebene, auf die Trockij die Diskussion zog. Seinen Ausführungen stellte er ein Clausewitz-Zitat als Motto voran: »Denn so wie manche Pflanzen nur Früchte tragen, wenn sie nicht zu hoch in den Stengel schießen, so müssen in praktischen Künsten die theoretischen Blätter und Blumen nicht so hoch getrieben, sondern der Erfahrung, ihrem eigentümlichen Boden, nahegehalten werden[246].«

Dieses Zitat aus der Vorrede Clausewitz' zu *Vom Kriege* zeigt sogleich die Stoßrichtung von Trockijs Kritik. Er zweifelt das theoretische Fundament einer ideologisierten proletarischen Militärdoktrin an, der es unter den gegebenen Umständen insbesondere an den notwendigen praktischen Erfahrungen mangele.

»Versuche, das ›Wesen‹ der Kriegskunst im allgemeinen und der proletarischen Kriegskunst im besonderen zu definieren, waren nach Trotzki eine Spielerei mit metaphysischen Doktrinen. Er selbst vertrat die Notwendigkeit eines gewissen Eklektizismus in der Militärtheorie ... Er sprach mit betontem Respekt von den empirischen Methoden der englischen Imperialisten ... und äußerte sich geringschätzig über die deutschen Epigonen von Clausewitz. Keine der ›nationalen‹ Kriegsdoktrinen bot die ›letzte Wahrheit‹ über den Krieg und konnte das auch gar nicht ... alle diese Doktrinen isolieren und übertreiben nur gewisse Momente und Aspekte der militärischen Erfahrung[247].«

Doktrinen haben, das ist dem Begriff unschwer zu entnehmen, etwas Doktrinäres an sich, und nach Trockij hat die marxistische Denkweise gegen jeden militärischen Doktrinarismus eine Abneigung. Auf eine weitere Gefahr einer so früh festgelegten Doktrin machte im Verlauf der über Jahre anhaltenden Zeitschriftenrepliken der ehemalige Zarengeneral und spätere Clausewitz-Biograph A. A. Svečin aufmerksam, der schon 1918 die

---

243 Frunze, ebd., Bd 2, S. 17; vgl. auch Jacobs, Frunze, S. 42f.; Deutscher, Trotzki, S. 451ff., und Bohn, DDR-Militarisierung, S. 1062.

244 Frunze, ebd., S. 176, in dem Aufsatz: Voprosy vysšego voennogo obrazovanija (Fragen der höheren Militärausbildung) aus dem Jahr 1924.

245 Trotsky, Military Writings, Bd 5, S. 312—356.

246 Ebd., S. 312; Clausewitz, Vom Kriege. 1980. S. 184.

247 Deutscher, Trotzki, S. 453f.

Notwendigkeit einer Doktrin betonte[248]: Eine offiziell angenommene Doktrin jedoch unterbinde alle weiteren Meinungsverschiedenheiten und verhindere damit auch das Eindringen neuer Erkenntnisse. Trockij gab ferner zu bedenken, daß eine einseitig auf Offensive ausgerichtete Doktrin das Ausland und selbst die Arbeiterklasse in anderen Staaten verschrecken könnte. Vehement sprach er sich gegen eine einseitige Kultivierung der Offensive aus: »Nur der Verräter drückt sich vor dem Angriff; nur der Beschränkte reduziert die ganze Strategie auf Angriff[249].« Nicht nur, daß die Logik der »Linken«, man lebe in einer revolutionären Epoche, deshalb müsse die kommunistische Partei eine offensive Politik betreiben, nicht unbedingt stringent genannt werden könne; es könne sich auch psychologisch als verhängnisvoll erweisen, dem Rotarmisten nicht den Wert der Defensive zu vermitteln. Wie schnell könne Rußland durch eine technisch überlegene Macht angegriffen werden und allein durch sein langsameres Mobilisierungstempo in der ersten Phase des Krieges in die Verteidigung geraten: »Es wäre daher ein absoluter Fehler, der Armee die Vorstellung einzuimpfen, der Angreifer befinde sich immer moralisch im Vorteil[250].« Trockij wandte sich auch gegen Schlußfolgerungen und Prinzipien, die Frunze ans Ende seiner Überlegungen stellte. Die meisten erschienen ihm als auf der Hand liegende Binsenweisheiten und Axiome logischen Handelns, die keiner theoretisierenden Exemplifikation bedurft hätten. Folgendes Zitat wirft ein Licht auf die sarkastische Schärfe der Debatte:

»Alten Ansichten folgend, sind die Grundlagen der Militärwissenschaft ewig und gültig für alle Zeiten und Menschen. Aber in ihrer konkreten Ausformung nehmen alle diese Wahrheiten einen nationalen Charakter an. Daher erhalten wir eine deutsche Militärdoktrin, eine französische, eine russische usw. Wenn wir dann das Inventar dieser ewigen Wahrheiten der Militärwissenschaft überprüfen, erhalten wir nicht mehr als ein paar logische Axiome und euklidische Postulate. Flanken müssen geschützt, Kommunikationsmittel und Rückzug müssen gesichert sein, der Schlag muß gegen die schwächste Stelle des Feindes erfolgen usw. Alle diese Wahrheiten gehen weit über die Grenzen der Kriegskunst hinaus. Der Esel, der Hafer aus einem eingerissenen Sack stiehlt (der am schwächsten verteidigte Punkt des Feindes) und seine Kruppe wachsam von der Richtung abwendet, aus der er die Gefahr erwartet, handelt folglich im Einklang mit den ewigen Gesetzen der Militärwissenschaft. Und dennoch ist es unbestreitbar, daß dieser Hafer kauende Esel niemals Clausewitz gelesen haben wird, ja nicht einmal Leer[251].«

Polemisch wandte sich Trockij auch gegen den Versuch, mit Hilfe des Marxismus ein militärtheoretisches System zu errichten. Der Marxismus »did ... provide us with a scientific prevision of the future«; er gebe »indestructible confidence in the fact that history works for us«, aber »it could not provide ready recipes«. Ganz im Sinne von Clausewitz. Und er fügt hinzu:

»Least of all could it provide them in the area of military construction. But even there it has given us a method; for it is true that war is the continuation of politics, only with other means, and an army is the continuation and crowning of all socio-state organizations, only with the bajonet in preponderance[252].«

Wenig später spricht er von den empirischen, praktischen Bereichen des Militärischen und von den Risiken, diese lebendige Organisation, die sich ständig den verändernden

---

[248] Gareev, Frunze, teoretik, S. 98 f.
[249] Trotsky, Military Writings, Bd 5, S. 330.
[250] Deutscher, Trotzki, S. 454.
[251] Trotsky, Military Writings, Bd 5, S. 319 f. Vgl. auch Jacobs, Frunze, S. 47 f.
[252] Trockij zit. nach Jacobs, ebd., S. 48.

Gegebenheiten anpassen muß, in ein System von Regeln, Felddienstordnungen u.ä. hineinzustellen, wo selbst der Schnitt der Uniform aus fundamentalen Prinzipien abgeleitet wird. »Das verstand auch schon der alte Clausewitz«[253], den er hier wieder anführt:

»Es ist vielleicht nicht unmöglich, eine systematische Theorie des Krieges voll Geist und Gehalt zu schreiben, unsere bisherigen aber sind weit davon entfernt. Ihres unwissenschaftlichen Geistes gar nicht zu gedenken, strotzen sie in dem Bestreben nach dem Zusammenhang und der Vollständigkeit des Systems von Alltäglichkeiten, Gemeinsprüchen und Salbadereien aller Art[254].«

Eine weitere Warnung vor stereotypem Systemdenken wurde unter Berufung auf Clausewitz aufgestellt:

»We must renounce attempts at building an absolute revolutionary strategy out of the elements of our limited experience of three years of civil war, during which units of all particular quality fought under particular conditions. Clausewitz warned very well against this: ›what could be more natural‹, he wrote, ›that the fact that war of the French Revolution has its characteristic style, and what theory could have been expected to accommodate it? The danger is that this kind of style, developed out of a single case, can easily outlive the situation that gave rise to it: for conditions change imperceptibly. That danger is the very thing a theory should prevent by lucid, rational criticism. In 1806 the Prussian generals were under the sway of methodism‹, and so on. Alas! Prussian generals are not the only ones with an inclination towards methodism, that is, towards stereotypes and conventional patterns[255].«

Die Ausformung von Strategie in ihrer militärischen Bedeutung zur Wissenschaft hielt er für schlicht unmöglich. Daraus ergab sich auch die konsequente Ablehnung der »proletarischen Offensivstrategie«:

»Der Krieg stützt sich auf viele Wissenschaften, aber der Krieg selbst ist keine Wissenschaft — er ist eine praktische Kunst, eine Fertigkeit ... ein wildes und blutiges Handwerk ... Das Unternehmen, mit Hilfe des Marxismus eine neue militärische Lehre zu formulieren, gleicht dem Versuch, mit Hilfe des Marxismus eine neue Theorie in der Architektur oder ein neues Lehrbuch der Tiermedizin zu schaffen[256].«

Auch Clausewitz betrachtete den Krieg weder als Wissenschaft noch als Kunst, lehnt aber auch die Definition des Krieges als Handwerk ab, »denn ein Handwerk ist nur eine niedrigere Kunst und unterliegt als solche auch bestimmteren und engeren Gesetzen ... Wir sagen also, der Krieg gehört nicht in das Gebiet der Künste und der Wissenschaften, sondern in das Gebiet des gesellschaftlichen Lebens[257].« Diese Erkenntnis wurde in den späten 20er Jahren von sowjetischen Militärtheoretikern verstärkt betont.

Trockij schaffte sich durch sein arrogantes Auftreten, seine pragmatischen bis zynischen Zurechtweisungen der Gegner sowohl innerhalb der Gruppe der alten zarischen Offiziere, der »Militärspezialisten«, die er in hoher Zahl in die Rote Armee übernommen hatte, als auch bei den jungen, durch Weltkrieg, Revolution, Bürgerkrieg und Marxismus geprägten Feldherren und Generälen eine umfangreiche und ständig wachsende Opposition. Während die alten Offiziere wohl insgeheim ihm als Laien reserviert gegenüberstanden, bildeten seine weitgehend ideologiefreien Ansätze der Militärdoktrin und

---

[253] Trotsky, Military Writings, Bd 5, S. 325.
[254] Ebd.; Clausewitz, Vom Kriege. 1980, S. 185.
[255] Trotsky, ebd., S. 341 f. Trockij faßt Clausewitz, Vom Kriege. 1980, S. 311, zusammen, weshalb das Zitat nicht im deutschen Original wiedergegeben wird.
[256] Trockij zit. nach Deutscher, Trotzki, S. 452; vgl. auch Trotsky, ebd., S. 359 f.
[257] Clausewitz, Vom Kriege. 1980, S. 302 f.

der Kampfausbildung dauerhafte Angriffsmöglichkeiten für Gegner wie Frunze und
Tuchačevskij.

Die höchsten Ortes geführten Diskussionen um die Ausformung einer sowjetischen Doktrin griffen bald auch auf die nachgeordneten Kommandoebenen über. Überall, auf Parteitagen, in Zeitschriften, auf Versammlungen und Tagungen der Militärräte, auch in der
Provinz, gingen die Diskussionen weiter. In der Ukraine tagte der dortige Kommandeurs-
und Kommissarstab im März 1922. Der Delegierte D. Petrovskij griff die Formel und
ihre Akzeptanz durch Lenin und Frunze an, denn zu glauben, daß der Krieg die Fortsetzung der Politik mit gewaltsamen Mitteln sei, sei ein »schwerer Fehler«. Petrovskij, Leiter der Hauptverwaltung der militärischen Lehrinstitute, begründete seine Ablehnung
der Formel mit ihrer angeblichen Begrenztheit. Er stellte das Verhältnis von Politik und
Krieg und ihre gegenseitige Abhängigkeit um, indem er behauptete, der Krieg sei nur
ein Kampfmittel der Politik, die ihren Ausdruck in den Zielen »Eroberung fremder Märk-
te, Vernichtung des Gegners und Klassenkampf«[258] finde. Frunze trat ihm entgegen und
bestand auf der Akzeptanz der Formel in der Leninschen Interpretation des Verhältnisses von Politik und Krieg mit dem klassenbewußten, »dialektisch-materialistischen
Zugang« zu diesem Phänomen.

> »Im Unterschied zu Clausewitz und seinen Nachfolgern sprach Frunze, ausgehend von der Leninschen
> Formulierung, von der definierenden Rolle der Politik, nicht nur in ihrer Beziehung zum Krieg, son-
> dern auch in den gegenseitigen Verbindungen von Innen- und Außenpolitik, und unterstrich dabei
> den Primat der Innenpolitik[259].«

Das hielt aber Petrovskij nicht davon ab, seine Position in einem weiteren Artikel zu
verdeutlichen.

> »Ich glaube, daß es im Grunde nicht um die Bedeutung des Wortes ›Doktrin‹ geht. Der Streit ist tiefer
> und ernsthafter. Er rührt aus der Einschätzung her, in welcher historischen Epoche wir leben. Das
> ist der erste Teil der Auseinandersetzung, und der zweite betrifft den Stellenwert des Krieges im allge-
> meinen Kampf. Zu uns gelangte nicht nur der Terminus ›einheitliche Militärdoktrin‹, sondern es schmug-
> gelte sich eine komplette Formel ein, sie erhielt bei uns das Bürgerrecht und lebt mit einem sowjeti-
> schen Paß unter uns. Es ist die alte Formel von Clausewitz, die aussagt, daß ›der Krieg die Fortsetzung
> der Politik, nämlich mit anderen Mitteln‹ ist. Die Annahme der Formel — ist ein grausamer Fehler.
> Der Sinn der Formel liegt darin, daß in der Geschichte der Moment auftritt, wo Politik aufhört zu
> agieren und der Krieg ihren Platz einnimmt. Dieser wird dann König und handelt vollkommen selb-
> ständig. Das ist im Grunde falsch. Wenn man eine Formel sucht, dann sollte man vorab sagen, daß
> ›der Krieg ein Mittel des Kampfes ist‹. Die Ziele des Kampfes sind verschieden, von der Eroberung
> von Märkten bis zum Klassenkampf der Unterdrückten für ihre Befreiung. Die Konkurrenz gibt uns
> verschiedene Mittel an die Hand, nicht nur den Krieg. Wenn wir den Platz des Krieges schon definie-
> ren, dann erscheint die innere Beziehung zwischen Krieg und den anderen Kampfmitteln wichtiger[260].«

In dieser Definition wird eine Einstellung der militärischen Kader des Sowjetstaates deutlich, die später von führenden Theoretikern aufgegriffen und weiterentwickelt werden
wird. Die Politik setzt den Krieg im Frieden fort oder bereitet ihn vor, denn es ändert
sich lediglich das Instrumentarium, nicht aber die Aufgabe, den Klassenkampf mit allen

---

[258] Siehe Materialy, S. 80f.; vgl. auch Gareev, Frunze, teoretik, S. 101.
[259] Ebd.; vgl. den Verlauf der Debatte auch in: M. V. Frunze, S. 230f.
[260] Petrovskij, »Ešče raz, S. 19f.

Mitteln voranzutreiben. Hier lehnen sich die Apologeten dieses pervertierten Politikbegriffes ungewollt an Ludendorff an, der in seiner den unausweichlichen Rassenkampf predigenden Arbeit *Der totale Krieg* den Frieden nur als eine politische Vorbereitungsphase des Krieges begreift.

Frunze setzte sich jedoch mit seiner Forderung, die Formel nach Lenin zu akzeptieren, durch[261]; nicht nur seine Ergebenheit Lenin gegenüber, auch seine Kenntnis des Werkes von Clausewitz[262] werden ihm eine derartige Interpretation wie die von Petrovskij abwegig erscheinen lassen haben. Frunze hob drei Momente der Wechselbeziehung von Krieg und Politik hervor: 1. die Entstehung des Krieges als Fortsetzung der Politik und dessen Abhängigkeit von der Politik; 2. die definierende Rolle der Politik und die Unterordnung aller Probleme der Kriegführung unter die politische Führung; 3. die reziproke Abhängigkeit der Politik vom Kriege. Daraus folgernd betrachtete er den bewaffneten Konflikt als das spezifische Merkmal des Krieges. Doch mit dem bewaffneten Kampf höre die Politik im Kriege nicht etwa auf. Die Führung eines Krieges mache die Zusammenfassung aller militärischen, ökonomischen, ideologischen, diplomatischen und anderer »Formen des Kampfes« erforderlich. Die bestimmende Position der Politik in bezug auf den Krieg dauert während seines gesamten Verlaufs an[263].

Aus dieser Deutung der Formel und der Akzeptanz des Satzes, daß die Politik das Ganze verkörpere, der Krieg hingegen nur einen Teil desselben darstelle[264], ergibt sich nach Frunze für die Doktrin, daß ihre militärische Seite stets der politischen unterzuordnen ist. In Anlehnung an Clausewitz bedeutet dies aber auch für die politische Seite, daß ohne die genaue Erfassung der Möglichkeiten der bewaffneten Kräfte und der Kenntnis der strategischen Kräfteverhältnisse eine Doktrin nicht erstellt werden kann[265].

Frunze setzte sich schließlich gegen Trockij auch in der Frage durch, ob die Kriegführung mehr eine Kunst oder eine Wissenschaft sei. Da Frunze glaubte, eine auf marxistischer Grundlage erstellte Militärdoktrin ins Leben gerufen zu haben und dem Marxismus bei der Erklärung anthropologischer, soziologischer, politischer und ökonomischer Fragestellungen in der UdSSR geradezu naturwissenschaftlich-logische Präzision unterstellt wurde, verwundert es nicht, daß man auch im marxistisch fundierten Kriegshandwerk eine Wissenschaft sah. Daß dieser Standpunkt in der geistigen Auseinandersetzung mit Clausewitz gewonnen wurde, beweist eine sowjetische militärwissenschaftliche Dissertation aus den frühen 70er Jahren. Dort war man sich wohl bewußt, daß der Preuße die Kriegführung nicht mit einer exakten Wissenschaft verglichen wissen wollte. S. J. Krupnov schrieb, daß

»Clausewitz eine Militärwissenschaft überhaupt ablehnte. Bülow, Erzherzog Karl und andere hingegen versuchten, eine Militärwissenschaft zu begründen, deren logisch-genauer Aufbau wie die Mathematik befähigen sollte, eindeutige Antworten auf alle Fragen zu geben, die bei der Führung von Streit-

[261] Gareev, Frunze, teoretik, S. 101.
[262] Ebd., S. 93 f., 161.
[263] Ebd., S. 102.
[264] Gareev, ebd., S. 115, stellt diesen Satz als Erkenntnis Lenins hin, ohne auf den Urheber Clausewitz zu verweisen, eine Methode, für die sich Dutzende Beispiele in der sowjetischen Literatur finden lassen.
[265] Siehe ebd.

kräften aufkommen konnten, gleichermaßen gültig für alle Kriege. Solch eine Militärwissenschaft, sagte Clausewitz, ist unmöglich und damit hatte er Recht ... Clausewitz verstand als einer der ersten die Rolle der wissenschaftlichen Theorie für die Führung eines Krieges und strebte danach, sie auszuarbeiten[266].«

Marxisten räumen ein, daß Clausewitz sein Werk und damit die wissenschaftliche Theorie nicht vollenden konnte und er in dem Stadium, in dem er sich befand, den Krieg dem Bereich der Zufälligkeiten zuordnen mußte, da er ja die Existenz objektiver gesellschaftlicher Gesetze und Gesetzmäßigkeiten nicht anerkannte. Nach dieser Lesart förderte erst der Marxismus die objektivierbaren Grundsätze zutage, so daß sich die sowjetische Kriegführung unter der Anleitung objektiver und objektivierbarer Grundsätze, Gesetze und Leitlinien »wissenschaftlich« nennt, wenngleich dieser Form der Wissenschaft durch den gesellschaftlichen Bereich, in dem sie wirkt, keine naturwissenschaftliche Präzision unterstellt werden kann. Frunzes wichtigster Gesinnungsgenosse bei der Ausarbeitung seiner Leitlinien, S. I. Gusev, definierte einen engeren Zusammenhang zwischen Wissenschaft und Kunst im Militärbereich, der die künstliche »metaphysische Grenze« zwischen diesen Polen, die von Trockij errichtet wurde, aufheben sollte. »Die Wissenschaft entwickelt sich auf Kosten der Kunst, die Kunst gründet sich auf die Errungenschaften der Wissenschaft, dieser Prozeß ist unendlich.« Die Wissenschaft sei die Fortsetzung der Kunst, und in ihrer Weise sei die Kunst die Fortsetzung der Wissenschaft. Was in der Wissenschaft das Gesetz sei, sei in der Kunst die Regel. Die Diskrepanz zwischen Wissenschaft und Kunst sei der Bruch zwischen Vergangenheit und Gegenwart, zwischen Theorie und Praxis. »Solch ein Bruch steht im Widerspruch zum Marxismus«[267], der die beiden Antithesen in einer Synthese zusammenführe und damit die Militärwissenschaft und die praktische Kriegskunst als die zwei Seiten des Kriegswesens erscheinen lasse[268].

Frunze konnte sich schließlich auch gegen jene ehemaligen Zarengeneräle durchsetzen, die seinem Wissenschaftsbegriff nicht zu folgen willens waren, darunter Svečin, da diese nicht bereit waren, den Standpunkt der angestrebten Objektivität zugunsten des Klassenstandpunktes zu verlassen. Frunze erwies sich als gelehriger Lenin-Schüler, indem er kurzerhand erklärte, auch im Militärwesen »schließt die wissenschaftliche Objektivität zwangsläufig Parteilichkeit ein«[269].

Die grundlegenden Prämissen, die in diesem Doktrinenstreit durch Frunze und Gusev für die Kriegführung der Roten Armee festgelegt worden waren, wurden in den nachfolgenden Jahrzehnten nur unwesentlich verändert und bestimmten den Aufbau und die Strategie der neuen sozialistischen Armee noch weit nach dem Zweiten Weltkrieg. In seiner *Geschichte des sowjetischen militärischen Denkens* faßt I. A. Korotkov das Ergebnis der Auseinandersetzung um die Doktrin so zusammen:

»Die These von M. V. Frunze über die Wechselwirkung von Militärdoktrin und Militärtheorie bewahrt ihre Gültigkeit bis in unsere Tage. Die politische Führung des Landes bestimmt die allgemeine Ausrichtung der Militärdoktrin. Die von dort angenommenen offiziellen (doktrinären) Leitsätze bestim-

---

[266] Krupnov, analiz, S. 58, zit. nach Gareev, ebd., S. 134.
[267] Gusev, Graždanskaja vojna, S. 196, zit. nach Gareev, ebd., S. 149.
[268] Ebd., S. 142.
[269] Ebd., S. 164.

men die Problematik der Erforschung der Militärtheorie, der Praxis des Aufbaus der bewaffneten Streitkräfte und der Ausbildung der Truppen. Indem sie die offiziellen Leitlinien erfüllt, wird die Militärtheorie zur gleichen Zeit aufgefordert, neue Erscheinungen des Militärwesens zu erforschen. Veränderungen der internationalen Lage, das Erscheinen neuer potentieller Gegner, die letzten Errungenschaften aus Wissenschaft und Technik und auch die wachsenden ökonomischen Möglichkeiten des eigenen Landes sowie die des wahrscheinlichen Gegners fordern eine klare Fassung der Schlußfolgerungen[270].«

Die Rote Armee hatte sich gegen den inneren und äußeren Feind behaupten können und wurde zwischen 1921 und 1924 von 5,5 Millionen auf 562000 Mann reduziert, die technisch, taktisch und ausbildungsbezogen an den Vorbildern moderner westlicher Industriestaaten ausgerichtet waren. Die Doktrin war von ideologischen Prämissen durchsetzt und stark politisiert. Die physische Vernichtung des Gegners war expressis verbis das Hauptziel, die Offensive nicht Kampfform, sondern Grundsatz.

Frunze, nach Trockij Volkskommissar für Heer und Politik, war zwar mit Clausewitz vertraut, er gab aber den Leninschen Interpretationen der Formel und der engen Zusammengehörigkeit von Strategie und Politik den Vorzug[271].

Trotz der Tatsache, daß Frunze Clausewitz nicht gerade empfahl, wurde das Werk des preußischen Generals in der UdSSR das meistgelesene, -diskutierte und -ausgelegte militärische Standardwerk bis zum Ausbruch des deutsch-sowjetischen Krieges im Jahre 1941. Dies war nicht zuletzt das Verdienst der vielen Zarenoffiziere, die in die Rote Armee übernommen worden waren.

### 5. Das militärtheoretische Erbe des Zarenreiches: Clausewitz und die »Militärspezialisten«

Trockijs Weitsicht war es zu verdanken, daß die jungen proletarischen Hörer der 1918 eröffneten Militärakademie mit Clausewitz nicht nur durch Vermittlung Lenins, sondern im Original in Berührung kamen. Angesichts der geringen militärischen Kenntnisse der Führung der neugegründeten Roten Armee, der »Truppenführer aus dem Volk«, konnte sich Trockij mit seiner umstrittenen Forderung, ehemalige Zarenoffiziere in die bolschewistischen Verbände aufzunehmen, deren Aktivitäten durch politische Kommissare Kontrolle und notfalls auch Korrektur erhalten sollten, durchsetzen. Zwischen 1918 und 1920 wurden insgesamt 48409 ehemalige Offiziere des Zaren in die Rote Armee einberufen, »dazu kamen 194 Generale und weitere 2942 hohe Offiziere ..., die in der Etappe als Ausbilder dienten«[272]. Als »Paten und Geburtshelfer« standen vier hohe Zarenoffiziere am Beginn der Geschichte des Sowjetstaates: der Kriegsminister Generalmajor A. Verchovskij, Konteradmiral Verderevskij, der General der Infanterie V. A. Čeremisov und

---

[270] Korotkov, Istorija, S. 65f.

[271] Vgl. Frunze, Izbrannye proizvedenija, Bd 2, S. 176f. Die bibliographische Anm. zu Clausewitz auf S. 483 bezeichnet diesen im Jahre 1957 als »Militärideologen des junkerlich-bürgerlichen Preußen« und entschärft mit dieser Formulierung die persönliche Einschätzung, die noch zwei Jahre zuvor wesentlich aggressiver ausgefallen wäre.

[272] Morozow, Falken, S. 31.

Generalleutnant M. D. Bonč-Bruevič, die Generäle allesamt Absolventen der kaiserlich-russischen Generalstabsakademie[273]. Mit A. A. Svečin, B. M. Šapošnikov, A. Snesarev, A. A. Neznamov, V. F. Novickij, P. P. Lebedev, Isserson, Švarz und weiteren[274] lehrten an der neuen Militärakademie durchweg Professoren, die schon vor dem Ersten Weltkrieg Generalstabsoffiziere ausgebildet und sich fast alle in der einen oder anderen Form mit Clausewitz auseinandergesetzt hatten. Und dies, obwohl dem Werk des Preußen nicht der Stellenwert zugemessen worden war, der ihm nach Meinung vieler zustand. Der Einfluß dieser Militär-Professoren und damit des »ideologiefreien« zarischen militärischen Denkens auf die sowjetische Kriegslehre ist beachtlich.

Bei ihrer Berufung ging Trockij äußerst pragmatisch vor. Er vertrat die Ansicht, daß erst eine Militärwissenschaft notwendig sei, die die Rote Armee beherrschen müsse, ehe sie sie verbessern könne. Er vertraute den durch Kommissare kontrollierten »alten Militärspezialisten«, und die ersten Erfahrungen rechtfertigten dieses Vertrauen:

»In unserer Generalstabsakademie befinden sich einige Genossen, die nun in der Praxis gewissenhaft lernen müssen, wie schwer die ›finstere Kriegskunst‹ zu begreifen ist, und die nun mit der größten Aufmerksamkeit unter der Anleitung von Professoren der alten Militärakademie arbeiten. Personen, die in enger Verbindung zur Akademie stehen, berichten mir, daß das Verhältnis der Schüler zu ihren Lehrern überhaupt nicht durch politische Faktoren bestimmt wird, und augenscheinlich ist es gerade der konservativste Lehrer, der die größte Aufmerksamkeit auf sich zieht. Diese Menschen wollen lernen. Sie sehen neben sich andere, die Wissen besitzen, und (daher) rümpfen sie weder die Nase, noch schneiden sie auf oder werfen sie ihre Sowjetmützen in die Luft — sie lernen fleißig und gewissenhaft von den ›Zarengenerälen‹, denn diese Generäle wissen, was die Kommunisten nicht wissen, was die Kommunisten aber wissen müssen[275].«

Auch aus der ersten Generation der Akademieabsolventen gibt es Zeugnisse der fachlichen Kompetenz der akademischen Lehrer. Insbesondere die Kenntnis von Clausewitz und die politische Loyalität bzw. Indifferenz dieser Zarengeneräle werden immer wieder hervorgehoben[276].

Der fachliche Einfluß und der Wirkungsgrad der »Spezialisten«, von Trockij in der Frühphase der Akademie lobend anerkannt, nahmen auch in der Folgezeit nicht ab. Obwohl im Verlauf der 20er Jahre Hunderte von Absolventen die Akademie durchlaufen hatten, wurde der militärtheoretische Diskurs nur in auffällig geringem Maße von dieser neuen proletarischen Intelligenz bestimmt.

»Die Politische Verwaltung stellte 1929 eine Untersuchung an, um das Ausmaß des zaristischen Einflusses an der Zahl des führenden militärischen Personals der Roten Armee zu dieser Zeit zu bestimmen. Das Ergebnis war erstaunlich ... Von 243 Militärs, die 1929 einen Beitrag zur Militärliteratur lieferten, waren 198 kaiserliche Offiziere gewesen, 94 hatten den Rang eines Stabsoffiziers oder Generals in der vorrevolutionären Armee bekleidet und 29 im Kaiserlichen Generalstab ... Mehr noch, von 100 Autoren der ›Felddienstordnung‹ von 1929 waren 79 ehemalige kaiserliche Offiziere[277].«

[273] Ebd., S. 16.
[274] Zur Geschichte der Frunze-Akademie und ihrer ersten Professoren siehe Voennaja akademija, passim, und die Jubiläumsschrift XV let akademii.
[275] Trotsky, Military Writings, Bd 1, S. 223 f., in einem Brief an einen Freund, abgedr. am 23. 2. 1919 in der Zeitschrift Voennoe Delo.
[276] Vgl. Barmine, Survived, S. 83 f.
[277] Garthoff, Sowjetarmee, S. 71 f.; vgl. auch Caiger-Watson, Doctrine, S. 347.

Im Folgenden wird das Clausewitz-Bild der wichtigsten Exponenten dieser Gruppe und ihre Wirkung auf das strategische Denken in der Sowjetunion untersucht.

## a) Svečin

Aleksandr Andreevič Svečin war schon vor dem Ersten Weltkrieg ein über die russischen Grenzen hinaus bekannter Militärschriftsteller. Als Sohn einer Generalsfamilie absolvierte er die Michajlov-Artillerieschule und im Anschluß daran die Nikolaev-Generalstabsakademie. Nach Verwendungen als Regimentskommandeur und Stabsoffizier im Russisch-Japanischen Krieg verfaßte er seine ersten Arbeiten, *Krieg in den Bergen* und *Taktische Lehren aus dem Russisch-Japanischen Krieg 1904—1905*, sowie eine weitere, vielbeachtete Monographie über diesen verlorenen Krieg.

Im September 1917 wurde er als Chef des Generalstabs der 5. Armee im Range eines Generalmajors demobilisiert. Sechs Monate später trat er als Freiwilliger in die Reihen der Roten Armee ein, wo er bis zum November als Kriegskommissar des Smolensker Gebietes und als Generalstabschef tätig war, bevor er als Professor für die Geschichte der Kriegskunst zu den »intellektuellen Generälen« der neugegründeten Militärakademie stieß[278]. Gleichzeitig war er Leiter der »Militärhistorischen Kommission zur Verallgemeinerung der Erfahrungen des Krieges von 1914—1918« und einer der ersten Historiographen dieses Krieges. Als Dozent für Strategie wurde ihm, der unter vorrevolutionären Verhältnissen ausgebildet worden war, die Aufgabe zuteil, »die Kursinhalte und Lehrbücher für den Kommandeurstab der Roten Armee auf der Basis der marxistisch-leninistischen Theorie über Krieg und Armee zu erarbeiten«[279].

Daß sich aus dieser Aufgabenstellung Reibungen und Differenzen mit marxistischen Theoretikern, Dogmatikern und jungen sowjetischen Heerführern wie Frunze und Tuchačevskij zwangsläufig ergeben mußten, lag auf der Hand. Svečin, der »vielleicht bedeutendste Theoretiker«[280] unter den alten Zarengenerälen, war zwar der Sache der Bol'ševiki treu ergeben, aber eben deswegen konnte er Konflikten nicht aus dem Wege gehen, denn seine Einschätzungen zur Lage der Roten Armee und den daraus gefolgerten strategischen Notwendigkeiten entsprachen stets streng militärischen Gründen und weniger ideologischen Forderungen. Gerade sein Verhältnis zum Werk von Clausewitz, dessen populärster Förderer er in der Sowjetunion werden sollte, gab seinen zahlreichen jüngeren Gegnern Gelegenheit, ihn als »Idealisten«, »Metaphysiker«, »Scholastiker« und sogar als »bürgerlichen Wolf im marxistischen Schafspelz«[281] zu bezeichnen.

Bereits 1918 erregte er erstes Aufsehen, als er die Entwicklung einer Militärdoktrin forderte und damit die Diskussion eröffnete, die zwischen 1921 und 1924 in die Kontrover-

---

[278] Vgl. die biographische Würdigung von Ageev, Svečin, S. 126, sowie Todorskij, Maršal, S. 13. In der sowjetischen Literatur nicht genannte Daten und Einschätzungen siehe Morozow, Falken, S. 17, 39, 108, 536.

[279] Ageev, ebd., S. 127. Weitergehende biographische Angaben zu Svečin siehe den Einführungsartikel von Kipp, Svečin, in: Svechin, Strategy, S. 23—56. Der Verfasser dankt diesen Hinweis H-U. Seidt und seiner Arbeit »Swetschin«.

[280] Garthoff, Sowjetarmee, S. 73.

[281] Tuchačevskij, Svečina, S. 7.

se um die »einheitliche Militärdoktrin« mündete. Seiner Kritik an einer auf »objektiven Wahrheiten der Militärtheorie« beruhenden Einheitsdoktrin lag die Vorstellung zugrunde, »that there are many different philosophical methods, and all of them have an equal right to existence alongside Marxism«[282]. Eine These, die Jahre später eine geradezu ideale Angriffsfläche bieten sollte.

Mitte der 20er Jahre erschienen als Ergebnis zweier Vorlesungsreihen zwei kapitale Werke, die *Strategie*[283] und die *Entwicklung der Kriegskunst*[284]. Svečins *Strategie* blieb bis zum Erscheinen des neuen Standardwerkes von Sokolovskij im Jahre 1962 die einzige zusammenfassende Darstellung sowjetischen strategischen Denkens. Dies ist erstaunlich, da seit der ersten großen Kampagne gegen Svečin im Jahre 1931 in der UdSSR die Meinung vertreten wurde, daß dessen Werk »von einer richtigen marxistischen Deutung des Wesens und Inhaltes der militärischen Strategie sehr weit entfernt ist und viele Mängel methodologischer Art aufweist«[285].

Im Vorwort zur ersten Ausgabe der *Strategie* macht Svečin den Leser mit seinen geistigen Mentoren bekannt; an erster Stelle nennt er Clausewitz, ihm folgen die deutschen Clausewitz-Kenner Wilhelm v. Blume, Colmar v.d. Goltz und Hans Delbrück[286], dessen vierbändige *Geschichte der Kriegskunst im Rahmen der politischen Geschichte* er in der russischen Übertragung ebenso betreute wie die erste sowjetische Clausewitz-Übersetzung. Clausewitz und Jomini zählt er unter die großen Theoretiker der napoleonischen Epoche, wobei er letzterem allerdings nur eine »theoretische Kodifizierung der durch Napoleon geschaffenen Praxis«[287] attestierte. Ganz unter dem Eindruck der heftigen Diskussion um die defensive bzw. offensive Ausrichtung der Roten Armee verschreibt sich Svečin größtmöglicher Objektivität:

»Wahrscheinlich werden viele das Fehlen irgendeiner Agitation zugunsten der Offensive und sogar des Vernichtungs(gedankens) nicht billigen: Die Arbeit geht an die Fragen des Angriffs und der Verteidigung, der Vernichtung und der Ermattung, des Bewegungs- und des Stellungskrieges völlig objektiv heran: Ihr Ziel ist es, die Früchte vom Baum der Erkenntnis in gute und schlechte zu trennen, den Kräften entsprechend das allgemeine Gesichtsfeld zu erweitern und nicht das Denken mit irgendwelchen strategischen Scheuklappen zu fördern ... Viele strategischen Doktrinäre (hier spielt Svečin auf Tuchačevskij und Frunze an, d. Verf.) verweigern den objektiven Zugang zu den Erscheinungsformen des Krieges, als wären sie in einer Offensivsekte erzogen worden; sie glauben an die siegreiche Kraft der Prinzipien, der Regeln, Normen ..., ja sie verschmähen nicht einmal die falsche Darstellung der Fakten, um ihr Erziehungsziel zu erreichen. Wir sind weit entfernt von dergleichen Sichtweisen. Wir glauben nicht, daß eine strategische Theorie in irgendeinem Maß verantwortlich ist für den Angriffsimpuls einer Armee. Letzterer verdankt sein Hervorbrechen anderen Quellen. Clausewitz hatte die deutsche Armee auch nicht verdorben, indem er die Verteidigung als die stärkere Form der Kriegführung bezeichnete[288].«

---

[282] Savkin, The Basic Principles, S. 43.
[283] Svečin, Strategija.
[284] Ders., Évoljucija voennogo iskusstva, erschien bereits in drei Lieferungen zwischen 1920 und 1922 in Moskau; vgl. Ageev, Svečin, S. 127.
[285] Sokolowski, Militär-Strategie, S. 37 Siehe auch ders./Tscherednitschenko, Über moderne Militärstrategie, S. 1380 ff., und die Rezension von Timpe, Betrachtungen.
[286] Svečin, Strategija, S. 10.
[287] Ebd., S. 7.
[288] Ebd., S. 10.

Svečin karikiert nicht nur die fanatischen Anhänger der Offensivstrategie. Er nimmt auch zu einer Entwicklung innerhalb des sich herausbildenden sowjetischen militärischen Denkens überaus skeptisch Stellung, die in der Folgezeit einen immer größeren Stellenwert einnehmen sollte: der Hang zu Patentrezepten, zu fertigen Lösungen und Handlungsanleitungen, der zwar stets vehement bestritten wurde, sich aber gerade im Bestreben, eine Militär»wissenschaft« mit unanfechtbaren Axiomen zu begründen, ausdrückt. Die Übertragung der Methoden des »wissenschaftlichen Marxismus« auf die sowjetische Kriegslehre tat ein übriges, ein Bewußtsein zu erzeugen, daß man über die alleingültige theoretische Rezeptur verfüge. Daher geschah es kaum noch, daß man andere Methoden wirklicher Kritik und die eigene einer ehrlichen Reflexion unterzog.

Im Gegensatz zu seinen Kontrahenten behauptet Svečin nicht, eine Arbeit verfaßt zu haben, deren Qualität der Vervollkommnung nicht mehr bedürfe, obwohl er über ihr ein Jahrzehnt verbracht hatte. Selbst Clausewitz, der ein ganzes Leben der Erforschung des Krieges widmete, so Svečin, könne lediglich das erste Kapitel seines Werkes als vollendet betrachten[289].

Besondere Aufmerksamkeit widmete Svečin in seinen Hauptwerken folgenden Themen: dem Wechselverhältnis von Defensive und Offensive, der Spanne zwischen Vernichtungs- und Ermattungskrieg, der wissenschaftstheoretischen Entwicklung der Begriffe »Strategie«, »Taktik« und »operative Kunst«, der Beziehung der Theorie zur Praxis und insbesondere der Formulierung strategischer Ziele im Rahmen der politischen Entscheidungsfindung.

Heftigste Kritik rief sein Bekenntnis zur Strategie der Ermattung bei seinen bolschewistischen Gegnern hervor. Die intensive Kenntnis des Werkes von Clausewitz gab Svečin für diese Einstellung angesichts der Lage der UdSSR in der Mitte der 20er Jahre zahlreiche Gründe an die Hand. Er wies in einer marxistisch geprägten Argumentation nach, daß der Sowjetunion zum damaligen Zeitpunkt die volkswirtschaftlichen Voraussetzungen für eine Offensivdoktrin fehlten. Der nur schleppend in Gang kommende Außenhandel und das im Vergleich zu anderen Staaten niedrige technologische Niveau der im (Wieder-)Aufbau befindlichen Schwerindustrie mußten sich hemmend auf die Modernisierung der Streitkräfte auswirken. Noch schien es nicht möglich, im Kriegsfall den zu einer offensiven Strategie nötigen Nachschub an qualitativ hochwertigem Kriegsmaterial dauerhaft zu garantieren[290]. Der Krieg, so Svečin, »ist nicht etwa ein Heilmittel für den an einer inneren Krankheit leidenden Staat, sondern eine ernste Prüfung der Gesundheit der Innenpolitik«[291]. Stand diese Tatsachenbehauptung schon außerhalb des ideologischen Rahmens, so mußte eine weitere These im nationalen Kontext als unerwünschte Warnung, ja als Menetekel aufgefaßt werden: »Die innere Schwäche eines Staates zeigt sich im Angriff immer früher als in der Verteidigung[292].« Aus diesem Grund, aber auch weil die Erkenntnis Clausewitz', daß die Verteidigung die stärkere Form der Kriegfüh-

---

[289] Ebd.
[290] Ebd., S. 27 ff., 60 f.
[291] Ebd., S. 38.
[292] Ebd.

rung ist, durch nichts bislang widerlegt worden sei und gerade Rußland über historische und geographische Voraussetzungen für einen aus der Defensive erfolgenden Gegenangriff verfüge, trat Svečin für den unbedingten Primat der Verteidigung ein. Er brauchte nicht weit in die Vergangenheit zurückgehen. Der Erste Weltkrieg und der Sieg der Sowjets gegen die Polen im August 1920 hatten die Überlegenheit der Defensive eindrucksvoll demonstriert[293].

Dies macht Svečin auch am Beispiel des Feldzuges von 1812 deutlich, wo die zentralen Thesen Clausewitz' nicht nur entstanden, sondern auch ihre exemplarische Verdeutlichung erhielten. Der Kriegsverlauf, insbesondere die Schlacht von Borodino zeige, daß die naive Vorstellung, nach Kriegsausbruch finde ein freier Wettstreit der Armeen im luftleeren politischen Raum statt, schlichtweg falsch sei. Keine militärischen, sondern politische Gründe zwangen Kutuzov, so Svečin, Napoleon die Schlacht vor Moskau zu liefern. Borodino war ein Akt der Innenpolitik, der Staatsraison, und so war diese Schlacht von Kutuzov nicht als ein Zweikampf um den Sieg, sondern als ein von der Politik geforderter großer Aderlaß angelegt[294]. Svečin führt zum Beweis eine Passage aus Clausewitz' Feldzugsbeschreibung von 1812 an, in der das psychopolitisch kluge Verhalten Kutuzovs hervorgehoben wird. Diese Form der strategischen Verteidigung war die Grundlage des späteren Triumphes, und aus der Kampfform mit dem vorerst negativen Ziel der Abwehr des Gegners konnte sich eine aktive, positive Kampfform mit einer politischen Zielvorgabe entwickeln, die Rußlands europäische Großmachtstellung eindrucksvoll unterstrich. Für Svečin folgerte daraus die logische Annahme der Strategie der Ermattung auch durch das sowjetische Rußland, selbst wenn er die Trennung dieser von Clausewitz beschriebenen dialektischen Polarität zwischen Vernichtung und Ermattung nicht in der strikten Unvereinbarkeit sehen wollte, wie sie von Hans Delbrück in seinem berühmten Strategiestreit mit dem deutschen Generalstab vertreten wurde. Er fühle sich, so Svečin, eher den von Clausewitz blendend definierten Kategorien von Ermattung und Vernichtung verbunden, betonte er 1927 in der zweiten Auflage seiner Strategie[295]. Er sehe diese Begriffe nicht in ihrer unflexiblen Polarität von »schwarz und weiß«, sondern als Formen, die gemischte Abstufungen erlaubten, also eine »Halbvernichtung, eine ermattende Vernichtung« und weitere Varianten. Bestätigt wurde er in seinem defensiven Denken von vielen anderen Akademiekollegen; am weitesten ging dabei der ehemalige russische Kriegsminister, General A. Verchovskij, der in seinem 1928 erschienenem Buch Feuer, Manöver und Tarnung dafür eintrat, »daß es für uns günstiger ist, in den ersten Kämpfen Minsk und Kiev zu verlieren, als Belostok und Brest zu nehmen«[296]. Svečin und Verchovskij hatten bei diesen Vorstellungen den Kulminationspunkt des Angriffs vor Augen, der sich in den Weiten der UdSSR erschöpfen mußte; aber diese Einstellung grenzte nach Meinung vieler Bol'ševiki an Defätismus. Schon in den 20er Jahren gab es eine Reihe von Stimmen, die gegen eine weitere Feststellung Svečins, den »Wintervorteil«, auftraten, anstatt diesen für sie günstigen Umstand in ihre strategischen Planungen zu integrieren.

---

[293] Ders., Ėvoljucija strategičeskich teorij, S. 66—75; vgl. auch Kitchen, Clausewitz, S. 42.
[294] Svečin, Ėvoljucija strategičeskich teorij, S. 91f.
[295] Ders., Strategija, S. 11f.
[296] Verchovskij, Ogon', S. 11.

»Der russische ›General Winter‹ ist seit vielen Jahrzehnten als ein mächtiger Faktor erkannt worden; die Sowjets sind sich dieses Vorteils voll bewußt. Der ehemalige zaristische Generalmajor Swetschin war der Meinung, daß der Winter für die Niederlage Napoleons entscheidend war, und erinnerte die Sowjets an seine große Bedeutung[297].«

In der *Entwicklung der Kriegskunst* widmet Svečin in dem Kapitel über »die preußische Armee in der Epoche der Vereinigung Deutschlands« Clausewitz breiten Raum. In Unterkapiteln behandelt er folgende Problemkreise Clausewitzschen strategischen Denkens: Politik und Krieg, das moralische Element, Vernichtung und Ermattung, Angriff und Verteidigung, Realismus und die Bedeutung der Theorie. Ein kommentiertes Literaturverzeichnis gibt Aufschluß über seine genaue Kenntnis der ausländischen Clausewitz-Literatur[298].

Svečin erläutert die Bedeutung, welche die Definition der Formel für die Erkenntnis vom Wesen und von den politischen Ursachen der Kriege für die Militärtheorie hatte. Er beschränkt sich aber nicht nur auf die Wiedergabe der von Clausewitz geprägten Beziehung des Krieges zur Politik, er greift auch die marxistische Erweiterung und Korrektur auf. Svečin spricht vom unterschiedlichen Charakter der Kriege, von den »kolonialen Unterdrückungskriegen, die an Handelsunternehmungen erinnerten«, bis zu den Kriegen »auf Leben und Tod einer Klasse«[299]. Die von Lenin propagandistisch eingeführte moralische Einteilung von Kriegen in »gerechte« und »ungerechte« greift Svečin hingegen nicht auf, da sie sich für ihn nicht als wissenschaftlich begründbarer oder begründeter Erkenntnisfortschritt darstellt, sondern als subjektiver, parteiorientierter Interessenstandpunkt. Als gebildeter Wissenschaftler wußte er, daß eine solche Parteilichkeit, die eine Unterteilung in gut und böse, richtig und falsch, gerecht und ungerecht vornimmt, keine Erhebung des Völkerrechts und der Militärtheorie auf eine höhere Ebene war, sondern eine Reaktivierung frühchristlichen sakralen Gedankengutes. Schon Augustinus vertrat die Vorstellung eines »bellum justum«, der als Antithese auch einen »bellum injustum« voraussetzt[300]. Gerade die Bol'ševiki, die sich so vehement vom Dogmatismus der Kirche und der Scholastik des »finsteren Mittelalters« abzusetzen bemüht waren, belebten mit ihrer Theorie der »gerechten« und »ungerechten« Kriege einen der fragwürdigsten Ansätze der katholischen Kirche mit den Folgen der Ausgrenzung des Gegners und der Brutalisierung der Kriege.

Ein besonderes Verdienst Clausewitz' sieht Svečin in der Entdeckung der Moral als eines der bestimmenden Elemente der Kriegführung:

»Mit einer rein kopernikanischen Methode verlagerte Clausewitz das Gravitationszentrum der militärischen Forschung von den äußeren Faktoren — Zahl, Ort, Lage, technische Organisation, Mechanismus der Bewegung — auf jenen Bereich, welchen das 18. Jahrhundert vorsätzlich aus dem Bereich der Diskussion ausgeschlossen hatte: auf den Menschen und die ihn antreibenden moralischen Kräfte[301].«

---

[297] Garthoff, Sowjetarmee, S. 437.
[298] Svečin, Évoljucija strategičeskich teorij, S. 220—234.
[299] Ebd., S. 221.
[300] Vgl. diesen Zusammenhang neuerdings bei Uhle-Wettler, Mars, S. 61.
[301] Svečin, Évoljucija strategičeskich teorij, S. 223.

Die entscheidende Bedeutung ging von den »geometrischen Faktoren auf die moralischen Größen« über, und man konnte den Krieg fortan als »einen Kampf um die Demoralisierung des Gegners« betrachten. Der Nationalismus, die Überwindung der Koalitionskriegführung, war eine dieser moralischen Größen.

»So lag die Antwort auf die Frage des Kampfes mit dem Frankreich Napoleons nicht in einem strategischen Manöver, sondern in der Erhöhung der moralischen Kräfte[302].«

Zwei Seiten räumt Svečin der Darlegung des dialektischen Zusammenhangs von Vernichtung und Ermattung als Formen der Kriegführung ein.

»Die kritische Betrachtungsweise und das historische Gefühl des Taktes, das Verständnis für die Besonderheiten der Voraussetzungen eines jeden Einzelfalls bewahrten Clausewitz vor einer Dogmatisierung der napoleonischen Strategie. Die großen Ziele, welche der napoleonischen Strategie gesetzt wurden, wurden von Clausewitz als ›die Seele des Krieges‹ anerkannt. Aber das dialektische Denken ließ Clausewitz immer den Widerspruch zwischen der Größe des Erfolges und seiner hinreichenden Absicherung bemerken. Das Aufstellen geringerer Ziele erlaubt ein den Erfordernissen besser angepaßtes Zusammenziehen der Mittel und damit — genauer gesagt — ihr Erreichen. Daher stammt die Idee vom Angriff mit einem begrenzten Ziel, begründet durch den dialektischen Widerspruch zwischen intensiver und extensiver Methode des Krieges. Die erste ist durch schnelle Entscheidungen, die durch blutige Krisen entstehen, charakterisiert; die zweite Methode erfordert ein Standhalten, das sich auf gewonnener Zeit und der Summierung kleiner Erfolge gründet[303].«

Nach einer Zusammenfassung des sechsten und siebten Buches des Werkes *Vom Kriege* mit Betonung der Vorteile der aktiven Verteidigung nimmt Svečin zum Realismus Stellung. »Clausewitz' Forschungen waren stets auf die Erfordernisse des Lebens ausgerichtet«, denn trotz der »großen Bedeutung, die Clausewitz der Geschichte zuweist, stellt sie in seinen Augen die Wichtigkeit der Gegenwart nicht in den Schatten«. Gerade Clausewitz' ständiger Hinweis auf den gravierenden Unterschied zwischen Planspielen auf der Karte und der Ausführung in der Wirklichkeit, seine Betonung intensiver Anstrengungen zur Vermeidung und Überwindung von Reibungen (Friktionen) und das Gewicht der moralischen Größen, dies »unterscheidet seine Theorie von den Theorien der Vertreter mechanistischer Ansichten des 18. Jahrhunderts«[304].
Völlig Neuartiges schuf Clausewitz nach Auffassung Svečins insbesondere auf dem Feld der Theoriebildung. Sein Verdienst bestehe in der klaren Aussage, was eine Militärtheorie zu leisten vermag und was nicht. Er habe die Grenzen der Kriegskunst scharf umrissen. Die Theorie sollte dabei nur eine vernünftige Beziehung zwischen Mittel und Ziel herstellen — alles weitere solle sie der Kriegskunst, also der Praxis mit ihren Imponderabilien und Zufällen überlassen. Mit dieser Einstellung zur Theorie stand Clausewitz erneut im Gegensatz zu den rein doktrinären Vorgängern, die ständig den handlungsleitenden Charakter ihrer Gedankengebäude betont hatten. Er hingegen gestand der Theorie nur eine »vorbereitende Funktion« zu; »sie sollte eine klar definierte militärische Weltanschauung ausarbeiten«[305], denn, so zitiert Svečin den preußischen General: »Es ist über-

---

[302] Ebd., S. 224.
[303] Ebd., S. 225.
[304] Ebd., S. 229.
[305] Ebd., S. 230.

überhaupt nichts so wichtig im Leben, als genau den Standpunkt auszumitteln, aus welchem die Dinge aufgefaßt und beurteilt werden müssen, und an diesem festzuhalten; denn nur von einem Standpunkt aus können wir die Masse der Erscheinungen mit Einheit auffassen, und nur die Einheit des Standpunktes kann uns vor Widersprüchen sichern[306].« Gerade das Bestehen auf der Ermittlung des Standpunktes, von dessen Fixposition sämtliche Phänomene beurteilt werden müssen, sei eine herausragende gedankliche Leistung Clausewitz', und um diese Einschätzung zu unterstreichen, zitiert Svečin ein Bonmot Ludwig Feuerbachs, nach dem gerade »die Existenz eines Standpunktes den Menschen vom Affen unterscheidet«[307].

Ferner machte die Dialektik es möglich, die gestellten Fragen und Probleme von verschiedenen Seiten auszuleuchten und den Gebrauch von Schablonen zu vermeiden. Die Nichtvollendung der Gedanken Clausewitz' war es, die einen offenen Rahmen für eine weitere Entwicklung ermöglichte, und darin sah schon Graf Schlieffen eines der wesentlichen Verdienste von Clausewitz.

Mit einer kritischen Feststellung an die deutsche, aber auch an die sowjetische Seite beschließt Svečin sein Clausewitzsches Theoriekapitel. Ungeachtet der gewaltigen Autorität, die Clausewitz gerade in Deutschland als oft zitierte Quelle genossen habe, sei der philosophische Teil seines Werkes mehr und mehr in den Ablagen der Archive verstaubt.

»Clausewitz erschien nun nur noch als der theoretische Vorläufer der Praktiker Bismarck und Moltke. Erst die Katastrophe des Ersten Weltkrieges hat nun wieder den Blick auf den ganzen Clausewitz freigemacht[308].«

Aufschlußreich ist das in pointierter Form kommentierte Literaturverzeichnis, das Svečin seinen Ausführungen über Clausewitz folgen läßt. Es zeigt die freie Benutzung der maßgeblichen und neuesten ausländischen Clausewitz-Literatur und eine freimütige, nicht durch ideologische Vorgaben eingeschränkte, kritische Beurteilung früherer »Versuche über Clausewitz«. Selbst acht Jahre später, nachdem in der Zwischenzeit ein grandioser Schauprozeß gegen seine »reaktionären Sichtweisen« der Militärgeschichte und -theorie stattgefunden hatte[309] und er in die Verbannung gehen mußte[310], wiederholte er im Literaturanhang seiner Clausewitz-Biographie seine Einschätzung der deutschen und französischen Clausewitz-Arbeiten.

Clausewitz' Werk faßt er wie folgt zusammen:

»Ein Teil des Schaffens Clausewitz' kam in der zehnbändigen Ausgabe seiner Werke heraus. (Es folgt der deutsche Titel, d. Verf.) Die ersten drei Bände enthalten die wichtigste Arbeit *Vom Kriege* ... Leider ist nur eines von 126 Kapiteln vom Autor vollständig ausgearbeitet. Viele Gedanken sind nur angerissen, aber nicht bis zum logischen Abschluß durchgeführt. Die Kapitel des Buches sind nur ein Ideengerüst, welches uns fruchtbare Keimlinge in dem Maße an die Hand gibt, wie sich unser Denken bis zu dem Niveau erhöht, welches Clausewitz 100 Jahre zuvor erreichte. Die ›Buchstabengelehrten‹ mögen einzelne Passagen seines Werkes schief und krumm auslegen, hinter seinen Sinn zu kommen ist jedoch

---

[306] Clausewitz, Vom Kriege. 1980, S. 992.
[307] Svečin, Ėvoljucija strategičeskich teorij, S. 230.
[308] Ebd., S. 231.
[309] Eine Zusammenfassung der Vorwürfe gegen Svečin in: Protiv reakcionnych teorij.
[310] Vgl. Morozow, Falken, S. 108.

nur möglich durch ein Studium seiner Gedanken im Zusammenhang. Die wichtigsten Grundlagen der Kriegführung enthält ein Unterrichtsentwurf an die Adresse des preußischen Kronprinzen aus dem Jahre 1811; er hat für uns überwiegend taktisches Interesse.«

Nach einer Inhaltsangabe der folgenden sieben Bände und der Erwähnung weiterer Einzelschriften, die aus dem Familienarchiv und dem Archiv des Großen Generalstabes nach dem deutschen Einigungskrieg 1870/71 veröffentlicht worden waren, verweist Svečin auf die 1924 in Moskau erschienene Broschüre *Clausewitz. Die Grundlagen der strategischen Entscheidung*, die von ihm selbst herausgegeben wurde[311].

Die biographische Arbeit von Karl Schwartz *Leben des General Carl von Clausewitz*« schätze Svečin wegen »des umfangreichen Dokumentenmaterials, welches zuvor noch nicht veröffentlicht war«. Als biographisches Werk »enthält es jedoch grobe Fehler«.

Die Rothfels-Studie *Carl von Clausewitz. Politik und Krieg* hingegen wertet er als »sehr lehrreiche ideengeschichtliche Monographie des jungen Historikers, eines talentvollen Schülers von Professor Meinecke«.

Die Argumente des Buches von P. Creuzinger *Hegels Einfluß auf Clausewitz*, in dem versucht wird, Clausewitz als Schüler dieses Philosophen auszuweisen, hält Svečin für »zweifelhaft« und befindet sich mit dieser Einschätzung im Einklang mit der neuesten internationalen Clausewitz-Forschung[312].

Pierre Roques Arbeit *Le général de Clausewitz* »ist durchdrungen von tiefem Verständnis für das Leben und die Kriegstheorie« von Clausewitz; das kurz zuvor erschienene Buch

---

[311] Es handelt sich hierbei um die von Rothfels 1923 hrsg. zwei Briefe von Clausewitz an Major v. Röder. Die Militärakademie der Roten Armee veröffentlichte sie auf Empfehlung des Hohen Militär-Redaktionsrates unter der Schriftleitung von Svečin unter dem Titel Klauzevic, Osnovy strategičeskogo rešenija. Die Redaktion begründete die umgehende russische Übersetzung, die in einer kleinen Auflage von 5000 Exemplaren auf den Markt kam, mit dem großen Interesse an diesen Briefen aus dem Jahre 1827. Bevor sein Werk erschienen war, faßte Clausewitz hier zum ersten Mal in gedrängter Form viele wesentliche Gedanken seines Werkes als Antwort auf eine strategische Frage des preußischen Generalstabschefs v. Müffling zusammen. In den redaktionellen Anmerkungen fand Svečin Gelegenheit, auf die aktuelle Vernachlässigung der Verteidigung durch die Rote Armee hinzuweisen.

[312] Vgl. Aron, Clausewitz. Krieg, S. 322 f., 326 f., 592, der das Aufkommen der These, Clausewitz sei von Hegel beeinflußt, gerade in Frankreich und in den USA mit der oft nur sekundären Kenntnis Hegels durch deren Militärschriftsteller begründet. Ein Nachweis dafür findet sich nicht. Ein Einfluß der Hegelschen Philosophie auf die dialektische Methodik Clausewitz' ist nicht feststellbar. Kondylis stimmt dem zu und weist in einer umfangreichen Anmerkung darauf hin, daß Clausewitz von Lenin als »von Hegel beeinflußt« bezeichnet wurde, weil dieser entweder Mehrings diesbezügliche These oder sogar »die konfuse Schrift« von Creuzinger gelesen habe. Die marxistisch-leninistische Deutung nahm dann nach Kondylis die »flüchtige Andeutung« Mehrings mit »systematischer Gründlichkeit« auf und machte »aus ihr eine ideologisch motivierte geistesgeschichtliche und philosophische Fiktion ... So wird Clausewitz aufgrund wagehalsiger Vergleiche als dialektischer Methodologe hingestellt, der ähnlich wie Hegel und Marx ans Werk gegangen sei«. Mal verstünden die Marxisten-Leninisten unter der dialektischen Denkmethode in bezug auf Clausewitz »die Lehre von der Einheit der Gegensätze«, mal den »Aufbau eines systematischen theoretischen Ganzen durch Aufsteigen vom Abstrakten zum Konkreten oder vom einfachsten Element des Krieges, das zugleich all dessen Widersprüche in sich trägt, bis zur konkreten Totalität, die sein Wesen und zugleich die ganze geschichtliche Vielfalt seiner Erscheinungsformen umfaßt«; siehe Kondylis, Theorie, S. 249 f., Anm. 32.

von Oberst Camon, *Clausewitz*, hingegen erntet vernichtende Kritik. Camon, »Professor für die Napoleonischen Feldzüge an der Französischen Akademie, versteht Clausewitz nicht, und seine Arbeit erscheint in den Augen der Deutschen als Beweis dafür, daß Clausewitz nur Deutschen zugänglich, in keinem Fall aber den Franzosen verständlich ist«[313].

Als Herausgeber zeigte Svečin ebenfalls seine enge Verbundenheit mit dem Werk von Clausewitz. Im Jahre 1924 veröffentlichte er nicht nur die Clausewitzschen Briefe an Röder, sondern auch den ersten Band der *Strategie in den Werken der militärischen Klassiker*[314]. Als Direktor aller Akademien für Fragen der Strategie hatte er den besten Überblick über die Entwicklung des strategischen Denkens der letzten Jahrhunderte. In seine Auswahl strategischer Denker nahm Svečin Lloyd, Napoleon, Medem, Willisen, Lewal, Verdy du Vernois, v. d. Goltz, Foch und Schlieffen auf. Für die vorliegende Arbeit ist hierbei von Interesse, daß er sämtliche Strategen auf ihr Verhältnis zu Clausewitz überprüft bzw. ihr Denken mit Kategorien von Clausewitz kritisch hinterfragt.

So wird General Medem als verdienter, aber vergessener russischer Förderer von Clausewitz bezeichnet[315], der preußische Militärschriftsteller Willisen ebenso als das genaue Gegenteil von Clausewitz eingeschätzt[316] wie die Theorien Jules-Louis Lewals als ein französischer Rückschritt hinter Clausewitz angesehen werden[317]. Die Arbeiten des preußischen Generalstabsoffiziers Verdy du Vernois wiesen diesen als Schüler der »Autorität« Clausewitz aus[318], während die Bücher des Generals v. d. Goltz ihrem Anspruch, die Werke Clausewitz', als dessen tiefer Bewunderer er sich ausgab, vom Nebel der philosophischen Formen des Denkens am Beginn des 19. Jahrhunderts zu befreien, nicht gerecht würden[319]. Am Werk des französischen Generals Foch *De la conduite de la guerre* kritisiert er vor allem dessen chauvinistische Tendenz, die Erfolge der Deutschen und das Werk Clausewitz' auf französische Ursprünge zurückzuführen.

»Das Problem Fochs besteht darin, aufzuzeigen, daß das Vermächtnis der strategischen Kunst Napoleons auch in der heutigen Zeit die höchste Vollkommenheit darstellt und daß Moltke nur in dem Maße groß war, insofern er über Vermittlung durch Clausewitz sich einen Teil dessen aneignete, und daß er in dem Grade kläglich versagte, in dem er nicht den Mut besaß, dessen Vermächtnis in allen Details zu übernehmen.«

Daher lehne Foch auch die Erkenntnisse des Kopisten Clausewitz ab und fordere die Franzosen auf, sich dem Original Napoleon zuzuwenden[320].

Schlieffen hingegen sei an die Probleme des Feldherrn als »wahrer Schüler Clausewitz' herangegangen, indem er den Krieg als Fortsetzung der Politik verstand«[321]. Für ihn war

---

[313] Svečin, Évoljucija strategičeskich teorij, S. 233 f. Vgl. diese Literaturkritik auch bei ders., Klauzevic, S. 284 ff.

[314] Strategija v trudach voennych klassikov, Bd 1.

[315] Ebd., S. 13, 85.

[316] Ebd., S. 107, 109 ff.

[317] Ebd., S. 143, 148.

[318] Ebd., S. 196, 199.

[319] Ebd., S. 250.

[320] Ebd., S. 277; weitere kritische Belegstellen am Clausewitz-Verständnis Fochs auf S. 274, 285, 293, 296, 308, 320.

[321] Ebd., S. 342.

die Kunst der Kriegführung nicht nur eine strategische, sondern eine politische Aufgabe. Er war damit nach Svečin die Ausnahmeerscheinung in der Entwicklung des preußischen Generalstabs von Moltke über Verdy du Vernois und Ludendorff, die gerade in diesem Axiom sich von ihrem strategischen Ziehvater Clausewitz entfernt hatten[322].

1926, zwei Jahre später, erschien der zweite Band der *Strategie in den Arbeiten militärischer Klassiker*[323]. Auch die Strategen Dietrich v. Bülow, Erzherzog Karl, Jomini, Moltke d. Ä., Albert v. Boguslawski, Wilhelm v. Scherff, G. A. Leer und Hans Delbrück wurden u. a. auf ihr Verhältnis zu Clausewitz untersucht. Für Svečin als verhängnisvoll erweisen sollte sich seine Parteinahme für die von Delbrück vertretene Theorie der Ermattungsstrategie[324].

Nach seiner Verbannung zu Beginn der 30er Jahre beschäftigte sich Svečin nur noch auf dem politisch weniger heiklen Gebiet der Militärgeschichte. 1935 konnte er sich einen langgehegten Wunsch erfüllen und in der populären Reihe *Das Leben bedeutender Menschen* als Doppelband die erste russische Biographie über Carl v. Clausewitz veröffentlichen. Redaktionsmitglied dieser Reihe war der Schriftsteller Maxim Gorki, der auf diese Art auch über das Leben vor. Clausewitz in Kenntnis gesetzt wurde.

Svečin mußte es hinnehmen, daß der Redakteur S. R. Budkevič in einer 20 Seiten starken Vorbemerkung den seit Beginn der 30er Jahre herausgebildeten Standpunkt der marxistisch-leninistischen Partei zu Clausewitz' Vorzügen und Nachteilen dieser Arbeit voranstellte. Neben dem obligatorischen Hinweis auf den Strategiestreit zwischen Delbrück und dem deutschen Generalstab, in dem die sowjetische Seite den Standpunkt der Vernichtungsstrategie teilte, faßte Budkevič von der »höheren Warte des Marxisten« zusammen, was er als Vorteile und Mängel der Arbeit Svečins betrachtete:

»Der Autor der Biographie vermochte nicht wenige interessante Details der schöpferischen Arbeit Clausewitz' zu geben, obwohl er die methodologische Bedeutung seines Werkes und seiner Sichtweisen in militärischer Beziehung für unsere gegenwärtige Epoche in ungenügender Weise aufdeckte; manchmal hingegen überbewertete er dann etwas, was für uns heute an Bedeutung verloren hat. Das persönliche Leben Clausewitz' enthält keine heroischen Momente, doch ein unbestreitbares Interesse insbesondere am Wachsen Clausewitz' vor dem Hintergrund der Ereignisse der Epoche des heranreifenden Kapitalismus, ungeachtet dessen, daß sich die Tragweite dieser Ereignisse vor dem Hintergrund der großen Epoche der proletarischen Revolution minimiert[325].«

Die in einer Auflage von 40000 Exemplaren vertriebene Clausewitz-Biographie beschrieb auf der Grundlage der gesamten bis dato erschienenen Clausewitz-Monographien das Leben und im Anschluß daran das Werk und dessen Wirkung. Im Gegensatz zu früheren Untersuchungen legte Svečin in der populärwissenschaftlich verfaßten Schrift größeres Gewicht auf die Darstellung der russischen Episode im Leben von Clausewitz[326]. Bei der sich anschließenden Wirkungsgeschichte entwickelt er einen fundierten, wenngleich kurzgefaßten Abriß der russischen Rezeption von Medem bis in die Sowjetzeit[327].

---

[322] Ebd., S. 344.
[323] Ebd., Bd 2.
[324] Ebd., S. 232–271, vgl. auch schon Bd 1, S. 198.
[325] Budkevič, Ot redaktora, S. 24.
[326] Svečin, Klauzevic, S. 148–186.
[327] Ebd., S. 275–279.

Als einer der ersten Sowjetclausewitzianer kritisiert er die oberflächliche Clausewitz-Renaissance im nationalsozialistischen Deutschland, dessen Clausewitz-Bild ihm reduziert und verfälscht erscheint[328]. Svečin mußte bei dieser Biographie Zugeständnisse an den Marxismus machen; trotzdem kann man nicht sagen, sein Werk über den preußischen General sei »bereits vom Standpunkt des Marxismus verfaßt«[329]; wäre das der Fall gewesen, hätte es keiner marxistischen Einführung und Klarstellung durch den Redakteur bedurft.

Seit seinem Übertritt in die Rote Armee hatte Svečin weniger mit fachlicher Kritik an seinen Positionen als vielmehr mit ideologischer Mißbilligung zu kämpfen. Solange die Positionskämpfe um die Etablierung der neuen Sowjetdoktrin noch nicht entschieden waren — also bis Mitte der 20er Jahre —, konnte Svečin in offener Form seine theoretischen Ansichten in Fachzeitschriften und Monographien ausbreiten. Seine unbestrittene Kompetenz erlaubte ihm sogar polemische Kritik an seinen Gegnern. Mit der fortschreitenden Ideologisierung des militärischen Bereiches in der Sowjetunion allerdings verschärfte sich die Situation für ihn.

Im Jahre 1930 erfolgte eine erste Säuberungswelle gegen ranghohe Offiziere unter den ehemaligen Zarenoffizieren, der drei Ex-Generäle und Defensivstrategen, darunter Svečin, zum Opfer fielen. General Snesarev, 1919/20 Generalstabschef der Roten Armee und Professor an der Militärpolitischen Akademie, und General Verchovskij, Professor an der Kriegsakademie und Direktor aller Kriegsakademien für Fragen der Taktik, wurden ebenso verbannt wie der Strategieexperte Svečin. Auf wütenden Protest anderer Militärs war man zwar gezwungen, alle drei zurückzuholen[330]; eine öffentliche Sitzung »des Plenums der Sektion zur Erforschung der Probleme des Krieges der Leningrader Abteilung der Kommunistischen Akademie beim Zentralen Exekutivkomitee der UdSSR«[331] machte Aleksandr Svečin aber deutlich, daß er sich in Zukunft mehr mit wissenschaftlichen als mit strategisch-politischen Fragen zu befassen habe. Zehn namhafte jüngere Sowjetmilitärs und -ideologen griffen in Vorträgen Svečin an, darunter in auffallender Weise dessen Einstellung zu Clausewitz. Mit M. N. Tuchačevskij eröffnete der Befehlshaber des Militärbezirks Leningrad das Tribunal. Er sprach *Über die strategischen Ansichten Prof. Svečins*. Tuchačevskij tadelte die Svečinsche Unterstellung der Angriffsunfähigkeit der Roten Armee und sein »marxistisches Kostüm«[332] und fragte sein Auditorium, inwieweit Svečin bewußt oder unbewußt ein Agent der Bourgeoisie sei, »aber daran, daß er mit seinen Taten objektiv ein Agent der Bourgeoisie ist, daran besteht kein Zweifel«[333]. Gerade die »defätistische Theorie« der Strategie der Ermattung, welche noch bis ins Jahr 1929 erhebliche Verbreitung innerhalb der Roten Armee erfahren hatte, war es, die Tuchačevskij attackierte. Dabei bezeichnete er Svečin als schlechte Kopie Hans Delbrücks,

---

[328] Ebd., S. 284—287.
[329] Ageev, Svečin, S. 128.
[330] Morozow, Falken, S. 108.
[331] Protiv reakcionnych teorij, passim.
[332] Tuchačevskij, Svečina, S. 7. Mit den Auslegungen Clausewitz' durch Svečin befassen sich im selben Band Fendel', Političeskoe lico, S. 76—84, und Bočarov, Kritika, S. 17—43.
[333] Tuchačevskij, ebd., S. 10.

der wiederum versucht habe, die bei Clausewitz entworfene Polarität von Vernichtung und Ermattung, von Clausewitz selbst nicht zuende gedacht, einseitig zugunsten der Ermattung auszulegen. Während »Clausewitz in den veränderten Zielen des Krieges die Ursachen für die veränderten Kriegsformen sieht, ordnet Delbrück jede dieser Formen einer bestimmten historischen Epoche zu ... Darin sieht Delbrück die ausschließlich der Epoche eigentümlichen Gesetze[334].« Analog dazu ordne Svečin dem 19. Jahrhundert die Strategie der Vernichtung zu. Der Erste Weltkrieg aber entwickelte sich unter den Gegebenheiten der Ermattung, die auch jetzt bestünden[335]. Am Beispiel des Siebenjährigen Krieges beweist Tuchačevskij mit Clausewitz, daß das Kriegsziel die Kriegsform bestimme und nicht die Epoche. Friedrich II. habe einen Krieg mit begrenztem Ziel geführt, da er das Haus Habsburg nicht zerstören wollte, dem österreichischen General Daun hingegen sei die Aufgabe zugekommen, das Königreich Preußen zu vernichten. Tuchačevskij zitiert in diesem Zusammenhang eine übereinstimmende Beurteilung von Friedrich Engels und Clausewitz. Schließlich — und damit behindere die Strategie der Ermattung die historische Aufgabe des Marxismus — verteidige Svečins Strategieansatz den Imperialismus vor dem Angriff der proletarischen Revolution[336].

Dieser Vorwurf begleitete Svečin bis zu seinem Tode; auch sein Nachruhm wurde bis in die Mitte der 80er Jahre davon überschattet[337]. Erst als durch vorsichtige Ansätze einer Sicherheitspolitik auf der defensiven Grundlage vernünftiger Hinlänglichkeit der Mittel der Primat der Offensive ins Wanken kam, wurde auch der Ansatz Svečins in der Sowjetarmee neu beurteilt. Inzwischen wird die politisch-strategische Vernunft der von ihm in Vorschlag gebrachten defensiven Ausrichtung gewürdigt[338]. Er wird nun als einer der bedeutendsten sowjetrussischen Theoretiker angesehen, der aus der europäischen Angriffshysterie des Jahres 1914 die richtigen Konsequenzen gezogen habe[339].

## b) Šapošnikov

Größeren Einfluß auf das strategische Denken der Roten Armee als der Clausewitz-, Ranke- und Delbrückschüler Svečin sollte Boris Michajlovič Šapošnikov ausüben. Seine

---

[334] Ebd., S. 12.

[335] Ebd., S. 14f.

[336] Ebd., S. 15.

[337] Vgl. Vasil'ev, Klauzevic, S. 6; Voprosy strategii, S. 14ff.; Savkin, The Basic Principles, S. 248; Korotkov, Istorija, S. 86ff.; Ageev, Svečin, S. 126ff., und zuletzt noch Gareev, Frunze, teoretik, S. 171f. Die Argumente und Zitate wurden stereotyp von Jahrzehnt zu Jahrzehnt wiederholt. Seit Ende der 70er Jahre ist jedoch wieder eine Rückbesinnung auf die Verdienste Svečins um die sowjetische Militärwissenschaft zu beobachten, die auch in dem Artikel Ageevs zu dessen 100. Geburtstag zum Ausdruck kommt. Ageev, Svečin, S. 128, verschweigt aber noch das auffällige Todesdatum Svečins, den 29.7.1938, den Tag des Juli-Massakers, vgl. Morozov, Falken, S. 536. In der Wochenzeitung Russkij Vestnik, Nr. 28, 1993, wurde der Geburtstag Svečins (29.8.) hingegen wieder in die Liste von Gedenktagen aufgenommen, die der patriotisch gesinnte Leser beachten solle.

[338] Vgl. Kokošin/Larionov, Kurskaja bitva, S. 37, und Kokošin, K istorii, S. 21ff.; siehe ders., Svečin, S. 118—126; ders., Razvitie, S. 20—32.

[339] Ebd., S. 21.

Unauffälligkeit und seine politische Anpassungsfähigkeit verhinderten, daß ihn ein ähnliches Schicksal wie Svečin ereilte. Šapošnikov hatte 1910 die Generalstabsakademie abgeschlossen und im Range eines Obersten im Kaiserlichen Generalstab gedient. Von 1919 bis 1921 war er Chef des Stabes unter S. S. Kamenev, dem Oberbefehlshaber der Roten Armee. Viele sowjetische Militärexperten vertreten die Auffassung, daß Šapošnikov der eigentliche Urheber der Sowjetstrategie war, die es dem Nachfolgestaat des Zarenreiches ermöglichte, im Bürgerkrieg zu bestehen und den Zweiten Weltkrieg zu gewinnen. Bereits in der Endphase des Bürgerkrieges sah man Šapošnikov mit Trockij und Kamenev in der Generalstabsakademie, und sein Wirken wechselte auch in der Folgezeit stets zwischen aktivem Dienst und wissenschaftlicher Tätigkeit. Er diente abwechselnd als Kommandeur des Leningrader, Moskauer und Wolga-Militärbezirks, als Stabschef und als Leiter der Frunze-Militärakademie, wie die Generalstabsakademie nach dem Tod Frunzes 1925 benannt wurde. Nach einer vorübergehenden Kaltstellung 1931 leitete er vom Mai 1937 bis August 1940 und vom Oktober 1941 bis November 1942, als ihn seine angegriffene Gesundheit zum Rücktritt zwang, den Generalstab. In der westlichen Literatur wie auch in russischen Exilpublikationen wird das Überleben Šapošnikovs während der Säuberungen mit Stalins Einsicht erklärt, wenigstens einen erstrangigen Strategen erhalten zu müssen[340]. Šapošnikov war in der Tat eine Idealbesetzung für die Position des Generalstabschefs, da seine Publikationen und Vorlesungen ihn als brillanten Theoretiker auswiesen, insbesondere sein Hauptwerk *Das Hirn der Armee*, ein »Panegyrikum auf den Generalstab«. Seine Professionalität wurde ergänzt durch seine (partei-)politische Unauffälligkeit und seinen geringen Bekanntheitsgrad außerhalb der Armee, womit er im Gegensatz zu Tuchačevskij und den vielen militärischen Volkstribunen der Bürgerkriegsepoche stand, deren Popularität stets von Stalin als bedrohlich empfunden worden war.
Kein Sowjetgeneral verstand sich in einem engeren und demonstrativeren Sinn als Schüler von Clausewitz als Šapošnikov. Seiner bereits mehrfach zitierten Lebensbeschreibung ist anzumerken, daß es für ihn nach der faktischen Geringschätzung von Clausewitz im russischen Generalstab eine Genugtuung gewesen sein muß, daß der Preuße unter der Leninschen Ägide den Stellenwert einnahm, der ihm nach Meinung Šapošnikovs gebührte. Šapošnikov selbst betätigte sich aktiv als Förderer und Vermittler des Gedankengutes von Clausewitz. Unter seinen etwa 40 Arbeiten zu den damals aktuellen Fragen des Militärwesens gab es zwei, *An der Weichsel*[341] und *Das Hirn der Armee*[342], die noch heute als klassisch angesehen werden[343]. Diese Werke sind nicht bloß Fundgruben Hunderter Clausewitz-Zitate, sie stellen vielmehr die eigentliche militärische Erweiterung und Ausführung der von Lenin begonnenen marxistischen Clausewitz-Rezeption dar.

---

[340] Zur Biographie Šapošnikovs vgl. Morozow, Falken, passim; Garthoff, Sowjetarmee, S. 72 ff., 230 ff.; Schaposchnikow, Hirn, S. 549 ff.; Gorelik, Maršal, passim, und neuerdings Gosztony, Schaposchnikow.

[341] Šapošnikov, Na Visle.

[342] Ders., Mozg. Garthoff, Sowjetarmee, S. 234, irrt, wenn er von einer vierbändigen Ausgabe spricht. Mozg wird 1927–1929 in 3 Bänden publiziert. Erst 1974 erscheinen wieder Auszüge daraus in Vospominanija, so daß die Übersetzung dieses Buches 1987 ins Deutsche unter dem Titel Hirn der Armee lediglich die Kenntnis von Teilen aus Mozg gewährt.

[343] Vgl. Garthoff, Sowjetarmee, S. 24, und Wassilewski/Sacharow, Nachwort, S. 554.

*An der Weichsel* war Šapošnikovs zweite größere Arbeit. In ihr behandelte er den polnisch-sowjetischen Krieg des Jahres 1920, an dem er selbst an herausgehobenen Positionen teilgenommen hatte. Obwohl kurz zuvor aus der Feder Tuchačevskijs, des bedeutendsten Strategen dieses Feldzuges, eine Monographie zu demselben Thema erschienen war[344], die aus einer Vorlesungsreihe an der Militärakademie im Februar 1923 entstand, bat die Redaktion des *Voennyj Vestnik* Šapošnikov, sich der Geschichte dieses Krieges ebenfalls anzunehmen.

Šapošnikov bemängelte an der Arbeit Tuchačevskijs in erster Linie dessen Aussage, daß dieser »als Hauptquelle des Werkes seine Erinnerungen« betrachtet und nur sporadisch offizielle Dokumente des Frontstabs bzw. »irgendwelche französischen und polnischen Aufsätze« berücksichtigt habe[345]. Dagegen stützte sich der von vielen als pedantisch empfundene Šapošnikov auf »Dokumente, die er als erster wissenschaftlich nutzte (Gespräche des Oberbefehlshabers mit den Frontoberbefehlshabern über die direkte Leitung, Direktiven des Feldstabs, Analysen der Lage an anderen Fronten usw.), auf seine Erinnerungen sowie auf Artikel ausländischer Autoren«[346] und auf ein ständiges Zwiegespräch mit Clausewitz.

Über weite Strecken stellt die Arbeit Šapošnikovs den Versuch dar, die militärische Umsetzung der politischen Forderungen durch die Strategie und den Einsatz der ihr zur Verfügung stehenden Mittel im Sinne des Clausewitzschen Verhältnisses von Strategie und Politik zu überprüfen. In der Einführung dieser äußerst systematisch aufgebauten Arbeit weist Šapošnikov durch sechs Clausewitz-Zitate auf die Bedeutsamkeit der richtigen Beschäftigung mit Kriegsgeschichte hin. Im Einklang mit dem »Philosophen des Krieges«, wie Šapošnikov den preußischen General wiederholt anerkennend nennt, begründet der Sowjetoffizier seine Darstellung der jüngsten Kriegsgeschichte. Dieser habe sich auch nicht den Griechen und Römern zugewandt, sondern insbesondere dem 17. und ihm nahen 18. und 19. Jahrhundert, denn »je weiter man zurückgeht, desto ärmer wird die Kriegsgeschichte an und für sich, und ihr Nutzen nimmt ab. Die Kriegsgeschichte der alten Völker ist die dürftigste und am wenigsten nützliche«, zitiert Šapošnikov Clausewitz[347]. Er zieht daraus die Schlußfolgerung, daß zwar ein künftiger Krieg mit dem jeweils letzten keine Analogie aufweist, die Ähnlichkeiten durch die zeitliche Nähe aber immer größer sind als mit Kriegen vergangener Jahrhunderte. Daher müsse in der UdSSR vor allem der Weltkrieg und der aus ihm hervorgegangene Bürgerkrieg mit seinen zwischenstaatlichen Ablegern verstärkt untersucht werden.

Zu Beginn seiner Darstellung erläutert Šapošnikov die generalstabsmäßigen Vorarbeiten, die Dislozierung der Streitkräfte sowie Planung und Durchführung der Angriffsoperationen, die sich nach ungestümem Beginn festlaufen. Mit Clausewitz warnt er, daß ausgezeichnete Kühnheit und großer Unternehmungsgeist oftmals dazu verleiten, über das Ziel hinauszuschießen und es damit verfehlen[348]. Er konstatiert, daß man in Verkennung

[344] Tuchačevskij, Pochod za Vislu.
[345] Šapošnikov, Na Visle, S. 7.
[346] Wassilewski/Sacharow, Nachwort, S. 554f.
[347] Šapošnikov, Na Visle, S. 5f.; vgl. auch ders., Na poroge, S. 39ff.
[348] Ders., Na Visle, S. 15; vgl. auch S. 198.

der Lage den Kulminationspunkt des Angriffs überschritten habe. Unter Anführung von
15 längeren Textpassagen legt Šapošnikov dar, daß Clausewitz sich ausführlich mit der
Bestimmung des Kulminationspunktes und dessen rechtzeitigem Erkennen befaßte. Diese
Problematik sei doch »von Clausewitz in seinem unsterblichen Werk *Vom Kriege* bestens
dargestellt«[349] worden. Es ist bemerkenswert, daß sich Šapošnikov von der Analyse der
militärischen Aspekte löst und die politische Dimension des Konfliktes mit einbezieht.
So kritisiert er in äußerst vorsichtiger Form die Absicht, mit unzureichenden Kräften
in Polen versucht zu haben, einen revolutionären Umsturz voranzutreiben[350]. Hier habe
man aufgrund einer mangelhaften Analyse der Gegebenheiten die entsprechende Bereitschaft und Kraft des polnischen Proletariats überschätzt[351]. Nach dem Einschub des
Kapitels »Clausewitz über Krieg und Politik« untersucht Šapošnikov die Weisungen des
Oberkommandos mit der Methodik des »weisen Alten«, denn »ohne eine vernünftige
Theorie gibt es keine völlig zufriedenstellende und lehrreiche Kritik«[352].
Ausgehend von den genannten Kritikpunkten fordert Šapošnikov eine einheitliche und
aufeinander abgestimmte Analyse politischer und militärischer Faktoren. Eine militärische Operation müsse primär nach politischen Gesichtspunkten und erst dann nach den
»Gesetzen des Krieges« beurteilt werden. Allerdings dürfe die politische Führung nicht
den Fehler machen, das Verhältnis zwischem dem politischen Ziel und der Verfügbar-
keit militärischer Mittel, es zu erreichen, falsch einzuschätzen. Analog zu Clausewitz
nennt Šapošnikov die zahlenmäßige Überlegenheit am entscheidenden Punkt unter
Berücksichtigung der Faktoren »Raum« und »Zeit« als wichtigste Vorbedingung für die
Erringung des taktischen (und strategischen) Erfolges. Mut und Angriffsgeist der eigenen Truppe könnten die physisch-materiellen Kräfte quasi vervielfachen, doch könne
eine Fehleinschätzung der eigenen und der feindlichen Kräfte (eine falsche Lagebeurtei-
lung) fatale Folgen haben. Wie schon Lenin zeigt sich auch Šapošnikov fasziniert von
dem Gedanken Clausewitz', daß der Bedrängte, »wenn kein Erfolg ihm werden soll, in
einem ehrenvollen Untergang das Recht zu künftiger Auferstehung finden«[353] wird. So
hätte trotz der desolaten inneren Verfassung der Roten Armee das Äußerste versucht
werden müssen, während der Schlacht vor Warschau die Stadt zu nehmen. Damit hätte
man zugleich den Kulminationspunkt erreicht, über den hinausgehend man Gefahr gelau-
fen wäre, das Ziel zu verfehlen. Nicht das Streben nach bloßem Raumgewinn, sondern
der Besitz der polnischen Hauptstadt als gewichtiges Unterpfand für die nachfolgenden
Friedensverhandlungen hätte im Clausewitzschen Sinn den Erfolg gesichert[354].
Während Tuchačevskij zu dem Schluß kam, »nicht die Politik, sondern die Strategie habe
den Feldzug verloren«, da die von der Politik gestellten Aufgaben zwar »schwierig, ris-

---

[349] Ebd., S. 25 f.
[350] Ebd., S. 21 ff.
[351] Ebd., S. 25. Šapošnikov übernimmt die umschreibende Übertragung Vojdes, der den Kulminationspunkt als »höchsten Punkt des Angriffs« bezeichnete, um wenig später den Terminus Kulminationspunkt als Fremdwort ins Russische aufzunehmen.
[352] Ebd., S. 27.
[353] Ebd., S. 115, 147; siehe auch Leninskij Sbornik XII, S. 408 f., und Clausewitz, Vom Kriege. 1980, S. 506.
[354] Šapošnikov, Na Visle, S. 148.

kant und kühn«[355] waren, ihre Umsetzung aber im Bereich des Möglichen gelegen habe, greift Šapošnikov auch die Selbstkritik der führenden Bol'ševiki auf. Sogar Lenin räumte 1921 auf dem X. Parteitag der KPR (B) ein, daß Fehler auch von politischer Seite gemacht worden seien, und Trockij sprach von einer Fehleinschätzung der innenpolitischen Situation in Polen. Um so dringlicher ist daher nach Šapošnikov die künftige Aufgabe der Politiker, mit politischen Mitteln die Revolution, die internationale Krise heranreifen zu lassen[356], während der Generalstab die militärischen Vorbereitungen koordinieren muß. Dieses integrative oder integrierende Strategiekonzept, dem eine klare Aufgabenteilung, die Hierarchie der Partner und die enge Kooperation von Politik und Militär zugrundeliegen, wurde in sehr ähnlicher Weise auch von Svečin[357] und später in Šapošnikovs Hauptwerk vertreten. Daß es auf Clausewitz beruhte, räumt Šapošnikov gerne ein:

»Der Leser erinnert sich natürlich daran, daß wir uns schon früher erlaubten, uns einen Adepten der Lehren Clausewitz' zu nennen, was die wechselseitige Beziehung von Politik und Strategie betrifft, und daß wir den einheitlichen Standpunkt vertreten, was für uns (ferner bedeutet): Die Kriegskunst gibt der Politik in keinem Fall einen Befehl[358].«

Auch die konkreten Schlußfolgerungen für diesen Feldzug werden analog zu Clausewitz gezogen und enthalten eine verdeckte Forderung nach Mäßigung des revolutionären Überschwangs der frühen Sowjetzeit. Clausewitz habe verlangt, daß gerade der Angreifer in angemessener Übereinstimmung von Ziel und Mitteln den Feldzugsplan unter Berücksichtigung von Friktionen entwerfen müsse. Er empfahl darüber hinaus, die Ziele zu begrenzen, sobald man erkenne, daß die Mittel ungenügend seien, und dies gelte gleichermaßen für die Strategie wie für die Politik, denn,

»wenn der Krieg vollständig den Forderungen der Politik entsprechen soll, dann ist letztere verpflichtet, die für den Krieg verfügbaren Mittel genau zu erfassen«[359].

Im Westen wurde dieses Buch überhaupt nicht beachtet, und in der UdSSR war man — wie auch Šapošnikov selbst — bemüht, *An der Weichsel* nicht zu sehr als Auseinandersetzung zwischen Tuchačevskij, noch kurz zuvor Chef der Militärakademie und kommunistischer Clausewitz-Kritiker, und Šapošnikov, späterer Kopf der Akademie und selbsterklärter Clausewitz-Schüler, hochzuspielen[360]. Erst 1984 stellte der bekannte sowjetische Militärhistoriker P. A. Žilin diesen Konflikt heraus und sah in Šapošnikovs Arbeit die erste Erfüllung einer Leninschen Aufforderung, derzufolge spätere Historiker entscheiden mögen, ob die Politik oder die Strategie im Polenfeldzug versagt habe[361].
Šapošnikovs Herz schlug für den Generalstab, für den er ursprünglich ausgebildet worden war und in dem er den größten Teil seiner militärischen Laufbahn absolvierte. Diese Tätigkeit brachte ihn auf den Gedanken, »allgemeine Schlußfolgerungen aus der Pra-

---

[355] Ebd., S. 200.
[356] Ebd., S. 27.
[357] Vgl. Svečin, Strategija, passim, und Garthoff, Sowjetarmee, S. 37.
[358] Šapošnikov, Na Visle, S. 201.
[359] Ebd.
[360] Vgl. Todorskij, Maršal, S. 68.
[361] Vgl. Žilin, O vojne, S. 530f.

xis der Generalstäbe anderer Länder zu ziehen und in einer Abhandlung Stellung und
Rolle eines derartigen Organs in der Roten Armee wissenschaftlich zu begründen«[362].
Jahrelang verbrachte er viele Stunden in der Bibliothek des alten Kriegsministeriums,
die sich im Gebäude des Stabes des Leningrader Militärbezirks befand. Als 1927 der erste
Band seines auf drei Bände angelegten Hauptwerkes *Das Hirn der Armee* erschien, wurde
in der Roten Armee eine Diskussion nicht nur über Funktion und Aufbau eines General-
stabs geführt; es gab auch Offiziere, die für eine Abschaffung dieses Organs eintraten[363].
In Šapošnikov fanden die Generalstabsbefürworter ihren eloquentesten Vertreter.
In jeweils 5000 Exemplaren[364] erschienen 1927 der erste und 1929 der zweite und dritte
Band seines grundlegenden theoretischen Werkes. Seiner Untersuchung lag die Tätigkeit des österreichisch-ungarischen Generalstabs vor und im Ersten Weltkrieg zugrunde.
Durch eine fünfbändige Schilderung der Tätigkeit dieses Generalstabs, die dessen ehemaliger Chef, Feldmarschall Franz Graf Conrad v. Hötzendorf, verfaßt hatte, war ihm
die Möglichkeit gegeben, gerade die Arbeit dieses Organs vollständig zu analysieren. Für
die beiden Nachfolgebände konnte Šapošnikov auch auf Quellen und Dokumente des
französischen, deutschen und russischen Generalstabs sowie Memoiren ehemaliger Ange-
höriger derselben zurückgreifen.
Šapošnikov suchte durch sein äußerst detailliertes (und streckenweise pedantisches) Werk
über einen ausländischen Generalstab seine und Svečins These zu beweisen: »Ein Generalstab muß, ohne Rücksicht auf seinen Namen, als ein Amt existieren und sollte als
solches anerkannt werden[365].«
Das Erscheinen des Werkes fiel zusammen mit der Heraufbeschwörung einer angeblichen Kriegsgefahr durch die Parteipropaganda. Šapošnikov verlieh seiner Arbeit dadurch
eine starke Aktualität, daß er »die Grundlagen der jungen sowjetischen Militärwissenschaft über den Charakter eines künftigen Krieges (entwickelte)«[366]. Er traf eine Reihe
vielbeachteter Aussagen über die Aufgaben des »Hirns der Armee«, des Generalstabs,
und präsentierte darüber hinaus »Thesen zur Militärstrategie, zur Planung der bewaffneten Verteidigung des Staates und zur strategischen Führung«[367]. Es gelang ihm nicht nur,
seinen Kritikern die Notwendigkeit eines zentralen militärischen Planungs- und Steue-
rungsorgans überzeugend nachzuweisen, er war auch imstande, eine theoretisch glänzende Verbindung zwischen zarischer Militärtradition und ideologischen Anforderungen seitens der Partei herzustellen. Alle drei Bände weisen Dutzende von Clausewitz-
Zitaten und Auszüge aus Lenins Reden und Artikeln auf.

---

[362] Wassilewski/Sacharow, Nachwort, S. 555.
[363] Vgl. Korotkov, Istorija, S. 81 ff.
[364] Während die sowjetische Seite »die für die damalige Zeit recht hohe Auflage« betont, vgl. Was-
silewski/Sacharow, Nachwort, S. 556, vertritt die westliche Forschung die Meinung, »lediglich ...
5000 Exemplare vornehmlich für den internen Gebrauch« seien publiziert worden, Gosztony,
Schaposchnikow. In jedem Fall maß man sowjetischerseits den Clausewitz-Auflagen größere Bedeutung zu.
[365] Garthoff, Sowjetarmee, S. 234.
[366] Wassilewski/Sacharow, Nachwort, S. 556 f.
[367] Gretschko, Streitkräfte, S. 324.

Der erste Band seines Werkes *Das Hirn der Armee*[368] befaßt sich mit dem österreichischen Generalstab vor Ausbruch des Ersten Weltkrieges. Inspiriert von Lenin und vor allem von Clausewitz, beleuchtet Šapošnikov die Lage Österreich-Ungarns um die Jahrhundertwende. Nach einer Beschreibung der Armee und der Flotte wendet er sich in den folgenden Kapiteln dem Generalstab und dessen Chef, Conrad v. Hötzendorf, zu. Er geht ausführlich auf dessen Vorstellungen von Politik, Militär, Geschichte und Generalstab ein, um im Anschluß daran »Gedanken über die Führung des Generalstabs« auszubreiten. Es folgt ein internationaler Vergleich mit anderen Generalstäblern von Moltke d. Ä. über Schlieffen bis Joffre. Dann werden die Innenpolitik Österreich-Ungarns und deren Berührungspunkte mit dem Generalstab untersucht und die wirtschaftlichen Rahmenbedingungen, innerhalb derer die Kriegsvorbereitungen des Vielvölkerstaates abliefen, dargestellt.

Im zweiten Band folgt eine chronologische Darstellung der Ereignisse der Balkankriege, der sich im dritten Band nach einer minutiösen Verlaufsschilderung der Juli- und Augusttage des Jahres 1914 grundsätzliche Gedanken über die Aufgaben des Generalstabes und Aspekte der Koalitionskriegführung anschließen.

»Der glänzende deutsche Generalstab war stets das Vorbild für alle ihm ähnlichen Stäbe«, so stellt Šapošnikov die Vorbildfunktion des Generalstabs Moltkescher Prägung auch für Rußland fest; nach dessen Zerschlagung gibt es immer noch das historische Vorbild eines funktionstüchtigen militärischen Instruments, sofern es kein politisches Gewicht erlangt. Dies war noch der Fall im Deutsch-Französischen Krieg 1870/71, doch bereits unter Moltke erzielten die »Halbgötter des Generalstabs« in dem militarisierten Deutschland immer größeres politisches Gewicht. Šapošnikov kritisiert hier eine Entwicklung in Deutschland, die eine Verfälschung Clausewitzscher Prämissen darstellt. Diese Kritik wird bis 1947 ein Schwerpunkt der sowjetischen Clausewitz-Forschung in bezug auf das Wilhelminische, das Weimarer und das nationalsozialistische Deutschland sein, bis Stalin im Verhalten Moltkes nicht mehr den Gegensatz zu Clausewitz sieht, sondern den Sieger von 1870/71 als theoretischen Nachfolger des Kriegsphilosophen betrachtet.

Das Gedankengut Clausewitz', das bereits in dem Buch *An der Weichsel* besprochen wurde, soll hier nicht noch einmal aufgeführt werden. Bewertungen und neue Ideen, etwa über die Koalitionskriegführung, werden hingegen kurz angerissen. Intensiv befaßt sich Šapošnikov mit der Rolle und mit den Qualitäten des Feldherrn. Seine Kritik an »Conrad, dem Bewunderer deutschen militärischen Denkens, allerdings nicht in der Tradition Clausewitz', sondern in der Deutung Moltkes d. Ä.«[369], verbindet Šapošnikov mit einer Aufzählung der Tugenden und Eigenschaften, derer ein Feldherr nach Clausewitz bedarf. Um diese Vorstellungen darlegen zu können, müsse man alle Ansichten Clausewitz' über den Charakter militärischer Tätigkeit zusammenfassen, und selbst dann »geben wir noch keine Garantie für die fehlerfreie Interpretation der Gedanken des Kriegsphilosophen

---

[368] Schon der Titel »Mozg armii« ist von Interesse, zeigt er doch Šapošnikovs Vorstellung einer dienenden Funktion des Generalstabs. Mozg ist die physische, biologische Bezeichnung für Gehirn; das russische Wort »Um«, das den Intellekt bzw. Denkprozeß bedeutet, scheint Šapošnikov der Politik vorzubehalten. Vgl. auch Garthoff, Sowjetarmee, S. 234.

[369] Šapošnikov, Mozg, Bd 1, S. 83; vgl. auch S. 114.

über den Feldherrn«[370]. Unter dem Wort »Genie« verstehe Clausewitz eine besondere
Begabung des Verstandes (des Geistes), die einem wirklichen Feldherrn zu eigen sein muß,
wie auch andere Tätigkeiten menschlichen Geistes ein besonderes Talent voraussetzen,
sofern sie auf höchstem Niveau erfolgen. Um den vier Elementen »Gefahr, körperliche
Anspannung, Unbekanntheit und Zufall« in der Atmosphäre des Krieges standhalten
zu können, bedürfe der Feldherr folgender Tugenden: Energie, Härte, (Selbst-)Sicher-
heit und Kraft des Geistes wie des Charakters. Šapošnikov erwähnt auch die Bedeutung
des sicheren Taktes des Urteils, insbesondere da der Feldherr auch Staatsmann sei, aber
trotzdem stets Feldherr bleiben müsse. Die Schwierigkeiten dieser Gratwanderung zwischen der politischen und militärischen Seite dieses Amtes dürften nicht unterschätzt
werden, und es zeige sich in der Geschichte oft, daß große Soldaten die Bedeutung der
Politik hinsichtlich ihres Einflusses auf die militärischen Aktionen mißverstehen. So ist
es gleichermaßen dumm wie kurzsichtig, so Šapošnikov ironisierend, wenn »Staatsmänner« wie Hindenburg und Ludendorff unisono betonten, »daß sie Politik nie besonders
interessiert habe«[371]. Der sowjetische Generalstabsoffizier Šapošnikov schrieb dies zu
einem Zeitpunkt, als die kritisierten Deutschen bereits mehrere Jahre durch exponierte
politische Tätigkeit im Widerspruch zu ihren früheren Äußerungen standen. Und dabei
wird er nicht einmal den mißglückten »Marsch auf die Feldherrnhalle« am 9. November
1923 vor Augen gehabt haben. Um kein Mißverständnis über die wahre Begabung des
Feldherrn aufkommen zu lassen, folgt eine längere Textpassage aus *Vom Kriege*:

»Der Feldherr braucht weder ein gelehrter Staats-, noch Geschichtsforscher, noch Publizist zu sein,
aber er muß mit dem höheren Staatsleben vertraut sein, die eingewohnten Richtungen, die aufgeregten
Interessen, die vorliegenden Fragen, die handelnden Personen kennen und richtig ansehen; er braucht
kein feiner Menschenbeobachter, kein haarscharfer Zergliederer des menschlichen Charakters zu sein,
aber er muß den Charakter, die Denkungsart und Sitte, die eigentümlichen Fehler und Vorzüge derer
kennen, denen er befehlen soll. Er braucht nichts von der Einrichtung eines Fuhrwerks, der Anspannung eines Geschützes zu verstehen, aber er muß den Marsch einer Kolonne seiner Dauer nach unter
den verschiedenen Umständen richtig zu schätzen wissen.
Alle diese Kenntnisse lassen sich nicht durch den Apparat wissenschaftlicher Formeln und Maschine-
rien erzwingen, sondern sie erwerben sich nur, wenn in der Betrachtung der Dinge und im Leben
ein treffendes Urteil, wenn ein nach dieser Auffassung hingerichtetes Talent tätig ist.
Das einer hochgestellten kriegerischen Tätigkeit nötige Wissen zeichnet sich also dadurch aus, daß
es in der Betrachtung, also im Studium und Nachdenken, nur durch ein eigentümliches Talent erworben werden kann[372].«

Hier setzt aber auch die bescheiden vorgetragene Kritik Šapošnikovs an den Vorstellungen des »verdienten Alten« (Clausewitz, d. Verf.) an, die eher als zeitgenössische Erweiterungen von ihm verstanden sein wollten. Es sei wichtig, sich mit den oben vorgetragenen Ansichten vertraut zu machen. Da aber nach Clausewitz jede Zeit ihre eigenen Kriege
habe, müsse man der wachsenden Bedeutung des technischen Fortschritts auch als Feldherr Rechnung tragen. Der Kriegsphilosoph sei gewiß kein Feind technischen Detail-
wissens gewesen, sofern nur das Hirn mit solchen Kenntnissen nicht überlastet werde.

---

[370] Ebd., S. 97.
[371] Ebd., S. 109.
[372] Ebd., S. 99; vgl. Clausewitz, Vom Kriege. 1980, S. 298.

Gerade heute sei aber das Wissen darum, daß die Produktivkräfte in ihrer Entwicklung voranschreiten, unerläßlich, denn auch diese wirkten auf den Zustand des gesellschaftlichen Lebens in gravierender Weise ein[373].

Šapošnikov greift den Gedanken der integrierten Strategie auf, der sich historisch abzeichnete, denn nicht nur die Technik, auch der Staatsapparat habe sich differenziert. Daher bedurfte auch die zeitgebundene Clausewitzsche Definition der Stellung des Feldherrn einer Ergänzung, denn im napoleonischen Zeitalter waren Feldherr und Souverän im Idealfall eine Person, in den meisten Fällen aber bereits ein Duumvirat, »welches durch das Erscheinen von Moltke und Bismarck auf der historischen Bühne zu einem Triumvirat erweitert wurde, das bis in unsere Tage gilt«[374]. Für Šapošnikov besteht das Triumvirat in der politischen Führung, dem Feldherrn und dem Generalstabschef[375].

Im Anschluß an ein Kapitel »Clausewitz über Politik und Krieg«, dem einige Seiten zu »Lenin über Innenpolitik und Krieg«[376] folgen, geht Šapošnikov auf Versuche der preußischen Reformer ein, das Militärsystem zu reorganisieren. Er verweist darauf, daß das aus der Not geborene »Krümper-System« erstmals erfolgreich die allgemeine Wehrpflicht vorwegnahm. Mit besonderer Aufmerksamkeit verfolgt er die Schaffung militärisch tauglicher Milizverbände, die Landwehr. Während die preußische Reaktion aus Angst vor den möglichen gesellschaftspolitischen Auswirkungen der Volksbewaffnung dieses Landwehrkonzept in der Realität schnell zu verwässern verstand, erschien diese Idee den Sowjettheoretikern Svečin und Šapošnikov durchaus überlegenswert im Sinne einer Anpassung an gegenwärtige Umstände und Bedürfnisse[377].

Im Unterschied zu den sowjetmarxistischen Nachfolgern Lenins, die Clausewitz vorwarfen, daß er in seinen innenpolitischen Vorstellungen die Klassengegensätze nicht berücksichtigt habe, stellt Šapošnikov fest, daß Clausewitz nach eigenem Bekunden unter Innenpolitik und Staatsräson die Interessen des ganzen Volkes verstand. Damit unterschied er sich auffällig von anderen zeitgenössischen preußischen Generälen, die begrenzte aristokratische Anliegen verfolgten. Selbst Moltke d. Ä. vertrat die von der Position Clausewitz' aus rückschrittlich anmutende Ansicht, die »Armee sei die Waffe der besten Elemente einer Nation, d. h. mit anderen Worten ihre[r] bürgerlichen Klassen und der wohlhabenden Bauern«[378]. Damit sah Šapošnikov wie vor ihm Lenin in Clausewitz einen politisch fortschrittlichen Denker, den er nicht an marxistischen Kategorien maß, sondern im Vergleich mit seinen Zeitgenossen betrachtete; angesichts der späteren Entwicklung in der UdSSR ein beachtenswerter Standpunkt.

---

[373] Šapošnikov, Mozg, Bd 1, S. 100 f.

[374] Ebd., S. 101.

[375] Ebd. Wenig später, S. 108, geht er mit dem russischen Feldherrnbild ins Gericht, das stark vom »Intellektualismus« geprägt worden sei und über lange Zeit keine klaren Vorstellungen von der Rolle des Feldherrn unter zeitgenössischen Bedingungen gehabt und daher die Ideale Suvorovs kultiviert habe.

[376] Ebd., S. 155 ff.

[377] Ebd., S. 172.

[378] Ebd., S. 176; vgl. S. 186; vgl. auch ebd., Bd 3, S. 334.

Während Clausewitz die Auffassung vertrat, der Charakter der Außenpolitik bestimme die Kriegsform, wurde dieser nach Lenin von der Innenpolitik bestimmt. Hier schließt sich Šapošnikov Lenin an und rückt von der Definition Clausewitz' ab[379].

Sehr detailliert geht Šapošnikov auf die Beziehung zwischen Wirtschaft und Krieg ein; auch wenn er hier zu Recht Engels' und Lenins Ausführungen für wichtiger hält, sieht er auch schon bei Clausewitz Ansätze, die Bedeutung der Wirtschaftskraft für die Kriegführung richtig einzuschätzen. Nicht nur, daß die häufigen Vergleiche, mit denen der Kriegsphilosoph operiert, oftmals der Finanz- und Handelssphäre entstammen; allein die Erkenntnis, der Krieg betreffe alle Bereiche des gesellschaftlichen Lebens, gestatte solche Rückschlüsse[380].

Im zweiten Band des Werkes *Das Hirn der Armee* versteht Šapošnikov den Krieg als soziale Erscheinung und analysiert das Spannungsverhältnis zwischen österreichischem Generalstab und österreichischem Außenministerium. Kapitel wie »Clausewitz im Verständnis des (österreichischen) Außenministeriums«[381] und »Das richtige Verständnis von Clausewitz in der Interpretation Conrad (v. Hötzendorfs)«[382] zeigen, daß auch die kabinettsinternen Diskussionen der k.u.k.-Monarchie mit dem Begriffsinstrumentarium des Werkes *Vom Kriege* von Šapošnikov gedeutet werden.

Umfangreicher als der zweite geht der abschließende Band, der den Generalstab am Vorabend des Ersten Weltkrieges zeigt, auf Clausewitz ein. Neben manch anderen Stellen tritt der preußische Gewährsmann dominierend in den Kapiteln über »Außenpolitik und Krieg«[383], »Kriegsplan und Außenpolitik«[384] und die »Koalitionskriegführung«[385] auf.

Nach dem Erscheinen des ersten und zweiten Bandes wird es Kritik an den zahlreichen Clausewitz-Zitaten im Buch *Hirn der Armee* gegeben haben, denn Šapošnikov verteidigt in der Einführung des dritten Bandes seinen häufigen Rekurs auf den »machtvollen Kriegsphilosophen«. Wenn er sich erneut der Theorie Clausewitz' zuwende, dann geschehe dies nicht aus »kindlicher Anhänglichkeit«, sondern aus seiner Nähe zu Gedanken, die bis heute noch nicht hätten widerlegt werden können. Er sei sich der Zeitgebundenheit mancher Thesen des »Alten« schon bewußt, aber das »unsterbliche Werk« und dessen Ideen hätten »ihre Frische auch für uns nicht verloren«; als Kronzeugen nennt er Marx, Engels und Lenin. Man müsse aber auch bei Clausewitz' Werk verweilen, da bürgerliche Strategen es benutzen und fehldeuten; um so wichtiger sei daher die Aufgabe, die richtigen Auszüge zu bergen und der marxistischen Kriegstheorie hinzuzufügen[386]. Mehrmals betont Šapošnikov die Notwendigkeit, zur »Theoriequelle Clausewitz« immer dann zurückzukehren, wenn es gelte, den Zusammenhang von Krieg und Politik zu verstehen[387].

---

[379] Ebd., Bd 1, S. 186 f.
[380] Ebd., S. 243 f.; vgl. auch S. 234 ff. Siehe dazu auch Krupnow, Dialektik, S. 66.
[381] Šapošnikov, Mozg, Bd 2, S. 87 ff.
[382] Ebd., S. 109 ff.; vgl. auch ebd., Bd 3, S. 229 f.
[383] Ebd., Bd 3, S. 226 ff.
[384] Ebd., S. 257 ff.
[385] Ebd., S. 352 ff.
[386] Ebd., S. 227 f., 243, 280.
[387] Ebd., S. 231.

Obwohl er von Clausewitz oftmals als dem großen »Philosophen des Krieges« spricht, streift Šapošnikov die dialektische Methode als Erkenntnisgrundlage nur kurz. So stimmt er mit Clausewitz überein, daß eine eindeutige Ausprägung von Verteidigung und Angriff unmöglich sei. Als dialektische »Interpretationshelfer« und »Zeugen«, die auf die Bedeutsamkeit der Dialektik hingewiesen hatten, stellt er Clausewitz mal Hegel, mal Mehring, mal Lenin und mal Zinov'ev an die Seite[388].

Das letzte Kapitel befaßt sich mit der Koalitionskriegführung, für die der Erste Weltkrieg ein Paradefall war. Clausewitz, so Šapošnikov, sei es ebenfalls vergönnt gewesen, mehrere Koalitionskriege zu erleben, und ein Vergleich seiner Schlußfolgerungen aus den Jahren 1792 bis 1815 mit der Epoche des Imperialismus bestätige die Gültigkeit seiner Thesen. Die erste Regel, die auch in die künftige strategische Planung der Sowjetunion miteinbezogen werden sollte, war das Vertrauen auf die eigene Stärke.

»Niemals wird man sehen, daß ein Staat, der in der Sache eines anderen auftritt, diese so ernsthaft nimmt wie seine eigene ... Es ist in der europäischen Politik eine hergebrachte Sache, daß die Staaten sich in Schutz- und Trutzbündnissen zu gegenseitigem Beistand verpflichten, aber nicht so, als wenn die Feindschaft und das Interesse des einen dadurch eben das für den anderen werden sollte, sondern indem sie sich einander ohne Rücksicht auf den Gegenstand des Krieges und die Anstrengungen des Gegners im voraus eine bestimmte, gewöhnlich sehr mäßige Kriegsmacht zusagen. Bei einem solchen Akt der Bundesgenossenschaft betrachtet sich der Bundesgenosse mit dem Gegner nicht in einem eigentlichen Krieg begriffen, der notwendig mit einer Kriegserklärung anfangen und mit einem Friedensschluß endigen müßte. Aber auch dieser Begriff besteht nirgends mit einiger Schärfe, und der Gebrauch schwankt hin und her[389].«

Šapošnikov macht seine Leser darauf aufmerksam, daß schon der erste russische Clausewitz-Übersetzer Vojde an diesem Punkt die Auffassung vertrat, daß sich die Lage in Europa an der Jahrhundertwende verändert habe. Angesichts der gewaltigen Kriegsziele würden die Bündnispartner — Dreibund und französisch-russischer Zweiverband — ihre Anstrengungen den geforderten Zielen anpassen. Šapošnikov hält diesem Einwand entgegen, daß Clausewitz auch in dem Fall, wenn zwei Staaten Kriegführende gegen einen dritten sind, darauf hingewiesen hat, daß diese nicht unbedingt äußerste Anspannungen unternehmen, da es immer, bedingt durch »die natürliche Beschränktheit und die Schwäche des Menschen«, zu »besonderen Rücksichten« kommt, welche die Politik festlegt. Obwohl Clausewitz' Erfahrungen aus Kabinettskriegen und der Zeit Napoleons stammten, »können sie als Ausgangsbasis auch in unseren Tagen dienen«. Wichtig sei, daß Clausewitz als stärkstes Band der Koalition das politische Motiv sah, ja, daß ohne politische Gemeinsamkeit keine Koalition Bestand haben könne[390].

Šapošnikov kommt daher zu folgenden Schlüssen:

»Die politische Aktionsgemeinschaft gibt die Möglichkeit 1. der Aufstellung allgemeiner politischer Ziele, welche die Koalitionäre mit dem Mittel des Krieges erreichen wollen, 2. des Aufbaus einer politischen Leitung des Krieges und 3. der Klärung der Fragen eines Friedensschlusses. Gleichzeitig mit der politischen Einheit im Koalitionskrieg muß die militärische Einheit aller Koalitionspartner gewährleistet sein. Diese besteht 1. in der Ausnutzung aller bewaffneten Kräfte und Mittel zur Erzielung der

388 Ebd., S. 244 ff., 262.
389 Ebd., S. 353 f.; vgl. Clausewitz, Vom Kriege. 1980, S. 987.
390 Šapošnikov, Mozg, Bd 3, S. 353 ff.; ebenso S. 373.

allgemeinen Kriegsziele und 2. in der Organisation der militärischen Führung des Krieges. Schließlich besitzt die ökonomische Einheit der Koalitionspartner für die Kriegführung in unseren Tagen besondere Bedeutung, denn sie gewährt gegenseitige Unterstützung des Wirtschaftslebens und gibt dem schwächeren Partner die Möglichkeit, die Beschwernisse des Wirtschaftskampfes zu bestehen[391].«

Vor dem Zweiten Weltkrieg war die Suche nach Bündnispartnern für die Sowjetunion lange Zeit eine eher hypothetische Spekulation, da die weltpolitische Pariastellung ihr a priori jede Bündnisfähigkeit absprach und ohne den Ausbruch der proletarischen Revolution in einem weiteren europäischen Staat auch kein Partner in Sicht war, der die Deckungsgleichheit politischer Interessen gewährleisten konnte, die von Clausewitz und Šapošnikov für eine stabile Koalition als unabdingbar angesehen wurde. Die zweite Forderung, eine ökonomische Verzahnung der Koalitionäre, wurde nach 1955 in großem Umfang im Warschauer Pakt durchgesetzt, nicht allerdings ohne die kriegswichtigen Schlüsselindustrien im eigenen Lande, der Sowjetunion, zu belassen. Dieses sicherheitspolitisch globale Autarkiebestreben ließ diesen zentralistischen Staat in den 73 Jahren seines Bestehens nie zu einem wirklich Gleichberechtigung anbietenden Bündnispartner heranreifen.

Šapošnikov gab sich in seinem Hauptwerk mehrmals als ausgesprochener Schüler von Clausewitz zu erkennen. Zwei der Bücher wurden mit einem Motto aus dem Werk *Vom Kriege* eingeleitet, zwei klangen auch mit Hinweisen auf Clausewitz aus. Sich dessen Duktus der Bescheidenheit anschließend, beendet Šapošnikov den ersten Band mit dem Hinweis, Clausewitz habe den Ehrgeiz gehabt, ein Buch zu verfassen, das zwei oder drei Jahre überdauern werde: »Wir sind von einem solchen ›Ehrgeiz‹ weit entfernt und glauben nicht, daß man sich unseres Buches noch nach einem Jahr erinnern wird. Wir wären schon zufrieden, wenn das ›Interesse an der Sache‹ ein einmaliges Durchlesen ermögliche und wenn es irgendeinem von Nutzen wäre[392].« Am Ende des dritten Buches schließlich gibt er allen Militärschriftstellern, die Neues entdecken wollen, den Rat, Clausewitz zu lesen, denn: »Amerika ist schon seit langem entdeckt worden ...«[393], und viele vermeintlichen militärtheoretischen Neuerungen könne man bereits bei Clausewitz im Schleier eines antiquierten Sprachgewandes finden.

Šapošnikovs Bedeutung besteht auch darin, daß Stalin in den 30er Jahren seine Vorlesungen verfolgte und »Schaposchnikows Bücher neben seinem Bett liegen hatte (im Gegensatz zu Lenin, der sich an Clausewitz hielt)«[394] und so mit vielen Ansichten des preußischen Generals vertraut gewesen sein mochte.

In der westlichen Literatur ist Šapošnikov wegen seiner Veröffentlichungen über die Leninsche Interpretation des Verhältnisses von Krieg und Frieden Beachtung zuteil geworden. Die sowjetische Lehre geht über den Aphorismus, daß der Krieg die Fortsetzung der Politik mit anderen Mitteln ist, weit hinaus. Sie erfuhr eine tiefgreifende Militarisierung[395] durch seine faktische Umkehrung. Šapošnikov:

---

[391] Ebd., S. 356.
[392] Ebd., Bd 1, S. 259.
[393] Ebd., Bd 3, S. 377.
[394] Possony, Jahrhundert, S. 288.
[395] So erfuhr nicht der Marxismus durch Clausewitz seine Militarisierung, wie dies Kipp, Lenin, S. 184,

»Wenn der Krieg nur eine Fortsetzung der Politik mit anderen Mitteln ist, ist auch der Frieden nur eine Fortsetzung des Kampfes mit anderen Mitteln[396].«

Hier wird die Grenze zwischen Krieg und Frieden verwischt, und der Interessengegensatz führt zu einem ständigen Konflikt, der im Frieden nur einen Waffenstillstand und das Fehlen von Kampfhandlungen in dieser Auseinandersetzung sieht. Eberhard Kessel weist in einem Aufsatz nach, daß schon Wilhelm Dilthey diese Umkehrung formulierte, daß sich aber inhaltlich hinter dieser »Überspitzung« (Hans Rothfels) eine ganz andere Auffassung von Politik verbirgt als bei Clausewitz: »Es versteht sich, daß das noch andere Konsequenzen für die sowjetische Kriegslehre haben mußte; denn es macht einen entscheidenden Unterschied aus, ob man das eine oder das andere als das Perennierende, den anderen Zustand nur als vorübergehend, mit Einmischung anderer Mittel ansieht[397].«
Eine ähnliche, bisweilen sogar radikaler vorgetragene Auffassung wurde von der militärischen Bürgerkriegselite der Bol'ševiki schon zu Beginn der 20er Jahre vorgetragen. Ihnen wurde jedoch nicht die Beachtung zuteil, die dem Werk Šapošnikovs, wenn auch erst mit erheblicher Verspätung, im Westen entgegengebracht wurde. Zum einen lag das sicherlich daran, daß man solche Äußerungen, die auch von Vertretern anderer Nationen in der Komintern vertreten wurden, angesichts der realen Machtmittel der Sowjetunion und ihrer Armee nach fast einem Jahrzehnt Krieg nicht als Bedrohung der westlichen Welt wahrnahm. Nach dem Zweiten Weltkrieg sah man sich allerdings gezwungen, das nunmehr immense militärische Gewicht der eurasischen Kontinentalmacht erneut im Zusammenhang mit ihrer Doktrin zu analysieren, und stieß dabei wieder auf Šapošnikovs *Hirn der Armee*. Die nüchternen Folgerungen des Marschalls der Sowjetunion erschienen nun in einem neuen, aber wesentlich bedrohlicheren Licht. Westliche Politiker erkannten, welche Möglichkeiten der Variation und Auslegung die Formel für die Sowjets bot. So stellte Ferdinand Otto Miksche fest, daß ein Krieg »waged by a communist state, became the continuation of revolution by other means«[398]. Das sowjetische Festhalten an weltrevolutionären Absichten, am Export der Revolution, bei gleichzeitigem Bemühen, die Konfliktschwelle deutlich unterhalb der direkten militärischen Blockkonfrontation anzulegen, veranlaßte Henry Kissinger 1957, sich mit der *Tetradka* zu befassen. Ganz im Sinne Šapošnikovs legte er den befürchteten politischen und militärischen Terraingewinn der Sowjetunion aus:

»Der Kern der Lehre von Clausewitz ist, daß das Verhältnis zwischen den Staaten ein dynamischer Vorgang ist, in dem der Krieg nur eine Erscheinungsform ist, und daß selbst eine Periode des Friedens zu einem Instrument werden kann, um den Willen einer Nation einer anderen aufzuzwingen[399].«

Da auch Stalin bestätigt hatte, daß der Frieden eine Fortsetzung des Kampfes mit anderen Mitteln sei, sieht Kissinger in den Sowjets das Paradebeispiel für den von Clausewitz

---

nahelegt, sondern umgekehrt, so paradox dies auf den ersten Blick klingen mag, Clausewitz eine Militarisierung durch den Bolschewismus.
[396] Zit. nach Garthoff, Sowjetarmee, S. 35.
[397] Kessel, Clausewitz, S. 445. Siehe auch Monnerot, Soziologie, S. 10, und ders., Krieg, S. 24, 45 f., sowie Garthoff, Sowjetstrategie, S. 23.
[398] Miksche, Unconditional, S. 336.
[399] Kissinger, Kernwaffen, S. 291 f.

beschriebenen Eroberer, der »... stets den Frieden (liebt) ... Er würde gern widerstands-
los in unser Gebiet einrücken«[400]. Zu den Methoden dieser Art der Friedensführung
gehört nach Wilhelm v. Schramm auch der permanente Versuch der UdSSR, das Bündnis der NATO zu unterminieren, um leichter und gefahrloser mit Waffengewalt drohen,
einen Stellvertreterkrieg und gegebenenfalls auch den entscheidenden Schlagabtausch für
sich entscheiden zu können. Diese Form einer negativen Koalitionsbildung habe man
ebenfalls bei Clausewitz gelernt[401]. Während Stalin einen Krieg als unausweichlich an-
sah, kehrte die Sowjetunion unter Chruščev wieder näher zu den Leninschen Ursprün-
gen zurück. Garthoff stellte fest: »... der Krieg (ist) nicht das Ziel der sowjetischen Strategie[402].« Die Sowjets waren bestrebt, ihre Ziele im Rahmen der proklamierten Koexistenz auf friedlichem Wege zu erreichen. Lange Zeit schienen ergänzende Formen des
Krieges auf niedrigerem Niveau, zum Beispiel gewaltsamer Umsturz, Sabotage, Rebel-
lion in den Kolonien und Angriffe durch Satellitenstaaten, dem Ziel näherzukommen
als die Propagierung der Formel[403]. Eben diesen westlichen Befürchtungen arbeitete man
in der UdSSR mit großem propagandistischem Aufwand entgegen. So behauptete G.A.
Arbatov, ein sowjetischer USA-Spezialist, mit einer wieder neuen Formelvariante:

»Um ein bekanntes Zitat von Clausewitz abzuwandeln: Entspannung ist nicht die Fortsetzung des Kalten
Krieges mit anderen (d.h. vorsichtigeren und sichereren) Mitteln. Es handelt sich vielmehr um eine
Politik, die ihrer Natur und ihren Zielsetzungen gemäß sich gegen den Kalten Krieg richtet, nicht
jedoch darauf abzielt, bei Konflikten mit Mitteln, die bis an die Schwelle des Atomkrieges reichen,
den Sieg zu erringen, sondern die Regelung und Vermeidung von Konflikten[404].«

Solange die UdSSR jedoch nicht bereit war, offiziell von ihren weltrevolutionären Ambi-
tionen Abstand zu nehmen, hatte man im Westen stets die sowjetische Formelerweite-
rung vor Augen.


## 6. Die Etablierung des marxistischen Clausewitz-Bildes

Eine Polarisierung zwischen ideologiebezogener und schwerpunktmäßig sachbezogener
Clausewitz-Betrachtung läßt sich für die Sowjetunion schon ganz zu Anfang der 20er
Jahre unschwer ausmachen. Nach der bolschewistischen Machtergreifung dominierte eindeutig die letztgenannte Form der Auslegung; zum einen, da mit Trockij der Verteidi-
gungs»minister« gerade im Bereich der militärakademischen Ausbildung des neuen Generalstabs den erfahrenen Zarengenerälen und Clausewitz-Kennern Vertrauen bezeugt und
Kompetenz attestiert hatte, zum anderen, weil die in Fragen der Militärtheorie noch wenig
hervorgetretenen jungen Frontkommandeure der Roten Armee in den fachlichen Auseinandersetzungen beispielsweise dem polemischen Svečin oder dem pedantischen Šapoš-

---

[400] Ebd., S. 292. Vgl. Clausewitz, Vom Kriege. 1980, S. 634.
[401] Schramm, Clausewitz als Klassiker, S. 177—183.
[402] Garthoff, Sowjetarmee, S. 35.
[403] Ebd., S. 35f.
[404] Arbatow/Oltmans, Standpunkt, S. 26. Zu Arbatovs Clausewitz-Kenntnissen siehe auch ders., American Foreign Policy, S. 3—27.

nikov nicht gewachsen waren. So ist meines Ermessens bis Ende der 20er, ja phasenweise sogar bis Ende der 30er Jahre der Einfluß Svečins oder Šapošnikovs auf die sowjetische Clausewitz-Interpretation sicherlich größer gewesen als derjenige Lenins, auch wenn die alten Generäle oft auf marxistische Auslegungsmuster zurückzugreifen gezwungen waren.

Nach dem Ausscheiden Trockijs aus dem Volkskommissariat für Kriegswesen, der Reorganisation der Armee durch seinen Gegenspieler Frunze Mitte der 20er und nachdem die ersten Jahrgänge der Kursanten die Militärakademie verlassen hatten, begannen die ideologiegeprägten und parteigebundenen Militärtheoretiker auch in der Diskussion um Clausewitz an Boden zu gewinnen.

Unterstützung erhielten sie aus dem engsten Kreis führender Politiker. Lenin und Trockij wurden bereits erwähnt. Karl Radek, Mitglied des Zentralkomitees der RKP(B) und später des Präsidiums des Exekutivkomitees der Komintern war der eigentliche Deutschlandexperte der Bol'ševiki. Radek »ist ein Mann, der ein geradezu verblüffendes Wissen in sich vereinigt, Kant wie Schopenhauer, Goethe wie Shakespeare, Rousseau wie Malthus, Napoleon wie Friedrich der Große sind ihm absolut vertraute Gestalten. Besonders schätzt er Clausewitz, in dem er auch den politischen Pfadfinder erkennt«, erinnerte sich später Max Bauer, der als Abteilungschef der Obersten Heeresleitung 1918 in Moskau die Bekanntschaft vieler führender Bol'ševiki machte, darunter auch die Radeks. Er zeigte sich offen beeindruckt von der Bildung und einem »Idealismus der Pflichterfüllung« der Führungselite[405].

Bemerkenswert ist, daß sich hier ein deutscher Offizier der politischen Bedeutung erinnert, die Radek der Clausewitz-Lektüre beigemessen hatte. Nicht nur, weil Bauer der einzige gewesen zu sein scheint, sondern weil Radek gerade in Gegenwart fremder Militärs »gerne mit seiner Belesenheit in der militärischen Literatur und mit seinem Interesse für unseren Beruf (kokettiert)«[406], was dem ebenfalls zu diesem Zeitpunkt in Moskau akkreditierten Major im Generalstab Karl v. Bothmer aufgefallen war. »Er hat stets irgendein bekanntes Werk eines unserer Militärschriftsteller auf dem Schreibtisch, wenn man angesagt zu ihm kommt[407].« Daß Radek Clausewitz als »sein besonderes Steckenpferd«[408] betrachtete, lag wohl auch daran, daß er 1923 öffentlich feststellte, daß »prewar Marxism had produced little military literature, ›with the exception of a few little-known works of Engels‹[409].«

Eine erste Annäherung an den marxistischen Standpunkt war Mitte der 20er Jahre in den Sammelbänden *Die Strategie in den Werken militärischer Klassiker*[410] und *Die Taktik in den Werken militärischer Klassiker*[411] zu verzeichnen. 1927 erschien ein Sammelband von

[405] Bauer, Zaren, S. 82.
[406] Bothmer, Mirbach, S. 50.
[407] Ebd.
[408] Goldbach, Radek, S. 11.
[409] Berger, Engels, S. 14. Vgl. zu Radeks Clausewitz-Kenntnissen auch Hahlweg, Carl von Clausewitz, S. 500, und ders., Soldat, S. 100.
[410] Vgl. Strategija v trudach voennych klassikov.
[411] Taktika v trudach voennych klassikov. Der 1. Bd bespricht taktische Lehrbücher westlicher Autoren, darunter Foch, der 2. Bd ist den »vaterländischen« Taktiklehrern Suvorov, Dragomirov und Leer gewidmet.

Aufsätzen und Vorträgen unter dem Titel *Krieg und Kriegskunst im Lichte des historischen Materialismus*[412], dessen namhafte Autoren bereits bis auf Svečin, der hier noch einmal Gelegenheit fand, seine *Entwicklung der strategischen Theorien*[413] darzulegen, aus Vertretern der »neuen Schule« bestanden. Redakteur dieses Bandes war B. I. Gorev, ein enger Mitarbeiter Lenins, der mit diesem auch über das Werk *Vom Kriege* diskutiert haben soll. Den ersten Beitrag lieferte D. B. Rjazanov, Marxforscher und damals Leiter des Marx-Engels-Instituts, das diesen Band auch herausgab. Als einer der maßgeblichen Ideologen referierte Rjazanov über *Militärwesen und Marxismus*[414] auf dem Allunionskongreß der militärwissenschaftlichen Gesellschaft. In seiner programmatischen Rede rekurrierte er in allen zentralen Punkten auf Clausewitz und faßte die bereits mehrfach dargelegten marxistisch-leninistischen Interpretationsmuster zusammen. Schwerpunkte seines Vortrages waren ein Exkurs über die Anwendung der dialektischen Methode, mittels der allein gewährleistet werde, daß die äußeren Erscheinungen eines Sachverhaltes auch mit dem wahren Wesen desselben in Einklang gebracht werden, und eine veränderte Formel:

»Politik ist lediglich konzentrierte Ökonomie. Und der Krieg ist die Fortsetzung der Politik, nur mit anderen Mitteln[415].«

Weitere Themen waren die Wechselbeziehungen von »Kunst und Wissenschaft« im Bereich des Militärwesens, der Streit über die »ewigen Gesetze der Kriegskunst« und ein überraschender kleiner Dämpfer an die Adresse jener »heißblütigen Leute unter uns«, die in der Strategie nur den Vernichtungsgedanken gelten lassen wollen. Rjazanov warnte davor, die historisch oft notwendige und zumeist überaus erfolgreiche aktive Verteidigung als Alternative strategischen Denkens zu vernachlässigen[416].

Gorev ging in seinem Aufsatz *Der Krieg als soziale Erscheinung*[417] neben der wirtschaftlichen und sozialen Verfassung eines Staatswesens auf die besonders in den letzten Jahrzehnten gestiegene Bedeutung der moralischen Elemente ein, die sich der Sowjetstaat in stärkerem Umfang zunutze machen könne als seine kapitalistischen Gegner[418].

Den »materialistischen« Beitrag veröffentlichte R. S. Ziffer unter dem Titel *Taktik und Technik*[419]. In diesem Aufsatz ließen sich naturgemäß kaum Anklänge bei Clausewitz finden, doch wenig später trat er als Verfechter des parteipolitischen Primats über die Politik in Erscheinung[420].

Als ausgezeichneter Kenner Clausewitz' erwies sich auch M. N. Tuchačevskij. Seine Bemerkungen *Zur Frage über die zeitgenössische Strategie*[421], die mit dem Versuch einer Begriffs-

---

[412] Vojna i voennoe iskusstvo.
[413] Svečin, Évoljucija strategičeskich teorij, S. 54—102.
[414] Rjazanov, Voennoe delo, S. 5—23.
[415] Ebd., S. 15.
[416] Ebd., S. 16.
[417] Gorev, Vojna, S. 24—32.
[418] Ebd., S. 30.
[419] Ziffer, Taktika, S. 33—53.
[420] Ders., Voennaja doktrina, Sp. 163—165.
[421] Tuchačevskij, K voprosu, S. 103—135. Zu Tuchačevskijs Einfluß auf die sowjetische Militärdoktrin vgl. neuerdings Dajnes, Tuchačevskij, S. 38—60.

klärung eingeleitet wurden, waren eine Wiederaufnahme der Doktrinendiskussion zu Beginn der Dekade. Ein Unterkapitel begann mit einer Auseinandersetzung mit der Leninschen Formelinterpretation, in der sich Tuchačevskij dagegen wendet, daß die Politik nur als ein Geschöpf der ökonomischen Verhältnisse angesehen wird; sie habe vielmehr einen planenden und leitenden Einfluß auf dieselbe, ebenso wie auf die Vorbereitung und Führung eines Krieges[422]. Hier kehrt Tuchačevskij wieder näher an den Clausewitzschen Ausgangspunkt des Verhältnisses von Krieg und Politik zurück. Er greift diesen Gedankengang wenig später erneut auf, philosophiert über den Charakter des Krieges, der ebenfalls von der Politik bestimmt werde, und stellt in einer Paraphrase Leninscher Hypothesen fest, daß »ein Krieg des proletarischen Sowjetstaates gegen die Imperialisten immer ein gerechter und ein Verteidigungskrieg«[423] sei. Dies impliziert, daß auch ein Angriffskrieg der Sowjetunion per definitionem Tuchačevskijs stets ein Verteidigungskrieg ist.

Angesichts der realen wirtschaftlichen und militärtechnischen Potentiale und Möglichkeiten des jungen Sowjetstaates muten Äußerungen wie diese in Verbindung mit der propagierten ideologischen Expansion und der eindeutig offensiven strategischen Konzeption der Roten Armee als illusionär und abenteuerlich an. Die großen Staaten Westeuropas trauten einer Armee wie der sowjetischen, die in einem ökonomisch rückständigen und durch Krieg und Bürgerkrieg geschwächten Land noch nicht einmal die Einheit des militärischen Befehls durchzusetzen vermochte, zu diesem Zeitpunkt noch keine als direkte Bedrohung empfundenen Aktivitäten zu. Besorgniserregender war eher die Schnelligkeit, mit der kommunistische Parteien in Westeuropa innenpolitischen Terraingewinn erzielten. Tuchačevskij erkannte diesen und einen weiteren Vorteil, denn die Zeit schien für die Rote Armee zu arbeiten. Er schlug vor, im Kriegsfalle durch Einsatz massiver Propaganda beim Gegner ein moralisches Element ganz besonderer Art in Erscheinung treten zu lassen: die Demoralisierung der gegnerischen Armee durch internen Klassenkampf, zum Beispiel von Mannschaften gegen Offiziere, aber auch durch das Beschwören der internationalen Solidarität der Arbeiterklasse. Damit diese Aktiva wirken konnten, war es notwendig, in der Anfangsphase der Kampfhandlungen siegreich zu operieren. Tuchačevskij war realistisch genug zu wissen, daß nur Siege der Roten Armee eine solche Klassenkampfstimmung auszulösen vermochten,

»unter der sich unsere Aktionen gegen die kapitalistischen Feinde auf der äußeren Operationslinie abspielen, aber nicht in einem Sinn, wie ihn die bürgerlichen Strategen verstehen, sondern in dem Sinn, daß der von uns organisierte militärische Elan auf der anderen, gegnerischen Seite den revolutionären Druck der aufständischen Arbeiter und Bauern unterstützt«[424].

Tuchačevskij formulierte in seinen »Bemerkungen« noch einen weiteren Vorteil totalitärer Staaten gegenüber bürgerlichen Demokratien und Monarchien:

---

[422] Tuchačevskij, ebd., S. 117. Tuchačevskij zitiert Clausewitz mehrmals nach der Vojde-Übersetzung.
[423] Ebd., S. 123.
[424] Ebd., S. 135. Eine sowohl politisch wie auch geographisch weit über Clausewitzsche Vorstellungen hinausgehende Definition von »äußerer Operationslinie«, deren politische Seite unausgesprochene Maxime sowjetischer Außen- und »Friedens«politik bleiben sollte.

»Unter den Bedingungen unseres sozialistischen Aufbaus ist eine völlige Umstellung auf die Belange des Krieges ebenso wie die vollständige Ausschöpfung aller für einen Krieg notwendigen Ressourcen, menschlicher wie materieller, so viel leichter«[425]

als für die potentiellen Gegner.

Jahrelang setzte sich Tuchačevskij mit dem Spannungsverhältnis zwischen der Strategie der Ermattung und der Strategie der Vernichtung auseinander, zu dem er eine marxistische Position herausarbeiten wollte. So ließ er es sich nicht nehmen, zur russischen Übersetzung von Hans Delbrücks *Geschichte der Kriegskunst im Rahmen der politischen Geschichte* das Vorwort zum vierten Band zu verfassen[426]. Das Vorwort ist im Kern eine in Maßen polemisch geführte Attacke gegen die »unmarxistischen Ansichten« Svečins, deren Höhepunkt, das Tribunal »gegen die reaktionären Theorien an der militärwissenschaftlichen Front« im April 1931, zur zeitweiligen Verbannung dieser Autorität führte[427]. Tuchačevskij ironisiert das von Delbrück selbst formulierte Ziel, eine Lösung der von Clausewitz nicht abschließend bearbeiteten Frage der zweifachen Form der Kriegführung, Vernichtung oder Ermattung, zu entwickeln[428]. Er wirft Delbrück, dem Verfechter des Ermattungskrieges, vor, daß er seine Schlußfolgerungen aus der »Beobachtung eines speziellen Krieges mit begrenztem Ziel zum allgemeinen strategischen Prinzip einer ganzen Epoche« erhoben habe und dies, »ohne diese Strategie mit dem politischen Ziel des Krieges in Einklang gebracht zu haben«[429]. Während Delbrück dem Prinzip der Ermattung einseitig den Vorzug einräume, habe Clausewitz »die Einheit seiner Theorie« gewahrt, da er die unbegrenzte Skala zwischen Vernichtung und Ermattung unabhängig von der Epoche je nach Kriegsziel der angreifenden oder angegriffenen Partei dargelegt habe. Tuchačevskij betrachtet Delbrück, ungeachtet seiner sorgfältigen Methodik und Verdienste, als einen Rückfall hinter Clausewitz, ja sogar als »Vulgarisierung der Aussagen Clausewitz' auf dem Wege der Unterschiebung einer eklektischen Dialektik«[430]. In das offene Messer dieser Kritik lief nun Svečin, der erklärt hatte, er habe den Idealisten Delbrück in den Marxisten Svečin verwandelt und der von Tuchačevskij der bedingungslosen Gefolgschaft Delbrücks geziehen wurde. Tuchačevskij unterstellte Svečin, ein Gefangener Delbrücks zu sein, und »wenn Delbrück Clausewitz vulgarisierte, dann vervollkommnete der Genosse Svečin noch die Eklektik Delbrücks«[431]. Tuchačevskij fiel auch auf, daß Delbrück genau »das bei Clausewitz herauswarf, was Lenin bei ihm so schätz-

---

[425] Ebd., S. 127.

[426] Tuchačevskij, Predislovie, zit. nach ders., Proizvedenija, Bd 2, S. 116—146. Auch die ersten drei Bände des Delbrückschen Monumentalwerkes, die erst nach dem 4. Bd übersetzt wurden, waren mit umfangreichen Rekursen auf Clausewitz versehen, vgl. Del'brjuk, Istorija, Bd 1, S. 10—15, 35, 38, 62, 120, 123, 442.

[427] Vgl. Kap. III. 5.a der vorliegenden Arbeit über Svečin.

[428] Vgl. Tuchačevskij, Predislovie, S. 129. Es handelt sich um die Besonderheiten der »offensiven Kriegführung mit begrenztem Ziel« in der friderizianischen Epoche.

[429] Ebd.

[430] Ebd., S. 132. Tuchačevskij greift auch den »Pazifismus« Svečins an, der den Gegner mittels Blockade und anderer Formen politischen und ökonomischen Drucks »ermatten« möchte, ohne diesen physisch zu vernichten, ebd., S. 137.

[431] Ebd., S. 134.

te«[432]. Kaum zu fassen vermag Tuchačevskij schließlich den Standpunkt Verchovskijs, eines weiteren ehemaligen Zarengenerals, der »keinen Unterschied zwischen dem Angriff einer bürgerlichen Armee und dem der Roten Armee sehen kann, selbst nicht den Zusammenhang dieser Angriffsarten mit der Beteiligung breiter Arbeitermassen«[433]. Gegen Ende beteuert Tuchačevskij, die »wissenschaftlichen Verdienste der Genossen Svečin und Verchovskij nicht schmälern zu wollen«; er habe sich nur bemüht, eklektisches Gedankengut aufzudecken[434]. Ein Jahr später stand er an der Spitze derjenigen, die einen physischen »Vernichtungskrieg« gegen Svečin führten.

Tuchačevskij war einer der wenigen führenden Militärs, dessen Arbeiten nicht nur an der Militärakademie, sondern auch in den ideologischen Hochburgen des Marxismus-Leninismus Gehör fanden. Seine Vorträge über verschiedene militärwissenschaftliche Neuerscheinungen in der Kommunistischen Akademie fanden stets vor 400 bis 500 Personen statt[435]. Mit dieser positiven Resonanz im Rücken fiel es ihm daher nicht schwer, den großen Wendepunkt, die Ideologisierung der militärtheoretischen Arbeit, unbeschadet zu überstehen. 1929 wurde von staatlicher Seite wissenschaftlichen Einrichtungen wie dem »Institut für Weltwirtschaft und internationale Beziehungen« und der »Kommunistischen Akademie« die Militärökonomie, der sich bislang nur wenige der alten Militärspezialisten in gebührender Weise zugewandt hatten, als neuer Forschungszweig angewiesen. Nachdem der Kommunistischen Akademie die ideologisch-methodologische Führung der gesamten marxistischen Wissenschaft übertragen worden war, machte sie mit der Errichtung der »Sektion zum Studium der Probleme des Krieges« im Jahre 1929 ihren Führungsanspruch auf militärischem und militärtheoretischem Gebiet deutlich.

»In der kulturrevolutionären Atmosphäre dieser Zeit wandelten sich die Sektion und ihre Unterabteilungen schnell zum Hauptforum der theoretischen Debatte um die Militärdoktrin der sowjetischen Streitkräfte, (um) den Nutzen einer Umstellung der Roten Armee auf eine offensive strategische Konzeption«[436]

zu gewährleisten wie auch um die Interpretation von Clausewitz zu monopolisieren. So gab der Leiter der neuen Sektion, A. S. Bubnov, der eng mit der Frunze-Militärakademie und anderen militärischen Lehreinrichtungen zusammenarbeitete, sowohl das Standardwerk *Der Bürgerkrieg 1918–1921* heraus[437] als auch die Leninsche *Tetradka*. Rein fachlich betrachtet, wäre eher Svečin für diese Aufgabe prädestiniert gewesen.

Junge sowjetische Kommandeure, die in den Jahren 1925–1933 an deutschen Ausbildungslehrgängen teilnahmen, beriefen sich bei Planspielen und anderen Gelegenheiten »vornehmlich auf Clausewitz und Schlieffens *Cannae*«[438]. Auch hier werden sie als junge

[432] Ebd., S. 135.
[433] Ebd., S. 145.
[434] Ebd.; zum Clausewitz-Bild Tuchačevskijs vgl. ferner ders., Proizvedenija, Bd 2, S. 159, 251, sowie ausführlich in: ders., Svečina, S. 3–16.
[435] Vgl. Finkler, Obzor, S. 33.
[436] Ich verdanke diesen Hinweis der noch unveröffentlichten Dissertation von Duda, Varga, Kap. 3.1.1; zu den Auftritten Tuchačevskijs vor der Komakademie vgl. auch Bötticher, Industriepolitik, S. 267–270; zu Tuchačevskijs Theorie der tiefen Operation Ende der 20er Jahre vgl. Dajnes, Tuchačevskij, S. 55f.
[437] Graždanskaja Vojna, in dem zum ersten Mal eine faksimilierte Seite der Tetradka veröffentlicht wurde.
[438] Vgl. Pruck, Entwicklung, S. 24, und ders., Militärwissenschaft, S. 811–820. Siehe auch Zeidler, Reichswehr, S. 355–360.

Kommunisten mit der deutschen Clausewitz-Tradition konfrontiert worden sein, die sie sonst nur aus Übersetzungen kannten.

Nicht nur in fachspezifischen Publikationen veröffentlichte man; auch in die Massenmedien drängte es diese sowjetrussischen Clausewitz-Interpreten der zweiten Generation. F. Rotštejn, in den frühen 20er Jahren Leiter der Presseabteilung des Volkskommissariats für Auswärtige Angelegenheiten und später Leiter der Abteilung für allgemeine Geschichte der *Großen Sowjetenzyklopädie*, verfaßte für die erste Auflage dieses Lexikons den Artikel *Der Krieg als soziale Erscheinung*[439], während Tuchačevskij auf 20 Spalten den *Krieg als Problem des bewaffneten Kampfes*[440] untersuchte.

Erklärtes Ziel der Sektionsgründung war es unter anderem gewesen, jüngere marxistische Theoretiker dazu zu bewegen, sich überhaupt mit Fragen der Militärtheorie zu beschäftigen. So ist es zu erklären, daß man in fieberhafter Eile militärtheoretische Veröffentlichungen plante, die als marxistische Antwort auf die verbreiteten Arbeiten der bürgerlichen Historiker und Militärschriftsteller verstanden wurden. Die Institute wurden beauftragt, genaue zeitliche und inhaltliche Pläne avisierter Publikationen zu erarbeiten und das Publikum durch Vorankündigungen mit den zu erwartenden Titeln vertraut zu machen[441]. Dieser Wissenschaftspolitik ist es zu verdanken, daß wir über Clausewitz-Publikationen unterrichtet sind, die später gar nicht oder nicht in der angegebenen Form erschienen. Im *Informationsblatt der Kommunistischen Akademie* wurde Anfang 1932 eine Reihe von geplanten militärwissenschaftlichen Monographien vorgestellt, darunter »im besonderen ... ein Sammelband *Marxismus und die Lehren Clausewitz'*, für den folgende Aufsätze in Vorbereitung waren:

— Gorev[442]: Clausewitz und seine Epoche
— Kaplan[443]: Clausewitz und die Dialektik
— Bočarov[444]: Clausewitz und Delbrück
— Belickij[445]: Die Lehren Clausewitz' über Taktik
— Toporkov[446]: Die Planung nach Clausewitz
— Amiragov[447]: Elemente der Dialektik in den Lehren aus Clausewitz' *Vom Kriege*«[448].

---

[439] Rotštejn, Vojna, Sp. 552—576. Zu Clausewitz siehe Sp. 553, 576.

[440] Tuchačevskij, Vojna, Sp. 576—598; in den umfangreichen Literaturangaben führt Tuchačevskij neben der neuesten zeitgenössischen Militärliteratur sowohl die Vojde-Übersetzung als auch die neueste deutsche Clausewitz-Ausgabe (Berlin 1918, 13. Aufl.) an, vgl. Sp. 598.

[441] Zur Arbeitsweise dieser Institute vgl. Hecker, Universalgeschichtsschreibung, S. 13.

[442] Gorev war als Bol'ševik der ersten Stunde ein enger Mitarbeiter Lenins und mehrfacher Autor über Clausewitz.

[443] Der Autor war vorher noch nicht im Zusammenhang mit Clausewitz in Erscheinung getreten; ein Aufsatz ähnlichen Titels war aber bereits 1920 erschienen, vgl. Toporkov, Dialektičeskij metod.

[444] Bočarov hatte 1931 am Svečin-Tribunal teilgenommen und gegen dessen militärgeschichtliche Ansichten auch in bezug auf Clausewitz polemisiert.

[445] Belickij hatte damit seine erste Clausewitz-Arbeit verfaßt, zu der es kaum Literatur gegeben haben dürfte.

[446] Toporkov hatte schon 1920 eine Arbeit zur Dialektik bei Clausewitz verfaßt, vgl. Anm. 443.

[447] Amiragov trat 1934 erneut in Erscheinung, als er das militärtheoretische Erbe von Marx, Engels und Lenin auf der gedanklichen Grundlage von Clausewitz nachzeichnete, vgl. Anm. 455.

[448] Finkler, Obzor, S. 34; diese Publikation wurde noch einmal im Vestnik Kommunističeskoj Akademii 1931, S. 110—113, veröffentlicht.

Im gleichen Jahr wurde ein ebenfalls bereits fertiggestellter Aufsatz von Amiragov zur *Dialektik bei Clausewitz*[449] angekündigt, der dann — wie der oben erwähnte Sammelband — nicht erschien. Vorrangig bearbeitet wurden Chrestomathien wie *Die marxistisch-leninistische Lehre vom Kriege und von der Armee*[450], in denen die oben genannten Clausewitzautoren gut die Hälfte der Beiträge bestritten. In den Aufsätzen setzte man sich in zentralen Fragen zwar bewußt von »idealistischen« Positionen Clausewitz' ab, betonte jedoch dessen »gewaltige Rolle für die Entwicklung des Strategiebegriffs«[451].

Obwohl von höchster Stelle motiviert und protegiert, zeigte die Arbeit der Sektion nicht den gewünschten Erfolg. Beklagt wurde die mangelnde Bereitschaft junger Marxisten, Vorlesungen dieser Sektion der Kommunistischen Akademie zu besuchen, einigen attestierte man sogar einen »völlig unzulässigen (bürgerlichen) Pazifismus«. Ursache für eine gewisse Halbherzigkeit mag gewesen sein, daß die Initiative, sich mit militärtheoretischen und militärökonomischen Themen zu befassen, von der politischen Führung des Landes ausgegangen war und nicht den ureigensten Forschungsinteressen der Akademie zugerechnet werden konnte. In einem Brief an die Redaktion der Zeitschrift *Proletarskaja Revoljucija* äußerte Stalin im Frühjahr 1932 radikale Kritik an den Gesellschaftswissenschaften, was zur Folge hatte, daß es auch innerhalb der Sektion zu umfassenden Säuberungen kam, die praktisch einen Stillstand der Arbeit bewirkten[452]. Dies wird auch der Grund gewesen sein, daß die angekündigten Clausewitz-Publikationen nicht erschienen.

Der Schwerpunkt der Clausewitz-Forschung wurde nun auf die Herausgabe einer qualifizierten russischen Übersetzung des Werkes *Vom Kriege* nebst der anderen militärhistorischen Arbeiten Clausewitz' gelegt, was den inzwischen kurzfristig rehabilitierten Zarengenerälen wieder Gelegenheit gab, für vier bis fünf Jahre im Zentrum der sowjetischen Clausewitz-Rezeption zu stehen. Kritische Rezensionen dieser Ausgaben wurden hingegen stets von marxistischer Seite veröffentlicht. So geriet die Rezension der sowjetischen Clausewitz-Erstausgabe, die A. Vasil'ev Ende 1932 in der Zeitschrift *Kniga i Oborona* veröffentlichte, weniger zu einer Buchkritik als vielmehr zu einer Auseinandersetzung mit Clausewitz aus sowjetmarxistischer Sicht[453]. Die zweite Auflage dieser Ausgabe erlebte 1934 eine vierspaltige Kritik in der *Pravda*, die zwar feststellte, daß Clausewitz und die Leninisten eine Reihe von Fragen unterschiedlich einschätzten, aber trotz allem nicht ohne Genugtuung eine Behauptung aufgriff, nach der »wir (die Sowjets, d. Verf.) die besten Schüler Clausewitz' sind«[454].

Andere Arbeiten versuchten nachzuweisen, daß schon bei Clausewitz wie auch bei Lenin dem Phänomen Tapferkeit und dem Angriff größte Aufmerksamkeit gewidmet worden war. Es entsprach dem auf Offensive ausgerichteten Geist der Mitte der 30er, daß Amira-

---

[449] Vgl. Finkler, ebd., S. 36.

[450] Siehe das Vorhaben Marksistsko-leninskoe učenie o vojne i armii. Plan proraborki und den Sammelband Marksistsko-leninskoe učenie o vojne.

[451] Zur immer noch gemäßigten Clausewitz-Kritik vgl. ebd. (Sammelband), S. 9, 44—47, 386, wo Clausewitz' Lebenslauf und sein Werk eine insgesamt positive Würdigung erfahren.

[452] Vgl. Duda, Varga, Kap. 3.1.1.

[453] Vgl. Vasil'ev, Klauzevic, passim.

[454] Vgl. Evgen'ev, Novoe izdanie, S. 3.

gov betonte, Lenin habe einen Clausewitzschen Paradigmawechsel lobend übernommen. Clausewitz sah im »Schlüssel des Landes« nicht mehr eine Gegend, Stadt oder Festung, sondern das feindliche Heer. Damit verlegte er den Akzent von der passiven Verteidigung eines Territoriums auf die defensive und offensive Beweglichkeit des Heeres. Nach Amiragov besteht der Gipfel der Leninschen Militärkunst darin, den Gegner, d. h. seine Streitkräfte, vernichtend zu schlagen, und dies müsse unbedingt auf gegnerischem Boden erfolgen[455].

1934 erschien der Jubiläumsband *15 Jahre Frunze-Militärakademie*[456], der nur für den Dienstgebrauch bestimmt war. In ihm gingen mehrere Autoren auf Clausewitz ein, darunter auch Šapošnikov, der aus politischer Rücksichtnahme inzwischen dazu übergegangen war, Clausewitz einen »idealistischen Dialektiker« zu nennen, von der früher offenherzig bekundeten gedanklichen Abhängigkeit Abstand zu nehmen, und verlauten ließ:

»Vor 100 Jahren bewies der idealistische Dialektiker Clausewitz sehr richtig, daß jeder Krieg konkrete Umstände hat und daß jede Epoche daher ihre eigene Theorie der Kriegskunst haben muß. Einem dialektisch bewanderten Marxisten so etwas zu erklären ist nicht nötig[457].«

G. Isserson zitiert in seinem Aufsatz *Auf neuen Wegen der Entwicklung unserer operativen Kunst* aus Lenins *Tetradka*[458] und führt an, daß schon Clausewitz gesagt habe, neue Entwicklungen in der Taktik sollten ihren Niederschlag auch in der Strategie finden[459]. Auch bei A. Golubev findet sich eine Passage, in der Clausewitz als Beispiel für die Fruchtbarkeit historischer Beschäftigung und Erkenntnis angeführt wird:

»(Die Erkenntnisse) des berühmten Kriegsphilosophen Clausewitz ... basieren vollständig auf den Erfahrungen der Geschichte (insbesondere aus den Kriegen der Großen Französischen Revolution), und alle wichtigen Einsichten seines Werkes ... begründen sich auf historische Beispiele und Fakten[460].«

Wenn in der UdSSR »bürgerliche Klassiker« vergangener Jahrhunderte bzw. Teilbereiche ihrer Werke als grundlegendes, progressives Kulturerbe für den Marxismus reklamiert wurden, war es oft das Schicksal dieser Werke, über den Rahmen ihrer eigentlichen Disziplin auch in Nachbarwissenschaften oder -künsten zitiert zu werden. So wurde Clausewitz von Militärs und Politikern gelesen, aber auch Juristen machten von seiner Formel Gebrauch. E. Pašukanis, einer der Begründer der marxistisch ausgerichteten Völkerrechtslehre, formulierte das sowjetische Verständnis von Kriegsbegriff und Kriegsrecht, indem er, von Clausewitz' Formel ausgehend, die Leninsche Entwicklung in die juristische Terminologie implementiert[461].

---

[455] Amiragov, nasledie, S. 64.

[456] XV (= Pjatnadcat' ...) let akademii RKKA.

[457] Šapošnikov, Na poroge, S. 39.

[458] Isserson, Na novych putjach, S. 120.

[459] Ebd., S. 122.

[460] Golubev, Voennaja istorija, S. 165.

[461] Pašukanis, Očerki, S. 189 f.; ausführlich dazu die juristische Dissertation von Tomson, Kriegsbegriff, S. 49 ff. Mit Puchovskij, O mire, griff die sowjetische Rechtswissenschaft diese Gedanken erneut auf bzw. nannte Clausewitz wieder als positiv einzuschätzenden Urheber der Formel, deren Formulierung nach dem Zweiten Weltkrieg konsequent Lenin zugeschrieben worden war. Siehe auch Tomson, Kriegsrecht, S. 122–138.

Der letzte bedeutende Sowjetpolitiker, der sich vor Ausbruch des Zweiten Weltkrieges positiv zu Clausewitz äußerte, war der langjährige Verteidigungsminister (Volkskommissar) Kliment Vorošilov. Er hatte bereits 1928 anläßlich des zehnjährigen Bestehens der Roten Armee auf Clausewitz Bezug genommen, als er sich auf die »Meinung vieler Militärspezialisten« berief, daß im Kriege der militärische Erfolg zu 75 % von der moralischen Standfestigkeit der Soldaten abhinge und nur zu einem Viertel von materiellen Faktoren. Einer seiner Zeugen für diese These war Clausewitz, »dieser gewaltige Theoretiker des Kriegswesens«, der »vom kriegerischen Geist der Armee« sprach und damit der Disziplin einen hohen Stellenwert einräumte. Vorošilov zitiert die »Forderungen höherer Art«, die nach Clausewitz die kriegerischen Tugenden des Heeres ausmachen: »den Gehorsam[462], die Ordnung, die Regel und die Methode«[463]. »Auf diesem Standpunkt«, so Vorošilov, »stehen auch die zeitgenössischen militärischen Autoritäten«[464]. Im März 1939 kam er erneut auf die moralischen Potenzen bei Clausewitz zu sprechen. In seiner *Rede vor den Delegierten des XVIII. Parteitages der KPdSU* führte er zum politischen und moralischen Zustand der Roten Armee aus:

»Die Kraft und Bedeutung des politischen und moralischen Faktors für die kriegerische Tätigkeit der Streitkräfte hat der Klassiker des Militärwesens und Denker des 19. Jahrhunderts Clausewitz in seinem bedeutenden Werk *Vom Kriege* durch folgendes Bild verdeutlicht: ›... so sind ... die meisten Gegenstände ... halb aus physischen, halb aus moralischen Ursachen und Wirkungen zusammengesetzt, und man möchte sagen: die physischen erscheinen fast nur wie das hölzerne Heft, während die moralischen das edle Metall, die eigentliche, blank geschliffene Waffe sind[465].‹ Die hohe politisch-moralische Verfassung der Roten Armee ist jenes ›Edelmetall‹, von dem Clausewitz in seiner Zeit schrieb, nur mit dem Unterschied, daß unsere kommunistische Moral, der ›Geist‹ unserer Roten Armee, aus einer Summe von Elementen besteht, die den Sieg ausmachen, die dem Geist der alten halbfeudalen und bürgerlichen Armeen nicht ähnlich sind[466].‹

Solche Massenveranstaltungen trugen zur Verbreitung — zumindest des Namens von Clausewitz — ebenso bei wie Artikel über seine Person und sein Werk in jedem in der UdSSR herausgegebenen Lexikon[467] sowie Aufsätze und Rezensionen in Fachzeitschriften und führenden Tageszeitungen wie der *Pravda*.

---

[462] Vorošilov übersetzt den deutschen Begriff »Gehorsam« mit »poslušanie«, der russischen Entsprechung, setzt aber in Klammern den Begriff »Disziplin« als das eigentlich Gemeinte.

[463] Ders., Desjatiletie Krasnoj Armii, in: ders., Stat'i, S. 218; vgl. bei Clausewitz, Vom Kriege. 1980, S. 361.

[464] Vorošilov, Stat'i, S. 218.

[465] Clausewitz, Vom Kriege. 1980, S. 357.

[466] Vorošilov, Reč', S. 203.

[467] Es erübrigt sich, auf die jeweiligen Clausewitz-Artikel der sowjetischen Lexika näher einzugehen, da sie durchgängig die herrschende politische oder die daraus resultierende Lehrmeinung wiedergeben. Der hier angegebene Querschnitt zeigt aber, daß Clausewitz in sämtlichen allgemeinen Enzyklopädien vertreten war, auch in denen kleinerer Nationen und Nationalitäten, besonders ausführlich naturgemäß in den militärischen und historischen Nachschlagewerken. Sein Name fällt fast immer auch in den Artikeln »Krieg«, »Strategie«, »Kriegskunst« und »Kriegsgeschichte«. Die im Folgenden genannten Lexika erheben keinen Anspruch auf Vollständigkeit. Siehe jeweils den Artikel »Klauzevic« in:
BSĖ, Bd 33, Sp. 48—50; Malaja Sovetskaja Ėnciklopedija, Bd 3, Sp. 890. Der ungenannte Autor gesteht Clausewitz »gewaltigen Einfluß auf das deutsche militärische Denken bis in die heutige Zeit« zu. Die Einschätzung ist durchgehend positiv.

Noch im September 1940 erschien in dem vom Volkskommissariat für Verteidigung der UdSSR herausgegebenen Organ *Voennaja Mysl'*[468] ein von Polemik freier Aufsatz über Strategie aus der Feder des Obersten I. A. Čerkezov, der sich bei seiner Definitionsentwicklung des Begriffs Strategie weitgehend auf Clausewitz berief[469].

Čerkezov behauptete in seinem Beitrag, den die Redaktion in »besonderer Weise der Meinung der Leser« zur Diskussion stellte, daß Napoleon auf dem Felde der Praxis und Clausewitz auf dem Gebiet der Theorie den Gipfel bürgerlicher Militärkunst darstellten.

BSĖ, 2. Aufl., Bd 21, S. 392 f. Der Clausewitz-Artikel der 2. Aufl. der BSĖ erschien kurz nach Stalins Tod im Juni 1953; der Tenor war durchgängig negativ.

Malaja Sovetskaja Ėnciklopedija, 3. Aufl., Bd 4, Sp. 861. Der Ton dieser Ausgabe ist wieder sachlich und insgesamt positiv.

Ukraïns'ka Radjans'ka Ėnciklopedija, Bd 6, Kiev 1961, S. 475, sachlich-informativ. Der Autor weist auf die ukrainische Ausgabe des Werkes Vom Kriege hin.

Bol'šoj Istoričeskij Slovar', Bd 7, Sp. 414 f. Der Verfasser Pankov unterstreicht, daß Clausewitz 1812 für ein preußisch-russisches Bündnis eintrat, beurteilt sein Werk »als eine vollständige Etappe des militärischen Denkens des 19. Jahrhunderts« und übt heftige Kritik an der »unwahren dogmatischen« Verfehmung Clausewitz' durch Stalin.

Belaruskaja Saveckaja Ėncyklapedyja, Bd 6, S. 15. Der kurze Beitrag ist nüchtern gehalten, weist auf eine belorussische Übersetzung aus den Jahren 1933/34 unter dem Titel »Ab Vajne« hin und nennt als Sekundärliteratur die nach 1956 in der UdSSR erschienenen Studien über Clausewitz, die diesen »rehabilitierten«.

BSĖ, 3. Aufl. Bd 12, S. 285. Der Autor Klevcov schildert sehr ausführlich die Stationen des Lebens und wertet Clausewitz' Gedanken als »gemäßigt bürgerlich, unter ihnen eine Reihe progressive, vermischt mit scharfer Kritik an dem feudalen Militärsystem, (aber) auch reaktionäre, preußisch-nationale und antidemokratische Ideen«. In den Literaturangaben wird neben den rehabilitierenden Schriften auch die Clausewitz-Biographie Svečins genannt, was auf ein entspannteres Verhältnis zu den alten Militärexperten in den 70er Jahren hindeutet.

Sovetskaja Voennaja Ėnciklopedija, Bd 4, S. 202 f. Der anonyme Beitrag in diesem 8bändigen Militärlexikon ist nicht umfangreicher als der der 3. Aufl. der BSĖ; die Wertungen sind identisch, lediglich das Literaturverzeichnis ist unterteilt in die Werke von Clausewitz, zu denen der Autor auch dessen 1953 in der DDR erschienenen Briefwechsel mit Marie v. Clausewitz rechnet, und in die Sekundärliteratur, wobei hier zum ersten Mal eine amerikanische Arbeit über Clausewitz, die Biographie von Parkinson, Clausewitz, als neueste Informationsquelle genannt wird.

Ukrainskaja Sovetskaja Ėnciklopedija, Bd 5, S. 115, Kiev 1981. Der Beitrag weist nur auf die wichtigsten Lebensdaten und die Werkausgaben in russischer und ukrainischer Sprache hin.

Voennyj Ėnciklopedičeskij Slovar', S. 335.

[468] Die Zeitschrift Voennaja mysl' erschien als wichtigstes militärtheoretisches Organ der Sowjetunion seit 1937 unter diesem Titel. Sie ist die direkte Nachfolgerin der Zeitschriften Voennoe delo (bis 1921), Voennaja nauka i revoljucija (bis 1922), Voennaja mysl' i revoljucija (bis 1925) und Vojna i revoljucija (bis 1937), deren zahlreiche Umbenennungen im Gefolge personeller Umbesetzungen, militärtheoretischer Kurswechsel oder größerer Militärreformen notwendig erschienen. Seit 1947 war Voennaja mysl' als klassifizierte Zeitschrift nur noch »Generälen, Admirälen und Offizieren der sowjetischen Armee und Flotte« zugänglich, was den autoritativen Charakter dieses Organs unterstrich und dazu geführt haben mag, daß die im inneren Kreis militärischer Macht zirkulierenden Beiträge der Voennaja mysl' aufgrund des Verschlußstatus einen offeneren Ton angeschlagen haben werden als die frei zugänglichen militärischen Publikationen. Seit dem 1. 1. 1990 ist Voennaja mysl' — auch im Westen — frei subskribierbar. Vgl. zur Geschichte und zum Status der Zeitschrift neuerdings Diehl, Militärisches Denken.

[469] Čerkezov, Strategija.

»Alles, was die bürgerliche Militärwissenschaft nach ihnen, bis auf den heutigen Tag, hervorgebracht hat, ist ein Schritt zurück in bezug auf Schwung und Tiefe der Militärtheorie und -praxis[470].«

Das Verdienst beider, Napoleons und Clausewitz', bestehe in der Dynamisierung des Krieges durch das Einbeziehen und die Aktivierung der Millionenmassen der Bevölkerung, die noch für die Belange der Dynastien des 18. Jahrhunderts kein Interesse zeigten.

»Drei Faktoren bestimmten bei Clausewitz seine Theorie der Kriegskunst: die Erfahrungen der Napoleonischen Kriege, die revolutionäre Erhebung des deutschen Bürgertums und die Entwicklung der deutschen Philosophie, insbesondere der idealistischen Dialektik Hegels[471].«

Erst das Zusammentreffen dieser Faktoren ermöglichte es Clausewitz, so Čerkezov, den Krieg als Fortsetzung der Politik zu erkennen. Am Ende seiner Betrachtung zur Strategie, die die Entwicklung bis in die Zeit nach dem Ersten Weltkrieg verfolgt, kommt Čerkezov zu dem Schluß, daß die Formel noch heute (1940, d. Verf.) Gültigkeit besitze. Auch die Clausewitzschen Definitionen des Strategiebegriffs fänden zeitgenössische Anerkennung, die sowjetische Militärwissenschaft habe sie jedoch in einem wichtigen Punkt weiterentwickelt. Während Clausewitz noch die Auffassung vertreten habe, die Strategie befasse sich nicht mit der Vorbereitung des Landes auf den Krieg, sondern interessiere sich nur für die bereitgestellten Waffen[472], legen sowjetische Militärs die Formel nur zugrunde, wenn sie weitergehend ausführen, »daß Strategie die Fortsetzung der Politik auf dem Gebiet der Vorbereitung und der Führung des Krieges ist«[473]. Ferner erfolgte eine Trennung zwischen politischer und militärischer Strategie, wobei letztere als ein Teil der politischen Strategie, also dieser untergeordnet, betrachtet werde. Reverenz erweist Čerkezov auch Stalin, indem er dessen Definition der politischen Strategie zitiert:

»Strategie ist die Bestimmung des Hauptstoßes des Proletariats auf der Grundlage der gegebenen Etappe der Revolution, die Ausarbeitung eines entsprechenden Planes der Anordnung der revolutionären Kräfte (der hauptsächlichen und zweitrangigen Reserven), des Kampfes für die Durchführung dieses Planes während der gesamten Dauer der entsprechenden Etappe der Revolution[474].«

Parallel zu dieser ansatzweise noch um sachliche — sofern dies die ideologischen Vorgaben zuließen — Auseinandersetzung bemühte Clausewitz-Interpretation, die als Subjekt ihrer Forschung das Werk des preußischen Generals und dessen Auslegung durch Lenin betrachtete, entstand eine zweite, bis zum Kriegsausbruch mit dem nationalsozialistischen Deutschland eher marginale Abhebung des sowjetischen Clausewitz-Bildes von dem in der Zwischenzeit in Deutschland entstandenen »faschistischen« Rezeptionsansatz.

---

[470] Ebd., S. 14.

[471] Ebd., S. 15.

[472] Ebd.

[473] Ebd., S. 22.

[474] Ebd. Das aus Čerkezov entnommene Zitat entstammt der 11. russischen Ausgabe von Stalin, Voprosy Leninizma.

7. Die Auseinandersetzung mit dem deutschen »faschistischen«
Clausewitz-Bild (1934—1956)

Ende der 20er Jahre entfachte die sowjetische Führung eine Propagandakampagne der
»Kriegsgefahr«, die wenig mit einer realen außenpolitischen Bedrohung zu tun hatte,
sondern vielmehr den innen- und parteipolitischen Bedürfnissen der Staats- und Parteispitze entsprach. Mit der erneut entflammten Doktrinendiskussion ging die Militarisierung weiter Teile der Gesellschaft in paramilitärischen Massenorganisationen wie dem
OSOAVIACHIM[475] ebenso einher wie die Wirtschaftspolitik der forcierten Industria-
lisierung und der gewaltsamen Kollektivierung, die die Mobilisierungsfähigkeit der Roten
Armee anfangs zwar stark beeinträchtigten, mittelfristig jedoch die Streitkräfte mit
modernsten Waffen und Gerät belieferten[476].

Nach der Machtergreifung der Nationalsozialisten in Deutschland wurde das lauthals
propagierte zielstrebige Rüstungsprogramm des »Dritten Reiches« ebenso als Bedrohung
empfunden wie die Aufrüstung des östlichen Nachbarn Japan. Entsprechend intensiv
beobachtete man auch die militärwissenschaftlichen Diskussionen im »neuen Deutschland«. Sehr schnell stießen sowjetische Militärschriftsteller auf ein Clausewitz-Bild der
späteren Wehrmacht (gegr. am 16. März 1935), das sich von dem des kaiserlichen Heeres
und der Reichswehr nicht unwesentlich unterschied. Gleichzeitig verfolgten deutsche
Beobachter des sowjetischen Militärwesens den Einfluß, den Clausewitz auf das sowjetische militärische Denken auszuüben schien.

Generaloberst Ludendorff verkörperte für die Sowjets die Klammer zwischen alter und
neuer deutscher Clausewitz-Interpretation. Schon Mitte der 20er Jahre wiesen zahlreiche Militärschriftsteller auf die Pervertierung der grundlegenden Gedanken Clausewitz'
durch den Mann hin, der die Strategie des kaiserlichen Heeres dominiert hatte und dessen
nach dem Krieg veröffentlichten Erinnerungen und Dokumentenpublikationen[477] die
öffentliche wie militärische Diskussion in der Weimarer Republik stark beeinflußten.
Man kritisierte, daß Ludendorff die Formel umgekehrt, damit die Politik zum Handlan-
ger militärischer Interessen gemacht und in seinen *Kriegserinnerungen* in Anlehnung an
die Darwinsche Biologie den Krieg als Überlebenskampf des Stärkeren zum eigentlichen
Zweck des individuellen wie des Völkerdaseins stilisiert hatte. Eingehender interpretierte diesen Standpunkt ein anonymer Autor, der 1931 in der Zeitschrift *Inostrannaja Kniga*
eine österreichische Studie rezensierte, die in *Ludendorff die Tragödie eines Fachmannes*[478]
ausmachte. Das Buch sei für den sowjetischen Leser von großem Interesse, da es aufzei-
ge, »wie in der imperialistischen Armee ein Riß durch die militärische und allgemeine
Politik ging im Widerspruch zur These von Clausewitz, ›daß der Krieg die Fortsetzung
der Politik nur mit anderen Mitteln ist‹.« Die Tragödie Ludendorffs als Militärspezialist

---

[475] OSOAVIACHIM, Abkürzung für einen mehrere Millionen Mitglieder umfassenden Verband, der
zwischen 1927 und 1948 vor- und paramilitärische Ausbildung durchführte; 1948 in drei Nachfol-
georganisationen aufgeteilt.
[476] Vgl. Schröder, Streitkräfte, S. 45.
[477] Ludendorff, Kriegserinnerungen; ders., Urkunden.
[478] V. V., Tschuppig, S. 29.

sei gewesen, daß er den Krieg als eine Angelegenheit lediglich der Militärs betrachtete und den Politikern jegliches Mitspracherecht verweigerte. Der deutschen Seite habe es im Weltkrieg am Zusammenspiel von politischer und militärischer Führung gemangelt. Ein Umstand, der allerdings in der UdSSR nicht auftreten könne, da sich »in der Roten Armee die Diktatur des Proletariats, der einheitliche Wille der Partei manifestiert, der die völlige Übereinstimmung von politischer und militärpolitischer Aktivität« gewährleiste. All dies beweise wieder einmal, daß »wir« (die Sowjets, d. Verf.) dank Lenin »die besten Schüler Clausewitz' sind«. Zuletzt empfiehlt der Autor eine gekürzte russische Übersetzung der österreichischen Studie, da sich weite Passagen wie ein Kommentar zu den Lehren von Clausewitz lesen ließen[479].

S. Evgen'ev begründet in der *Pravda* in einer Rezension der zweiten sowjetischen Ausgabe des Werkes *Vom Kriege* die Notwendigkeit, Clausewitz wegen des aufflackernden Säbelrasselns in den kapitalistischen Staaten gründlich zu analysieren, vor allem aber, da dort überall Clausewitz aufmerksam gelesen werde. »In Deutschland wendet man sich besonders verstärkt diesem ›reinblütigen‹ Deutschen zu«[480], ironisiert Evgen'ev die rassepolitisch motivierte Deutschtümelei der Nationalsozialisten angesichts der ursprünglich aus dem Polnischen stammenden Familie Clausewitz. Warum sich die ausländischen Militärs erneut dem preußischen Kriegsphilosophen zuwenden sei, nachdem »selbst Blinden inzwischen der untrennbare Zusammenhang von Politik und Krieg« einleuchte, klar:

»Sie möchten das Geheimnis des Sieges lüften. Natürlich werden sie es nicht finden. Denn Clausewitz selbst würde es nicht geben können. In unserer Zeit kennt nur die Arbeiterklasse das ›Geheimnis‹ des Sieges, gelenkt durch die Partei Lenins-Stalins[481].«

Auch Tuchačevskij, der inzwischen mehrfach mit deutschen Generälen auf Staatsbesuchen und bei Manöverbeobachtungen in Kontakt gekommen war, wies in einer Rede, die am 16. Januar 1936 in der *Pravda* abgedruckt wurde, darauf hin, daß in Deutschland anläßlich der Eröffnung der Generalstabsakademie betont worden sei, es gälten noch die unwandelbaren »strategischen Prinzipien des alten deutschen Generalstabs, angefangen bei Scharnhorst und beim Grafen v. Schlieffen beschlossen«[482]. Und dazwischen lag Clausewitz. 1938 wurde in der ersten Ausgabe der *Großen Sowjetenzyklopädie* Clausewitz bereits eine gewisse Mitschuld daran gegeben, daß die »Faschisten« ihn falsch auslegen konnten. Die durch idealistisches Denken hervorgerufene Begrenzung der Politik auf den Bereich der Außenpolitik »ließ nicht nur den Inhalt dieser Definition des Krieges (der Formel, d. Verf.) verarmen, sie ermöglichte es den faschistischen Theoretikern auch, die Lehren Clausewitz' auf ihre Weise auszuschlachten«[483]. Solche unsinnigen, ideologisch motivierten Schuldzuweisungen waren aber zu diesem Zeitpunkt noch die Ausnahme.

Weitaus nüchterner und kenntnisreicher deutete Svečin die Bestrebungen der Nationalsozialisten, sich der patriotischen, aber tagespolitischen Problemen zugewandten kleine-

---

[479] Ebd.
[480] Evgen'ev, Novoe izdanie, S. 3.
[481] Ebd.
[482] Tuchačevskij, Reč'.
[483] Artikel »Klauzevic«, in: BSÉ, 1. Aufl., Sp. 49.

ren Frühwerke und »Jugendsünden« Clausewitz' zu bedienen. Er führt in seiner Clausewitz-Biographie aus:

»Einen besonderen Zuwachs erfuhr das Interesse (an Clausewitz, d. Verf.) im Weltkrieg. Indem der
Faschismus den einen oder anderen Gedanken Clausewitz' auszunutzen versucht, begeht er jetzt eine
erneute Clausewitz-Vergewaltigung: Er macht aus ihm einen Faschisten, er denaturiert den Philosophen Clausewitz, dessen Denken klar die engen Interessen Preußens gesprengt hatte«,

indem er sich auf patriotisch-chauvinistische Töne bezieht, die Clausewitz im Jahre 1812
in seiner *Bekenntnisschrift* äußerte. Auf dieses Niveau drückten die Nationalsozialisten
»auch andere Vertreter des deutschen Bürgertums, Scharnhorst und Gneisenau, die eine
Reformierung der Gesellschaft anstrebten, herab, indem sie die Jugendsünden und die
verschiedenen politischen Schwankungen der Reformzeit ihren chauvinistischen Zielen
dienstbar machen«[484]. Eine Analyse, von der auch heute noch kein Wort umgeschrieben werden müßte. Daß Svečin die allerneueste internationale Clausewitz-Literatur zur
Hand hatte und zudem richtig einzuschätzen verstand, zeigen die Kommentare in seinem Literaturverzeichnis. Darin aufgenommen hatte er die bereits 1932 verteidigte, aber
erst 1934 veröffentlichte Dissertation von Richard Blaschke, *Carl von Clausewitz. Ein
Leben im Kampf*[485], deren Untertitel bereits auf eine gewisse Einseitigkeit der Betrachtung hinweist. Svečin kommentiert: »Eine faschistische Biographie von Clausewitz, die
in wissenschaftlicher Hinsicht einen gewaltigen Schritt hinter das Werk von Hans Rothfels darstellt. Der Autor läßt einfach alle seinem Standpunkt widersprechenden Fakten
unbeachtet und fälscht die Geschichte[486].«

Reichswehroffizieren war bereits aufgefallen, wie häufig sich sowjetische Gäste bei Planspielen in der Generalstabsakademie auf Clausewitz beriefen. Ob sie die fundamentale
Umdeutung, den der Begriff »Politik« im Leninschen Weltbild erfahren hatte, in den
Äußerungen ihrer sowjetrussischen Berufskollegen herausgehört haben, ist nicht überliefert. Die von den Nationalsozialisten systematisch zugrundegerichtete universitäre Rußlandforschung konnte sich in Deutschland der sowjetischen Clausewitz-Rezeption nicht
mehr annehmen. Im institutionellen Rahmen außeruniversitärer Einrichtungen widmeten
sich diesem Thema nicht nur Militärs, sondern insbesondere der russischen Sprache mächtige zurückgekehrte Rußlanddeutsche. Theodor Adamheit, ein solcher Rußlanddeutscher,
war wegen seiner Kenntnisse in der ideologischen Propagandaarbeit gegen die Sowjetunion tätig. Er verfaßte 1935 den ersten Band der neuen Reihe *Schwertbücher. Schriften
über Ostprobleme und Bolschewismus* unter dem Titel *Rote Armee — Rote Weltrevolution —
Roter Imperialismus*[487]. Trotz seiner zeitbedingten tendenziösen Ausrichtung des Werkes handelt es sich um ein auf umfassender Quellenlage erarbeitetes Standardwerk über
den Aufbau der Roten Armee, das Wesen der sowjetischen Militärdoktrin und die welt-

---

[484] Svečin, Klauzevic, S. 275.

[485] Blaschke, Clausewitz.

[486] Svečin, Klauzevic, S. 287, der des weiteren auf einen Artikel in der Pravda Nr. 231 v. 2.10.1934 hinweist, in dem eine »faschistische Clausewitz-Biographie« von Rudolf Haus rezensiert wurde. Es handelt
sich hier aber wohl um einen Irrtum, da Haus seinen Aufsatz schon 1930 in der Zeitschrift »Der
rote Aufbau«, deren Titel nicht gerade »faschistische« Assoziationen weckt, publizierte.

[487] Adamheit, Rote Armee.

revolutionären Intentionen der Sowjetführung. In dem Abschnitt »Ideologische Grundlagen« stellt Adamheit fest:

»Der kommunistischen Geschichtsbetrachtung entsprechend muß in jedem Einzelfalle eine Analyse
des Klassencharakters des Krieges vorgenommen werden. Hierzu ist es nicht erforderlich, bis zum eigentlichen Ausbruch des Krieges zu warten, um dann aus seinem Verlauf, aus der Kriegführung der beteiligten Mächte und aus ihren Kriegszielen Rückschlüsse zu ziehen. In Anlehnung an Clausewitz faßt
Lenin den Krieg als ›Fortsetzung der Politik mit anderen Mitteln‹ auf, wobei er die Kriegsphilosophie
des großen preußischen Soldaten marxistisch vergewaltigt. Mit Hilfe der Marxschen Dialektik wird
auf dieser Grundlage der Charakter eines einzelnen Krieges aus der ihm vorausgegangenen Politik abgeleitet. Da diese nach der offiziellen Auffassung der Kommunisten stets eine Klassenpolitik und ihre
militärische Fortsetzung unter Anwendung der Waffe stets ein Klassenkrieg ist, handelt es sich von
Fall zu Fall darum, die Klassenkräfte zu bestimmen, die in diesem geschichtlichen Prozeß wirksam
sind. Dabei geht Lenin nicht darauf aus, rein abstrakte Begriffsbestimmungen zu finden, sondern er
geht auf die konkreten Möglichkeiten der Gegenwart ein und untersucht, mit welchen verschiedenen
Arten von Kriegen in unserem Zeitalter zu rechnen ist[488].«

Etwas später greift Adamheit die offensichtliche gedankliche und politische Militarisierung in der UdSSR auf:

»Wenn die Elastizität der militärischen Organisation von Lenin zum Vorbild für den politischen Umsturz-
kampf des Kommunismus genommen wird, so ist es von hier nur ein Schritt, um die militärische Denkweise ganz allgemein auf seinen politischen Kampf zu übertragen, zumal dieser, wie wir gesehen haben,
ohnehin von militärischen Elementen stark durchsetzt ist. So spielen Begriffe wie ›Strategie‹ und ›Taktik‹ in der kommunistischen Kampftheorie eine große Rolle, wobei auch hier die Anlehnung an Clausewitz unverkennbar ist. Mit dem grundlegenden Unterschied allerdings, daß die von Clausewitz für
den nationalen Krieg entwickelten Ideen in verballhornter Form den Zwecken der kommunistischen
Kampfpraxis dienstbar gemacht werden[489].«

An Hand derselben Stalinzitate, die Čerkezov 1940 in seinem Beitrag über Strategie als
maßgeblich für die Definition von Strategie und Taktik bezeichnete, weist Adamheit
nach, daß diese ursprünglich rein militärischen Begriffe das politisch-zivile Denken in
der UdSSR in einem Maße beeinflußt hatten, welches den Schluß nahelegte, daß sich
das System in einem Zustand permanenter gedanklicher Kriegführung in einem nur als
Waffenstillstand verstandenen Frieden befunden habe[490].
Andere im Dritten Reich veröffentlichten Beiträge über den Stellenwert von Clausewitz
in der sowjetischen Militärtheorie erreichten die umfassende Darstellungsweise Adamheits nicht mehr. So geht ein anonymer Autor 1938 in der *Militärwissenschaftlichen Rundschau* auf die *operativen und taktischen Grundsätze sowjetischer Kriegführung* ein, doch
sein »nach den zugänglichen Vorschriften und den Veröffentlichungen der russischen
Militärliteratur« entworfenes Bild von der Felddienstordnung der Roten Armee und ihrer
praktischen Umsetzung enthält neben durchaus treffenden Bemerkungen zur Kampfkraft der Roten Armee auch typische rassepolitisch motivierte Fehleinschätzungen und
Überheblichkeiten. »Wie eifrig auch Sowjettheoretiker, in dem Streben Überkommenes

---

[488] Ebd., S. 22 f.
[489] Ebd., S. 37.
[490] Gernot Adamheit, der Sohn des genannten Rußlandforschers, nannte dem Verfasser einige weitere
Bücher und Aufsätze seines Vaters, die jedoch nicht eruiert werden konnten. Auch sie beschäftigen
sich mit dem Militär in der UdSSR.

zu stürzen, um grundlegende Revolutionierung der Gedanken über Krieg und Kriegführung bemüht waren, die alten und ewigen Grundsätze des Krieges erwiesen sich als
stärker«, stellt der Autor gleich zu Beginn seines Aufsatzes triumphierend fest. Deswegen
seien »mit Eifer die großen Soldaten anderer Staaten studiert und ihre Lehren aufgegriffen«
worden, natürlich aber auch aus einem »gewissen Mangel an schöpferischer Kraft«[491].
Der Autor betrachtet die eindeutig offensive Auslegung der strategischen Grundsätze der
Sowjets als durchaus nichts Ungewöhnliches, betont aber, daß die »Russen« die Defensive dabei in ihren Planspielen nicht vernachlässigten. Sie »machen sich Clausewitz' Gedanken zu eigen, ›daß demjenigen die Überlegenheit der Verteidigung niemals einleuchten
wird, der sich bei der Abwehr nicht gedanklich auf den Übergang zum Angriff einstellt
oder mehr noch, der ihn nicht gleich in den Begriff Verteidigung aufnimmt‹«[492].
Eine gewisse gedankliche Nähe des deutschen und sowjetischen Clausewitz-Bildes dieser Zeit stellte dann auch die *Deutsche Allgemeine Zeitung* am 13. September 1939 fest:

»Die ausländische Militärpresse drückte im Zusammenhang mit den Kriegen in China und Spanien sehr
viele Ansichten über Militärtheorie aus. Die deutschen Militärexperten enthalten sich einer Veröffentlichung ihrer Ansichten. Der Polenfeldzug deckte einige Karten auf. Der deutsche Standpunkt ist nah am
russischen, was im übrigen bedeutet, daß wir der einen oder anderen Theorie folgen, die ihren Ausgangspunkt bei Clausewitz hat, dessen Arbeiten die Grundlage der deutschen Kriegführung darstellen[493].«

Diese Einschätzung war zu jenem Zeitpunkt noch kein Kompliment an den neuen Bündnispartner — der Hitler-Stalin-Pakt war im August unterzeichnet worden —, sondern ebenso Ergebnis eines nüchternen Strategievergleiches wie der Pressepolitik Goebbels'[494].

---

[491] Operative, S. 557.
[492] Ebd., S. 559. Ein ähnlich beeindruckendes Bild vom wehrpolitischen Zustand der Sowjetunion zeichnete Niedermayer noch Ende 1939, als er zwar auf die Probleme des Führernachwuchses nach den
Säuberungen der Jahre 1937/38 hinwies, den »Wehrwert« des russischen Soldaten sehr hoch anschlug
und auch den Stand der Waffentechnik als zeitgemäß betrachtete; vgl. Niedermayer, Sowjetrußland,
S. 706 f. Diese positive Darstellung des damaligen deutschen Militärattachés in Moskau, der von 1928
bis 1931 während der Zusammenarbeit der Roten Armee mit der Reichswehr als Leiter der Zentrale
Moskau fungierte, entstand nach dem Abschluß des deutsch-sowjetischen Nichtangriffspaktes und
enthält daher keine ideologischen Spitzen gegen das Sowjetsystem. Niedermayers Einschätzung wurde
auch vom russo-amerikanischen Rußlandexperten Treviranus, Revolutions, S. 223, aufgenommen,
der den Respekt des deutschen Militärattachés heraushob und gleichzeitig auf die enge Verbundenheit der Roten Armee mit den Theorien Clausewitz' hinwies, vgl. ebd., S. 221, 223 f. Das tagespolitische Werk Treviranus', ganz im Geist der Kooperation zwischen den USA und der UdSSR verfaßt, weist auch eine Reihe von Fehlern und Fehleinschätzungen auf; so verlegt er Clausewitz' Übertritt in russische Dienste in das Jahr 1806, vgl. ebd., S. 221, und nennt Šapošnikov »a colorless and
from the military point of view mediocre personality listed for retirement«, vgl. ebd., S. 225.
[493] Das Zitat ist eine Rückübersetzung aus dem Russischen durch den Verfasser; der russische Text
in: German/Potenkim, Učenie, S. 99.
[494] Daß Goebbels zumindest bis zum ersten Rückschlag der Wehrmacht im Oktober 1941 ein positives Verhältnis zu Clausewitz hatte und gerne mit dem preußischen Kriegsphilosophen renommierte, beweist auch der Auktionskatalog 97 des Braunschweiger Antiquariats Brandes aus dem Jahre
1992. Dort wurde am 23. 4. unter der Position 1416 eine von Goebbels mit einer Widmung versehene Clausewitz-Ausgabe von Vom Kriege, hrsg. und um Veraltetes gekürzt von F. v. Cochenhau-
sen, Leipzig 1940, versteigert. Goebbels zeichnete mit diesem Buch am 1. 10. 1941 den Kameramann
Ernst Machinek von einer Propagandaabteilung der Wehrmacht »für hervorragende Leistungen« aus.

Artur W. Just, der von 1926 bis 1937 in Moskau gelebt hatte, knüpft 1940 an die nun wieder opportun erscheinenden, differenzierten Beobachtungen Adamheits an[495]. Auch Just bemerkt, daß sich im politischen Denken der sowjetischen Führung die Grenzen zwischen Krieg und Frieden verwischt hatten. Er bezeichnet diese Tendenz als »Ergänzung« der Clausewitzschen Formel[496] durch Lenin, erweitert diese Feststellung aber noch durch den Hinweis auf die Entstehung des Sowjetstaates »als Fazit aus einer bestimmten militärischen Situation, aus der Antithese zu Clausewitz' ›Krieg als Fortsetzung der Politik‹. Die Friedenssituation ergab sich aus der Kampflage«[497]. Nicht nur die Beschäftigung mit Clausewitz auf der theoretischen Ebene, auch die Realität der Friedensschlüsse und des Bürgerkrieges hätten den Bol'ševiki den engen Zusammenhang von Politik und Krieg erfahrbar gemacht. Als Augenzeuge von Parteitagen will Just gewissermaßen eine Internalisierung der Formel bei vielen sowjetischen Politikern festgestellt haben:

»Die schier unübersehbare kriegstheoretische Literatur des Sowjetstaates nimmt ihren Ausgang keineswegs zufällig von Clausewitz, dessen Konzeption der Wesensgleichheit von Krieg und Politik von Lenin und Stalin angenommen wurde. Wer die Möglichkeit hatte, bei irgendeinem der großen sowjetischen Kongresse der letzten Jahre den Verhandlungen zu folgen, konnte erkennen, wie tief diese Erkenntnis nicht nur in den Köpfen der Führer sitzt[498].«

Ein weiterer Rußlandkenner, der Kriegsberichterstatter Sven v. Müller, sinnierte nach den Kesselschlachten von Vjazma und Brjansk Anfang Oktober 1941, deren Folgen er als Journalist besichtigen durfte, über den Zusammenhang von sowjetischem Primat der Offensive und der Lektüre von Clausewitz:

»Das Sowjetheer ist planmäßig zum Angriff erzogen worden, und darum bedeutet die ihm von der deutschen Führung aufgezwungene Verteidigung einen Riß im gesamten Kriegskonzept. In der sowjetischen *Felddienstordnung 1936* heißt es: ›Jeder Angriff auf den Staat wird mit der ganzen Macht der bewaffneten Streitkräfte der Sowjetunion zurückgeschlagen werden, wobei die Kriegshandlungen auf das Gebiet des angreifenden Feindes vorzutragen sind. Die Kriegshandlungen der Roten Armee richten sich auf die Vernichtung des Gegners. Die Erreichung des entscheidenden Sieges und die völlige Zerschmetterung des Feindes sind die grundsätzlichen Ziele in einem der Sowjetunion aufgezwungenen Kriege[499].‹ Man sieht, daß die bolschewistischen Generalstäbler Clausewitz mit Nutzen studiert haben. Ihre operativen Möglichkeiten bewegten sich aber schon nach wenigen Kampftagen außerhalb der Grundsätze ihrer Felddienstordnung, obwohl sich die sowjetischen Soldaten äußerst zäh verteidigt haben[500].«

Müller zitierte aus den »Allgemeinen Grundlagen« der gültigen sowjetischen Felddienstordnung jene Passagen, die nach Text und Geist einen engen Bezug auf Clausewitz nahe-

---

[495] Just, Sowjetunion.

[496] Ebd., S. 109.

[497] Ebd., S. 11.

[498] Ebd., S. 105f.

[499] Müller, Sowjetunion, S. 230f.; vgl. Vremennyj polevoj ustav, S. 9. Hätte v. Müller fortgefahren zu zitieren, hätte er noch weitere Anleihen feststellen können, die sehr nach Clausewitz klingen: »Das einzige Mittel zur Erreichung des genannten Zieles ist das Gefecht. Durch das Gefecht soll erreicht werden: a. Die Vernichtung von Menschen und Material des Gegners, b. die Niederwerfung seiner moralischen Kräfte und der Fähigkeit zum Widerstand. Jedes Gefecht — Angriff oder Verteidigung — hat als Ziel die Herbeiführung der Niederlage des Gegners. Aber nur der entscheidende Angriff in der Hauptrichtung, beendet von einer unablässigen Verfolgung, führt zur völligen Vernichtung von Truppen und Technik des Gegners«, ebd., S. 9f.

[500] Ebd., S. 230f.

legten. Die Felddienstordnung weist bei genauerer Lektüre aber noch eine Reihe weiterer — teilweise wörtlicher — Übereinstimmungen mit Clausewitz' Werk *Vom Kriege* auf, insbesondere bei der Bestimmung von »Angriff« und »Verteidigung«[501].
Inwieweit diese fundierten Erkenntnisse über die sowjetische Clausewitz-Rezeption und ihre Folgen für die Doktrin der Roten Armee im Generalstab der Wehrmacht bekannt waren und besprochen wurden, läßt sich nicht genau bestimmen. Ein Indiz, daß man deutscherseits von sowjetischen Clausewitz-Studien unterrichtet war, teilt Wilhelm v. Schramm in seiner Clausewitz-Biographie aus eigenem Erleben mit. So »überraschte es nicht, daß K. H. v. Stülpnagel als OB (Oberbefehlshaber, d. Verf.) der 17. Armee nach der Besetzung Poltavas im September 1941 sich nicht verwundert zeigte«, als Schramm ihm meldete, in der Bücherei der dortigen Kriegsschule habe er zehn Exemplare von *Vom Kriege*, sieben in russischer und drei in deutscher Sprache, gefunden, und daß auch in den Kulturhäusern der größeren Städte stets eine russische Übersetzung nachweisbar war[502]. Vorherrschend werden aber der Eindruck einer »bolschewistischen Vergewaltigung« von Clausewitz und die Überzeugung gewesen sein, die Wehrmacht interpretiere ihn zeitgemäßer. Abgesehen vom Politikverständnis, wobei auch die Wehrmachtsführung den Primat der Politik letztendlich akzeptierte, wird es auch kaum sowjetische Clausewitz-Auslegungen gegeben haben, die dem militärischen Denken des deutschen Generalstabs fremd oder sogar widersprechend gewesen sind. Beide politischen Systeme betonten den Primat der Offensive — in klarem und erklärten Gegensatz zu Clausewitz[503] —, und beide verstanden unter dem Begriff »Vernichtung« in weitaus stärkerem Maße als Clausewitz die physische Auslöschung des Gegners. Der Kriegsphilosoph hingegen sah in der Vernichtung die Wehrlosmachung des Gegners, also seine Versetzung in einen Zustand, in dem dieser »den Kampf nicht mehr fortsetzen kann«[504].
Eher akademisch befaßte sich der bekannte Rußlandspezialist Ernst Seraphim in seinem 1942 erschienenen Werk *Führende Deutsche im Zarenreich*, das die propagandistische Aufgabe hatte, nachzuweisen, daß eine russische Staatlichkeit ohne ordnende deutsche Kräfte nicht hätte zur Entfaltung kommen können, mit der Rolle Clausewitz' im Feldzug von 1812. Hinweise auf Schlußfolgerungen, die Clausewitz aus diesem Ereignis gewonnen hatte, unterblieben wohlweislich. Sehr aufschlußreich ist dagegen ein Auszug aus dem *Almanach de St. Petersbourg* von 1910, aus dem hervorgeht, daß die Enkel der deutsch-baltischen Clausewitz-Förderer in Rußland, v. Medem, v. Zeddeler und v. Freytag-Loringhoven, auch kurz vor Beginn des Ersten Weltkrieges noch in führenden militärischen und administrativen Positionen dem Zaren dienten[505].

---

[501] Vgl. Vremennyj polevoj ustav, S. 95f., 132f.

[502] Schramm, Clausewitz. Leben, S. 9f.; siehe auch Schütte, Clausewitz, S. 99.

[503] Siehe die zahlreichen Clausewitz-Katechismen und gekürzten Feldausgaben, die zwischen 1940 und 1943 erschienen und die sämtlich der Offensive als der dem deutschen Wesen gemäßen Kriegsform den Vorrang vor der Verteidigung einräumten, eine Entwicklung, die schon im Ersten Weltkrieg einsetzte, vgl. die Zusammenstellung dieser Ausgaben bei Marwedel, Carl von Clausewitz, S. 258f.

[504] Clausewitz, Vom Kriege. 1980, S. 215. Vgl. ausführlich Kondylis, Theorie, S. 116ff.

[505] Seraphim, Deutsche, S. 173, 444f.

Die Mußmaßung liegt nahe, daß nach dem Angriff der Wehrmacht auf die Sowjetunion die jeweilige Beobachtung der gegnerischen Clausewitz-Interpretation gänzlich einer propagandistischen Kommentierung des aktuellen Kriegsverlaufs auf beiden Seiten zum Opfer gefallen ist. Dies trifft für die deutsche Seite insofern zu, als die anfänglichen Erfolge des »Blitzkrieges« stärker mit rassepolitischen, biologischen und ideologischen Ursachen in Zusammenhang gebracht wurden als mit militärtheoretischen Belangen. Der Kriegsverlauf nach dem Kulminationspunkt Stalingrad verurteilte den Theoretiker Clausewitz in bezug auf Rußland vollends zum Schweigen, da die deutsche Wehrmacht das Schicksal der Grande Armée zu erleiden drohte und jeder diesbezügliche Hinweis auf Clausewitz als offener Defätismus gewertet worden wäre[506]. Anders die Sowjets. Sie lasen die Stellen, in denen Clausewitz in *Vom Kriege* den Rußlandfeldzug Napoleons kommentierte, mit fortschreitendem Kriegsverlauf mit zunehmendem Interesse. Wolfgang Leonhard berichtet in seinem Buch *Die Revolution entläßt ihre Kinder*, daß in der UdSSR schon wenige Tage nach Kriegsausbruch neben Reformern wie dem Freiherrn von und zum Stein gerade Clausewitz als Vorbild für wahren deutschen Patriotismus dargestellt wurde[507].

Als die deutsche Wehrmacht im November 1941 die Hauptstadt Moskau bedrohte, wurden neben der Regierung auch die kriegswichtigen wissenschaftlichen Institute in östlichere Regionen evakuiert, die meisten von ihnen in das mittelasiatische Taškent. Dort erschien daher 1943 eine bemerkenswerte Studie: *Die Lehren Clausewitz' über den Krieg*. Die Verfasser, German und Potemkin, waren bislang noch nicht als sowjetische Clausewitz-Autoren in Erscheinung getreten. Das zweigeteilte, 116 Seiten umfassende Buch wies im Inhaltsverzeichnis Kapitel auf, die bereits in den frühen 30er Jahren als Aufsätze erscheinen sollten, nahm aber auch mehrmals Bezug auf die aktuelle militärische Lage im Spiegel Clausewitzscher Erkenntnisse. Einen weiteren thematischen Schwerpunkt machte die Kritik an der »faschistischen« Clausewitz-Deutung aus, die jetzt nicht mehr nur theoretisch argumentieren mußte: Der Kriegsverlauf gab ihr recht[508].

---

[506] Von den Gefahren, mit denen das Anschneiden dieses Themas seit 1943 in der Wehrmacht verbunden war, berichtete Werner Hahlweg dem Verfasser.

[507] Leonhard, Revolution, S. 244, 260.

[508] German/Potemkin, Učenie. Das Inhaltsverzeichnis zeigt die Schwerpunkte der sowjetischen Auffassungen zu Clausewitz' Interpretation des Kriegs und wird daher vollständig wiedergegeben:
Potemkin, F. V.:
Die Theorie der Kriege in den Werken Clausewitz' und die marxistisch-leninistische Lehre über die Kriege
I. Clausewitz' Leben
II. Die grundlegenden Ideen Clausewitz' als Militärtheoretiker. Clausewitz' Ansichten und die faschistische Strategie
III. Das Wesen der marxistisch-leninistischen Ansichten über Kriege
German, L. I.:
Die Ansichten Clausewitz' über die Rolle der politischen, moralischen und psychologischen Faktoren im Kriege
I. Carl von Clausewitz und seine Epoche
II. Methodologische Grundlagen der Ansichten Clausewitz'
III. Die Ansichten Clausewitz' über die Rolle des politischen Faktors im Kriege
IV. Die Ansichten Clausewitz' über die Rolle der moralischen und psychologischen Faktoren im Kriege

Sowohl German als auch Potemkin sahen in Ludendorff nicht nur eine personale und politische Kontinuität zwischen Kaiserreich und Drittem Reich, wie dies noch Svečin und Šapošnikov taten, sondern einen Nationalsozialisten, dessen Verfälschung maßgeblicher Lehren von Clausewitz auch die »faschistische« Clausewitz-Rezeption stark beeinflußte. Ludendorff war »für Hitler und seine Partei nicht nur als Stratege eine außergewöhnliche Autorität, sondern auch ein sichtbarer Vertreter der nationalsozialistischen Ideologie«[509].

Nach dem Ersten Weltkrieg, so German, verbarg Ludendorff noch seine wahren Ansichten über die Clausewitzsche Formel und ihren Autor. Er modifizierte sie lediglich insofern, als daß »der Krieg die Fortsetzung der Außenpolitik unter Einmischung anderer Mittel sei«, fügte jedoch schon hinzu: »Die Politik muß dem Krieg dienen«. In seinem 1935 erschienenen Buch *Der totale Krieg*[510], dessen Titel Goebbels in seiner berüchtigten Sportpalastrede vom 18. Februar 1943 zu einem bekannten Propagandaschlagwort machen sollte, um in Deutschland die letzten Reserven zu mobilisieren,

»nahm Ludendorff (endgültig, d. Verf.) die Maske eines Clausewitzianers ab und erklärte in aller Offenheit: ›Das Wesen des Krieges hat sich geändert, das Wesen der Politik hat sich geändert, so muß sich auch das Verhältnis der Politik zur Kriegführung ändern. Alle Theorien von Clausewitz sind über den Haufen zu werfen. Krieg und Politik dienen der Lebenserhaltung des Volkes, der Krieg aber ist die höchste Äußerung völkischen Lebenswillens. Darum hat die Politik der Kriegführung zu dienen[511].‹«

German betont, daß hier in direktem Gegensatz zu Clausewitz die Politik zum Instrument des Krieges degradiert und denaturiert wird, und entwickelt eine Kritik, die ihre Parallele im gleichen Jahr in den USA findet[512]. Nach German liegt die tiefere Bedeutung dieser Umkehrung darin, daß »Ludendorff und nach ihm weitere faschistische Theoretiker folgendes Ziel verfolgen: 1. die Verantwortung für den Krieg von den faschistisch-imperialistischen Abenteurern zu nehmen, indem man diese These zum unumkehrbaren Gesetz des Daseins erklärt, welches von Gott selbst sanktioniert wurde, und 2. schon in Friedenszeiten die Staatspolitik und die Wirtschaft in den Dienst des Krieges zu stellen und die ideologische Vorbereitung des Volkes auf den Krieg« zu betreiben[513]. Dazu passe auch Görings Losung »Kanonen statt Butter« und die Äußerung des ehemaligen Reichskriegsministers Werner v. Blomberg, der in der Armee »nicht ein Instrument der Aggression, sondern nur eine Schule zur Ausbildung des Charakters« erblickte[514]. Die Autoren führen zur Abrundung mehrere Zitate aus Hitlers *Mein Kampf* an, aus denen

---

V. Die Entstellung der Ansichten Clausewitz' durch seine »Schüler« und »Nachfolger«

VI. Die Ansichten Clausewitz' und die faschistische Kriegstheorie

VII. Die Rolle des politischen und moralischen Faktors im gegenwärtigen Kriege.

Diese Kriegsauflage betrug 5000 Exemplare.

[509] Ebd., S. 98.

[510] Ludendorff, Krieg.

[511] Ebd., S. 10. Vgl. German/Potemkin, Učenie, S. 99. Zur Einschätzung dieser Umkehrung Clausewitzscher Gedanken vgl. Hahlweg, Clausewitzbild, S. 77 f. Zu anderen Ergebnissen gelangt Wehler, Absoluter.

[512] Siehe Speier, Ludendorff, S. 306 ff.; vgl. dazu Hahlweg, ebd., S. 75.

[513] German/Potemkin, Učenie, S. 99 f.

[514] Ebd., S. 101.

eine weitere Zuspitzung der Ludendorffschen Verdrehungen ersichtlich ist. Hitlers Credo »Das Leben ist Krieg«[515] sei die letztmögliche Steigerung.

Mehrere Kapitel befassen sich mit den moralischen und psychologischen Faktoren im Kriege und in der Phase der Kriegsvorbereitung. Daß diese Faktoren auch für die nationalsozialistische Propagandapolitik von zentraler Bedeutung waren, führen die sowjetischen Autoren auf die traumatischen Erinnerungen an das Ende des Ersten Weltkrieges zurück, als in Deutschland die Kampfmoral rapide sank und an diversen Stellen Aufstände und Meutereien aufflammten. Die Erfahrung dieses »katastrophalen Verfalls der ›moralischen Front‹ ... hat den imperialistischen Ideologen nahegelegt, sich nicht nur mit Fragen der militärtechnischen und wirtschaftlichen Kriegsvorbereitung zu befassen, sondern auch mit dem Problem der ›moralischen Mobilisierung‹ des Volkes auf den totalen Krieg«. Völlig fremd wäre Clausewitz diese Propaganda eines geradezu »zoologischen Chauvinismus gewesen, die ›Entfachung des Rassenhasses gegen andere Nationen, die Unterdrückung der gewöhnlichen Moralvorstellungen und jedes Funkens kritischer Gedanken in der Masse der Soldaten«[516]. Ein gewaltiger Unterschied bestehe aber auch zwischen der Vorstellung vom »absoluten Krieg« bei Clausewitz und seiner Degenerierung zum »totalen Krieg« im Denken der nationalsozialistischen Elite.

»Clausewitz forderte viel Blut in einem großen Krieg, aber er rechtfertigte zu keiner Zeit barbarische Grausamkeiten. Gegen den Faschismus und nicht zum Nutzen des Faschismus sind (folgende, d. Verf.) Worte Clausewitz' zu deuten: ›Finden wir also, daß gebildete Völker den Gefangenen nicht den Tod geben, Stadt und Land nicht zerstören, so ist es, weil sich die Intelligenz in ihre Kriegführung mehr mischt und ihnen wirksamere Mittel zur Anwendung der Gewalt gelehrt hat als diese rohen Äußerungen des Instinkts[517]‹. Clausewitz' Gedanken über die Notwendigkeit der erbarmungslosen Vernichtung des Gegners hatten nichts gemein mit der faschistischen Theorie des ›totalen Krieges‹, ebenso wie Clausewitz unter ›Gegner‹ nicht die friedliche Bevölkerung der Städte und Dörfer, Alte, Frauen und Kinder verstand, die von den Armeen der deutschen Banditen vergewaltigt, gefoltert und verbrannt wurden. Clausewitz schrieb: ›Gehen wir in den Forderungen weiter, die der Krieg an seine Genossen macht, so treffen wir auf vorherrschende Verstandeskräfte[518]‹, er fordert vom Feldherrn einen feinen, biegsamen und scharfen Verstand. Der ernste, selten lächelnde Clausewitz hätte Tränen gelacht, wenn er gewußt hätte, daß ein ungebildeter ›Unteroffizier‹, aber ›Oberbandit‹, der Wirtshausstratege Hitler, sich selbst den Rang des Oberkommandierenden der Armee verlieh. Clausewitz war einer der gebildetsten Menschen seiner Zeit ... Hitler (dagegen, d. Verf.) prahlt mit seiner Unwissenheit: ›Wir sind Barbaren und wir wollen Barbaren sein‹, gesteht Hitler ein. Die Fehlerhaftigkeit einer Strategie, die auf Barbarentum, Lügen und Grausamkeit begründet wurde, hat sich bereits in den ersten schweren Prüfungen erwiesen. Die Strategie der Barbarei erweist sich als Strategie der Fehlkalkulationen[519].«

Als solche stellten sich nach Meinung von German und Potemkin die Annahmen heraus, die Mobilisierung der Roten Armee zu stören, die Militärindustrie der UdSSR zu vernichten, die Hauptkräfte der Armee zu zerschlagen und so einen Blitzkrieg führen zu können. Und das habe auch daran gelegen, daß sie Clausewitz nicht verstanden hätten oder nicht verstehen wollten. Das Herangehen an sein Werk sei von seiten der »Faschisten« immer

[515] Ebd., S. 61.
[516] Ebd., S. 103.
[517] Clausewitz, Vom Kriege. 1980, S. 193 f.
[518] Ders., ebd., S. 233.
[519] German/Potemkin, Učenie, S. 29 f.

selektiv gewesen. So habe man den Feldzug von 1806 — Preußens Zusammenbruch —
prinzipiell ignoriert, weil eine deutsche Niederlage nicht in das Geschichtsbild von der
höheren, der besonderen »Herrenrasse« paßte, die gerade durch ihre kriegerischen Qualitäten sich anderen Nationen überlegen dünke[520].

Andere Warnungen, die Clausewitz in konkretem Bezug auf die Besonderheiten der Kriegführung im russischen Raum und gegen die russische Bevölkerung ausgesprochen habe,
seien von den »Faschisten« ebenfalls sträflich ignoriert worden. So mißachteten die Nationalsozialisten die durch den Kriegsphilosophen niedergelegten traurigen Erfahrungen
Napoleons, aus denen erkennbar sei, daß ein militärisches Niederringen Rußlands unmöglich sei, wenn man sich nicht den »inneren Zwiespalt« zunutze mache[521]. Hierzu bei
Clausewitz:

»Sein (Napoleons, d. Verf.) Feldzug ist nicht mißraten, weil er zu schnell und zu weit vorgedrungen
ist, ... sondern weil die einzigen Mittel zum Erfolg fehlschlugen. Das russische Reich ist kein Land,
das man förmlich erobern, d. h. besetzt halten kann, wenigstens nicht mit den Kräften jetziger europäischer Staaten, und auch nicht mit den 500 000 Mann, die Bonaparte anführte. Ein solches Land kann
nur bezwungen werden durch eigene Schwäche und durch die Wirkungen des inneren Zwiespaltes[522].«

Leider ist aus dem Kontext bei German und Potemkin nicht zu entnehmen, ob sie lediglich auf den »unverbrüchlichen Zusammenhalt« der Sowjetvölker unter Stalin hinweisen wollten, der selbstverständlich noch wirkungsvoller als der bäuerlich-russische Par-
tisanengeist des Vaterländischen Krieges von 1812 dargestellt wird, oder ob sie auf die
Kontroverse zwischen Hitler und Alfred Rosenberg anspielten, die hinsichtlich der Ausgestaltung der Ostpolitik die NSDAP in zwei Lager spaltete und rasch zur Isolierung
Rosenbergs führte. Während Hitler in den verschiedenen Volksgruppen der Sowjetunion
»mehr oder weniger gleich minderwertige Elemente« sah, machte der Deutschbalte Rosenberg »qualitative Unterschiede unter den Völkern des Ostens« aus. Er präferierte zu Beginn
des Feldzuges eine differenziertere Politik gegenüber den östlichen Nationalitäten, den
»Plan eines cordon sanitaire gegen das Großrussentum«: »Dieser sollte die Ukraine, Weiß-
rußland, die Baltischen Staaten, den Kaukasus und Mittelasien umfassen — jedes mit
irgendeiner eigenen Regierung, aber alle abhängig vom Reich[523].« Rosenberg konnte sich
mit seiner Auffassung nicht durchsetzen, und während die deutsche Besatzung die von
German und Potemkin geschilderte Rassenpolitik gegenüber der Bevölkerung der besetz-
ten Gebiete durchführte, entwickelte sich gegen Ende des Jahres 1941 äußerst rasch das
russische Partisanenwesen[524], dessen Aktivitäten später auf dem Hintergrund von Clausewitz' Gedanken über den »kleinen Krieg« diskutiert werden sollten[525].

Die Beiträge von German und Potemkin werden etwa Mitte des Jahres 1942 verfaßt worden sein. Die Schlacht vor Moskau (Oktober 1941 bis Frühjahr 1942) wurde als »Kulmi-

---

[520] Ebd., S. 10.
[521] Ebd., S. 21, 29.
[522] Clausewitz, Vom Kriege. 1980, S. 1024.
[523] Dallin, Herrschaft, S. 61.
[524] Zum sowjetischen Partisanenwesen im Zweiten Weltkrieg vgl. zuletzt Bonwetsch, Partisanen.
[525] Vgl. C. Schmitt, Theorie, S. 52 ff.; Aron, Clausewitz et la guerre populaire, passim; ders., Clause-
    witz. Krieg, S. 418 ff.

nationspunkt des Krieges« eingeschätzt, während die Ereignisse von Stalingrad, das erst im Februar 1943 befreit wurde, verständlicherweise noch keine Würdigung erfahren[526]. Potemkin betont, daß die Deutschen sich nicht nur mit den territorialen Besonderheiten des sowjetischen Staates verschätzt hätten, auch die moralischen Qualitäten der Verteidiger der »heiligen Heimat« seien höher zu bewerten als die der Angreifer, die zwar das Überraschungsmoment für sich verbuchen konnten, nun aber, nach Erreichen des Kulminationspunktes, dem Anbruch der Peripetie des Krieges, erkennen werden, daß die von Clausewitz festgestellten Vorteile der Verteidigung nicht für die Partei zutreffen, die sich im fremden Land in der Defensive befindet. Schon Napoleon habe zudem hinnehmen müssen, daß nach dem Überschreiten des Kulminationspunktes ein Friedensvertrag in weite Ferne rückte. Und auch Deutschland könne der menschlichen, materiellen und moralischen Überlegenheit der Staaten der Antihitlerkoalition nicht mehr lange widerstehen[527]. Bedeutsam ist an dieser sicherlich durch den Krieg mit Deutschland angeregten Arbeit, deren schnelle Fertigstellung man einigen Passagen unschwer anmerken kann, daß die Autoren dennoch die zentralen Aussagen Clausewitz' unverfälscht herauskristallisieren, den Schritt von Clausewitz zu Lenin ohne jede Polemik gegenüber dem »Nichtmarxisten« Clausewitz nachzeichnen, ja diesen vor unberechtigter Kritik aus den eigenen Reihen in Schutz nehmen und so ein umfassend positives Clausewitz-Bild entstehen lassen. Sie sehen in Clausewitz das diametrale Gegenteil zum nationalsozialistischen Deutschland und verurteilen jeden Versuch, der eine geistige Verwandtschaft zwischen diesen Extremen herzustellen bemüht ist[528].

Für die Zeit der militärischen Auseinandersetzung war die Debatte um Clausewitz erst einmal beendet. Doch schon im Mai 1945 wurde sie von sowjetischen Militärs wieder aufgenommen, und lange bevor Stalin seine berühmte wie unsinnige Philippika gegen Clausewitz führte, wurde dieser in der Sowjetunion — und mit anderen Argumenten auch in der westlichen Hemisphäre — als geistiger Ziehvater des »preußischen Militarismus« und des »Faschismus« für die Katastrophe des Zweiten Weltkrieges mitverantwortlich gemacht. Als der preußische Philosoph 1956 in der UdSSR bereits wieder rehabilitiert wurde, gab mit Felix Steiner ein hochrangiger General der ehemaligen Waffen-SS

---

[526] Zieht man die kriegsbedingten Schwierigkeiten der Textredaktion, Satz, Druck etc. in Betracht, scheint eine wesentlich spätere Datierung ausgeschlossen. Die sonst in sowjetischen Publikationen so exakten Angaben über Manuskriptab- und Druckfreigabe fehlen sowohl im Buch selbst als auch in den Angaben der »Knižnaja letopis'«, Nr. 120/1943, der dafür das Institut für Geschichte der Akademie der Wissenschaften der UdSSR als Herausgeber angibt. Auf der letzten Seite werden zudem Vereinbarungen zwischen England, den USA und der UdSSR vom Mai und Juni 1942 genannt, die noch kurz vor Redaktionsschluß aufgenommen worden sein dürften, um die hoffnungslose Lage Deutschlands zu unterstreichen.

[527] Vgl. German/Potemkin, Učenie, S. 21 f., 41 f., 113 ff.

[528] So sehen die Autoren die Wehrmacht als Nachfolger der »Epigonen« Moltke, Schlieffen, Groener und Ludendorff, nicht jedoch als geistigen Erben Clausewitz', vgl. ebd., S. 28 f., 93—104, nehmen Clausewitz vor unlauterer sowjetmarxistischer Kritik in Schutz, vgl. ebd., S. 15 f., 92, und lassen ihm, dem »Idealisten«, »Gerechtigkeit widerfahren«, indem sie ihn turmhoch über seine Zeitgenossen stellen, die bei gleicher Ausgangslage weder das Wesen von Politik, Krieg und Moral erkannt — so Jomini und Lloyd —, noch haltbare Prognosen erstellt hätten, vgl. ebd., S. 55, 71, 92.

ein Buch heraus, das bereits im Titel *Von Clausewitz bis Bulganin* nahelegte, wie eng das sowjetische Wehrdenken auch im und nach dem Zweiten Weltkrieg mit dem Namen Clausewitz verbunden blieb[529].

## 8. Sowjetische Clausewitz-Ausgaben

Noch zur Zarenzeit empfanden russische Clausewitz-Kenner die Übersetzung, die von Karl Vojde 1902 vorgelegt worden war, als höchst mangelhaft, und nach der Revolution kam kaum ein ernsthafter Forscher, General oder Politiker, der sich mit Clausewitz beschäftigte, daran vorbei, deren offensichtliche Mängel und Unzulänglichkeiten zu bedauern. Die meisten Clausewitz-Zitate übertrugen die Autoren in ihren Arbeiten deshalb selbst aus dem Original. Man scheute sich, seine Leser den Mißverständnissen der Vojde-Übertragung auszusetzen. Eine neue, genauere Übersetzung muß schon sehr bald nach der Konsolidierung der nachrevolutionären innenpolitischen Lage und der Etablierung der Militärakademie ins Auge gefaßt worden sein. Einer Anmerkung der Svečinschen Clausewitz-Biographie ist zu entnehmen, daß der Übersetzer A.K. Radčinskij unter der fachlichen Leitung Svečins mit mehreren Mitarbeitern fast ein Jahrzehnt mit einer Neufassung der Übersetzung des Hauptwerkes von Clausewitz beschäftigt war[530].

Zuvor jedoch hielt man es für sinnvoll, dem sowjetischen Leser und insbesondere den jungen Kommandeuren einige kleinere Arbeiten des preußischen Generals in russischen Übersetzungen nahezubringen.

So wurde 1923 die bereits 1888 von General Dragomirov herausgegebene *Übersicht des Sr. Königl. Hoheit dem Kronprinzen in den Jahren 1810, 1811 und 1812 erteilten militärischen Unterrichts* durch den Verlag der führenden Militärzeitschrift *Voennyj Vestnik* unter dem Titel *Clausewitz' Lehren über den Krieg. Grundlagen*[531] veröffentlicht. Im Vorwort begründete man die erneute Herausgabe mit der immer noch anhaltenden »Frische« seiner Gedanken und der Unmöglichkeit, die »bibliophile Kostbarkeit« aus dem Jahre 1888 zu erwerben. Auch die Tatsache, daß »Generationen der deutschen Armee« nach dem Werk Clausewitz' erzogen worden seien, verdeutliche dessen Wirkung bis in die jetzige Zeit. Die Redaktion fügte hinzu, daß man das Vorwort des Übersetzers Dragomirov der Neuauflage nicht vorangestellt habe, da dieses im Gegensatz zum Text »stark veraltet« sei. Auch der Fortfall des umfangreichen Anmerkungsapparates des kaiserlichen Generals wurde damit begründet, daß dieser das »Lesen nur erschwert« habe[532]. Diese Auflage umfaßte 12 000 Exemplare.

---

[529] Steiner, Clausewitz, spricht von Clausewitz' Werk als »einem zeitweiligen Bild der Strategie« für die Sowjets, S. 14, unterstreicht seinen Einfluß bei Žukov und Bulganin, S. 22, und vielen Emporkömmlingen der frühen 30er Jahre, S. 45. Er betont am Ende die Umkehrung der Formel durch die Sowjets und ist der Auffassung, daß diese seit der Erfindung der Wasserstoffbombe ihre Gültigkeit verloren habe, S. 52, 57.

[530] Svečin, Klauzevic, S. 278.

[531] Klauzevic, Učenie.

[532] Ebd., S. 11 f. Das sowjetische Vorwort wurde von S.S. Kamenev verfaßt. Diese Ausgabe wird in der sowjetischen Literatur unter verschiedenen Titeln zitiert, vgl. Leninskij Sbornik XII, S. 452.

Ein Jahr später, 1924, gab Svečin die kurz zuvor in Deutschland durch Hans Rothfels edierten Briefe Clausewitz' an dessen Freund Major v. Röder unter dem Titel *Clausewitz. Grundlagen der strategischen Entscheidung*[533] heraus. Die Edition der in Deutschland stark diskutierten Briefe fiel auch in der UdSSR in eine Zeit grundlegender Doktrinendiskussion, an der Svečin an führender Stelle beteiligt war. So hatte der Hinweis seiner Einführung, Clausewitz habe sein Leben lang gegen eine verkürzte Strategieauffassung kämpfen müssen[534], auch einen stark zeitgenössischen Bezug.

Nach der Publizierung dieser beiden Titel — einer Art Vorarbeiten zur weiterführenden Clausewitz-Rezeption — mußte die sowjetische Öffentlichkeit noch gut acht Jahre warten, bis die Militärakademie zur Überzeugung gelangte, die neue Übersetzung entspreche den Anforderungen des Originals.

## a) Die Ausgaben des Werkes *Vom Kriege*

1932 erschienen der erste und zweite, 1933 der dritte Teil des Werkes *Vom Kriege*, womit die sowjetische Erstauflage editorisch der dreigeteilten deutschen Erstauflage von 1832 folgte. Der erste Band trug noch den Titel *Der Krieg*[535], die folgenden Bände die später nur noch benutzte wörtliche Übersetzung *Vom Kriege*[536]. Genau 100 Jahre nach der deutschen und 30 Jahre nach der russischen Erstausgabe erschien die sowjetische, was im Vorwort des staatlichen Militärverlages, das in mehrfacher Hinsicht aufschlußreich ist, selbstverständlich entsprechend vermerkt wurde. Neben der üblichen Betonung der zeitgenössischen, ja überzeitlichen Bedeutung der grundlegenden Gedanken dieses Klassikers und einer kurzgefaßten Lebensbeschreibung wird deutlich, daß die marxistische Clausewitz-Interpretation in der UdSSR endgültig über die zarischen Traditionen einiger Generäle triumphiert hatte. Der Herausgeber legte den Unterschied zwischen der idealistischen Dialektik des »heißen Patrioten des deutschen Bürgertums«, Clausewitz', und der marxistischen von Engels bis Stalin dar, nannte die Teile über Militärorganisation und Kriegstechnik veraltet[537] und griff dann den eineinhalb Jahre zuvor in Ungnade gefallenen Inspirator dieser Ausgabe, Svečin, als Epigonen der »bürgerlichen Militärwissenschaften in ihrer ganzen Beschränktheit« an[538]. Intensiv ging der Herausgeber auch auf das Leninsche Clausewitz-Verständnis ein, betonte die Bedeutung, die die Lektüre von *Vom Kriege* in dessen Reden und späterer Politik gehabt hat, und kam zu dem Schluß, daß die *Tetradka* eine »gewaltige, leitende methodologische Bedeutung« für die Überarbeitung Clausewitz' durch

---

[533] Klauzevic, Osnovy. Vgl. in diesem Zusammenhang das Kapitel III. 5. a über Svečin. Die Auflage betrug 5000 Exemplare.

[534] Ebd., S. 5.

[535] Klauzevic, Vojna, Bd 1, 1932; Die Auflage betrug 5000 Exemplare.

[536] Klauzevic, Vojna, Bd 2, 1932, und ders., Vojna, Bd 3, 1933. Die Auflage betrug je 10000 Exemplare.

[537] Ebd., Bd 1, S. VIII. Dennoch wollte man dem Leser keine gekürzte Ausgabe zumuten.

[538] Ebd. Das Manuskript war schon im Sommer 1931 abgeschlossen und wurde am 2. 8. 1931 zum Satz freigegeben. Der Angriff gegen Svečin wurde also in der »heißen Phase« der tribunalartigen Kampagne gegen die »bürgerlichen« Generäle geführt, die zum Zeitpunkt des Erscheinens bereits wieder überwunden war.

künftige marxistische Wissenschaftler habe. Clausewitz solle daher sorgfältig auf der Grundlage der marxistischen Dialektik, befreit von der »Schlacke der bürgerlichen Dialektik«, rezipiert werden. Daher habe man in den Anmerkungen alle von Lenin exzerpierten Textstellen sorgfältig gekennzeichnet. Am Ende seiner redaktionellen Anmerkungen geht der Herausgeber auf weitere Absichten des Verlages ein: »Die Vorbereitungen der vorliegenden Übertragung erforderten große Anstrengungen. Der Verlag war bemüht, eine gut lesbare Übersetzung herzustellen, die unter Beibehaltung der stilistischen (Eigentümlichkeiten, d. Verf.) keine Vereinfachung der Gedanken des Autors enthalten sollte. Um die Herausgabe der vorliegenden Ausgabe zu beschleunigen, war der staatliche Militärverlag gezwungen, von einer Erweiterung des Vorworts und ausführlichen Textanmerkungen Abstand zu nehmen. Letztere wurden auf die unbedingt notwendigen Auskünfte zu Fakten und Namen beschränkt[539].«

Die Übersetzung kann, obgleich sie in den folgenden Ausgaben noch an einigen Stellen unmaßgeblich verbessert wurde, als brillant bezeichnet werden. Sie wird nicht nur dem Inhalt voll gerecht, sie vermittelt auf weiten Strecken auch ein Gefühl für den Duktus des deutschen Originals[540].

Diese Auffassung vertrat auch A. Vasil'ev in einer 1932 in der Zeitschrift *Buch und Verteidigung* erschienenen Rezension. Unter dem Titel *Clausewitz und die Gegenwart. Zum Erscheinen der neuen Übersetzung des Werkes ›Vom Kriege‹*[541] unterstreicht er die Qualität dieser neuen Arbeit und rechnet dann mit einigen alten Generälen und politischen Gegnern wie Trockij ab. Mit den inzwischen obligaten ideologischen Einschränkungen fordert auch Vasil'ev die Leser zu einer verstärkten Auseinandersetzung mit Clausewitz auf.

Noch im Erscheinungsjahr des dritten Bandes der sowjetischen Erstausgabe machte »das breite Interesse unserer Öffentlichkeit an den theoretischen Werken Clausewitz' eine erneute Auflage von *Vom Kriege* erforderlich«[542]. Die dem wissenschaftlichen Charakter dieser Auflage unangemessene Polemik gegen Svečin fiel aus dem Vorwort heraus. Statt dessen erfuhren die Vorbemerkungen inhaltliche Erweiterungen zu Leben und Werk sowie geschichtliche Exkurse über den Charakter des Befreiungskrieges und des Ersten Weltkrieges[543]. Umfangreicher gestalteten sich auch die Leninschen Clausewitz-Zitate, sowohl im Vorwort als auch in den Anmerkungen zum Text. Sie wurden zudem erheblich erweitert und enthielten neben den Stellen aus der *Tetradka* Angaben zu Personen,

---

[539] Ebd., S. X.

[540] Kleinere Fehler, etwa die Datierung der Engelsschen Clausewitz-Lektüre, wurden in den späteren Ausgaben korrigiert, vgl. ebd., S. VIII. Es fällt auf, daß trotz akribischer Textredaktion die meisten sowjetischen Clausewitz-Ausgaben, ohne dies anzugeben, auf der Fassung der 2. deutschen Aufl. fußen und auf dem linken Vorsatzblatt den deutschen Titel mit dem Autorennamen »Karl von Klausewitz« bei »Dummler in Berlin« wiedergeben. Viele, teilweise grobe Fehler lassen sich auch in den Ausgaben der »Knižnaja letopis'« nachweisen, die auf das Erscheinen von Clausewitz-Ausgaben zwischen 1932 und 1941 hinweisen. Umlaute werden fast immer entstellt.

[541] Vasil'ev, Klauzevic.

[542] So beginnt das Vorwort der 2., einbändigen Aufl., deren Manuskript schon am 25. 10. 1933 beim Verlag eingereicht wurde; veröffentlicht wurden die 12 000 Exemplare gegen Ende des Jahres 1934 unter dem Titel Klauzevic, O Vojne, 2. Aufl. 1934; das Zitat S. V.

[543] Ebd., S. XII.

Textvergleichen und Fehlern im Text der deutschen Urschrift sowie zahlreiche Erläuterungen zu schwierigen Passagen mit Rekursen auf preußische und europäische Geschichte. Als Beilage ergänzten *Die wichtigsten Prinzipien der Kriegführung*, die schon für die erste Ausgabe neu übersetzt worden waren, das Hauptwerk. Über dreißig Seiten umfaßte das hervorragende Personen- und Sachregister, dessen geschickte Stichwortauswahl dem Leser eine schnelle Orientierung ermöglichte.

Die Begründung für die Herausgabe der dritten Auflage gleicht der der zweiten aufs Wort. Auch 1936 hielt das Interesse an Clausewitz in der UdSSR unvermindert an, ja es war sogar gewachsen, was die Übersetzung nun auch der militärgeschichtlichen Arbeiten beweist.

Die Redaktion verwies auch im Vorwort der dritten Auflage auf einige Verbesserungen in der Übersetzung und informierte den Leser darüber, aus Gründen der Bequemlichkeit das Werk diesmal in zwei Teile aufgeteilt zu haben. Außerdem wies man auf den Separatdruck der *Tetradka* durch den Parteiverlag hin[544], der für den »eiligen« Clausewitz-Leser das Nötigste beinhalte. In Anmerkungen deutete man die Passagen, in denen sich Clausewitz zur Französischen Revolution äußert, als Bekenntnisse eines »überzeugten Monarchisten«[545]. Die dritte Auflage erschien, ebenso wie ihr Vorläufer, unter der Redaktion des Kombrig (vergleichbar dem Rang eines Brigadegenerals, d. Verf.) N. M. Potapov, diesmal jedoch in der Serie »Bibliothek des Kommandeurs«, in der für Generalstabsoffiziere die militärischen Klassiker des Auslandes[546] in loser Folge publiziert wurden, darunter auch 1939 noch Werke Jominis. Diese dritte sowjetrussische Clausewitz-Ausgabe hatte großen Einfluß auf die chinesische marxistische Clausewitz-Rezeption. Mehrere chinesische Veröffentlichungen von *Vom Kriege* wurden nicht aus dem deutschen Original, sondern aus dieser Publikation mit den entsprechenden *Tetradka*stellen übersetzt[547].

Noch bevor der zweite Teilband der dritten Auflage im Dezember 1937 erscheinen konnte, machte sich schon eine Neuauflage des ersten Bandes erforderlich. Diese vierte Auflage erschien in gleicher Aufmachung 1937 wieder in der »Bibliothek des Kommandeurs«[548], wo Clausewitz fortan seinen Platz haben sollte. Obwohl seit der dritten Auflage die Auflagenhöhe nicht mehr im Impressum verzeichnet war, kann davon ausgegangen werden, daß sie nicht unter der der zweiten gelegen haben wird, da innerhalb von sechs Jahren vier Nachauflagen folgten.

Im März 1941 sah man wieder die Notwendigkeit einer neuen Auflage, und so erschien in gleicher Aufmachung die fünfte Auflage als Stereotypdruck der vierten. Das Pflichtexemplar an die Leninbibliothek in Moskau wurde am 6. Mai 1941 ausgeliefert[549], sechs Wochen vor dem Angriff der deutschen Wehrmacht, von der später Stalin behauptete, sie sei im Geiste Clausewitz' ausgerichtet gewesen.

---

544 Klauzevic, O Vojne, 1936; Bd 2, 1937.
545 Ebd., Bd 1, S. 404.
546 Vgl. Žilin, O Vojne, S. 532.
547 Siehe dazu Zhang, Die chinesischen Ausgaben, S. 229 f.
548 Klauzevic, O Vojne, 1937.
549 Klauzevic, O Vojne, 1941. Das mit dem Tagesstempel versehene Exemplar der Lenin-Bibliothek trägt die Signatur D 351/10.

Die sowjetischen Clausewitz-Auflagen weisen indes nicht nur russische Übersetzungen auf. Ein Indiz für die wirklich überragende Bedeutung der Clausewitzschen Methodik für die sowjetische Militärtheorie ist die Übersetzung des Werkes *Vom Kriege* auch in die anderen ostslawischen Sprachen auf dem Territorium der UdSSR. Schon 1934 erschien in Minsk im Verlag des belorussischen Militärbezirks »Molotov« eine auf 197 Seiten gekürzte Zusammenstellung der Hauptgedanken. Der weißrussischen Ausgabe widerfuhr das gleiche Schicksal wie vielen ausländischen Klassikern, die in der UdSSR in die Sprachen der kleineren Nationen übertragen werden: Die Übersetzung erfolgte nicht aus dem deutschen Original, sondern aus der ersten sowjetrussischen Ausgabe[550]. Die Auflagenhöhe betrug immerhin 2000 Exemplare.

In der Ukraine kam 1936 eine aus dem deutschen Original übersetzte ukrainische Fassung in 4200 Exemplaren heraus, die den Text des Hauptwerkes in voller Länge wiedergab. Obwohl diese Ausgabe dem Verfasser nicht zugänglich war, ist es angesichts der politischen Situation in der Mitte der 30er Jahre kein allzu großes Wagnis, zu unterstellen, daß die Aussagen des Vorwortes und der Anmerkungen sich wohl nur höchst unwesentlich von denen der russischen Ausgaben unterschieden haben dürften[551].

Seit 1941 wurde Clausewitz in der UdSSR — auch auszugsweise — nicht mehr aufgelegt, und dies, obwohl seine Person und sein Werk schon 1956 wieder rehabilitiert worden waren.

## b) Clausewitz' militärgeschichtliches Werk in sowjetischen Ausgaben

Angesichts mehrerer tausend Bücher über den Vaterländischen Krieg von 1812, die schon vor der Revolution verfaßt wurden, und der allgemeinen Wertschätzung von Clausewitz überrascht es, daß nicht wenigstens sein Bericht über den Feldzug von 1812 ins Russische übersetzt wurde. Dies um so mehr, als die russische Literatur im Gegensatz zur französischen und deutschen nicht die Legion von Augenzeugenberichten und Memoiren hervorgebracht hat; desto wichtiger wäre die Stimme eines wohlwollend-objektiven Beobachters, wie Clausewitz einer war, gewesen. Man mag hierbei vor der Revolution von der Annahme ausgegangen sein, daß in interessierten Fachkreisen über ausreichende Deutschkenntnisse verfügt wurde, um das Original lesen zu können.

Anders war dies bei den jungen proletarischen Kommandeuren der Roten Armee, die zumeist aufgrund ihrer Herkunft nicht über einen größeren Bildungskanon verfügten. Erst in den 30er Jahren befaßten sich Dutzende Militärtheoretiker »von Amts wegen«, aber auch Historiker mit der Feldzugsbeschreibung von Clausewitz. Dieser Rezeptionsaufschwung wurde durch die chauvinistisch geführte Rückbesinnung auf die russische Geschichte und Tradition, insbesondere die Militärgeschichte, begünstigt, die Mitte des Jahrzehnts einsetzte. Man erinnerte sich gerne der vaterländischen Heldentaten und entdeckte daher auch das militärgeschichtliche Werk Clausewitz', dessen kriegsgeschichtliches Œuvre, die Bände vier bis zehn der *Hinterlassenen Werke*, sich im wesentlichen mit

---

[550] Klauzevic, Ab vajne.
[551] Klauzevic, Pro vijnu.

der Geschichte der Napoleonischen Kriege, an denen Rußland fast ausnahmslos aktiv beteiligt war, befassen. Auch die anderen, ältere Feldzüge betreffenden Betrachtungen des zehnten Bandes gehen mit dem Feldherrn Münnich (russ.: Minich) auf die russische Kriegsgeschichte des 18. Jahrhunderts ein.

1937 erschien der siebte Band der von Clausewitz *Hinterlassenen Werke*, die nicht der ursprünglichen Reihenfolge nach, sondern in der Rangfolge ihrer Bedeutung für die russische Geschichte veröffentlicht wurden, unter dem Titel *Das Jahr 1812. Der Feldzug in Rußland*[552]. Ohne daß darauf im Vorwort explizit hingewiesen wurde, war der Zeitpunkt des Erscheinens selbstverständlich ein Beitrag zu einem kaum beachteten Jubiläum: 125 Jahre »Vaterländischer Krieg« von 1812. Zugleich war das Buch der Teil der Clausewitzschen Hinterlassenschaft, in dem naturgemäß die russischen Akteure breiten Raum einnahmen.

Wieder übersetzte der erfahrene A. K. Radčinskij, gemeinsam mit dem Brigadier M. N. Protasov; die Redaktion hingegen unterstand dem inzwischen rehabilitierten und durch seine 1935 erschienene Clausewitz-Biographie ausgewiesenen Experten Svečin. Die erste Auflage betrug 15 000 Exemplare, doch schon ein Jahr später war eine Neuauflage von 4 000 Exemplaren notwendig[553]. Svečin war inzwischen erneut in Ungnade gefallen, und der zwingenden bolschewistischen Logik folgend wurden seine redaktionellen Beiträge durch einen Einführungsartikel des unbekannten A. Juchnovec ersetzt, dem sich eine biographische Skizze und ein Porträt Clausewitz' anschlossen. Denn Svečins Einstellung zu Clausewitz erschien den Funktionären in Partei und Armee einfach zu positiv. Dieser hatte in seinem Vorwort zur Ausgabe von 1937 geschrieben, daß auch durch Lenin das theoretische Werk Clausewitz' in Rußland schon in mehreren Ausgaben vorliege, die kriegsgeschichtlichen Arbeiten, von denen die über den Feldzug von 1812 als die »für uns« bedeutendsten angesehen werden könne, bislang aber so gut wie unbekannt seien. Sie populär zu machen, erforderten schon die Verdienste des Autors, dessen Stil sich durch »Einfachheit und Klarheit« und eine »kritische Beurteilung der Kriegsereignisse« auszeichne, wobei persönliche Motive und politische Einflüsse klar getrennt würden. Eine besondere Note sei die talentierte Beschreibung der Hauptakteure[554].

Svečin stellt das Leben von Clausewitz zum Zeitpunkt des Feldzuges dar und unterstreicht dessen solide und umfassende militärischen Kenntnisse, die Mitarbeit im preußischen Generalstab, die praktische Erfahrung und seine Lehrtätigkeit für den Kronprinzen. Dies seien die Qualifikationen für eine kritische Beobachtung der Ereignisse gewesen, die Clausewitz in Rußland erleben sollte. Trotz seines Bemühens um weitestgehende Objektivität ist er nach Svečins Auffassung doch zu sehr Patriot, um die Rolle der Deutschen in einem nüchternen Licht zu sehen. Er überschätze ihren Einfluß auf den Kriegsverlauf. Faktisch hätten sie nur die Rolle von Militärberatern innegehabt.

Svečin betont, daß bei einem Vergleich des theoretischen Werkes mit den kriegsgeschichtlichen Arbeiten Clausewitz' auffällt, daß die meisten seiner theoretisch-abstrakten Schluß-

---

[552] Klauzevic, 1812 god, 1937. Textgrundlage war auch hier die 2. deutsche Aufl. von 1857.
[553] Klauzevic, 1812 god, 1938.
[554] Ders., 1812 god, 1937, S. 7.

folgerungen ihren Ursprung in den Ereignissen von 1812 haben; so zum Beispiel die Wechselwirkung von Angriff und Verteidigung, die Relation zwischen der Größe Raum und der Stärke der bewaffneten Streitkräfte, das Wesen militärischer Operationen und der strategischen Erschöpfung, vor allem aber das Verhältnis von Krieg und Politik. Die Darstellung des Feldzuges von 1812 gewinne beträchtlich durch die Beifügung der Briefe, die Clausewitz im zweiten Halbjahr 1812 an seine Frau Marie schickte; dies gelte auch für Karten, Skizzen und ein biographisches Register der Kriegsteilnehmer[555].

Von großem Interesse seien die meist halbseitigen Kurzbiographien der Hauptakteure des Feldzuges, die mit großem Einfühlungsvermögen und unter Verzicht auf jegliche ideologische Phrase verfaßt worden wären. So bezeichnet der Herausgeber Barclay de Tolly als äußerst erfahrenen Feldherrn, der aus Einsicht in die Überlegenheit der französischen Armee für einen geordneten Rückzug eingetreten sei und schließlich den Intrigen der »russischen Partei«, d. h. der »feudalen Großgrundbesitzer«, geopfert worden wäre. Seine Tapferkeit wurde nicht angezweifelt, strategische Kompetenz ihm aber abgesprochen[556]. Den Rückhalt, der Barclay fehlte, habe »der listige und vorsichtige Alte«, Kutuzov, besessen; dafür habe es ihm an Sympathie beim Zaren gemangelt. »Kutuzov entschied, die Schlacht bei Borodino anzunehmen, obwohl er nicht an einen Erfolg glaubte«. Nach dem Rückzug Napoleons aus Moskau beraubte »die Rückkehr Alexanders zur Truppe Kutuzov faktisch des Oberbefehls«[557]. Mit dieser Annäherung an Clausewitz' Kutuzov-Bild vertrat Svečin eine Position, die nach dem Zweiten Weltkrieg grundlegend geändert werden sollte.

Auch von v. Wolzogen zeichnet Svečin das positive Bild eines gebildeten und ehrgeizigen Offiziers, der beim Zaren großes Vertrauen genoß, bei seiner Umgebung aber unbeliebt war. Als interessant werden seine Memoiren bezeichnet[558].

Eine sehr ernüchternde Beurteilung erfährt Jomini, dessen »ewige Prinzipien« der Kriegskunst mit leichter Ironie behandelt werden[559].

Ebenfalls 1937 erschienen die *Historische[n] Briefe über die großen Kriegs-Ereignisse im Oktober 1806* unter dem Titel *Das Jahr 1806 (Der Krieg Napoleons gegen Preußen)*[560].

»Das Talent Clausewitz' als Geschichtsschreiber ist einer der Gründe für die Herausgabe dieses Bandes. Dieser Feldzug ist nicht so sehr wegen des offensichtlich genialen Feldherrn Napoleon von Interesse als vielmehr wegen der von Clausewitz schonungslos aufgedeckten Unfähigkeit der preußischen Führung — Politik und Militär —, auf die revolutionären Herausforderungen der Französischen Revolution die angemessene Antwort zu finden. Damit deckte Clausewitz den eigentlichen Grund der preußischen Katastrophe auf, aber als Idealist war es ihm nicht möglich, die ganze Tiefe dieser Ursache auszuleuchten«[561],

so der Verlag.

---

[555] Ebd., S. 8 f.
[556] Ebd., S. 222 f.
[557] Ebd., S. 231 f.
[558] Ebd., S. 226.
[559] Ebd., S. 229.
[560] Klauzevic, 1806 god, 1937.
[561] Ebd., S. 5.

Der russischsprachigen Ausgabe wurden knapp 30 Seiten der Erinnerungen Napoleons als Kontrast an die Seite gestellt, »da diese eine wertvolle Ergänzung darstellen«[562]. Wie schon zuvor die Beschreibung des Vaterländischen Krieges machte die rege Nachfrage im Verlaufe eines Jahres auch eine Neuauflage des Feldzuges von 1806 notwendig[563]. Leider enthalten die Clausewitz-Ausgaben von 1937 keine Angaben über die Auflagenhöhe. Weitere Übersetzungen sollten folgen.

»Mit der Herausgabe der vorliegenden Übertragung setzt der Militärverlag des Volkskommissariats für Verteidigung der UdSSR seine Arbeit fort, den sowjetischen Leser mit den herausragenden Werken des größten militärischen Denkers, C. v. Clausewitz, bekanntzumachen ... Für unsere Leser ist der Feldzug von 1799 deswegen von besonderem Interesse, weil die Hauptperson in ihm der geniale russische Feldherr Aleksandr Vasil'evič Suvorov war.«

So das verlegerische Vorwort zu den *Feldzügen von 1799 in Italien und in der Schweiz*, in der russischen Ausgabe verkürzt unter dem Titel *Das Jahr 1799*[564] erschienen.
Der sechste Band der *Hinterlassenen Werke* kam 1939 mit einer deutlichen Akzentverschiebung heraus. Während Clausewitz sich im Titel auf geographische Angaben beschränkt hatte, nannte der Militärverlag die Ausgabe *Der Schweizer Feldzug Suvorovs im Jahre 1799*[565]. Dieser für die gesamte sowjetische Geschichtswissenschaft dieser Epoche signifikante Paradigmenwechsel von der »internationalistischen« zur »russischen« Geschichtsschreibung wurde auch in den Anmerkungen fortgesetzt. Der Schwerpunkt lag auf der Betonung der »Heldentaten der russischen Streitkräfte«[566] und ihres Feldherrn Suvorov. Wo Clausewitz dies nicht deutlich genug vermerkte, wurden spätere Werke, insbesondere das Miljutins aus den Jahren 1852—1853, hinzugefügt, denn es ging darum, die »wenigen Entstellungen«[567], die mangels ausreichender Quellenlage bei Clausewitz zwangsläufig aufgetreten seien, durch neuere Forschungen zu korrigieren[568]. Man erkannte aber im allgemeinen die »überzeugenden Schlußfolgerungen« von seiten Clausewitz' an und würdigte die fachliche und künstlerische Darstellung dieses »hochwissenschaftlichen Werkes zur Erforschung der Strategie«[569].
Als letztes Werk von Clausewitz in russischer Übersetzung erschien Ende 1939 der vierte Band der Hinterlassenen Werke mit leicht geändertem Titel: *Der Italienfeldzug Napoleon Bonapartes im Jahre 1796*[570]. Trotz der negativen Einstellung Clausewitz' zur Französischen Revolution gelang ihm nach Meinung des Herausgebers »eine auch für den heutigen Leser lehrreiche Beschreibung der Taten dieser (französischen) Armee«. Clausewitz habe »das reiche historische Material nicht nur zu einer klaren und folgerichtigen

---

[562] Ebd., S. 6; die Erinnerungen Napoleons S. 155—180.
[563] Klauzevic, 1806 god, 1938.
[564] Klauzevic, 1799 god, Ital'janskij, 1938, S. 5. Clausewitz, Hinterlassene Werke, 5. Bd. Die Feldzüge von 1799 in Italien und in der Schweiz. Erster Teil, Berlin 1833.
[565] Klauzevic, 1799 god, Švejcarskij, 1939 Clausewitz, ebd., 6. Bd. Die Feldzüge von 1799 in Italien und in der Schweiz. Zweiter Teil, Berlin 1834.
[566] Ebd., S. 5.
[567] Ebd., S. 6.
[568] Vgl. ebd., S. 72, 150, 154f., 157, 171, 234.
[569] Ebd., S. 5f.
[570] Klauzevic, Ital'janskij pochod, 1939. Originaltitel: Der Feldzug 1796 in Italien, Berlin 1833.

Darlegung der Ereignisse« benutzt, sondern aus jeder einzelnen militärischen Operation wichtige Ansichten zur Strategie und Taktik entwickelt. Er gab so ein »glänzendes Beispiel der Erforschung militärischer Umstände und Beispiele mit Hilfe militärischer Logik«[571]. Diese sachlich-wohlwollende Einschätzung der Leistungen und Motive Clausewitz' unterschied sich wohltuend von den polemischen Anwürfen, denen sein Werk fünf Jahre später für die Dauer eines Jahrzehnts ausgesetzt sein sollte.

## 9. Stalins Verdikt

Auf dem Höhepunkt des »Großen Vaterländischen Krieges« richtete sich die Kritik sowjetischer Autoren berechtigterweise in scharfer Form gegen die nationalsozialistische Verfälschung Clausewitzscher Gedanken; das Original hingegen wurde ausdrücklich gegen solche Entstellungen und Verkürzungen in Schutz genommen. Diese Wertschätzung endete schlagartig in den letzten Kriegstagen, ohne daß der inzwischen selbsternannte Generalissimus Stalin nachweislich auf die plötzlich aufgebrochene Debatte Einfluß ausgeübt hatte.

Der Streit entzündete sich an der ideologischen Einschätzung des Kriegsausbruchs. Unter dem Eindruck der Waffenbrüderschaft mit den angloamerikanischen Staaten wurde diesen eine gewisse Progressivität gegenüber dem Faschismus zugestanden, und so bestand die »Generallinie« der Kriegszeit in der These, die »Faschisten« hätten die — nun unterschiedslos so bezeichneten — »friedliebenden Nationen« angegriffen. In der Endphase des Krieges traten konservative Ideologen mit der Einschätzung, das kapitalistische System selbst sei schuld am Ausbruch des Zweiten Weltkrieges, im Parteiorgan *Bol'ševik* an die Öffentlichkeit. In der Maiausgabe des Jahres 1945 ritt Generalmajor B. Antropov eine scharfe Attacke gegen Clausewitz' Formel[572]. Kritikpunkte wie der »Idealismus« Clausewitz' und sein Staatsverständnis, die zuvor noch wohlwollend seinem Umfeld und seinem Zeitalter zugeschrieben worden waren, wurden in diesem programmatischen Aufsatz in schärfster Form ausgebaut. Antropov erklärte, daß Lenin aus Clausewitz den »rationalen Kern« herausgefiltert habe und dessen Formel nicht etwa, wie zuvor oft behauptet, erweitert oder präzisiert habe; Lenin »hat gleichsam einen völlig anderen, Clausewitz entgegengesetzten Inhalt« in die Formel gelegt. Fest auf dem Boden der »leninistisch-stalinistischen Militärideologie« stehend, habe die Rote Armee den Krieg gewonnen, und diese Ideologie sei daher die fortschrittlichste der Welt[573].

Zum ersten Mal wurde Clausewitz in eine »logische« Reihe mit Ludendorff, Hindenburg und Hitler gestellt, da auch er »den Blickwinkel der herrschenden Klasse hatte«. So habe er den »wortbrüchigen« (»verolomnoe«, der Begriff, der seitdem in der sowjetischen Publizistik untrennbar auch mit dem deutschen Angriff auf die Sowjetunion am

---

[571] Ebd., S. 6. Der Herausgeber Belolipeskij verwechselte das Erscheinungsjahr 1833 mit dem unbekannten Datum der Niederschrift.

[572] Hough, Debates, S. 272.

[573] Antropov, O Klauzevice, S. 39.

22. Juni 1941 verbunden ist) Eroberungskriegen Friedrichs II. von Preußen Bewunderung entgegengebracht und diese gerechtfertigt[574]. Die Standpunkte des »reaktionären
Junkers Clausewitz« seien eine »Verewigung und Apologetik« des Krieges, und seine Theorie des absoluten Krieges sei stets »Bestandteil der Politik des deutschen Generalstabs gewesen«[575]. Antropov war bemüht, weitere Analogien zwischen Clausewitz und seinen
vermeintlichen deutschen Nachfolgern herzustellen. So habe Clausewitz in seinem 1830
prophylaktisch entworfenen Feldzugsplan gegen Frankreich die Besetzung Belgiens empfohlen, was sich prompt in der deutschen Kriegführung des Ersten Weltkrieges niederschlug. Eine Textstelle aus *Vom Kriege*, in der Clausewitz das Scheitern des Napoleonischen Rußlandfeldzuges auch mit dessen Unfähigkeit erklärt, nicht in der Lage gewesen
zu sein, die Eroberung schnell genug auszuführen[576], wird als geistiges Fundament der
»abenteuerlichen Blitzkriegsstrategie« betrachtet[577]. Als Argument für diese »abenteuerlich« konstruierte geistesgeschichtliche Nachwirkung wird angeführt, daß das Hauptwerk Clausewitz' in Deutschland zwischen 1831 (!) und 1913 nur fünf, zwischen 1922
und 1939 hingegen zehn Auflagen erfahren habe; eine Aufstellung, in der weder das Jahr
der Erstausgabe noch die anderen Angaben korrekt sind[578]. Ein typisches Zeichen
westeuropäischer Überheblichkeit ist für Antropov, daß Clausewitz nur die Strategie und
Taktik Napoleons beschrieben habe, nicht jedoch die des russischen Siegers Kutuzov;
dies sei um so undankbarer, als die Russen die Selbständigkeit Preußens wiederherge-
stellt hätten und Clausewitz für eben dieses Ziel in den russischen Reihen kämpfte. So
habe die sprichwörtliche Selbstgefälligkeit, die die Russen 1812 an ihren preußisch-deutschen Kameraden ausmachten, ihren Niederschlag auch darin gefunden, daß Clausewitz
die russische Kriegskunst ignorierte. Hätte er nur ein wenig von der ihm nachgerühm-
ten Objektivität besessen, hätte er neidlos die Überlegenheit der russischen Kriegführung des Jahres 1812 konstatieren müssen. Zu dieser Ungerechtigkeit den Russen gegenüber habe Clausewitz auch seine verletzte Eitelkeit getrieben, da man von seiten der
russischen Führung seine Pläne bei Kriegsbeginn nicht annahm, und da, wo man sie
teilweise annahm, sei ihr dies in der Realität schlecht bekommen[579]. Die aus nationali-
stischen Gefühlen begangenen Schmähungen ließen sich noch um einige weitere Beispiele vermehren. Antropov gelangte schließlich zu einem Fazit für den künftigen Umgang
mit den Theorien des Preußen:

»Man braucht Clausewitz als Militärtheoretiker nicht einfach über Bord zu werfen. Wie bekannt ist,
vermochte Clausewitz die Militärwissenschaft um einige wertvolle Erkenntnisse zu erweitern, indem

---

[574] Ebd., S. 40.
[575] Ebd., S 41f.
[576] Vgl. Clausewitz, Vom Kriege. 1980, S. 980.
[577] Antropov, O Klauzevice, S. 43.
[578] Die Erstausgabe erschien zwischen 1832 und 1834 (Vom Kriege = Bde 1—3 der Hinterlassenen Werke),
zwischen 1832 und 1913 erschienen 9 vollständige deutsche Ausgaben, darunter 2 unveränderte Nach-
drucke, zwischen 1922 und dem Ausbruch des Zweiten Weltkrieges lediglich 2 vollständige Ausgaben und 6, teilweise erheblich gekürzte und verstümmelte Ausgaben. Antropov erwähnt auch nicht
die zwischen 1914 und 1921 erschienenen 6 vollständigen und 4 gekürzten Kriegsausgaben, vgl.
Marwedel, Carl von Clausewitz, S. 257 ff.
[579] Antropov, O Klauzevice, S. 44.

er die Geschichte der Kriege kommentierte und eine philosophische Einschätzung der Kriegserfahrungen gab. Man muß das Rationale und Positive aus den Werken Clausewitz' herausziehen; im Zusammenhang damit muß man aber auch die reaktionären Seiten seiner Militärtheorie aufzeigen[580].«

Anfänge in dieser Hinsicht habe Lenin in seiner *Tetradka* gemacht, aber erst unter Stalin
habe sich die sowjetische Militärtheorie richtig entfalten können. Am Ende seines Artikels verbeugt sich der Generalmajor noch einmal ganz tief vor dem »titanischen Genie«:

»Die Analyse der Probleme des gegenwärtigen Krieges durch Stalin, seine Schlußfolgerungen und Verallgemeinerungen sind das letzte Wort der Militärwissenschaft[581].«

Im Vergleich zu den 20er und 30er Jahren nahm die marxistische Kritik an Clausewitz
in diesem Artikel deutlich an Polemik und bösartiger Entstellung zu; immerhin sah sich
Antropov noch gezwungen, den Werken des preußischen Generals einen gewissen Nutz-
wert einzuräumen. Dieses Zugeständnis kann auch als Tribut an die militärwissenschaftlichen Ansichten Lenins gewertet werden, die zu diesem Zeitpunkt noch nicht in Zweifel gezogen wurden.
Zur gleichen Zeit verfaßte der Oberstleutnant G. Meščerjakov für das führende militärtheoretische Organ *Voennaja Mysl'* ein Clausewitz-Pamphlet, auf das sich Stalin später
beziehen sollte. Sein Aufsatz *Clausewitz und die deutsche Kriegsideologie*[582] muß zu einer
Kontroverse mit dem Militärhistoriker Oberst E. A. Razin geführt haben, dessen Anfrage vom 30. Januar 1946 der Generalissimus am 23. Februar desselben Jahres in einem
offenen *Antwortschreiben* so beschied, daß in der UdSSR ein gutes Jahrzehnt lang ein
neues Clausewitz-Bild gezeichnet werden mußte. Manche Passagen seines Aufsatzes betref-
fend, scheint sich Meščerjakov mit dem zeitgleich publizierenden Antropov abgesprochen zu haben. So sehr decken sich hier Formulierungen und Einschätzungen, daß man
wohl von einer höheren Orts gegebenen Direktive ausgehen kann. Im großen und ganzen argumentiert er aber noch aggressiver als Antropov. Auch Meščerjakov stellt die inzwischen schon altbekannte Reihe deutscher Kriegsverbrecher von Clausewitz bis Hitler
auf und behauptet, daß Clausewitz »den wichtigsten Platz unter den Begründern der
deutschen Kriegsideologie einnimmt« und dessen reaktionäre Ansichten nicht eben zufällig seien. Sein Werdegang mache ihn zwangsläufig zu einem »typischen Kastenvertre-
ter«, einem preußisch-national denkenden Junker. Seine geistige Erziehung, der Einfluß
Kants und Fichtes, wurde hier zum ersten Mal negativ interpretiert, denn nach Meščerjakov lernte Clausewitz Kant nur durch Kiesewetter, »einen der reaktionärsten Popularisatoren der Philosophie Kants«, kennen. Nach 1807 machte er dann Bekanntschaft mit
Schelling und Hegel, dessen »absoluter Geist« bei Clausewitz als »absoluter Krieg« Wie-
derauferstehung gefeiert habe. Zahlreiche wörtliche Übereinstimmungen würden von der
gedanklichen Abhängigkeit von Hegel zeugen, ganz zu schweigen von methodischen Anleihen. Als Beispiel für seine Behauptungen führt Meščerjakov die gleiche, zur äußersten
Abstraktion neigende Denkweise beider an, die bei Clausewitz zu einem »vulgären Verständnis des Krieges als eines erweiterten Zweikampfes« geführt habe. In dieses Bild passe

---

[580] Ebd., S. 45.
[581] Ebd., S. 47.
[582] Meščerjakov, Klauzevic.

auch, daß unter Clausewitz' Lieblingsautoren sich der »idealistische Philosoph« Fichte befand, der von der »Auserwähltheit des deutschen Volkes« schrieb und damit dem heutigen (1945, d. Verf.) Rassismus Vorschub geleistet habe, sowie der Florentiner Machiavelli. Selbst seine kulturellen Interessen hätten Clausewitz nicht davor bewahrt, sich ein philosophisches Weltbild zurechtzulegen, das »typisch war für die preußische Begrenztheit, die Hochnäsigkeit und die herzlose und grobe Einstellung gegenüber dem Menschen«[583].

Im Gegensatz zu Antropov, dessen Aufsatz nur von der Kenntnis der gängigsten marxistischen Clausewitz-Literatur zeugt, hatte sich Meščerjakov für seine Tiraden gegen Clausewitz eine umfangreiche und in Anmerkungen dokumentierte Literaturkenntnis auch aus vorrevolutionärer Zeit angeeignet. Und er kam bei seinen Vergleichen zu höchst eigenwilligen Ergebnissen, die wie eine Vorwegnahme des berühmten »Kosmopolitismusstreites« anmuten, den A. A. Ždanov im August 1946 in Leningrad mit außergewöhnlicher Härte den »Kulturschaffenden« ins Bewußtsein rückte. Der Kampf gegen »Weltbürgertum« und »Objektivismus«, gegen den Einfluß ausländischer Autoren, Ingenieure, Naturwissenschaftler und Intellektueller erfolgte in bezug auf Clausewitz und die Militärwissenschaft schon ein gutes Jahr früher.

Zwei Zeugen führt Meščerjakov an, die bereits 1836 und 1837 die »Widersprüche und den spekulativen Charakter vieler Ansichten von Clausewitz« aufgedeckt hätten. Die »am weitesten entwickelte Kritik an Clausewitz verfaßte sein Zeitgenosse Nikolaj Medem, Professor an der russischen Kriegsakademie, welcher 1836 über das Buch von Clausewitz geschrieben hat, daß Ziele und Plan dieser Arbeit von Erfolg begleitet waren, daß es aber ›gemessen am Anspruch äußerst unvollkommen‹ ausgeführt sei«. Meščerjakov verschweigt seinen Lesern, daß Medem das Werk *Vom Kriege* nicht nur mehrmals als das beste Werk über Strategie gelobt hatte, sondern verfälscht ganz bewußt den Sinn des verkürzten Zitats. Medem hatte nicht die gedankliche Unvollkommenheit des Werkes kritisiert, sondern bedauert, daß es dem Autor nicht vergönnt war, sein Lebenswerk zu vollenden und ihm damit die Klarheit zu geben, derer manche Passage durch eine Überarbeitung des Manuskripts bedurft hätte. Als zweiter Zeuge dient ihm Jomini, der den Grad der Abstraktion beklagte. Hier verschweigt Meščerjakov, daß sich dessen Kritik auch in starkem Maße aus seinem Konkurrenzverhältnis zu Clausewitz und später auch zu Medem ergab[584].

Viele gedankliche Urheberschaften und Erfindungen, über deren Schöpfer und Entdecker jahrhundertelang in der abendländischen Welt Einigkeit geherrscht hatte, wurden in den Nachkriegsjahren in der UdSSR in Zweifel gezogen. Meščerjakov war einer der ersten, indem er die gedankliche Urheberschaft Clausewitz' an der Formel in Frage stellte. So hätten bereits Generationen von Militärs vor Clausewitz, darunter auch Russen, den Zusammenhang von Politik und Krieg aufgedeckt. Im Jahre 1807 habe der russische Oberstleutnant Chatov in seinem Buch *Allgemeiner Versuch der Taktik*[585] die führende Rolle der Politik im Kriege festgestellt und daraus Schlußfolgerungen für die Erforschung

583 Ebd., S. 94f.

584 Ebd., S. 95f.

585 Chatov, Obščij opyt, S. 19, 23—24, zit. nach Meščerjakov, Klauzevic, S. 96.

des Krieges und der Kriegführung gezogen. Zudem habe der gleiche Autor in ähnlicher Weise, nur nicht so deutlich wie Clausewitz, die Umwälzung der Kriegführung durch den Einfluß der Französischen Revolution beschrieben[586]. Im weiteren Verlauf seiner Darlegung versucht Meščerjakov krampfhaft nachzuweisen, daß der von ihm zitierte Chatov — bis dato in der Militärliteratur in West und Ost völlig unbekannt — in manchen Ansichten den Überlegungen Clausewitz' klar voraus gewesen sei. So hätte Chatov erkannt, daß die Entwicklung der Taktik von den Waffen und den moralisch-sittlichen Fähigkeiten der Völker abhängig sei, welche wiederum von den Fähigkeiten der Führung abhingen und daher ständiger Veränderung unterlägen. Während also Chatov mit dem Begriff der »Führung« eine zukunftsweisende Terminologie entwickelt habe, wobei es verzeihlich sei, daß er (1807!) das Klassenwesen der Politik noch nicht erkannt habe[587], bewege sich Clausewitz mit seiner Definition des Begriffes »Politik« als »der Intelligenz des personifizierten Staates«[588] auf den ausgetretenen Pfaden der Hegelschen Staatsphilosophie.

Ein weiterer Kritikpunkt war das fehlende Verständnis für die soziale Komponente des Wesens des Krieges bei Clausewitz. So habe dieser die Kriege des republikanischen Frankreich, Napoleons und die nationalen Befreiungskriege der europäischen Staaten gegen Napoleon gleichermaßen als »Volkskriege« eingeschätzt, wobei die Sympathie, Clausewitz' politischer Gesinnung entsprechend, immer auf der Seite desjenigen gelegen habe, der den Krieg unter Aufwendung aller ihm zur Verfügung stehenden Mittel mit äußerster Entschiedenheit führte[589]. Meščerjakov verschweigt hier, daß Clausewitz einen schnellen, entscheidenden Schlag nicht aus einer abnorm veranlagten Psychopathologie heraus empfahl, sondern um den Krieg zu verkürzen und damit seine Folgen zu lindern, die er gerade 1812 in Rußland Gelegenheit hatte zu betrachten. Blitzkriege seien seit den Zeiten Friedrichs des Großen aus Mangel an wirtschaftlichen Ressourcen zum militärpolitischen Dogma des aufstrebenden Preußen geworden, aber gerade der Krieg von 1806 habe, so Meščerjakov, gezeigt, daß Preußen bei einem ernstzunehmenden Gegner auch einen kurzen Krieg nicht gewinnen konnte[590]. Er weiß, daß er eine vermeintliche historische Parallele nicht explizit anzusprechen braucht, da seine Leser selbstverständlich bei 1806 das Jahr 1945, bei Preußen das Deutsche Reich und bei Napoleon Stalin assoziieren würden.

Die »Primitivität und Begrenztheit der Ansichten Clausewitz' über das Wesen und die Quellen der moralischen Kräfte tritt im Lichte der marxistisch-leninistischen Lehren über die Rolle der politisch-moralischen Faktoren besonders deutlich zu Tage«. Und dies, obwohl schon andere Zeitgenossen in dieser Beziehung weiterführende und richtigere entwickelt hätten. So hätten die Autoren des russischen Stabes in ihren *Bemerkungen zur Vorbereitung junger Offiziere auf Gefechtshandlungen* aus dem Jahre 1821[591] erkannt,

---

[586] Ebd.
[587] Meščerjakov, ebd., S. 97. Zur Überlegenheit russischen militärischen Denkens über Deutschland vor 1812 vgl. ebd., S. 93.
[588] Ebd.; vgl. Clausewitz, Vom Kriege. 1980, S. 211 f.
[589] Meščerjakov, Klauzevic, S. 97, vgl. auch ebd., S. 107 f.
[590] Ebd., S. 98.
[591] Lenin, Zamečanija, zit. nach Meščerjakov, S. 101.

daß der moralische Zustand der Truppe »vom Gefühl der Liebe und Hingabe der Kämpfer zur Heimat« abhängig sei, und glücklicherweise gleichzeitig erforscht, daß diese Eigenschaften beim russischen Soldaten in besonderer Weise ausgeprägt wären. Um so unverständlicher sei es, daß Clausewitz dies nicht auffiel und er daher dem preußischen Generalstab auch völlig unbrauchbare Rezepte zur Stärkung der moralischen Faktoren an die Hand gegeben habe. Clausewitz habe den preußischen Offizieren empfohlen, die Moral der Truppe durch »Übungen zur Festigung der Überzeugung und Schnelligkeit« zu erhöhen, während russische Offiziere zu diesem Zeitpunkt bereits ein probateres Mittel erprobten: die Schulung der Soldaten zu mehr »Pflichtbewußtsein und zur Bereitschaft der Selbstaufopferung«[592].

Aus der Masse der heftigen Ausfälle gegen Clausewitz und der zahlreichen Verdrehungen seiner Theorie können aus Platzgründen nur die plakativsten ausgewählt werden. So warf Meščerjakov Clausewitz die völlige Fehleinschätzung der Bedeutung taktischer Erfolge vor: »(... und daß also unsere Behauptung ist, daß nur große taktische Erfolge zu großen strategischen führen können, oder, wie wir es schon einmal bestimmter ausgedrückt haben, daß) die taktischen Erfolge von vorherrschender Wichtigkeit in der Kriegführung sind«[593]. Meščerjakov zitierte den außerhalb der Klammern stehenden Teilsatz und bezichtigte Clausewitz, die Bedeutung strategischer Erfolge verkannt zu haben, was um so unverständlicher sei, als Suvorov dies bereits im Feldzug des Jahres 1799 gezeigt habe. Erst Stalin allerdings habe eine »geniale Verallgemeinerung« der Begriffe Strategie und Taktik geliefert: »Die Strategie hat das Ziel, den Krieg zu gewinnen. Ziel der Taktik ist es, das Gefecht zu gewinnen[594].« Meščerjakov überträgt diese von Stalin im Zusammenhang mit der Strategie und Taktik der russischen Kommunisten politisch definierten Begriffe auf den Bereich des Militärs, ohne auf den Bedeutungswechsel hinzuweisen. Vielleicht sieht er aber auch die enge Beziehung, die in der Sowjetunion zwischen diesen beiden Sphären vorhanden war und die eine Trennung der beiden Bereiche unmöglich erscheinen ließ. Vergleicht man Stalins Definition von Strategie und Taktik mit der von Clausewitz, erkennt man auch hier unschwer, wer bei wem Anleihen gemacht hat[595].

Obwohl die Rote Armee durch die Vernachlässigung und Geringschätzung der Defensive zu Kriegsbeginn ungeheure Verluste hinnehmen mußte, deren Ausmaß wohl kein anderer Staat verkraftet haben würde, setzte man auch nach 1945 wieder ganz auf die Offensive[596]. Aus diesem Grunde bezeichnete Meščerjakov Clausewitz' Vorstellungen von Angriff und Verteidigung als rationale Konstrukte, die sich zudem mehrmals widersprä-

---

[592] Meščerjakov, ebd., S. 101 f. Diese moralischen Qualitäten wurden dem sowjetischen Soldaten in ständiger Ermahnung an die Heldentaten seiner russischen Vorfahren auch im »Großen Vaterländischen Krieg« in hohem Maße abverlangt.

[593] Clausewitz, Vom Kriege. 1980, S. 425; vgl. Meščerjakov, ebd., S. 105.

[594] Ebd. Meščerjakov zitiert aus einer frühen Arbeit Stalins in der Zeitschrift Kommunističeskaja revoljucija, 1923, H. 7.

[595] In: Clausewitz, Vom Kriege. 1980, S. 271, heißt es: »Es ist also nach unserer Einteilung die Taktik die Lehre vom Gebrauch der Streitkräfte im Gefecht, die Strategie die Lehre vom Gebrauch der Gefechte zum Zweck des Krieges.« Unterstellt man den Sieg als Zweck des Krieges, kommt man der Definition Stalins sehr nahe.

[596] Meščerjakov, Klauzevic, S. 107.

chen und als bloße Schablone zur Lösung jeder gestellten Aufgabe dienen würden. Aber »die militärischen Angelegenheiten sind nicht so simpel, wie Clausewitz sie uns vorstellt«[597]. Clausewitz' Theorie von der Überlegenheit der Defensive hafte auch eine zu starke Passivität an, die ihren Ausdruck in seiner Feldzugsbeschreibung von 1812 gefunden habe, als er den »General Winter« für die russischen Erfolge in übertriebener Weise verantwortlich machte[598].

Sein Fazit fällt vernichtend aus:

»Da Clausewitz das Wesen und die Natur des Krieges nicht erkannte, konnte er auch keine Ordnung in die Natur der moralischen Kräfte bringen, vermochte er die Gesetzmäßigkeiten des Militärwesens nicht aufzudecken und konnte keine Militärtheorie schaffen. Das reaktionäre Hegelsche System und die Interessen der preußischen Kriegstreiber hemmten seine Gedanken in so starkem Maße, daß er unfähig wurde, die Ereignisse seiner Zeit zu erklären. In der Ausarbeitung einer Reihe von Fragen der Strategie und Taktik, der Verteidigung und des Angriffs bleibt er unter dem Niveau des militärtheoretischen Denkens seiner Zeit. Darüber hinaus sind die militärtheoretischen Arbeiten Clausewitz' die wichtigsten Elemente, aus denen die deutsche Militärideologie erwuchs[599].«

Eine solche Einschätzung, die letztlich auch Lenin ins Zwielicht rückte, denn auch er hätte auf diese Unzulänglichkeit stoßen müssen, konnte selbst in der Sowjetunion in den Monaten nach dem Sieg über ein menschenverachtendes System nicht unwidersprochen bleiben. Der Widerspruch regte sich allerdings nur zaghaft. Vielleicht fühlten eingeweihte Militärs schon, daß in der Frage der Beurteilung Clausewitz' ein Grundsatzurteil von höchster Instanz zu erwarten war.

In der Augustnummer des *Bol'ševik* erläuterte dessen neuer Chefredakteur Petr Fedoseev die Haltung der Redaktion zu dem Aufsatz Antropovs[600]. Fedoseev erwähnte Clausewitz zwar nicht namentlich, beharrte aber darauf, daß die Formel, als deren Gewährsmann er Lenin ausdrücklich zitierte, ihre Gültigkeit behalte. Er unterschied aber zwischen den beiden Weltkriegen. Während er im Ersten Weltkrieg die Fortsetzung der kapitalistischen Politik der Ausplünderung der Kolonien sah, betrachtete er den Zweiten Weltkrieg als eine Auseinandersetzung, in die die Kolonien nicht involviert waren, Deutschland dafür aber die Weltherrschaft anstrebte[601].

Einen weiteren Schritt zur Verherrlichung Stalins unternahm das Akademiemitglied Professor V. I. Svetlov, der in der Septembernummer des *Mitteilungsblattes der Akademie der Wissenschaften* Clausewitz herabsetzte, um Stalin »zum herausragendsten, zum genialsten Feldherrn der ganzen Menschheitsgeschichte« zu küren[602].

---

[597] Ebd.
[598] Ebd., S. 109.
[599] Ebd., S. 110.
[600] Fedoseev, Marksizm-Leninizm; die Nummer erschien verspätet erst am 9.10.1945. Zu den Theoriedebatten der jüngsten Nachkriegszeit vgl. ausführlich Rossel, Clausewitz, S. 1606ff.; Hough, Debates, S. 272, und Kitchen, Clausewitz, S. 43.
[601] Fedoseev, ebd., S. 52—54.
[602] Vgl. Svetlov, idej Leninizma, S. 22. Von da aus war es nur ein kleiner Schritt zu den Panegyrika, die Stalin an seinem 70. Geburtstag von seiten der Militärs gern über sich ergehen ließ. vgl. Isaev, Voennyj genij, S. 20—26.

»In seinem Buch *Vom Kriege* schrieb der idealistische Hegelianer Clausewitz, daß der Krieg in den Bereich des permanenten Zufalls und der Ungewißheiten gehört, daß daher in ihm der Gang der Ereignisse unmöglich vorausgesagt und eine aktive Verwirklichung der gewünschten Ereignisse nicht geleistet werden kann. Diese Überzeugung Clausewitz' ist im Verlauf des Großen Vaterländischen Krieges vollständig widerlegt worden. Der Genosse Stalin, der die Gesetzmäßigkeiten des Krieges aufdeckte, zeigte auch, daß ungeachtet der Schwierigkeiten und Widersprüche der Umstände, innerhalb derer sich ein Krieg abspielt, es möglich ist, den weiteren Verlauf der Dinge vorauszusehen, lange bevor Ereignisse auftreten, und, indem man diese Voraussicht instrumentalisiert, auf den Gang der militärischen Ereignisse einzuwirken[603].«

Nachdem die politische Unfehlbarkeit Stalins schon in den 30er Jahren gepriesen worden war, wurde nun auch die militärische Apotheose des Sowjetführers schon zu Lebzeiten eingeleitet, da er mit übernatürlichen Begabungen gesegnet schien.

In dieser aufgeheizten, unsachlichen Atmosphäre stellte nun E. A. Razin, Oberst und Professor an der Militärakademie, bis dato ein überzeugter Anhänger Clausewitz'[604], an Stalin in einem Brief vom 30. Januar 1946 bezüglich der offiziellen Einschätzung der Werke des preußischen Generals drei Fragen[605]. Kaum drei Wochen später hatte Stalin den Brief ausführlich beantwortet; publiziert wurde er aber erst ein Jahr später im Parteiorgan *Bol'ševik*[606].

Auch wenn die Antworten Stalins das Clausewitz-Bild der UdSSR für ein Jahrzehnt prägten und eine Auseinandersetzung nur noch in Form der eindeutigen Verteufelung des Objekts zuließen, lag die Bedeutung seiner Replik woanders.

Zuerst einmal ist es interessant, daß sich ein Professor in einem scheinbar akademischen Streit an das Staatsoberhaupt mit der Bitte um Klärung wendet. Um so ungewöhnlicher ist der Zeitpunkt. Nach einem gewonnenen Krieg, zumal wenn er solch ungeheuren Verluste an Menschen und Material mit sich brachte wie dieser, sollte das Augenmerk der politischen Führung vermeintlich auf der Bewältigung der Folgen liegen, vielleicht auch noch auf der Umstrukturierung der Streitkräfte auf Friedensstärke; man sollte mutmaßen, daß die Umstellung des Landes auf den Frieden den Einsatz der ganzen Persönlichkeit erforderte; aber Stalin fand die Muße, sich mit militärtheoretischen Problemen der Vergangenheit intensiv zu beschäftigen. Was verschaffte Clausewitz die Bedeutung, daß sich vom Stabsoffizier bis zum Generalissimus die gesamte militärische Intelligenz mit ihm nach Kriegsende befaßte?

Zunächst ist da jedoch die Frage, welche Kenntnisse Stalin befähigten, zu Fragen über das Werk von Clausewitz Stellung zu nehmen. Belege dafür, daß er *Vom Kriege* in deut-

---

[603] Svetlov, ebd., S. 21. Siehe dazu ausführlich Konoplew, Voraussicht.

[604] Razin war ein bekannter Militärhistoriker, dessen erste beiden Bände seiner »Geschichte der Kriegskunst« bis 1940 erschienen, während der dritte, der den Zeitraum des 17. und 18. Jh. umfaßte, erst 1961 erscheinen konnte. In allen Bänden beruft er sich oftmals auf Clausewitz, vgl. ders., Istorija, S. 40, 515, 570f., sowie das Vorwort.

[605] Der genaue Wortlaut ist nicht ermittelbar. Stalin faßt in seinem Antwortschreiben die Fragen aber zusammen und stellt sie seinen Antworten voran. Es liegt allerdings nahe, daß es sich hierbei um einen von Stalin bestellten Fragenkatalog handelt.

[606] Stalin, Otvet tov. Stalina na pis'mo tov. Razina, in: Bol'ševik, 1947/3, S. 4—8; dt.: Antwortschreiben an Oberst Professor Dr. Rasin auf einen Brief vom 30. Januar über Clausewitz und über Fragen des Krieges und der Kriegskunst, in: Neue Welt, 1947/7 (April), S. 23—25, in: Stalin, Werke, Bd 15, S. 54—58.

scher oder russischer Sprache gelesen hat, gibt es nicht. Es ist anzunehmen, daß er Lenins *Tetradka* schon früh zur Kenntnis genommen hat. Als häufiger Besucher der Vorlesungen Šapošnikovs an der Militärakademie wird er mit Zitaten aus *Vom Kriege* konfrontiert worden sein. Die Bücher Šapošnikovs sollen auf seinem Nachttisch gelegen haben[607]. Andere Autoren behaupten, Stalin habe sich »ernsthaft mit Clausewitz beschäftigt«[608], bzw., er sei »ein gelehriger Schüler von Clausewitz«[609]. Als Beweis dafür dient zumeist der Verlauf des Krieges bzw. die sowjetische Kriegführung. Manche Autoren sehen eine Clausewitz-Anleihe schon in der Tatsache, daß Stalin den Krieg politisch führte[610], andere in der Art der Kriegführung[611]. Aus dem Antwortschreiben Stalins geht nur seine Kenntnis der *Tetradka* und des Artikels von Meščerjakov hervor. Angesichts der Bedeutung des Dokuments wird dessen Wortlaut in voller Länge wiedergegeben:

»Geehrter Genosse Rasin!
Ich habe Ihren Brief vom 30. Januar über Clausewitz sowie ihre kurzgefaßten Thesen über den Krieg und die Kriegskunst erhalten.
1. Sie fragen, ob der Standpunkt Lenins in der Bewertung von Clausewitz nicht veraltet sei.
Meiner Meinung nach ist die Frage nicht richtig gestellt.
Bei einer solchen Fragestellung könnte man glauben, daß Lenin die kriegswissenschaftliche Lehre und die kriegswissenschaftlichen Werke von Clausewitz analysiert, sie vom militärischen Standpunkt bewertet und uns eine Reihe von Leitsätzen zu militärischen Fragen hinterlassen hat, die uns als Richtschnur dienen sollen. Diese Fragestellung ist falsch, da es tatsächlich keine solchen ›Thesen‹ von Lenin über die kriegswissenschaftliche Lehre von Clausewitz und seine Werke gibt.
Im Unterschied zu Engels hielt sich Lenin nicht für einen Fachmann auf militärischem Gebiet. Dafür hielt er sich weder früher, das heißt vor der Oktoberrevolution, noch später nach der Oktoberrevolution bis zur Beendigung des Bürgerkrieges.
Im Bürgerkrieg verpflichtete Lenin uns, die wir damals noch junge Genossen aus dem Zentralkomitee waren, ›die Kriegskunst gründlich zu studieren‹. Was ihn selbst betrifft, so erklärte er uns unumwunden, daß es für ihn bereits zu spät sei, die Kriegskunst zu erlernen. Damit ist letzten Endes zu erklären, daß Lenin in seinen Urteilen über Clausewitz und seinen Bemerkungen über das Buch von Clausewitz keine rein militärischen Fragen berührt wie etwa Fragen der militärischen Strategie und Taktik und

---

[607] Vgl. Possony, Jahrhundert, S. 288.

[608] Vgl. Kravchenko, I choose freedom, S. 430; siehe auch ebd., S. 435 (dt: Ich wählte die Freiheit, Zürich 2. Aufl. 1947, S. 529, 535. Die erste amerikanische Ausgabe erschien 1946 in New York).

[609] Vgl. Mosely, Ergebnisse, S. 357; Kießling, Neutralität, S. 25ff., und ders., NATO, S. 65.

[610] Vgl. diesbezüglich Schukow, Erinnerungen, S. 232ff.; siehe auch Hahlweg, Clausewitzbild, S. 101. Lauterbach hält auch Žukov für einen Clausewitz-Kenner, dessen »Büchergestelle ... mit Werken von Clausewitz und anderen militärischen Schriftstellern gefüllt (sind)«, vgl. ders., Schukow, S. 13. Vgl. auch Pilster, Politik, S. 140.

[611] Dennet/Johnson, Russen, S. 367, betonen, daß Stalin auch im Verlauf des Krieges sein politisches Ziel nie aus dem Auge verlor. Bohn, Wesen, S. 276, betrachtet Stalin als politischen Feldherrn im Sinne Clausewitz', der nicht wie Hitler direkt in den Kriegsverlauf eingriff. Hahlweg, Gegenwart, S. 196, sieht in der sowjetischen Kriegführung von 1941—1945 den Beweis der fortdauernden Gültigkeit der Lehren Clausewitz'; desgleichen auch Schramm, Kriegsphilosophie, S. 506. Blasius, Clausewitz, S. 344, sieht in Stalins Verhalten den Primat der Politik, und nach Aron, Clausewitz et la guerre populaire, S. 9, handelte Stalin im Zweiten Weltkrieg nach Clausewitz. Auch der Stalin-Biograph Rubel, Stalin, S. 111, betont die Anerkennung der Formel durch Stalin, dessen »bonapartistischer Tradition verhaftetes Militärverständnis« ihn daran festhalten ließ. Ähnlich äußern sich Beyerhaus, Clausewitz, S. 109, und Wollenberg, Engels, S. 62, die zwar die pompöse Ablehnung zur Kenntnis nehmen, aber eben deswegen die Fortdauer von Clausewitz' Wirkung unterstellen.

ihres Verhältnisses zueinander, der Wechselbeziehung zwischen Vormarsch und Rückzug, Verteidigung und Gegenangriff und so weiter.

Was interessierte aber dann Lenin bei Clausewitz und wofür zollte er ihm Anerkennung?

Er zollte ihm vor allem dafür Anerkennung, daß Clausewitz, der kein Marxist war und der seinerzeit als eine Autorität auf dem Gebiet der militärischen Theorie galt, in seinen Werken die bekannte marxistische These bestätigte, daß zwischen Krieg und Politik eine direkte Verbindung besteht, daß die Politik den Krieg gebiert und daß der Krieg die Fortsetzung der Politik mit den Mitteln der Gewalt ist. Lenin brauchte hier die Bezugnahme auf Clausewitz, um Plechanow, Kautsky und andere ein übriges Mal des Sozialchauvinismus und des Sozialimperialismus zu überführen. Er zollte ferner Clausewitz dafür Anerkennung, daß dieser in seinen Werken die vom Standpunkt des Marxismus richtige These bestätigte, daß unter bestimmten ungünstigen Bedingungen der Rückzug eine ebenso berechtigte Kampfform ist wie der Angriff. Lenin braucht hier die Bezugnahme auf Clausewitz, um ein übriges Mal die ›linken‹ Kommunisten zu überführen, die den Rückzug als berechtigte Kampfform nicht anerkennen.

Folglich ging Lenin an die Werke von Clausewitz nicht als Militärfachmann, sondern als Politiker heran und interessierte sich für diejenigen Fragen in den Werken von Clausewitz, die den Zusammenhang zwischen Krieg und Politik zeigen.

Somit sind wir als Nachfolger Lenins in der Kritik der militärischen Doktrin von Clausewitz durch keine Andeutungen Lenins gebunden, die unsere freie Kritik beschränken könnten.

Aber daraus folgt, daß Ihr Urteil über den Artikel des Genossen Meschtscherjakow (siehe *Wojennaja Mysl* Nr. 6/7, Jahrgang 1945), der an der militärischen Doktrin von Clausewitz Kritik übt und sie als ›Revision‹ von Lenins Einschätzung bezeichnet, verfehlt ist.

2. Haben wir überhaupt Grund, die militärische Doktrin von Clausewitz zu kritisieren? Ja, den haben wir. Das Interesse unserer Sache und der modernen Kriegswissenschaft verpflichtet uns, nicht nur Clausewitz, sondern auch Moltke, Schlieffen, Ludendorff, Keitel und die anderen Träger der militärischen Ideologie in Deutschland zu kritisieren. In den letzten dreißig Jahren hat Deutschland zweimal der Welt einen blutigen Krieg aufgezwungen und beide Male eine Niederlage erlitten. Ist das ein Zufall? Natürlich nicht. Bedeutet das nicht, daß nicht nur Deutschland im ganzen genommen, sondern auch seine militärische Ideologie die Prüfung nicht bestanden hat? Zweifellos. Es ist allgemein bekannt, mit welcher Hochachtung die Militärs der ganzen Welt, auch unsere russischen, auf die militärischen Autoritäten Deutschlands sahen. Muß dieser unverdienten Hochachtung nicht ein Ende gesetzt werden? Unbedingt. Nun, und dazu bedarf es der Kritik, besonders von unserer Seite, von seiten derer, die Deutschland besiegt haben.

Was insbesondere Clausewitz betrifft, so ist er als Autorität auf dem Gebiete der Kriegstheorie natürlich veraltet. Clausewitz war eigentlich ein Vertreter des Manufakturzeitalters des Krieges. Jetzt aber stehen wir im maschinellen Zeitalter des Krieges. Zweifellos braucht das maschinelle Zeitalter neue militärische Ideologen. Es wäre lächerlich, heute bei Clausewitz in die Schule zu gehen.

Man kann nicht Fortschritte machen und die Wissenschaft voranbringen, ohne die veralteten Thesen und Äußerungen bekannter Autoritäten einer kritischen Analyse zu unterziehen. Das bezieht sich nicht nur auf die Autoritäten der Kriegstheorie, sondern auch auf die Klassiker des Marxismus. Engels sagte einmal, daß von den russischen Feldherrn aus dem Jahre 1812 der General Barclay de Tolley der einzige sei, der Beachtung verdiene. Engels hat sich natürlich geirrt, denn Kutusow überragte als Feldherr unbestreitbar Barclay de Tolley um ein gewaltiges. Aber es könnte doch in unserer Zeit Leute geben, die dieses falsche Urteil von Engels rabiat verteidigen.

In unserer Kritik dürfen wir uns nicht von einzelnen Thesen und Äußerungen der Klassiker leiten lassen, sondern müssen uns an den berühmten Hinweis halten, den Lenin seinerzeit gab:

›Wir betrachten die Theorie von Marx absolut nicht als etwas Abgeschlossenes und Unantastbares; wir sind im Gegenteil davon überzeugt, daß sie nur den Grundstein zu jener Wissenschaft gelegt hat, die die Sozialisten in allen Richtungen weiterentwickeln müssen, wenn sie nicht im Leben zurückbleiben wollen. Wir sind der Meinung, daß für die russischen Sozialisten die selbständige Ausarbeitung der Theorie von Marx besonders nötig ist, denn diese Theorie gibt nur allgemeine Richtlinien, die

im einzelnen in England anders als in Frankreich, in Frankreich anders als in Deutschland und in Deutschland anders als in Rußland zur Anwendung gelangen.‹ (Lenin, Werke, Band 4, Moskau 1946, Seite 191—192 russisch)
Eine solche Einstellung ist für uns noch notwendiger in bezug auf die Autoritäten der Kriegstheorie.
3. Was ihre kurzgefaßten Thesen über den Krieg und die Kriegskunst betrifft, so muß ich mich wegen ihres schematischen Charakters auf allgemeine Bemerkungen beschränken. Die Thesen enthalten zuviel Philosophie und abstrakte Feststellungen. Clausewitz' entlehnte Terminologie, die von der Grammatik und Logik des Krieges spricht, verletzt das Ohr. Die Frage des Parteicharakters der Kriegswissenschaft ist zu primitiv gestellt. Das Ohr verletzen auch die Lobeshymnen auf Stalin — es ist einfach peinlich, sie zu lesen. Es fehlt der Abschnitt über die Gegenoffensive (nicht zu verwechseln mit dem Gegenangriff). Ich spreche von der Gegenoffensive nach einer erfolgreichen Offensive des Feindes, die jedoch keine Entscheidung gebracht hat, während der in der Verteidigung Befindliche Kräfte sammelt, zur Gegenoffensive übergeht und dem Gegner eine entscheidende Niederlage beibringt. Ich bin der Meinung, daß eine gut organisierte Gegenoffensive eine sehr interessante Art der Offensive ist. Sie als Historiker sollten sich dafür interessieren. Schon die alten Parther kannten eine solche Gegenoffensive, als sie den römischen Feldherrn Crassus und sein Heer ins Innere des Landes lockten, dann zur Gegenoffensive übergingen und ihn mit seinen Truppen vernichteten. Sehr gut wußte das auch unser genialer Feldherr Kutusow, der Napoleon und seine Armee durch eine gut vorbereitete Gegenoffensive vernichtete.
J. Stalin[612].«

Die erste Frage Razins zeigt, daß sich dieser aus politischer Vorsicht nicht direkt auf das Werk *Vom Kriege* bezieht, sondern die Gültigkeit der Leninschen Rezeption erkunden wollte. Stalin ergriff diese Gelegenheit, um endgültig in militärtheoretischer Hinsicht aus dem Schatten des Gründers der Sowjetunion herauszutreten. Er stellte zu recht fest, daß Lenins Clausewitz-Studien sich mit dem Verhältnis von Politik und Krieg befaßten und sowohl in der *Tetradka* als auch in der tagespolitischen Auseinandersetzung mit den politischen Gegnern Plechanov, Kautsky und anderen keine spezifisch militärischen Fragen berührt wurden. Da Lenin Politiker war, »zollte er ihm vor allem dafür Anerkennung, daß Clausewitz, der kein Marxist war (!) und der seinerzeit als eine Autorität auf dem Gebiet der militärischen Theorie galt, in seinen Werken die berühmte marxistische (!) These bestätigte, daß zwischen Krieg und Politik eine direkte Verbindung besteht«. Stalin weist nicht darauf hin, daß Clausewitz kein Marxist sein konnte, weil Marx zu seinen Lebzeiten selbst noch kein »Marxist« war. Das »seinerzeit« läßt die Frage offen, ob Stalin damit das Zeitalter Clausewitz' meinte oder die Zeit des Ersten Weltkrieges. Legt man die erste Annahme zugrunde, hätte er damit eine indirekte Attacke gegen Lenin geritten, der sich dann mit einem schon veralteten Klassiker abgegeben hätte. Die dreiste Behauptung, die Formel sei eine marxistische Entdeckung, widerspricht zwar der chronologischen Logik, hat sich aber bis in die 80er Jahre in der Sowjetliteratur partiell erhalten.
Von großer Bedeutung ist hier aber, daß Stalin Lenin ganz offen militärische Kenntnisse und die Bereitschaft, sich diese anzueignen, abspricht[613]. Stalin, der Zeit seines Lebens

---

[612] Stalin, Werke, Bd 15, S. 54—58; siehe auch Anm. 606.

[613] Wallach, Kriegslehre, S. 61 ff., weist dagegen minutiös nach, daß Lenin Clausewitz umfassender gelesen hatte, als dies die Auszüge der Tetradka vermuten lassen. Wie Engels war auch Lenin nach den Erfahrungen des Welt- und Bürgerkrieges als Militärexperte im strategischen Sinne einzuschätzen, was auch Kommentare von Zeitgenossen beweisen. W.E. Schmitt, Lenin, S. 79, kommt unter Bezugnahme von Hahlweg, Clausewitzbild, S. 100f., zu ähnlichen Schlußfolgerungen.

darunter gelitten hat, daß fast alle Bol'ševiki der ersten Stunde ihn an Qualität und Bedeutung ihrer theoretischen Arbeiten übertrafen, versuchte mit diesem Brief gleich zwei Defizite auszugleichen. In der Beantwortung der beiden nächsten Fragen stellt er sich als Erneuerer der Militärtheorie dar, was um so beeindruckender zu sein scheint, da er in der Pose der Bescheidenheit des wirklich großen Denkers auftritt und sich »peinliche Lobeshymnen« verbittet. Er macht zudem auch sein Versagen an den Fronten des Bürgerkriegs wett, das noch manchem Parteigenossen in frischer Erinnerung war.

Losgelöst von den dogmatisch bindenden »Andeutungen Lenins« kann er nun »freie Kritik« an der »Doktrin« von Clausewitz üben. Interessant ist die Wortwahl, da Clausewitz' Denken alles »Doktrinäre« fremd war und *Vom Kriege* alles, nur keine Doktrin enthält. Die Begrifflichkeit zeigt aber auch, daß Stalin aus den doktrinären Denkkategorien des Sowjetmarxismus automatisch auch andere Denksysteme auf einer geschlossenen, doktrinären Folie wahrnimmt.

Was kritisiert er nun konkret an Clausewitz? Als Sieger des Jahres 1945 kritisiert er die Theorien eines Militärphilosophen, der in der Reihe der »Verlierer« den chronologischen Anfang macht und damit rückwirkend Verantwortung für den Verlauf einer historischen Zeitspanne von 120 Jahren übernehmen muß. »Es wäre lächerlich«, so Stalin, »bei Clausewitz in die Schule zu gehen«, da »wir« in ihm »einen Vertreter des Manufakturzeitalters des Krieges« vor uns haben, der sich schon in der Beurteilung zeitgenössischer Phänomene gründlich geirrt habe, indem er Barclay de Tolly als Feldherrn den Vorzug vor Kutuzov einräumte. Stalin begibt sich auf unsicheren Boden, als er in einem Rundumschlag gegen die Klassiker nicht nur den militärischen »Laien« Lenin zur Seite drängt, sondern auch die Einschätzungen Engels', des großen marxistischen Militärgenies, der »sich selbst für einen Fachmann auf militärischem Gebiet hielt«, in bezug auf Vorgänge des Jahres 1812 in Frage stellt. Stalin, der sonst die Verkörperung dogmatisierenden Denkens war, entdeckte plötzlich im Zusammenhang mit der Militärtheorie die Offenheit der marxistischen Theorie, die »schöpferischen« Gestalten wie ihm Raum für eigenständige Interpretationen läßt. So erklärt er apodiktisch, Kutuzov überrage Barclay »um ein gewaltiges« als Feldherr. Die Begründung für diese Einschätzung wurde in den kommenden Jahren von der sowjetischen Militärgeschichte in Hunderten von Publikationen nachgeliefert.

Bei der nächsten Frage zeigt sich Stalin als erklärter Gegner von »zuviel Philosophie und abstrakten Feststellungen«, was ihn zwangsläufig mit der Terminologie von Clausewitz über Kreuz bringt, die »das Ohr verletze«. Hinter dieser Theorie- und Abstraktionsfeindlichkeit verbirgt sich das oft auch an russischen Offizieren beklagte Bedürfnis nach theoriearmen, nicht zur Reflexion zwingenden Handlungsanweisungen in extremer Form. Dafür ist auch der einfache, penetrant belehrende Duktus Stalins ein unzweideutiges Indiz.

Stalins größte Entdeckung war die Gegenoffensive, wobei er sich hier eher als Erneuerer einer bereits im Altertum, insbesondere aber durch »den genialen Feldherrn Kutusov« entwickelten Kriegsform in Erinnerung brachte. Während Kutuzov seinen Geniestreich anscheinend unbeachtet von der Mit- und Nachwelt vollbrachte, strickte Stalin in diesem Brief schon zu Lebzeiten an seiner eigenen Legende. Mit der nachträglichen Gelassenheit des Siegers versucht er den Eindruck zu erwecken, er habe die Wehrmacht ins

Innere des Landes gelockt, um zu einem der Roten Armee günstigen Zeitpunkt zur Gegen-offensive — »nicht zu verwechseln mit dem Gegenangriff« — überzugehen und dem geschwächten Gegner die »entscheidende Niederlage beizubringen«. Er geht nicht dar-auf ein, daß dieser Rückzug in offenem Widerspruch zur Doktrin der Roten Armee bei Kriegsbeginn stand, wonach dem Gegner auf dessen Territorium die entscheidende Niederlage beizubringen war. Auch die Theorie der Gegenoffensive sollte eine neue For-schungslawine lostreten.

Nicht nur in der nun einsetzenden konformen Militärliteratur der Sowjetunion, auch im Westen übernahm eine Reihe von Militärschriftstellern die Legendenbildung Stalins, wonach dieser — bewußt oder unbewußt — auf der Grundlage Clausewitzscher Theoreme die Erfahrungen des Jahres 1812 im »Großen Vaterländischen Krieg« umgesetzt habe[614]. Erst die berühmte Geheimrede Chruščevs vom Februar 1956 auf dem XX. Parteitag der KPdSU, auf dem die Fehler des Personenkultes mit ihren fatalen Folgen gerade auch auf militärischem Gebiet decouvriert wurden, führte zu einer Neubewertung Clausewitz' wie auch der Anfangsphase des Krieges.

Die Folgen dieses Briefes waren gewaltig. Clausewitz' Erkenntnisse waren obsolet gewor-den, er selbst zur preußisch-militaristischen Unperson abgestempelt. Die Formel galt in ihrer Leninschen Version, und lediglich die Theorie der Gegenoffensive, stark modifiziert durch die Erfahrungen der letzten Jahre, sollte sich größter Aufmerksamkeit erfreuen[615].

Meščerjakov, der von Stalin ausdrücklich in Schutz genommene Clausewitz-Kritiker, wur-de noch 1946 beauftragt, in der militärhistorischen Abteilung des Instituts für Geschichte der Akademie der Wissenschaften der UdSSR das russische militärische Denken im 19. Jahrhundert zu untersuchen[616]. Er kritisierte in einer 1946 erschienenen und in meh-rere Sprachen der Sowjetunion übersetzten Suvorov-Biographie die ungerechte Beurtei-lung dieses russischen Militärgenies durch Clausewitz[617].

Alle den militärischen Bereich betreffenden Artikel der zweiten Auflage der *Großen Sowjet-enzyklopädie* wurden im Sinne Stalinscher Erkenntnisse und Vorgaben umgeschrieben. So hatte Razin in seinem Artikel *Kriegskunst* Clausewitz der »Überschätzung des Feld-herrn« und der Unterschätzung der moralischen und ökonomischen Faktoren zu über-führen[618], der Generalleutnant S. N. Krasil'nikov in *Militärische Strategie* die Überlegen-heit russischer Militärdenker über Clausewitz zu demonstrieren, auch wenn ihm im 19. Jahrhundert Einfluß eingeräumt wird[619], und im Artikel *Krieg* stellte sich die For-mel als eine Erfindung von Marx und Lenin dar[620]. Im Stichwort *Blitzkrieg* heißt es dann sogar direkt:

---

[614] Friedl, Les fondements, S. 22, 25, 118f., 127.

[615] Dexter, Clausewitz, S. 46, und Erickson, Lenin, S. 160.

[616] Siehe Suchomlin, Voenno-istoričeskij sektor, S. 176.

[617] Meščerjakov, Suvorov. Dem Verfasser lag das Werk nur in kirgisischer Sprache vor (Frunze 1955), S. 25. Er verdankt diesen Hinweis und die Übersetzung aus dem Kirgisischen Herrn Alek Alekovič Achmetcjanov, Kazan'.

[618] Razin/Poznjak/Betošnikov, Voennoe iskusstvo, S. 437.

[619] Krasil'nikov, Strategija voennaja, S. 68.

[620] Chrustov, Vojna, S. 571.

»Der Blitzkrieg ist die abenteuerliche Theorie der Führung eines Angriffs- und Eroberungskrieges mit dem Ziel, den Sieg über den Gegner in kürzestmöglicher Frist zu erringen. Der Urheber der Theorie des Blitzkrieges, der die Basis der Militärdoktrin des deutschen Imperialismus ist, ist der Militärideologe des preußisch-junkerlichen Militarismus zu Beginn des 19. Jahrhunderts, C.v. Clausewitz[621].«

Beflügelt durch das Verdikt Stalins begann in der Sowjetpresse nun eine Art Kesseltreiben gegen Clausewitz. In der Tageszeitung der sowjetischen Streitkräfte, *Krasnaja Zvezda*, analysiert I. Maryganov den *Reaktionären Charakter der militärtheoretischen Ansichten Clausewitz'*[622]. Viel Neues enthält der massenhaft verbreitete Aufsatz nicht. Seinem Millionenpublikum präsentiert er einführend folgende These:

»Er (Clausewitz, d. Verf.) empfand sich als preußischer Offizier im vollen Sinn des Wortes. Das aber bedeutete, daß Clausewitz die häßlichsten Seiten des preußischen Militarismus in sich vereinigte und die gesamte reaktionäre preußische Lebensweise verkörperte[623].«

Wurde in den 20er und 30er Jahren in der UdSSR noch sehr genau zwischen »guten« und »schlechten« Preußen, zwischen Reformern und Reaktionären gerade im Bereich des Militärs unterschieden, so entband die »fortschrittliche Stalinsche Militärwissenschaft« ihre Publizisten von den Beschränkungen solcher Differenzierungen. Maryganov widerspricht sich allerdings, wenn er auf der einen Seite betont, »die schablonenhafte Paradeplatztaktik der preußischen Armee empfing ihre Verallgemeinerung in Clausewitz' Theorie des absoluten Krieges«, andererseits aber an Clausewitz gerade dessen Negieren allgemeiner militärischer Gesetzmäßigkeiten kritisiert, da diese in seinem »System der Zufälligkeiten« keinen Platz hätten[624]. An den »moralischen Elementen« werden zwei Dinge bemängelt. Clausewitz habe die moralischen Faktoren nur entdeckt, um die Volksmassen im Krieg für die verbrecherischen Ziele der preußischen Junker mobilisieren zu können, und gerade durch die übertriebene Betonung des moralischen Faktors habe er die Bedeutung der materiellen Faktoren unterschätzt; er »redete der Herrschaft der moralischen Kräfte unabhängig von den realen Kräfteverhältnissen das Wort«[625].
Bis in die Mitte der 50er Jahre wurde Clausewitz nur noch im Zusammenhang mit der gescheiterten Offensivstrategie des nationalsozialistischen Deutschland zitiert. Kaum ein Militärschriftsteller versäumte es, darauf hinzuweisen, daß die »wahre Ursache« für das Fehlschlagen der »abenteuerlichen Blitzkriegsstrategie« in der Annahme der falschen Lehren aus Clausewitz' Werk durch die Wehrmacht und die politische Führung des Landes begründet war. Clausewitz besaß keinen Eigenwert mehr. Sein Werk wurde lediglich als Ansatz zur Kritik am jeweiligen politischen Gegner mißbraucht. War bis 1945 die Sowjetunion vollständig damit beschäftigt, die lebensbedrohliche Aggression durch den Natio-

---

621 Molnienosnaja vojna, in: BSÈ, 2. Aufl., Bd 28, S. 135.
622 Maryganov, Reakcionnyj charakter, S. 3f. Garthoff, Sowjetarmee, S. 84, nennt irrigerweise Meščerjakov als Autor dieses Artikels, und Steiner, Clausewitz, S. 46, folgt seinem »Gewährsmann« Garthoff an dieser Stelle zu Unrecht.
623 Maryganov, ebd.
624 Ebd., S. 4.
625 Ebd.; vgl. auch Baz, Le origine (russ. 1947), S. 15, der auch an anderer Stelle die teilweise wörtlich identische Kritik an Clausewitz anführt wie Maryganov, vgl. ebd., S. 15—21.

nalsozialismus abzuwehren[626], rückten seitdem die USA als neuer potentieller Gegner immer stärker ins militärpolitische Rampenlicht. Auch wenn unbefangenen Lesern die Konstruiertheit mancher Anwürfe an Clausewitz aufgefallen sein dürfte — es blieb immer noch offen, warum sich Clausewitz in der UdSSR bis 1940 so großer Beliebtheit erfreuen konnte, wenn 1945 so klar sein theoretisches Versagen auf der Hand lag —, eine innerdeutsche Linie von Clausewitz bis Hitler schien im Bereich des Möglichen zu liegen, war mithin als negative Tradierung nachvollziehbar. Schwieriger wurde es, die amerikanische Armee und ihre Doktrin mit Clausewitz zu belasten. Nachdem es der Roten Armee 1945 gelungen war, den Mythos der Überlegenheit des deutschen Generalstabs und seiner militärtheoretischen Grundlagen zu zerstören[627], unternahm der Hauptverbündete der Antihitlerkoalition, die USA, schon 1944 (!) die Verteidigung von Clausewitz vor ungerechten Angriffen[628]. Während es sich hier um die Entgegnung eines amerikanischen Offiziers handelte, der die Gültigkeit Clausewitz' Werk trotz der sich abzeichnenden deutschen Niederlage — und gerade deswegen — akzeptiert wissen mochte, versuchten sowjetische Autoren, allen voran L. M. Leščinskij, diesen inneramerikanischen Diskurs dahingehend zu interpretieren, daß die Vereinigten Staaten nicht nur das Werk *Vom Kriege* in altbekannter Manier als »Bibel« behandelten, sondern gleichzeitig die Autoritäten der deutschen »Militärideologie, Clausewitz, Moltke, Ludendorff und Keitel« (!), in Schutz nähmen[629]. Unverständlicherweise würden nun die Vertreter der »angloamerikanischen reaktionären Militärclique« die Theorien der faschistischen Bankrotteure als »überaus große Kostbarkeit betrachten«.

Stalin hatte Clausewitz seinem innenpolitischen Machtkalkül geopfert. Neben der Nationalitätenpolitik glaubte er, als Militärtheoretiker einen weiteren, wesentlich prestigeträchtigeren Theoriebereich als marxistischer Denker erobert zu haben. Gleichzeitig konnte er den Einfluß ausländischer Geistesgrößen minimieren. »Schon 1932 begann infolge der Festigung der Macht Stalins die Rückkehr zu der Lobpreisung russischer Dinge, die sich im letzten Kriege merklich steigerte und ihren Höhepunkt in der gegenwärtigen chauvinistischen Raserei findet, in der so viele Erfindungen und Entdeckungen der modernen Welt russischen Urhebern zugeschrieben werden«[630], stellte Garthoff 1953 auf dem Höhepunkt der Kampagne gegen den Kosmopolitismus fest.

Diese Kampagne, die sich auf allen Gebieten der Wissenschaft ausbreitete, führte zu einer Isolation der sowjetischen Militärwissenschaft[631], wie sie nicht einmal in den 20er Jahren geherrscht hatte, als der junge Sowjetstaat vollkommen mit der Aufarbeitung und Glorifizierung des Bürgerkrieges beschäftigt war und darüber die Erfahrungen des Ersten

---

[626] Vgl. Zubkov, Krach, und Leščinskij, Bankrotstvo, passim, zu Clausewitz insbesondere S. 57—99. Die Bedeutung, die Clausewitz in diesem Zusammenhang zugemessen wurde, wird auch dadurch verdeutlicht, daß Name und Werk des preußischen Generals weit über 100 mal genannt werden.

[627] Vgl. Zubkov, ebd., S. 35.

[628] Sheppard, Apologia. Das Werk war dem Verfasser nicht zugänglich und wurde daher mit einem gewissen Vorbehalt aus sowjetischen Quellen sekundär zitiert.

[629] Siehe Leščinskij, Bankrotstvo, S. 299 f.

[630] Garthoff, Sowjetarmee, S. 75.

[631] Vgl. Pruck, Soldat, S. 295. Vgl. auch Bohn, DDR-Militarisierung, S. 1061.

Weltkrieges weitgehend ignorierte. Während diese Defizite gegen Ende der 20er Jahre
durch forcierte Übersetzungen der maßgeblichen militärischen Werke des Auslands ins
Russische kompensiert werden konnten und eigene Arbeiten diese Erfahrungen in über-
zeugender Manier diskutierten und der sowjetischen Doktrin nutzbar zu machen versuchten, glaubte man nach 1945 und auch nach der Entlarvung des Personenkultes 1956
keinen vergleichbaren Nachholbedarf an ausländischen Erfahrungen zu haben. Auch wenn
die sowjetischen Militärs unisono zwischen 1946 und 1956 sich auf die neue politische
Situation einstellten und ihre Panegyrika auf Stalin verfaßten, war doch eine allgemeine
Verunsicherung zu konstatieren. Zu schnell waren die politischen Wechsel erfolgt, die
jedesmal einen raschen wissenschaftlichen Schwenk zur Folge hatten, als daß man eindeutige Positionen auf dem Gebiet der Militärtheorie finden konnte[632].
Kritik an der Zurückweisung Clausewitz' als Militäranalytiker kam naturgemäß zuerst
im Westen auf. Garthoff nannte schon früh Motive für Stalins Verdikt[633], andere sollten ihm folgen. Einig war man sich darüber, daß die heftige Kritik an Clausewitz nur
zeige, wie stark das sowjetische Denken von diesem Werk beeinflußt worden war[634].
Radikale Kritik am Stalinschen Clausewitz-Bild übte Tschiang Kai-Schek, der sich auch
sonst umfassend mit der sowjetischen Interpretation auseinandersetzte:

»Stalin ... unterschätzte Clausewitz dauernd, vor wie nach dem Ersten Weltkrieg (gemeint ist hier wohl
der Zweite Weltkrieg, d. Verf.) ... Wenn Stalins Kritik an Clausewitz' grundlegenden Theorien über
den Krieg nicht seine eigene Unkenntnis des Gegenstandes verriete, dann muß er schamlos den Anspruch
erhoben haben, selbst der Welt größte Autorität in Dingen der Kriegführung zu sein, um den Eindruck zu erwecken, sein militärisches Denken sei das Produkt seines eigenen Genies, seiner eigenen
Tiefe, unbeeinflußt von anderen, früheren Autoritäten[635].«

In der UdSSR war solch radikale Kritik nie zu hören. Nach dem XX. Parteitag folgte
man erneut der um 180 Grad gewendeten Parteilinie und verurteilte den »Personenkult«
— Stalins Name wurde zumeist verschämt verschwiegen — als »Behinderung der Entwicklung der Militärwissenschaft«, als Blockade von »Initiative und Schöpfertum« und
als Ignorierung der überragenden militärischen Kenntnisse Lenins, für die nun wieder
Beweise in großer Menge angeführt wurden, insbesondere die Formel und ihre Entwicklung durch Lenin. Man genierte sich offenbar, daß die sowjetische Publizistik selbst Pein-
lichkeiten als Genialität (Stalins, d. Verf.) hochgejubelt und daß man das Verdikt Stalins
über Lenin — und damit indirekt über Clausewitz — unkritisch übernommen hatte[636].

---

[632] Im November 1990 versicherten dem Verfasser in Moskau mehrere hochrangige Generäle und Militärhistoriker, daß Clausewitz auch zwischen 1945 und 1956 gelesen, aber nicht mehr an den militärischen Hochschulen unterrichtet wurde. Seine Wertschätzung habe aber insgeheim unter den Generalstabsoffizieren kaum gelitten, zumal die meisten sein Werk aus intensiver Vorkriegslektüre kannten
und schätzten.

[633] Garthoff, Sowjetarmee, S. 83 f. Frühere Kritik, zum Beispiel Dexter, Clausewitz, S. 44 f., erscheint
sehr zaghaft und ist wenig aufschlußreich. Garthoff folgten Dinerstein, Krieg, S. 19, 53, und Caiger-Watson, Doctrine, S. 346 f.

[634] Vgl. Anm. 633 und Pellicia, Clausewitz, S. 26.

[635] Tschiank Kai-Scheck, Sowjetrußland, S. 326 f.

[636] Vgl. in diesem Zusammenhang Marksizm-Leninizm, S. 17 f., und Tschaschnikow, Lenin, S. 704. Diese
gezähmte Kritik wurde bis in die 70er Jahre vertreten; vgl. auch Zakharov, Lénine, S. 181. Beson-

Kein sowjetischer Autor kann hier den eigentlichen Kern des Problems berühren. Diese Art von »Mißverständnissen«, gewissen »Einseitigkeiten« und »unkritischen Übernahmen« falscher Theorien beruht nicht auf Personenkult oder Zufälligkeiten, sondern auf der systemimmanenten Verhaltensweise, nach der die jeweils gültige »Generallinie der Partei« unter allen Umständen einzunehmen und zu rechtfertigen ist, auch wenn die theoretische Untermauerung eben dieser These dazu führt, daß man Positionen einreißt, die kurz zuvor noch vehement vertreten wurden. Wirklich kritische Äußerungen, ganz abgesehen von entgegengesetzten Meinungen, führten in diesen Zeiten sehr schnell in ein Arbeitslager des ausgedehnten Gulag oder bedeuteten das Todesurteil, zumal, wenn ein so empfindlicher Bereich wie die militärische Sicherheit berührt wurde. Die Idiosynkrasie von Clausewitz hängt in der UdSSR dennoch ursächlich mit der Idolatrie Stalins zusammen.

a) Neubewertung des »Vaterländischen Krieges«: Russisches Heldentum, russische Genialität und die »Gegenoffensive«

Stalin hatte in seinem offenen Brief an Razin selbst die Korrekturen angerissen, die am russischen Mythos von 1812 vorzunehmen waren. So galt es, die Rolle des russischen Volkes im Kampf gegen Napoleon angemessener als bislang geschehen zu würdigen, die strategischen Leistungen der russischen Generäle der Zarenarmee neu zu entdecken und vor allem die nach dem französischen Rückzug aus Moskau einsetzende und überaus erfolgreiche Verfolgung des Feindes als eine aktive und lange Zeit zuvor geplante Gegenoffensive darzustellen. Bezüge zum Kriegsverlauf im »Großen Vaterländischen Krieg« stellten sich dann von selber ein.

Die damals jungen sowjetischen Militärhistoriker Meščerjakov, Žilin und Beskrovnyj hatten mit angeblichen Vor- und Fehlurteilen in der nach Tausenden von Bänden zählenden Literatur zu kämpfen, sowohl die ausländische als auch die russische und zuletzt sowjetische Vorkriegsliteratur zu entlarven und ein neues Bild der Ereignisse zu entwerfen.

Der Hauptgegner war schnell ausgemacht: Carl v. Clausewitz. Obwohl bereits seine Autorität durch Stalin massiv in Frage gestellt worden war, empfahl es sich dennoch nicht, den 1812 in russischen Diensten stehenden Augenzeugen Clausewitz der Unfähigkeit zu bezichtigen. Dies um so weniger, als fast alle Zeitzeugen ähnliche Urteile gefällt hatten und sowohl russische Geschichtsschreiber als auch Engels in bemerkenswerter Einmütigkeit die Leistungen der russischen Generäle mit den Augen Clausewitz' gesehen

---

ders verschämt gerierte sich die Clausewitz-Forschung der DDR in den 70er Jahren. Eine ideologische Konformität ist hier festzustellen, die in den 50er Jahren in dieser engen Anlehnung nicht konstatiert werden kann. So schreibt Türpe, Clausewitz, S. 8, recht zurückhaltend: »Ende der 40er bis zu Beginn der 50er Jahre war die marxistische Clausewitzforschung nicht frei von Einseitigkeiten.« Weniger Zurückhaltung legt sich Türpe auf, wenn es um die Beurteilung der westdeutschen Clausewitz-Gesellschaft geht: »Der traditionsreiche Name von Clausewitz wird ausgenutzt, um eine enge Verbindung zwischen der Generalität der Bundeswehr und dem monopolkapitalistischen Staat herzustellen.« Auch die »Pflege der Traditionen der reaktionären faschistischen Generalität durch die Bundeswehr« wird ihr zur Last gelegt, vgl. ebd., S. 4f.

hatten oder zu ähnlich gelagerten Bewertungen kamen. Einfacher schien es, Clausewitz die persönliche Integrität als objektiver Beobachter abzusprechen und ihn der bewußten Geschichtsklitterung zu zeihen, mit der er die Hervorhebung der fremden, also deutschen Leistungen im Auge gehabt habe.

Žilin formulierte vor, was später in fast allen Publikationen über Clausewitz' Intentionen nachzulesen war:

»Der zweite Vertreter[637] der westlichen Historiographie der ersten Hälfte des 19. Jahrhunderts, der eine ebenso verzerrte Einschätzung der Ereignisse des Jahres 1812 und der Rolle Kutuzovs gab, war Clausewitz. Nach seiner Rückkehr aus Rußland im Jahre 1814[638] ... veröffentlichte er das Buch *Das Jahr 1812*. Diese Arbeit wurde nicht nur im Ausland, sondern auch in Rußland sehr bekannt. Der antihistorische und lügenhafte Charakter dieses Buches ist in unserer Literatur schon teilweise aufgedeckt worden.«

Žilin führt die bereits erwähnten Vorwürfe gegen Clausewitz' politische Einstellung an und zitiert eine längere Passage aus dem *Feldzug von 1812*, die die Rolle Kutuzovs kritisch-wohlwollend darstellt. Er folgert daraus jedoch:

»Dem Reaktionär Clausewitz war alles Russische fremd, er zweifelte sogar nicht nur an der Feldherrnkunst Kutuzovs, sondern auch an allen anderen russischen Generälen und Offizieren. Sie waren für ihn nur eine ›abstrakte Autorität‹, während die wahren Kriegshelden die Deutschen waren, denen das Verdienst gebührt, Napoleons Untergang in Rußland herbeigeführt zu haben. Das ist der wahre Sinn der verleumderischen Schriften dieses deutschen Historikers ... Clausewitz'. *Der Feldzug von 1812* diente als Ausgangsmaterial für lügenhafte Traktate über die Feldherrntätigkeit Kutuzovs und wurde häufig durch die bürgerliche Geschichtsschreibung des Auslandes wie auch die Rußlands genutzt[639].«

---

[637] Mit dem ersten Vertreter meint Žilin den englischen General Robert Wilson, der als Bevollmächtigter seiner Regierung beim russischen Generalstab akkreditiert war und so Augenzeuge wichtiger Unterredungen und Vorgänge wurde, deren Verlauf er aufzeichnete und noch vor Clausewitz veröffentlichte.

[638] Aus Rußland kehrte Clausewitz bereits im Januar 1813 zurück, die russischen Dienste verließ er erst 1815, und er selbst hat kein Buch über den Feldzug veröffentlicht.

[639] Žilin, Kontrnastuplenie, S. 9 ff. Dies gipfelte zwischen 1945 und 1956 in der sowjetischen Heroisierung Fürst Kutuzovs, der von Clausewitz weder in »Vom Kriege« noch in der von Hahlweg erst kürzlich publizierten »Charakteristik mehrerer russischer Generäle«, in der insgesamt 77 in russischen Diensten stehende ranghohe Offiziere eine stichwortartige Beurteilung erhalten, aufgeführt wird; siehe Clausewitz, Schriften, Bd 2.2, S. 928–935. Durch eine Äußerung Stalins »inspiriert«, stilisierte eine ganze Generation sowjetischer Militärhistoriker Kutuzov zum Erfinder der Gegenoffensive. Ein weiterer, selbst bei der Lektüre von »Vom Kriege« und dem »Feldzug von 1812« schon kaum aufrechtzuerhaltender Vorwurf von sowjetischer Seite, Clausewitz beurteilte die Generäle deutscher Abstammung aus Chauvinismus besser als die russischstämmigen, wird durch die nun der Öffentlichkeit zugänglich gemachte »Charakteristik mehrerer russischer Generäle« widerlegt. Mochte sich Clausewitz in seinen zur Veröffentlichung bestimmten Werken einer zurückhaltenderen Beurteilung handelnder Persönlichkeiten befleißigt haben, in der nicht zur Veröffentlichung vorgesehenen »Charakteristik« wurde ohne innere oder äußere Zensur gewertet; in den Rubriken »Charge und Nahme«, »militärische Eigenschaften«, »moralische Eigenschaften« und »Bemerkungen« erhalten Deutsche, Franzosen oder Polen keinesfalls bessere Einschätzungen als Russen, auch wenn der Beurteilung bisweilen zeittypische, national stereotype Vorurteile wie »ächter Russe«, »als Russe ziemlich gerade«, »gewöhnlicher Russe« oder »Hofschlauer Sibaryte« etc. anhaften. Clausewitz hat sich mehrfach über den Sinn militärhistorischer Kritik geäußert, so auch in seinem »Feldzug von 1815 in Frankreich«, siehe ders., Hinterlassene Werke, Bd 8, S. 80: »Das Handeln im Kriege gleicht einer Bewegung im erschwerenden Elemente, es sind schon nicht gemeine Eigenschaften erforderlich, um nur die Linie des Mittelmäßigen zu erreichen; darum ist die Kritik mehr als irgendwo im Fache des Krieges blos da, um die Wahrheit zu erkennen, nicht um ein Richteramt zu üben.«

Da Stalin Engels' Einstellung zu den Verdiensten Barclay de Tollys schon kritisiert hatte, fand Žilin den Mut, auch Mehring vorzuwerfen, bezüglich des Rußlandfeldzuges Napoleons von einigen Ereignissen eine falsche Meinung zu haben oder aber Quellen wie Clausewitz unkritisch aufgesessen zu sein[640]. In den von Žilin gezählten ca. 2500 Büchern über das Jahr 1812, die allein bis 1912 erschienen waren, ließen sich nach seiner Aussage in bezug auf die Beurteilung Kutuzovs drei Haupttendenzen ausmachen: 1. die tendenziöse Herabwürdigung Kutuzovs durch Clausewitz und Theodor v. Bernhardi, 2. die fehlerhafte Zeichnung Kutuzovs als eines Werkzeuges des Zaren, die vor allem von russischen Historikern der ersten Hälfte des 19. Jahrhunderts vorgenommen worden sei, und 3. die Arbeiten, die einfach die Rolle Napoleons zu strahlend dargestellt hätten, darunter die des russischen Generals Leer[641]. Žilin bedauert, daß auch die russischen Historiker, ja selbst Tolstoj, »Gefangene der ausländischen Geschichtsschreibung« gewesen seien. Im einzelnen warf er Clausewitz dessen Behauptung vor, Kutuzov habe die Schlacht von Borodino nur wegen der öffentlichen Meinung angenommen[642]; außerdem habe der Preuße fälschlicherweise die Moral der russischen Truppen kurz vor der »Gegenoffensive« als verzagt geschildert, aber das genaue Gegenteil sei der Fall gewesen[643]. Besonders verletzt fühlt sich Žilin offenbar durch die Tatsache, daß Clausewitz den stark ausgeprägten Angriffswillen der Russen in seinem Werk nicht gesehen haben will und letztlich noch den Hunger, das Klima und die Weite des Landes zum Bezwinger Napoleons erklärt habe; eine Meinung, der sich bis in die jüngste Zeit Historiker wie Evgenij Tarle angeschlossen hätten[644].

Schließlich konnte sich auch Žilin den zahlreichen Stellen in Clausewitz' *Feldzug von 1812*, in denen Kutuzov gelobt wird, nicht verschließen. Deshalb heißt es an einer Stelle lapidar: »Sogar ein solcher Fälscher der Geschichte des Vaterländischen Krieges wie Clausewitz war gezwungen anzuerkennen«, daß die Leistungen Kutuzovs im November und Dezember 1812 beispiellos waren[645].

Welche Bedeutung Stalin diesem Werk des damaligen Obersten der Roten Armee beimaß, zeigt die Verleihung des Stalinpreises 3. Klasse an Žilin im Jahre 1951, was diesen ermunterte, seinem Buch *Die Gegenoffensive Kutuzovs im Jahre 1812*[646] drei Jahre später ein ähnliches Werk mit dem Titel *Die Gegenoffensive der russischen Armee im Jahre 1812* folgen zu lassen. Nach der »Entlarvung des Personenkultes« gelang Žilin ein nahtloser Übergang, wobei er im *Untergang der Napoleonischen Armee in Rußland* in vielen Fragen eine entgegengesetzte Meinung vertrat. Zwar beharrte er auf seiner Auffassung, die ausländischen Geschichtsschreiber versuchten, den russischen Mut herabzuspielen,

---

[640] Žilin, ebd., S. 8, 17f. Die gleichen Vorwürfe wiederholte er in seinem Buch ähnlichen Titels, ders., Kontrnastuplenie Russkoj Armii, S. 12, 19.

[641] Ebd., S. 15.

[642] Ebd., S. 135. Eine Position, die fast alle Zeitzeugen, alle russischen und bis zum Jahre 1945 auch alle sowjetischen Historiker vertraten.

[643] Ebd., S. 276.

[644] Ebd., S. 352f.; siehe auch Kap. III.9.c der vorliegenden Arbeit.

[645] Ebd., S. 368; vgl. auch Žilin, Kontrnastuplenie, S. 177.

[646] Žilin, ebd., und ders., Kontrnastuplenie Russkoj Armii.

aber Clausewitz wurde wieder zitierfähig, hatte plötzlich als mitfühlender Zeitzeuge den Brand Moskaus beobachtet und spielte als Organisator des deutschen Widerstandes gegen Napoleon eine rühmliche Rolle[647].

Welche Bedeutung die Gegenoffensive bei der Verherrlichung Stalins spielte, zeigt, daß sie in der *Großen Sowjetenzyklopädie* ein eigenes Stichwort erhielt[648]. Die Gegenoffensive wurde zu einem Topos, zu einem Paradigmawechsel auch der sowjetischen Doktrin, die zwar ihren offensiven Anstrich nicht völlig verlor, die Gegenoffensive aber auch nicht mehr als Form der Kriegführung mit Verachtung strafte, wie dies vor dem Zweiten Weltkrieg geschehen war, als man den Krieg schon in der Anfangsphase unbedingt auf das Territorium des Gegners tragen wollte.

D. M. Proèktor begründet diese neue, bis Anfang der 50er Jahre gültige Strategie damit, daß die Geheimhaltung des Atomwaffenbesitzes sowjetische Strategen daran hinderte, den nuklearen Faktor in operative Planungen mit einzubeziehen. Die Erfahrungen des Zweiten Weltkrieges, der das Bild eines hauptsächlich mit gepanzerten und motorisierten Truppen geführten Bewegungskrieges geboten hatte, führten zu einer gewissen Relativierung der Offensive in der Militärdoktrin. Es erschien denkbar, zunächst einen feindlichen Angriff auf das eigene Territorium abzuwarten, um mit einer Gegenoffensive zu antworten, bei der die »möglichen und übergroßen Geschwindigkeiten« der motorisierten Verbände den Geländeverlust zu Beginn der Kampfhandlungen schnell wieder wettgemacht hätten. Aber schon »zu Beginn der 50er Jahre wurde der Gegenangriff, die Gegenoffensive, nüchterner gesehen«[649]. Selbst die Atomwaffen wurden bis in die frühen 60er Jahre als Vergeltung, als Antwort und siegreicher Zweitschlag auf eine »imperialistische Aggression« betrachtet, also im Sinne einer Gegenoffensive in der operativen Planung berücksichtigt[650].

Clausewitz' Ruf als Militärhistoriker erfuhr nach seiner allgemeinen Rehabilitierung erst langsam eine Besserung. Nach der generellen fachlichen, politischen und moralischen Demontage der einstigen Autorität fiel es den meisten Autoren doch sichtlich schwer — zumal sie mit Žilin zu auffällig ins gleiche Horn gestoßen hatten —, sich nun wieder positiv über Clausewitz zu äußern. Das Jahr 1962 brachte die 150-Jahrfeier des Vaterländischen Krieges von 1812 und wurde in der Publizistik entsprechend begangen. Insbesondere die anerkannten Spezialisten für die russische Geschichte der ersten Hälfte des 19. Jahrhunderts veröffentlichten Sammelbände und Monographien zum Jubiläum, die zwar keine neuen Erkenntnisse zutage förderten, aber eine Reihe von Entstellungen wieder zurechtrückten, darunter auch das Bild des Militärhistorikers Carl v. Clausewitz[651]. Wur-

---

[647] Ders., Gibel', S. 143 f., 180, 339.

[648] Artikel »Kontrnastuplenie«, in: BSĖ, 2. Aufl., Bd 22, S. 462—471; mehrere große Operationen der russischen und später Roten Armee, die im Gegenangriff kulminierten, wurden darin separat dargestellt. Vgl. auch den Artikel »Otečestvennaja Vojna 1812 goda«, in: ebd., Bd 31, S. 386—391.

[649] Proèktor, Militärdoktrin, S. 177.

[650] Ebd.

[651] Feigina hatte in der Julinummer der Voprosy Istorii 1947, S. 148—150, darauf hingewiesen, daß das Werk Clausewitz' in bezug auf die Beurteilung Kutuzovs einer kritischen Prüfung zu unterziehen sei. Beskrovnyj vertrat in Otečestvennaja Vojna 1812 goda i kontrnastuplenie Kutuzova, S. 5 f., 35,

de er hier noch ambivalent beurteilt, galt seine Feldzugsbeschreibung des Jahres 1812 ab 1970 wieder als positiv zu würdigender »Klassiker« eines theoretisch fundierten Memoirengenres. So lobte der Historiker A. G. Tartakovskij am Anfang seiner Rekonstruktion des Werkes Carl Friedrich v. Tolls über den Krieg von 1812 auch den späteren preußischen General, der sich unter den fähigsten Historikern seiner Zeit befunden habe, die sich mit den Ereignissen dieses denkwürdigen Jahres befaßt hatten. Dies sei um so bemerkenswerter, da Clausewitz auch »ausländischer Kriegsteilnehmer« gewesen sei und deshalb beide Vorzüge in sich vereinigte[652]. I. I. Rostunov, der sich als Historiker schwerpunktmäßig mit den herausragenden russischen Feldherrn des Jahres 1812 beschäftigte, fiel nur noch auf, daß Clausewitz Kutuzov gelobt hatte[653], und in seiner Biographie Suvorovs stellt er Clausewitz den Lesern als »bekannten Militärtheoretiker« vor, der in seinen Büchern aber keine blutleere Theorie verfochten, sondern gerade in den militärgeschichtlichen Feldzugsbeschreibungen taktische und strategische Erkenntnisse an Hand historischer Erfahrungen gewonnen habe. Man merkt es Rostunovs Stil an, daß er eine gewisse Enttäuschung darüber empfindet, daß Clausewitz zu den Leistungen Suvorovs als Feldherr eine eher zurückhaltende Meinung vertritt[654]. In letzter Zeit ist Clausewitz sogar wieder Gewährsmann für genaue Zahlenangaben bezüglich der Dislozierung der Truppen im Vaterländischen Krieg[655] und als reflektierender Zeitzeuge der napoleonischen Ära auch in allgemeinen Werken über diese Jahre eine gern zitierte Quelle[656].

b) Die deutsch-russische Waffenbrüderschaft von 1812 als historische Klammer zwischen Nationaler Volksarmee und Sowjetarmee

»Clausewitz' besonderer Stellenwert für die ›Nationale Volksarmee‹ resultiert in hohem Maße aus seiner Haltung zu einem militärischen Zusammengehen mit Rußland, da dieser Gesichtspunkt den Kern der ›DDR-Militärpolitik‹ darstellt,« urteilt Meinhard Maaß in seiner Dissertation über das *Clausewitzbild der DDR*[657].

---

70 f., 132, bezüglich Clausewitz wörtlich die Thesen Žilins. Ein Wandel der Darstellung zeichnete sich in den zahlreichen Büchern ab, die 1962 zur 150-Jahrfeier des »Vaterländischen Krieges« erschienen. Stellvertretend für eine Reihe anderer seien hier die Werke der führenden Autoritäten auf dem Gebiet der russischen Geschichte der ersten Hälfte des 19. Jahrhunderts, Beskrovnyj und Nečkina, angeführt: Beskrovnyj, Otečestvennaja Vojna 1812: Hier ist die Kritik noch spürbar, vgl. S. 33, 35, 37, 87, aber auch mit Lob wird nicht zurückgehalten, vgl. S. 287 f., 386, 420 f. Vgl. auch ders./Nečkina, 1812 god. Trotz der abschließenden Kritik, vgl. S. 214, zeigen die Beiträge hier schon wieder ein unverkrampfteres Bild von Clausewitz, vgl. S. 32—39, 80, 85, 90.

[652] Tartakovskij, Trud, S. 374.
[653] Rostunov, 1812, S. 56.
[654] Ders., Suvorov, S. 28.
[655] Vgl. Troickij, 1812, S. 71. Siehe auch ders., K istorii, S. 217, wo er bemängelt, daß auch Clausewitz Napoleon wegen dessen fehlender Kriegserklärung an Alexander im Jahre 1812 nicht anklagt. Er sieht eine völkerrechtliche Parallele zum »wortbrüchigen« (»verolomnoe«!) Angriff des Jahres 1941.
[656] Manfred, Napoleon, S. 117 f., 126 f., 132, 440 f., 597.
[657] Maaß, Clausewitzbild, S. 43.

Das war natürlich nicht der einzige Anlaß für das hohe Ansehen, das Clausewitz in der Nationalen Volksarmee genoß. Die Politiker der DDR waren bemüht, neben den unumstrittenen militärischen Klassikern des Marxismus, aus deren Reihen mit Engels und Mehring zwei Deutsche ins Feld geführt werden konnten, auch andere, für die eigene Militärideologie instrumentalisierbare Personen und Traditionen der preußischen und deutschen Militärgeschichte aufzufinden. Im nach außen verkörperten Selbstbewußtsein, getragen von dem Anspruch der Fortführung der sozialistischen und damit eo ipso fortschrittlichen Politik durch ihren Staat, fiel es den Repräsentanten der DDR hierbei nicht schwer, alle positiven Gedanken und Gestalten der deutschen Geschichte bis 1933 für sich zu beanspruchen. So berief man sich zwangsläufig auf die militärischen und theoretischen Leistungen Clausewitz' und sprach dem »revanchistischen« Nachbarn Bundesrepublik das Recht ab, dies ebenfalls zu tun. Die historischen Wurzeln dieser Betonung der Waffenbrüderschaft zwischen Deutschen und Russen lagen bereits einige Jahre zurück.
Nach der Schlacht von Stalingrad wollte die Rote Armee die angeschlagene Moral der deutschen Wehrmacht durch massiven Propagandaeinsatz an der Front weiter schwächen. Ehemalige Reichstagsabgeordnete der KPD rekrutierten aus den Reihen der deutschen Gefangenen eine Anzahl von zumeist keineswegs kommunistisch gesinnten Offizieren, deren Bereitschaft, mit Hilfe psychologischer Kriegführung unter den Angehörigen der Wehrmacht ein schnelleres Ende des als aussichtslos empfundenen Krieges bewirken zu wollen, durch ausgesprochen deutschnationale Propagandaparolen dieser »Antifa-Gruppen« gewonnen wurde. Das im Juli 1943 in Krasnogorsk gegründete National-Komitee ›Freies Deutschland‹, dem auch Emigranten angehörten, berief sich in seinen Flugblättern auf die Tradition eines Clausewitz, Stein und Yorck, deren Patriotismus es im Jahre 1812 zwingend erforderlich gemacht hatte, die Seiten zu wechseln, um an der Befreiung Preußens durch die russische Armee mitwirken zu können. Während Deutschland 1812 von Napoleon zu befreien war, so war jetzt (1943) Hitler der Verderber des deutschen Volkes, dem es die Treue aufzukündigen galt. General v. Seydlitz versuchte sich also in eine Reihe mit General Yorck zu stellen, als er seinen Eid auf den Führer zurücknahm. Abgesehen davon, daß hier der Platz fehlt, die äußerst kontrovers geführte Debatte über die Motive und Aktivitäten des National-Komitees ›Freies Deutschland‹, das ja auch Pläne für die Veränderung der Gesellschaft in allen Lebensbereichen für die Nachkriegsperiode entwarf, zu erörtern, bleibt festzuhalten, daß die Erfolge dieser Propaganda als niederschmetternd bezeichnet werden müssen[658]. Diese Episode der sowjetischen Deutschlandpolitik wurde deshalb spätestens nach Kriegsende von seiten der Roten Armee beendigt und wäre eine solche geblieben, hätte man sich dieses Zusammenhangs nicht erinnert, als es die historische Kontinuität des Bündnisses von Deutschen (DDR) und Russen (UdSSR) zu beweisen galt.
Nachdem die DDR von der Sowjetunion als Staat etabliert worden war, begannen Politik und Publizistik das Bild vom »russischen« Obersten Carl v. Clausewitz zu zeichnen. 1952 schrieb Fritz Lange im *Neuen Deutschland* über die deutschen Männer, die in Ruß-

---

[658] Zur ausführlichen Beurteilung des Nationalkomitees siehe Scheurig, Verrat, passim, zu Clausewitz ebd., S. 81; siehe auch Fischer, Deutschlandpolitik, S. 51 ff.

land gegen Napoleon zu Felde gezogen waren[659], und ein Jahr später bemerkte Walter Ulbricht an gleicher Stelle, daß Männer wie Clausewitz an der Spitze des nationalen Befreiungskampfes standen. Walter Ulbricht, der betonte, daß Deutschland »nach 140 Jahren ... wieder gespalten (ist),« konnte seine Leser aber zugleich beruhigen: »Der Kampf der deutschen Patrioten ist heute viel leichter; denn die mächtige Sowjetunion, das Bollwerk des Friedens, ist der beste Freund des deutschen Volkes. Achthundert Millionen Menschen kämpfen im Weltfriedenslager[660].« Dutzende solcher Reden und Artikel sollten die Bürger der DDR im Jubiläumsjahr der Völkerschlacht von Leipzig lesen, und so manchem wird aufgefallen sein, daß Clausewitz sich 1812 nicht aus Sympathie für »die« Russen entschlossen hatte, nach Rußland zu gehen, sondern weil er im russischen Zaren Alexander, in der russischen Armee und in der Weite des Landes die einzige Perspektive erblickte, Napoleon zu schlagen und damit die Voraussetzung zur Befreiung Preußens zu schaffen. Österreich und auch England waren potentielle Verbündete, an deren Seite Clausewitz ebenfalls in den Kampf gezogen wäre, wenn eine andere Mächtekonstellation dies erfordert hätte[661].

Mit der relativ eigenständigen DDR-Clausewitz-Rezeption, die das Andenken an den preußischen General schon 1953 wiederzubeleben begann, obwohl in der UdSSR noch das Stalinsche Verdikt in Kraft war, kontrastiert, daß man sich vorbehaltlos den sowjetischen Lobeshymnen auf Kutuzov anschloß, ja selbst nicht davor zurückschreckte, ihm aberwitzigerweise Heldentaten anzudichten, die nicht die seinen waren. So hatte Kutuzov nach Kurt Gruhl die »Truppen Napoleons in Moskau, Borodino und Smolensk entscheidend« geschlagen[662], und in der Völkerschlacht bei Leipzig Mitte Oktober 1813 trug »die Genialität« Kutuzovs den Sieg davon[663], eines Feldherrn, der aber bereits am 28. April 1813 gestorben war. So erklärte die DDR-Historiographie die Leistungen Kutuzovs »zum festen Bestandteil unseres Geschichtsbildes und unserer militärischen Traditionen«[664]. Seit dem Leipziger Völkerschlachtjubiläum wurde den Befreiungskriegen im DDR-Geschichtsunterricht verstärkte Aufmerksamkeit zuteil. Die Sowjets spielten in der DDR weiterhin »die patriotische Karte«[665].

Die Clausewitz-Verehrung in der DDR trug dann auch zu seiner Rehabilitierung in der UdSSR mit bei, darunter 1956 die Übersetzung der 1954 erschienenen Biographie von

---

[659] Siehe Pross, Aspekte, S. 1286. Fritz Lange war der DDR-Experte für die deutsch-russischen Beziehungen des Jahres 1812 und hatte 1952 alle Hände voll zu tun, Vorworte und Einleitungen für die zahlreichen Bücher zum 140. Jahrestag zu verfassen; so leitete er die Neuauflage von »Rußlands Triumpf 1812 oder das erwachte Europa« ebenso ein wie das »Russisch-Deutsche Volksblatt 1813«.

[660] Ulbricht, Jahrestag, S. 1911. Der logische Widerspruch eines »kämpfenden Friedenslagers« war ein jahrzehntelanger rhetorischer Topos der SED-Ideologie.

[661] 1809 trug er sich u.a. mit dem Gedanken, in österreichische Dienste zu wechseln.

[662] Gruhl, Vaterland, S. 1912. In Moskau hatte keine Schlacht stattgefunden, Borodino galt in den Augen der Mit- und Nachwelt als unentschieden bzw. als taktische Niederlage Kutuzovs, und die Schlacht von Smolensk war unter der Führung Barclays angenommen worden.

[663] Siehe Vorwärts v. 19.10.1953, zit. nach Ost-Probleme, 5 (1953), S. 1911.

[664] Siehe Maaß, Clausewitzbild, S. 61.

[665] Bohn, Die patriotische Karte, S. 1450.

Franz Fabian[666], *Feder und Degen. Carl von Clausewitz und seine Zeit*[667]. Im Vorwort des Herausgebers wurde darauf hingewiesen, daß der sowjetische Leser, der mit den wesentlichen theoretischen Werken vertraut sei, nun auch Gelegenheit habe, sich »mit dem Leben dieses herausragenden Menschen«[668] bekannt zu machen. Diese Biographie, die zeitgleich mit der »offiziellen« Rehabilitierung durch den inzwischen zum Generalmajor beförderten E. A. Razin in der UdSSR publiziert wurde, vertiefte auch in der Sowjetunion wieder die Kenntnisse über Clausewitz. Von 1956 bis spät in die 80er Jahre weisen zahlreiche Veröffentlichungen auf dessen »fortschrittliches« Verhalten im Jahre 1812 hin[669], und auch in der DDR wurde dieser Mythos bis zur Auflösung des Staates am Leben gehalten[670]. Je stärker das »positive« Bild der deutsch-sowjetischen Waffenbrüderschaft in der DDR ins Wanken geriet, desto intensiver versuchte man, die historischen Scheinparallelen politisch zu instrumentalisieren. Aus diesem Grund setzte 1953 nach den Aufständen des 17. Juni eine dementsprechende Kampagne ein, die in den folgenden Jahrzehnten sporadisch wiederbelebt wurde. Auch als in der zweiten Hälfte der 80er Jahre diese DDR-«Lebenslüge« immer offenbarer wurde, änderte sich nichts an den offiziellen historiographischen Verlautbarungen.

## c) Der Kampf gegen den »Kosmopolitismus«: E. V. Tarle und Clausewitz

Unter der chauvinistischen Betonung alles Russischen, den Kampagnen gegen ausländische Einflüsse und unter Stalins »theoretischen« Arbeiten auf verschiedenen Wissensgebieten litten bis auf die (Atom-)Physik alle sowjetischen Wissenschaftsbereiche. Nachdem der Kampf gegen fremde, insbesondere deutsche Theorien den militärischen Bereich bereits unmittelbar nach Kriegsende erfaßt hatte, wurden seit 1946 auch andere Wissenschaften in Mitleidenschaft gezogen. So hielt man es für erforderlich, in teilweise abstrusen Kampagnen für die Anerkennung bestimmter Erfindungen, die von Russen gemacht worden seien, einzutreten. »In der Kampagne von 1946—1950 waren es das Radio, das elektrische Licht, der Transformator, die elektrische Übertragung durch Gleich- und Wechselstrom, Schiffe mit Diesel- und Elektroantrieb, das Flugzeug, der Fallschirm und das Stratosphärenflugzeug[671].«
Vergleichsweise harmlos nimmt sich dagegen die Forderung aus, die Militärgeschichte solle ihr Bild vom Gegenangriff als »der schwierigsten Form des Angriffs«[672] modifizie-

---

[666] Fabian, Feder und Degen.

[667] Ders., Pero.

[668] Ebd., S. 3.

[669] Siehe Chwostow/Kazakow, Sieg, S. 117; Achtamsjan, Erfahrungen, S. 27; hier wirbt Achtamsjan allerdings um die Gunst der westdeutschen Öffentlichkeit.

[670] Siehe die Vorworte von Engelberg und des ehemaligen Wehrmachtsgenerals Korfes der DDR-Ausgabe von Clausewitz, Vom Kriege, 1957; Brühl, Clausewitz, S. 224—229, und in: Geschichte der UdSSR, S. 78; zur DDR auch ausführlich bei Maaß, Clausewitzbild, S. 42 f., 60 f. In der Bundesrepublik wurde das DDR-Clausewitz-Bild im von der DDR maßgeblich finanzierten Pahl-Rugenstein Verlag herausgegeben; vgl. Kahn, Die Deutschen, S. 54 f.

[671] Siehe Heller/Nekrich, Sowjetunion, Bd 2, S. 171 ff.

[672] Žilin, Kontrnastuplenie Russkoj Armii, S. 3.

ren. Die sowjetische Geschichtswissenschaft wurde, was ihre Koryphäen betraf, erst relativ spät, im Jahre 1951, von der Unausweichlichkeit des Kampfes gegen den Kosmopolitismus erfaßt. Es ist bereits bei den militärischen Führungseliten festgestellt worden, daß zumindest für den Zeitraum bis zum Ende der 20er Jahre eine größere personelle Kontinuität zwischem dem Zarenreich und der Sowjetunion bestand. Das neue System mußte sich so lange der »alten« Fachleute bedienen, bis der eigene, ideologisch geschulte Nachwuchs in die Führungspositionen aufrücken konnte. Für den Bereich der Geschichtswissenschaft ist ein ähnlicher, wenn auch weniger stark ausgeprägter Prozeß der Inkorporierung nachweisbar. Das beste Beispiel dafür bietet E. V. Tarle, der auf eine unermüdliche publizistische und propagandistische Tätigkeit zurückblicken konnte. Er konzentrierte sich schon vor der Revolution auf wirtschafts- und sozialgeschichtliche Schwerpunkte. 1911 mit einer Arbeit über die ökonomische und soziale Struktur Frankreichs im Umfeld der Revolution von 1789 habilitiert, gelang es Tarle, als einem der ersten »bürgerlichen« Historiker einen Lehrstuhl am Institut der Roten Professur zu erhalten und schon 1927 die Aufnahme in die Akademie der Wissenschaften zu erzielen[673]. Als zu Beginn der 30er Jahre die ersten jungen kommunistischen Historiker an den Instituten Fuß faßten, geriet Tarle zur gleichen Zeit wie Svečin ins Kreuzfeuer der Kritik. So wurde er auf dem 1931 stattfindenden Tribunal gegen Svečin ebenfalls als ein »bürgerlicher« Historiker erwähnt, dessen unmarxistische Arbeiten Gift ausstreuten[674]. Tarles Rettung war der ideologische Schwenk, der die stark am Internationalismus orientierte Schule Pokrovskijs durch den von Stalin inaugurierten und geforderten Sowjetpatriotismus ablöste. Nach Hans Hecker gelang dem insgeheim bürgerlich-nationalen Historiker »erst unter den Bedingungen einer Stalin-Herrschaft der nationalen Konzentration«[675] der Aufstieg zu einem der führenden Historiker des Sowjetstaates.

Tarles Werke über Napoleon, den Feldzug von 1812 und Kutuzov entsprachen einer russozentrierten Geschichtsbetrachtung. So lag es nahe, daß dieser eng an umfangreichem Quellenstudium orientierte Historiker für den Artikel *Vaterländischer Krieg 1812* der *Großen Sowjetenzyklopädie* herangezogen wurde, wo er Clausewitz als genau beobachtenden Zeitzeugen zitierte[676]. In seiner Trilogie über das Jahr 1812 mit *Napoleon, Napoleons Überfall auf Rußland* und *Michail Illarionovič Kutuzov — Feldherr und Diplomat*[677] ist Clausewitz eine der wichtigsten Quellen der Darstellung und Wertung der Ereignisse. Tarle übernimmt in seiner Feldzugsbeschreibung des Jahres 1812 die Clausewitzschen

---

[673] Zum Universalhistoriker Tarle siehe ausführlich Hösch, Tarle, passim; aus sowjetischer Perspektive vgl. Čapkevič, Tarle.
[674] Siehe Fendel', Političeskoe lico, S. 76f.
[675] Hecker, Universalgeschichtsschreibung, S. 161.
[676] Tarle, Otečestvennaja Vojna 1812, Sp. 564, 567.
[677] Gerade diese Trilogie, die zwischen 1936 und 1941 entstand, erfuhr in der UdSSR zahlreiche Auflagen. Die Napoleon-Biographie erschien in der gleichen Reihe, in der kurz zuvor Svečins Clausewitz-Biographie erschienen war. Sie wurde in mehrere Sprachen übersetzt. Zitiert wird nach der Ausgabe Tarle, 1812 god, in der die Herausgeber ein Vorwort zur Diskussion um Tarle voranstellten. Eine deutsche Übersetzung wurde 1944 in der Schweiz, Tarle, Napoleon in Rußland 1812, und eine weitere unter dem Titel Tarle, Napoleon und das Schicksal Europas, veröffentlicht, von welcher wiederum Auszüge separat erschienen.

Charakterisierungen der Generäle Phull, Barclay und Kutuzov[678]. Fast immer, wenn er sich auf Clausewitz beruft, lobt er den Augenzeugen:

»In Wirklichkeit verfügte Napoleon nach den Berechnungen von Clausewitz, der am Feldzug von 1812 teilnahm und dessen Angaben von der heutigen Geschichtsforschung für maßgebend gehalten werden, vor Smolensk über 182000 Mann ...[679]. Als erster Militärschriftsteller hat Clausewitz die weitverbreitete Meinung widerlegt, daß Napoleon einen Fehler beging, als er sich von Moskau über Smolensk zurückzog und nicht über die wohlhabenden und vom Kriege verschont gebliebenen südlichen Gouvernements ...[680]. Niemand verstand es besser als der große Realist Clausewitz, der hervorragendste Militärschriftsteller der ersten Hälfte des 19. Jahrhunderts, die Nichtigkeit der Schablonenansichten aufzudecken[681].«

Dieser offenkundigen Bewunderung des preußischen Kriegsphilosophen stellte Tarle nur wenige kritische Bemerkungen an die Seite, manche davon erst in späteren Ausgaben dieser Werke, als der russische Patriotismus ein solches Fremdenlob nicht mehr ertrug. Drei Gründe führten 1951 zu der heftigen Kritik an der zwischen 1936 und 1941 erschienenen Tarleschen Trilogie: seine Wertschätzung für Clausewitz, seine Betonung des Volkskrieges unter Vernachlässigung der Verdienste Kutuzovs und seine Mutmaßung, russische Bauern hätten Moskau aus patriotischen Motiven in Brand gesetzt[682]. Stalin wollte unbedingt, daß die Franzosen als alleinige Brandstifter gebrandmarkt werden sollten, denn im Zusammenhang mit den Reparationszahlungen, die die UdSSR von Deutschland forderte, waren Stimmen laut geworden, die Sowjets hätten aus ähnlichen Motiven wie 1812 die meisten Städte und Dörfer selbst angezündet.

Erste Angriffe gegen Tarle hatte Žilin bereits in seiner Arbeit *Gegenoffensive* unternommen. Für den Generalangriff im Parteiorgan *Bol'ševik* nahm man S. I. Kožuchov in die Pflicht, den ehemaligen Direktor des Museums in Borodino, der seit 1942 vergeblich versucht hatte, ein eigenes Werk über den Krieg von 1812 herauszubringen[683]. Nun konnte er sich am wesentlich erfolgreicheren Tarle mit dem Segen der Partei rächen. Kožuchov begründet seine Kritik mit der falschen Einschätzung der Rolle Kutuzovs durch Tarle, den »Treitschke des Stalinismus«[684], empört sich vor allem darüber, daß dieser den »unrichtigen und tendenziösen Ansichten deutscher, englischer und französischer Historiker«, insbesondere Clausewitz', aufsitze[685]. Kožuchov wiederholt den inzwischen sattsam bekannten Vorwurf, Clausewitz habe entgegen der Wahrheit das Verdienst der russischen Offiziere im Jahre 1812 geschmälert[686]. Um so unverständlicher sei es, daß Tarle den »strengen Realismus Clausewitz' verherrlichte«[687]. Kožuchov nutzte die seltene

---

[678] Siehe Tarle, 1812, S. 78, 153, 190.

[679] Ebd., S. 206.

[680] Ebd., S. 353.

[681] Ebd.

[682] Vgl. Čapkevič, Tarle, S. 52.

[683] Ebd., S. 52 f.

[684] Hösch, Tarle, S. 113.

[685] Kožuchov, K voprosu, S. 21; eine auszugsweise dt. Übersetzung erschien in: Ost-Probleme, 3 (1951), S. 1149—1153, unter dem Titel »Historiker Tarlé heroisiert nicht genug«. Eine erste Einschätzung der Kampagne gegen Tarle siehe bei Barghorn, Stalinismus, S. 1053.

[686] In der russ. Version ebd., S. 22 f., 25.

[687] Ebd., S. 23.

Gelegenheit zu einem Rundumschlag auch gegen andere Kapazitäten, so die Dekabri-
sten-Forscherin M. V. Nečkina, die von den Ansichten Tarles ebenso wie viele andere
Historiker infiziert sei.

Der inzwischen 76jährige Tarle konnte bei der Redaktion des *Bol'ševik* in der Oktober-
nummer eine Stellungnahme erwirken[688]. Er machte den erwarteten Kotau vor der politischen Führung und der »wissenschaftlichen Genialität« Stalins. Der greise Historiker
pries dessen Formel, die »ein neues, helles Licht auf die wichtigsten Fragen der Geschichte
des Jahres 1812 geworfen« habe, und bezichtigte sich einer Reihe falscher Einschätzungen. Manche Fehlurteile konnte er damit entschuldigen, daß ihm wichtige Quellen zum
Zeitpunkt des Erscheinens seiner Bücher nicht zur Verfügung standen. Bei Clausewitz
— und nicht nur bei ihm — mußte er jedoch völlig von seinen alten Ansichten abweichen.
So schrieb er:

»Es gibt noch[689] einige besondere Anmerkungen, zum Beispiel über Clausewitz. Clausewitz — ein
deutscher ›Gelehrter‹ mit einem engen, typisch deutsch-spießerhaften Gesichtsfeld. Auf ihn habe
ich mich übrigens nur ein einziges Mal gestützt, in einer Detailfrage. In meinem neuen Buch werde
ich ihm, wie auch Jomini, eine richtige Einschätzung angedeihen lassen. Clausewitz hat Kutuzov
überhaupt nicht verstanden, so wie er den ganzen Charakter des Krieges von 1812 nicht verstanden
hat[690].«

Mit dieser Mischung aus ängstlichen und ärgerlichen Selbstbezichtigungen gab sich die
Redaktion des *Bol'ševik* keineswegs zufrieden. Sie kommentierte den Brief in derselben
Nummer im Anschluß an »Tarles mißglückte Rechtfertigung«[691] und unterstrich noch
einmal die Wichtigkeit eines neuen Werkes von Tarle, in dem alle Mängel beseitigt, die
Stalinschen Impulse entsprechend gewürdigt und die aristokratisch-bürgerlichen Autoren wie Clausewitz und Jomini endlich einer angemessenen Beurteilung unterzogen
würden[692].

Dieser Aufforderung kam Tarle mit einer kleinen Arbeit über Kutuzov als Feldherr und
Diplomat nach, die 1952 in der Zeitschrift *Voprosy Istorii* veröffentlicht wurde[693]. Er
berief sich mehrmals auf die Auslegungen, die Stalin der sowjetischen Wissenschaft in
seinem Brief an den Genossen Razin gab, und wertete dann die Aussagen und Arbeiten
aller ausländischen Quellen konsequent ab. Die Franzosen strickten lediglich an der Legende Napoleon, die Briten und Amerikaner (!) wären arrogante Beobachter, und die Deutschen, in erster Linie die »Augenzeugen« Clausewitz und Toll, aber auch Delbrück, Bernhardi, Yorck v. Wartenburg und andere »Autoritäten«, würden nur die eigene nationale
Bedeutung übertreiben wollen[694]. Ähnliche Selbsterniedrigungen und Selbstwiderlegun-
gen veröffentlichte Tarle sogar in Nachworten von Publikationen seiner Fachkollegen,

---

[688] Tarle, Pis'mo. Eine zusammenfassende Übertragung siehe in: Ost-Probleme, 3 (1951), S. 1568 f., unter
dem Titel »Herrn Tarlés mißglückte Rechtfertigung.«

[689] In dem Artikel von Kožuchov, siehe Anm. 685.

[690] Tarle, Pis'mo, S. 73.

[691] Vgl. Anm. 688.

[692] Ot redakcii, S. 78.

[693] Tarle, Kutuzov, zit. nach Tarle, 1812 god, S. 729–799.

[694] Ebd., S. 732.

die sich im gleichen Buch in polemischer und teilweise unverschämter Weise mit seinen
Forschungen »auseinandergesetzt« hatten[695].
Mit der Bewältigung dieser Polemik taten sich die sowjetischen Historiker schwer. Auf
Versammlungen, die in Moskau und Leningrad an den dortigen Fakultäten anberaumt
worden waren, gab es mutige Stimmen, darunter die M. V. Nečkinas, die gegen eine
Verurteilung der Werke Tarles öffentlich auftrat und die Mängel der »Kritik« Kožuchovs
darlegte[696]. Während einige Kollegen gegen den »klinischen Fall« Kožuchov[697] unter
Gefährdung der eigenen Karriere aufbegehrten, schwenkte Tarle »auf der Ebene des politischen Zweckdenkens« auf den stalinistischen Kurs ein, was ihm bis zuletzt »ideologische Konsequenzen« ersparte. »Offen bleibt allerdings die Frage, ob ihm dieser notwendige Kompromiß, der weitgehend auf Kosten der wissenschaftlichen Objektivität
ging, schwer gefallen ist und er die Problematik eines solchen Verhaltens empfunden
hat[698].« Žilin, der inzwischen zum bekanntesten sowjetischen Militärhistoriker avanciert
war, stellte noch in den 60er und 70er Jahren die Legitimität des »Einlenkens« heraus.
Der Artikel Kožuchovs, heißt es 1974 lapidar, sei in der Fachwelt auf großes Interesse
gestoßen[699].

## 10. Clausewitz' »Rehabilitierung«

Zehn Jahre dauerte die Dämonisierung von Clausewitz in der UdSSR. 1946 hatte mit
Oberst Razin ein Instrukteur der sowjetischen Militärakademie infolge seiner Anfrage bei Stalin die Dämonisierung Clausewitz' durch den obersten Kriegsherrn wohl eher
unfreiwillig provoziert. 1956 war es der inzwischen zum Generalmajor aufgestiegene
Razin, der sein heimliches militärtheoretisches Idol Clausewitz sofort nach den Ent-
hüllungen des XX. Parteitages zu rehabilitieren begann. Völlig verblichen war Clausewitz' Ansehen in der UdSSR auch zu Lebzeiten Stalins nicht. Zu krampfhaft hatte man
versucht, Werk und Person zu stigmatisieren. Einige 10 000 Exemplare des Werkes *Vom
Kriege* waren noch im Umlauf, und viele Offiziere schätzten die Theorien des Kriegsphilosophen aus fachlichen Gründen, auch wenn sie dies nicht öffentlich bekunden
wollten.
Während die politische Entstalinisierung auf dem XX. Parteitag der KPdSU wie ein »chir-
urgischer Eingriff« erfolgte, setzte die »Entthronung« Stalins als militärischer Führer und
Theoretiker schon kurz nach seinem Tode langsam ein.

»Sie entsprang vor allem der Notwendigkeit, die Verwirrung zu beseitigen, die Stalin innerhalb der
sowjetischen Militärwissenschaft hinterlassen hatte ... Die Erstarrung der sowjetischen Kriegswissen-

---

[695] Ders., Posleslovie, in: Beskrovnyj, 1312, S. 174—179, der Tarle im Text des Buches mehrmals in scharfer
Form angreift.
[696] Vgl. Čapkevič, Tarle, S. 53. M. V. Nečkina, die 1961 die Trilogie Tarles neu herausgab, vgl. Tarle,
1812 god, S. 5—8, nennt in dieser Ausgabe einige Vorwürfe verständlich.
[697] Nekritsch, Entsage, S. 82.
[698] Hösch, Tarle, S. 138.
[699] Žilin, Gibel', S. 17.

schaft beeinträchtigte ihre Anpassung an die moderne militärische Entwicklung. Das machte die Aufhebung der von Stalin überkommenen militärischen Dogmen dringend erforderlich[700].«

Während sich die DDR schon 1953 nicht mehr an der Clausewitz-Verurteilung orientierte, wurde der Theoretiker und Soldat Clausewitz in der UdSSR »offiziell« erst nach dem XX. Parteitag rehabilitiert.

Bereits 1955 wird von V. Ja. Golant mit der Übersetzung der DDR-Clausewitz-Biographie von Franz Fabian begonnen worden sein, die dem Verlag des Verteidigungsministeriums am 23. März 1956 zum Satz vorgelegt wurde[701]. Das Vorwort des Verlages vertrat zum theoretischen Werk Clausewitz' wieder den sowjetischen Vorkriegsstandpunkt, d. h., man lobte seine epochale Leistung und rieb sich andererseits an seinem Politikbegriff. Der Charakter und das Wirken des Preußen hingegen wurden erneut in hellen Farben gezeichnet. Auffallend ist, daß in den Anmerkungen und im Literaturverzeichnis der Hinweis auf die sowjetische, 1935 von Svečin verfaßte Biographie fehlt, die weniger populärwissenschaftlich und in weiten Passagen dennoch lesbar und inhaltsreich verfaßt worden war.

Professor Razin war geschickt genug, der Entdämonisierung Clausewitz' nicht sofort einen eigenen Aufsatz zu widmen. Im April 1956 hielt er eine Vorlesung, die sich mit *W. I. Lenin – dem Schöpfer der sowjetischen Militärwissenschaft*[702] befaßte; Razin machte sich den Umstand zunutze, daß der Personenkult um Stalin entlarvt wurde, ohne daß eine neue dominierende Persönlichkeit der Parteispitze zu erkennen gewesen ist. Dieser partei- und staatspolitische Zustand ließ zwangsläufig eine Rückbesinnung auf Lenin als Staatsgründer und maßgeblichen Theoretiker erfolgen. Razin führte in schroffer Kritik an Stalin den Staatsgründer Lenin zurück in den kleinen Kreis der marxistischen Militärexperten und -theoretiker. Seine Bedeutung beruhe auf der von ihm formulierten Erkenntnis, daß es die Gewalt ist, »die immer die Geburtshelferin der neuen Gesellschaft zu sein pflegte«[703]. Daneben sei es die Kenntnis der Werke von Engels, Mehring und insbesondere Clausewitz, die in Lenin einen strategisch denkenden Politiker heranreifen ließ. Razin ging seitenlang auf dessen »Konspektierung« des Werkes *Vom Kriege* ein[704], deren Schwerpunkte er folgendermaßen zusammenfaßte:

»Beim Studium des Werkes Clausewitz' richtete W. I. Lenin besondere Aufmerksamkeit auf die konkrete geschichtliche Situation als Grundlage für ein tiefes Verstehen des Krieges, auf die Enthüllung seines politischen Inhaltes, auf die Aufdeckung der widerspruchsvollen, dialektischen Natur der Haupterscheinungen des Krieges, auf die Herausarbeitung der Besonderheiten der militärischen Tätigkeit durch den deutschen Theoretiker[705].«

Als direkte Antwort auf Stalins Brief heißt es sogar, daß aus der *Tetradka* ersichtlich sei, daß Lenin nicht nur die Fragen interessierten, die die Verbindung des Krieges mit der

---

[700] Galay, Generalstabs-Doktrin, S. 1075. Ders. betrachtet vier Jahre später die sowjetische Außenpolitik als permanente Bestätigung der Formel, vgl. ders., Umrüstung, S. 34.

[701] Fabian, Pero, S. 308.

[702] Rasin, Lenin.

[703] Ebd., S. 4.

[704] Ebd., S. 8 ff., 33 ff.

[705] Ebd., S. 34.

Politik demonstrieren, sondern auch »rein militärische Fragen«[706]. Abgesehen davon,
daß Razin teilweise sehr polemisch gegen das »aggressive bürgerlich-imperialistische Lager«
auftrat und daher zwangsläufig auch Kritik an deren exponierten Theoretikern üben mußte, erfährt Clausewitz auch hier eine Einschätzung, die ihn wieder als den ranghöchsten
Militärtheoretiker des 19. Jahrhunderts ausweist. Lediglich die angebliche Überbetonung
des Genies, für das keine Gesetze gelten sollen und welches ihn die dominierende Rolle
des Volkes seit der Französischen Revolution unterbewerten ließ, rügt Razin an Clausewitz[707]. Eine eindeutige Reaktion auf die Verehrung des »Genies« Stalin. Nach der
jeweils gültigen »Generallinie« der Partei wurde Clausewitz mal der Unterschätzung der
»Volksmassen«, mal der Unterschätzung der Rolle des Feldherrn im Kriege bezichtigt,
ein wechselhafter Standpunkt, dessen Veränderung mit der stets changierenden »Dialektik« begründet werden konnte.

Zwei Jahre später erschien in der DDR die Übersetzung eines weiteren Aufsatzes Razins,
der sich diesmal ausführlich mit der *Bedeutung von Clausewitz für die Entwicklung der
Militärwissenschaft*[708] befaßte. Razin selbst verstand den Beitrag, der ohne Übertreibung
als Hommage an Clausewitz gewertet werden kann, als verspäteten Denkanstoß anläßlich des 125jährigen Todestages des Kriegsphilosophen. Clausewitz wird als theoretischer
Vater der »kunstvollen Operationen der deutschen Führung« in den Einigungskriegen
genannt, Moltke als großer Stratege gesehen und weder der eine noch der andere retro-
spektiv für das Versagen der deutschen Kriegführung in den beiden Weltkriegen
herangezogen[709]. Damit erfolgte eine radikale Abwendung von den grotesken Vorwür-
fen der Stalinzeit.

Im Gegensatz zu den noch hölzern und unsicher wirkenden Formulierungen des ersten
Aufsatzes im Jahre 1956 versucht der Clausewitz-Beitrag Razins den neuesten Erkenntnissen gerecht zu werden. Einfühlsam beurteilt der Autor die historische Situation, in
der die Ideen Clausewitz' reiften, und vermeidet sorgfältig solche Platitüden wie etwa
die, Clausewitz sei kein Marxist gewesen. Er geht davon aus, daß ein Einfluß Kants bei
Clausewitz nicht nachgewiesen werden kann, der Hegels hingegen um so größer gewesen sein müsse[710]. Clausewitz wird als Philosoph beschrieben, der methodisch »einen
Schlag gegen die Metaphysik geführt« habe und der »das Prinzip des Historismus«[711] ...
der wissenschaftlichen Untersuchung zugrunde legte«[712]. Hier wird der Clausewitz seit
Jominis Kritik verfolgende Mythos des Metaphysikers in Frage gestellt. Des weiteren sieht
Razin in Clausewitz nicht den typischen Junker, sondern ordnet ihn in eine Reihe mit

---

[706] Ebd., S. 38.
[707] Ebd., S. 14, 27.
[708] Ders., Clausewitz. Die relative Unabhängigkeit der DDR-Clausewitz-Forschung zeigt sich in einer
Anmerkung zum Titel, in der es heißt: »Einige Auffassungen des Verfassers werden von der Redaktion nicht geteilt«, vgl. ebd., S. 377.
[709] Vgl. ebd.
[710] Ebd., S. 379f.
[711] Razin bzw. sein Übersetzer verstehen darunter sicherlich die historische Methode und nicht die
historiographische Schule des deutschen »Historismus«.
[712] Ebd., S. 380.

Gneisenau und Scharnhorst ein, die als »Vertreter des mittleren und unteren preußischen Junkertums« den Reformen naturgemäß aufgeschlossener gegenüberstanden, da sie weniger zu verlieren hatten. Razin akzeptiert diese Reformer ohne jegliche Polemik als Patrioten und Monarchisten. Er stellt auch richtig, daß Clausewitz der erste Theoretiker war, der eine brauchbare und fruchtbare, weil entwicklungsfähige Definition der Verbindung zwischen Politik und Krieg herstellte, selbst wenn schon vor ihm manche Militärtheoretiker einen unbestimmten Zusammenhang angesprochen hätten[713].

Ohne ideologische Schranken analysiert Razin im Sinne Clausewitz' den Kriegsverlauf von 1939 bis 1945:

»So führt zum Beispiel eine Summe von taktischen Erfolgen nicht selten zu einem operativ oder sogar strategisch ungünstigen Ergebnis. Die deutschen faschistischen Truppen erreichten zum Beispiel in den Jahren 1939 bis 1941 formal sehr große Erfolge, aber das strategische Ergebnis war negativ — die strategischen Ziele des Krieges wurden nicht erreicht. Die moderne Militärwissenschaft verlangt, daß man manchmal sogar bewußt einen operativen oder taktischen Mißerfolg hinnimmt, um letzten Endes mit desto größerer Sicherheit ein günstiges strategisches Ergebnis zu erreichen. Wenn diese wichtige Forderung der Kriegskunst ignoriert wird, ist die Folge gewöhnlich eine Katastrophe. So war es, als im Jahre 1941 große Gruppierungen der Sowjettruppen eingeschlossen wurden, und so war es mit den deutschen faschistischen Truppen in den Jahren 1942 bis 1945[714].«

Im Anschluß an diesen Hinweis auf die Bedeutung der Defensive in operativer und strategischer Hinsicht befaßt sich Razin mit der *Tetradka* und kommt zu dem Fazit, daß sich mit diesem Konspekt »schon seit 40 Jahren nicht mehr die Forschungsarbeit beschäftigt hat. Es ist die Aufgabe der Kriegshistoriker und Militärtheoretiker des sozialistischen Lagers, diese Lücke zu schließen[715].«

Ohne Stalin und spätere Clausewitz-Kritiker beim Namen zu nennen, rechnet Razin am Schluß seines Aufsatzes noch einmal mit den widersinnigen Anschuldigungen gegen Clausewitz ab, die indirekt auch ihn betrafen:

»Die Clausewitzsche Theorie hatte viele Gegner, die entweder versuchten, sie als unwissenschaftlich hinzustellen, oder sie einfach mit der Behauptung ablehnten, ihre Leitsätze seien leblose philosophische Hirngespinste, oder aber den Beweis zu führen suchten, daß die Grundlagen dieser Theorie reaktionär und ihre praktischen Schlußfolgerungen für die moderne Militärwissenschaft nicht verwendbar seien[716].«

Es sei nämlich falsch, »die Clausewitzsche Theorie ... mit der Kriegsdoktrin des kaiserlichen und des faschistischen Generalstabs oder mit der modernen Kriegsdoktrin der USA gleichzusetzen«. Keinesfalls dürfe man sein kriegstheoretisches und -geschichtliches Erbe »voll und ganz der Reaktion« überlassen[717]. Razin reagierte damit wieder indirekt auf das nach dem Krieg in den angloamerikanischen Staaten erwachte Clausewitz-Interesse,

---

[713] Ebd., S. 381.
[714] Ebd., S. 385.
[715] Ebd., S. 391. Razin weist mit dieser Forderung nicht nur auf die Stagnation der sozialistischen Deutung der Tetradka hin, er fordert sein Lager zu verstärkter Beschäftigung mit diesem Grundlagentext auf, da man sich in Westeuropa — vgl. Hahlweg, Lenin, den er nicht nennt — dieser Schrift angenommen hätte.
[716] Ebd.
[717] Ebd., S. 391 f.

das sich in zahlreichen, in der Sowjetunion selbstverständlich klassifizierten, aber Persönlichkeiten wie Razin zugänglichen Publikationen niederschlug. Er versuchte daher, Clausewitz für das sozialistische Lager zu vereinnahmen, denn:

»Wie die deutsche klassische Philosophie eine der theoretischen Quellen des Marxismus ist, so kann man auch die Clausewitzsche Theorie mit vollem Recht als eine der Quellen der Militärwissenschaft der Streitkräfte des sozialistischen Lagers bezeichnen[718].«

Auch V. I. Skopin bemerkte das erwachte Interesse an Clausewitz in der westlichen Welt und deutete dies als den Versuch reaktionärer Gelehrter, die Formel in einen Rettungsanker gegen die harten und andauernden geschichtlichen Erfahrungen umwandeln zu wollen, denen diese Länder durch die Politik der Sowjetunion ausgesetzt seien, denn dieser erste sozialistische Staat sei geradezu die Verkörperung der Formel[719]. Zur Defensive bemerkt er, daß Clausewitz sie zwar als die stärkere Form des Krieges bezeichnete, doch habe er dabei das aktive Streben nach taktischen Vorteilen keineswegs aus den Augen verloren[720].

Mit dem Oberst der Reserve V. Cvetkov etablierte sich in der kurzen Tauwetterperiode ein zweiter sowjetischer Clausewitz-Experte. Sein erster Beitrag über den Kriegsphilosophen erschien als Rezension der DDR-Clausewitz-Ausgabe in der Dezembernummer 1958 der Zeitschrift *Voennaja Mysl'* und verdeutlicht, daß die einzelnen Staaten des sozialistischen Lagers in spezifischen Fragen der Militärtheorie und Militärgeschichte durchaus unterschiedliche Ansätze und Positionen einnahmen. Gemäß dem Wahlspruch »Von der Sowjetunion lernen heißt siegen lernen« veröffentlicht die DDR-Fachzeitschrift *Militärwesen* diese Kritik an den Einführungskapiteln der Autoren Korfes und Engelberg im Juliheft 1959, denn die Redaktion möchte »weiterhin zur Klärung der Frage beitragen, welche wissenschaftliche und aktuelle Bedeutung das militärtheoretische Erbe von Clausewitz hat«[721]. An dieser Stelle soll lediglich untersucht werden, welche Differenzierungen es zwischen dem Clausewitz-Bild in der DDR und der UdSSR gab, da die marxistische Clausewitz-Kritik keine neuen Impulse erhielt. Gemessen an den Arbeiten Razins war der Aufsatz Cvetkovs ein Rückschritt. Cvetkov attestiert Engelberg und Korfes, einen wichtigen Beitrag geliefert zu haben, der vor allem in der genaueren Untersuchung solch genereller marxistischer Vorwürfe, Clausewitz sei ein »Idealist«, liege[722]. Durchgängig sei bei ihren Bemühungen aber der Hang, als Deutsche Clausewitz und auch seinen Stellenwert im Rahmen der marxistischen Militärtheorie zu überschätzen:

»Deshalb ist es nicht richtig, die Theorie Clausewitz' über den Krieg als Grundlage unserer Ansichten zu betrachten ... Die Verfasser der Artikel übergehen auch eine andere noch tiefere und tatsächlich revolutionäre Umwälzung in der Militärwissenschaft, die von Marx, Engels und Lenin herbeigeführt worden war. Wenn die Umwälzung, an der Clausewitz teilnahm, die Negation der feudalistischen Mili-

---

[718] Ebd., S. 392.

[719] Skopin, Militarizm, S. 485. Das gewandelte Clausewitz-Bild siehe insbesondere auf S. 382—392.

[720] Ebd., S. 456.

[721] Zwetkow, Einführungsartikel, S. 599, Fußnote. Die Angaben über die sowjetischen Clausewitz-Ausgaben, die die Redaktion in der zweiten Anm. macht, sind fehlerhaft; vgl. die auch 1958 verfaßte Rezension Cvetkovs, die sich ebenfalls mit Lenin und Clausewitz beschäftigt: Cvetkov, Voennaja dejatel'nost'.

[722] Zwetkow, Einführungsartikel, S. 600.

tärwissenschaft war, so war die zweite Umwälzung die Negation der bürgerlichen Militärwissenschaft, folglich also die Negation der Lehre Clausewitz' ... Deshalb kann die Theorie Clausewitz' nicht die Grundlage der modernen, d. h. der marxistischen Militärwissenschaft sein. Sie ist nur eine der Quellen der marxistischen Militärtheorie, ähnlich wie die Philosophie Hegels eine Quelle des dialektischen Materialismus war. Dieser Aspekt fehlt in den Artikeln«, in denen der Eindruck geweckt werde, »daß die Aufgabe der Schaffung einer völlig wissenschaftlichen Militärwissenschaft schon vor der Entstehung des Marxismus gelöst war. Das entspricht nicht der historischen Wirklichkeit[723].«

Cvetkov kritisiert weniger den Engelbergschen Artikel, der sich mit dem philosophischen Hintergrund Clausewitz' befaßt, als den Beitrag des Generals der ehemaligen Wehrmacht — selbstverständlich nennt Cvetkov diesen Umstand nicht beim Namen — und späteren NVA-Generals Otto Korfes, der erklärt hatte, daß man die Lehren Clausewitz' nicht als Quelle der faschistischen Eroberungspolitik betrachten könne[724]. Diese Negierung aus dem Munde eines »konvertierten« Wehrmachtsgenerals erschien Cvetkov anscheinend nicht statthaft, obwohl die sowjetische Clausewitz-Forschung sowohl vor als auch nach dem Zweiten Weltkrieg selbst einen ähnlichen Standpunkt mehrmals beteuert hatte. So betont der Autor, daß jede Kriegstheorie ihre zwei Seiten habe und die Faschisten sehr wohl Clausewitz verwendet hätten, nur eben die falschen und durch die Geschichte widerlegten Teile seiner Lehren, etwa die der Vorstellung von der Superiorität taktischer über strategische Erfolge[725]. Man gewinnt im Verlauf des Artikels den Eindruck, daß Cvetkov ein eigenständiges Abdriften der Clausewitz-Forschung des Satellitenstaates verhindern und diesen enger an die sowjetoffiziöse Lesart anbinden möchte.

Weitaus versöhnlicher, sowohl in bezug auf Clausewitz als auch auf die DDR-Forschung, erscheint da ein zweiter von Cvetkov verfaßter Artikel aus dem Jahre 1964, in welchem er Clausewitz in die *herausragenden militärischen Denker des 19. Jahrhunderts*[726] einreiht, den genauen Verlauf der sowjetischen Clausewitz-Verurteilung von 1945 bis 1955 analysiert und betont, daß Razin mit seiner Anfrage bei Stalin genau das Gegenteil des Beabsichtigten erreichte. Im Gegensatz zu Razin nennt Cvetkov hier alle Autoren von Meščerjakov über Stalin und Leščinskij beim Namen. Er zitiert nicht ohne einen gewissen Genuß aus dem reichen Fundus ihrer Fehleinschätzungen und verweist mit Stolz auf die Rückkehr zu den Standpunkten Lenins[727]. Cvetkov stellt die grundlegenden Gedanken Clausewitz' zum Verhältnis von Krieg und Politik, Angriff und Verteidigung, Volk und Feldherr, zur Entscheidungsschlacht und den taktischen Reserven, dem Kulminationspunkt des Angriffs u. a. ausführlich dar und kommt zu dem Schluß: »Vor nicht allzu langer Zeit stellte man in unserer Literatur Clausewitz als überzeugten Vertreter des Schablonendenkens heraus, obwohl seine Ansichten« in bezug auf Angriff und Verteidigung »durchgehend dialektisch waren«[728]. Clausewitz sei alles andere als ein Pedant und Formalist gewesen[729].

---

[723] Ebd., S. 602 f.
[724] Vgl. Korfes, Clausewitz, S. CIII, und Zwetkow, ebd., S. 600.
[725] Ebd., S. 606.
[726] Cvetkov, myslitel'.
[727] Ebd., S. 48 f.
[728] Ebd., S. 55.
[729] Ebd., S. 56.

Genau wie Razin bezeichnet Cvetkov Clausewitz als theoretisches wie auch historiographisches Genie, dessen tiefschürfende Gedanken und klare Sprache, dessen Einfühlungsvermögen in konkrete historische Situationen gerade im Vergleich mit zeitgenössischen Autoren besteche. Es sei daher in gewissem Sinne unredlich, die Schwachpunkte
seines Werkes einer oftmals weit über das Ziel hinausschießenden Kritik zu unterziehen, denn heutigen Schriftstellern stünden sowohl eine größere Quellengrundlage zur
Verfügung als auch die marxistische Ideologie, auf die Clausewitz nicht habe zurückgreifen können[730].

Mehrmals geht Cvetkov auf die Clausewitz-Forschungen Hahlwegs ein, dessen These,
Clausewitz' Formel sei das »Credo« Lenins geworden, er natürlich anzweifelt[731]. Ebenso verhält es sich mit Hahlwegs Theorie, das Scheitern des Rußlandfeldzuges Hitlers sei
eingetreten, da dieser »mit begrenzten Mitteln unbegrenzte Ziele verfolgte«, ein Ansatz,
den Cvetkov als zu kurz gegriffen betrachtet, da ein Kämpfen »nach Clausewitz« gene-
rell die »Aufgabe des Abenteurertums in der Politik« zur Voraussetzung habe[732], eine
Voraussetzung, die eine faschistische Politik niemals erfüllen könne. Hahlwegs Würdigung »der vernünftigen, realistischen Wahrnehmung der Lehren Clausewitz' durch die
revolutionären Marxisten« bestätigt Cvetkov aber nur zu gern[733].

Solche Aussagen trugen dazu bei, Clausewitz in der UdSSR wieder zitierfähig zu machen.
Insbesondere die Formel vom »Krieg als der Fortsetzung der Politik mit anderen Mitteln«, die schon vor dem Krieg als Selbstverständlichkeit nicht nur in der UdSSR eine
gewisse Verselbständigung erfahren hatte, wurde von zahlreichen Autoren nach 1960 nicht
mehr mit ihrem Urheber in Verbindung gebracht. Nicht nur, daß Clausewitz in stärkerem Maße als in den 30er Jahren durch die Brille Lenins betrachtet wurde[734], manche
Autoren setzten gleich den Namen des sowjetischen Staatsgründers an die Stelle von
Clausewitz[735]. Eine gewisse Liberalisierung und Öffnung in der theoretischen Auseinandersetzung gestattete eine größere Bandbreite und Differenzierung der Standpunkte
in den 60er und 70er Jahren, die aber auch wiederum eine Einstellung zu Clausewitz
nicht ausschloß, wie sie in der Stalin-Zeit üblich gewesen war[736].

---

[730] Ebd., S. 57.

[731] Ebd., S. 50.

[732] Ebd., S. 58 f.

[733] Ebd., S. 59.

[734] Vgl. Krieg, Armee, Militärwissenschaft, S. 10 ff.; W. I. Lenin, S. 182 ff., 209 ff.; Milowidow/Koslow,
Erbe, S. 30 ff., 35, 50; Voennaja istorija, S. 3; Milovidov, Voenno-teoretičeskoe nasledie, S. 26, 79 ff.,
310; Tabunov, nasledie, S. 87 f.

[735] Vgl. Epišev, Leninizm, S. 68.

[736] Vgl. Smirnow, Militärwissenschaft, S. 121, wo es heißt: »Von Clausewitz' militärischen Ideen muß
man die von der Grausamkeit des Krieges und von der Notwendigkeit, gegenüber anderen Völkern Härte walten zu lassen, erwähnen, da sich von ihnen die deutsche Armee auch faktisch in
den von ihr geführten Kriegen leiten ließ.« Vgl. ferner S. 145; Schelag, Renaissance, S. 436 f. Dieser
kurz zuvor in der Tageszeitung der Sowjetarmee, Krasnaja Zvezda, veröffentlichte Artikel ist ein
polemischer Rückfall auf das argumentive Niveau Meščerjakovs und Maryganovs in den späten 40er
Jahren.

## 11. Clausewitz' Formel in der sowjetischen Atomkriegsdebatte

Trotz der langsam in Gang kommenden Rehabilitierung v. Clausewitz' nach dem XX. Parteitag der KPdSU sah man im sowjetischen Offizierkorps anscheinend keine Veranlassung, wie zwischen den Weltkriegen *Vom Kriege* in den aktuellen militärtheoretischen Diskussionen maßgeblich zu berücksichtigen. Sein Werk war, ebenso wie die *Tetradka*, trotz aller gegenteiligen Beteuerungen unpopulär geworden und wurde nur noch am Rande wahrgenommen und besprochen[737].

Von einigen unbedeutenden Ausnahmen abgesehen, verengte sich die Rezeption auf eine einzige Frage: Besaß die Formel im Nuklearzeitalter noch ihre Gültigkeit, oder mußte man angesichts der drohenden atomaren (Selbst-)Zerstörung nicht eher von der *Absurdität einer klassischen Formel*[738] sprechen.

»Als Malenkow 1954 öffentlich erklärte, ein Atomkrieg würde die Vernichtung menschlicher Zivilisation bedeuten, löste er eine Debatte aus, die einige Jahre dauerte und mit der Herauskristallisierung der sowjetischen Militärdoktrin endete[739].«

---

[737] Da im Vergleich zu den bereits besprochenen Vorkriegspublikationen keine wesentlichen Veränderungen der sowjetischen Clausewitz-Positionen nach 1956 zu verzeichnen waren, gibt der Verfasser hier nur eine kurze Auswahl von Autoren, die sich am Rande mit Clausewitz befaßten. Sofern nicht mehrmals Gedanken Clausewitz' besprochen wurden, wird die Seite angegeben. Mit allgemeinen Fragestellungen befaßten sich: Krieg, Armee, Militärwissenschaft, S. 10 ff., 382; Grudinin, K voprosu, S. 3; Skirdo, Volk, S. 14 f., 173. Eher kriegsphilosophische Fragestellungen beschäftigten Iwastschenko/Wassiljew, Einheit, S. 424, 429; Kondratkov, Social-philosophical Aspects, S. 24—43; Krupnow, Dialektik, S. 60 f.; Sholtow/Chomenko/Kondratkow, Militärische Theorie, S. 78 ff. Mit Detailfragen befaßten sich Tjuschkewitsch, Notwendigkeit, S. 72 f., 84; Lobov, Voennaja chitrost', S. 11 f.; Sidorenko, Offensive; Lukava, Victory, S. 42 ff.; Lisitschko, Taktik, S. 133; Koslow, Entwicklung, S. 92 ff.; Gridassow, Raumfaktor, S. 594 ff. Auf die Moral und die »natürliche« moralische Überlegenheit der sowjetischen Streitkräfte gehen ein: Kaschirin, Faktor, S. 8 f.; Il'in, Moral'nyj faktor; Milovidov, Vozrastanie, S. 3—11; Artikel »Moral'nyj duch armii«, in: Voennyj Énciklopedičeskij Slovar', S. 458. Zur Frage des Einflusses der modernen Technik auf den Menschen im Kriege siehe: Abramow, Mensch, S. 22 f.; Pupko, System, S. 194, 196; Bondarenko, Voenno-techničeskoe prevoschodstvo, S. 7—14; ders., Sovremennyj ètap, S. 22—29; ders., Politik, S. 133—141, sowie Lomov/Savkin, Progress. Heftige ideologische Kritik am Clausewitz-Bild der Bundesrepublik und der USA üben: Militärpolitische Akademie; Ržeševskij, O novoj knige, S. 104—109; Milowidow/Koslow, Erbe W. I. Lenins, S. 48 f.; Selesnjow, Krieg, S. 18 ff.; Schelag, Renaissance, S. 436 f.; Rybkin, Kritika, S. 62 ff.; Milowidow/Tjuschkewitsch/Wolkogonow, Krieg, S. 57, 63; Kondratkov, Protiv, S. 76—103. In fast allen genannten Werken wird die Formel Lenin zugeschrieben. Einen gewissen Pluralismus der Meinungen kann man konstatieren, da die Offiziere der Waffengattungen Clausewitz zumeist Anerkennung zollen, während die Offiziere der Militärpolitischen Akademie einen teilweise radikalen ideologischen Kurs verfolgen und »das« westliche Clausewitz-Verständnis mit den gleichen Argumenten kritisieren, mit denen unter Stalin Clausewitz' Werk selbst angegriffen wurde.

[738] Proèktor, Evropa, S. 6. Der Artikel entstammt einem Themenschwerpunkt, zu dem Proèktor und Utkin Beiträge lieferten. Letzterer schrieb den Artikel »Clausewitz im Atomzeitalter«, S. 19.

[739] Kondylis, Theorie, S. 286. Die Atomkriegsdebatte um die Gültigkeit der Formel war die im Westen am stärksten beachtete militärpolitische Diskussion in der Sowjetunion seit dem Ende des Zweiten Weltkrieges. Entsprechend zahlreich sind die Darstellungen und Wertungen, die zwischen 1955 und 1990 veröffentlicht wurden. Obwohl der Verfasser sich darüber im klaren ist, daß eine abschließende historische Bewertung zeitgeschichtlicher Ereignisse und noch weniger zeitgeschichtlicher Dis-

Diese These von der »gegenseitigen Vernichtung« der kommunistischen wie der kapitalistischen Gesellschaft löste in der Sowjetunion eine dogmatische Krise über die Frage nach dem Krieg als Mittel der Politik aus[740], da sie eindeutig »antimarxistisch und unleninistisch« sei[741]. Damit wurde zudem das Dogma des historisch determinierten Sieges des Kommunismus im Falle eines neuen Weltkrieges in Frage gestellt. Hinzu kam, daß sich innerhalb der kommunistischen Welt, zwischen Moskau und Peking, genau an dieser Frage schwerwiegende ideologische Meinungsverschiedenheiten auftaten, welche die Geschlossenheit des marxistischen Lagers nachhaltig erschütterten. Aus diesen Gründen mußte man zu einer vorerst internen, quasi innersowjetischen Meinungsfindung zwischen Parteispitze, Militärs sowie Wissenschaftlern und Publizisten gelangen.

Die Befürworter der Formel fanden sich zum großen Teil im Lager der Militärs. Ihre Widersacher, die einen Krieg mit Atomwaffen angesichts der Möglichkeiten einer globalen Vernichtung nicht mehr als ein Mittel der Politik betrachten wollten, rekrutierten sich unter den Politikern und Journalisten. Bereits auf dem XX. Parteitag der KPdSU im Februar 1956 zog Chruščev aus seiner Ablehnung der Formel die ideologischen Konsequenzen, indem er das Dogma der Unvermeidlichkeit von Kriegen zwischen Kapitalismus und Kommunismus in Frage stellte und sich daran anschließend die These von der Koexistenz der verschiedenen Gesellschaftsformen herauszubilden begann[742].

»Von der leninistischen Auffassung über die Einheit von Krieg und Politik blieb hier nicht viel mehr übrig als die soziologische Feststellung der Abhängigkeit des Charakters des Krieges sowie der Mittel und Formen der bewaffneten Auseinandersetzung von den sozialökonomischen Verhältnissen und dem Entwicklungsstand der Technik[743].«

Während der Chruščev-Zeit erhielten die politischen Vertreter dieser Richtung auch Unterstützung aus den Reihen der Militärs. Zwischen 1960 und 1965 veröffentlichte der sich bereits im Ruhestand befindende Generalmajor N. Talenskij, ein prominenter Militärtheoretiker, »der viel über den Charakter nuklearer Kriegführung und seine Folgen für die internationale Politik geschrieben hat«, eine Reihe von Artikeln, in denen er betont, daß die Zeit vorüber sei, in der ein Krieg noch als Mittel der Politik angesehen werden könne. Talenskij stellt aber insofern ein logisches Bindeglied zwischen den halboffiziel-

---

kussionen nicht möglich ist, glaubt er, hier zumindest einen Abriß vorlegen zu dürfen. Zum einen ist erkennbar, daß sich die Diskussion seit Jahren, wenn nicht Jahrzehnten, ohne wesentliche neue Impulse auf den Positionen der 60er Jahre bewegt, zum anderen verfolgen die Staaten der GUS einen anderen nuklearpolitischen Kurs als die UdSSR. Außerdem gibt es inzwischen eine Reihe qualifizierter Analysen, denen der Verfasser sich ausdrücklich anschließt, ohne den Anspruch zu erheben, zu dieser Debatte wesentlich Neues beitragen zu können. Dennoch erscheint ihm zur Abrundung der sowjetischen Clausewitz-Diskussion ein solcher Exkurs auf die Atomkriegsdebatte unerläßlich. Dieses Kapitel folgt in groben Zügen den Arbeiten von Wolfe, Militärstrategie; Dinerstein, Krieg, und Kondylis, Theorie.

[740] Wolfe, ebd., S. 85.
[741] Voslensky, Götter, S. 432.
[742] Chruščev, Reč'; vgl. ders. in: Pravda v. 13.12.1962, wo er betonte, der Kommunismus könne nicht auf radioaktivem Schutt aufgebaut werden. Ähnlich hatte er sich schon auf dem außerordentlichen XXI. Parteitag der KPdSU im Januar/Februar 1959 geäußert, vgl. ders., Ost-Probleme, S. 99.
[743] Kondylis, Theorie, S. 286.

len Verlautbarungen der die Formel negierenden Politiker und den Einschätzungen der
Militärs dar, die für eine fortdauernde Gültigkeit eintraten, als daß auch er für den Fall
eines solchen Krieges dem sowjetischen System eine größere Leistungsfähigkeit unterstellt als dem westlichen[744].

»Im Grunde ... würde der Ausgang eines nuklearen Krieges ... auf solchen maßgeblichen Faktoren wie
der Überlegenheit des sozialen und wirtschaftlichen Systems, der politischen Gesundheit des Staates,
dem moralischen und politischen Verstand der Massen, ihrer Organisation und Einheit und dem Pre-
stige der nationalen Führung beruhen[745].«

Angesichts der Ambiguität des Standpunktes ist die wahre Meinung Talenskijs kaum
zu ergründen, da er einerseits dem Tenor der offiziellen politischen Linie folgt, andererseits aber das Streben nach einer Mittlerfunktion zwischen den beiden immer stärker
auseinandergeratenden Parteien erkennbar ist.
Ähnlich ausgleichenden Charakter hatten Artikel von P. Trifonenko und S. Birjuzov, die
die Gültigkeit der (Leninschen) These nicht in Frage gestellt sehen wollten, andererseits
aber die Meinung vertraten, es bedürfe dafür keines praktischen Beweises. Glücklicherweise sei das sozialistische Lager stark genug, einen möglichen Krieg zu verhindern[746].
Diese Verbindung von orthodoxen Thesen und deren waghalsiger theoretischer Umge-
hung verlangte von den Diskussionsteilnehmern manche ideologischen Wendemanöver;
etwa dergestalt, daß die Formel zwar gelte, aber manchmal der Krieg bloß Fortsetzung
einer sinnlosen und wahnsinnigen Politik sei[747].
Die Militärs, die diesen Thesen und den mit ihnen verbundenen militärtheoretischen
und auch praktischen Folgen entgegenwirken wollten, formierten sich ebenfalls. Als mit
der Kuba-Krise im Jahre 1962 noch einmal die Vernichtung der Menschheit im Falle
eines atomaren Schlagabtausches beschworen worden war, beharrten die Autoren der von
Sokolovskij herausgegebenen *Militär-Strategie* darauf, daß auch unter veränderten technischen Bedingungen die formale Logik ihre Gültigkeit bewahre. So heißt es dort:
»Bekanntlich ändert sich das Wesen des Krieges als der Fortsetzung der Politik mit dem
Wandel der Waffen und Technik nicht[748].« Sokolovskijs Autorenkollektiv begründete
diese Logik mit einem von Lenin abgewandelten Clausewitz-Zitat, nach dem der Krieg
die Fortsetzung jener Politik der herrschenden Klassen eines Staates mit gewaltsamen
Mitteln sei, die diese Klassen schon vor dem Krieg betrieben haben. Folglich sei auch
der Frieden die Fortsetzung derselben Politik[749].
Die Vermutung liegt nahe, daß es in dieser Diskussion nicht nur um formale Logik, sondern um handfeste Interessen ging. Die von Chruščev durchgesetzte Verminderung der
Streitkräfte zwang die Militärs, Angriffsflächen gegen die Reformpolitik des von ihnen
wenig geschätzten Generalsekretärs ausfindig zu machen. Eine solche theoretische Debatte
eignete sich vorzüglich, zumal in ihr die »Fehleinschätzung« der sicherheitspolitischen

---

[744] Wolfe, Militärstrategie, S. 87.
[745] Talenski, The Absolute Weapon, S. 24, zit. nach Wolfe, ebd., S. 87 f.
[746] Vgl. Wolfe, ebd., S. 88.
[747] Kondylis, Theorie, S. 286 f.
[748] Sokolowski, Militär-Strategie, S. 54.
[749] Ebd., S. 250; siehe auch Wolfe, Militärstrategie, S. 87.

Gegebenheiten durch Chruščev »nachgewiesen« werden konnte. So fanden sich die Gegner weiterer Abrüstungsschritte und damit einer Schmälerung der eigenen Machtposition in Partei und Staat vor allem unter den führenden Militärs. Nach der Absetzung des Parteichefs legte der Chef der Politischen Hauptverwaltung der Streitkräfte, General A. A. Epišev, auf dem XXIII. Parteitag im März/April 1966 die militärtheoretische »Generallinie« für die nächsten Jahre fest: Die Formel besitze ihre Gültigkeit auch für den Atomkrieg[750].

»In grundsätzlichen Artikeln wurde etwa zur gleichen Zeit die Meinung zurückgewiesen, die Atomwaffen seien nur Selbstmordinstrumente und keine Mittel der Politik, während die Befürchtung, in einem Atomkrieg werde es keinen Sieger geben, als theoretisch falsch und politisch gefährlich bzw. als demoralisierend und fatalistisch verurteilt wurde[751].«

Auf die Problematik solcher Einstellungen und die mit ihnen verbundenen Paradoxa hat Panajotis Kondylis hingewiesen.

»Wenn also die sowjetischen Analysen zwischen den beiden Behauptungen schwanken, der Atomkrieg sei in seiner Ätiologie Fortsetzung einer Politik *und* er dürfe nicht als politisches Mittel eingesetzt werden, so stellen sie das eine Mal den objektiven, das andere Mal den subjektiven Politikbegriff in den Vordergrund, ohne sich um die dadurch aufgeworfenen theoretischen Probleme zu kümmern, geschweige denn, dieselben zu lösen. Der Vorwurf gegen ›bürgerliche‹ Theoretiker, sie würden die theoretische Frage des sozialpolitischen Wesens des Atomkrieges mit der praktischen Frage der Eignung des Atomkrieges für die Erreichung politischer Zwecke verwechseln, spiegelt insofern die Zweideutigkeit der sowjetischen Gesamtposition selbst wider, die sich manchmal auch in einer zweideutigen Einstellung zu Clausewitz selbst als Urheber der Formel niederschlägt[752].
Den objektiven Politikbegriff vorausgesetzt, bedeutet die Lehre vom Krieg als Fortsetzung der Politik im Atomzeitalter, daß ein Atomkrieg, wie jeder andere in der Vergangenheit auch, seine sozialen Ursachen und seinen sozialen Inhalt bzw. Klassencharakter haben muß; die Atomwaffen können die Grenzen der Politik nicht sprengen, nur die Politik aktualisiert im Krieg die von der Technik zur Verfügung gestellten Möglichkeiten. Wird nun in dieser allgemeinen Bedeutung der Determinierung des Krieges durch den ›politischen Verkehr‹ anerkannt, daß der Atomkrieg Fortsetzung der Politik eines Staates oder einer Klasse ist, so wird auf der anderen Seite zugegeben, daß die Atomwaffen den Sinn der Fortsetzung der Politik durch den Krieg erheblich geändert haben, obwohl diese Änderungen lieber in bezug auf den ›Imperialismus‹ denn im Hinblick auf den ›Sozialismus‹ untersucht werden[753].«

---

[750] Epišev, Reč', S. 553; siehe auch zum gleichen Problem drei Jahre später, ders., Leninizm, S. 68f.
[751] Kondylis, Theorie, S. 287. Kondylis führt einige westliche Analysen und eine sowjetische Studie für diese These an. Um den Anmerkungsapparat nicht zu umfangreich werden zu lassen, verweise ich hier auf das Literaturverzeichnis; alle bislang nicht zitierten russischen Arbeiten zwischen 1965 und 1990 befassen sich u.a. mit dieser Problemstellung.
[752] In der Anm. 20 legt ders., ebd., S. 288f., ein solches Paradoxon dar: »So wird Clausewitz einerseits vorgeworfen, er inspiriere jene ›imperialistischen‹ Strategen, die den Krieg als Fortsetzung der Politik betrachteten und aufgrund dieser Auffassung einen ›imperialistischen‹ Atomkrieg vorbereiteten, — im selben Atemzug wird er aber andererseits gegen jene im bürgerlichen Lager in Schutz genommen, die eben bei ihrem Wunsch, den Atomkrieg als Mittel der Politik auszuschließen, die Theorie vom Krieg als der Fortsetzung der Politik nicht anerkennen wollten und somit den Marxismus-Leninismus theoretisch in Frage stellten! Im ersteren Fall wird also der Gegner des praktischen Mangels an einer friedliebenden subjektiven Politik, im letzteren der theoretischen Leugnung des Primats der objektiven Politik bezichtigt.«
[753] Ebd.

Die Sowjets waren sich hingegen bewußt, daß die Politik nicht, wie vielfach fälschlich angenommen, einen mäßigenden Einfluß auf die Art der Kriegführung habe. Im Gegenteil, sie stimmten mit Clausewitz auch darin überein, daß sich beide Seiten die entschiedensten politischen und militärischen Ziele stellen würden, da in einem kommenden Krieg über das Schicksal einer Gesellschaftsordnung im Weltmaßstab entschieden werden würde[754], die Eskalation eines Atomkrieges also nicht nur im Einsatz der neuen atomaren Technologie läge, sondern maßgeblich durch den unversöhnlichen Charakter der politischen Systeme bedingt wäre.

Kondylis weist nach, daß dieser innersowjetische Formelstreit mit der Herausbildung einer neuen sowjetischen Militärdoktrin einherging. Es ist hier nicht der Raum, eine umfassende Darstellung dieser Doktrin zu geben. Einige Aspekte jedoch, die bis in die Ära Gorbačev nachwirkten, sollen hier kurz skizziert werden.

Die sich zu Beginn der 60er Jahre herauskristallisierende Militärdoktrin der UdSSR spiegelte nach dem Sturz Chruščevs in den 60er und 70er Jahren »das innere Gleichgewicht und die relative Homogenität«[755] der sowjetischen Nomenklatura wider. Sie bildete gleichzeitig den militärtheoretischen Rahmen »der bewundernswerten imperialen Anstrengung der Sowjetunion in eben demselben Zeitraum«[756].

In der Mitte der 50er Jahre reorganisierte man die Streitkräfte und baute insbesondere das Atomwaffenpotential der Teilstreitkräfte erheblich aus, die durch Stalins Unterschätzung der Bedeutung der Atomwaffen erheblichen Modernisierungsbedarf hatten. Seit den 60er Jahren spricht man dann sogar von den Strategischen Raketentruppen als selbständiger Teilstreitkraft. Dabei vernachlässigte man aber nicht die konventionelle Rüstung, obwohl der Primat lange Zeit auf dem nuklearen Sektor lag. Dies wiederum hing mit der Einschätzung des Wesens eines »modernen« Atomkrieges zusammen. Man glaubte, daß atomare Schläge den Kriegsverlauf erheblich verkürzen würden, wollte sich im gegenteiligen Fall aber die Option ausreichend großer, hochbeweglicher konventioneller Verbände sichern. Da sich der Charakter eines Atomkrieges nicht mit Gewißheit prognostizieren ließ und man sich lange Zeit mit der Überlegenheit des amerikanischen Atompotentials konfrontiert sah, dessen strategische Interkontinentalraketen auch zu Überraschungsschlägen in der Lage gewesen wären, fühlte man sich veranlaßt, die Bedeutung des Überraschungsangriffs theoretisch herabzuspielen. Dabei griff man auf Stalinsche Thesen zurück, der aus den Erfahrungen des Zweiten Weltkrieges die Schlußfolgerung gezogen hatte, daß man im Kriege zwischen ständig wirkenden und zufälligen Faktoren unterscheiden müsse. Auch wenn zufällige Faktoren wie etwa Überraschung anfängliche Erfolge bewirken könnten, letztlich entschieden die ständig wirkenden Faktoren — die

---

[754] Ebd. Diese Schlußfolgerungen ergeben sich aus Feldmeyer, Angriffspläne. Aus Dokumentenbeständen der ehemaligen NVA ließ sich eine Studie über den Einsatz von Atomwaffen im Falle eines Krieges rekonstruieren. Entgegen aller publikumswirksamen Beteuerungen über den Verzicht auf einen Erstschlag ergibt sich daraus, daß von vorneherein die Absicht bestand, taktische und strategische Atomwaffen in Mitteleuropa massiv in Einsatz zu bringen. Dabei nahm man das Risiko einer schnellen (globalen) Eskalation billigend in Kauf.

[755] Kondylis, ebd., S. 304.

[756] Ebd.

Festigkeit des Hinterlandes, der moralische Geist der Armee, Quantität und Qualität der Divisionen, die Bewaffnung der Armee und die organisatorischen Fähigkeiten der Führung — den Ausgang der bewaffneten Auseinandersetzung[757]. Es erübrigt sich fast hinzuzufügen, daß auf allen Feldern der »ständig wirkenden« Faktoren die Sowjetunion für sich eine natürliche Überlegenheit ausgemacht hatte. Man wendete sich also energisch dagegen, daß »vorübergehend wirkende oder gar zufällige (dazu zählte man auch die technische Innovation der Atombombe, d. Verf.) Faktoren geschichtliche Gesetze«[758] des historischen Materialismus außer Kraft setzen könnten.

Kondylis sieht in der Reaktivierung der Theorie der ständig wirkenden Faktoren einen »logischkonsequenten Schritt« zur Akzeptanz der Leninschen Interpretation der Formel vom Krieg als der Fortsetzung der Politik im Atomzeitalter[759].

»Die Verschränkung von Krieg und Politik zeigt sich ... an der Beteiligung aller ständig wirkenden Faktoren am Kriege, zum Kriegspotenzial gehören also ›unter den Bedingungen des modernen Krieges das ökonomische, das wissenschaftlich-technische, das politisch-moralische und das militärische Potenzial.‹[760]«

Diese umfassende, in fast alle Bereiche auch des zivilen Lebens dringende Militärdoktrin legt daher zu Recht einen großen Stellenwert auf die »Volksmassen« und deren politisch-moralische Opferbereitschaft und bemüht sich entsprechend, die ideologische Motivation des Volkes und seine Kampfbereitschaft ständig zu beobachten und zu aktivieren, denn per definitionem ist auch ein Atomkrieg »kein unpersönlicher Konflikt von Raketen«[761]. Eine logische Folgerung der ideologischen Konstellation und »der Politik im objektiven Sinn« ist dann nach Kondylis auch der offensive Charakter der sowjetischen Kriegführung und ihre Siegesgewißheit:

»Ein Krieg, der Fortsetzung kommunistischer Politik ist, muß wegen des objektiven Charakters dieser Politik offensiv geführt werden[762].«

Zahlreich sind in der sowjetischen Militärliteratur die Belege für diese These.

»Der offensive Charakter der Sowjetstrategie wird großenteils durch die Natur selbst des revolutionären Proletariats und seiner Armee, durch die aktive Natur der kommunistischen Ideologie erklärt«[763],

gibt Milovidov die politische Erklärung. Aber auch rein militärische Beweggründe lassen sich anführen:

»Marxisten haben immer hervorgehoben, daß der Primat der Offensive gegenüber der Defensive an den objektiven Bedürfnissen der Kriegführung liegt. Die Offensive bildet den Grundtyp der militärischen Operation, und ihr Ziel ist die totale Vernichtung des Feindes[764].«

---

[757] Stalin, O Velikoj Otečestvennoj Vojne, S. 43 f.

[758] Kondylis, Theorie, S. 292.

[759] Ebd., S. 293.

[760] Ebd., S. 293 f. Hier klingt die Kontinuität zwischen der ersten sowjetischen Doktrinendefinition Mitte der 20er und der Doktrin der 60er/70er Jahre deutlich an; vgl. Ziffer, Voennaja doktrina, S. 163 f.

[761] Kondylis, Theorie, S. 295.

[762] Ebd., S. 297.

[763] Milovidov, zit. nach Kondylis, ebd., S. 297.

[764] Sokolowski, Militär-Strategie, S. 50.

Diese Militärdoktrin, die eine enge Anlehnung an Vorläufer aus der Mitte der 20er Jahre nicht leugnen kann, deckte sich in ihrer modifizierten Form mit den objektiven Voraussetzungen des sowjetischen militärischen Potentials. Die UdSSR hatte sich von einer eurasischen Kontinentalmacht zu einer globalen militärischen Supermacht mit entsprechenden politischen Expansionsansprüchen gewandelt.

Erst in den letzten Jahren der Ära Gorbačev entflammte in der UdSSR erneut eine tiefgreifende Diskussion über die zwangsläufige Offensivausrichtung der Sowjetarmee und über die weitere Geltung der Formel im Atomzeitalter. Auch wenn es verfrüht zu sein scheint, diese geschichtliche Periode in ihren Auswirkungen einschätzen zu wollen, sollte eine Kurzdarstellung der Diskussionspole im Rahmen dieser Arbeit nicht vorenthalten werden, da sich eine Annäherung an westliche Standpunkte bei vielen Diskussionsteilnehmern erkennen läßt.

Das »Neue Denken«, das im militärpolitischen Bereich unter Gorbačev einsetzte, erinnerte phasenweise stark an die theoretischen Auseinandersetzungen in der Ära Chruščev, als die UdSSR ihre konventionellen Streitkräfte einseitig reduzierte. Damals waren diese Schritte jedoch nicht in eine Neukonzeption der Außenpolitik eingebunden, um die sich nunmehr die sowjetische Führung unter dem neuen Generalsekretär Gorbačev bemühte[765]. Neu war an dieser Diskussion, daß sie auf weiten Strecken öffentlich geführt wurde und daß das sicherheitspolitische Monopol, das die militärische Führung unter Brežnev behauptet hatte, jetzt von zivilen Experten aus Wissenschaft und Publizistik gebrochen wurde. Auch wenn manche Beiträge aus ziviler Feder nicht nur für die innersowjetische Diskussion verfaßt gewesen zu sein scheinen, sondern auch zur propagandistischen Unterstützung der neuen Außenpolitik in der westlichen Öffentlichkeit bestimmt waren, zeigte die Reaktion der Militärs, wie ernst sie diese aufkeimende Meinungspluralität und den zunehmenden zivilen Widerspruch gegen die eigene Doktrin nahmen.

Gorbačev selbst griff die Formel auf und stellte ihre Gültigkeit wie schon Chruščev in Frage[766]. Der außenpolitische Kommentator und Publizist A. E. Bovin, seit Januar 1992 russischer Botschafter in Israel, hatte bereits 1983 im Artikel *Krieg* des *Philosophischen Wörterbuches* die Ansicht vertreten, »daß angesichts der Existenz von Massenvernichtungsmitteln Krieg zwar nach wie vor die Fortsetzung der Politik der einen oder anderen Klasse ist, daß er aber nicht mehr als Instrument der Politik dienen kann«[767]. Die Militärs sahen sich veranlaßt, gegen diese Position Stellung zu beziehen. Der stellvertretende Generalstabschef Gareev reagierte darauf in scharfer Form:

»Leider hat es in den letzten Jahren nicht nur im Ausland, sondern mitunter auch in unserem Lande Äußerungen gegeben, daß der Krieg mit dem Erscheinen der Kernwaffen schon aufgehört habe, eine

---

[765] Eine Reihe von Hinweisen verdanke ich Herrn Dr. Hans-Henning Schröder vom Bundesinstitut für ostwissenschaftliche und internationale Studien. Zur Doktrinendiskussion und Atomkriegsdebatte seit 1986 siehe insbesondere: ders., Verteidigungspolitik; Krakau/Diehl, Militärexperten; Konstanty, Perestrojka.

[766] Gorbačev, Perestrojka, S. 143f. (dt.: Perestrojka, S. 179). Siehe auch Schröder, Verteidigungspolitik, S. 2, 18ff.

[767] Bovin, Vojna, S. 88f. Bovin vertrat in mehreren Publikationen immer vehementer diesen Standpunkt; siehe Literaturverzeichnis.

Fortsetzung der Politik zu sein. Gewisse Gelehrte haben sich dahin verstiegen, daß Kriege mit dem Auftreten von Kernwaffen aus dem Leben der Menschheit nahezu automatisch ausgeschlossen seien. Gewisse Pazifisten behaupten, daß im Falle eines Kernwaffenangriffs der Imperialisten das friedliebende sozialistische Land nicht zum Antwortschlag übergehen dürfe, denn das wäre auch ein ungerechter Krieg. Das Akademiemitglied P. N. Fedoseev hat die Haltlosigkeit solcher Urteile aufgedeckt und richtig bemerkt, daß ›das nicht die Philosophie des Friedens und Fortschritts, sondern die Philosophie der Kapitulation vor den Kräften der Aggression und der Reaktion‹ sei[768].«

Die zivilen Opponenten ließen sich durch diese Angriffe jedoch nicht einschüchtern. Äußerungen Gorbačevs auf dem XXVII. Parteitag und die Berliner Doktrinenerklärung des Warschauer Paktes vom Mai 1987 gaben ihnen den nötigen Rückhalt, ihre Ablehnung der Formel offensiver gegen die Militärs zu vertreten. Führende Wissenschaftler, so der stellvertretende Direktor des Kurčagov-Instituts für Atomphysik, L. Feoktistov, Daniil M. Proėktor vom Institut für Weltwirtschaft und internationale Beziehungen und erneut A. E. Bovin sprachen sich gegen die Gültigkeit der Formel im Atomzeitalter aus[769]. Unterstützt wurden sie dabei durch Auftritte hochrangiger Politiker, so Edvard Ševardnadzes am 25. Juli 1988[770] oder Valentin Zagladins, damals Erster Stellvertreter Leiter der Internationalen Abteilung des ZK, der schrieb:

»Bei der Analyse der Möglichkeit und Notwendigkeit, einen Nuklearkrieg zu verhüten, befassen sich viele mit den Äußerungen Lenins zu der Schlußfolgerung Clausewitz', daß der Krieg die Fortsetzung der Politik mit anderen Mitteln sei. Bekanntlich hat Lenin diese Auffassung geteilt, sie für richtig befunden. Ist aber seine Meinung heute noch gültig? Mir scheint, die Antwort auf diese Frage muß streng dialektisch sein ... Vieles hat sich verändert — und zwar grundlegend. Das Wichtigste ist, daß sich heute durch einen Kernwaffenkrieg keine politischen Ziele mehr erreichen lassen. In diesem Sinne kann und muß man sagen, daß ein Kernwaffenkrieg nicht die Fortsetzung der Politik wäre[771].«

Führende Militärs nahmen diesen Fehdehandschuh, der einen fundamentalen Wandel des militärpolitischen Denkens der Partei andeutete, auf. Sie hofften, daß ihr Beharren auf den alten Positionen, wie schon in der ähnlich verlaufenden Diskussion der Chrušcev-Zeit, sich letztlich durchsetzen werde und auch das »Neue Denken« lediglich eine vorübergehende ideologische »Abweichung« vom leninistischen Kurs der Partei darstellen würde. Entsprechend aggressiv fielen ihre Attacken gegen die Verfechter einer neuen, defensiv ausgerichteten Doktrin der »vernünftigen Hinlänglichkeit« aus. Generäle wie Serebrjannikov[772] und Tabunov[773] griffen Proėktor und Zagladin, aber auch Mitarbeiter des Instituts für Militärgeschichte, die mit inhaltlich ähnlichen Thesen hervorgetreten waren, namentlich an[774]. Sie vermieden aber direkte Polemiken gegen Gorbačev oder Ševardnadze. Die Argumente der Militärs waren nicht neu und enthielten keine Gedanken, die nicht schon ein Vierteljahrhundert zuvor in der Diskussion die Runde gemacht

---

[768] Gareev, Frunze, teoretik, S. 104; die Übersetzung bei Schröder, Verteidigungspolitik, S. 19.
[769] Ebd., S. 20.
[770] Siehe Konstanty, Perestrojka, S. 16.
[771] Sagladin, Krieg, S. 590 f.
[772] Serebrjannikov, S učetom, S. 10 f.; 14 f.
[773] Tabunov, nasledie, S. 87—90.
[774] Siehe insbesondere die Diskussion in MŽ, an der fünf Autoren teilnahmen, Diskussija, Obsuždenie, S. 102—115.

hatten. Neben einer übereilten Mißachtung bewährter marxistisch-leninistischer Positionen warf man den Kontrahenten z. B. die bewußte Desinformation und Desorientierung der Öffentlichkeit vor.

Zusammenfassend schreibt Hans-Henning Schröder 1989 eine Beurteilung der Diskussion, der auch heute, nach dem Zerfall der Sowjetunion und der Entstehung der Gemeinschaft Unabhängiger Staaten, des Staatsgebildes einer Übergangszeit, dessen politische und vor allem militärische Struktur bisher noch völlig unüberschaubar ist, nicht widersprochen werden muß:

»Die Diskussion um das Verhältnis von Krieg und Politik berührt unmittelbar die Frage der Kriegsverhinderung, die in der neuen Militärdoktrin einen zentralen Platz einnimmt. Wenn Krieg keinen politischen Zweck mehr erfüllt und nicht als Instrument von Politik dienen kann, verlieren die Streitkräfte einen Teil ihrer Legitimation. Wenn Kriege nicht nur als Folge aggressiver Politik des Imperialismus entstehen, sondern unter den Bedingungen des atomaren und technologischen Wettrüstens auch zufällig — ausgelöst durch einen technischen Fehler, wie es einige Autoren unterstellen —, so wird die sozialistische Aufrüstung für die internationale Sicherheit genauso gefährlich wie die imperialistische. Damit geraten Legitimation und Selbstverständnis der Streitkräfte in Gefahr. Kein Wunder, daß sich die Militärpresse gegen solche Entwicklungen wendet. Offensichtlich gibt es nach wie vor zwischen Militär und zivilen Experten deutliche Interpretationsunterschiede. Die Gorbačevsche Führung läßt sich vom scharfen Ton der Militärs allerdings nicht beeindrucken und greift auf Argumentationen der zivilen Berater zurück[775].«

Dies fiel ihr um so leichter, als das sowjetische Militär bislang selbst in den für sein Offizierkorps kritischsten Jahren der Stalinschen Repression und Säuberungen den Primat der Politik und der Partei anerkannte, oder, weniger theoretisierend betrachtet, sich auch in dieser Epoche bewußt gewesen zu sein schien, daß dem russischen Militär jegliche bonapartistische Tradition fehlte. Selbst der Putsch vom August 1991 war von Mitgliedern der Parteiführung initiiert worden und scheiterte gerade an der Unentschlossenheit und Uneinigkeit der Sowjetarmee.

---

[775] Schröder, Verteidigungspolitik, S. 22 f.

# IV. Zusammenfassung

Diese Arbeit ging der Frage nach, welchen Einfluß das Werk des preußischen Militär-schriftstellers und -philosophen Carl v. Clausewitz auf das militärische Denken in Ruß-land, auf die Militärtheorie, die Strategie und die Doktrinendiskussion in der Sowjet-union nahm. Wenn man sich über Jahre mit einem begrenzten und doch umfangreichen Thema wie der Wirkungsgeschichte eines Klassikers befaßt, verengt sich leicht das Blick-feld, und man neigt dazu, die Bedeutung, die das Forschungsobjekt für den eigenen Lebens-abschnitt gewonnen hat, unbewußt auch auf die Fragestellung zu übertragen und den Einfluß Clausewitz' auf andere dadurch zu überschätzen. Eine genaue Bestimmung der objektiv nachweisbaren Wirkungsmächtigkeit wird dadurch erschwert, daß es zwar im Bereich der Literaturwissenschaft möglich ist, die Anleihen, die die Nachwelt bei einem Klassiker entlehnt, präzise nachzuzeichnen, dies hingegen auf dem Gebiet der Militär-theorie mit erheblich größeren methodischen Problemen behaftet ist. Auch hier kann man den Verlauf der militärtheoretischen Rezeption, der Adaption und auch der pro-duktiven Weiterentwicklung chronologisch verfolgen. Zur Beantwortung der Frage, inwie-weit diese theoretische Aneignung dann in der Praxis umgesetzt worden ist, wäre ein anderes Begriffsinstrumentarium erforderlich. Auch der Frageansatz müßte sich ändern. So lassen sich die Strategiebegriffe Medems und Lenins durch Gegenüberstellung der Quel-len durchaus vergleichen, wobei die Betonung des Politischen bzw. Militärischen genaue Rückschlüsse auf Umfeld und Intention des Rezipienten zulassen. Im Bereich des Politi-schen sind Ereignisse, gerade was die Sowjetunion anbetrifft, nur vor dem Hintergrund der Ideologie verständlich. Die an der militärischen Praxis orientierte Frage hingegen, ob die in der Sowjetarmee übliche Befehlstaktik aus Überlegungen erfolgt, die Anleihen bei Clausewitz' Werk aufweisen, ist nicht durch den direkten Vergleich, sondern nur indirekt und damit hypothetisch zu beantworten. Sie bleibt aus mehreren Gründen apo-retisch. Dennoch, um es mit Clausewitz zu sagen, die »Hauptlineamente« der russischen wie der sowjetischen Clausewitz-Rezeption und -Wirkung liegen frei.
Wie viele große Werke der Weltliteratur und -philosophie hat auch *Vom Kriege* in Ruß-land einen 150 Jahre langen und vielen Wahrnehmungsveränderungen unterworfenen Weg der Rezeption und der Interpretation zurückgelegt. Für das vorrevolutionäre Ruß-land gilt: Die Aufnahme von *Vom Kriege* setzte — sieht man einmal vom deutschen Sprach-raum ab — erheblich früher ein als in den anderen europäischen Staaten. Gegen den Widerstand der im eigenen Lande wirkenden größten militärtheoretischen Autorität, Henry de Jomini, setzten sich mit Medem und Bogdanovič die führenden intellektuel-len Köpfe der noch jungen russischen Kriegsakademie für Clausewitz ein. Sie präsen-tierten einen nicht unbeträchtlichen Teil seiner zentralen Gedanken über Krieg und Krieg-führung in ihren Vorlesungen und pädagogischen Kompendien so nachdrücklich und überzeugend, daß sich Teilnehmer dieser Veranstaltungen — wie der spätere Kriegsmini-ster Miljutin — noch nach Jahrzehnten an Clausewitz erinnerten. Diese Wirkungsinten-

sität konnte in der Folgezeit jedoch nicht aufrechterhalten werden. Die ernsthafte Beschäftigung mit Clausewitz ging in dem Maße zurück, wie die Zahl der eklektischen Werke
über ihn und seine Theorien in der zweiten Hälfte des 19. Jahrhunderts zunahm und
sein Klassiker immer mehr als Zitatensteinbruch und Mottospender zweckentfremdet
wurde. Aber auch in dieser Hinsicht braucht die russische Rezeption den europäischen
Vergleich nicht zu scheuen, denn dieses Phänomen der nachlassenden Tiefenwirkung
bei gleichzeitiger Intensivierung der Zitation ist auch in England und Frankreich, ja selbst
in Preußen und Deutschland zu konstatieren. Dennoch gerät die russische Clausewitz-
Rezeption noch vor der Jahrhundertwende in starke Abhängigkeit von der entsprechenden preußisch-deutschen Forschung, während sich in Frankreich verstärkt eigenständige und sehr qualifizierte Interpretationsansätze nachweisen lassen.

Ganz anders muß das Urteil für die Wirkungsgeschichte in der Sowjetzeit ausfallen. Lenins
Lektüre und Exegese stellt den größten Einschnitt der Rezeption von *Vom Kriege* seit seiner Veröffentlichung in den Jahren 1832–1834 dar. Es erscheint dem Verfasser nicht über-
trieben, zu vermuten, daß die Bedeutung und das Interesse, das Clausewitz im 20. Jahrhundert zuteil wurde, ohne Lenins *Tetradka* erheblich geringer gewesen wären. Lenin ist die
Verkörperung des Clausewitzschen Axioms der Abhängigkeit des Krieges von der Politik.
Vor ihm diskutierten »lediglich« Militärs ein Fachbuch. Mit Lenin machte sich ein hoch-
karätiger politischer Stratege die Thesen und Theorien zu eigen und bewies die Feststellung
Clausewitz', daß ein Krieg um so »kriegerischer« ist, je politischer sein Charakter ist:

»Je großartiger und stärker die Motive des Krieges sind, je mehr sie das ganze Dasein der Völker umfassen, je gewaltsamer die Spannung ist, die dem Kriege vorhergeht, um so mehr wird der Krieg sich
seiner abstrakten Gestalt nähern, um so mehr wird es sich um das Niederwerfen des Feindes handeln,
um so mehr fallen das kriegerische Ziel und der politische Zweck zusammen, um so reiner kriegerisch, weniger politisch scheint der Krieg zu sein[1].«

Eine Feststellung, die ihre praktische Verifikation im 20. Jahrhundert, dem Zeitalter der
Ideologien, gleich mehrfach erhalten hat. Mit sicherem Instinkt hat Lenin aus dem fast
1000 Seiten umfassenden Werk die zentralen und zeitlos gültigen Aussagen herausgefiltert, die außenpolitische Perspektive Clausewitz', der zwischenstaatliche Konflikte vor
Augen hatte, zwar nicht ignoriert, den Schwerpunkt aber erst einmal auf die Heraufbeschwörung des innenpolitischen Konflikts — Bürgerkrieg — und dessen Bewältigung ver-
lagert. Daß es Lenin trotz eines diametral entgegengesetzten Politik-, Friedens- und Kriegs-
verständnisses gelang, Clausewitz' Werk für seine Ziele in unnachahmlicher Weise zu
instrumentalisieren, ist inzwischen von vielen Seiten betont worden. Gleichzeitig liegt
schon ein gewisses Paradoxon darin, daß mit Lenin der Mann, der Clausewitz zu ständiger Aktualität im 20. Jahrhundert verhalf und der zum ersten Mal als Politiker eine produktive Aneignung und Weiterentwicklung des Werkes betrieben hatte, durch die Struktur
der von ihm geschaffenen Partei maßgeblich dazu beigetragen hat, daß unter seinen Epigonen eine den sich verändernden politischen Gegebenheiten angepaßte Neubetrachtung
des Werkes unmöglich gemacht wurde. Die von Lenin gelegten Gleise der Rezeption
durften nicht verlassen werden.

---

[1] Clausewitz, Vom Kriege. 1980, S. 211.

Bemerkenswert ist ferner, daß in der Sowjetunion zum ersten Mal in der Geschichte fast alle politischen Exponenten — und dies gilt insbesondere für die Phase der Machtergreifung und -konsolidierung — Clausewitz nicht nur gelesen hatten, sondern seine Gedanken auch »schöpferisch« umsetzten. Ob die sowjetische Militärdoktrin ohne den Einfluß Clausewitz' undenkbar gewesen wäre, vermag diese Arbeit nicht zweifelsfrei zu belegen; daß sein Einfluß, und sei es »nur« über die Leninsche Vermittlung, prägenden Charakter für die starke Politisierung der Doktrin hatte, kann jedoch behauptet werden.

So bahnbrechend Lenins Rezeption und Deutung waren, so wenig »schöpferisch« und phantasiebegabt erwiesen sich die sowjetischen Militärs in ihrer Weiterentwicklung, nachdem das politisch-militärische Denken zu Beginn der 30er Jahre in ein enges dogmatisches Korsett gezwängt worden war.

Clausewitz war der umstrittenste militärpolitische Klassiker in der UdSSR. Dafür gibt es gleich mehrere Belege. Seine Rezeption und Auslegung stand immer im Epizentrum der innenpolitischen Richtungs- und der theoretischen Paradigmenwechsel. Die Einstellung zu ihm und die Akzeptanz, die seinem Werk entgegengebracht wurde bzw. werden durfte, ist ein getreuer Spiegel der sowjetischen Innen-, weniger der Außenpolitik.

Auch der Abbruch der Rezeption und die Verfemung des Autors sind eine »Fortsetzung der Rezeption mit anderen, nämlich gewaltsamen Mitteln«. Diese Form der Rezeption, die unter Stalin nach dem Zweiten Weltkrieg erfolgte, trägt deutlich den Charakter einer defensiven Annäherung. Da man den Kriegsphilosophen nicht ignorieren kann, müssen wenigstens seine Ansichten und Einsichten negiert werden. Clausewitz' Werk wurde zu allen Zeiten in Rußland und in der UdSSR auch von Militärs gelesen, die um eine rationale Aufnahme bemüht waren; ihnen standen aber stets retardierende Kräfte gegenüber, die aus fachlicher Eifersucht, Ignoranz oder Kalkül bemüht waren, den Wert seines Werkes zu schmälern. Diese Polarität zeigt sich am russisch-sowjetischen Rezeptionsverhalten am deutlichsten. Hier sind die Schwankungen am stärksten, von der ideologischen »Kanonisierung« des Klassikers in den 20er Jahren zur Verdammung zu Beginn des Kalten Krieges.

Strittig ist weiterhin, ob konkrete historische bzw. politische Entscheidungen in der Geschichte der UdSSR unter dem Einfluß der Clausewitzschen Theorie gefällt worden sind. Manche westlichen Forscher sehen im Friedensschluß von Brest-Litovsk und auch im Verhalten der Roten Armee im Zweiten Weltkrieg dafür Beweise. Der Verfasser steht den in Fachkreisen diesbezüglich geäußerten Meinungen eher skeptisch gegenüber. Den Diktatfrieden von Brest-Litovsk zu akzeptieren legte der politische Selbstbehauptungswille den Bol'ševiki nahe, und das Zurückweichen ins »Innere des Landes« im Jahre 1941 wurde den Rotarmisten vom durch Stalins Fehleinschätzungen ermöglichten Blitzkrieg der Wehrmacht diktiert. Die Berufung auf Clausewitz diente im ersten Fall als Argumentationshilfe, im zweiten Fall der nachträglichen Legitimation des eigenen (Fehl-)Verhaltens, dem damit eine Gesetzmäßigkeit der Ereignisse angedichtet wird (Rückzug — Gegenoffensive — Sieg), die den auf eine teleologische Determinierung der Geschichte fixierten Anhängern des historischen Materialismus natürlich theoretisch zupaß kam, die in der Realität jedoch nicht bestand.

Zahlreich sind in der Sowjetunion auch die Entstellungen von Clausewitz' Werk. Durch die ideologische Verengung wird dem Werk *Vom Kriege* passagenweise der objektiv-ratio-

nale Aussagegehalt beschnitten. Die rationale Theorie Clausewitz' wird statt dessen durch
ideologische Komposita ersetzt, die den Klassenkampf zum allgemeinverbindlichen Ziel
sowjetischer Außenpolitik erklären und damit die Möglichkeiten der eigenen Politik stark
einschränken. Indem man auch den Friedenszustand nur als Fortsetzung des Krieges mit
anderen Mitteln betrachtet, beraubt man die eigene wie auch die fremde Politik der Möglichkeit, Clausewitz' Theorien zur Friedenssicherung und Konflikteindämmung nutzbar zu machen. Auf diese Weise findet, so paradox dies klingen mag, eine Militarisierung von Clausewitz durch den Marxismus-Leninismus statt. Dies zeigt sich auch in der
von den Sowjets betonten Verselbständigung des (Bürger-)Krieges, wo die Offensive nicht
mehr als Kampfform, sondern als Grundsatz gelehrt wird.

Mit der Herausbildung des atomaren Patts der Supermächte begann in der Sowjetunion
in Ansätzen schon in den späten 50er und in den frühen 60er Jahren, ausgeprägt dann
im Zusammenhang mit »perestrojka« und »glasnost« eine kontroverse und offene militärtheoretische und militärpolitische Debatte, wie sie zuletzt in den frühen 20er Jahren
geführt worden war. Daß man zwischen formaler Logik, der Folgerichtigkeit der Gedanken, und materieller Logik, den realpolitischen Konsequenzen der Strategie, in bezug
auf die Gültigkeit der Formel unter den Bedingungen thermonuklearer Zerstörungspo-
tentiale unterschied, zeigt, daß der letztlich rationalen Politik der Sowjetunion die Möglichkeit der Selbstzerstörung durch einen Atomkrieg bewußt war. Dieses rationale Element der sowjetischen Außen- und Militärpolitik hat, ebenso wie im Westen, einen
Ersteinsatz von Atomwaffen zur Lösung politischer Interessenkonflikte zu verhindern
geholfen.

# Abkürzungsverzeichnis

| | |
|---|---|
| ADB | Allgemeine Deutsche Biographie |
| BSĖ | Bol'šaja Sovetskaja Ėnciklopedija |
| KVS | Kommunist Vooružennych Sil |
| MEW | Marx/Engels Werke |
| MŽ | Meždunarodnaja Žizn' |
| SPB | Sankt Petersburg |
| VĖL | Voennyj Ėnciklopedičeskij Leksikon |
| VIŽ | Voenno-istoričeskij Žurnal |
| WWR | Wehrwissenschaftliche Rundschau |

# Übersetzung ausgewählter Titel

| | |
|---|---|
| Armija i Revoljucija | Armee und Revolution |
| Belaruskaja Saveckaja Encyklapedyja | Weißrussische sowjetische Enzyklopädie |
| Bol'šaja Sovetskaja Ėnciklopedija | Große Sowjetenzyklopädie |
| Bol'šoj Istoričeskij Slovar' | Großes historisches Wörterbuch |
| Delo | Die Sache |
| Ėnciklopedičeskij Slovar' | Enzyklopädisches Wörterbuch |
| Ėnciklopedija Voennych i Morskich Nauk | Enzyklopädie der Militär- und Marinewissenschaften |
| Inostrannaja Kniga | Das ausländische Buch |
| Izvestija | Nachrichten |
| Kniga i Oborona SSSR | Buch und Verteidigung der UdSSR |
| Kommunist Vooružennych Sil | Kommunist der Streitkräfte |
| Krasnaja Nov' | Rotes Neuland |
| Krasnaja Zvezda | Roter Stern |
| Leninskij Sbornik | Sammelband Leninscher Schriften |
| Malaja Sovetskaja Ėnciklopedija | Kleine Sowjetenzyklopädie |
| Meždunarodnaja Žizn' | Internationales Leben |
| Mirovaja Ėkonomika i Meždunarodnye Otnošenija | Weltwirtschaft und Internationle Beziehungen |
| Moskovskie Novosti | Moskauer Nachrichten |
| Novaja i novejšaja istorija | Neue und neueste Geschichte |
| Novoe Vremja | Neue Zeit |
| Novyj Ėnciklopedičeskij Slovar' | Neues enzyklopädisches Wörterbuch |
| Pravda | Wahrheit |
| Proletarskaja Revoljucija | Proletarische Revolution |
| Russkij Vestnik | Der russische Bote |
| Sovetskaja Ėnciklopedija | Sowjetische Enzyklopädie |
| Sovetskaja Voennaja Ėnciklopedija | Sowjetische Militärenzyklopädie |
| Ukraïns'ka Radjans'ka Enciklopedija | Ukrainische Sowjetenzyklopädie |
| Ukrainskaja Sovetskaja Enciklopedija | Ukrainische Sowjetenzyklopädie |
| Voennaja Mysl' | Militärisches Denken |
| Voenno-istoričeskij Žurnal | Militärgeschichtliches Journal |
| Voennoe Delo | Militärwesen |
| Voennyi Sbornik | Militärischer Sammelband |
| Voennyi Vestnik | Militärischer Bote |
| Voennyj Ėnciklopedičeskij Slovar' | Militärisches Wörterbuch |
| Vojna i Revoljucija | Krieg und Revolution |
| Voprosy Istorii | Fragen der Geschichte |
| Vremja | Die Zeit |
| Zaščita Otečestva | Verteidigung des Vaterlandes |

# Literaturverzeichnis

Das Literaturverzeichnis ist dreigeteilt. Unter »Grundlagen« versteht der Verfasser alle Primärtexte (deutsche und russische) von Clausewitz. Sämtliche russischen und sowjetischen Arbeiten über Clausewitz wurden als »Quellen«: aufgefaßt; die westliche Literatur, die sich mit der Clausewitz-Rezeption auf russischem Gebiet befaßte, firmiert unter »Sekundärliteratur«. Grenzfälle bittet der Verfasser unter II und III nachzusehen.

## I. Grundlagen

[Clausewitz, Carl v.] Vom Kriege. Hinterlassenes Werk des Generals Carl von Clausewitz. Vollständige Ausgabe im Urtext, drei Teile in einem Band. 19. Aufl. — Jubiläumsausgabe, mit historisch-kritischer Würdigung von Werner Hahlweg, Bonn 1980

Ders., De la guerre par le général de Clausewitz. Publication posthume. Traduite par le major d'artillerie Neuens, 3 Bde, Paris 1849—1851

Ders., Général de Clausewitz. Théorie de la grande guerre. Traduction du lieutenant colonel de Vatry. Précédée d'une lettre du général Pierron, 3 Bde, Paris 1886—1887

[Ders.] Vom Kriege. Hinterlassenes Werk des Generals Carl von Clausewitz. Erläutert durch Wilhelm v. Scherff (= Militärische Klassiker des In- und Auslandes, hrsg. von G. v. Marées), Berlin 1880 u. ö.

Ders., Ausgewählte Briefe an Marie von Clausewitz und Gneisenau. Auswahl und Einführung Gerhard Thiele, Berlin (Ost) 1953

Ders., Der Feldzug von 1812 in Rußland, in: Hinterlassene Werke des Generals Carl von Clausewitz über Krieg und Kriegführung, Bd 7, Berlin, 2. Aufl. 1862

Ders., Der Feldzug des Jahres 1815 in Frankreich, in: ebd., Bd 8, Berlin, 2. Aufl. 1862

Ders., Über das Leben und den Charakter von Scharnhorst. Aus dem Nachlasse des General Clausewitz, in: Historisch-politische Zeitschrift, hrsg. von Leopold Ranke, Bd 1, Hamburg 1832

Ders., Nachrichten von Preußen in seiner großen Katastrophe. Kriegsgeschichtliche Einzelschriften, hrsg. vom Großen Generalstabe, Kriegsgeschichtliche Abteilung II, H. 10, Berlin 1888

Ders., Schriften-Aufsätze-Studien-Briefe. Dokumente aus dem Clausewitz-, Scharnhorst- und Gneisenau-Nachlaß sowie aus öffentlichen und privaten Sammlungen, hrsg. von Werner Hahlweg (= Deutsche Geschichtsquellen des 19. und 20. Jahrhunderts. Hrsg. von der Historischen Kommission bei der Bayerischen Akademie der Wissenschaften, Bd 45), 1. Bd, Göttingen 1966; 2. Bd in 2 Teilbänden, Göttingen 1990 (= Bd 49 der Deutschen Geschichtsquellen)

Ders., Strategie aus dem Jahre 1804 mit Zusätzen von 1808 und 1809, hrsg. von Eberhard Kessel, Hamburg, 3. Aufl. 1943

Klauzevic, Karl (Clausewitz, C. v.), Vojna. Teorija Strategii (Der Krieg. Eine Theorie der Strategie). Perevod s nemeckogo K. Vojde, 2 Bde, SPB 1902

Ders., O Vojne (Vom Kriege). Perevod A. K. Radčinskogo, 3 Bde, Moskau 1932—1933

Ders., O Vojne, Moskau, 2. Aufl. 1934

Ders., Ab Vajne. Perevod s rus. izd., Minsk 1934

Ders., Pro Vijnu. Per. z nimec'koj, Kyïv 1936

Ders., O Vojne, 2 Bde, Moskau, 3. Aufl. 1936—1937

Ders., O Vojne, 2 Bde, Moskau, 4. Aufl. 1937

Ders., O Vojne, 2 Bde, Moskau, 5. Aufl. 1941

Ders., O Vojne. Podgot. teksta i komment. N. A. Čaldymova, Moskau 1990

Ders., Ital'janskij pochod Napoleon Bonaparta 1796 goda (Der italienische Feldzug Napoleon Bonapartes im Jahre 1796), Moskau 1939

Ders., Osnovy strategičeskogo rešenija (Grundlagen strategischer Entscheidungen). Perevod pod red.
A. Svečina, Moskau 1924

Ders., Osnovyja položenija učebija Klauzevica o vojne (s čertezami) (Die Grundlagen der Lehren Clausewitz'vom Kriege. Mit Zeichnungen). Perevod s nem. M. I. Dragomirova, in: Voennyj Sbornik, 30 (1888)
10, S. 245—271

Ders., 1799 god. Ital'janskij i švejcarskij pochody (Das Jahr 1799. Die Feldzüge in Italien und in der
Schweiz), Moskau 1938

Ders., 1799 god. Švejcarskij pochod Suvorova 1799 goda (Das Jahr 1799. Der Feldzug Suvorovs in der
Schweiz im Jahre 1799), Moskau 1939

Ders., 1812 god. Pochod v Rossiju (Das Jahr 1812. Der Feldzug in Rußland), Moskau 1937 (2. Aufl. 1938)

Ders., 1806 god. Vojna Napoleona protiv Prussii (Das Jahr 1806. Der Krieg Napoleons gegen Preußen), Moskau 1937 (2. Aufl. 1938)

Ders., Učenie o vojne. Osnovnye položenija (Die Lehre vom Kriege. Grundlegende Lehrsätze), Moskau 1923

Ders., Važnejšie principy vedenija vojny (Die wichtigsten Grundsätze der Kriegführung). Perevod s
nem. M. I. Dragomirova, in: Voennyj Sbornik, 30 (1888) 11, S. 5—22

## II. Quellen

Abramow, W. K. (Abramov, V. K.), Mensch und Technik im modernen Krieg, in: Militärwissenschaftliche Aufsätze, 1961, H. 25

Achtamsjan, Abdulchan, Die historischen Erfahrungen erfordern gute Nachbarschaft, in: Sowjetunion
heute, 34 (1989) 6, S. 26—28

Ageev, A., Voennyj teoretik i voennyj istorik A. A. Svečin. K 100-letiju so dnja roždenija (Der Militärtheoretiker und Militärhistoriker A. A. Svečin. Zum 100jährigen Geburtstag), in: VIŽ, (1978) 8, S. 126—128

Al., N. N., Klauzevic, in : Novyj Ėnciklopedičeskij Slovar' (Brokgauz/Efron), SPB o. J., Bd 21, Sp. 818—
819

Amiragov, L. S., O voenno-teoretičeskom nasledie Marksa-Engel'sa-Lenina (Über das militärtheoretische Erbe Marx', Engels', Lenins), in: Vojna i Revoljucija, (1934) 1, S. 58—69

Antropov, B., O Klauzevice i ego učenie o vojne (Über Clausewitz und seine Lehre vom Kriege), in:
Bol'ševik, (1945) 10, S. 38—47

Arbatov, G. A., American Foreign Policy on the threshold of the 1970s, in: Soviet Law and Govern-
ment, 9 (1970) 1, S. 3—27

Arbatow, G. A. (Arbatov, G. A.)/Oltmans, Willem, Der sowjetische Standpunkt. Über die Westpolitik der
UdSSR, München 1981

Astaf'ev, A. I., O sovremennom voennom iskusstve (Über die moderne Kriegskunst), 2 Bde, SPB 1856/
1861

Azovcev, N. N., V. I. Lenin i sovetskaja voennaja nauka (V. I. Lenin und die sowjetische Militärwissenschaft), Moskau, 2. Aufl. 1981

Babin, A., F. Engel's — velikij znatok voennogo dela (F. Engels — ein großer Fachmann auf dem Gebiet
des Militärwesens), in: VIŽ, (1970) 10, S. 3—9

Barmine, Alexander, One Who Survived. The Life Story of a Russian under the Soviets, New York 1945

Baz, I. S., Le origine della potenza militare dell' Unione Sovietica, Bologna 1951

Belaruskaja Saveckaja Ėncyklapedyja, 12 Bde, 6. Bd, Minsk 1972

Beskrovnyj, L. G/Nečkina, M. V., Očerki voennoj istoriografii Rossii (Grundriß der Militärgeschichtsschreibung Rußlands), Moskau 1962

Ders., Otečestvennaja Vojna 1812 goda (Der Vaterländische Krieg 1812), Moskau 1962

Ders., Otečestvennaja Vojna 1812 g. i kontrnastuplenie Kutuzova (Der Vaterländische Krieg 1812 und die Gegenoffensive Kutuzovs), Moskau 1951

Blioch, I. S., Buduščaja vojna v techničeskom, ekonomičeskom i političeskom otnošenijach, 6 Bde, SPB 1898

Bloch, Johann v. (Blioch, I. S.), Der Krieg. Übersetzung des russischen Werkes des Autors: Der zukünftige Krieg in seiner technischen, volkswirtschaftlichen und politischen Bedeutung, 6 Bde, Berlin 1899

Bočarov, K., Kritika voennoistoričeskich vzgljadov prof. Svečina (Kritik an den militärgeschichtlichen Ansichten Prof. Svečins), in: Protiv reakcionnych teorij na voennonaučnom fronte, Moskau 1931, S. 17—43

Bogdanovič, M.I., Akademija (Akademie), in: VEL, 1. Aufl., Bd 1, SPB 1837, S. 212—213

Ders., Istorija vojny 1813 goda za nezavisimosti Germanii (Geschichte des Krieges um die Unabhängigkeit Deutschlands im Jahre 1813), 2 Bde, SPB 1863

Ders., Istorija vojny 1814 goda vo Franciju i nizloženie Napoleona I-go (Geschichte des Krieges des Jahres 1814 in Frankreich und die Niederwerfung Napoleons I.), 2 Bde, SPB 1865

Ders., Klauzevic, in: VEL, 1. Aufl., Bd 8 (priloženie [Beilage]), SPB 1844, S. 14—19

Ders., Klauzevic, in: VEL, 2. Aufl., SPB 1852—1858 (Die Bandangabe liegt nicht vor), S. 229—234

Ders., Malaja Vojna (Der kleine Krieg), in: VEL, 1. Aufl., Bd 8, SPB 1844, S. 481

Ders., Pochod 1796 goda Bonaparta v Italii (Bonapartes Feldzug in Italien im Jahre 1796), SPB 1845 (2. Aufl. 1860)

Ders., Pochody Suvorova v Italii i Švejcarii (Die Feldzüge Suvorovs in Italien und in der Schweiz), SPB 1846

Ders., Strategija, in: VEL, 1. Aufl., Bd 12, SPB 1849, S. 383—387

Ders., Zapiski strategii. Pravila vedenija vojny, izvlečennye iz sočinenija Napoleona, ercgerzoga Karla, generala Žomini i drugich voennych pisatel'ej (Schriften zur Strategie. Aus den Werken Napoleons, Erzherzog Karls, General Jominis und anderer Militärschriftsteller entnommene Regeln der Kriegführung), 2 Bde, SPB 1847

Ders., Žomini (Jomini), in: VEL, 1. Aufl., Bd 5, SPB 1841, S. 463—478

Bogdanowitsch, M. (Bogdanovič, M.I.), Geschichte des Feldzuges im Jahre 1812 nach den zuverlässigsten Quellen. Auf allerhöchsten Befehl bearb. von M. Bogdanowitsch, 3 Bde, Leipzig 1863

Bol'šaja Enciklopedija. Slovar' obščedostupnych svedenij po vsem otrasljam znanija (Mejer/Prosveščenie) (Große Enzyklopädie. Lexikon volkstümlicher Kenntnisse aus allen Zweigen der Wissenschaft), 4. unveränd. Aufl., SPB o. J.

Bol'šaja Sovetskaja Enciklopedija, 1. Aufl., 65 Bde, Moskau 1925—1947

Bol'šaja Sovetskaja Enciklopedija, 2. Aufl., Moskau 1949—1958

Bol'šaja Sovetskaja Enciklopedija, 3. Aufl., Moskau 1973

Bol'šoj Istoričeskij Slovar', Moskau 1965

Bonč-Bruevič, M.D., Vsja vlast' sovetam (Alle Macht den Räten), Moskau 1964

Bondarenko, V., Die Politik als Triebkraft der militärischen Revolution der Gegenwart, in: Ost-Probleme, 21 (1969) 6, S. 133—139

Ders., Sovremennyj etap revoljucii v voennom dele i trebovanija k voennym kadram (Die gegenwärtige Etappe der Revolution des Militärwesens und die Anforderungen an die militärischen Kader), in: KVS, (1968) 24, S. 22—25

Ders., Voenno-techničeskoe prevoschodstvo — važnejšij faktor nadežnoj oborony strany (Militärtechnische Überlegenheit — Der wichtigste Faktor einer zuverlässigen Landesverteidigung), in: ebd., (1966) 17, S. 7—14

Boutourlin[e] (Buturlin), Histoire de la campagne de Russie en 1812. Par le colonel Boutourlin, 2 Bde, Paris 1824

Bovin, A.E., Novoe myšlenie — trebovanie jadernogo veka (Neue Denkweise — Imperativ des nuklearen Zeitalters), in: Kommunist, (1986) 10, S. 113—124

Ders., Pobedit mira (Der Frieden wird siegen), in: Izvestija v. 11.7.1973

Ders., Vojna (Krieg), in: Filosofskij Ėnciklopedičeskij Slovar' (Philosophisches Wörterbuch), Moskau 1983, S. 88—89

Braun, Otto, Vorwort, in: W.I. Lenin, Clausewitz' Werk »Vom Kriege«, Berlin (Ost) 1957, S. 5—12

Braun, Paul, Clausewitz — Das Genie der bürgerlichen Kriegstheorie, in: Rote Fahne Nr. 126 v. 1.6.1930

Brühl, Reinhard, Carl von Clausewitz — Reformer und Militärtheoretiker, in: Zeitschrift für Militärgeschichte, 11 (1972), S. 224—229

Ders., Lenin und die Militärgeschichte, in: ebd., 9 (1970) 2, S. 135—147

Budkevič, S., Ot redaktora (Vom Herausgeber), in: Svečin, A.A., Klauzevic, Moskau 1935, S. 5—24

Bulganin, N.A., Tridcat' let Sovetskich Vooružennych Sil. Doklad na toržestvennom zasedanii v Bol'šom teatre v Moskve 23. fevralja 1948 goda (30 Jahre Sowjetische Streitkräfte. Referat auf der feierlichen Sitzung im Bol'šoj Theater in Moskau am 23. Februar 1948), Moskau 1951


Caemmerer, Rudolf v., Die Entwicklung der strategischen Wissenschaft im 19. Jahrhundert, Berlin 1904

Čapkevič, E.I., Stranicy biografii Akademika A.V. Tarle (Seiten aus der Biographie des Akademiemitglieds A.V. Tarle), in: Novaja i Novejšaja Istorija, (1990) 4, S. 37—54

Čeremisov, V.A., Osnovy sovremennago voennago iskusstva (Grundlagen der modernen Kriegskunst), Kiev 1910

Čerkezov, I.A., Strategija, in: Voennaja Mysl' (1940) 9, S. 12—23

Chatov, Obščij opyt taktiki (Allgemeiner Versuch der Taktik), SPB 1807

Chruščev, N.S., Rede vor dem XXI. Parteitag, in: Ost-Probleme, (1959) 11, S. 98—116 (Übers. aus Pravda v. 28.1.1959)

Ders., Reč' tov. Chruščeva (Rede des Gen. Chruščev), in: Pravda v. 15.2.1956

Chrustov, F.D., Vojna (Krieg), in: BSĖ, 2. Aufl., Bd 8, Moskau 1951, S. 570—589

Chwostow, W.I./Kazakow, W.I. (Chvostov, V.I./Kazakov, V.I.), Der Sieg Rußlands im Vaterländischen Krieg von 1812 als Voraussetzung für die Befreiung Europas von der Napoleonischen Herrschaft, in: Deutsche Akademie der Wissenschaften. Schriften der Deutschen Sektion der Kommunistischen Historiker der DDR und der UdSSR, Bd 4, Der Befreiungskrieg 1813, Berlin (Ost) 1967, S. 107—124

Creuzinger, P., Hegels Einfluß auf Clausewitz, Berlin 1911

Cvetkov, V., [Rez.] D.M. Grinišin, Voennaja dejatel'nost' V.I. Lenina (Die militärische Tätigkeit V.I. Lenins), Moskau 1957, in: Krasnaja Zvezda v. 18.3.1958

Ders., Vydajuščijsja voennyj myslitel' XIX veka (Ein überragender militärischer Denker des 19. Jahrhunderts), in: VIŽ, (1964) 1, S. 47—59


Del'brjuk, G. (Delbrück, Hans), Istorija voennogo iskusstva v ramkach političeskoj istorii (Geschichte der Kriegskunst im Rahmen der politischen Geschichte), 4 Bde, Moskau 1930—1936

Diskussija, obsuždenie (Diskussion, Beurteilung), in: MŽ, (1988) 1, S. 102—115

(Dragomiroff) (Dragomirov), Clausewitz commenté par le général Dragomiroff, in: Revue militaire et l'Étranger, 35 (1889), S. 92—104, 139—152, 237—247, 438—444

Ders., Principes essentiels pour la conduite de la guerre. Clausewitz interprété par le général Dragomiroff. Traduit du russe et de l'allemagne, Paris 1889

Dyrin, A./Savinkin, A., Polnee učityvat' real'nosti jadernogo veka (Die Gegebenheiten des Atomzeitalters stärker berücksichtigen), in: MŽ, (1988) 1, S. 112—115

Ėnciklopedičeskij Slovar' (Brokgauz/ Efron), SPB o.J.

Ėnciklopedičeskij Slovar' russkogo bibliografičeskogo instituta Granat, 13. unveränd. Aufl.

Ėnciklopedija Voennych i Morskich Nauk. Sost. pod glav. redakciej G.A. Leera, 8 Bde, SPB 1883—1897

Encyclopädisches Wörterbuch der Wissenschaften, Künste und Gewerbe, hrsg. von H.A. Pierer, Bd 5, Altenburg 1825

Engelberg, Ernst, Carl von Clausewitz in seiner Zeit, in: Carl von Clausewitz, Vom Kriege. Hinterlassenes Werk des Generals Carl von Clausewitz, Berlin (Ost) 1957, S. VII—LXII

Engelmann, Horst, Vom Wesen und Mythos des Krieges (= Militärpolitische Schriftenreihe zu Fragen der Militärideologie und Militärpolitik, H. 3), Berlin (Ost) 1958

Engel's, (Engels, Friedrich) Stat'i i pis'ma po voennym voprosam (Aufsätze und Briefe zu militärischen Fragen), Moskau, Leningrad 1926

Epišev, A. A., Leninizm — osnova vospitanii sovetskich vojnov (Der Leninismus — Grundlage der Erziehung sowjetischer Kämpfer), in: Kommunist, (1969) 6, S. 60—71

Ders., Reč' tov. Epiševa (Rede des Gen. Epišev), in: XXIII s-ezd KPSS. 20 marta—8 aprelja 1966 goda. Stenografičeskij otčet (XXIII. Parteitag der KPdSU. 20. März—8. April 1966. Stenographischer Bericht), 2 Bde, Moskau 1966, Bd 1, S. 545—554. Auch in: Pravda v. 5.4.1966

Evgen'ev, S., Novoe izdanie Klauzevica (Eine neue Clausewitz-Ausgabe), in: Pravda v. 26.12.1934


Fabian, Franz, Clausewitz. Sein Leben und Werk, Berlin (Ost) 1957

Ders., Feder und Degen. Carl von Clausewitz und seine Zeit, Berlin (Ost) 1954

Ders., Pero i meč. Karl fon Klauzevic i ego vremja (Feder und Degen. Carl von Clausewitz und seine Zeit), Moskau 1956

Falkengauzen, L. (Falkenhausen, Ludwig Frhr. v.), Bol'šaja sovremennaja vojna (Der große Krieg der Jetztzeit), Warschau 1911

Fedoseev, P., Marksizm-leninizm ob istokach i charakter vojn (Der Marxismus-Leninismus über die Ursachen und den Charakter von Kriegen), in: Bol'ševik, (1945) 8, S. 31—59

Feigina, S., Istoričeskaja nauka v SSSR. V voenno-istoričeskom sektore Instituta istorii Akademii Nauk SSSR (Die Geschichtswissenschaft in der UdSSR. In der militärhistorischen Abteilung des Instituts für Geschichte der Akademie der Wissenschaftem der UdSSR), in: Voprosy Istorii, (1947) 9, S. 148—150

Fendel', I., Političeskoe lico prof. Svečina (Das politische Gesicht Prof. Svečins), in: Protiv reakcionnych teorij na voennonaučnom fronte, Moskau 1931, S. 76—84

Feoktistov, L., Gonka vooruženij, vojna i naučno-techničeskij progress nesovmestimy (Wettrüsten, Krieg und wissenschaftlich-technischer Fortschritt schließen einander aus), in: Kommunist, (1986) 15, S. 97—106

Finkler, Obzor dejatel'nosti sekcii Kommunističeskoj Akademii po izučeniju problem vojny (Übersicht über die Tätigkeiten der Sektion zur Erforschung der Probleme des Krieges an der Kommunistischen Akademie), in: Vestnik Kommunističeskoj Akademii 1931, S. 33—38

Frejtag-Loringgofan, G. (Freytag-Loringhoven, H. v.), Gospodstvo ličnosti na vojne. Isledovanija po Klauzevicu (Die Macht der Persönlichkeit im Kriege. Studien nach Clausewitz). Perevod K. Adaridi, SPB 1906

Frenkin, Anatolij, Gestern Feinde — heute Freunde. Moskaus neues Bild der deutschen Konservativen, Erlangen, Bonn, Wien 1990

Freytag-Loringhoven, Hugo v., Die Macht der Persönlichkeit im Kriege. Studien nach Clausewitz, Berlin 1905, russ. 1906

Frunze, M. V., Izbrannye proizvedenija (Ausgewählte Werke), 2 Bde, Moskau 1957


Galay, N., Generalstabs-Doktrin setzt sich durch, in: Ost-Probleme, 8 (1956), S. 1075—1080

Ders., Die Umrüstung als ideologisches Problem, in: ebd., 12 (1960), S. 34—43

Gareev, M. A., M. V. Frunze, Military Theorist, Washington, New York, London u. a. 1988

Ders., M. V. Frunze — voennyj teoretik. Vzgljady M. V. Frunze i sovremennaja voennaja teorija (M. V. Frunze — Der Militärtheoretiker. Die Ansichten M. V. Frunzes und die moderne Militärtheorie), Moskau 1985

Ders., Sovetskaja voennaja nauka (Die sowjetische Militärwissenschaft), in: Zaščita Otečestva, 1987, H. 11

German, L. I./Potemkin, F. V., Učenie Klauzevica o vojne (Die Lehren Clausewitz' über den Krieg), Taškent 1943

Geschichte der UdSSR von den Anfängen bis zur Gegenwart. Von einem Autorenkollektiv unter der Leitung von Günter Rosenfeld, Berlin (Ost) 1976

Gine, B.B., Partizan, in: VÉL, 1. Aufl., Bd 10, SPB 1846, S. 315—316

Ders., Partizanskaja Vojna (Partisanenkrieg), in: ebd., S. 316—317

Golc, K. f. d. (Goltz, C. v. d.), Kratkij očerk vedenija vojny v naše vremja ([Das Volk in Waffen] Eine Studie über Krieg und Kriegführung in unserer Zeit), Warschau 1887

Goltz, Colmar v. d., Das Volk in Waffen. Eine Studie über Heerwesen und Kriegführung unserer Zeit, Berlin 1883, russ. 1887

Golubev, A., Voennaja istorija i metody ee prepodovanija (Militärgeschichte und die Methoden ihrer Vermittlung), in: XV let krasnoznamenoj voennoj akademii RKKA im. M. V. Frunze 1918—1933, Moskau 1934, S. 164—173

Gorbačev, M. S., Perestrojka i novoe myšlenie dlja našej strany i dlja vsego mira (Perestrojka und das neue Denken für unser Land und für die ganze Welt), Moskau 1987

Gorbatschow, M. S. (Gorbačev), Perestrojka. Die zweite russische Revolution, München 1987

Goremykin, F. I., Voennaja dejstvija (Militärisches Handeln), in: VÉL, 1. Aufl., Bd 3, SPB 1839, S. 454—458

Ders., Vojnskij duch (Kriegerischer Geist), in: ebd., S. 531—534

Gorelik, Ja. M., Maršal Sovetskogo Sojuza Boris Michajlovič Šapošnikov (Marschall der Sowjetunion Boris Michajlovič Šapošnikov), Moskau 1961

Gorev, B. I., Vojna, kak social'noe javlenie (Der Krieg als soziale Erscheinung), in: Vojna i voennoe iskusstva v svete istoričeskogo materializma, Moskau, Leningrad 1927, S. 24—32

Gracev, N., O raketno-jadernoj vojne i ee posledstvijach (Über den atomaren Raketenkrieg und seine Folgen), in: MŽ, (1988) 1, S. 102—105

Graždanskaja Vojna 1918—1921 (Der Bürgerkrieg 1918—1921). Pod red. A. S. Bubnova, S. S. Kameneva i R. P. Ejdemana, 3 Bde, Moskau 1928—1930

Grener, A. (Groener), Zaveščanie grafa Šliffena (Das Vermächtnis des Grafen Schlieffen), Moskau 1937

Gretschko, A. A. (Grečko), Die Streitkräfte des Sowjetstaates, Berlin (Ost) 1975

Gridassow, R. (Gridasov), Der Raumfaktor im Kriege, in: Wehrkunde, 9 (1960) 11, S. 594—596

Grinischin, D. (Grinišin), Lenins militärische Tätigkeit, Berlin (Ost) 1958

Grudinin, K voprosu o suščnosti vojny (Zur Frage über das Wesen des Krieges), in: Krasnaja Zvezda v. 21. 7. 1966

Gruhl, Kurt, Ich habe nur ein Vaterland, in: Neue Zeit v. 18. 10. 1953

Gurow, A. (Gurov), Die kriegsökonomischen Theorien des westdeutschen Militarismus, Berlin (Ost) 1961

Gusev, S. I., Graždanskaja vojna i Krasnaja Armija (Bürgerkrieg und Rote Armee), Moskau 1958

Hennicke, Otto, Clausewitz. Bemerkungen zur Bedeutung seiner Kriegstheorie für seine und unsere Zeit (= Militärwissenschaftliche Aufsätze, H. 17, 1957)

Il'in, S. K., Moral'nyj faktor v sovremennoj vojne (Der moralische Faktor im modernen Krieg), Moskau 1967

Isaev, F., Voennyj genij tov. Stalina (Das militärische Genie des Gen. Stalin), in: Novoe Vremja v. 21. 12. 1949

Isserson, G., Na novych putjach razvitii našego operativnogo iskusstva (Auf neuen Wegen der Entwicklung unserer operativen Kunst), in: XV let krasnoznamenoj voennoj akademii RKKA im. M. V. Frunze 1918—1933, Moskau 1934, S. 117—126

Iwastschenko, M./Wassiljew, E. (Ivasčenko/ Vasil'ev), Die Einheit von Theorie und Praxis — wichtigstes Leninsches Prinzip zur Entwicklung der Militärwissenschaft, in: Militärwesen, 12 (1968) 3, S. 423—430

Jazykov, P. A., Opyt teorii strategii (Versuch einer Theorie der Strategie), SPB 1842

Ders., Opyt teorii voennoj geografii (Versuch einer Theorie der Militärgeographie), SPB 1838

Jomini, A. H., Notiz über die jetzige Theorie des Krieges und ihre Nützlichkeit, in: Zeitschrift für Kunst, Wissenschaft und Geschichte des Krieges, (1836) 9, S. 224—245

Ders., Tableau analytique des principales combinaisons de la guerre, et de leurs rapports avec la politique des états, SPB 1836

Kak instituti Komakademii vypolnjajut postanovlenie CK ot 15. III. i postanovlenie prezidiuma Komakademii ot 21. III. 1931 g. Institut istorii (Wie die Institute der Kommunistischen Akademie den

Beschluß des ZK vom 15.3. und den Beschluß des Präsidiums der Kommunistischen Akademie vom 21.3.1931 erfüllen. Institut für Geschichtswissenschaft), in: Vestnik Kommunističeskoj Akademii (Mitteilungsblatt der Kommunistischen Akademie) 1931, S. 110—113

Kanevskij, B.M./Sabardin, P.M., K voprosu o sootnošenii politiki, vojny i raketno-jadernoj katastrofy (Zur Frage nach dem Zusammenhang von Politik, Krieg und nuklearer Katastrophe), in: MŽ, (1987) 10, S. 120—129

Dies., O raketno-jadernoj vojne i ee posledstvijach (Über den Atomraketenkrieg und seine Folgen), in: ebd., (1988) 1, S. 102—115

Kaschirin, P.A. (Kaširin), Der moralische Faktor im modernen Kriege, Berlin (Ost) 1955

Kemmerer, R.f. (Caemmerer, R.v.), Razvitie strategičeskoj nauki v XIX stoletij (Die Entwicklung der strategischen Wissenschaften im 19. Jahrhundert), Moskau 1938

Kießling, Gottfried, Krieg und Frieden in unserer Zeit (= Politik und Landesverteidigung), Berlin (Ost) 1977

Klevzov, V.G., Klauzevic, in: BSĖ, 3. Aufl., Bd 12, Moskau 1973, S. 285

Kokoshin, A. (Kokošin), Alexander Svechin (Aleksandr Svečin), On War and Politics, in: International Affairs, (1988) 11, S. 118—126

Kokošin, A., K istorii utverždenija i pobedy marksistsko-leninskoj metodologii v sovetskoj voennoj nauke (Zur Geschichte der Bestätigung und des Sieges der marxistisch-leninistischen Methodologie in der sowjetischen Militärwissenschaft), in: Mirovaja Ėkonomika i Meždunarodnye Otnošenija, (1988) 1, S. 21—31

Ders., Razvitie voennogo dela i sokraščenie vooružennych sil i obyčnych vooruženij (Die Entwicklung des Militärwesens und die Reduzierung der Streitkräfte und der konventionellen Waffen), in: ebd., S. 20—32

Ders./Larionov, V., Kurskaja bitva v svete sovremennoj oboronitel'noj doktriny (Die Kursker Schlacht im Lichte der modernen Verteidigungsdoktrin), in: ebd., (1987) 8, S. 32—40

Dies., Protivostajanie sil obščego rynka v konkretnogo obespečenija strategičeskoj stabil'nosti (Der Widerstand der Kräfte des Gemeinsamen Marktes gegen die konkrete Sicherung der strategischen Stabilität), in: ebd., (1988) 6, S. 23—31

Kondratkov, T.R., Der drohende Charakter der militärischen Dogmen, in: Militärwesen, 25 (1979) 10, S. 42—48

Ders., XXV s-ezd KPSS i problema mira i vojny (Der XXV. Parteitag der KPdSU und das Problem von Krieg und Frieden), in: VIŽ, (1976) 7, S. 3—10

Ders., Protiv falsifikacii leninskogo ponimanija suščnosti i charaktera vojn (Gegen die Falsifikation des Leninschen Verständnisses vom Wesen und Charakter der Kriege), in: Milovidov, A.S., Voenno-teoretičeskoe nasledie V.I. Lenina i problemy sovremennoj vojny, Moskau 1987, S. 76—103

Ders., Social-philosophical Aspects of the Problem of War and Peace, in: Soviet Studies in Philosophy, 14 (1976) 3, S. 24—43

Ders., V.I. Lenin o sootnošenii vojny i politiki (V.I. Lenin über die Wechselbeziehung von Krieg und Politik), in: KVS, (1967) 5, S. 9—16

Konoplew, W.K. (Konoplev, V.K.), Die wissenschaftliche Voraussicht im Militärwesen, Berlin (Ost) 1976

Korfes, Otto, Clausewitz' Werk »Vom Kriege«, in: Carl von Clausewitz, Vom Kriege. Hinterlassenes Werk des Generals Carl von Clausewitz, Berlin (Ost) 1957, S. LXIII—CIV

Koroblev, Ju.I., V.I. Lenin i zaščita zavoevanij Velikogo Oktjabrja (V.I. Lenin und die Verteidigung der Errungenschaften des Großen Oktober), Moskau, 2. Aufl. 1979

Korotkov, I.A., Istorija sovetskoj voennoj mysli. Kratkij očerk. 1917—ijun' 1940 (Die Geschichte des sowjetischen militärischen Denkens. Kurzer Abriß. 1917—Juni 1940), Moskau 1980

Ders., K istorii utverždenija i pobedy marksistsko-leninskogo metodologii v sovetskoj voennoj nauke (Zur Geschichte der Bestätigung und des Sieges der marxistisch-leninistischen Methodologie in der sowjetischen Militärwissenschaft), in: VIŽ, (1972) 5, S. 3—11

Kortkow, J. (Kortkov, Ju.), Lenin als Stratege, in: Österreichische Militärische Zeitschrift, (1970) 3, S. 198—202

Koslov, S., Voprosy teorii strategii (Fragen zur Theorie der Strategie), in: Voennaja Mysl', (1954) 11

Koslow, S. (Koslov), Zur Entwicklung der operativen Kunst, in: Österreichische Militärische Zeitschrift, (1972) 2, S. 92—94

Kožuchov, S., K voprosu ob ocenke roli M.I. Kutuzova v Otečestvennoj Vojne 1812 goda (Zur Frage der Einschätzung der Rolle M.I. Kutuzovs im Vaterländischen Krieg des Jahres 1812), in: Bol'ševik, (1951) 15, S. 21—35

Kramarov, G.M., Soldat revoljucii. O Sergee Ivanoviče Guseve (Soldat der Revolution. Über Sergej Ivanovič Gusev), Moskau 1964

Krasil'nikov, S.N., Strategija Voennaja (Militärstrategie), in: BSE, 2. Aufl., Bd 41, Moskau 1956, S. 65—74

Krieg, Armee, Militärwissenschaft, Autorenkollektiv unter der Chefredaktion von G.A. Fjodorow (Fedo-rov), Berlin (Ost) 1963

Krupnov, S.I., Logiko-metodologičeskij analiz voenno-naučnych znanij. Dissertacija (Logisch-metho-dologische Analyse militärwissenschaftlicher Kenntnisse. Dissertation), Moskau 1971

Krupnow, S.I. (Krupnov), Dialektik und Militärwissenschaft, Berlin (Ost) 1965

Krupskaja, N.K., Vospominanija o V.I. Lenine (Erinnerungen an V.I. Lenin), Moskau, 2. Aufl. 1968

Kuzmin, V., V.I. Lenin's military activities in 1918—1920, in: Soviet Military Review, (1967) 4, S. 2—7


L., F., Herr Tarlés mißglückte Rechtfertigung, in: Ost-Probleme, 3 (1951), S. 1568—1569

Leer, G.A., Akademii Voennye (Militärakademien), in: Énciklopedija Voennych i Morskich Nauk, Bd 1, S. 90—91

Ders.: Klauzevic, in: ebd., Bd 4, S. 268—270

Ders., Korennye Voprosy. Voennye Étjudy (Grundsätzliche Fragen. Militärische Studien), SPB 1897

Ders., Metod voennych nauk strategii, taktiki i voennoj istorii (Die Methode der militärischen Wis-senschaften der Strategie, der Taktik und der Militärgeschichte), SPB 1894

Ders., Ot Redakcii (Redaktion), in: Énciklopedija Voennych i Morskich Nauk, Bd 1, S. I—VIII

Ders., Strategija, 3 Bde, SPB 1898

Ders., Strategische Aufsätze, Breslau 1869

Ders., Vojna (Krieg), in: Énciklopedija Voennych i Morskich Nauk, Bd 2, S. 269—312

Ders., Vorträge über Strategie, o.O. 1868

Lenin, V.I., Filosofskie Tetradi, in: Leninskij Sbornik, Bd 11, Moskau 1929; Bd 12, Moskau 1930

Ders., Vypiski i zamečanija na knigu Klauzevica »O vojne i vedenii vojn« (Auszüge und Randglossen zu Clausewitz' Werk »Über Krieg und Kriegführung«), in: Leninskij Sbornik XII, Moskau 1930, S. 387—452

Ders., Zamečanija na knigu Klauzevica »O vojne i vedenii vojn« (Randglossen zu Clausewitz' »Über Krieg und Kriegführung«). Predisl. A. Bubnova, Moskau 1933

Ders., Zamečanija na sočinenie Klauzevica »O vojne« (Randglossen zu Clausewitz' Werk »Vom Krie-ge«), Erevan 1939

Dass., Kiev 1940

Lenin, W.I. (Lenin, V.I.), Clausewitz' Werk »Vom Kriege«. Auszüge und Randglossen. Mit Vorwort und Anmerkungen von Otto Braun, Berlin (Ost) 1957

Ders., Proletariat und Krieg. Referat v. 14.10.1914, in: ders., Sämtliche Werke, Bd 18, Wien, Berlin 1929, S. 67

Ders., Werke. Ins Deutsche übertragen nach der vierten russischen Ausgabe. Die deutsche Ausgabe wird vom Institut für Marxismus-Leninismus beim Zentralkomitee der SED besorgt, 40 Bde, Berlin (Ost) 1960 ff. [verschiedene Auflagen]

Leninskij Sbornik XII. Pod red. N.I. Bucharina, V.M. Molotova, M.A. Savel'eva, Moskau 1930

Leščinskij, L.M., Bankrotstvo voennoj ideologii germanskich imperialistov (Der Zusammenbruch der Kriegsideologie der deutschen Imperialisten), Moskau 1951

Lisitschko, F.F. (Lizičko), Die Taktik der sowjetischen unteren Führung, 2 Bde, Darmstadt 1962—1965

Ljašenko, V., Net ničego praktičnee choroščej metodologii ... (Es gibt nichts Praktischeres als eine gute Methodologie ...), in: MŽ, (1988) 1, S. 105—107

Lobov, V. I., Voennaja chitrost' (Kriegslist), in: VIŽ, (1987) 3, S. 11—18

Lomov, N. A./Savkin, V. Ye., Scientific-technical Progress and the Revolution in Military Affairs (A Soviet View), Moskau 1973

(Losowski), Achtzehnte Sitzung. Referat des Genossen Losowski, in: Internationale Presse-Korrespondenz Nr. 85, 1929, S. 2022—2029

Luazo (Loizeau), Germanskaja strategija v 1918 godu (Die deutsche Strategie im Jahre 1918), Moskau 1936 (La Stratégie allemande en 1918, Paris 1934)

Lukava, G., The Art of Victory, in: Soviet Military Review, (1970) 3, S. 42—44


Makarov, S. O., Rassuždenija po voprosam morskoj taktiki (Überlegungen zu Fragen der Seekriegstaktik), Moskau 1943

Malaja Sovetskaja Ènciklopedija, 1. Aufl., Moskau 1928—1931

Dass., 3. Aufl., Moskau 1959.

Manfred, A. S., Napoleon Bonapart, Moskau, 5. Aufl. 1989

Marksistsko-leninskoe učenie o vojne. Učebnoe posobie dlja komvuzov i sovpartškol (Die marxistisch-leninistische Lehre über den Krieg. Lehrbeihilfe für kommunistische Hochschulen und sowjetische Parteischulen). Pod. obščej red. A. L. Šifresa, K. Bočarova, M. Godesa, Moskau 1932

Marksistsko-leninskoe učenie o vojne i armii. Plan prorabotki (Die marxistisch-leninistische Lehre über Krieg und Armee. Arbeitsplan), Moskau 1933

Marksizm-Leninizm o vojne i armii. Sbornik statej (Der Marxismus-Leninismus über Krieg und Armee. Sammelband), Moskau 1956

Marx, Karl/Engels, Friedrich, Werke. Hrsg. vom Institut für Marxismus-Leninismus beim ZK der SED, Berlin (Ost) 1956ff.

Maryganov, I., Klauzevic — voennyj ideolog buržuazno-junkerskoj Prussii (Clausewitz — Kriegsideologe des bourgeois-junkerlichen Preußen), in: Propagandist i Agitator, (1947) 10, S. 25—34

Ders., Reakcionnyj charakter voenno-ideologičeskich vzgljadov Klauzevica (Der reaktionäre Charakter der militär-ideologischen Ansichten Clausewitz'), in: Krasnaja Zvezda v. 2.12.1947

Materialy soveščanija komandnogo i komissarskogo sostava vojsk Ukrainy i Kryma i flotov Černego i Azovskogo morej (Dokumente der Versammlung der Kommandeure und Kommissare der Truppen der Ukraine und der Krim und der Flotten des Schwarzen und Azovschen Meeres), Charkov 1922

Medem, N. V., Obozrenie isvestnejšich pravil i sistem strategii (Übersicht der berühmtesten Regeln und Systeme der Strategie), SPB 1836

Ders., Očerki voenno-učebnych zavedenij vo Franciju (Skizzen zu den militärischen Lehreinrichtungen in Frankreich), SPB 1869

Ders., Opisanie voenno-učebnych zavedenij Prussii (Beschreibung der militärischen Lehreinrichtungen Preußens), SPB 1851

Ders., Taktika. Učebnyja rukovodstva dlja voenno-učebnych zavedenij. Čast' 1. Taktika čistaja (Taktik. Lehrbuch für militärische Lehrinstitute. Teil 1. Reine Taktik), SPB 1837

Ders., Taktika. Učebnyja rukovodstva dlja voenno-učebnych zavedenij. Čast' 2. Taktika prikladnaja (Taktik. Lehrbuch für militärische Lehrinstitute. Teil 2. Angewandte Taktik), SPB 1838

Meergeimb, F. f. (Meerheimb, F. v.), Karl Klauzevic, in: Voennyj Sbornik, 17 (1875) 3, S. 10—19

Meerheimb, F. v., Carl von Clausewitz, in: ADB, Bd 4, Leipzig 1876, S. 285—296

Ders., Carl von Clausewitz. Vortrag gehalten in der militärischen Gesellschaft zu Berlin, Berlin 1875

Mehring, Franz, Krieg und Politik, hrsg. von Ernst Engelberg, 2 Bde, Berlin (Ost) 1959—1961

Ders., Die Lessing-Legende. Zur Geschichte und Kritik des preußischen Despotismus und der klassischen Literatur, Stuttgart 1892 (Nachdr. Frankfurt a.M., Berlin, Wien 1972)

Mering, F. (Mehring, Franz), Očerki po istorii vojny i voennogo iskusstva (Skizzen zur Geschichte des Krieges und der Kriegskunst), Moskau 1924

Meščerjakov, G., Klauzevic i nemeckaja voennaja ideologija (Clausewitz und die deutsche Kriegsideologie), in: Voennaja Mysl', (1945) 6, S. 93—110

Ders., Suvorov — velikij russkij polkovodec (Suvorov — ein großer russischer Heerführer), Moskau 1946

(Michailowski-Danilewsky) (Michajlovskij-Danilevskij), Geschichte des Vaterländischen Krieges im Jahre 1812. Auf Allerhöchsten Befehl verfaßt von Generalleutnant Michailowski-Danilewsky, 4 Bde, Riga, Leipzig 1840

Michnevič, N. P., Osnovy strategii (Grundlagen der Strategie), SPB 1913

Ders., Otečestvennaja Vojna 1812 goda (Der Vaterländische Krieg des Jahres 1812), SPB 1911

Ders., Sraženie (Gefecht), in: Ėnciklopedičeskij Slovar' (Brokgauz/Efron), Bd 31, S. 329

Ders., Strategija, 2 Bde, SPB 1899—1901

Ders., Strategija, in: Ėnciklopedičeskij Slovar' (Brokgauz/Efron), Bd 31A, S. 730—733

Ders., Taktika i ee ėvoljucija v zavisimosti ot uslovij kompektovanija vojsk i techničeskich izobretenij dannoj ėpochi (Die Taktik und ihre Entwicklung in Abhängigkeit von der Ergänzung der Streitkräfte und der technischen Erfindungen der Gegenwart), SPB 1913

Ders., Vlijanie novejšich techničeskich izobretenij na taktiku vojsk (Der Einfluß der neuesten technischen Erfindungen auf die Taktik der Streitkräfte), SPB 1898

Militärpolitische Akademie »W. I. Lenin« (Hrsg.), Die moderne imperialistische Kriegsideologie, Berlin (Ost) 1960

Miljutin [D. A.], Geschichte des Krieges Rußlands mit Frankreich unter der Regierung Paul's I. im Jahre 1799. Aus dem Russischen ins Deutsche übersetzt von Chr. Schmitt, 5 Bde, München 1856—1857

Ders., Istorija vojny Rossii s Franciej v carstvovanie Pavla I v 1799 g., 5 Bde, SPB 1852—1853

Ders., Vospominanija (Erinnerungen), Tomsk 1919 (Reprint Newtonville, Mass. 1979)

[Milovidov, A. S.], Voenno-teoretičeskoe nasledie V. I. Lenina i problemy sovremennoj vojny (Das militärtheoretische Erbe V. I. Lenins und die Probleme eines Krieges in der Gegenwart). Pod red. A. S. Milovidova, Moskau 1987

Ders., Vozrastanie roli moral'nogo faktora v vojne (Das Anwachsen der Rolle des moralischen Faktors im Kriege), in: VIŽ, (1977) 3, S. 3—11

Milowidow, A. S./Koslow, W. G. (Milovidov/Koslov, V. G.), Das philosophische Erbe W. I. Lenins und die Probleme des modernen Krieges, Berlin (Ost) 1974

Milowidow, A. S./Tjuschkewitsch, S. A./Wolkogonow, D. A. (Milovidov/Tjuškevič/Volkogonov), Krieg und Armee. Philosophisch-soziologischer Abriß, Berlin (Ost), 2. Aufl. 1981

Mil'štejn, M. A./Slobodenko, A. K., O buržuaznoj voennoj nauke (Über die bürgerliche Militärwissenschaft), Moskau 1957

Mol'tke, G. (Moltke, H.), Voennye poučenija. Operativnaja podgotovka k sraženiju (Militärische Belehrungen. Operative Vorbereitung zum Gefecht), Moskau 1936

M. V. Frunze. Voennaja i političeskaja dejatel'nost' (M. V. Frunze. Seine politische und militärische Tätigkeit), Moskau 1984


N. N., Voennaja geografija i voennaja statistika (Militärgeographie und Militärstatistik), in: VĖL, Bd 3, 1839, S. 451—454

Navalachin, S.: Izjaščnyj romanist' i ego izjaščnye kritiki (Der elegante Romancier und seine eleganten Kritiker), in: V. Zelinskij (Hrsg.), Russkaja kritičeskaja literatura o proizvedenijach L. N. Tolstogo. Chronologičeskij sbornik kritiko-bibliografičeskich statej, Moskau 1911—1913, Bd 3, S. 186—210

Neznamov, A., Oboronitel'naja vojna. Teorija voprosa. Čast' 1. Strategija (Der Verteidigungskrieg. Theorie einer Frage. Teil 1. Strategie), SPB 1909

Ders., Plan vojny. Populjarno-naučnyj očerk (Kriegsplan. Eine populärwissenschaftliche Skizze), SPB 1913

Ders., Sovremennaja vojna. Dejstvija polevoj armii (Der moderne Krieg. Operationen des Feldheeres), SPB 1912

Nikol'skij, N., Osnovnoj vopros sovremennosti — problema uničtoženija vojny (Die grundlegende Frage der Gegenwart — Das Problem der Beseitigung des Krieges), Moskau 1964

Nižecek, Zaključitel'naja reč' predsedatelja zasedanija (Schlußwort des Vorsitzenden der Versammlung), in: Protiv reakcionnych teorij na voennonaučnom fronte, Moskau 1931

Novyj Ėnciklopedičeskij Slovar', Bd 26, Sp. 65, Petrograd o. J.

Orlov, N. A.: Medem, in: Ênciklopedija Voennych i Morskich Nauk, Bd 5, S. 116 f.

Ot redakcii žurnala »Bol'ševik« (Redaktion der Zeitschrift »Bol'ševik«), in: Bol'ševik, (1951) 16, S. 77—80

Pamjatnaja knižka na 1900 god (Notizbuch für das Jahr 1900), SPB o. J. (1900)

Pankov, D. V., Klauzevic, in: Bol'šoj Istoričeskij Slovar', Bd 7, Moskau 1965, S. 414—415

Pašukanis, E., Očerki po meždunarodnomu pravu (Skizzen zum internationalen Recht), Moskau 1935 (Nachdr. Berlin 1971)

Petrov, A. N., K voprosam strategii (Zu Fragen der Strategie), SPB 1898

Petrovskij, D., Ešče raz o voennoj doktrine (Noch einmal zur Militärdoktrin), in: Voennyj Vestnik, (1922) 11, S. 19 f.

Pikul', V. S., Krov', slezy i lavry (Blut, Tränen und Lorbeer), Leningrad 1988

XV [Pjatnadcat'...] let krasnoznamenoj voennoj akademii RKKA im. M. V. Frunze 1918—1933. Sbornik statej (15 Jahre Militärakademie der Roten Arbeiter- und Bauernarmee 1918—1933. Sammelband), Moskau 1934

Popov, M. V., Suščnost' zakonov vooružennoj borby (Das Wesen der Gesetze des bewaffneten Kampfes), Moskau 1964

Pospielov, P. u. a., Vladimir Il'ič Lenin, o. O. 1961

Postnikov, S. I., Razvitie sovetskogo voennogo iskusstva v Kurskoj bitve (Die Entwicklung der sowjetischen Kriegskunst in der Kursker Schlacht), in: VIŽ, (1988) 7, S. 10—18

Potjomkin-Koltschanowski (Potemkin-Kolčanovskij), Geschichte der Diplomatie, 3 Bde, Moskau 1947

Proektor, D. M., Clausewitz im Atomzeitalter. Die Absurdität einer klassischen Formel, in: Sowjetunion heute, 32 (1987) 8, S. 18—19

Ders., Clausewitz und die Gegenwart, in: Clausewitz, Jomini, Erzherzog Carl, hrsg. von Manfred Rauchensteiner, Wien 1988, S. 22—33

Ders., Evropa i Klauzevic. Abzurd klassičeskoj formuly (Europa und Clausewitz. Das Absurde einer klassischen Formel), in: Moskovskie Novosti Nr. 12 v. 26. 4. 1987

Ders., Über die sowjetische Militärdoktrin, in: Frieden ohne Rüstung?, hrsg. von der Clausewitz-Gesellschaft e. V., Herford, Bonn 1989, S. 177—187

Protiv reakcionnych teorij na voennonaučnom fronte. Kritika strategičeskich i voennoistoričeskich vzgljadov prof. Svečina. Stenogramma otkrytogo zasedanija plenuma sekcii po izučeniju problem vojny Leningradskogo otdelenija Kommunističeskoj Akademii pri CIK SSSR 25 aprelja 1931 g. (Gegen die reaktionären Theorien an der militärwissenschaftlichen Front. Eine Kritik der strategischen und militärgeschichtlichen Ansichten Prof. Svečins. Stenogramm der öffentlichen Sitzung des Plenums der Abteilung zur Erforschung der Probleme des Krieges der Leningrader Zweigstelle der Kommunistischen Akademie beim Zentralen Exekutiv-Komitee der UdSSR vom 25. April 1931), Moskau 1931

Protokoll des III. Kongresses der Kommunistischen Internationale. Moskau 22. Juni bis 12. Juli 1921, Hamburg 1921 (= Bibliothek der Kommunistischen Internationale Bd 23)

Puchovskij, N. V., O mire i vojne (Über Frieden und Krieg), Moskau 1965

Pupko, A. B., System Mensch — Militärtechnik. Philosophisch-soziologischer Abriß, Berlin (Ost) 1979


Rasin, J. A. (Razin, E. A.), Die Bedeutung von Clausewitz für die Entwicklung der Militärwissenschaft, in: Militärwesen, 2 (1958) 3, S. 377—392

Ders., W. I. Lenin — der Schöpfer der sowjetischen Militärwissenschaft, in: Militärwissenschaftliche Aufsätze. Schriftenreihe zur Diskussion über Fragen der Militärwissenschaft, H. 8, Berlin (Ost) 1956

Razin, E. A., Istorija voennogo iskusstva. Čast' 3. Voennoe iskusstvo manufakturnogo perioda vojny XVI—XVII vv. (Geschichte der Kriegskunst, Bd 3, Die Kriegskunst im Manufakturzeitalter des Krieges im 16. und 17. Jahrhundert), Moskau 1961

Ders./Poznjak/Betosnikov, Voennoe iskusstvo (Kriegskunst), in: BSÈ, 2. Aufl., Bd 8, Moskau 1951, S. 436—440

Rjazanov, A. V., Voennoe delo i marksizm (Militärwesen und Marxismus), in: Vojna i voennoe iskusstvo v svete istoričeskogo materializma, Moskau, Leningrad 1927, S. 5—23

Roque, Pierre, Le général de Clausewitz, Paris 1912

Rostunov, I.I., Generalissimus Aleksandr Vasil'evič Suvorov. Žizn' i polkovodčeskaja dejatel'nost' (Generalissimus A.V. Suvorov. Sein Leben und seine Feldherrntätigkeit), Moskau 1989

Ders., Otečestvennaja Vojna 1812 goda (Der Vaterländische Krieg 1812), in: Zaščita otečestva, 1987, H. 4

Rotštejn, F., Vojna kak social'noe javlenie (Der Krieg als soziale Erscheinung), Artikel »Vojna« (Krieg), in: BSE, 1. Aufl., Bd 12, Moskau 1928, Sp. 552—576

Russisch-Deutsches Volks-Blatt 1813. Eingel. von Fritz Lange, Berlin (Ost) 1952

Russkaja Voenno-teoretičeskaja mysl' XIX i načala XX vekov (Das russische militärtheoretische Denken im 19. und zu Beginn des 20. Jahrhunderts). Pod. red. L.G. Beskrovnogo, Moskau 1962

Rußlands Triumpf 1812 oder das erwachte Europa. Eingel. von Fritz Lange, Berlin (Ost) 1952

Rybkin, E.I., Kritika buržuaznych učenij o pričinach i roli vojn v istorii. Filosofsko-istoričeskij očerk (Eine Kritik der bürgerlichen Lehren von den Ursachen und der Rolle von Kriegen in der Geschichte. Philosophisch-historische Skizze), Moskau 1979

Ders., Zakony vooružennoj bor'by (Die Gesetze des bewaffneten Kampfes), in: KVS, (1965) 4, S. 85—88

Ržeševskij, O., [Rez.] O novoj knige R. Gartchofa (Über ein neues Buch von R. Garthoff), in: VIŽ, (1967) 11, S. 104—109


Sagladin, V. (Zagladin), Die Krieg läuft überhaupt den Bestrebungen der Partei der Kommunisten zuwider, in: Probleme des Friedens und des Sozialismus, 30 (1987) 5, S. 588—596

Šapošnikov, B.M., Mozg armii (Das Hirn der Armee), 3 Bde, Moskau, Leningrad 1927—1929

Ders., Na poroge 16-go goda (An der Schwelle des 16. Jahres), in: XV let krasnoznamenoj voennoj akademii RKKA im. M.V. Frunze 1918—1933, Moskau 1934, S. 39—44

Ders., Na Visle. K istorii kampanii 1920 goda (An der Weichsel. Zur Geschichte des Feldzuges im Jahre 1920), Moskau 1924

Ders., Vospominanija. Voenno-naučnye trudy (Erinnerungen. Militärwissenschaftliche Arbeiten), Moskau 1974

Šavron, I.E./Galkin, M.I., Metodologija voenno-naučnogo poznanija (Methodologie der militärwissenschaftlichen Erkenntnis), Moskau 1977

Savkin, V. Ye. (Savkin, V.E.), The Basic Principles of Operational Art and Tactics (A Soviet View), Washington o.J (1972)

Ders., Grundprinzipien der operativen Kunst und Taktik, Berlin (Ost) 1974

Ders., Osnovnye principy operativnogo iskusstva i taktiki (Grundprinzipien der operativen Kunst und Taktik), Moskau 1972

Schaposchnikow, B.M. (Šapošnikov), Das Hirn der Armee, Berlin (Ost) 1987

Schelag, W., Unter der falschen Flagge der Renaissance, in: Wehrkunde, 24 (1975) 8, S. 436f.

Schlieffen, Alfred v., Cannae. Mit beigefügten Aufsätzen und Reden, Berlin 1909—1913 (russ. 2. Aufl. 1938)

Ders., Einführung zu Carl v. Clausewitz »Vom Kriege«, 5. Aufl., Berlin 1905.

Schukow, G.K. (Žukov), Erinnerungen und Gedanken, Stuttgart 1969

Sedjakin, A., Operativnye vzgljady prof. Svečina (Die operativen Ansichten Prof. Svečins), in: Protiv reakcionnych teorij na voennonaučnom fronte, Moskau 1931, S. 59—62

Selesnjow, I.A. (Selesnev), Krieg und ideologischer Kampf, Berlin (Ost), 2. Aufl. 1974

Serebrjannikov, V., S učetom real'nosti jadernogo veka (Unter Berücksichtigung der Realität des Atomzeitalters), in: KVS, (1987) 3, S. 9—16

Sheltow, A.S. (Želtov), W.I. Lenin und die sowjetischen Streitkräfte, Berlin (Ost) 1970

Shilin, P.A. (Žilin), Der Marxismus-Leninismus über die Verteidigung des sozialistischen Vaterlandes, in: Militärgeschichte, 12 (1973) 5, S. 517—524

Sholtow, A.S./Chomenko, E.A./Kondratkow, T.R. (Šeltov/Chomenko/Kondratkov), Militärische Theorie und militärische Praxis. Methodologische Probleme, Berlin (Ost) 1972

Sidorenko, A.A. (Hrsg.), The Offensive (A Soviet View), Washington o.J. (Moskau 1970)

Širinskij, Z.Ja., O voennoj podgotovke aspirantov institutov Krasnoj professury Kommunističeskoj akademii (Über die militärische Ausbildung der Aspiranten der Institute der Roten Professur an der Kommunistischen Akademie), in: Vestnik Kommunističeskoj Akademii 1931, H. 8/9, S. 101—107

Škadov, I. N., Čelovečeskij faktor na vojne (Der Faktor Mensch im Kriege), in: VIŽ, (1987) 2, S. 3—10
Skirdo, M. P., Volk, Armee, Feldherr, Berlin (Ost) 1973
Skopin, V. I., Militarizm. Istoričeskie očerki (Der Militarismus. Historische Skizzen), Moskau 1957
Šliffen, A. f. (Schlieffen, A. v.), Kanny. 5 pril. izbrannych statej i rečej (Cannae. Mit beigefügten Aufsätzen und Reden), Moskau 1936 (2. Aufl. 1938)
Smirnow, M. W./Bas, I. S./Koslow, S. N./Sidorow, P. A. (Smirnov, M. V./Baz/Koslov/Sidorov), Über sowjetische Militärwissenschaft, Berlin (Ost) 1961
Sokolowski, W. (Sokolovskij, V.) (Hrsg.), Militär-Strategie. Deutsche Übersetzung aus dem Russischen der 2. und verb. Aufl., Köln 1965
Ders./Tscherednitschenko, A. (Čeredničenko), Über die moderne Militärstrategie, in: Militärwesen, 10 (1966) 10, S. 1380—1389
Sorin, V., Marksizm, Taktika, Lenin (Marxismus, Taktik, Lenin), in: Pravda v. 3.1.1923
Sovetskaja Voennaja Enciklopedija. Pod glavnym rukovodstvom A. A. Grečko, 8 Bde, Moskau 1976—1980
Spravočnyj Enciklopedičeskij Slovar', 12 Bde, SPB 1847—1855
Stalin, J. W. (Stalin, I. V.), Otvet tov. Stalina na pis'mo tov. Razina (Antwort des Gen. Stalin auf einen Brief des Gen. Razin), in: Bol'ševik, (1947) 3, S. 4—8
Ders., O Velikoj Otečestvennoj Vojne (Über den Großen Vaterländischen Krieg), Moskau, 5. Aufl. 1950
Ders., Werke, Bd 15 (1945—1952), 3., verb. Aufl., Dortmund 1979
Štjurmer, L. L., Vojna (Krieg), in: VEL, 1. Aufl., Bd 3, SPB 1839, S. 526—529
Strategija v trudach voennych klassikov (Die Strategie in den Werken militärischer Klassiker). Red., vstupatel'naja stat'ja i kommentarii A. Svečina, 2 Bde, Moskau 1924—1926
Strokov, A., F. Engel's o zakonomernostjach voennogo iskusstva (F. Engels über die Gesetzmäßigkeiten der Kriegskunst), in: VIŽ, (1970) 11, S. 12—18
Suchanoff, N. (Suchanov), Die russische Linke und der Krieg, Berlin 1917
Suchomlin, A., Voenno-istoričeskij sektor instituta istorii Akademii Nauk SSSR (Die militärgeschichtliche Abteilung des Instituts für Geschichte der Akademie der Wissenschaften der UdSSR), in: Voprosy Istorii, (1946) 11/12, S. 175—177
Sushko, N. Ja. (Suško), The Essence of War, in: Soviet Military Review, (1965) 7, S. 8—12
Suško, N. Ja./Kondratkov, T. R., Vojna i politika v »jadernyj vek« (Krieg und Politik im »Atomzeitalter«), in: KVS, (1964) 2, S. 14—23
Svechin (Svečin), Aleksandr A., Strategy. A translation of: Strategija, Moscow, Voennyj vestnik 1927. Hrsg. von Kent D. Lee, Minneapolis 1992
Svečin, A. A., Evoljucija strategičeskich teorij (Die Entwicklung der strategischen Theorien), in: Vojna i voennoe iskusstvo v svete istoričeskogo materializma, Moskau, Leningrad 1927, S. 54—102
Ders., Evoljucija voennogo iskusstva (Die Entwicklung der Kriegskunst), Moskau, Leningrad 1927
Ders., Klauzevic, Moskau 1935 (= Žizn' zamečatel'nych ljudej [Das Leben bedeutender Menschen] Bd 13/14)
Ders., Strategija, Moskau, 2. Aufl. 1927
Svetlov, I. V., Velikaja dejstvennaja sila idej leninizma (Die große schlagkräftige Gewalt der Ideen des Leninismus), in: Vestnik Akademii Nauk SSSR 1945, H. 9, S. 5—24

Tabunov, N., Voenno-teoretičeskoe nasledie V. I. Lenina i sovremennost' (Das militärtheoretische Erbe V. I. Lenins und die Gegenwart), in: KVS, (1987) 13, S. 87—90
Taktika v trudach voennych klassikov (Die Taktik in den Werken militärischer Klassiker). Pod. red. S. G. Lukirskogo, 2 Bde, Moskau, Leningrad 1925—1926
Talenski, N., »The Absolute Weapon« and the Problem of Security, in: International Affairs, (1962) 4, S. 24—30
Talenskij, N. I., Razdum'e o minuvšej vojne (Gedanken über den vergangenen Krieg), in: MŽ, (1965) 5, S. 18—27
Tarlé, E. (Tarle, E. V.), 1812. Rußland und das Schicksal Europas, Berlin (Ost) 1951
Ders., Der Brand von Moskau, Berlin (Ost) 1951

Ders., Napoleon und das Schicksal Europas, Berlin (Ost) 1951

Ders., Michail Illarionovič Kutuzov — polkovodec i diplomat (M.I. Kutusov — Heerführer und Diplomat), in: Voprosy Istorii, (1952) 3, S. 34—82

Ders., Otečestvennaja Vojna 1812 (Der Vaterländische Krieg 1812), in: BSĖ, 1. Aufl., Bd 43, Moskau 1939, Sp. 556—567

Ders., E. V., Pis'mo v redakciju žurnala »Bol'ševik« (Brief an die Redaktion der Zeitschrift ›Bol‹ševik'), in: Bol'ševik, (1951) 16, S. 71—77

Ders., Posleslovie (Nachwort), in: Beskrovnyj, L.G., Otečestvennaja Vojna 1812 g. i kontrnastuplenie Kutuzova (Der Vaterländische Krieg 1812 und die Gegenoffensive Kutuzovs), Moskau 1951

Ders., 1812 god (Das Jahr 1812), Moskau 1961

Tartakovskij, A.G., Trud K.F. Tolja ob otečestvennoj vojny 1812 g. Opyt rekonstrukcii (Das Werk K.F. Tolls über den Vaterländischen Krieg von 1812. Versuch einer Rekonstruktion), in: Istoričeskie Zapiski, Bd 85, Moskau 1970, S. 368—428

Teorija, politika, ideologija — o suščnosti vojn (Theorie, Politik, Ideologie — über das Wesen der Kriege), in: Krasnaja Zvezda v. 24.1.1967

Tjuschkewitsch, S.A. (Tjuškevič), Notwendigkeit und Zufall im Kriege, Berlin (Ost) 1963

Tkačuk, B./Tumalar'jan, V., Povod dlja razmyšlenij (Anlaß zum Nachdenken), in: MŽ, (1988) 1, S. 108—110

Todorskij, A.I., Maršal Tuchačevskij (Marschall Tuchačevskij), Moskau 1963

Tolstoi, L.N. (Tolstoj), Frühe Erzählungen, Leipzig 1983

Ders., Krieg und Frieden, München, 5. Aufl. 1989

Toporkov, A., Dialektičeskij metod v trudach Klauzevica (Die dialektische Methode in den Werken Clausewitz'), in: Voennoe Delo, 1920, Sp. 293—300

Troickij, N.A., K istorii našestvija Napoleona na Rossiju (ob'javlenie vojny) (Zur Geschichte des Überfalls Napoleons auf Rußland. [Die Kriegserklärung]), in: Novaja i Novejšaja Istorija, (1990) 3, S. 216—218

Ders., O dislokacii i čislennosti russkich vojsk v načale Otečestvennoj Vojny 1812 goda (Über die Dislozierung und Stärke der russischen Truppen zu Beginn des Vaterländischen Krieges im Jahre 1812), in: VIŽ, (1977) 8, S. 71f.

Trotsky, Leon (Trockij, L.D.), The Military Writings and Speeches of Leon Trotsky. How the Revolution Armed. Translated and annotated by Brian Pearce, 5 Bde, London 1979—1981

Tschaschnikow, I. (Čašnikov), Feldherrn-Mythos um Lenin, in: Ost-Probleme, 8 (1956), S. 703—706

Tuchačevskij, M.N., Izbrannye Proizvedenija (Ausgewählte Werke), 2 Bde, Moskau 1964

Ders., K voprosu o sovremennoj strategii (Zur Frage einer modernen Strategie), in: Vojna i voennoe iskusstvo v svete istoričeskogo materializma, Moskau, Leningrad 1927, S. 103—135

Ders., O strategičeskich vzgljadach prof. Svečina (Über die strategischen Ansichten Prof. Svečins), in: Protiv reakcionnych teorij na voennonaučnom fronte, Moskau 1931, S. 3—16

Ders., Pochod za Vislu (Feldzug an der Weichsel), Moskau 1923

Ders., Predislovie (Vorwort), in: Del'brjuk, Gans, Istorija voennogo iskusstva v ramkach političeskoj istorii, Čast' 4, Novoe vremja (Delbrück, Hans, Geschichte der Kriegskunst im Rahmen der politischen Geschichte, Bd 4, Die neue Zeit), Moskau 1930, S. III—XVI

Ders., Reč' tov. Tuchačevskogo (Rede des Gen. Tuchačevskij), in: Pravda v. 16.1.1936

Ders., Vojna kak problema vooružennoj bor'by (Der Krieg als Problem des bewaffneten Kampfes). Artikel »Vojna«, in: BSĖ, 1. Aufl., Bd 12, Moskau 1928, Sp. 576—598

Türpe, Andrée, Carl Philipp Gottfried von Clausewitz, ein Philosoph des Krieges. Eine Analyse seiner philosophischen Position. Phil.Diss., Berlin (Ost) 1977

Ders., Dialektisches Denken in den Auffassungen von Clausewitz, in: Deutsche Zeitschrift für Philosophie, (1980) 6, S. 709—718

1812 [Tysjača ...] god. K stopjatidesjatiletiju otečestvennoj vojny. Sbornik statej (Das Jahr 1812. Zum 150-jährigen Jubiläum des Vaterländischen Krieges). Pod. red. M.V. Nečkiny, L.G. Beskrovnogo, Moskau 1962

Ukraïns'ka Radjans'ka Ėnciklopedija, Kyïv
Ukrainskaja Sovetskaja Ėnciklopedija, Kiev 1961 u. 1981
Ulbricht, Walter, Zum Jahrestag der Völkerschlacht bei Leipzig, in: Neues Deutschland v. 18.10.1953
Uktin, A. [recte Utkin], Clausewitz im Atomzeitalter. Erneuerung des Absurden, in: Sowjetunion heute, 32 (1987) 8, S. 19

V. V., [Rez.] Karl Tschuppig, Ludendorff. Die Tragödie eines Fachmanns, Leipzig 1931, in: Inostrannaja Kniga, (1931) 3/4, S. 29
Vasil'ev, A., [Rez.] Klauzevic i sovremennost' (Clausewitz und die Gegenwart), in: Kniga i Oborona SSSR, (1932) 11, S. 4—10; 12, S. 6—12
Verchovskij, A. I., Ogon', manevr i maskirovka (Feuer, Manöver und Tarnung), Moskau 1928
V. I. Lenin i sovetskaja voennaja strategija (V. I. Lenin und die sowjetische Militärstrategie), in: VIŽ, (1970) 9, S. 3—10
Vladimir Il'ič Lenin. Biografičeskaja chronika (Biographische Chronik). Hrsg.: Institut Marksizma — Leninizma pri CK KPSS, Bd 3, Moskau 1972.
Voennaja Akademija imeni M. V. Frunze (Militärakademie M. V. Frunze), 3. verb. u. ergänzte Aufl., Moskau 1988
Voennaja Ėnciklopedija. Pod red. V. F. Novickogo i A. V. f. Švarca, 18 Bde (bis Port Artur), SPB 1911—1915
Voennaja Istorija. Učebnik (Militärgeschichte. Ein Lehrbuch), Moskau 1984
Voenno-Ėnciklopedičeskij Leksikon. Pod red. M. I. Bogdanoviča, 14 Bde, SPB 1852—1858 (= 2. Aufl. des VĖL)
Voennyj Ėnciklopedičeskij Leksikon. Pod red. L. I. Zeddeler, 14 Bde, SPB 1837—1851
Voennyj Ėnciklopedičeskij Slovar', Moskau, 2. Aufl. 1983
Vojna i voennoe iskusstvo v svete istoričeskogo materializma. Sbornik statej (Krieg und Kriegskunst im Lichte des historischen Materialismus. Sammelband). Pod. red. B. I. Goreva, Moskau, Leningrad 1927
Voprosy strategii i operativnogo iskusstva v sovetskich voennych trudach. 1917—1940 gg. (Fragen der Strategie und operativen Kunst in sowjetischen militärischen Arbeiten. 1917—1940), Moskau 1965
Vorošilov, K. E., Reč' tov. Vorošilova (Rede des Gen. Vorošilov), in: XVIII s-ezd Vsesojuznoj Kommunističeskoj Partii (B). 10—21 marta 1939 g. Stenografičeskij otčet (XVIII. Parteitag der KPdSU (B). 10.—21. März 1939. Stenographischer Bericht), Moskau 1939, S. 187—204
Ders., Stat'i i reči (Aufsätze und Reden), Moskau 1937
Vorwärts, Berlin (Ost) v. 19.10.1953, zit. nach Ost-Probleme, 5 (1953), S. 1911—1914
Vremennyj polevoj ustav RKKA 1936 (PU 36) (Felddienstordnung der Roten Arbeiter- und Bauernarmee 1936), Moskau 1937

W. I. Lenin und die sowjetischen Streitkräfte. Unter der Red. von A. S. Sheltow, Berlin (Ost) 1970
Wassilewski, A. M./Sacharow, M. W. (Vassilevskij/Sacharov, M. V.), Nachwort, in: B. M. Schaposchnikow, Das Hirn der Armee, Berlin (Ost) 1987, S. 552—580
Wladimir Iljitsch Lenin. Ein kurzer Abriß seines Lebens und Wirkens, Moskau 1947
Woide, (K.) (Vojde), Die Ursachen der Siege und Niederlagen im Kriege 1870, 2 Bde, Berlin 1894—1896

Zajončkovskij, P. A., Archiv D. A. Miljutina (Das Archiv D. A. Miljutins), in: Voprosy Istorii, (1946) 5/6, S. 96—104
Zakharov, V. u. a. (Zacharov), Lénine et la science militaire, Moskau 1967
Zambržickij, V., Taktičeskie priemy nemcev pri vedenii boja (Das taktische Vorgehen der Deutschen während des Gefechts), in: Voennyj Sbornik, 68 (1917) 3, S. 91—110
Zeddeler, L. I., Otečestvennaja Vojna (Der Vaterländische Krieg), in: VĖL, 1. Aufl., Bd 10, SPB 1846, S. 162—230
Ders., Strategija (istoričeskaja i drugija zamečanija) (Strategie [historische und andere Bemerkungen]), in: ebd., Bd 12, SPB 1849, S. 386 f.
Ders., Voennaja Istorija (Militärgeschichte) in: ebd., Bd 3, SPB 1839, S. 478—490

Zelinskij, V. (Hrsg.), Russkaja kritičeskaja literatura o proizvedenijach L. N. Tolstogo. Chronologičeskij sbornik kritiko-bibliografičeskich statej (Russische Literaturkritik über die Werke L. N. Tolstojs. Chronologischer Überblick über kritisch-bibliographische Artikel), 3 Bde, Moskau 1911—1913

Ziffer, R. S., Taktika i technika (Taktik und Technik), in: Vojna i voennoe iskusstvo v svete istoričeskogo materializma, Moskau 1927, S. 33—53

Ders., Voennaja Doktrina (Militärdoktrin), in: BSE, 1. Aufl., Bd 12, Moskau 1928, Sp. 163—165

Žilin, P. A., Charakternye čerty sovetskoj voennoj strategii v gody graždanskoj vojny (Charakteristische Züge der sowjetischen Militärstrategie in den Jahren des Bürgerkrieges), in: VIŽ, (1973) 2, S. 21—33

Ders., Gibel' Napoleonskoj armii v Rossii (Der Untergang der Napoleonischen Armee in Rußland), Moskau, 2. Aufl. 1974

Ders. (Hrsg.), Istorija voennogo iskusstva (Geschichte der Kriegskunst), Moskau 1986

Ders., Kontrnastuplenie Kutuzova v 1812 g. (Die Gegenoffensive Kutuzovs im Jahre 1812), Moskau 1950

Ders., Kontrnastuplenie Russkoj armii v 1812 goda (Die Gegenoffensive der russischen Armee im Jahre 1812), Moskau 1953

Ders., O vojne i voennoj istorii (Über Krieg und Militärgeschichte), Moskau 1984

Ders., V. I. Lenin i voenno-istoričeskaja nauka (V. I. Lenin und die Wissenschaft der Militärgeschichte), in: VIŽ, (1970) 4, S. 3—13

Žomini, G. (Jomini, A. H.), Očerki voennogo iskusstva (Abriß der Kriegskunst [Précis de l'art de la guerre]), Moskau 1939

Zubkov, K., Krach voennoj ideologii i voennoj školi fašistskoj Germanii (Der Zusammenbruch der Kriegsideologie und der militärischen Schule des faschistischen Deutschland), in: Bol'ševik, (1947) 17, S. 25—36

Zwetkow, W. (Cvetkov, V.), Über die Einführungsartikel zum Buch C. v. Clausewitz' »Vom Kriege«, in: Militärwesen, 3 (1959) 4, S. 599—606

## III. Sekundärliteratur

Adamheit, Theodor, Rote Armee — Rote Weltrevolution — Roter Imperialismus, Berlin, Leipzig 1935 (= Schwertbücher. Schriften über Ostprobleme und Bolschewismus Bd 1)

Ancona, Clemente, Der Einfluß von Clausewitz' »Vom Kriege« auf das marxistische Denken von Marx bis Lenin, in: Günter Dill (Hrsg.), Clausewitz in Perspektive, Frankfurt a. M., Berlin, Wien 1980, S. 560—591

Anweiler, Oskar, Lenin und die Kunst des Aufstandes, in: WWR, 5 (1955), S. 459—472

Aron, Raymond, Clausewitz. Den Krieg denken. Frankfurt a. M., Berlin, Wien 1980

Ders., Clausewitz et la guerre populaire, in: Défense Nationale. Problémes politiques, économiques, scientifiques, militaires, 29 (1973) 1, S. 3—10

Ders., Erkenntnis und Verantwortung. Lebenserinnerungen, München, Zürich 1985

Barghorn, Frederick C., Einige neue Rußlandbücher, in: Ost-Probleme, 1 (1949) 5, S. 128—132

Ders., Der Stalinismus und das russische Kulturerbe, in: ebd., 4 (1952), S. 1047—1058

Bauer, Max, Das Land der roten Zaren, Hamburg 1925

Beaufre, André, An Introduction on Strategy, London 1965

Bebber, Werner v., [Rez.] Kriegserfahrungen in Vietnam und Afghanistan. Politische Tagebücher, in: Frankfurter Allgemeine Zeitung v. 4. 2. 1992, S. 33

Berger, Martin, Engels, Armies and Revolution. The Revolutionary Tactics of Classical Marxism, Hamdon, C. T. 1977

Bernhardi, Friedrich v., Vom heutigen Kriege, 2 Bde, Berlin 1912 (russ. 1912)

[Bernhardi, Theodor v.], Aus dem Leben Theodors von Bernhardi. Dritter Teil. Die Anfänge der neuen
    Ära. Tagebuchblätter aus der Zeit der Regentschaft des Prinzen von Preußen, hrsg. von Theodor
    von Bernhardi, Leipzig 1894
Ders., Denkwürdigkeiten aus dem Leben des Kaiserlich russischen Generals von der Infanterie Carl
    Friedrich Grafen von Toll. 4 Teile in 5 Bänden, 2. verm. Aufl., Leipzig 1865/1866
Ders., [Rez.] Leben des Generals Carl von Clausewitz und seiner Frau Marie, geb. Gräfin Brühl. Von
    Karl Schwartz, in: Beihefte zum Militärwochenblatt, (1878) 10, S. 397—464
Beyerhaus, Gisbert, Der ursprüngliche Clausewitz, in: WWR, 3 (1953) 3, S. 102—110
Beyrau, Dietrich, Militär und Gesellschaft im vorrevolutionären Rußland, Köln, Wien 1984
Blaschke, Richard, Carl von Clausewitz. Ein Leben im Kampf, Berlin 1934 (= Schriften der Kriegsge-
    schichtlichen Abteilung im Historischen Seminar der Friedrich-Wilhelms-Universität Berlin, H. 7)
Blasius, Dirk, Carl von Clausewitz und die Hauptdenker des Marxismus. Ein Beitrag zum Problem
    des Krieges in der marxistischen Lehre, in: WWR, 16 (1966) 5, S. 278—294; 6, S. 335—354
Blume, Wilhelm v., Die Strategie. Ihre Aufgaben und Mittel, Berlin, 3. Aufl. 1913 (1. Aufl. 1882, russ. 1899)
Bohn, Helmut, DDR-Militarisierung geht weiter, in: Ost-Probleme, 8 (1956), S. 1061—1066
Ders., Die patriotische Karte in der sowjetischen Deutschland-Politik, in: ebd., 7 (1955), S. 1146—1157,
    1531—1541, 1606—1614
Ders., Wesen und Kampfweise der Sowjetwehrmacht, in: ebd., 6 (1954), S. 275—277
Bonwetsch, Bernd, Sowjetische Partisanen 1941—1944. Legende und Wirklichkeit des »allgemeinen Volks-
    krieges«, in: Partisanen und Volkskriege. Zur Revolutionierung des Krieges im 20. Jahrhundert, hrsg.
    von Gerhard Schulz, Göttingen 1985, S. 92—124
Bötticher, Manfred v., Industriepolitik und Verteidigungskonzeption der UdSSR 1926—1930. Heraus-
    bildung des Stalinismus und »äußere Bedrohung«, Düsseldorf 1979
Bothmer, Karl v., Mit Graf Mirbach in Moskau, Tübingen 1922
Brockhaus Conversationslexikon. Neue Folge. 2 Bde. Erste Abtheilung des ersten Bandes oder des Haupt-
    werks Elften Bandes erste Hälfte. A-Cz, Leipzig 1822
Brodie, Bernard, Strategy in the Missile Age, Princeton 1959
Bushnell, John, The Tsarist Officer Corps. 1881—1914. Customs, Duties, Inefficiency, in: American
    Historical Review, 86 (1981), S. 753—780

Caiger-Watson, R.H., Soviet Military Doctrine. A Study of the Influence of von Schlieffen, in: Jour-
    nal of the Royal United Service Institution, 103 (1958) 611, S. 347—355
Camon, H., Clausewitz, Paris 1911
Camphausen, Gabriele, Die wissenschaftliche historische Rußlandforschung im Dritten Reich 1933—
    1945, Frankfurt a.M., Bern, New York, Paris 1990 (= Geschichte und ihre Hilfswissenschaften der
    Europäischen Hochschulschriften, Reihe III, Bd 418)
Clausewitz-Gesellschaft e. V. (Hrsg.), Freiheit ohne Krieg? Beiträge zur Strategiediskussion der Gegen-
    wart im Spiegel der Theoriediskussion von Carl von Clausewitz, Bonn 1980
Dies., Frieden ohne Rüstung?, Herford, Bonn 1989
Cockburn, Andrew, Die sowjetische Herausforderung, Bern, München, Wien 1983

Dahm, Helmut, Die sowjetische Militär-Doktrin, in: Osteuropa, 20 (1970) 6, S. 384—395
Dajnes, V.O., Michail Nikolaevič Tuchačevskij, in: Voprosy Istorii, (1989) 10, S. 38—60
Dalbavie, Philippe, Une interprétation Clausewitzienne de l'accord Reagan-Gorbatchev (Gorbačev)de
    décembre 1987, in: Défence Nationale, (1988) 4, S. 43—53
Dallin, Alexander, Deutsche Herrschaft in Russland 1941—1945. Eine Studie über Besatzungspolitik,
    Düsseldorf 1958
Davis, Donald E./Kahn, Walter S.G., Lenin as a disciple of Clausewitz, in: Military Review, 51 (1971)
    9, S. 49—54
Delbrück, Hans, Geschichte der Kriegskunst im Rahmen der politischen Geschichte, 4 Bde, Berlin
    1900—1920

Dennet, Raymond/Johnson, Joseph E., Mit den Russen am Verhandlungstisch, Nürnberg 1953

Der ideologische Faktor im Wehrdenken der Sowjetunion, in: Osteuropa, 24 (1974), S. A374-A386

Deutscher, Isaak, Trotzki (Trockij). Der bewaffnete Prophet. 1879—1921, Stuttgart, Berlin, Köln, Mainz, 2. Aufl. 1972

Dexter, Byron, Clausewitz and Soviet Strategy, in: Foreign Affairs, 29 (1950) 10, S. 41—55

Diehl, Ole, »Militärisches Denken«. Eine bislang unzugängliche Zeitschrift des sowjetischen Generalstabs (= Berichte des Bundesinstituts für ostwissenschaftliche und internationale Studien, 35, 1990)

Dill, Günter (Hrsg.), Clausewitz in Perspektive. Materialien zu Carl von Clausewitz: Vom Kriege, Frankfurt a. M., Berlin, Wien 1980

Dinerstein, Herbert S., Der Krieg und die Sowjetunion. Die Atomwaffen und der Wandel im militärischen und politischen Denken der Sowjets, Köln, Berlin 1960

Dirnecker, Rupert, Sowjetische Weltpolitik unter Breschnew (Brežnev), Berlin 1981

Doepner, Friedrich, »Krieg und Frieden« und »Vom Kriege«, in: Europäische Wehrkunde, 29 (1980) 1, S. 25—30

Draht, Martin, Die sowjetische Gesellschaftslehre unter Berücksichtigung ihrer Revolutionstheorie, in: Schicksalsfragen der Gegenwart, hrsg. vom Bundesministerium der Verteidigung, 6 Bde, Tübingen, 2. Aufl. 1964, Bd 1, S. 145—182

Duda, Gerhard, Jenö Varga und die Geschichte des Instituts für Weltwirtschaft und Weltpolitik in Moskau. 1924—1970. Zu den Möglichkeiten und Grenzen wissenschaftlicher Auslandsanalyse in der Sowjetunion, Berlin 1994

Dupuy, T. N., A Genius for War. The German Army and the General Staff. 1807—1945, London 1977


[Earle, Edward Mead], Lenin, Trotsky (Trockij), Stalin: Soviet Concepts of War, in: Makers of Modern Strategy. Military Thought from Machiavelli to Hitler. Ed. by Edward Mead Earle with Collaboration of Gordon A. Craig and Felix Gilbert, Princeton, 3. Aufl. 1948 (1. Aufl. 1943)

Elble, Rolf (Hrsg.), Clausewitz in unserer Zeit. Ausblick nach 10 Jahren Clausewitz-Gesellschaft e. V., Darmstadt 1971

Erickson, John, Lenin as Civil War Leader, in: Shapiro, Leonard/Reddaway, Peter, Lenin. The Man. The Theorist. The Leader. A Reappraisal, London 1967, S. 159—187


Falkenhausen, Ludwig v., Der große Krieg der Jetztzeit, 2. durchges. u. verb. Aufl., Berlin 1911

Falls, Cyril, The Place of War in History, Oxford 1947

Feldmeyer, Karl, Die Angriffspläne des Warschauer Paktes gegen Deutschland und die Nato, in: Frankfurter Allgemeine Zeitung v. 1.2.1992

Fischer, Alexander, Sowjetische Deutschlandpolitik im Zweiten Weltkrieg 1941—1945, Stuttgart 1975

Foch, Ferdinand, De la conduite de la guerre. La maneuvre pour la bataille, Paris 1915

Forester, Cecil Scott, Der Kommodore, Hamburg o. J

Freistetter, Franz, Lenins Notizen zu Clausewitz' »Vom Kriege«, in: Österreichische Militärische Zeitschrift, (1964) 6, S. 409—414

Friedl, Berthold C., Les fondements théoretiques de la guerre et de la paix en U.R.S.S. Suivi du cahier de Lénine sur Clausewitz, Paris 1945


Gallie, W. B., Philosophers of Peace and War. Kant, Clausewitz, Marx, Engels and Tolstoy (Tolstoj), Cambridge 1978

Gantzel, Klaus Jürgen, Tolstoi (Tolstoj) statt Clausewitz!? Überlegungen zum Verhältnis von Staat und Krieg seit 1816 mittels statistischer Betrachtungen, in: Kriegsursachen. Redaktion Reiner Steinweg, Frankfurt a. M. 1987, S. 25—97

Garrison, Jim/Shivpuri, Pyare, Die russische Bedrohung. Mythos oder Realität, München 1983

Garthoff, Raymond L., Die Sowjetarmee — Wesen und Lehre, Köln 1955

Ders., Soviet Military Doctrine, Glencoe, Illinois 1953

Ders., Sowjet-Strategie im Atomzeitalter, Düsseldorf 1959

Gat, Azar, Clausewitz and the Marxists: Yet another look, in: Journal of Contemporary History, 27 (1992) 2, S. 363—382

Gautschi, Willy, Lenin und General Clausewitz, in: Allgemeine Schweizerische Militärzeitschrift, (1972) 5, S. 239—244

Gembruch, Werner, Gedanken zu Tolstois »Krieg und Frieden«, in: WWR, 7 (1957), S. 335—343

Gesamtverzeichnis des deutschsprachigen Schrifttums. 1700—1910. Bearb. von Hilmar Schmuck u. Willy Gorzny, München, New York, Paris 1980

Gesetz-Sammlung der Königlichen Preußischen Staaten 1812, Berlin o. J. (1813)

Gneisenau, A. W. Neidhardt v., Ausgewählte militärische Schriften, hrsg. von Gerhard Förster u. Christa Gudzent, Berlin (Ost) 1984

Goldbach, Marie-Luise, Karl Radek und die deutsch-sowjetischen Beziehungen 1918—1923, Bonn-Bad Godesberg 1973

Gosztony, Peter, Leben und Wirken des »roten Clausewitz«. Erinnerungen des Sowjetmarschalls Boris Schaposchnikow (Šapošnikov), in: Neue Zürcher Zeitung v. 12.6.1988

Grimm, Günter, Rezeptionsgeschichte. Grundlegung einer Theorie, München 1977

Groener, Wilhelm, Das Testament des Grafen Schlieffen. Operative Studien über den Weltkrieg, Berlin, 2. Aufl. 1929

Grottian, Walter, Lenins Anleitung zum Handeln. Theorie und Praxis sowjetischer Außenpolitik, Köln, Opladen 1962

Ders., Staat und Wehrmacht in der Sowjetunion, in: Schicksalsfragen der Gegenwart, hrsg. vom Bundesministerium der Verteidigung, 6 Bde, Tübingen, 2. Aufl. 1964, Bd 3, S. 121—138

Guillaume, Augustin, Soviet Arms and Soviet Power. The Secrets of Russia's Might, Washington 1949


Hagena, Hermann, »Offensive« Verteidigungspolitik im Lichte von Lenin und Clausewitz, in: Rissener Jahrbuch 1988/89, Hamburg 1989, S. 177—183

Hahlweg, Werner, Carl von Clausewitz, in: Klassiker der Kriegskunst. Unter Mitarbeit von 13 Historikern des In- und Auslandes und in Verbindung mit dem Arbeitskreis für Wehrforschung hrsg. und zusammengestellt von Werner Hahlweg, Darmstadt 1960, S. 244—266

Ders., Carl von Clausewitz, in: Die Großen Deutschen, Bd 2, Berlin, Frankfurt a. M., Wien 1960, S. 491—501

Ders., Carl von Clausewitz. Soldat-Politiker-Philosoph, Göttingen, Berlin, Frankfurt a. M. 1957

Ders., Clausewitz, Lenin and the Communist Military Attitude Today, in: Journal of the Royal Service Institution, 105 (1960) 618, S. 221—225

Ders., Clausewitz und die Gegenwart, in: Schicksalsfragen der Gegenwart, hrsg. vom Bundesministerium der Verteidigung, 6 Bde, Tübingen, 2. Aufl. 1964, Bd 2, S. 183—207

Ders., Das Clausewitzbild einst und jetzt. Mit textkritischen Anmerkungen, in: Vom Kriege. Hinterlassenes Werk des Generals Carl von Clausewitz, 19. Aufl., hrsg. von Werner Hahlweg, Bonn 1980

Ders., Krieg und Frieden als dialektische Einheit. Der Einfluß Carl von Clausewitz' auf die sowjetische Strategie, in: Die Welt v. 16.11.1981

Ders., Lehrmeister des Kleinen Krieges. Von Clausewitz bis Mao Tse-Tung und (Che) Guevara, Darmstadt 1968 (= Beiträge zur Wehrforschung Bd 18/19)

Ders., Lenin und Clausewitz. Ein Beitrag zur politischen Ideengeschichte des 20. Jahrhunderts, in: Archiv für Kulturgeschichte, 36 (1954) 1, S. 30—59; 3, S. 357—387

Ders., Philosophie und Militärwissenschaft bei Clausewitz: Das Werk »Vom Kriege« als Kriegslehrbuch?, in: Peter Trummer (Hrsg.), Clausewitz heute. Den Krieg denken, um den Frieden zu sichern, Mannheim 1988, S. 1—11

Ders., Die Weiterentwicklung des Clausewitzbildes seit 1972 (Nachrede), in: Vom Kriege. Hinterlassenes Werk des Generals Carl von Clausewitz, hrsg. von Werner Hahlweg, Bonn, 19. Aufl. 1980, S. 1253—1340

Haus, Rudolf, Clausewitz und die klassische deutsche Philosophie, in: Der Rote Aufbau, Berlin 1930, H. 6, S. 337—343

Häusser, Ludwig, Deutsche Geschichte vom Tode Friedrichs des Großen bis zur Gründung des deutschen Bundes, 4 Bde, Berlin, 3. Aufl. 1863 (1. Aufl. 1853—1857)

Hecker, Hans, Russische Universalgeschichtsschreibung. Von den vierziger Jahren des 19. Jahrhunderts bis 1965, München, Wien 1983

Heller, Michail/Nekrich (Nekrič), Alexander, Geschichte der Sowjetunion, 2 Bde, Königstein/Ts. 1981—1982

Hepp, Robert, Der harmlose Clausewitz. Kritische Bemerkungen zu einem deutschen, englischen und französischen Beitrag zur Clausewitz-Renaissance, in: Zeitschrift für Politik, 25 (1978) 3, S. 303—318; 4, S. 390—429

Heuschele, Otto (Hrsg.), Carl und Marie von Clausewitz. Ein Leben im Kampf für Freiheit und Reich, Leipzig 1935

(Horn, Johann), Versuch einer Darstellung der Verbrennung und Plünderung Moskwas durch die Franzosen im September 1812 von einem Augenzeugen, SPB 1813

Hösch, Edgar, Evgenij Viktorovič Tarle (1875—1955) und seine Stellung in der sowjetischen Geschichtswissenschaft, Wiesbaden 1964 (= Veröffentlichungen des Osteuropa-Institutes München Bd 23)

Hough, Jerry, Debates about the Postwar World, in: The Impact of World War II on the Soviet Union. Ed. by Susan E. Linz, Totowa, New Jersey 1985, S. 253—282

Howard, Michael, The Demand for Military History, in: Military Review, 51 (1971) 5, S. 34—42

Ders., Studies in War and Peace, London 1970


Jellinek, Frank, The Paris Commune of 1871, London 1937

Jacobs, Walter Darnell, Frunze: The Soviet Clausewitz 1885—1925, The Hague 1969

Just, Arthur W., Die Sowjetunion. Staat-Wirtschaft-Heer, Berlin 1940


Kahn, Helmut Wolfgang, Die Deutschen und die Russen. Geschichte ihrer Beziehungen vom Mittelalter bis heute, Köln 1984

Kappe-Hardenberg, Siegfried (Hrsg.), Das Leben für die Freiheit. Die deutsche Erhebung 1813, o. O. 1989

Keep, John L. H., From the Pistol to the Pen. The Military Memoirs as a Source on the Social History of Pre-Reform-Russia, in: Cahiers du monde russe et soviétique, 21 (1980), S. 295—320

Ders., Lenin as War Leader, in: Shapiro, Leonard/Reddaway, Peter (Ed.), Lenin. The Man. The Theorist. The Leader, London 1967, S. 135—158

Ders., Soldiers of the Tsars. Army and Society in Russia. 1462—1874, Oxford 1985

Kenez, Peter, A Profile of the Prerevolutionary Officer Corps, in: California Slavic Studies, 7 (1973), S. 121—158

Ders., Russian Officer Corps before the Revolution: The Military Mind, in: The Russian Review, 31 (1972) 3, S. 226—236

Kessel, Eberhard, Clausewitz und die sowjetische Kriegslehre, in: Ostmitteleuropa. Berichte und Forschungen, hrsg. von Ulrich Haustein u. a., Stuttgart 1981, S. 442—447

Kießling, Günter, NATO, Oder, Elbe. Modell für eine europäische Sicherheitsordnung, Erlangen, Bonn, Wien 1990

Ders., Neutralität ist kein Verrat. Entwurf einer europäischen Friedensordnung, Erlangen, Bonn, Wien 1989

Kime, S. F., The Soviet View of War, in: Comparative Strategy, 3 (1980) 2, S. 205—221

Kipp, Jacob W., Lenin and Clausewitz. The Militarisation of Marxism 1914—1921, in: Military Affairs, (1985) 10, S. 184—191

Kissinger, Henry, Kernwaffen und auswärtige Politik, München 1959

Kitchen, Martin, The Political History of Clausewitz, in: The Journal of Strategic Studies, 11 (1988) 3, S. 27—50

Knižnaja letopis, hrsg. vom Institut für Geschichte der Akademie der Wissenschaften der UdSSR, Moskau 1922 ff.

Kolkowicz, Roman, The Soviet Military and the Communist Party, Princeton, N.J. 1967

Kondylis, Panajotis, Theorie des Krieges. Clausewitz-Marx-Engels-Lenin, Stuttgart 1988

Konstanty, Peter, Perestrojka der Militärdoktrin?, Köln 1989 (= Berichte des Bundesinstituts für osteuropäische und internationale Studien 1989, H. 3)

Korsch, Karl, Zum Clausewitz'schen Theorie-Begriff, in: G. Dill (Hrsg.), Clausewitz in Perspektive, Frankfurt a. M., Berlin, Wien 1980, S. 558 f.

Krakau, Anton/ Diehl, Ole, Die Militärexperten der sowjetischen Westforschungsinstitute und die innersowjetische Strategiediskussion, Köln 1989 (= Berichte des Bundesinstituts für ostwissenschaftliche und internationale Studien 1989, H. 41)

Kravchenko, Victor A. (Kravčenko), I choose freedom. The Personal and Political Life of a Soviet Official, London 1947

Ders., Ich wählte die Freiheit. Das private und politische Leben eines Sowjetbeamten, Hamburg, 2. Aufl. 1949

Krüger, N., Adolf Hitlers Clausewitz-Kenntnis, in: WWR, 18 (1968) 8, S. 467—471

Kuhl, Hermann v., Der deutsche Generalstab in Vorbereitung und Durchführung des Weltkrieges, Berlin, 2. Aufl. 1920

Kul', G. f. (Kuhl, H. v.), Germanskij general'nyj štab (Der deutsche Generalstab), Moskau 1992


Lauterbach, Richard E., Feldmarschall Schukow (Žukov), in: Neue Auslese aus dem Schrifttum der Gegenwart 1946, H. 2, S. 7—13

Lehmann, Max, Clausewitz über die Schlacht an der Beresina, in: Historische Zeitschrift, 61 (1889), S. 110—112

Leonhard, Wolfgang, Die Revolution entläßt ihre Kinder, Gütersloh 1981

Link, Hannelore, Rezeptionsforschung. Eine Einführung in Methoden und Probleme, Stuttgart, Berlin, Köln, Mainz, 2. Aufl. 1980

Linnebach, Karl, Karl und Marie von Clausewitz. Ein Lebensbild in Briefen und Tagebuchblättern, Berlin, 3. Aufl. 1925

Ljudendorf (Ludendorff, E.) Vospominanija (Erinnerungen), Moskau 1923

Luckett, Richard, The White Generals. An Account of the White Movement and the Russian Civil War, London, New York 1987

Ludendorff, Erich, Meine Kriegserinnerungen 1914—1918, Berlin 1919

Ders., Der totale Krieg, München 1935

Ders., Urkunden der Obersten Heeresleitung über ihre Tätigkeit 1916/18, Berlin 1920


Maaß, Meinhard, Das Clausewitzbild der DDR. Phil. Diss. (masch.), Würzburg 1977

Makers of Modern Strategy. Military Thought from Machiavelli to Hitler. Ed. by Edward Mead Earle with Collaboration of Gordon A. Craig and Felix Gilbert, Princeton, 3. Aufl. 1948

Manel, Michel, »Clausewitz — prophète d'Apocalypse«, in: Armées d'Aujourd'hui, (1981) 4

Marwedel, Ulrich, Carl von Clausewitz. Persönlichkeit und Wirkungsgeschichte seines Werkes bis 1918, Boppard a. Rh. 1978 (= Wehrwissenschaftliche Forschungen, Abt. Militärgeschichtliche Studien Bd 25)

Ders., Carl von Clausewitz und das Jahr 1812, in: Militärgeschichte, Militärwissenschaft und Konfliktforschung. Eine Festschrift für Werner Hahlweg zu seinem 65. Geburtstag, hrsg. von Desmond Bradley und Ulrich Marwedel, Osnabrück 1977, S. 267—294 (= Studien zur Militärgeschichte, Militärwissenschaft und Konfliktforschung Bd 15)

Ders., Das Interesse an Clausewitz, in: Europäische Wehrkunde, 29 (1980) 6, S. 269—272

Mechtersheimer, Alfred/Barth, Peter (Hrsg.), Militärmacht Sowjetunion. Politik, Waffen und Strategie, Darmstadt, Neuwied 1985

Miksche, Ferdinand O., Les erreurs stratégiques de Hitler, Paris 1945

Ders., Unconditional Surrender. The Roots of World War III, London 1952

Militair-Conversations-Lexikon, hrsg. von Willibald v. d. Lühe, 8 Bde, Leipzig 1833—1841

Mollin, Volker, Auf dem Wege zur »Materialschlacht«. Vorgeschichte und Funktionieren des Artille-
rie-Industrie-Komplexes im Deutschen Kaiserreich. Phil. Diss., Pfaffenweiler 1986
Monnerot, Jules, Der Krieg um den es geht, Köln, Berlin 1951
Ders., Soziologie des Kommunismus, Köln, Berlin 1952
Moore, Barrington, Soviet Politics — the Dilemma of Power. The Role of Ideas in Social Change, Cam-
bridge, Mass. 1959
Morozow, Michael, Die Falken des Kreml. Die sowjetische Militärmacht von 1917 bis heute, Mün-
chen, Wien 1982
Mosely, Philipp E., Ergebnisse sowjetischer Diplomatie, in: Ost-Probleme, 4 (1952), S. 354—357
Müller, Sven v., Die Sowjetunion. Kulisse und Hintergrund, Hamburg 1941
Münkler, Herfried, Und wieder Streit um Clausewitz. Kann im Zeitalter der Nuklearwaffen der Krieg
noch ein Mittel der Politik sein?, in: Die Zeit Nr. 41 v. 7.10.1988

Nekritsch, Alexander (Nekrič, Aleksandr), Entsage der Angst, Frankfurt a.M., Berlin, Wien 1983
Neumann, Sigmund, Engels' and Marx' Military Concepts of the Social Revolutionaries, in: Makers
of Modern Strategy. Military Thought from Machiavelli to Hitler. Ed. by Edward Mead Earle with
Collaboration of Gordan A. Craig and Felix Gilbert, Princeton, 3. Aufl. 1948, S. 155—171
Niedermayer, Ritter v., Sowjetrußland. Ein wehrpolitisches Bild, in: Militärwissenschaftliche Rund-
schau, 4 (1939), S. 704—723
Nohn, Ernst August, Jomini und Clausewitz, in: Politische Studien, 10 (1959) 197, S. 175—181
Ders., Kriegstheorie in Ost und West, in: WWR, 10 (1959), S. 108—112

Novoseletsky, Ivan, Frunze as a military theoretician, in: Soviet Military Review, (1987)9, S. 34 f.

Oni byli ne tol'ko protivnikami. Russkie i nemcy na protjaženii dvuch stoletij (Sie waren nicht nur
Gegner. Russen und Deutsche in zwei Jahrhunderten). Pod naučnym rukovodstvom prof. B. Bon-
veča (Bonwetsch). Sostaviteli Gerchard (Gerhard) Duda i Olaf Roze (Rose), Moskau 1990
Operative und taktische Grundsätze sowjetrussischer Kriegführung, in: Military Review, 3 (1938),
S. 557—574, 671—686

Paret, Peter, Clausewitz. A Bibliographical Survey, in: World Politics, 17 (1965) 2, S. 272—285
Ders., Clausewitz und der Staat. Der Mensch, seine Theorien und seine Zeit, Bonn 1993
Parkinson, Richard, Clausewitz, New York 1971
Pellicia, A., Clausewitz and Soviet Politico-Military Strategy, in: Military Review, (1976) 8, S. 23—33
Pertz, Georg Heinrich/Delbrück, Hans, Das Leben des Feldmarschalls Grafen Neithardt von Gneise-
nau, 5 Bde, Berlin 1864—1880
Pfeiler, Wolfgang, Hat das sowjetische »neue politische Denken« auch zu einem neuen militärischen
Denken geführt?, in: Aus Politik und Zeitgeschichte. Beilage zur Wochenzeitung »Das Parlament«,
B44/1987, S. 28—38
Philonenko, Alexis, Deux théories de la guerre. Tolstoï et Clausewitz, in: Études polémologiques, 3
(1972), S. 9—24
Pilster, Hans-Christian, Politik und Strategie im Warschauer Pakt, in: Freiheit ohne Krieg, hrsg. von
der Clausewitz-Gesellschaft e.V., Bonn 1980, S. 133—158
Ders., Rußland-Sowjetunion. Werden, Wesen und Wirken einer Militärmacht, Herford 1981
Pönitz, Karl E. v., Militärische Briefe eines Verstorbenen an seine noch lebenden Freunde historischen,
wissenschaftlichen, kritischen und humoristischen Inhalts. Erste Sammlung, zweite berichtigte Aufl.,
Adorf 1845
Possony, Stefan T., Jahrhundert des Aufruhrs. Die kommunistische Taktik der Weltrevolution, Mün-
chen 1956
Pross, Harry, Deutsch-nationale Aspekte der jüngsten SED-Publizistik, in: Ost-Probleme, 4 (1952),
S. 1282—1291

Pruck, Erich F., Die Entwicklung der sowjetischen Führungsgrundsätze, in: Wehrkunde, 11 (1962), S. 24—29

Ders., Die neue sowjetische Militärdoktrin, in: Osteuropa, 24 (1975) 11, S. 927—934

Ders., Der Rote Soldat. Sowjetische Wehrpolitik, München 1961

Ders., Sowjetische Militärwissenschaft. Gedanken über einen Aufsatz von Generalstabschef Ogarkow (Ogarkov), in: Osteuropa, 29 (1979) 10, S. 812—820

Ders., Die Weiterentwicklung des militärischen Führungsdenkens in der Sowjetunion, in: Wehrkunde, 14 (1965), S. 337—344


Rapoport, Anatol, Tolstoi und Clausewitz. Zwei Konfliktmodelle und ihre Anwendung, in: Friedensforschung, hrsg. von Ekkehart Krippendorf, Köln, Berlin 1968, S. 87—105

Rehm, Walter, Ein Symposium über Clausewitz, in: Europäische Wehrkunde, 33 (1984), S. 371

Ritter, Gerhard, Sowjetische Wehrpolitik, in: Der Sowjetkommunismus. Dokumente, hrsg. von Hans-Joachim Lieber u. Karl-Heinz Ruffmann, Bd 2, Köln, Berlin 1964, S. 427—534

Romer, Jean-Christophe, La guerre nucléaire de Staline a Khrouchtchev (Chruščev). Essai sur la constitution d'un culture stratégique en URSS (1945—1965), Paris 1991

Ders., Quand l'Armée Rouge critiquait Clausewitz, in: Stratégique, (1987) 1, S. 97—111

Rossel, Paul, Karl von Clausewitz et la théorie de la guerre, in: Les temps modernes, 2 (1952) 7, S. 1591—1610

Rothfels, Hans, Carl von Clausewitz. Politik und Krieg. Eine ideengeschichtliche Studie, Berlin 1920 (Nachdruck Bonn 1980)

Rubel, Maximilian, Josef W. Stalin, Reinbek bei Hamburg, 2. Aufl. 1980

Ruge, F., Politik und Strategie. Strategisches Denken und politisches Handeln, hrsg. vom Arbeitskreis für Wehrforschung, Frankfurt a. M. 1967

Das Russische Reich in Europa. Eine Studie, Berlin 1884


S./H., Der Islam des 20. Jahrhunderts, in: Ost-Probleme, 4 (1952), S. 317—319

Schäfer, Volker, Tauroggen, in: Lexikon der deutschen Geschichte. Personen, Ereignisse, Institutionen von der Zeitenwende bis zum Ausgang des Zweiten Weltkrieges, hrsg. von Gerhard Taddey, Stuttgart 1977

Scheurig, Bodo, Verrat hinter Stacheldraht? Das Nationalkomitee »Freies Deutschland« und der Bund Deutscher Offiziere in der Sowjetunion 1943—1945, München 1965

Schlichting, Sigismund v., Taktische und strategische Grundsätze der Gegenwart, 3 Bde, Berlin, 3. Aufl. 1898/99

Schlosser, Friedrich Christoph, Weltgeschichte für das deutsche Volk, 19 Bde, Frankfurt a. M. 1844—1857

Schmidt, Helmut, Menschen und Mächte, Berlin 1987

Schmitt, Carl, Theorie des Partisanen. Zwischenbemerkung zum Begriff des Politischen, Berlin 1963

Schmitt, Walter E., Lenin und Clausewitz, in: Politik und Zeitgeschichte. Beilage zur Wochenzeitung »Das Parlament«, B7/1961, S. 77—83

Schössler, Dietmar, Carl von Clausewitz, Reinbek bei Hamburg 1991

Ders., Theorie und Praxis bei Clausewitz — Seine Methode und ihre Gültigkeit in der heutigen Zeit, in: Peter Trummer (Hrsg.), Clausewitz heute. Den Krieg denken um den Frieden zu sichern, Mannheim 1988, S. 53—69

Schramm, Wilhelm v., Clausewitz als politischer Klassiker. Von der Phänomenologie des Krieges zur aktuellen Wehrauffassung, in: Wehrkunde, 22 (1972), S. 177—183

Ders., Clausewitz. Leben und Werk, Esslingen am Neckar, 2. Aufl. 1977

Ders., Clausewitz. Vorbemerkungen zu einem denkwürdigen Lebensbild und Werk, in: Europäische Wehrkunde, 25 (1976), S. 2—7

Ders., Staatskunst und bewaffnete Macht, München 1957

Ders., Von der klassischen Kriegsphilosophie zur zeitgerechten Wehrauffassung. Eine Studie über Krieg und Frieden, in: WWR, 15 (1965) 9, S. 493—512

Schröder, Hans-Henning, Geschichte und Struktur der sowjetischen Streitkräfte: ein Überblick, in: Die Sowjetunion als Militärmacht, hrsg. von Hannes Adomeit u. a., Stuttgart 1987, S. 41—72

Ders., Die Verteidigungspolitik der UdSSR 1987—1989, Köln 1989 (= Berichte des Bundesinstituts für ostwissenschaftliche und internationale Studien 1989, H. 14)

Schütte, Ehrenfried, Carl von Clausewitz. Denker des Krieges, in: Criticón, 40 (1977) 2, S. 99—103

Ders., Zwei Clausewitz-Jubiläumsjahre (1980 und 1981), in: ebd., 69 (1982) 1, S. 38—40

Schwartz, Karl, Leben des Generals Carl von Clausewitz und der Frau Marie von Clausewitz, geb. Gräfin von Brühl. Mit Briefen, Aufsätzen, Tagebüchern und anderen Schriftstücken, 2 Bde, Berlin 1878

Seidt, Hans-Ulrich, Alexander Swetschin und das strategische Denken Rußlands. Ein Beitrag zur Diskussion über Moskaus neue Militärdoktrin, in: Osteuropa, 1994, S. 630—642

Seraphim, Ernst, Führende Deutsche im Zarenreich, Berlin 1942

Seydlitz (Anton Friedrich F. v.), Tagebuch des Königlich Preußischen Armeekorps unter Befehl des General-Lieutenants von York im Feldzuge von 1812, 2 Bde, Berlin, Posen 1823

Sheppard, E. W., Apologia for Clausewitz, in: The Army Quarterly and Defence Journal, 47 (1944), 2, S. 254—258

Shub, Anatole, Soviet General says West is planning World War III, in: International Herald Tribune v. 28.4.1969

Sie waren nicht nur Gegner. Deutsche und Russen in zwei Jahrhunderten. Im Auftrag der Rheinisch-Westfälischen Auslandsgesellschaft e. V. unter der wissenschaftlichen Leitung von Prof. Dr. Bernd Bonwetsch hrsg. von Gerhard Duda u. Olaf Rose, Erlangen, Bonn, Wien 1990

Speier, H., Ludendorff: The German Concept of Total War, in: Makers of Modern Strategy. Military Thoughts from Machiavelli to Hitler. Ed. by Edward Mead Earle with Collaboration of Gordon A. Craig and Felix Gilbert, Princeton, 3. Aufl. 1948, S. 306—321

Stein, Hans-Peter, Der Offizier des russischen Heeres im Zeitabschnitt zwischen Reform und Revolution. 1861—1917, in: Forschungen zur osteuropäischen Geschichte, Bd 13, Berlin 1967, S. 346—507

Steiner, Felix, Von Clausewitz bis Bulganin. Erkenntnisse einer Wehrepoche, Bielefeld 1956

Strachan, Hewi, Soldiers, Strategy and Sebastopol, in: The International Journal, 21 (1978) 2, S. 303—325

Tibi, Bassam, Kriegstheorie als Kulturphilosophie. Zu Kondylis' Versuch der Vergegenwärtigung von Clausewitz' Denken, in: Frankfurter Allgemeine Zeitung v. 7.12.1988

Timpe, Heinz, Betrachtungen über die »Militärstrategie« der Sowjetunion, in: Wehrkunde, 13 (1964), S. 201—204, 302—306

Tomson, Edgar, Kriegsbegriff und Kriegsrecht der Sowjetunion, Berlin 1979

Ders., Kriegsrecht, in: Osteuropa-Handbuch Sowjetunion. Außenpolitik, Teil III, hrsg. von Dietrich Geyer, Köln, Wien 1976, S. 122—138

Treviranus, G. R., Revolutions in Russia. Their Lessons for the Western World, New York, London 1944

Tschiank Kai-Schek, Sowjetrußland in China, Bonn 1959

Uhle-Wettler, Franz, Die Gesichter des Mars. Krieg im Wandel der Zeiten, Erlangen, Bonn, Wien 1989

Vad, Erich, Carl von Clausewitz. Seine Bedeutung heute, Herford, Bonn 1984

Ders., Lenin über Clausewitz' Werk »Vom Kriege«, in: Europäische Wehrkunde, 33 (1983) 4, S. 176—179

(Varnhagen van Ense, Karl A.), Tagebücher. Aus dem Nachlaß, 14 Bde, Leipzig, Hamburg 1861—1870

Vigor, Peter H., The Soviet View of War, Peace and Neutrality, London 1975

Voslensky, Michael S. (Voslenskij), Sterbliche Götter. Die Lehrmeister der Nomenklatura, Erlangen, Bonn, Wien 1989

Wagemann, Eberhard, Clausewitz' rationale Theorie in Geschichte und Gegenwart, in: Frieden ohne Rüstung?, hrsg. von der Clausewitz-Gesellschaft, Herford, Bonn 1989, S. 11—23

Wallach, Jehuda L., Das Dogma der Vernichtungsschlacht. Die Lehren von Clausewitz und ihre Wirkung in zwei Weltkriegen, München 1970

Ders., Die Kriegslehre von Friedrich Engels, Frankfurt a.M. 1968

Wehler, Hans-Ulrich, »Absoluter« und »totaler« Krieg. Von Clausewitz zu Ludendorff, in: Politische Vierteljahrsschrift, 10 (1969) 2/3, S. 220—248

Weis, Eberhard, Der Durchbruch des Bürgertums. 1776—1847, Frankfurt a.M., Berlin, Wien 1982 (= Propyläen Geschichte Europas Bd 4)

Wettig, Gerhard, Kriegslehre und Militärdoktrin in der Sowjetunion unter Berücksichtigung von Clausewitz, in: Peter Trummer (Hrsg.), Clausewitz heute. Den Krieg denken um den Frieden zu sichern, Mannheim 1988, S. 12—28

Wolfe, Thomas W., Sowjetische Militärstrategie, Köln, Opladen 1967

Wollenberg, Erich (Hrsg.), Engels. Lenin. Militärische Schriften, Offenbach, Frankfurt a.M. 1952

(Wolzogen, Ludwig v.), Memoiren des königlich preußischen Generals der Infanterie Ludwig Freiherr von Wolzogen. Aus dessen Nachlaß unter Beifügung officieller militärischer Denkschriften mitgetheilt von Alfred Freiherr von Wolzogen, Leipzig 1851


Zeidler, Manfred, Reichswehr und Rote Armee 1920—1933. Wege und Stationen einer ungewöhnlichen Zusammenarbeit, München 1993

Zhang, Yuanlin, Die chinesischen Ausgaben des Werkes »Vom Kriege« von Carl von Clausewitz, in: Österreichische Militärische Zeitschrift, (1990) 3, S. 229—230

# Personenregister

Adamheit, Theodor (1899—1942) 178f., 181
Adaridi, Karl 72f.
Alexander I., Zar von Rußland (1777—1825)
  12—20, 22, 29f., 33, 46, 75, 79, 194, 214, 218
Alexander II., Zar von Rußland (1818—1881) 52
Alexander III., Zar von Rußland (1845—1894) 83
Amiragov 170—172
Ancona, Clemente 87, 90, 92, 95, 98, 122f.
Antropov, B. 196—199, 202
Arbatov, Georgij Arkadevič (geb. 1923) 164
Arndt, Ernst Moritz (1769—1860) 15
Aron, Raymond (1905—1983) 9, 26, 80f., 105
Astaf'ev, A. I. (1816—1863) 52—54
August Friedrich Wilhelm Heinrich, Prinz von
  Preußen (1779—1843) 11
Augustinus Aurelius (354—430) 144

Fürst Bagration, Petr Ivanovič (1765—1812) 27
Graf, Fürst Barclay de Tolly, Michail Bogdanovič
  (1761—1818) 17, 27, 80, 194, 205, 207, 214, 221
Bauer, Max (1868—1929) 165
Belickij 170
Baron, Graf Bennigsen, Leonti Leont'evič (1745—
  1826) 27
Berger, Martin 91
Bernhardi, Friedrich v. (1849—1930) 72
Bernhardi, Theodor v. (1803—1887) 56, 214, 222
Berthier, Louis-Alexandre, Fürst von Wagram,
  Herzog von Valengin, Fürst von Neuchâtel
  (1753—1815) 29
Beskrovnyj, Ljubomir Grigorevič 212
Birjuzov, Sergej Semenovič 232
Fürst v. Bismarck-Schönhausen, Otto (1815—
  1898) 146, 159
Blaschke, Richard 178
Blasius, Dirk (geb. 1941) 89, 115, 121
Bloch, (Blioch), Johann(es), auch: Jan v. (1836—
  1901) 9, 59—61, 96
Blomberg, Werner v. (1878—1946) 184
Blücher, Gebhard Leberecht v., Fürst v. Wahlstatt
  (1742—1819) 20, 88
Blume, Wilhelm v. (1835—1919) 72, 75, 77, 95,
  141
Bočarov 170
Bogdanovič, Michail Ivanovič (1805—1882) 28,
  30, 38, 40—47, 49—51, 70, 75f., 82, 239

Boguslawski, Albert v. (1834—1905) (Pseudonym:
  Friedrich Wernau) 149
Bonč-Bruevič, Michail Dmitrievič (1870—1956)
  95, 139
Borkheim, Sigismund Ludwig (1825—1885) 87
Bothmer, Karl v. 165
Bovin, Aleksandr Efgenevič (geb. 1930) 236f.
Boyen, Hermann Ludwig Leopold Gottlieb v.
  (1771—1848) 12, 19
Braun, Otto (1900—1974) 103, 118
Braun, Paul 7, 101
Brežnev, Leonid Il'ič (1906—1982) 236
Brockhaus, Friedrich Arnold (1772—1823) 3, 50
Brockhaus, Verlagshaus 3, 50, 74, 76
Bubnov, Andrej Sergeevič (1883—1940) 98, 100f.,
  169
Bucharin, Nikolaj Ivanovič (1888—1938) 100
Budkevič, S. R. 149
Frhr. v. Bülow, Adam Heinrich Dietrich (1757—
  1807) 31, 33, 36, 44, 53, 136, 149
Bulganin, Nikolaj Aleksandrovič (1895—1975) 188
Buturlin (Boutourline), Dmitrij Petrovič (Dmitri-
  Petrovich) (1790—1850) 42

Caemmerer, Rudolf v. (1845—1911) 72f.
Camon, H. 78, 148
Carevič (Zarewitsch) siehe Alexander II. 29
Carl, Erzherzog siehe Karl
Čeremisov, Vladimir Andreevič (geb. 1871) 69,
  138
Čerkezov, I. A. 174f., 179
Chatov, Aleksandr Il'ič (1780[81]—1846) 199f.
Chruščev, Nikita Sergeevič (1894—1971) 4, 164,
  208, 231—234, 236
Čičagov, Pavel Vasilevič (1767—1849) 30
Clausewitz, Marie v., geb. Gräfin Brühl (1779—
  1836) 1, 11f., 15f., 19, 21, 23, 103, 105, 194
Comte, Isidore-Auguste-François-Marie (1798—
  1857) 54
Condé, Ludwig II.v. Bourbon, Prinz v. C. (1621—
  1686) 60
Graf Conrad v. Hötzendorf, Franz (1852—1925)
  156f., 160
Crassus Marcus Licinius (115 v. Ch.—53 v. Ch.) 206
Creuzinger, Paul 147
Cvetkov, V. 227—229